사주명리 한방처방학 Ⅱ
(四柱命理韓方處方學)

지평(智平) 서승환(徐昇煥) 著

관음출판사

본 권(本 卷)은 1권과 상호밀접한 관련을 갖는다. 본권의 내용과 1권의 내용은 입체적(立體的)으로 연결된다. 그러므로 본서(本書)를 잘 이해하여 활용하려면 부분(部分)과 전체(全體)를 연결하며 살펴보아야 한다.

본권의 1편은 사주음양오행과 인체건강과 양생(養生)에 관한 것이다.

예컨대, 명리학상(命理學上)의 10신(十神)은 인체의 건강과 질병에 어떠한 영향을 주는가? 그리고 이들은 인체와 어떤 관련을 갖는가?

음양오행(陰陽五行)의 변화법칙(變化法則)은 양생법(養生法)의 기초라할 수 있는가? 음양오행의 변화는 인체에 어떻게 영향을 주는가? 음양오행을 기초로 한 양생(養生)의 도(道)를 따르면 인체가 강건(強健)해지는가? 더욱더는 건강하게 장수(長壽)할 수 있는가?

위와같은 것들에 대한 해답을 주려는게 바로 본권 1편의 내용이다.

본권의 2편은 1권에서 다루지 못한 개별약물에 대한 미시적 분석(微視的分析)과 설명(說明)이다. 여기서는 상용약물(常用藥物)을 중심(中心)으로 하였다. 음양오행을 기초로 분석(分析)·설명(說明)해 처방방제구성시(處方方劑構成時)에 도움이 되게 하였다.

각 개별약물(個別藥物)들을 성미(性味), 귀경(歸經), 용법(用法), 금기(禁忌), 배합길(配合吉), 주치(主治), 효능(效能), 음양오행(陰陽五行)등으로 나누어 설명하여 찾아보기 쉽게 하였다.

지면관계상 본 상용약물의 분석·설명을 끝으로 2권을 마무리 하려고 한다. 기타약물 또는 식용약물(食用藥物)에 관한 것은 3권에서 다루기로 한다.

아무쪼록 본서를 잘 이해하여 널리 활용하였으면 한다. 본서를 기초로 의자(醫者)들은 처방방제구성(處方方劑構成)을 적절히 하여 환자(患者)들을 신속하게 치료(治療)하기를 바라고, 학자(學者)들은 연구(研究)의 영역(領域)을 확대하여 한의학(韓醫學)을 더욱 더 발전시켜 주었으면 한다.

2003년 11월 10일

智平 徐 昇 煥

서문(序文)

본서 3권에서는 주로 사주음양오행구조(四柱陰陽五行構造)에 맞는 약물(藥物)을 선택하는 방법을 기술하였다.

제1편에서는 생일(生日)과 생월(生月)을 대조하여 그에 적합한 약물을 찾는 방법을 설명하였다.

제2편에서는 사주음양오행은 인체의 건강에 어떠한 영향을 주고 있는가? 인체에 질병은 언제 발생하는가? 인체는 언제 건강해지는가? 어떻게 하면 인체를 건강하게 할 수 있는가? 이에 대한 해답을 구체적으로 예를 들며 설명하였다.

그리고 사주음양오행을 기초로 인체에 맞는 약물을 선택·활용할 수 있게 하였다. 제3편에서는 2권에서 다루지 못한 기타약물과 식용약물(食用藥物)을 누구라도 쉽게 찾아볼 수 있도록 정리해 놓았다.

3권은 1·2권과 아주 밀접한 관계가 있다. 그러므로 1·2권과 입체적으로 연결시켜 활용(活用)하면 처방방제구성시(處方方劑構成時)에 아주 큰 도움이 될 것이다.

본서에서 다루지 못한 사주명리학(四柱命理學)과 한의학(韓醫學)의 나머지 분야에 관해서는 후일에 책으로 펴내기로 하고 본 3권을 끝으로 본서를 마무리 하려한다.

부디, 본서의 이론(理論)이 세상에 뿌리를 내리고 지엽(枝葉)을 무성(茂盛)히 하고 열매를 알차게 맺도록 많은 사람들의 열렬한 독서와 다양한 의견이 있기를 기대하는 바이다.

우연이든 필연이든 본서와 인연이 있게 된 독자들의 앞날에 행운이 가득하기를 바란다.

2004. 4. 5.

智平 徐 昇 煥

◆ 본서 1, 2, 3권 중 3권은 2권에 넣었습니다.
(3권 제 1·2·3편 ➡ 2권 제3·4·5편)

본서를 세상에 알리면서

　참으로 세월 빠르게도 흐른다. 본서 원고의 1권을 완성(2003년 3월 5일)한 지도 어언(……) 4년이 다 되어가고 있다. 그 동안 2·3권을 집필하느라 세월을 보냈으나, 3권을 완성(2004년 4월 5일)하였으니(……) 이 제 세상에 알려야겠다.

　3권은 2권에 넣어서 총 2권으로 했다. 원고 분량이 많아서인지, 책으로 만드는 데에는 상당한 기간이 필요했다.

　본서는 보시다시피 분량이 많고 내용이 방대하다. 그렇지만, 본서 전체의 주요 내용과 체계를 아는 데에는 그리 많은 시간을 필요로 하지 않는다.

　다음의 독서방법을 따르면 보다 빨리 본서를 이해할 수 있을 것이다.

　본서를 처음 읽는 사람은 서문과 목차를 먼저 본다.(서문·목차를 보면 본서 전체구조를 대략 알 수 있다.) 그리고 대·중·소제목과 도표와 문장을 중심으로 읽으면서(일부 나열 식 개별사항들은 대표적인·것 하나·둘 정도만 읽고 건너뛴다.) 본서의 전체구조와 내용을 파악한다. 두 번째로 읽을 때에는 처음부터 끝까지 빠짐없이 보면서 중요·요점부분에 밑줄을 긋거나 표시를 해둔다. 그리고 필요할 때마다 찾아보면 된다. 그 이후는 독자들의 노력여하에 달려 있다.

　본서가 세상에 나오기까지 음으로 양으로 협조해 주신 분들께 감사드리며 독자 여러분의 아낌없는 조언과 충고가 있기를 바란다.
　그리고 본서가 한의학의 발전에 큰 도움이 되기를 기대한다.

2006년 12월 20일

대한민국(大韓民國) 서울
智平命理東醫學硏究院에서
지평(智平) 서승환(徐昇煥)

☎ 電話 : (02)493-8742

[차 례]

[차 례]

제 **1** 편

음양오행(陰陽五行)과
명리(命理)·양생(養生)

제1장 명리(命理)와 인체건강(人體健康)

1. 십신(十神)과 사주음양오행(四柱陰陽五行)

십신(十神)이란 명리상(命理上)으로 일간(日干)과 사주팔자중 칠자(四柱 八字 中 七字)·운로(運路)인 대운(大運)·세운(歲運)의 음양오행(陰陽五行)과의 관계를 10가지로 나타낸 것을 말한다. 이 十神에는 비견(比肩), 겁재(劫財), 식신(食神), 상관(傷官), 편재(偏財), 정재(正財), 편관(偏官), 정관(正官), 9) 편인(偏印)〈도식(倒食)〉, 정인(正印)〈인수(印綬)〉 등이 있다.

이들은 일간(日干)과 다음과 같은 관계가 있다.

1) 비견(比肩) : 일간(日干)과 오행(五行)이 같다. 일간과 음양(陰陽)이 같다.

2) 겁재(劫財) : 일간(日干)과 五行이 같다. 日干과 陰陽이 다르다. 이 비견과 겁재를 비겁(比劫)이라 한다.

3) 식신(食神) : 日干이 생(生)하는 五行이다. 日干과 음양(陰陽)이 같다.

4) 상관(傷官) : 日干이 生하는 五行이다. 日干과 陰陽이 다르다.

이 식신과 상관을 식상(食傷)이라 한다.

5) 편재(偏財) : 日干이 극(剋)하는 五行이다. 日干과 陰陽이 같다.

6) 정재(正財) : 日干이 剋하는 五行이다. 日干과 음양(陰陽)이 다르다.

이 편재와 정재를 재성(財星)이라 한다.

7) 편관(偏官) : 일간(日干)을 극(剋)하는 오행(五行)이다. 日干과 陰陽이 같다.

8) 정관(正官) : 日干을 剋하는 五行이다. 日干과 음양(陰陽)이 다르다.

이 편관과 정관을 관살(官殺)이라 한다.

9) 편인(偏印)〈도식(倒食)〉 : 일간(日干)을 생(生)해주는 오행(五行)이다. 일간(日干)과 음양(陰陽)이 같다.

10) 정인(正印)〈인수(印綬)〉 : 일간(日干)을 생(生)해주는 오행(五行)이다. 일간(日

干)과 음양(陰陽)이 다르다. 이 정인(正印)과 편인(偏印)을 인성(印星)이라 부른다.

일간(日干)이 을(乙)인 경우 십신(十神)은 다음과 같다.

을(乙) 비견, 갑(甲) 겁재, 정(丁) 식신, 병(丙) 상관, 기(己) 편재, 무(戊) 정재, 신(辛) 편관, 경(庚) 정관, 계(癸) 편인, 임(壬) 정인.

日干이 甲, 乙, 丙, 丁, 戊, 己, 庚, 辛, 壬, 癸인 경우도 같은 식으로 10神이 정해진다.

다음의 십신조견표(十神早見表)를 보면 쉽게 십신(十神)을 찾을 수 있다. 이 십신조견표는 日干과 十神을 쉽게 대조하여 찾을 수 있게 한다.

십신조견표(十神早見表)

十神 \ 日干	甲	乙	丙	丁	戊	己	庚	辛	壬	癸
비견	甲	乙	丙	丁	戊	己	庚	辛	壬	癸
겁재	乙	甲	丁	丙	己	戊	辛	庚	癸	壬
식신	丙	丁	戊	己	庚	辛	壬	癸	甲	乙
상관	丁	丙	己	戊	辛	庚	癸	壬	乙	甲
편재	戊	己	庚	辛	壬	癸	甲	乙	丙	丁
정재	己	戊	辛	庚	癸	壬	乙	甲	丁	丙
편관	庚	辛	壬	癸	甲	乙	丙	丁	戊	己
정관	辛	庚	癸	壬	乙	甲	丁	丙	己	戊
편인 (도식)	壬	癸	甲	乙	丙	丁	戊	己	庚	辛
정인 (인수)	癸	壬	乙	甲	丁	丙	己	戊	辛	庚

지지(地支)인 경우 十神 찾는 법

지지(地支)인 경우에는 지지장간(地支藏干)을 대조하여 계산한다.

정기생(正氣生)이면 寅은 甲, 卯는 乙, 辰戌은 戊, 丑未는 己, 巳는 丙, 午는 丁, 申은 庚, 酉는 辛, 亥는 壬, 子는 癸로 한다.

2. 십신(十神)과 인체(人体) · 건강(健康)

十神과 人体 · 健康은 다음과 같은 관계가 있다.

1) 비견(比肩)

사주 중(四柱中)에 비견다(比肩多)면 외고집에 황소고집이라. 황소처럼 저돌적으로 행동하다 인간관계 투쟁하고 외과질환(外科疾患)(負傷 · 事故)의 위험에 처해진다.

2) 겁재(劫財)

사주중(四柱中)에 겁재 2개 이상(劫財 二個 以上)이면 과격하게 행동한다. 주위와 충돌 · 투쟁하다 정신적 노이로제 · 스트레스 일고 투쟁적 · 파괴적인 행동하다 負傷 · 事故 (교통 · 충돌)등이 발생한다. 강제적이고 저돌적인 행동하는 과정에서 주위환경을 등한시하다 교통 · 낙상사고 위험이 있다.

3) 식신(食神)

사주중(四柱中)에 食神多면 음식욕심 솟구치어 폭음, 폭식하게 된다. 과음(過飮), 과식(過食) 자주하다 위장 · 간장 질병 갖게 되고 타장부(他臟腑)도 영향받아 고민한다. 운동보다 먹는 것을 많이 하여 과다체중(過多体重)을 갖게 되기도 한다.

4) 상관(傷官)

四柱中에 상관성(傷官星)이 2위 이상 존재하면 특이하고 안하무인적(眼下無人的) 성격 표출(性格表出)로 인간관계 투쟁한다. 그러한 과정에서 충돌, 사고, 부상이 일어날 수 있다.(외과 수술의 위험이 있다) 주위환경(화재, 수재, 태풍 등) 혼란으로 각종 위험, 도사리니 조심해야 한다.

5) 편재(偏財)

四柱中에 偏財多면 일확천금(一攫千金)을 노리게 된다. 투기적인 행동을 한다. 금전관계가 복잡해져 정신적 스트레스가 일어난다. 주색, 잡기, 향락을 탐하다 위장(胃腸)·간장(肝臟)·비뇨기계 질환에 걸릴 위험이 있다. 이성관계 복잡해져 정신 건강이 위협을 받을 수 있다.

6) 정재(正財)

四柱中에 正財多면 꼼꼼하게 행동하려다 신경이 과민해진다. 신경이 예민해져 신경계, 간장, 심장에 이상이 있게 된다. 그러한 과정에서 빈혈도 일어난다.

7) 편관(偏官)

四柱中에 偏官多면 일간(日干)이 극(剋)을 받아 반역적 성격을 갖게 된다. 과격(過激)하게 행동하다 인간관계 투쟁다(鬪爭多)라, 타인과 쟁투하다 각종 사고 발생한다. 과격한 성질대로 과음하다 위장질환 갖게 된다.

日干을 도와주는게 없으면은 신체허약 하겠구나. 男子는 자식관계 복잡하여 스트레스, 노이로제요, 女子는 이성관계 혼란하여 정신 건강에 위험이라. 신체가 허약한 자는 과로

(過勞)를 삼가하여 건강을 지키도록 해야 한다.

8) 정관(正官)

四柱中에 正官多면 제반사에 과로할 일 많아져서 스트레스, 불면증 등이 발생한다. 이로 인해 위장질환의 위험이 도사린다.

9) 편인(偏印)〈도식(倒食)〉

四柱中에 偏印多면 현실도피적 사고방식 갖게 되고 우울한 일 많아진다. 이로 인해 신경성 소화불량, 정신적 노이로제등의 위험이 있다. 주의하라. 女子는 부인과 계통에 신경써야 한다. 대체로 건강에 주의를 기울이며 생활해야 한다. 유행성 질환을 특히 조심하라.

10) 정인(正印)〈인수(印綬)〉

사주중(四柱中)의 인수성(印綬星)은 길성(吉星)이다. 이 성(星)과 음양오행(陰陽五行)이 조화(調和)의 관계(關係)를 형성하면 건강(健康)하게 장수(長壽)한다. 그러나 이 星이 많은 경우에는 음양오행이 복잡해져 문제가 발생한다. 특히, 신경성 위장질환에 걸릴 위험이 있다. 감기 등 유행성질환을 주의해야 할 경우가 많이 발생한다. 女子는 부인과 계통이 약하다. 주의해야 한다.

이 십신성(十神星)의 특성을 안 이후에 그에 맞게 대응하라.
사주음양오행(四柱陰陽五行)과 십신(十神)의 구성을 보고 태과(太過)한게 있으면 억제(抑制)시켜라. 적은게 있으면 생(生)해 주어라.
四柱陰陽五行의 조화(調和)에 도움을 주는 운동(運動)을 하고 음식(飮食)을 섭취하고 약(藥)을 써라. 사주음양오행이 調和로우면 人体陰陽五行이 調和롭게 된다. 인체음양오행이 조화의 관계를 형성하게 되면 인체가 건강(健康)해진다. 건강과 질병이란게 인체음양오행의 조화여부(調和與否)에 관련이 있게 때문이다.

이와같이 사주음양오행의 구조에 따라 운명로선(運命路線)에 따라 인체(人体)는 강(强)하게 약(弱)하게 된다. 그러므로 우리는 질병을 예방하고 건강을 유지·증진시키려면 제일 먼저 사주음양오행구조부터 살펴야 한다. 그리고 음양오행의 이치(理致)에 따라 행동해야 한다. 이것이 운명개척(運命開拓)의 도(道)이고 법(法)이다. 이 점을 소홀히 하지 말라. 그러면 순탄하고 건강하게 살아가게 될 것이다.

제2장 양생(養生)과 음양오행(陰陽五行) (음양오행 양생법)

정신(精神)을 맑고 깨끗하게 하라. 욕심을 적게 하고 착한 마음을 가져라. 그래야 심기(心氣)가 편안해져 인체가 안정된다.

추위와 더위 등 사시음양(四時陰陽)의 변화(變化)에 적응하라. 극기력(克己力)을 길러라. 그래야 인체의 면역력(免疫力)이 증대된다.

근심과 걱정이 없게 하라. 성내지 마라. 마음을 즐겁게 하라. 마음을 비우고 생각을 단순하게 하라. 마음을 편안하고 깨끗하고 고요하고 맑게 하라. 그러면 신(神)이 안정되어 오장육부(五臟六腑)가 편안해질 것이다.

희(喜), 노(怒), 사(思), 비(悲), 우(憂), 공(恐)을 지나치게 하지말고 잘 조절하라. 그러면 오장육부가 편안해지고 인체(人体)에 생기(生氣)가 보존될 것이다.

운동(運動)을 하여 기(氣)를 기르고 호흡조절을 잘하여 기(氣)의 소통(疏通)을 원활하게 하라. 천지(天地)의 정기(精氣)를 흡수하고 보존하라. 식사는 정해진 시간에 하라. 음식은 단맛, 쓴맛, 신맛, 짠맛, 매운맛 등 음양오행의 기미(氣味)가 고르게 들어 있는 것으로 하라. 신약사주(身弱四柱)인 경우에는 이점을 특히 고려해야 한다.

노동(勞動)과 휴식(休息)을 적절히 조화(調和)시켜라. 노동과 휴식인 동(動)과 정(靜)을 적당히 하면 인체음양오행(人体陰陽五行)의 생기(生氣)가 증대된다.

운동(運動)을 적당히 하면 기혈(氣血)의 순환(循環)이 촉진(促進)되고 체력(体力)이 강화되어 항병능력(抗病能力)이 증대된다.

일과 휴식을 적절히 조화시키면 정신(精神)과 형체(形体)가 길러진다. 정(精)·신(神)·기(氣)가 맑고 깨끗하게 보존되면 인체음양오행의 생기(生氣)가 증강된다.

거처(居處)를 편안하게 하라.

거처는 밝음과 어두음 즉 음(陰)과 양(陽)이 조화(調和)되게 하라. 거처는 화려하거나 복잡하지 않고 검소하고 소박하게 해야 좋다. 잠을 잘때에는 머리를 동(東)쪽으로 하고 주위를 어둡게 하라. 그래야 동방목기(東方木氣)와 음기(陰氣)를 잘 흡수하여 몸안에 저장할 수 있다. 공기의 순환이 자유자재로 될 수 있게 하라. 그래야 기(氣)의 흐름을 잘 조절할 수 있다.

말을 많이 하거나 큰 소리를 자주하면 내기(內氣)가 약화(弱化)되니 주의하라. 색욕(色欲)이 지나치면 정기(精氣)가 약화(弱化)되니 이를 경계하라.

음식을 잘 섭취(攝取)하여 기(氣), 정(精), 혈(血)을 양성(養盛)하라. 음식은 계절오행과 오미오행(五味五行)〈甘·苦·酸·辛·鹹〉을 조화시켜서 하라. 춘목(春木)에는 신맛과 단맛, 하화(夏火)에는 쓴맛과 매운맛, 추금(秋金)에는 매운맛과 신맛, 동수(冬水)에는 짠맛과 쓴맛을 조화시켜야 한다. 그리고 체질음양오행(体質陰陽五行)과 조화(調和)의 여부(與否)를 살피며 음식의 맛과 양을 조절한다. 즉 인체를 기준으로 부족한 오행을 보충해주는 음식을 위주로 한다.

비위(脾胃)를 보호해야 한다. 비위가 오행상(五行上) 토(土)로서 인체(人体)를 기르는 어머니(母)요, 인체의 중심(中心)이기 때문이다. 음식을 적당히 따뜻하게 섭취하면 비위(脾胃)가 편안해진다.

그러면 비위(脾胃)가 음식물(飮食物)을 수곡(水穀)의 정기(精氣)로 변화시켜 인체를 자양(滋養)할 수 있게 된다.

정(精), 신(神), 기(氣), 혈(血)은 인체(人体)를 보호하고 유지시키고 기르는 중요한 요소이다.

정(精)을 기르려면 색욕(色欲)을 경계해야 한다. 신(神)을 기르려면 마음을 깨끗하고 맑게 해야 하고 생각을 올바르게 해야한다. 기(氣)를 기르려면 음식을 잘 섭취하고 운동을 적당히 하여야 한다. 이들 精·神·氣·血은 상호 의존의 관계에 있다.

정(精)이 충만(充滿)하면 氣가 강화된다. 氣가 강화되면 神이 안정된다. 精氣神이 강건해지면 인체음양오행의 생기(生氣)가 강화되어 인체가 강건해진다.

인체는 그 자체가 음양오행(陰陽五行)이다. 인체의 각 부분은 음양오행처럼 상생상극(相生相剋)하며 연결 관계를 형성하고 있다. 그러므로 인체는 음양오행으로 된 천지자연(天地自然)과 분리될 수 없는 관계를 갖게 된다.

인간은 자연계속에서 살며 기후, 환경 등 자연계음양오행의 변화에 적응해야 한다. 그뿐 아니라 자연계속에서 나오는 음양오행의 성질을 지닌 음식물을 먹어야 한다.

자연계는 음양오행의 이치(理致)에 따라 운동(運動)과 변화(變化)를 하며 인체에 압력을 가한다. 이들중 춘목(春木), 하화(夏火), 추금(秋金), 동수(冬水)등 계절음양오행(季節陰陽五行)이 인체(人体)에 가장 영향을 많이 준다. 음식물들은 人体에 들어가 인체음양오행과 상생상극(相生相剋)하며 인체의 생기(生氣)를 강(强)하게 약(弱)하게 한다.

사람은 천지(天地)의 기(氣)를 받고 태어난다. 천지변화(天地變化)의 기운(氣運)과 음식물의 기미(氣味)를 흡수하며 살아가는 생명체(生命体)라 말할 수 있다.

이들 사람, 천지의 기(氣), 음식물들은 모두 음양오행으로 되어 있다. 이들 음양오행은 상호연계 관계를 가지며 끊임없이 쉬지 않고 상생상극(相生相剋)한다. 그러므로 건강(健康)하게 장수(長壽)하려면 인체와 천지와 음식물의 음양오행이 어떠한 관계를 가지고 있는가를 살펴보고 그에 대응해야 한다.

인간은 생명체(生命体)이기 때문에 움직인다. 생명체란 움직임을 가져야 존재가 가능하다. 인간도 생명체이므로 운동을 하여야 생명활동을 유지할 수 있다. 움직이면 소화가 잘 되고 氣血의 순환이 촉진되어 인체가 건강해진다.

동(動)과 정(靜)을 적절히 조화시켜라. 그러면 인체음양의 생기(生氣)가 증강된다. 動과 靜이란 운동과 휴식이다. 음양상으로는 양(陽)과 음(陰)이다.

운동과 휴식을 적절이 하면 인체의 생기음양(生氣陰陽)이 균형적으로 증진된다. 이 경우에는 적절한 음식의 섭취가 중요하다. 생기(生氣)의 음양(陰陽)이 팽팽히 상호균형적 관계를 이루면 외계(外界)에 대한 적응능력(適應能力)과 사기(邪氣)에 대한 방어능력(防禦能力)이 강화되어 질병(疾病)에 걸리지 않는다.

인체의 생기음양(生氣陰陽)의 균형(均衡)에 영향을 주는 것은 자연계(自然界)의 음(陰)과 양(陽)이다. 자연계속에서 나는 음식의 오미(五味)와 계절(春夏秋冬)·기후 등 오기(五氣)가 人体의 생기음양오행변화(生氣陰陽五行變化)에 관여하고 있다. 그러므로 건강 하려면 인체가 음식의 五味를 적절히 공급받아야 하고, 하늘의 五氣를 적절히 흡수해 활용할 수 있어야 한다. 인체의 생명활동(生命活動)은 체내(体內)의 음양오행(陰陽, 氣血, 臟腑 등)에 의지한다. 그러므로 건강하게 장수(長壽)하려면 체내(体內)의 생기음양오행(生氣陰陽五行)이 균형적 생극관계(均衡的 生剋關係)를 항상 형성하게 해야 한다.

인체가 건강하려면 생기음양(生氣陰陽)이 평형(平衡)의 관계(關係)를 조화(調和)롭게 이루어야 한다.

인간은 자연계에 살며 자연계속에서 나는 음양(陰陽)의 성질을 지닌 것을 음식으로 한다. 즉, 인간은 시시각각(時時刻刻)으로 변화하는 천지음양(天地陰陽)의 기(氣)를 받지 않을 수 없게 된다. 이와같으므로 인간은 천지음양(天地陰陽)의 변화에 적응하지 않으면 안된다.

계절음양의 변화에 순응하며 음과양을 길러라. 봄과 여름에는 양(陽)을 기르고 가을과 겨울에는 음(陰)을 길러 인체의 생기음양(生氣陰陽)을 강화하라. 그러면 쉽게 음양의 평형이 깨어지지 않아 (抗病能力도 강화된다) 인체가 강건해지게 된다.

양기(陽氣)란 그 뿌리가 음(陰)이다. 그러므로 춘(春)과 하(夏)에 陽氣를 기르려면 시원한 것과 차가운 것을 먹어야 한다. 음양오행구분도표를 보면 우리는 춘하(春夏)에 어떤 것을 먹어야 좋은 가를 쉽게 알 수 있다.

추동(秋冬)에는 따뜻한 것과 뜨거운 것을 먹어야 음기(陰氣)가 보호되고 길러진다. 음기(陰氣)란 그 뿌리가 양(陽)이기 때문이다.

이와같은 것들은 만인에게 일반적으로 적용되는 것들이다. 각 개개인들은 각자의 체질음양오행(体質陰陽五行)의 구조를 보고 이에 대응해야 좋다. 인체(人体)가 한냉(寒冷)하면 뜨거운 여름(夏)이라해도 따뜻한 것을 먹는다. 서늘하고 차가운 것은 가급적 적게 먹어야 좋다. 춘(春)에는 생(生)을 기른다. 하(夏)에는 장(長)을, 추(秋)에는 수(收), 동(冬)에는 장(藏)을 기른다. 이렇게 하면 인체음양(人体陰陽)의 생기(生氣)가 강화될 것이다.

사람이 나이가 들면(40才이후부터) 음기(陰氣)와 양기(陽氣)가 쇠약해진다. 그러므로 평소에 끊임없이 생기음양(生氣陰陽)을 보호하고 길러야 한다.

생기음양(生氣陰陽)의 평형조화(平衡調和)의 힘이 강화되도록 노력하라. 생기음양의 평형조화의 힘은 개개인의 사주음양오행구조(四柱陰陽五行構造)에 따라 다른 경우가 많다. 그러므로 자음(滋陰)·보양(補陽)·보기(補氣)시 이점도 참고해야 한다.

인체의 陰氣와 陽氣는 상호의존적 관계에 있는 생명물질(生命物質)이다. 음(陰)이 약화되면 陽이 손상(損傷)된다. 그러므로 補陰을 하려면 補陽을 하여야 한다. 補陽을 하려면 補陰도 하여야 효과가 있다. 陰은 陽中에서 구하고 陽은 陰中에서 구해야 한다.

과로(過勞)하지 말라. 과로는 인체의 陰陽과 氣血을 손상시킨다. 지나친 희로애락(喜

怒哀樂)은 생기음양오행(生氣陰陽五行)을 손상시켜 이들의 평형(平衡)과 순환(循環)을 깨뜨릴 수 있으니 삼가라.

갑자기 성내지 마라.

지나치게 즐거워하거나 기뻐하지 마라. 이들을 주의하면 人体陰陽의 生氣가 보존될 것이다.

마음을 비워라. 욕심을 적게 하라. 그러면 陰陽의 生氣가 길러질 것이다.

음식은 적당한 시각에 적당하게 섭취하라. 그러면 음양생정기(陰陽生精氣)가 튼튼해지게 될 것이다.

음식을 섭취할 경우에는 음식물음양오행을 보고 음양오행이 고르게 분포하게 하라. 이러한 경우에는 체질의 음양오행도 고려한다. 체질이 뜨거우면 뜨거운 음식을 피하고 서늘한 음식물을 먹어야 할 것이다. 이 경우에도 음양오행구분도표를 활용하면 좋을 것이다.

생명(生命)의 근원(根源)은 水이다. 생명체는 수(水)로부터 탄생한다. 인체(人体)의 水는 정(精)이다. 그러므로 정수(精水)는 인체생명활동의 근원이 된다. 정수(精水)는 신(腎)으로부터 나온다. 그러므로 인체를 건강하게 하려면 신정(腎精)을 보(補)해야 한다.

정(精)을 보호하라.

정(精)이 충만(充滿)하면 신(神)이 강건해진다. 신정(腎精)을 보호하려면 욕망(欲望)을 절제해야 한다.

절욕(節欲)을 하라. 절도있는 생활을 하라. 색욕(色欲)을 경계하라. 음(陰)과 양(陽)을 잘 보양(補養)하되 음양(陰陽)의 생기(生氣)가 평형(平衡)을 이루게 하라. 陰이 약(弱)하면 陽中에서 陰을 구하고 陽이 약하면 陰中에서 陽을 구하면서 허(虛)를 보(補)한다.

비위(脾胃)를 보(補)하라. 비위가 土로서 오장육부(五臟六腑)의 어머니요, 후천의 근본이기 때문이다. 脾胃가 조화로와야 음식물을 통해 정기(精氣)를 흡수할 수 있다. 음식물의 곡기(穀氣)를 잘 흡수해야 인체(人体)가 기혈(氣血)을 증강시킬 수 있다.

인체(人体)는 곡기(穀氣)를 통하여 양육(養育)된다. 그러므로 음식물을 소화시켜 氣血을 생화(生化)시키는 脾胃를 중시해야 한다.

人体는 수곡정미물질(水穀精微物質)에 의해 의지한다. 그러므로 脾胃가 건강해야 인체가 튼튼해진다. 비위가 원기(元氣)를 생성(生成)케 하며 인체건강의 밑바탕 역할을 하니 비위를 조양(調養)해야 한다. 脾胃를 튼튼하게 하려면 과로(過勞), 과욕(過欲), 과식(過食), 과음(過飮)을 하지말고 복부(腹部)를 따뜻하게 해야한다. 오미(五味)가 조화(調和)하는 음식을 적당히 섭취(攝取)해야하고 적당히 운동을 하여 기혈(氣血)의 순환(循環)을 원활하게 해야 한다.

천지자연(天地自然)에 순응(順應)하라. 음양오행(陰陽五行)으로 구성 된 사시기후(四時氣候)등 자연계는 끊임없이 상생상극(相生相剋)하면서 변화한다. 춘온목(春溫木), 하열화(夏熱火), 장하습토(長夏濕土), 추조금(秋燥金), 동한수(冬寒水) 등 계절음양오행은 상생상극하며 음양오행으로 된 人体와 생극(生剋)의 관계를 이룬다. 기후(氣候)가 변화(變化)하면 自然界의 陰陽五行이 변화하고 자연계의 음양오행이 변화하면 인체의 음양오행이 변화의 압력을 받는다. 이 경우에 人体는 균형적인 음양오행의 관계를 유지하려고 생리활동(生理活動)을 변화시킨다.

그러나 기후의 음양오행이 너무 강력한 세력을 형성하고 있으면 인체는 생리활동의 변화만으로서는 기후음양오행의 압력을 막아낼 수 없게 된다. 기후음양오행의 자극을 받아 인체음양오행의 균형이 파괴되면 질병이 발생한다. 그렇지만, 약물(藥物), 음식(飮食), 운동(運動)등으로 기후음양오행의 압력을 막아내거나 이겨내 인체음양오행을 균형화시키면 인체는 다시 정상화 된다.

인체가 강건(强健)하면 자연기후변화의 음양오행이 인체음양오행의 균형을 파괴하지 못한다. 인체가 강건하려면 人体陰陽五行의 生氣가 균형적(均衡的)으로 강(强)해야 한다. 그러므로 인간은 항상 인체음양오행의 生氣를 강화(强化)시키기 위한 노력을 하지 않으면 안된다.

오미(五味)가 조화(調和)된 음식을 적절히 먹어라. 운동을 적절히 하고 호흡조절을 잘하라. 그러면 천지음양오행(天地陰陽五行)의 生氣를 人体에 흡수할 수 있다. 천지음양오행의 生氣가 인체에 흡수되어 충만(充滿)되면 인체음양오행과 천지음양오행이 조화(調和)의 관계를 형성한다. 그러면 인체음양오행의 생기가 균형적으로 증진되어 인체가 건강해진다.

자연(自然)에 순응하라. 춘하추동(春夏秋冬)등의 계절(季節)에 순응하라. 그래야 人

体를 건강하게 할 수 있다. 춘목(春木)에는 목양기(木陽氣)가 상승하니 맑은 물가와 초목(草木)을 가까이 하라. 솟아오르는 초목의 生氣를 흡수하면 人体의 生氣도 증강된다.

맑은 물과 초목을 가까이 하면 거기에서 솟아나는 수기(水氣)와 목기(木氣)와 청기(靑氣)와 생기(生氣)를 흡수할 수 있어 인체의 건강이 증진된다.

봄철의 음식은 서늘하고 부드러운게 좋다.

하(夏)에는 만물(萬物)이 번성한다. 화열(火熱)이 강(强)하니 서늘한 것으로 열기(熱氣)를 식혀야 한다. 그러나 지나치게 차게하면 水와 火가 격돌하여 인체음양오행이 압력을 받을 수 있으므로 주의하여야 한다. 특히 음한체질(陰寒体質)인 경우에는 너무 차게 하여 먹어서는 안된다.

장하(長夏)에는 습(濕)하니 주위를 깨끗하게 해야 한다.

추계(秋季)에는 금기(金氣)가 지배하니 맑게 하여 폐금(肺金)을 건강하게 해야 한다. 환경이 싸늘하고 쓸쓸하니 심신(心身)을 편안하게 해야 한다. 금기(金氣)가 조(燥)하니 윤(潤)한 음식이 좋다.

동계(冬季)에는 수기(水氣)가 강성(强盛)하여 기후가 한냉(寒冷)하다. 만물(萬物)은 저장된다. 한냉수기(寒冷水氣)를 막고 인체를 따뜻하게 하여 기후에 적응한다. 따뜻한 음식물을 먹어 음정(陰精)을 저장하며 동(動)·정(靜)을 적절히 하여 양기(陽氣)를 보호한다. 동계(冬季)의 수기(水氣)가 인체의 火氣를 剋하면서 약화(弱化)시키니 따뜻한 음식과 고미(苦味)의 음식으로 인체의 火氣(心氣)를 조양(調養)해야 한다. 따뜻한 옷과 음식이 아주 좋다.

하루중 인묘진시(寅卯辰時)에는 목양기(木陽氣)가 생(生)하고 사오미시(巳午未時)에는 양화기(陽火氣)가 성(盛)하고 신유술시(申酉戌時)에는 금기(金氣)가 지배하고 양화기(陽火氣)가 수렴(收斂)한다. 해자축시(亥子丑時)에는 양화기(陽火氣)가 장(藏)하고 수기(水氣)가 지배한다. 즉, 하루중 寅卯辰時는 春에 해당하고 巳午未時는 夏, 申酉戌時는 秋, 亥子丑時는 冬에 해당한다. 그러므로 일찍자고 일찍 일어나야 자연에 순응할 수 있다.

아침식사는 쌀밥, 국물, 야채등 부드럽고 소화 잘되는 것을 가볍게 하는게 좋다. 자극성 있는것, 찬것, 생(生)것, 딱딱한 것, 기름기 많은것, 무거운 것등은 피하는게 좋다. 아침식사의 주목적은 오장육부의 공간을 채워 인체음양오행이 균형적 관계를 끊임없이 하게 하는데 있다.

점심은 오미(五味)가 조화되고 영양이 풍부한 것으로 적당히 골고루 한다. 식후(食後)에는 120보 정도 천천히 산보하여 음식물이 잘 소화되게 한다. 뛰거나 급하게 행동해서는 안된다. 한낮에는 약간의 수면과 휴식이 좋다. 일과 휴식은 적절히 조화시켜야 하고 정신과 육체는 간격을 두고 적절히 움직여야 건강에 좋다.

저녁식사는 음식물음양오행과 영양성분등을 고려하여 골고루 섭취한다. 식사는 너무 늦게 하지말고 밤늦게는 무거운 음식을 먹지 않는다.

일과 운동과 휴식을 가볍게 하여 음식물을 소화시킨 후 잠을 잔다. 잠을 잘 자야 인체에 음양오행의 生氣가 저장된다. 시간대중 해자축시(亥子丑時)는 인체에 음양오행의 生氣가 저장되는 중요한 시간대이다.(이때에는 깊은 잠에 들어있어야 좋다)

이러한 점을 알고 자연에 순응하여 생활하면 건강하게 장수하게 된다.

천지음양오행기(天地陰陽五行氣)의 변화에 순응하라.

천지음양오행의 氣는 음양오행의 이치대로 생극관계(生剋關係)를 형성하며 음양오행으로 된 인체에 영향을 준다. 천지음양오행의 氣는 인체음양오행생기(人体陰陽五行生氣)와 상생상극관계를 형성하며 인체에 유리하게 불리하게 작용한다.

천지음양오행기가 인체음양오행생기와 조화(調和)의 관계를 형성하면 人体가 강건해진다. 하지만 이들이 不和하면 인체음양오행생기의 균형이 파괴되어 질병이 발생(出)한다. 그러므로 인체를 건강하게 하려면 천지음양오행이 인체음양오행에 유리하게 작용하도록 해야 한다.

천지음양오행변화에 순응하면 인체는 음양오행생기를 유리하게 강화시킬 수 있다.

밤에는 잠을 자라.

밝은 낮에는 일을 하라.

일을 하였으면 반드시 쉬어라.

먹을 때는 먹어라.

배설할 때는 배설하라.

그래야 인체음양오행이 천지음양오행과 조화의 관계를 형성할 수 있다.

천지음양오행과 인체음양오행이 조화의 관계를 이루면 인체음양오행의 생극관계가 질서정연하게 변화할 수 있어 인체가 건강하게 된다. 법과 제도, 규율과 규칙 등이 없거나 제대로 지켜지지 않을 때 사회가 병들 듯이 인체도 일정한 규칙과 규율이 없거나 깨어질 때 병이 드는 것이다.

인체를 건강하게 하려면 천지자연에 순응해야 한다. 왜냐 하면 인간이 천지자연속에서 생겨나 천지음양오행의 氣를 흡수하고 이들의 변화에 따라 움직여야 하고 이들과 분리 되어서는 음양오행의 生氣를 얻을 수 없기 때문이다. 그러나, 이를 모르고 인간은 과학 기술을 발전시켜 환경의 파괴와 오염을 가속화시켰다. 그 결과로 이상기후(異常氣候)등 천지자연 음양오행 변화의 질서가 흐트러지고 있다. 이것은 인체음양오행의 변화질서를 깨뜨리며 인체에 위협을 가하고 있다. 그러므로 자연환경을 보살펴야 한다. 그래야 인류 는 그 자신들을 보호할 수 있다. 이러한 선행적 노력없이 의학을 발전시켜 질병을 방어 하고 치료하려한다면 그것은 땜질식 치료와 예방이 될 것이다.

과학기술이 발전하기 이전에는 그리 많은 약이 필요치 않았다. 의학발전의 속도 만큼 이나 질병이 많아지는 것은 인간이 만들어낸 과학기술의 대량적 환경파괴에 기인한다함 을 잊어서는 안된다.

환경을 보호해야 인류를 보호할 수 있다. 천지자연계(공기, 햇빛, 초목, 물 등)에서 솟 아나오는 천지음양오행생기(天地陰陽五行生氣)가 인체에 얼마나 유익하게 작용하고 있 는가를 인류는 아직 의식하지 못하고 있다. 환경이 탁(濁)하면 그 어디에서도 천지의 맑 은 기운을 심호흡할 수 없다. 심호흡은커녕 코를 막아야 한다. 그러므로 환경을 치유(治 癒)하고 보존하고 가꾸어야 질병의 뿌리를 제거할 수 있고 인체를 건강하게 할 수 있어 인류를 보존할 수 있는 것이다.(환경에 관한 것은 "세계대예측"에서 기술하였으니 참고 하기 바란다.)

우리는 과학기술이 파괴한 환경속에서 지금 이순간 살지 않으면 안될 처지이다. 그러 한 복잡한 환경속에서 살아남아야만 하니, 우리는 우선적으로 불가피하게 이러한 환경에 적응하는 방법을 모색하지 않으면 안된다. 하루아침에 그 환경을 복원(復元)해놓을 수는 없기 때문이다.

꽃을 가꾸고 정원에 나무를 심고 초목을 가까이 하고 맑은 시냇가를 거닐고 음악을 듣는 것등을 하면 인체가 건강해진다. 그러나 이렇게 할 수 있는 사람들은 그리 많지 않 다. 팔자 좋은 사람들이나 할 수 있는 방법이다.

우리 가까이에는 푸른 초목이 없다. 맑은 물도 흐르지 않는다. 매일 우거진 초목이 있는 곳, 맑은 물이 있는 곳을 찾아 휴식만을 하며 살아갈 수도 없다.

그러므로 지금 우리는 현재에 놓여있는 환경에 적응하는, 황무지나 늪에서 사는 잡초들의 생명력을 배우지 않으면 안된다. 그러기 위해서는 강인한 적응력과 체력을 가진 사람으로 변화되지 않으면 안된다. 적어도 파괴된 환경이 복원되어 천지음양오행이 맑아져 질서정연하게 순환될 때까지....

우리는 과거보다도 더욱더 강한 체력을 만들어 놓아야 한다. 강한 체력은 인체음양오행의 生氣가 균형적 관계를 형성하며 강력할 때 형성된다. 그러므로 生氣를 얻도록 100배, 1000배의 노력을 하지 않으면 안된다.

건강할 때 인체의 저항력을 높이기위해 운동을 하고 골고루 음식을 섭취하라. 술을 적당히 마시고 담배를 안피우고 잠을 적당히 자고 적당히 지혜롭게 일하고 쉬어라. 건강하다하여 건강을 과신하지 말라. 신약(身弱)하다하여 체념하지 말라. 얽히고 섥혀있다해도 포기하지 말라. 미래에 대한 희망을 갖고 운명로선(運命路線)을 살피며 대응하라.

모든 해결의 실마리가 들어있는 사주음양오행구조(四柱陰陽五行構造)와 운로(運路)를 살펴 적절히 대응하라.운로를 모르면 미래에 대한 설계나 좌표설정을 하기 어렵다. 일정한 규칙과 규율을 만들기가 쉽지 않다. 좌표도 없이 무작정 이 길고도 짧은 인생을 항해할 수 없으니 이점을 주의해야 한다.

질병이란 인체음양오행의 生氣가 약화되어 균형이 파괴될때 발생한다. 이 인체음양오행은 내부적인 것뿐만 아니라 주변의 환경, 천기(天氣), 지기(地氣) 저하늘의 별들등이 변화하며 관여하고 있다. 그러므로 우리인간이 살아남으려면 균형적 관계를 가진 음양오행의 강한 생기(生氣)를 지니기 위해 부단히 노력하지 않으면 안된다.

초목(草木)의 어린 싹이 춘목기(春木氣)를 받고 솟아나 생기(生氣)가 넘치듯이 젊으면 젊을수록 사람의 인체에는 生氣가 가득하다. 생정기(生精氣)가 넘쳐 밖으로 흘러 나올 정도이다. 성질급한사람은 방사(房事)를 하기까지 한다. 그러나 나이가 들어 늙으면 늙을수록 가을과 겨울의 차가운 날씨처럼 인체에 生氣가 줄어든다. 아무리 좋은 것을 먹어도 신체의 기능이 강화되지 않는다. 즉, 인체는 계절처럼 가을과 겨울을 맞이하게 된다. 이것을 人体의 生氣가 서방으로 넘어가는 자연적(自然的) 노화현상(老化現象)이라 한다.

그러나, 人体陰陽五行生氣의 보존과 절약·축적에 힘쓰면 이것의 속도를 줄일 수 있다.

노화(老化)란 어떤 것인가? 노화는 人体의 生氣가 서녘하늘로 기울어 가기 때문에 일어나는 자연현상이다. 인체가 늙는 것은 천지음양오행이 인체음양오행에 오랜세월동안 자극을 주고 하늘의 별들이 오랜기간동안 자전과 공전을 되풀이 하면서 인체에 자극과 영향을 주어 발생한다. 그러므로 천지음양오행변화(天地陰陽五行變化)의 규율과 별들의 움직임을 잘알면 노화를 지연케 할 수 있는 것이다.

천지음양오행의 변화, 별들의 운동 등을 반영한 게 바로 사주음양오행이다. 그러므로 사주음양오행구조가 양호하면 나이가 들어도(비록 겉은 풍수, 햇빛등에 그을려 늙어보여도) 인체음양오행의 生氣가 보존되어 건강하게 되는 것이다. 그러므로 사주음양오행구조를 우리는 주의깊게 살피지 않으면 안된다.

정신과 육체는 그 자체가 음양오행의 氣와 음양오행의 형(形)이다. 그러므로 이들은 상생상극(相生相剋)의 관계를 형성한다. 육체가 정신의 형(形)이어서 정신은 육체를 의지하게 된다. 그러므로 육체가 없으면 정신이 존재하지 못하게 된다. 이들 정신과 육체는 상생상극하며 영향을 주고 받는다.

희노애락(喜怒哀樂)을 조화(調和)롭게 해야 정신이 건강해진다. 마음을 평안하고 즐겁게 하면 心이 양성(養盛)되고 心이 양성되면 정신이 보호된다. 정신이 보호되어 안정되면 오행장부(五行臟腑)가 평안해져 인체에 生氣가 강화된다.

희(喜)・노(怒)・비(悲)・우(憂)・공(恐)을 잘 조절해야 인체음양오행의 生氣가 손상되지 않는다. 희노애락의 조절은 마음과 정신이 한다. 그러므로 인체를 건강하게 하려면 마음을 넓게 즐겁게 해야하고 정신을 기쁘고 평안하게 해야 한다. 이러한 것들은 인체음양오행으로 하여금 균형적 생극관계를 가지면서 운행되게 한다.

정지활동(情志活動)을 정상적으로 해야 심신(心身)이 건강해진다. 정신활동을 주관하는 장기(臟器)는 심(心)이다. 心은 情志活動을 만들고 정신의식을 주재(主宰)한다.

心은 五行上 火로서 상생상극(相生相剋)의 관계에 있는 인체음양오행에 영향을 준다. 그러므로 심화(心火)가 動하면 木火土金水 인체음양오행장부의 균형이 깨어져 인체에 질병이 발생하게 되는 것이다. 특히 희(喜)・노(怒)・사(思)・우(憂)・공(恐) 등은 심화(心火)에 영향을 가장 많이 준다.

정지활동(情志活動)인 喜・怒・思・憂・恐과 심(心)・간(肝)・비(脾)・폐(肺)・신

(腎)등의 장기는 상호영향을 주고 받는다. 정지활동이 지나치면 인체음양오행의 生氣가 약화되거나 파괴될 것이고 정지활동이 정상적이면 장부음양오행이 크게 변하지 않고 정상적이 된다.

심(心)은 정신을 주관(主管)하고 精神은 정지활동(情志活動)을 하게 한다. 정지활동을 지나치게 하면 心火가 動하게 된다. 心火가 動하면 이와 생극(生剋)의 관계에 있는 다른 오행장부(五行臟腑)가 動한다. 이것이 지나치면 인체음양오행의 기(氣)가 약화되고 균형이 파괴되어 인체가 비정상적이 된다.

그러므로 정신을 편안하게 하고 마음을 크게하며 정지활동을 정상적으로 해야 인체가 건강하게 보존된다 할 수 있는 것이다.

마음을 맑고 깨끗하게 하고 욕심을 적게하라. 생각을 단순하게 하고 걱정을 적게하고 마음을 안정시켜라. 그래야 진기(眞氣)가 보존되고 혈기(血氣)가 조화로와 진다. 眞氣가 보존되고 血氣가 조화로와지면 인체음양오행의 生氣가 증진된다.

재물(財物)을 적게 탐하고 명예와 이익을 적게 추구하라. 이들의 강약(強弱)은 사주음양오행구조를 보고 결정한다.

색욕(色欲)을 절제해야 氣·精·血이 보존된다. 마음을 비워 맑고 고요하게 하면 신(神)이 길러진다. 神이 길러져 안정되면 인체에 生氣가 강화된다. 인체에 生氣가 강화되면 저항력이 증대되어 인체가 건강해진다.

정지(情志)를 기르려면 다음과 같이 한다. 산수(山水)를 유람(遊覽)하거나 맑은 물과 초목(草木)을 보며 生氣를 흡수한다. 독서를 하고, 유익한 벗과 깨끗한 이야기를 하고 음악을 듣고 시를 지어 읊으며 차를 마신다.

휴일에는 정원에 채소, 꽃, 나무 등을 심고 가꾸며 이들의 성장을 본다. 가까운 친구들과 산수와 초목이 있는 그림을 감상하고 조용한 자연음악을 들으며 이야기한다. 휴일에는 나무, 풀, 꽃, 나비, 물고기, 시냇물 등 자연이 숨쉬는 곳을 찾아 걷는 것도 좋다.

도덕(道德)을 수양(修養)하면 건강에 좋다.

도덕을 수양하면 마음이 깨끗해지고 욕심을 적게하여 정신이 길러지고 정기(精氣)가 보호된다. 여기서 도덕수양(道德修養)이란 인(仁)·의(義)·예(禮)·지(智)·신(信)을 조화롭게 수양(修養)하는 것을 말한다.

오행상 인(仁)은 木, 의(義)는 金, 예(禮)는 火, 지(智)는 水, 신(信)은 土이다. 그 때

문에 도덕을 수양하면 이 목화토금수오행(木火土金水 五行)이 인체의 생기음양오행(生氣陰陽五行)을 강화시켜 주어 인체가 건강해진다.

어진마음(仁)을 가지면 목생기(木生氣)가 안정되고 의로운 마음(義)을 쌓아가면 금생기(金生氣)가 견고해진다. 예(禮)로써 사람을 대하면 사람으로부터 사랑과 공경을 받아 심생기(心生氣)가 증대된다. 지혜(智)로우면 현명하게 행동한다. 자기를낮추고 만족할 줄 알며 참고 양보한다. 만물을 포용하는 낮은 곳에 있는 바다(海)와 같이 되어 수생기(水生氣)가 증대된다. 믿음(信)을 쌓아가면 중심(中心)이 확고해지고 의지할 곳이 있어 토생기(土生氣)가 강화된다.

이들이 중화(中和)를 이루면 인체음양오행의 生氣가 균형적 생극관계를 형성한다. 이仁・義・禮・智・信을 조화롭게 수양하면 인체음양오행의 生氣가 균형적으로 강화되어인체가 건강해지게 된다.

비위토(脾胃土)는 음식물(飲食物)의 곡기(穀氣)로서 정혈(精血)을 기르는데 중요한역할을 한다. 음식물들은 脾胃土를 통해 정미물질(精微物質)로 변화하며 인체에 다음과같은 작용을 한다.

음식물의 氣는 인체음양오행에 관여하며 인체의 정(精)을 기른다. 음식물의 오미(五味)는 인체의 오형(五形)과 오기(五氣) 즉 인체음양오행의 形과 氣를 기르는데 협력한다. 위의 정도는 인체음양오행과 음식물기미(飲食物氣味)가 얼마나 조화하는 가에 달려있다. 음식물기미와 인체음양오행이 부조화(不調和)하거나 음식물기미가 인체음양오행의 균형을 파괴할 정도이면 인체의 精・形・氣가 길러지지 않거나 인체에 질병이 발생한다.

음식과 인체음양오행이 조화(調和)하려면 먼저 음식과 脾胃土가 조화의 관계를 형성해야 한다. 그래야 음식물들이 정미물질(精微物質)로 化하여 다른 인체음양오행으로 순조롭게 운반될 수 있다.

음식물을 섭취(攝取)하려면 음식물기미(飲食物氣味)와 인체음양오행생기(人体陰陽五行生氣)가 얼마나 조화(調和)로운가를 살펴야 한다. 음식물기미등 음식물음양오행이 인체음양오행생기(人体陰陽五行生氣)의 균형을 지나치게 파괴할 정도이면 그 음식물은인체에 맞지 않는다.

체질음양오행(体質陰陽五行)이 음한냉(陰寒冷)한 경우에는 짜고(함 鹹) 한냉(寒冷)

한 음식물은 삼가는 게 좋다. 이 경우의 음식물은 인체음양오행의 生氣를 약화시키고 인체음양오행의 균형을 파괴하여 질병을 발생케 한다.

음양오행구분도표를 기초로 하여 체질음양오행과 음식물음양오행의 관계를 자세히 관찰하라. 인체중(人体中)에서 부족한 음양오행을 보충해 주는 것을 음식물로 선정하여 섭취한다. 그러면 인체음양오행의 生氣가 증진되고 비위(脾胃)가 보호된다. 비위가 보호될 뿐만 아니라 다른 장부의 기능도 활성화되어 건강해진다. 한마디로, 인체음양오행의 生氣를 강화하고 균형화시키는 방향으로 음식물을 선택하여 활용하면 인체가 보호된다 할 수 있다.

음식물은 곡식(穀食), 육류(肉類), 과일, 채소등에서 골고루 얻는다. 주식(主食)과 부식(副食)으로 나누고 개별음식들의 생극(生剋)관계를 고려하며 오미(五味)가 조화되게 한다. 오미(五味)에는 단맛(甘), 쓴맛(苦), 신맛(酸), 짠맛(鹹), 매운맛(辛) 등이 있다. 이 五味는 인체의 음양오행에 관여한다. 단맛은 비토(脾土)에 영향을 준다. 쓴맛은 심화(心火), 신맛은 간목(肝木), 짠맛은 신수(腎水), 매운맛은 폐금(肺金)에 영향을 준다.

이들은 기혈(氣血)의 순환에 관여하고 근골(筋骨)과 피부(皮膚)의 형성에 중요한 역할을 한다. 이들 五味의 음식을 체질음양오행과 연결시켜 섭취한다. 체질음양오행상으로 적은 것은 많이 먹고 많은 것은 적게 먹는다. 그래야 음식물의 음양오행이 인체의 음양오행과 조화의 관계를 형성하고 인체오장육부의 生氣가 강화된다.

오미(五味), 음양(陰陽), 영양소(營養素)등 음양오행이 조화롭게 갖추어진 음식물은 인체의 음양오행에 직·간접적으로 영향을 주어 인체를 유리하게 또는 불리하게 한다. 그러므로 음식물들을 섭취할 경우에는 음식물음양오행이 인체음양오행과 얼마나 조화로운가를 살펴야 한다. 아무리 좋은 음식이라도 체질음양오행과 극도로 상반(相反)하면 인체에 이롭지 못하다.

그렇지만, 체질음양오행과 상반(相反)하는 음식일지라도 그 양을 적게하면 인체는 유익한 것을 얻을 수 있다.

체질음양오행과 상반되는 음식물은 체질음양오행에 크게 영향을 주지 않는 범위내에서 섭취하라. 각 음식물들이 복합적 영양성분을 지니기 때문이다. 체질에 덜 맞는 음식물을 가끔씩 적게라도 섭취하면 영양의 불균형을 막고 음식에 대한 저항력을 기를 수 있다. 그뿐 아니라 인체가 수용(收用)할 수 있는 음식물의 영역을 확대할 수 있어 좋다.

오행(五行)에 음양(陰陽)이 있듯이 오미(五味)에도 음양이 있다. 신맛(酸), 쓴맛(苦), 짠맛(鹹)은 음(陰)에 속하고 매운맛(辛味), 단맛(甘味)은 양(陽)에 속한다. 삼설(滲泄)하는 담백한 맛은 양(陽)에 속한다.

이들 음식물음양오행은 체질음양오행(体質陰陽五行)과 관련을 갖는다. 체질음양오행과 음식물음양오행이 조화의 관계를 이루면 인체음양오행의 生氣가 강화된다. 그렇지 않으면 약화된다.

똑같은 음식을 섭취하는 경우에 어떤 사람은 생기(生氣)를 얻어 활기차게 행동한다. 어떤 사람은 부작용(不作用)을 호소한다. 음식물음양오행이 체질음양오행과 상생상극(相生相剋)하면서 인체음양오행의 生氣를 강하게 약하게 하기 때문이다.

음식물음양오행과 체질음양오행은 때에 따라 조화(調和)하거나 부조화(不調和)한다. 같은 사람이고 같은 음식이라도 어떤때는 몸에 기운을 주고 어떤때는 몸에 이상을 준다. 과로(過勞)를 하거나 잠을 적게 자면 인체음양오행의 生氣가 약화되어 인체는 과거에 쉽게 받아들였던 음식물들을 거부한다. 이와같이 되는 것은 체질음양오행이 때에 따라 강하게 약하게 변화하기 때문이다. 체질음양오행의 변화는 대운·세운음양오행(大運·歲運 陰陽五行)이 바뀔때에 가장 많이 발생한다. 대운·세운음양오행이 변화하면 사주음양오행구조가 변화하고 사주음양오행구조가 변하면 체질음양오행이 바뀐다. 체질음양오행의 변화를 알려면 사주음양오행과 대운·세운음양오행을 연결시키면 된다. 체질(体質)이 변하였으면 변한 체질에 맞는 음식을 선택한다. 때에 따라 체질이 변하므로 때에 따라 음식물도 바꾸어야 한다.

일반적으로 젊으면 젊을수록 人体陰陽五行의 生氣가 몸안에 가득하다. 인체는 웬만한 음양오행구조를 가진 음식물들이 들어와도 그것을 잘 활용한다. 그렇지만 장년기 노년이 되어 인체음양오행의 生氣가 서녘하늘로 기울고 약화되면 음식물음양오행에 민감해진다. 음식물들을 소화·흡수하되 일부분만을 활용한다.

노년기의 사람들이 음식물들을 섭취하면 인체음양오행과 음식물음양오행이 전극(戰剋)한다. 음식물의 기미(氣味)등 음식물음양오행과 투쟁하는 과정에서 골육(骨肉)과 피부(皮膚)가 멍들게 되고 노화(老化)가 진행된다. 그러므로 장년기, 노년기에는 가급적 인체에 부담이 되는 음식을 피하고 인체음양오행의 生氣를 보호하고 증진시켜주는 것을 주로 하여야 한다.

곡류(穀類)와 야채, 과일 등은 기혈(氣血)을 보(補)하고 氣血의 순환을 촉진하며 인체음양오행의 生氣를 강화시켜 준다. 그러나, 육류(肉類)나 기름진 것은 소화, 흡수, 배설되는 과정에서 인체음양오행과 투쟁하며 인체음양오행의 生氣를 약화시킨다.

그러므로 노인들은 녹색야채, 곡류(穀類)등 담백하고 기름기가 적은 것을 먹어야 한다. 소화시킨 후 배설물들이 독(毒)하지 않는 것이 좋다.

흐르는 물은 썩지 않는다. 움직이는 게 생명체이다. 생명체들은 움직임을 통해서 생명활동을 전개한다. 그러므로 오래오래 삶을 유지하려면 움직여야 한다.

동(動)하고 정(靜)하라. 動하면 생명(生命)의 양기(陽氣)가 보존된다. 정(靜)하면 음기(陰氣)가 저장된다. 동(動)과 정(靜)이 균형을 이루게 하라. 動과 靜은 陽과 陰이다. 이 음양이 균형을 가져야 인체음양의 生氣도 균형을 이룬다. 動하면 靜해야 하고 靜하면 動해야 한다. 그래야 陰陽이 평형되어 인체음양오행의 生氣가 강화된다. 인체음양오행의 생기가 강화되면 인체가 건강해진다. 인체가 건강해지면 장수(長壽)하게 된다.

체질(体質)이 열성체질(熱性体質)이면 채소, 과일등 차고 서늘한 것을 음식으로 한다. 맛은 쓴맛, 신맛, 짠맛이 있는 것으로 한다. 음한(陰寒)의 체질이면 후추, 생강, 고추, 마늘, 파등 熱을 내는 음식이 좋다. 맛은 매운맛, 단맛이 좋다. 음양오행구분도표를 참고하라.

노인이나 허약자는 곡식, 채소, 과일, 꿀, 우유, 버터, 치즈 등 소화가 잘되는 것이 좋다. 기름진 것, 향기로운것, 뜨거운 것, 찬것, 날것, 지나치게 자극성 있는 것 등은 그 양을 적게하거나 피하는게 좋다.

음식은 일정한 간격을 두고 정해진 시간에 적당히 먹어야 한다. 너무 자주 먹는 것은 좋지 않다. 한번에 먹는 음식물의 종류는 적당히 해야 한다. 개별음식물들이 상호간에 상생상극하고 있기 때문에 한꺼번에 많은 종류의 음식물을 먹지 않는게 좋다. 영양은 부족해도 안되고 과다(過多)해도 안된다. 음식물의 양은 먹을 수 있는 양(量)의 70%로 하여 위장(胃腸)에 부담이 없게 해야 한다. 갑자기 먹거나 마시지 말라. 밥맛이 좋다고 많이 먹지 말것이며 밥맛이 없다고 굶어서는 안된다. 밥맛이 좋으면 천천히 먹어라. 밥맛이 없으면 씹어서 천천히 먹어야 하고 기력이 회복되면 운동량을 증가시켜 밥맛을 좋게해야 한다. 인체가 건강하면 밥맛이 좋아 입에 넣기만 하면 씹지 않고 우물우물해도 밥이 흐물흐물해진다. 내부에서 이들을 빨아들이는 등 소화, 흡수력이 왕성하게 진행되고 있기 때문이다.

노년기(老年期)에는 육류(肉類)를 줄이고 곡류·채소·과일 등을 주로 먹어야 하나, 한참 자라는 성장기에는 육류섭취량을 증가시켜야 좋다. 육류를 먹지 않고 곡류·채소·과일 등 담백한 것만 먹으면 잘 자라지 않는다.(새등 야생동물들은 새끼들에게 곤충이나 벌레, 고기등을 먹여 빠르게 자라게 한다. 심지어는 쌀을 좋아하는 참새들조차도 새끼들에게는 벌레등 동물류를 잡아먹이고 있다.)

하지만 성장이 다 된 성인(成人)의 경우에는 육류(肉類)를 줄여야 한다. 육류보다는 곡류, 과일, 채소등이 좋다. 肉類는 소화, 흡수, 배설되는 과정에서 기혈(氣血)을 탁하게 하며 오장육부의 生氣를 약화시킬 수가 있다. 곡류(穀類), 채소, 과일 등은 인체에 큰 부담을 주지 않으면서 氣血을 맑게 하고 氣血의 순환을 촉진시키며 인체음양오행의 生氣를 증진한다.(이러하나, 개개인들이 음식물을 섭취하는 경우에 육류, 곡류, 채소, 과일 등의 배분 비율은 개개인의 체질음양오행생기의 강약(强弱)을 고려하여 결정해야 한다. 음식물의 선택에도 보편적인 것과 개별적인 측면이 있는 것이다.)

그럼에도 우리는 다음을 중요시 하지 않으면 안된다.

노년기(老年期)라도 육류(肉類)로 된 탕액즙은 가끔씩 먹어야 한다. 그래야 골육(骨肉)을 보존하고 견고하게 할 수 있다. 육체노동을 하거나 성생활(性生活)을 한 이후에는 육류탕(肉類湯)을 필수적으로 먹어야 원기를 보충할 수 있다. 누구를 막론하고 부부생활을 하게 되면 원기가 소모되고 인체의 음양오행기가 밖으로 나간다. 그러니 그만큼 인체의 生氣가 약화된다. 그러므로 육류(肉類)로 된 탕을 섭취하여 인체음양오행의 生精氣를 불어 넣어 주어야 한다. 그리고 수면을 깊게 하여 천지음양오행의 氣를 보충해야 한다.

이와같이 남녀(男女)의 성관계는 인체에 막대한 영향을 준다. 그렇기 때문에 색욕(色欲)을 삼가고 경계해야 하는 것이다. 건강을 유지하려면 욕망(欲望)을 절제하며 정혈(精血)을 보존해야 한다. 그리고 음식을 적당하게 먹어 氣血을 보양(補養)해야 한다. 음식물의 소화와 수곡(水穀)의 정기(精氣)를 운반하는 장부가 脾胃土이므로 이를 또한 보호해야 한다.

음식은 일정한 간격을 두고 일정한 시간에 먹어야 한다. 하루에 3번이 좋다. 아침은 가볍게 하고 점심, 저녁은 골고루 풍부하게 하라.

음식물을 섭취하는 데에도 음양오행을 고려한다. 음식물중 익혀야 할 것은 잘 익혀 따뜻하게 하여 먹는다. 그냥 먹어야 할 것은 신선한 것으로 한다. 나이든 사람은 가급적 따뜻하게 하여 먹고 찬 것은 삼가한다. 하(夏)에는 열(熱)이 많아 찬 것으로 열을 식혀주어야 하고 찬음식은 적당히 먹어야 한다. 따뜻한 것을 먹는 것도 중요하다. 추동(秋冬)에는 보온(補溫)을 잘하여 인체를 따뜻하게 하고 따뜻한 성질을 지닌 음식을 따뜻하게 먹어야 한다. 이와같이 음양오행을 고려하여 음식물을 섭취하면 인체음양오행의 生氣가 보호되고 인체가 정상적 상태를 유지한다.

음식은 기분좋게 먹어야 한다. 식후(食後)에는 경쾌하고 즐거운 음악을 들으면 좋다. 인체에도 리듬이 있기 때문이다. 식후에는 급하게 행동하지 말고 가벼운 산보를 하라. 120보정도 천천히 걸은 후 안정을 취하면 좋다. 식사후 곧바로 눕거나 급하게 행동하지 말라. 정신적인 자극을 받지도 말아야 한다. 식후에 배를 손으로 아래에서 위로 향해 가볍게 쓰다듬으면 氣血의 순환이 원활해져 소화가 잘된다.

질병을 치료하려면 먼저 음식과 운동으로 한다. 음식치료는 인체에 대한 부작용을 적게 하며 불균형화된 인체음양오행기를 조절하고 정상화시켜 주는 좋은 방법이다. 음식(飮食)이 氣血을 補하고 음양오행의 生氣를 강화시켜 주기도 하기 때문에 더욱더 유용하다.

대개의 음식물들은 독성(毒性)이 없고 한쪽으로 치우치지 않는다. 복합적인 성질을 지닌다. 오랜세월을 두고 사람들이 먹어 온 큰 부작용이 없는 것이기도 하다. 그러므로 큰 부담없이 이들을 약(藥)으로 활용(活用)할 수 있는 것이다.

위급한 질병이 아니면 음식으로 치료한다. 음식으로 치료하려면 다음과 같이 하면 된다.

음식물음양오행과 병증음양오행을 대조한다. 약물음양오행구분도표를 보고 병증의 반대 영역에서 음식물을 찾는다.

약으로 할 음식물은 개개인이 과거부터 먹어온 것 중 부작용이 없었던 것을 제일 우선으로 한다. 그리고 구하기 쉬운 것으로 한다. 체질의 음양오행, 병증의 음양오행, 음식물의 음양오행등을 대조한 후 가장 적절한 음식물을 약(藥)으로 한다.

영양이 부족하여 발생한 질병이면 영양을 보충해주는 음식을 먹으면 된다. 운동이 부족하여 생긴병이면 운동을 하여 기혈(氣血)의 순환을 촉진시키면 된다. 과로(過勞)하여 생긴 병이면 적당한 음식섭취와 휴식을 하면 치료된다. 이 때에 개인의 체질음양오행을 고려한다. 어떤 방법으로의 치료이든 중요한 것은 인체음양오행(人体陰陽五行) 생기(生氣)의 조절(調節) 또는 정상화(正常化), 더 나아가서는 증진(增進)에 있다할 것이다.

제3장 음양오행의 법칙, 오화도(五花圖)

1. 오행(五行)의 자전(自轉)과 공전(公轉)의 법칙

오행은 자전과 공전을 하면서 변화를 추구한다. 오행(五行)의 자전(自轉)이란 오행이 각각 木火土金水의 기(氣)를 지니며 水, 水,→木, 土,→ 火, 木,→土, 金,→金, 火,→水, 水, 등 생극(生剋)의 순서로 변화를 하는 것을 말한다.

木인 경우 크게 보면 그 자체가 木 오행이지만 내부적으로 작은 木, 火, 土, 金, 水,라는 오행의 기(氣)를 지니게 된다. 그와 동시에 水, 水,→木, 土,→火, 木,→土, 金,→金, 火,라는 생극(生剋)의 순서로 변화를 추구하게 된다. 이를 도표에 표시하여 설명하면 다음과 같다.

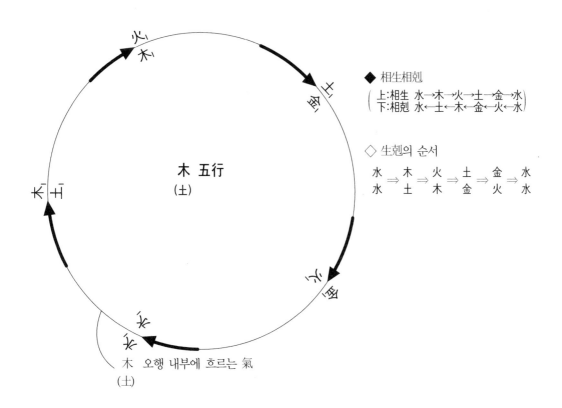

도표에 있는 바와같이 木오행은 그 스스로 음양 木, 火, 土, 金, 水,의 氣를 지님과 동시에 水, 水,→木, 土,→火, 木,→土, 金,→金, 火,→水, 水,의 氣에 이끌리며 변화를 추구한다.

木 오행뿐만 아니라 火, 土, 金, 水의 오행도 이 같은 특성을 갖게 된다.("세계대운명 세계대예측" 참고)

오행의 공전의 법칙

오행은 위와같은 자전적 변화뿐만 아니라 공전적 운동(公轉的運動)도 한다. 오행의 공전(公轉)이란 오행이 자전(自轉)과 동시에 공간(空間)을 이동하면서 변화를 추구함을 의미한다.

木오행은 水, 水,→木, 土,→火, 木,→土, 金,→金, 火,→水, 水, 등의 氣에 이끌리며 자전(自轉)을 하고 火五行으로 공전적 변화(公轉的變化)를 한다. 이를 도표에 나타내면 다음과 같다.

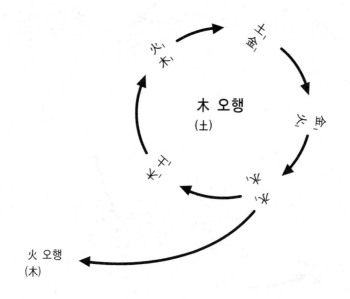

위 도표와 같이 木오행은 水, 水,→木, 土,→ 火, 木,→土, 金,→金, 火,→水, 水,의 변화적 氣에 이끌리어 자전(自轉)하고 木生火하여 火로 변하는 공전(公轉)을 한다.

火, 土, 金, 水의 오행도 이와같은 식으로 자전적운동(自轉的運動)과 공전적운동(公轉的運動)을 한다.

음양 木火土金水오행은 자전과 공전을 아래의 도표와 같이 한다.

五花圖, 智平의 五花圖

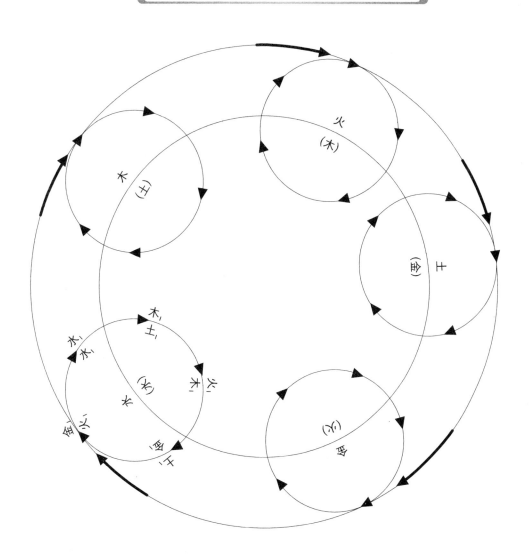

위 도표에 있는 바와 같이 陰陽木火土金水는 스스로 음, 양, 목, 화, 토, 금, 수를 지니고 水, 水,→木, 土,→ 火, 木,→土, 金,→金, 火,→水, 水, 氣의 변화적 힘에 이끌리며 자전과 공전을 되풀이 한다.

위 도표에는 5개의 잎이 있다. 즉 다섯 개의 꽃잎이 있는 꽃이라 할 수 있다. 그래서 이를 오화도(五花図)라 하였다.

음양오행은 무궁무진한 의미가 숨어있는 이 오화도(五花図) 내(內)에서 변화를 추구하고 있다해도 과언이 아니다. 그러므로 이 도표에 기초를 두고 상상의 영역을 넓혀 나가면 개인·가족·국가·세계 등 크고 작은 것, 구체적인것과 추상적인 것등의 변화적 흐름을 훤히 들여다 볼 수 있다.

이 오행의 자전과 공전의 법칙은 한의학의 이론세계와도 밀접한 관련이 있다. 이 오행의 자전과 공전의 법칙을 집약시킨 오화도(五花図)와 음양오행구분도표, 약물음양오행구분도표, 방제음양오행구분도표 등을 상호연결시키면 각각의 해당분야에 대한 미시적(微視的)인 분석(分析)이 가능해진다.

오화도(五花図)와 약물음양오행구분도표를 연결시키면 각 개별 약물의 특성을 보다 미시적으로 알아낼 수 있다.

약물음양오행구분도표상으로 木, 火, 土, 金, 水의 영역에 있는 약물들은 각각 木, 火, 土, 金, 水, 五行의 氣를 지니게 된다.

보음약(補陰藥)을 예로 들어 보면 어떤 것은 수,성(水,性)을 지니고, 어떤 것은 木,性, 火,性, 土,性, 金,性을 지니게 된다. 양성(陽性)을 가진 보양약(補陽藥)도 음,성(陰,性)과 양,성(陽,性), 木,性, 火,性, 土,性, 金,性, 水,性을 지니게 된다. 보혈약(補血藥)·보기약(補氣藥)등 약물음양오행구분도표상에 있는 다른 약물들도 이러한 이치가 적용된다.

어두운 밤의 하늘이 어둠을 밝혀주는 음중(陰中)의 양(陽)인 별빛을 지니듯이 각 영역의 약물들은 각기 내부적으로 음양, 木, 火, 土, 金, 水의 성질을 지니게 된다. 이러한 것은 병증, 방제 등 약물이외의 것들에게도 적용된다.

2. 유전(遺傳)에 의한 체질(体質)과 사주음양오행상 (四柱陰陽五行上)의 체질

사람의 체질(体質)은 대체로 유전(遺傳)하는 특성을 갖는다. 부모(父母)가 소음인(少陰人) 체질이거나 소양인(少陽人) 체질이면 그들 자녀들도 대체로 소음인이거나 소양인적 체질이 된다.

부모(父母)〈조상(祖上)〉가 다르면 생년월일시(生年月日時)가 비슷하다해도 다른 체질을 갖게 된다. 아무리 같은 사주(四柱)라 하여도 부모(父母)가 다르면 그의 영향을 받아 체질 또한 다르게 된다.〈이러한 것들은 오행(五行)의 자전(自轉)과 공전(公轉)의 법칙내에 존재하는 것들이다.〉

사람의 체질을 보다 정확히 알려면 부모(父母)의 체질과 사주음양오행상(四柱陰陽五行上)의 체질을 연결시켜야 한다. 예를 들어 父母가 少陰人이면 소음인적(少陰人的)인 특성(特性)과 사주음양오행상의 체질과 결합시켜야 정확히 위 사람의 체질이 어떤 것에 속하는 가를 알 수 있다.

父母의 체질이 소음인이고 사주음양오행상으로 소양인적 특성을 지닌 사람은 소음인 중의 소양인의 체질을 갖게 된다 말할 수 있다. 왜냐하면 사람의 체질도 오행의 자전과 공전의 법칙내에 존재하는 것들중의 한 부류이기 때문이다.

제2편

약물음양오행(藥物陰陽五行)
상용약물(常用藥物) 512

약물음양오행(藥物陰陽五行)
〈상용약물(常用藥物)〉

　본권(本卷)의 상용약물(常用藥物)은 가장 활용빈도가 높고 대체로 쉽게 구할 수 있는 것들로서, 한의학을 하는 사람이 꼭 알아두어야 할 것들이다. 1권에 있는 방제음양오행(方劑陰陽五行)과 기타 내용을 연결시키면 임상시에 보다 다양한 처방방제를 구성, 활용할 수 있다.

금기사항(禁忌事項)

　병증(病證)과 약물(藥物)을 비교해 볼때 약물음양오행과 병증음양오행이 같은 경우에는 그것을 약물로 사용하지 않는다. 약물이 오히려 병증의 기세를 강화시키기 때문이다. 예를 들어, 온열증(溫熱證)인 경우에는 온열약(溫熱藥)을, 한증(寒證)에는 한약(寒藥), 음증(陰證)에는 음약(陰藥), 양증(陽證)에는 양약(陽藥)을 금용(禁用)한다. 여기서 사용을 금(禁)하라는 것은 처방방제구성시에 단용(單用), 군약(君藥), 신약(臣藥)으로 하지 말라는 것이다. 기타 보조약으로서의 사용을 금(禁)하라는 것은 아니다.

　예를 들어 음한증(陰寒證)인 경우 음한약(陰寒藥)을 단용(單用) 또는 군약(君藥)·신약(臣藥)으로해서는 안되나 기타 보조약으로서는 사용할 수 있다. 왜냐하면 개별약물들은 복합적이고도 다양한 효능과 특성을 지니고 있기 때문이다. 이러한 경우에는 개별약물음양오행보다 개별약물의 효능과 기능을 주로 이용한다. 다른 약물도 마찬가지이다. 복합방제구성시에 처방약물전체 음양오행체계에 크게 영향을 주지 않으면 소량 보조적으로 사용이 가능하다.

◇ 귀경(歸經) : 귀경란에 있는 木火土金水經이란 약물이 인체의 木火土金水 五行부위에 관여하고 있음을 의미한다.

용량(用量)에 관하여

　단방(單方)인 경우이면 양(量)을 많이 한다. 복합방제(複合方劑)인 경우, 주약(主藥)이면 양(量)을 많이 하고 기타 보조약이면 양을 적게 한다. 약물의 가지수가 많아 전체 용량이 커지면 양을 적게하여 환자가 약을 제대로 소화, 흡수케 한다. 년령과 체중에 따라 양(量)을 조절한다. 같은 성인이라도 평균체중에 미달하는 경우에는 그 만큼 양을 적게하고, 체격과 골격이 크고 체중이 많이 나가면 양을 늘린다.

배합길(配合吉)

　이것은 주로 표제약물(標題藥物)과 1 : 1로 배합할 경우 길(吉)한 약물을 말한다. 여기서 예를 든 것들이 그 전부는 아니다. 전통한의학에서 임상경험을 통하여 배합(配合)한 경우에 길(吉)하였던 것들이다. 방제구성시에 활용하면 도움이 될 것이다. 개별약물을 배합하여 구체적으로 방제를 구성하려면 각 약물등에 있는 용량(用量)을 참고로 하면 된다.

　약물을 잘 배합(配合)하려면 약물음양오행(藥物陰陽五行) 뿐만 아니라 화학구조, 성분등을 보다 미시적(微視的)으로 분석하여 알고 있어야 한다. 개별약물들을 상호배합할 경우 분자구조와 화학성분이 어떻게 변화하고 인체가 어떤 영향을 받고 있는가도 알아야 한다. 개별약물을 처방방제구성시 제대로 활용하려면 약물의 미시적 분석과 연구의 결과가 있어야 한다. 이것이 앞으로 후학(後學)들이 해야 할 것들이다.(지금 약물의 화학성분분석과 연구들이 진행되고 성과가 있어 희망적이나 아직 미흡한 단계에 있다)

　의자(醫者)들은 음양오행을 기초로 한의학을 하여야 한다. 그래야 전통한의학의 습득 뿐만아니라 한의학 이론을 보다 빨리 체계화시킬 수 있고 개별 약물들을 보다 과학적으로 활용할 수 있다. 본서가 이들을 안내하고 있으니 주의깊게 보면 될 것이다.

주치(主治)와 효능(效能)

여기서는 약물음양오행과 병증음양오행, 개별약물효능과 개별병증과의 관계를 주로 다루었다. 하지만 약물을 배합하여 복합처방방제를 구성할 경우에는 체질의 음양오행도 고려해 넣어야 한다.(체질의 음양오행은 사주음양오행을 기초로 하여 알아낸다.) 그래야 보다 빨리 병증을 제거하고 인체를 정상화시킬 수 있는 것이다.

약물음양오행(藥物陰陽五行)

여기서 약물음양오행이란 약물음양오행구분도표상의 약물 영역을 의미한다. 보다 미시적으로 약물의 음양오행을 알려면 약물음양오행구분도표를 활용하면 될 것이다.

1) 가자육(訶子肉) : 가자나무의 성숙한 과실(果實)·열매

① 성미(性味) : 고(苦), 산(酸), 삽(澁), 평(平), 무독(無毒)

② 귀경(歸經) : 폐(肺)·대장(大腸)·간(肝)·신(腎)·비(脾)·위(胃) 金木水土經

③ 용법(用法) : 1.5~3g, 3~9g 전복(煎服 : 달여서 복용한다), 환(丸)·산(散用)

④ 금기(禁忌) : 습열화사(濕熱火邪), 외사미해(外邪未解), 감모해수(感冒咳嗽), 체허약(体虛弱), 기허(氣虛), 비기허(脾氣虛), 습열설사(濕熱泄瀉), 폐열해수(肺熱咳嗽), 신가허화(腎家虛火), 요실금(尿失禁), 장벽초기(腸澼初期), 허열(虛熱), 대하(帶下)(기 忌 : 禁忌로 한다)

⑤ 배합길(配合吉) : 목향(木香), 황련(黃連), 육두구(肉豆蔻), 건강(乾薑), 복령(茯苓), 인삼(人蔘), 석곡(石斛), 연자육(蓮子肉), 백작약(白芍藥), 사삼(沙蔘), 오미자(五味子), 맥문동(麥門冬), 합개(蛤蚧), 청대(靑黛), 과루인(瓜蔞仁), 길경(桔梗), 패모(貝母), 생감초(生甘草), 현삼(玄蔘), 산두근(山豆根), 향부자(香附子)

⑥ 주치(主治) : 허한하리(虛寒下痢), 냉기심복창만(冷氣心腹脹滿), 이질설사(痢疾泄瀉), 담수(痰水), 폐허구해(肺虛久咳), 기천(氣喘), 담화울폐(痰火鬱肺), 오격기결(五膈氣結), 안삽통(眼澁痛), 붕중대하(崩中帶下), 분돈신기(奔豚腎氣), 장풍사혈(腸風瀉血), 루태(漏胎), 변혈(便血), 탈항(脫肛), 빈뇨(頻尿), 유정(遺精)

⑦ 효능(效能) : 삽장지사(澁腸止瀉), 고장난위(固腸暖胃), 온산한기(溫散寒氣), 염폐하기(斂肺下氣), 청폐행기(淸肺行氣), 소담(消痰), 조중(調中), 지해평천(止咳平喘), 청간이인(淸肝利咽), 제번(除煩), 소식개위(消食開胃), 통리진액(通利津液), 흑자발(黑髭髮)(수염과 머리카락을 검게한다), 치수(治水)

⑧ 약물음양오행(藥物陰陽五行) : 지사약(止瀉藥), 수렴약(收斂藥)

2) 감송향(甘松香) : 넓은 잎 감송의 근(根 : 뿌리), 근경(根莖 : 뿌리 줄기)

① 성미(性味) : 신(辛), 감(甘), 온(溫), 방향(芳香), 무독(無毒)

② 귀경(歸經) : 비(脾)·위(胃) 土經, 심(心) 火經

③ 용법(用法) : 생용(生用) 3~9g 煎服, 丸散服

④ 금기(禁忌) : 허약(虛弱), 기허혈열(氣虛血熱)〈삼가〉

⑤ 배합길(配合吉) : 맥아(麥芽), 향부자(香附子), 사인(砂仁), 육계(肉桂), 정향(丁香), 진피(陳皮), 감초(甘草), 오약(烏藥), 곽향(藿香), 백지(白芷)

⑥ 주치(主治) : 비위허한(脾胃虛寒), 기울불서(氣鬱不舒), 식욕부진(食慾不振), 완복만통(脘腹滿痛), 기체흉민(氣滯胸悶), 위통(胃痛), 두통(頭痛), 각기(脚氣), 부종(浮腫), 풍감충치(風疳蟲齒), 검정기미

⑦ 효능(效能) : 온통(溫通), 이기지통(理氣止痛), 개위성비(開胃醒脾), 건위(健胃), 하기(下氣), 이원기(理元氣), 구회충(驅蛔蟲)

⑧ 약물음양오행(藥物陰陽五行) : 이기약(理氣藥), 지통약(止痛藥)

3) 감초(甘草) : 감초의 근(根 : 뿌리)

① 성미(性味) : 감(甘), 평(平), 밀자(蜜炙)시 미온(微溫), 무독(無毒), 生用시 미한(微寒)

② 귀경(歸經) : 비(脾)·위(胃)·폐(肺) 土金經, 십이경통행(十二經通行) 심(心) 火經

③ 용법(用法) : 생용(生用)〈청열(淸熱)〉, 蜜炙(溫中), 3~9g, 10~15g, 15~30g 전복(煎服) 환(丸)(散) 30~60g 단방(單方) 가능

④ 금기(禁忌) : 실증(實證), 흉복창만(胸腹脹滿)/원화(芫花), 대극(大戟)〈해조(海藻)〉, 감수(甘遂)〈상반(相反)〉/장복(長服) 삼가, 다량복용(多量服用) 삼가. 신병(腎病)·수종(水腫)·저칼륨·고혈압 신중용(愼重用)/저육(豬肉 돼지고기), 해채(海菜 미역), 숭채(菘菜 배추)(忌), 원지(遠志)〈상오(相惡)〉

⑤ 배합길(配合吉) : 인삼(人蔘), 백출(白朮), 복령(茯苓), 생지황(生地黃), 아교(阿膠), 마자인(麻子仁), 맥문동(麥門冬), 대조(大棗), 생강(生薑), 계지(桂枝), 저담즙(猪膽汁), 대황(大黃), 작약(芍藥), 천화분(天花紛), 당삼(當蔘), 길경(桔梗), 석고(石膏), 방풍(防風), 곽향(藿香), 산치자(山梔子), 밀(蜜), 주(酒)

⑥ 주치(主治) : 비허혈허(脾虛血虛), 위약(胃弱), 변당(便溏), 식욕부진(食慾不振), 해수천식(咳嗽喘息), 복중동통(腹中疼痛), 창양종독(瘡瘍腫毒), 경간(驚癎), 노권발열(勞倦發熱), 폐위(肺痿)/생감초(生甘草) : 음경중통(陰莖中痛)/옹저종독(癰疽腫毒), 심허동계(心虛動悸), 장조(臟燥), 번민건망(煩悶健忘), 맥결대(脈結代), 사지련급작통(四肢攣急作痛), 인후종통(咽喉腫痛), 약물중독(藥物中毒), 황달(黃疸), 복중냉통(腹中冷痛), 소화성궤양, 금창(金瘡), 한열사기(寒熱邪氣), 상장해수(傷臟咳嗽), 번만단기(煩滿短氣), 혈역요통(血瀝腰痛), 태독(胎毒)

⑦ 효능(效能) : 보비익기(補脾益氣)〈자감초(炙甘草)〉, 온중하기(溫中下氣), 윤폐지해(潤肺止咳), 제약조화(諸藥調和), 완급지통(緩急止痛), 청열해독(淸熱解毒), 해백약독(解百藥毒), 보정익기(補精益氣), 장기육(長肌肉), 견근골(堅筋骨), 통혈맥(通血脈), 지갈(止渴), 제복창만(除腹脹滿), 보익오장(補益五臟), 보허손(補虛損), 정신안

정(精神安定), 양위보혈(養胃補血), 보오로칠상(補五勞七傷), 지농혈(止膿血), 통구규(通九竅), 강화지통(降火止痛)

⑧ 약물음양오행(藥物陰陽五行) : 보기약(補氣藥), 청열해독약(淸熱解毒藥), 지통약(止痛藥)

4) 갈근(葛根) : 칡 뿌리

① 성미(性味) : 감(甘), 신(辛), 평(平), 편량(偏凉), 무독(無毒), 대한(大寒)〈선근(鮮根)〉

② 귀경(歸經) : 비(脾)·위(胃) 土經, 폐(肺)·방광(膀胱) 金水經

③ 용법(用法) : 생용(生用), 부피외용(麩皮煨用), 단방가능(單方可能), 4.5~12g, 12~24g 煎服, 汁服(즙복)

④ 금기(禁忌) : 위허한(胃虛寒), 표허한다(表虛寒多)〈신용(愼用)〉, 용량주의, 다복(多服) 삼가

⑤ 배합길(配合吉) : 황금(黃芩), 시호(柴胡), 석고(石膏), 강활(羌活), 작약(芍藥), 길경(桔梗), 백지(白芷), 감초(甘草), 계지(桂枝), 마황(麻黃), 대조(大棗), 생강(生薑), 승마(升麻), 천화분(天花紛), 맥문동(麥門冬), 황기(黃芪), 인삼(人蔘), 오매(烏梅), 복령(茯苓), 백출(白朮), 목향(木香), 황련(黃連), 곽향(藿香)

⑥ 주치(主治) : 감모(感冒), 오한발열(惡寒發熱), 항배강(項背强), 무한(無汗), 풍한열표증(風寒熱表證), 심번민열광(心煩悶熱狂), 고열구토(高熱嘔吐), 투발불창(透發不暢), 제비(諸痺), 상한장열(傷寒壯熱), 열병표증(熱病表證), 내열소갈(內熱消渴), 번갈구건(煩渴口乾), 비허설사(脾虛泄瀉), 협심증(狹心症), 이농(耳聾), 습열사리(濕熱瀉痢), 흉격열(胸膈熱), 상한중풍두통(傷寒中風頭痛), 금창(金瘡), 광견병(狂犬病), 협풍통(脅風痛), 고혈압(高血壓), 비위허열(脾胃虛熱), 소아열비(小兒熱痞), 창진(瘡疹), 사충교상(蛇蟲咬傷)

⑦ 효능(效能) : 발한해기(發汗解肌), 투발(透發), 생진지갈(生津止渴), 청열(淸熱), 제번(除煩), 승발청양(升發淸陽), 위기승양(胃氣升陽), 투진(透疹), 지사(止瀉), 해

제독(解諸毒), 기음기(起陰氣), 해주독(解酒毒), 개주리(開腠理), 지통(止痛), 해백약독(解百藥毒), 개위하식(開胃下食), 지번갈(止煩渴), 통소장(通小腸), 지혈리(止血痢), 배농(排膿), 파혈(破血), 발산표사(發散表邪), 산울화(散鬱火)

⑧ 약물음양오행(藥物陰陽五行) ： 신온해표약(辛溫解表藥), 지사약(止瀉藥), 지갈약(止渴藥)

5) 갈화(葛花) ： 칡의 미개방(未開放)된 화뇌(花蕾) (꽃봉오리)

① 성미(性味) ： 감(甘), 미고(微苦), 량(凉), 평(平), 무독(無毒)
② 귀경(歸經) ： 위(胃) 土經
③ 용법(用法) ： 3～12g, 전복(煎服), 환·산복(丸·散服)
④ 배합길(配合吉) ： 백두구(白豆蔲), 인삼(人蔘), 진피(陳皮), 사인(砂仁), 청피(靑皮), 백출(白朮), 택사(澤瀉), 건강(乾薑), 복령(茯苓), 목향(木香), 신국(神麯), 저령(豬苓)
⑤ 주치(主治) ： 음주과도(飮酒過度), 식욕부진(食慾不振), 위기손상(胃氣損傷), 구갈(口渴), 흉격포창(胸膈飽脹), 주독위상(酒毒胃傷), 구토산담(嘔吐酸痰), 두훈(頭暈), 구혈(嘔血), 토혈(吐血), 장풍하혈(腸風下血)
⑥ 효능(效能) ： 성위지갈(醒胃止渴), 소주(消酒), 소열(消熱), 해주성비(解酒醒脾), 해주독(解酒毒), 청폐(淸肺)
⑦ 약물음양오행(藥物陰陽五行) ： 청열해독약(淸熱解毒藥)

6) 감국(甘菊), 국화(菊花)

산국화, 개국화, 황국화, 백국화,야국화 등 국화의 두상화서(頭狀花序) (두상 꽃차례)

① 성미(性味) ： 감(甘), 고(苦), 량(凉), 편미한(偏微寒), 무독(無毒), 白菊(辛·平無毒)

② 귀경(歸經) : 폐(肺)·간(肝) 金木經, 비(脾)·신(腎) 土水經

③ 용법(用法) : 생용(生用), 초탄용(炒炭用), 내복(內服), 외용(外用), 3~9g, 10~18g, 단방(單方) 가능, 전(煎), 환(丸), 산(散)

④ 금기(禁忌) : 기허위한(氣虛胃寒), 식욕부진(食慾不振), 식소설사(食少泄瀉)〈신용(愼用)(신중히 사용한다)〉, 용량주의

⑤ 배합길(配合吉) : 연교(連翹), 상엽(桑葉), 박하(薄荷), 치자(梔子), 황금(黃芩), 행인(杏仁), 노근(蘆根), 감초(甘草), 길경(桔梗), 방풍(防風), 백질려(白蒺藜), 선태(蟬蛻), 목적(木賊), 강활(羌活), 구기자(枸杞子), 생지황(生地黃), 석결명(石決明), 백작약(白芍藥), 조구등(釣鉤藤), 영양각(羚羊角), 결명자(決明子), 주(酒), 금은화(金銀花), 포공영(蒲公英), 자화지정(紫花地丁), 복령(茯苓), 택사(澤瀉), 산약(山藥), 목단피(牧丹皮), 산수유(山茱萸), 목적(木賊), 하고초(夏枯草)

⑥ 주치(主治) : 외감풍열감모(外感風熱感冒), 목적동통(目赤疼痛), 오한발열(惡寒發熱), 풍두현(風頭眩)(白菊), 두혼(頭昏), 간경풍열(肝經風熱), 누출(漏出), 간화(肝火), 간음부족(肝陰不足), 악풍습비(惡風濕痺), 안목혼화(眼目昏花), 간양항성(肝陽亢盛), 열두풍(熱頭風), 풍열두통(風熱頭痛), 현훈(眩暈), 두목혼(頭目昏), 결막염, 홍종열양통(紅腫熱瘍痛), 심흉번열(心胸煩熱), 정창(疔瘡), 옹독(癰毒), 요통(腰痛), 흉격옹민(胸膈壅悶), 기열(肌熱)

⑦ 효능(效能) : 평간명목(平肝明目)〈백국(白菊)〉, 소산풍열(疏散風熱)〈황국(黃菊)〉, 청열해독(清熱解毒)〈야국(野菊)〉, 청간화(清肝火), 양간(養肝), 평간양(平肝陽), 소염(消炎), 항균(抗菌), 강압(降壓), 진통(鎮痛), 이혈기(利血氣), 이오장(利五臟), 안장위(安腸胃), 조사지(調四肢), 풍냉소산(風冷消散), 양목혈(養目血), 제예막(除翳膜), 해주독(解酒毒), 익혈윤용(益血潤容), 명목거풍(明目祛風)〈황국(黃菊)〉, 통폐기(通肺氣), 청삼초울화(清三焦鬱火), 지해역(止咳逆)

⑧ 약물음양오행(藥物陰陽五行) : 신량해표약(辛凉解表藥), 청열명목약(清熱明目藥), 청열해독약(清熱解毒藥), 평간잠양약(平肝潛陽藥)

7) 감수(甘遂) : 감수의 뿌리(根), 개감수 뿌리(代用)

① 성미(性味) : 고(苦), 감(甘), 한(寒), 대독(大毒)

② 귀경(歸經) : 폐(肺)·신(腎)·대장(大腸) 金水經, 脾·胃·膀胱·小腸 土水火經

③ 용법(用法) : 1.5~3g 煎服, 0.3~0.6g(丸散)

④ 금기(禁忌) : 감초(甘草)〈상반(相反)〉, 임부(姙婦)(忌), 음허(陰虛), 기허(氣虛), 비위허약(脾胃虛弱)(忌), 원지(遠志)(相惡 상오)

⑤ 배합길(配合吉) : 대극(大戟), 견우자(牽牛子), 원화(芫花), 대황(大黃), 망초(芒硝), 대조(大棗), 백개자(白芥子), 반하(半夏), 대자석(代赭石), 인삼(人蔘), 육계(肉桂), 침향(沈香), 당삼(當蔘)

⑥ 주치(主治) : 흉복적수(胸腹積水), 숙식(宿食), 수음(水飮), 담음적취(痰飮積聚), 유음흉통(留飮胸痛), 전간(癲癇), 수종복만(水腫腹滿), 결흉(結胸), 전광(癲狂), 완담응결(頑痰凝結), 식도암, 열기종만(熱氣腫滿), 풍담(風痰), 습열옹체(濕熱壅滯), 종독(腫毒), 면목부종(面目浮腫), 각기종핵(脚氣腫核), 징가(癥瘕), 이변불통(二便不通), 대복산가(大腹疝瘕), 방광유열(膀胱留熱), 열격비색(噎膈痞塞)

⑦ 효능(效能) : 공수축음(攻水逐飮), 거담(祛痰), 축담(逐痰), 소종산결(消腫散結), 파징견적취(破癥堅積聚), 통리변(通利便), 이수곡도(利水穀道)

⑧ 약물음양오행(藥物陰陽五行) : 준하축수약(峻下逐水藥)

8) 강진향(降眞香) : 강향단 나무의 근부심재(根部心材) 뿌리부분

① 성미(性味) : 신(辛), 온(溫), 평(平), 무독(無毒)

② 귀경(歸經) : 심(心)·간(肝)·비(脾) 火木土經

③ 용법(用法) : 3~6g 전복(煎服), 연분말(硏粉末)은 2.5~3g, 단방(單方)가능, 외용(外用)가능

④ 금기(禁忌) : 음허화왕(陰虛火旺), 맥실(脈實), 변비(便秘), 혈열망행(血熱妄行)

⑤ 배합길(配合吉) : 오배자(五倍子), 자연동(自然銅), 유향(乳香), 삼칠근(三七根),

몰약(沒藥), 귤피(橘皮), 지각(枳殼), 적작약(赤芍藥), 단삼(丹蔘), 홍화(紅花), 천궁(川芎)

⑥ 주치(主治) : 외상출혈어통(外傷出血瘀痛), 창상출혈(創傷出血), 객혈(喀血), 허손토혈(虛損吐血), 타박손상(打撲損傷), 흉협통(胸脇痛), 심위기통(心胃氣痛), 예탁내조(穢濁內阻), 유행병, 옹저종통(癰疽腫痛), 오장울기(五臟鬱氣)

⑦ 효능(效能) : 청열(淸熱), 행어지혈(行瘀止血), 진통(鎭痛), 정통(定痛), 이기(理氣), 벽예(辟穢), 화중지구(和中止嘔), 소종생기(消腫生肌), 화비위(和脾胃), 이삼초혈열(利三焦血熱), 지토(止吐), 파체(破滯)

⑧ 약물음양오행(藥物陰陽五行) : 지혈약(止血藥), 이기약(理氣藥), 활혈거어약(活血祛瘀藥), 지구약(止嘔藥)

9) 강판귀(扛板歸) : 며느리 배꼽(全草)

① 성미(性味) : 산(酸), 고(苦), 화평(和平), 한(寒), 미독(微毒)

② 귀경(歸經) : 신(腎)・폐(肺)・간(肝)・심(心) 水金木火經

③ 용법(用法) : 9~15g, 15~18g, 21~50g 선용(鮮用), 전복(煎服), 단방(單方)가능, 외용(外用) 가능

④ 금기(禁忌) : 신약사주(身弱四柱), 체허약(体虛弱)〈신용(愼用)〉

⑤ 배합길(配合吉) : 자화지정(紫花地丁), 포공영(蒲公英), 옥미수(玉米鬚), 차전자(車前子), 뇌공등(雷公藤), 오적골(烏賊骨), 주(酒), 빙당(氷糖), 어성초(魚腥草)

⑥ 주치(主治) : 황달(黃疸), 복부팽만(腹部膨滿), 단독(丹毒), 라역(瘰癧), 이질(痢疾), 설사(泄瀉), 학질(瘧疾), 습진(濕疹), 대상포진(帶狀疱疹), 독충사교상(毒蟲蛇咬傷), 질타(跌打), 금창(金瘡), 개선(疥癬), 수종(水腫), 임탁(淋濁), 소변불리(小便不利), 백일해(百日咳), 비적(痞積), 효천(哮喘), 후비(喉痺), 변혈(便血), 토혈(吐血), 허포복창(虛飽腹脹), 식적심동(食積心疼), 유옹(乳癰), 발배정창(發背疔瘡), 산후부종(產後浮腫), 기허두혼(氣虛頭昏), 풍화적안(風火赤眼), 우치(齲齒)

⑦ 효능(效能) : 청열해독(淸熱解毒), 수렴청독(收斂淸毒), 행혈기(行血肌), 이수소종

(利水消腫), 절학(截瘧), 지사(止瀉), 화관생기(化管生肌)

⑧ 약물음양오행(藥物陰陽五行) : 청열해독약(清熱解毒藥), 이수소종약(利水消腫藥)

10) 강활(羌活) : 강활, 강호리(根莖) 代用, 뿌리, 뿌리줄기

① 성미(性味) : 신(辛), 고(苦), 감(甘), 평(平), 온(溫), 무독(無毒), 상승발산력(上升發散力), 농열(濃烈)

② 귀경(歸經) : 방광(膀胱)·신(腎) 水經

③ 용법(用法) : 3~6g, 6~18g (用量愼重), (煎服), 환산용(丸散用)

④ 금기(禁忌) : 혈허비통(血虛痺痛)

⑤ 배합길(配合吉) : 천궁(川芎), 백지(白芷), 방풍(防風), 세신(細辛), 창출(蒼朮), 감초(甘草), 황금(黃芩), 생지황(生地黃), 적작약(赤芍藥), 당귀(當歸), 강황(薑黃), 독활(獨活), 황기(黃芪), 박하엽(薄荷葉), 포공영(蒲公英), 우방자(牛蒡子), 고본(藁本), 만형자(蔓荊子)

⑥ 주치(主治) : 풍한감모(風寒感冒), 오한발열(惡寒發熱), 장열무한(壯熱無汗), 지절동통(肢節疼痛), 두통(頭痛), 항강근급(項强筋急), 풍습상박(風濕相搏), 견배산통(肩背痠痛), 신중(身重), 외감풍열(外感風熱), 풍수부종(風水浮腫), 두선목적(頭旋目赤), 풍한습비(風寒濕痺), 옹저창독(癰疽瘡毒), 허손냉기(虛損冷氣), 편신완비(遍身頑痺), 구면와사(口面喎邪), 오로칠상(五勞七傷), 사폐증한(邪閉憎寒)

⑦ 효능(效能) : 발산풍한(發散風寒), 산표한(散表寒), 거풍습지통(祛風濕止痛), 퇴열(退熱), 이관절(利關節), 거풍승습(祛風勝濕), 항균(抗菌), 통리오장(通利五臟), 온담(溫膽), 사간기(瀉肝氣), 통창혈맥(通暢血脈), 발궤생기(發潰生肌), 배농탁독(排膿托毒)

⑧ 약물음양오행(藥物陰陽五行) : 신온해표약(辛溫解表藥), 지비약(止痺藥), 지통약(止痛藥)

11) 강황(薑黃) : 강황의 근경(根莖) (뿌리줄기)

① 성미(性味) : 신(辛), 고(苦), 온(溫), 산(散), 설(泄), 무독(無毒)

② 귀경(歸經) : 간(肝)·비(脾) 木土經, 심(心)·폐(肺) 火金經

③ 용법(用法) : 3~10g, 煎服, 丸散服, 外用가능

④ 금기(禁忌) : 혈허(血虛), 무기체혈허(無氣滯血瘀)(忌)

⑤ 배합길(配合吉) : 작약(芍藥), 당귀(當歸), 현호색(玄胡索), 홍화(紅花), 천궁(川芎), 봉출(蓬朮), 목단피(牧丹皮), 육계(肉桂), 해동피(海桐皮), 백출(白朮), 천화분(天花紛), 백지(白芷), 대황(大黃), 황백(黃柏), 후박(厚朴), 천남성(天南星), 감초(甘草), 창출(蒼朮), 황기(黃芪), 진교(秦艽), 계지(桂枝), 대조(大棗), 생강(生薑), 연호색(延胡索)

⑥ 주치(主治) : 간기울체(肝氣鬱滯), 심복비만창통(心腹痞滿脹痛), 심복결적(心腹結積), 심복기결기창(心腹氣結氣脹), 혈어(血瘀), 협륵작통(脇肋作痛), 어혈조체(瘀血阻滯), 흉협동통(胸脇疼痛), 냉기식적동통(冷氣食積疼痛), 위완통(胃脘痛), 황달(黃疸), 신통(腎痛), 월경부조(月經不調), 풍습비통(風濕臂痛), 경폐복통(經閉腹痛), 창옹(瘡癰), 열독치성(熱毒熾盛), 기체혈어(氣滯血瘀), 징가혈괴(癥瘕血塊), 타박상(打撲傷), 풍한습비(風寒濕痺), 치질(痔疾)

⑦ 효능(效能) : 통경락(通經絡), 지통(止痛), 활혈거어(活血祛瘀), 행산기체(行散氣滯), 파혈행기(破血行氣), 신산온통(辛散溫通), 제풍습(除風濕), 외산풍한(外散風寒), 이비(利痺), 소종(消腫), 하기(下氣), 지혈(止血), 통월경(通月經), 하식(下食), 익화생기(益火生氣)

⑧ 약물음양오행(藥物陰陽五行) : 활혈거어약(活血祛瘀藥), 이기약(理氣藥), 지통약(止痛藥)

12) 건강(乾薑) : 생강의 근경(根莖 : 뿌리줄기)을 말린것

① 성미(性味) : 신(辛), 고(苦), 열(熱), 무독(無毒)

② 귀경(歸經) : 비(脾)·위(胃)·심(心)·폐(肺)·신(腎) 土火金水經, 간(肝) 木經

③ 용법(用法) : 생용(生用), 포강(炮薑), 초흑(炒黑), 초탄(炒炭)〈지혈(止血)〉, 단방(單方)가능. 3~12g, 12~15g 전복(煎服), 구복(久服)삼가

④ 금기(禁忌) : 임부(姙婦), 음허내열(陰虛內熱), 다한(多汗), 인후통(咽喉痛), 혈열망행(血熱妄行)(忌), 과루인(瓜蔞仁 相惡), 반하(半夏)〈상쇄(相殺)〉, 黃芩 黃連(相惡), 화열복통(火熱腹痛), 음허해수(陰虛咳嗽)(忌)

⑤ 배합길(配合吉) : 부자(附子), 감초(甘草), 양강(良薑), 반하(半夏), 백출(白朮), 인삼(人蔘), 아교(阿膠), 황련(黃連), 세신(細辛), 복령(茯苓), 오미자(五味子), 미(米), 계지(桂枝), 숙부자(熟附子), 산수유(山茱萸), 황기(黃芪), 생모려(生牡蠣), 생용골(生龍骨), 천초근(茜草根)

⑥ 주치(主治) : 이한(裏寒), 망양증(亡陽證), 한궐(寒厥), 흉복냉통(胸腹冷痛), 흉만해역상기(胸滿咳逆上氣), 비위허한냉(脾胃虛寒冷), 음냉토사(陰冷吐瀉), 중한설사(中寒泄瀉), 한음해천(寒陰咳喘), 양허(陽虛), 폐한해수(肺寒咳嗽), 허한성출혈(虛寒性出血), 하초한습(下焦寒濕), 냉통(冷痛), 요신중동냉(腰腎中疼冷), 풍한습비(風寒濕痹), 반위건구(反胃乾嘔), 심하한비(心下寒痹), 창만(脹滿)

⑦ 효능(效能) : 이한제거(裏寒除去), 온축한(溫逐寒), 온중회양통맥(溫中廻陽通脈), 온폐산한(溫肺散寒), 거풍(祛風), 파혈(破血), 조습화담(燥濕化痰), 소담하기(消痰下氣), 온경지혈(溫經止血), 거한습(祛寒濕), 통사지관절(通四肢關節), 통심조양(通心助陽), 온비위(溫脾胃), 소숙식(消宿食), 행울강탁(行鬱降濁)

⑧ 약물음양오행(藥物陰陽五行) : 온열약(溫熱藥), 지혈약(止血藥), 온화한담약(溫化寒痰藥)

13) 건지황(乾地黃) : 생지황(生地黃), 지황(뿌리줄기)

① 성미(性味) : 감(甘), 고(苦), 한(寒), 무독(無毒), 양(凉), 니체(膩滯), 자윤(滋潤), 즙액다(汁液多)

② 귀경(歸經) : 심(心)·간(肝)·신(腎) 火木水經, 비(脾)·폐(肺) 土金經

③ 용법(用法) : 생용(生用), 초탄용(炒炭用), 3~12g, 12~30g, 60~90g 煎服, 丸·散
用, 外用가능

④ 금기(禁忌) : 비위기허(脾胃氣虛), 설사(泄瀉), 식소(食少)/내복(萊菔)(忌), 무이
(蕪荑)〈상외(相畏)〉, 동(銅), 철(鐵)(忌)/중한비(中寒痹), 다담(多痰)(愼用)/패모
(貝母)(相惡) 해백(薤白), 구백(韭白), 총백(葱白)(꺼림)

⑤ 배합길(配合吉) : 맥문동(麥門冬), 현삼(玄蔘), 서각(犀角), 생하엽(生荷葉), 측백
엽(側柏葉), 애엽(艾葉), 적작약(赤芍藥), 목단피(牧丹皮), 당귀(當歸), 방풍(防風),
선태(蟬蛻), 옥죽(玉竹), 사삼(沙蔘), 천화분(天花粉), 갈근(葛根), 황기(黃芪), 청
호(青蒿), 지모(知母), 별갑(鱉甲), 황련(黃連), 황금(黃芩), 지각(枳殼), 생감초(生
甘草), 승마(升麻), 형개(荊芥), 지유(地榆), 괴각(槐角), 백질려(白蒺藜), 백선피
(白蘚皮), 천궁(川芎)〈천패모(川貝母)〉, 백합(百合), 길경(桔梗), 황백(黃柏), 차전
자(車前子), 목통(木通), 지골피(地骨皮), 산두근(山豆根), 박하(薄荷), 감초(甘草),
저육(豬肉), 하고초(夏枯草), 구기자(枸杞子), 천문동(天門冬), 청주(清酒)

⑥ 주치(主治) : 음허발열(陰虛發熱), 구건(口乾), 혈허발열(血虛發熱), 토혈(吐血),
월경부조(月經不調), 혈붕(血崩), 뉵혈(衄血), 태동불안(胎動不安), 산후복통(產後
腹痛), 장조변비(腸燥便秘), 소갈(消渴), 심폐손(心肺損), 심병(心病), 열박혈일(熱
迫血溢), 혈열(血熱), 혈비(血痹), 타박상(打撲傷), 절질절근(折跌絶筋), 한열적취
(寒熱積聚), 오로칠상(五勞七傷), 흉격비민(胸膈痞悶), 권태(倦怠), 기와(嗜臥)

⑦ 효능(效能) : 양음(養陰), 청열양혈(清熱凉血), 생진(生津), 지혈(止血), 장기육(長
肌肉), 보오장(補五臟), 전골수(塡骨髓), 제비(除痹), 파악혈(破惡血), 이대소장(利
大小腸), 익기력(益氣力), 보혈맥(補血脈), 이이목(利耳目), 온중하기(溫中下氣), 보
허손(補虛損), 조근골(助筋骨), 조경안태(調經安胎)

⑧ 약물음양오행(藥物陰陽五行) : 보혈약(補血藥), 보음약(補陰藥)

14) 건칠(乾漆) : 옻나무 수지(樹脂)

① 성미(性味) : 신(辛), 산(散), 고설(苦泄), 함(鹹), 평(平), 온통(溫通), 소독(小毒)

② 귀경(歸經) : 간(肝)・위(胃)・비(脾) 木土經, 대・소장(大・小腸) 金火經

③ 용법(用法) : 초초(炒焦), 초흑(炒黑), 2.4~5.5g 丸・散服 外用(태운연기이용)

④ 금기(禁忌) : 신약사주(身弱四柱), 무울혈(無鬱血)〈신용(愼用)〉, 체허(体虛)(忌), 해(蟹)〈외(畏)〉, 임부(姙婦)(忌), 위허(胃虛)(忌), 계자(鷄子 相畏)

⑤ 배합길(配合吉) : 대황(大黃), 당귀(當歸), 도인(桃仁), 천궁(川芎), 수질(水蛭), 자충(蟅蟲), 행인(杏仁), 황금(黃芩), 제조(蠐螬), 맹충(蝱虫), 감초(甘草), 건지황(乾地黃), 용담(龍膽), 빈랑(檳榔)

⑥ 주치(主治) : 어혈조체(瘀血阻滯), 견결적체(堅結積滯), 경폐혈징(經閉血癥), 징가(癥瘕), 혈기동통(血氣疼痛), 여자산가(女子疝瘕), 충병충독(蟲病蟲毒), 산후혈훈(産後血暈), 충적복통(蟲積腹痛), 풍한습비(風寒濕痺), 요통(腰痛), 어혈비결(瘀血痞結), 절상(絶傷), 해수(咳嗽)

⑦ 효능(效能) : 파혈거어통경(破血祛瘀通經), 소징산결(消癥散結), 살충(殺蟲), 소적(消積), 소어혈비결(消瘀血痞結), 이소장(利小腸), 행혈(行血)

⑧ 약물음양오행(藥物陰陽五行) : 파징소적약(破癥消積藥), 활혈거어약(活血祛瘀藥), 살충약(殺蟲藥)

15) 검실(芡實) : 가시연(種仁), 가시연 씨 알맹이

① 성미(性味) : 감(甘), 염(斂), 삽(澁), 건온(乾溫), 평(平), 무독(無毒)

② 귀경(歸經) : 비(脾)・위(胃)・신(腎) 土水經, 심(心)・간(肝) 火木經

③ 용법(用法) : 부피초용(麩皮炒用) 9~15g, 18~30g 전복(煎服), (丸散用)

④ 금기(禁忌) : 대변불리(大便不利), 기울(氣鬱), 복부팽만(腹部膨滿), 산후(産後), 소화불량증(消化不良證)(忌)

⑤ 배합길(配合吉) : 상표초(桑螵蛸), 금앵자(金櫻子), 토사자(菟絲子), 산약(山藥), 인삼(人蔘), 백출(白朮), 복령(茯苓), 고삼(苦蔘), 황백(黃柏), 차전자(車前子), 백과(白果)〈은행(銀杏)〉, 하모려(煆牡蠣), 연자(蓮子), 연수(蓮鬚), 동질려(潼蒺藜), 저신(猪腎), 홍조(紅棗), 신국(神麯), 의이인(薏苡仁), 당삼(當蔘), 등심초(燈芯草)

⑥ 주치(主治) : 신허불고(腎虛不固), 정활불고(精滑不固), 유정(遺精), 습비요척슬통(濕痺腰脊膝痛), 소변실금(小便失禁), 조설(早泄), 임탁(淋濁), 부녀백대하(婦女白帶下), 몽유활정(夢遺滑精)

⑦ 효능(效能) : 익신수렴고정(益腎收斂固精), 삽정축뇨(澁精縮尿), 자보수렴(滋補收斂), 보중거습(補中祛濕), 보신수(補腎水), 보비고신(補脾固腎), 건비지사(健脾止瀉), 제습(除濕), 고삽지대(固澁止帶), 익정기(益精氣), 이목총명(耳目聰明), 강지(强志), 해서열주독(解暑熱酒毒), 보중제폭질(補中除暴疾), 개위조기(開胃助氣), 지갈(止渴)

⑧ 약물음양오행(藥物陰陽五行) : 지사약(止瀉藥), 수렴약(收斂藥)

16) 견우자(牽牛子) : 나팔꽃, 둥근잎 나팔꽃의 익은 종자

① 성미(性味) : 고(苦) 신(辛), 감(甘), 한(寒), 대독(大毒), 사하력(瀉下力), 맹렬(猛烈)

② 귀경(歸經) : 폐(肺)·신(腎)·방광(膀胱)·대·소장(大·小腸)·비(脾) 金水火土經

③ 용법(用法) : 1.5~5g, 5~9g 전복(煎服), 0.37~1g(丸散用), 단방가능(單方可能), 구복(久服)삼가

④ 금기(禁忌) : 임부(姙婦)〈신용(愼用)〉, 기허복창(氣虛腹脹), 비위허약(脾胃虛弱)(愼用), 체질허약(体質虛弱)(忌), 파두(巴豆 相畏)

⑤ 배합길(配合吉) : 도인(桃仁), 목향(木香), 회향(茴香), 상백피(桑白皮), 진피(陳皮), 목통(木通), 백출(白朮), 대극(大戟), 원화(芫花), 감수(甘遂), 육계(肉桂), 대황(大黃), 빈랑(檳榔), 지실(枳實), 원명분(元明粉), 청피(靑皮), 경분(輕粉), 망초(芒硝), 건강(乾薑)

⑥ 주치(主治) : 기체습열(氣滯濕熱), 변비(便秘), 대장풍비(大腸風秘), 복수수종(腹水水腫), 각기(脚氣), 이변불리(二便不利), 복수종창(腹水腫脹), 지체부종(肢体浮腫), 충병(蟲病), 담옹기체(痰壅氣滯), 해역천만(咳逆喘滿), 담음(痰飮), 충적식체(蟲積

食滯), 현벽기괴(痃癖氣塊), 요통(腰痛), 삼초옹결(三焦壅結), 급성관절염(急性關節炎), 소아인후염(小兒咽喉炎)

⑦ 효능(效能) : 사하공적(瀉下攻積), 이뇨(利尿), 축수퇴종(逐水退腫), 구충사하(驅蟲瀉下), 축담소음(逐痰消飮), 사폐기(瀉肺氣), 살충(殺蟲), 이대소변(利大小便), 제풍독(除風毒), 하냉농(下冷膿)

⑧ 약물음양오행(藥物陰陽五行) : 준하축수약(峻下逐水藥), 파징소적약(破癥消積藥), 이수청열약(利水淸熱藥), 살충약(殺蟲藥)

17) 결명자(決明子) : 긴 강남차(종자)

① 성미(性味) : 감(甘), 고(苦), 함(鹹), 평(平), 미한(微寒), 무독(無毒)

② 귀경(歸經) : 간(肝)·담(膽)·대장(大腸) 木金經, 신(腎) 水經

③ 용법(用法) : 미초분쇄용(微炒粉碎用), 3∼15g(25g), 매복(每服), 3∼6g 전복(煎服), 단방(單方)·구복(久服) 가능, 外用가능

④ 금기(禁忌) : 저혈압(低血壓), 비허설사(脾虛泄瀉)(주의), 〈대마자(大麻子)(忌)〉, 풍한목중제증(風寒目中諸證)(忌)

⑤ 배합길(配合吉) : 시호(柴胡), 담죽엽(淡竹葉), 황련(黃連), 승마(升麻), 방풍(防風), 국화(菊花), 세신(細辛), 감초(甘草), 용담(龍膽), 하고초(夏枯草), 황금(黃芩), 목적(木賊), 만형자(蔓荊子), 현삼(玄蔘), 생지황(生地黃), 산약(山藥), 차전자(車前子), 천궁(川芎), 치자(梔子), 복령(茯苓), 모려(牡蠣), 조구등(釣鉤藤), 욱리인(郁李仁), 당귀(當歸), 〈화마인(火麻仁)〉

⑥ 주치(主治) : 간화상요(肝火上擾), 간풍열(肝風熱), 목적종통(目赤腫痛), 간신부족(肝腎不足), 간염(肝炎), 청맹내장(靑盲內障), 간양항성(肝陽亢盛), 간경화복수(肝硬化腹水), 목현(目眩), 두훈(頭暈), 고혈압(高血壓), 열결장조변비(熱結腸燥便秘), 흉비(胸痺), 폐옹(肺癰), 각기(脚氣), 부종(浮腫), 소아감적(小兒疳積)

⑦ 효능(效能) : 청설간화(淸泄肝火), 조간기(助肝氣), 소산풍열(消散風熱), 청간명목(淸肝明目), 평간잠양(平肝潛陽), 청열윤장통변(淸熱潤腸通便), 익정수(益精水), 해

사독(解蛇毒), 이뇨(利尿), 이수통변(利水通便), 익정광(益精光)(久服時), 이오장 (利五臟)

⑧ 약물음양오행(藥物陰陽五行) : 청열명목약(淸熱明目藥), 평간잠양약(平肝潛陽藥), 윤하약(潤下藥)

18) 경분(輕粉) : 수은분(水銀粉) 수은가공분말

① 성미(性味) : 신(辛), 한(寒), 조(燥), 대독(大毒), 조열(燥烈), 맹독(猛毒)
② 귀경(歸經) : 간(肝)·신(腎)·폐(肺)·대장(大腸) 木水金經
③ 용법(用法) : 0.06~0.15g 내복(內服)〈신중(愼重)〉, 외용(外用)
④ 금기(禁忌) : 임부(姙婦), 체허약(体虛弱)(忌), 신중용(愼重用), 中毒주의, 配合 (忌)〈혈(血)〉

　　경분(輕粉)의 해독약(解毒藥) : 탄산수소 나트륨, 계자청(鷄子淸), 우유(牛乳), 금 은화(金銀花), 감초(甘草), 토복령(土茯苓), 녹두(綠豆)

　　혈허폐결(血虛閉結), 비위양허(脾胃兩虛), 기허구병(氣虛久病), 소아감병(小兒疳 病)(忌)(石黃, 磁石(相畏)

⑤ 배합길(配合吉) : 대풍자(大楓子), 웅황(雄黃), 석고(石膏), 진주(珍珠), 청대(靑 黛), 견우자(牽牛子), 대황(大黃), 감수(甘遂), 원화(芫花), 대극(大戟), 목향(木香), 진피(陳皮), 청피(靑皮), 상피(象皮), 호박(琥珀), 용골(龍骨), 우황(牛黃), 진주(眞 珠), 용뇌(龍腦), 황백(黃柏), 오매(烏梅), 붕사(硼砂)

⑥ 주치(主治) : 피부개양선(皮膚疥痒癬), 양매창(楊梅瘡), 풍창소양(風瘡瘙痒), 수종 고창(水腫鼓脹), 라역(瘰癧), 하감(下疳), 대소변폐(大小便閉), 복부팽만(腹部膨滿), 독창(毒瘡), 창개선충(瘡疥癬蟲), 담연적체(痰涎積滯)

⑦ 효능(效能) : 살충공독(殺蟲攻毒), 수습염창(水濕斂瘡), 지양(止痒), 축수통변(逐水 通便), 사하축수(瀉下逐水), 소수종(消水腫), 통대장(通大腸), 토풍연(吐風涎), 지적 리(止赤痢)

⑧ 약물음양오행(藥物陰陽五行) : 외용약(外用藥), 파징소적약(破癥消積藥), 준하축수

약(峻下逐水藥), 살충약(殺蟲藥)

19) 계관화(鷄冠花) : 맨드라미의 화서(花序)(꽃차례)

① 성미(性味) : 감(甘), 고(苦), 미신(微辛), 량(凉), 무독(無毒), 삽(澁)

② 귀경(歸經) : 간(肝)·대장(大腸) 木金經, 신(腎) 水經

③ 용법(用法) : 생용(生用), 초탄용(炒炭用) 3~15g 전복(煎服), 환·산용(丸·散用), 外用가능

④ 금기(禁忌) : 적체(積滯)(주의)

⑤ 배합길(配合吉) : 생지유(生地楡), 생괴화(生槐花), 우슬(牛膝), 저근백피(樗根白皮), 복령(茯苓), 백출(白朮), 오적골(烏賊骨)

⑥ 주치(主治) : 혈열(血熱), 변혈(便血), 혈림(血淋), 붕루(崩漏), 설사(泄瀉), 적백대하(赤白帶下), 적백리(赤白痢), 이질(痢疾), 치루하혈(痔漏下血), 해혈(咳血), 토혈(吐血), 장풍하혈(腸風下血), 혈붕(血崩)

⑦ 효능(效能) : 청열(淸熱), 양혈(凉血), 지혈(止血), 청풍퇴열(淸風退熱), 삽장지사(澁腸止瀉), 지대(止帶), 지뉵렴영(止衄斂營)

⑧ 약물음양오행(藥物陰陽五行) : 청열명목약(淸熱明目藥), 지혈약(止血藥), 지갈약(止渴藥), 수렴약(收斂藥)

20) 계내금(鷄內金) : 닭의 모래주머니 내벽(黃包內壁)

① 성미(性味) : 감(甘), 평(平),미한(微寒), 삽(澁), 무독(無毒)

② 귀경(歸經) : 비(脾)·위(胃)·소장(小腸)·방광(膀胱) 土火水經, 대장(大腸) 金經

③ 용법(用法) : 생용(生用), 사탕초(砂燙炒), 3~9g, 9~12g, 15~18g, 전복(煎服), 매복(每服) 1.5~3g 환·산복(丸·散服), 외용(外用) 가능, 단방(單方)가능

④ 배합길(配合吉) : 맥아(麥芽), 산사(山楂),백출(白朮), 인삼(人蔘), 황기(黃芪), 산

약(山藥), 백편두(白扁豆), 복령(茯苓), 갈근(葛根), 토사자(菟絲子), 녹용(鹿茸), 상표초(桑螵蛸), 용골(龍骨), 자감초(炙甘草), 모려(牡蠣), 부소맥(浮小麥), 진피(陳皮), 밀(蜜)

⑤ 주치(主治) : 음식정체(飮食停滯), 육적(肉積), 곡적(穀積), 유적(乳積), 소화성궤양(消化性潰瘍), 식적불화(食積不化), 완복창만(脘腹脹滿), 소아감적(小兒疳積), 반위토식(反胃吐食), 안목장예(眼目障翳), 유정(遺精), 유뇨(遺尿), 결석(結石), 요혈(尿血), 장풍(腸風), 소화불량(消化不良), 붕중대하(崩中帶下), 임리(淋漓), 비적(痞積), 구창(口瘡), 야뇨(夜尿), 소갈(消渴), 현벽징가(痃癖癥瘕)

⑥ 효능(效能) : 소식화적(消食化積), 운비건위(運脾健胃), 고정축뇨(固精縮尿), 이습이기(利濕理氣), 화담(化痰), 지유뇨(止遺尿), 지설사(止泄瀉), 화견소석(化堅消石), 관중건비(貫中健脾), 제열지번(除熱止煩), 통경폐(通經閉), 생기(生肌)

⑦ 약물음양오행(藥物陰陽五行) : 소도약(消導藥)

21) 계지(桂枝) : 육계(肉桂)의 가지

① 성미(性味) : 신(辛), 감(甘), 온(溫), 무독(無毒)

② 귀경(歸經) : 심(心)·폐(肺)·방광(膀胱) 火金水經, 간(肝)·신(腎) 木水經

③ 용법(用法) : 생용(生用), 1.5~9g, 3~9g 전복(煎服), 환산용(丸散用)

④ 금기(禁忌) : 임부(姙婦)〈신용(愼用)〉, 음허화왕(陰虛火旺), 온열병증(溫熱病證), 혈증(血證), 양기내성(陽氣內盛)(忌)

⑤ 배합길(配合吉) : 감초(甘草), 생강(生薑), 대조(大棗), 부자(附子), 백출(白朮), 복령(茯苓), 마황(麻黃), 행인(杏仁), 작약(芍藥), 해백(薤白), 후박(厚朴), 지실(枳實), 과루실(瓜蔞實), 인삼(人蔘), 생지황(生地黃), 아교(阿膠), 화마인(火麻仁), 맥문동(麥門冬), 도인(桃仁), 당귀(當歸), 목단피(牧丹皮), 오수유(吳茱萸), 천궁(川芎), 반하(半夏), 택사(澤瀉), 저령(猪苓)

⑥ 주치(主治) : 풍한표증(風寒表證), 감모풍한(感冒風寒), 오한발열(惡寒發熱), 풍한습비통(風寒濕痺痛), 통경(痛經), 경폐복통(經閉腹痛), 담음(痰飮), 상풍두통(傷風

頭痛), 흉비심계(胸痺心悸), 월경부조(月經不調), 수종(水腫), 소변불리(小便不利), 징가(癥瘕), 풍비골절련통(風痺骨節攣痛), 기혈응체(氣血凝滯), 월경통(月經痛), 수습정유(水濕停留), 하초축혈(下焦蓄血)

⑦ 효능(效能) : 발한해기(發汗解肌), 거풍습(祛風濕), 해표(解表), 온중행혈(溫中行血), 온경통맥(溫經通脈), 통양화기(通陽化氣), 이간폐기(利肝肺氣), 온경산한(溫經散寒), 통리혈맥(通利血脈), 소종이습(消腫利濕), 건비조위(健脾燥胃), 개주리(開腠理)

⑧ 약물음양오행(藥物陰陽五行) : 온열약(溫熱藥), 신온해표약(辛溫解表藥)

22) 계혈등(鷄血藤) : 밀화두, 산계혈등의 등경(藤莖) (덩굴 줄기)

① 성미(性味) : 고(苦), 미감(微甘), 떫음, 온(溫), 무독(無毒)
② 귀경(歸經) : 간(肝)·신(腎) 木水經, 심(心)·비(脾)· 火土經
③ 용법(用法) : 10~15g, 15~30g 전복(煎服), 주(酒)에 담가 用
④ 금기(禁忌) : 월경과다(月經過多)(忌)
⑤ 배합길(配合吉) : 천궁(川芎), 당귀(當歸), 지황(地黃), 백작약(白芍藥), 우슬(牛膝), 상기생(桑寄生), 독활(獨活), 모과(木瓜), 홍화(紅花), 천산갑(穿山甲), 반풍하(半楓荷), 두시강(豆豉薑), 해풍등(海風藤), 하수오(何首烏), 목단피(牧丹皮), 복령(茯苓), 백출(白朮), 아교(阿膠), 흑두의(黑豆衣), 상심자(桑椹子), 방기(防己), 산수유(山茱萸), 두중(杜仲), 단삼(丹蔘), 대조(大棗), 황기(黃芪), 계란(鷄卵)
⑥ 주치(主治) : 월경부조(月經不調), 통경경폐(痛經經閉), 혈허(血虛), 어체(瘀滯), 풍혈비증(風血痺證), 풍한습비(風寒濕痺), 노약(老弱), 요슬산통(腰膝酸痛), 지체마목(肢体麻木), 서사(暑痧), 관절동통(關節疼痛), 질타손상(跌打損傷)
⑦ 효능(效能) : 활혈보혈(活血補血), 생신혈(生新血), 서근활락(舒筋滑絡), 난요슬(暖腰膝), 강압(降壓), 보중조위(補中燥胃), 거어혈(去瘀血), 활혈진통(活血鎭痛)
⑧ 약물음양오행(藥物陰陽五行) : 활혈거어약(活血祛瘀藥), 통경락약(通經絡藥)

23) 고량강(高良薑) : 고량강〈근경(根莖) : 뿌리줄기〉

① 성미(性味) : 신(辛), 열(熱), 무독(無毒)
② 귀경(歸經) : 비(脾)·위(胃) 土經, 심(心) 火經
③ 용법(用法) : 생용(生用), 초용(炒用), 단방(單方)가능, 1.5~6g, 6~9g 煎服, 丸散用
④ 금기(禁忌) : 음허유열(陰虛有熱), 화열설사(火熱泄瀉)(忌)
⑤ 배합길(配合吉) : 육계(肉桂), 건강(乾薑), 계심(桂心), 당귀(當歸), 후박(厚朴), 향부자(香附子), 소회향(小茴香), 백복령(白茯苓), 인삼(人蔘), 대조(大棗), 백출(白朮), 당삼(當蔘), 연호색(延胡索), 필징가(蓽澄茄)
⑥ 주치(主治) : 비위중한(脾胃中寒), 위한작통(胃寒作痛), 풍냉비통(風冷痹痛), 구토설사(嘔吐泄瀉), 한응기울(寒凝氣鬱), 한산작통(寒疝作痛), 완복냉통(脘腹冷痛), 반위식체(反胃食滯), 열격(噎膈), 곽란복통(霍亂腹痛), 냉벽(冷癖), 장학(瘴瘧), 습비(濕痹)
⑦ 효능(效能) : 비위한사온산(脾胃寒邪溫散), 온중산한(溫中散寒), 행기지통(行氣止痛), 온통비위(溫通脾胃), 건비위(健脾胃), 거풍(祛風), 지리(止痢), 소숙식(消宿食), 파냉벽(破冷癖), 보폐기(補肺氣), 이원기(理元氣)
⑧ 약물음양오행(藥物陰陽五行) : 온열약(溫熱藥)

24) 고련근피(苦楝根皮), 고련피(苦楝皮) : 참멀구슬나무의 근피(根皮), 수피(樹皮), 뿌리껍질, 줄기껍질

① 성미(性味) : 고(苦), 한(寒), 대독(大毒)
② 귀경(歸經) : 간(肝)·비(脾)·위(胃) 木土經
③ 용법(用法) : 생용(生用), 3~6g, 6~9g 전복(煎服), 환·산복(丸·散服), 외용(外用), 單方가능, 용량(用量)주의, 중독(中毒)주의, 長服삼가
④ 금기(禁忌) : 비위허한(脾胃虛寒), 체허약(体虛弱)(忌)/고련근피 해독약 : 감초(甘

草), 백당(白糖)

⑤ 배합길(配合吉) : 사군자(使君子), 화초(花椒), 무이(蕪荑), 빈랑(檳榔), 인진(茵陳), 청피(靑皮), 울금(鬱金), 목향(木香), 지각(枳殼)

⑥ 주치(主治) : 회충(蛔蟲), 요충(蟯蟲), 구충(鉤蟲), 개창(疥瘡), 두선(頭癬), 풍진(風疹), 충적복통(蟲積腹痛), 악창(惡瘡), 개라(疥癩), 유풍열독(遊風熱毒), 감저(疳疽), 동창(凍瘡), 충치통(蟲齒痛)

⑦ 효능(效能) : 살충(殺蟲), 소적(消積), 요선(療癬), 이대장(利大腸), 청열조습(淸熱燥濕)

⑧ 약물음양오행(藥物陰陽五行) : 이기약(理氣藥), 살충약(殺蟲藥)

25) 고본(藁本) : 고본의 근경(根莖 :뿌리, 뿌리줄기)

① 성미(性味) : 온(溫), 신(辛), 감(甘), 무독(無毒), 승산(升散), 조(燥)

② 귀경(歸經) : 방광(膀胱) 水經

③ 용법(用法) : 2~9g, 전복(煎服), 외용(外用)가능

④ 금기(禁忌) : 열증(熱證), 혈허(血虛), 두통(頭痛)(忌), 청상자(靑葙子 : 相畏), 려여(藺茹)(相惡)

⑤ 배합길(配合吉) : 천궁(川芎), 세신(細辛), 백지(白芷), 창출(蒼朮), 강활(羌活), 위령선(威靈仙), 방풍(防風), 창이자(蒼耳子)

⑥ 주치(主治) : 외감풍한(外感風寒), 풍습사(風濕邪), 두풍두통(頭風頭痛), 감모두통(感冒頭痛), 흉통(胸痛), 비색무한(鼻塞無汗), 풍습비통(風濕痺痛), 한습복통(寒濕腹痛), 지절동통(肢節疼痛), 종통(腫痛), 두풍목종(頭風目腫), 부인산가(婦人疝瘕), 설사학리(泄瀉瘧痢), 냉통(冷痛), 음중한(陰中寒), 금창(金瘡), 간질(癎疾), 분자(粉刺 :여드름), 치통(齒痛), 옹저(癰疽)

⑦ 효능(效能) : 거풍습(祛風濕), 발표산한(發表散寒), 지통(止痛), 통혈(通血), 화소변(化小便)

⑧ 약물음양오행(藥物陰陽五行) : 지통약(止痛藥), 신온해표약(辛溫解表藥), 거풍습지

비약(祛風濕止痺藥)

26) 고삼(苦蔘) : 너삼의 根(고삼의 뿌리)

① 성미(性味) : 고(苦), 활(滑), 한(寒), 무독(無毒)

② 귀경(歸經) : 심(心)·간(肝)·위(胃)·대·소장(大·小腸)·신(腎)·방광(膀胱) 火木土金水經, 폐(肺) 金經

③ 용법(用法) : 생용(生用), 주초용(酒炒用), 3~12g, 12~15g 單方가능, 전복(煎服), 丸散用, 外用가능

④ 금기(禁忌) : 비위허한(脾胃虛寒)(삼가), 여로(藜蘆)(相反), 간신약(肝腎弱)(忌), 구복(久服) 삼가, 토사자(菟絲子), 누로(漏蘆), 貝母(相惡)

⑤ 배합길(配合吉) : 감초(甘草), 목향(木香), 치자(梔子), 용담(龍膽), 인삼(人蔘), 사상자(蛇床子), 황백(黃柏), 명반(明礬), 우방자(牛蒡子), 창출(蒼朮), 생지황(生地黃), 당귀(當歸), 방풍(防風), 석고(石膏), 지모(知母), 선태(蟬蛻), 목통(木通), 형개(荊芥), 호마인(胡麻仁), 고백반(枯白礬), 유황(硫黃), 창이자(蒼耳子), 대풍자(大楓子)〈패모(貝母)〉, 석위(石葦), 포공영(蒲公英), 차전자(車前子), 백부(百部), 웅황(雄黃), 촉초(蜀椒), 붕사(硼砂)

⑥ 주치(主治) : 습열황달(濕熱黃疸), 열독혈리(熱毒血痢), 이질(痢疾), 대하(帶下), 열독풍(熱毒風), 혈풍(血風), 장풍하혈(腸風下血), 음양(陰痒), 소아폐염(小兒肺炎), 옹종(癰腫), 열리하혈(熱痢下血), 열풍치질(熱風痔疾), 피부소양(皮膚瘙痒), 진선(疹癬), 악창(惡瘡), 라역(瘰癧), 화상(火傷), 탈항(脫肛), 작열삽통(作熱澁痛), 소변불리(小便不利), 징가적취(癥瘕積聚), 심복결기(心腹結氣), 감적(疳積), 몽유활정(夢遺滑精)

⑦ 효능(效能) : 청열조습(淸熱燥濕), 거풍살충(祛風殺蟲), 지양(止痒), 청열이수(淸熱利水), 이뇨(利尿), 양간담기(養肝膽氣), 살감충(殺疳蟲), 양혈(凉血), 정지익정(定志益精), 해열독(解熱毒), 지갈(止渴), 보중(補中), 소종독(消腫毒), 명목지루(明目止淚) 안오장(安五臟), 소풍(消風), 성주(醒酒), 평위기(平胃氣), 이구규(利九竅)

⑧ 약물음양오행(藥物陰陽五行) : 청열조습약(淸熱燥濕藥), 이수청열약(利水淸熱藥), 살충약(殺蟲藥)

27) 곡아(穀芽) : 벼의 싹(發芽)

① 성미(性味) : 감온(甘溫), 평(平), 무독(無毒)
② 귀경(歸經) : 비(脾)·위(胃) 土經, 폐(肺) 金經
③ 용법(用法) : 생용(生用), 초용(炒用), 6~15g, 30~90g 전복(煎服), 단방(單方)가능
④ 배합길(配合吉) : 산사(山楂), 신국(神麴), 검실(芡實), 백편두(白扁豆), 복령(茯苓), 택사(澤瀉), 인삼(人蔘), 감초(甘草), 산약(山藥), 백출(白朮), 사인(砂仁), 진피(陳皮), 곽향(藿香), 방풍(防風), 선퇴(蟬退), 소경(蘇梗), 황련(黃連), 박하(薄荷)
⑤ 주치(主治) : 식적정체(食積停滯), 소화불량(消化不良), 비위허약(脾胃虛弱), 완민복창(脘悶腹脹), 식욕감퇴(食欲減退), 번갈(煩渴), 심위통(心胃痛), 소수(消瘦), 설사(泄瀉), 열독하리(熱毒下痢)
⑥ 효능(效能) : 소식화위(消食和胃), 건비개위(健脾開胃), 소식화적(消食和積), 치비허(治脾虛), 하기화중(下氣和中), 제번(除煩), 관중소곡(貫中消穀)
⑦ 약물음양오행(藥物陰陽五行) : 소도약(消導藥)

28) 곡정초(穀精草) : 고위까람의 화서(花序 : 꽃차례)

① 성미(性味) : 신(辛), 감(甘), 량(凉), 평(平), 무독(無毒), 경(輕), 부(浮)
② 귀경(歸經) : 간(肝)·위(胃) 木土經
③ 용법(用法) : 4.5~9g, 9~15g 煎服, 丸散服, 外用
④ 금기(禁忌) : 철(鐵 : 忌), 무풍열(無風熱), 비위허한(脾胃虛寒), 혈허(血虛)(忌)
⑤ 배합길(配合吉) : 용담(龍膽), 감국(甘菊), 형개(荊芥), 우방자(牛蒡子), 현삼(玄

蔘), 백작약(白芍藥), 연교(連翹), 길경(桔梗), 초결명(草決明), 등심(燈心), 방풍
(防風), 생지황(生地黃), 복령(茯苓), 감초(甘草), 목통(木通), 홍화(紅花), 적작약
(赤芍藥)

⑥ 주치(主治) : 간경풍열목질(肝經風熱目疾), 야맹증, 목적종통(目赤腫痛), 두풍아통
(頭風牙痛), 목맹예막(目盲翳膜), 치풍통(齒風痛), 후비(喉痺), 창개(瘡疥)

⑦ 효능(效能) : 소산간경풍열(疏散肝經風熱), 명목퇴예(明目退翳), 지혈(止血), 거풍
산열(祛風散熱)

⑧ 약물음양오행(藥物陰陽五行) : 청열명목약(淸熱明目藥)

29) 곤포(昆布) : 다시마, 감태, 참미역, 해대(海帶)

① 성미(性味) : 함(鹹), 미산(微酸), 한(寒), 무독(無毒)

② 귀경(歸經) : 간(肝)·신(腎)·위(胃) 木水土經, 비(脾) 土經

③ 용법(用法) : 4.5~9g, 6~9g 전복(煎服)

④ 금기(禁忌) : 비위허한습(脾胃虛寒濕)(忌), 久服시 살이빠진다/임부(妊婦)(忌)

⑤ 배합길(配合吉) : 해조(海藻), 해합각(海蛤殼), 목통(木通), 방풍(防風), 형개(荊
芥), 강활(羌活), 연교(連翹), 담남성(膽南星), 초우방자(炒牛蒡子), 주초황련(酒炒
黃連), 해합분(海蛤粉), 승마(升麻), 청피(靑皮), 패모(貝母), 침향(沈香), 천궁(川
芎),박하(薄荷), 하고초(夏枯草), 향부자(香附子), 황금(黃芩), 모려(牡蠣), 진피(陳
皮), 백작(白芍), 시호(柴胡)

⑥ 주치(主治) : 복중종괴(腹中腫塊), 라역(瘰癧), 루창(瘻瘡), 수각동비(手脚疼痺),
각기부종(脚氣浮腫), 소변불리(小便不利), 대하(帶下), 수종(水腫), 영유취결기(癭
瘤聚結氣), 열격(噎膈), 정설몽유(精泄夢遺), 해수(咳嗽), 만성기관염(慢性氣管炎)

⑦ 효능(效能) : 소담연견윤하(消痰軟堅潤下), 청열산결(淸熱散結), 청열화담(淸熱化
痰), 이수도(利水道), 파적(破積), 이수하기(利水下氣)

⑧ 약물음양오행(藥物陰陽五行) : 청화열담약(淸化熱痰藥), 이수소종약(利水消腫藥)

30) 골쇄보(骨碎補) : 넉줄고사리의 근경(根莖 : 뿌리줄기), 대용(代用) 갈참일엽초

① 성미(性味) : 고(苦), 감(甘), 평(平), 온(溫), 무독(無毒), 하강(下降), 활혈(活血)
② 귀경(歸經) : 간(肝)·신(腎) 木水經, 심(心) 火經
③ 용법(用法) : 단방(單方)가능, 3∼9g, 9∼15g, 15∼30g 전복(煎服)
④ 금기(禁忌) : 음허내열(陰虛內熱), 무어혈(無瘀血)〈신중용(愼重用)〉, 혈허풍조유화(血虛風燥有火), 급성염증(急性炎症), 치통(齒痛)(忌), 양혈(羊血), 양육(羊肉), 운대채(芸薹菜)(忌), 철(鐵)(忌)
⑤ 배합길(配合吉) : 저신(猪腎), 보골지(補骨脂), 우슬(牛膝), 육계(肉桂), 호경골(虎脛骨), 몰약(沒藥), 자연동(自然銅), 귀판(龜板), 석곡(石斛), 지골피(地骨皮), 감초(甘草), 노봉방(露蜂房), 현삼(玄蔘), 당귀(當歸), 붕사(硼砂), 유향(乳香), 혈갈(血竭), 자충(蟅蟲), 대황(大黃), 속단(續斷), 주(酒)
⑥ 주치(主治) : 신허부양(腎虛浮陽), 아통(牙痛), 기허공아(氣虛攻牙), 양통(痒痛), 치통출혈(齒痛出血), 이명(耳鳴), 구사(久瀉), 풍습비통(風濕痺痛), 신허요각동통(腎虛腰脚疼痛), 풍열동통(風熱疼痛), 근골산통(筋骨痠痛), 상열하냉(上熱下冷), 유정(遺精), 소아감적(小兒疳積)
⑦ 효능(效能) : 보신강골(補腎强骨), 부양(浮陽), 속절상(續折傷), 견골(堅骨), 파혈(破血), 활혈(活血), 지통(止痛), 지혈(止血), 통경(通經), 설습(泄濕)
⑧ 약물음양오행(藥物陰陽五行) : 보양약(補陽藥)

31) 과루실(瓜蔞實) : 하늘타리의 과실(果實 : 열매), 괄루(栝樓)

① 성미(性味) : 감(甘), 고(苦), 평(平), 한(寒), 무독(無毒), 활(滑), 윤(潤)
② 귀경(歸經) : 폐(肺)·위(胃)·대장(大腸) 金土經
③ 용법(用法) : 12∼15g, 15∼30g 전복(煎服), 즙용(汁用), 丸散用
④ 금기(禁忌) : 비허작설(脾虛作泄), 비위허한(脾胃虛寒), 한음(寒飮)(忌), 천오두(川

烏頭), 초오두(草烏頭)(相反), 대장냉활(大腸冷滑)(忌), 건강(乾薑)(惡), 건칠(乾漆)牛膝(畏)

⑤ 배합길(配合吉) : 행인(杏仁), 패모(貝母), 길경(桔梗), 지실(枳實), 반하(半夏), 생강(生薑), 백주(白酒), 해백(薤白), 황련(黃連), 노근(蘆根), 어성초(魚腥草), 금은화(金銀花), 생감초(生甘草), 연교(連翹), 포공영(蒲公英), 의이인(薏苡仁), 대황(大黃), 목단피(牧丹皮), 신국(神麯), 산사(山楂)

⑥ 주치(主治) : 상초울열(上焦鬱熱), 조담난객(稠痰難咯), 담화해수(痰火咳嗽), 흉비만민(胸痺滿悶), 장조변비(腸燥便秘), 폐위해혈(肺痿咳血), 담열해수(痰熱咳嗽), 결흉(結胸), 황달(黃疸), 옹저종독(癰疽腫毒), 흉비작통(胸痺作痛), 소갈증(消渴證), 수종(水腫)

⑦ 효능(效能) : 청열폐위(淸熱肺胃), 윤폐강화(潤肺降火), 화담(化痰), 척담도체(滌痰導滯), 통흉중울혈(通胸中鬱血), 관중하기(寬中下氣), 개흉산결(開胸散結), 소종(消腫), 윤장통변(潤腸通便), 산옹독(散癰毒), 소창독(消瘡毒), 이인후(利咽喉)

⑧ 약물음양오행(藥物陰陽五行) : 청열사화약(淸熱瀉火藥), 윤하약(潤下藥), 소창옹저약(消瘡癰疽藥), 청화열담약(淸化熱痰藥)

32) 과루인(瓜蔞仁) : 괄루인(栝樓仁), 하늘타리 과실의 종자(種子)

① 성미(性味) : 감(甘), 고(苦), 평(平), 한(寒), 무독(無毒)
② 귀경(歸經) : 폐(肺)·비(脾)·위(胃)·대장(大腸) 金土經, 간(肝) 木經
③ 용법(用法) : 3~6g, 6~15g 전복(煎服), 丸散用, 外用
④ 금기(禁忌) : 천오두(川烏頭)(相反), 초오두(草烏頭 相反), 우슬(牛膝)(相畏), 건강(乾薑)(相惡), 비허변당(脾虛便溏), 한음(寒飮)(愼重用), 비위허냉설사(脾胃虛冷泄瀉)(忌)
⑤ 배합길(配合吉) : 지모(知母), 패모(貝母), 동과자(冬瓜子), 반하(半夏), 행인(杏仁), 의이인(薏苡仁), 몰약(沒藥), 유향(乳香), 포공영(蒲公英),, 욱리인(郁李仁), 마자인(麻子仁), 반하(半夏), 황련(黃連), 시호(柴胡), 황금(黃芩), 길경(桔梗), 지

실(枳實), 생강(生薑), 해백(薤白), 백자인(栢子仁), 도인(桃仁), 어성초(魚腥草), 금은화(金銀花), 천산갑(穿山甲), 목단피(牧丹皮)

⑥ 주치(主治) : 열담해수(熱痰咳嗽), 로수(癆嗽), 구건(口乾), 적백리(赤白痢), 장조변비(腸燥便秘), 옹종(癰腫), 장풍사혈(腸風瀉血), 토혈(吐血)

⑦ 효능(效能) : 양위(涼胃), 청열윤조(清熱潤燥), 화담(化痰), 산결소옹(散結消癰), 윤심폐(潤心肺), 항균(抗菌), 윤장통변(潤腸通便), 하유즙(下乳汁), 보허로(補虛勞), 보폐하기(補肺下氣), 지혈(止血), 생진(生津), 해소갈(解消渴), 거풍해울(祛風解鬱)

⑧ 약물음양오행(藥物陰陽五行) : 청열사화약(清熱瀉火藥), 소창옹저약(消瘡癰疽藥), 청화열담약(清化熱痰藥), 윤하약(潤下藥)

33) 곽향(藿香) : 배향초(배초향, 곽향)(의 全草)

① 성미(性味) : 신(辛), 감(甘), 고(苦), 미온(微溫), 무독(無毒), 방향(芳香), 조(燥), 산(散)

② 귀경(歸經) : 비(脾)·위(胃)·폐(肺) 土金經, 심(心)·간(肝) 火木經

③ 용법(用法) : 3~9g, 9~15g

④ 금기(禁忌) : 음허화왕(陰虛火旺), 위허구토(胃虛嘔吐), 혈허무습(血虛無濕)〈신중용(愼重用)〉

⑤ 배합길(配合吉) : 진피(陳皮), 반하(半夏), 정향피(丁香皮), 감초(甘草), 인삼(人蔘), 향부자(香附子), 사인(砂仁), 죽여(竹茹), 황련(黃連), 창출(蒼朮), 백출(白朮), 복령(茯苓), 목향(木香), 갈근(葛根), 길경(桔梗), 소엽(蘇葉), 백지(白芷), 대복피(大腹皮), 자소엽(紫蘇葉), 대조(大棗), 생강(生薑), 연교(連翹)

⑥ 주치(主治) : 습조중초(濕阻中焦), 감모서습(感冒暑濕), 상초옹열(上焦壅熱), 위기부족(胃氣不足), 비위습탁(脾胃濕濁), 흉완비민(胸脘痞悶), 폐허위한(肺虛胃寒), 흉복창만(胸腹脹滿), 오심구토(惡心嘔吐), 두통(頭痛), 한열작통(寒熱作痛), 풍수독종(風水毒腫), 식욕부진(食慾不振), 복통설사(腹痛泄瀉), 이질(痢疾), 학질(瘧疾), 한습열(寒濕熱), 서습(暑濕), 발열권태(發熱倦怠), 구취(口臭)

⑦ 효능(效能) : 성비화습(醒脾化濕),온중쾌기(溫中快氣), 화중지구(和中止嘔), 화습벽탁(化濕辟濁), 해서습(解暑濕), 보익위기(補益胃氣), 청열지갈(淸熱止渴), 지해수(止咳嗽), 제풍(除風), 해표산사(解表散邪), 화담(化痰)

⑧ 약물음양오행(藥物陰陽五行) : 방향화습약(芳香化濕藥), 지구약(止嘔藥)

34) 관동화(款冬花) : 땅머위(관동)의 화뇌(花蕾)(꽃봉오리)

① 성미(性味) : 신(辛) 감(甘), 고(苦), 평(平), 온(溫), 윤(潤), 무독(無毒)

② 귀경(歸經) : 폐(肺) 金經, 심(心) 火經

③ 용법(用法) : 3~5g, 5~9g 전복(煎服), 환산(丸散)

④ 금기(禁忌) : 폐옹(肺癰), 해혈(咳血), 해수농혈(咳嗽膿血)〈신용(愼用)〉, 폐화번작(肺火燔灼)(忌), 음허노수(陰虛勞嗽), 폐기초만(肺氣焦滿)(忌), 玄蔘, 消石, 조협(皂莢)〈상오(相惡)〉, 마황(麻黃), 신이(辛夷), 패모(貝母), 황련(黃連), 황금(黃芩), 청상(靑箱), 황기(黃芪)〈상외(相畏)〉

⑤ 배합길(配合吉) : 자완(紫菀), 백합(百合), 오미자(五味子), 목단피(牧丹皮), 진피(陳皮), 길경(桔梗), 천화분(天花紛), 맥문동(麥門冬), 사삼(沙蔘), 초포황(炒蒲黃), 시상(柿霜), 행인(杏仁),〈천패모(川貝母)〉, 박하(薄荷),〈현삼(玄蔘)〉, 전호(前胡), 지모(知母), 감초(甘草), 상백피(桑白皮), 상엽(桑葉),〈마황(麻黃)〉, 생강(生薑), 강반하(薑半夏),〈초패모(炒貝母)〉

⑥ 주치(主治) : 해수기천(咳嗽氣喘), 폐기심촉(肺氣心促), 폐허구해(肺虛久咳), 해천담다(咳喘痰多), 폐한해수(肺寒咳嗽), 후비(喉痺), 폐허노수(肺虛勞嗽), 폐열해수(肺熱咳嗽), 심허경계(心虛驚悸), 폐허담천(肺虛痰喘), 한열사기(寒熱邪氣), 경간(驚癎), 소갈(消渴), 폐위토혈(肺痿吐血)

⑦ 효능(效能) : 윤폐화담(潤肺化痰), 지해(止咳), 강기(降氣), 윤심폐(潤心肺), 소담지해(消痰止咳), 익오장(益五臟), 보노렬(補勞劣), 명목(明目), 온폐지수(溫肺止嗽), 이인후(利咽喉)

⑧ 약물음양오행(藥物陰陽五行) : 온화한담약(溫化寒痰藥), 지해평천약(止咳平喘藥)

35) 관중(貫衆) : 관중, 청나래고사리, 고비, 새깃아재비(의 根莖 : 뿌리줄기)

① 성미(性味) : 고(苦), 함(鹹), 미한(微寒), 소독(小毒)
② 귀경(歸經) : 간(肝)·비(脾)·위(胃) 木土經, 심(心)·폐(肺)·신(腎) 火金水經
③ 용법(用法) : 생용(生用), 초탄용(炒炭用)〈지혈(止血)〉3~9g, 9~15g 전복(煎服)
④ 금기(禁忌) : 임부(姙婦), 비위허한(脾胃虛寒), 음허내열(陰虛內熱)(忌)
⑤ 배합길(配合吉) : 사군자(使君子), 무이(蕪荑), 빈랑(檳榔), 뇌환(雷丸), 연교(連翹), 금은화(金銀花), 포공영(蒲公英), 선학초(仙鶴草), 측백엽(側柏葉), 아교(阿膠), 대청엽(大靑葉), 자근(紫根), 판남근(板藍根), 산두근(山豆根), 길경(桔梗), 인진호(茵蔯蒿), 감초(甘草), 생지황(生地黃), 한련초(旱蓮草)
⑥ 주치(主治) : 충적복통(蟲積腹痛), 복중사열기(腹中邪熱氣), 풍열감모(風熱感冒), 열독창양(熱毒瘡瘍), 풍한습비(風寒濕痺), 종독(腫毒), 열증붕루(熱證崩漏), 하혈(下血), 요슬산통(腰膝酸痛), 습열반진(濕熱斑疹), 월경과다(月經過多), 유뇨(遺尿), 후비(喉痺), 토뉵혈(吐衄血), 제독(諸毒), 산후혈기창통(産後血氣脹痛)
⑦ 효능(效能) : 살충(殺蟲), 소적(消積), 청열해독(淸熱解毒), 양혈지혈(凉血止血), 파징가(破癥瘕), 보간신(補肝腎), 거독(祛毒), 항(抗)바이러스, 제두풍(除頭風), 거풍활혈(祛風活血)
⑧ 약물음양오행(藥物陰陽五行) : 살충약(殺蟲藥), 청열양혈약(淸熱凉血藥), 청열해독약(淸熱解毒藥), 지혈약(止血藥)

36) 괴각(槐角) : 회화나무의 성숙한 과실(果實 : 열매)

① 성미(性味) : 고(苦), 신(辛) 함(鹹), 한(寒), 무독(無毒), 침강(沈降)
② 귀경(歸經) : 간(肝)·대장(大腸) 木金經, 심(心) 火經
③ 용법(用法) : 생용(生用), 초탄용(炒炭用), 6~15g(18g) 煎服, 外用가능
④ 금기(禁忌) : 비위허한(脾胃虛寒), 임부(姙婦)(忌), 음허혈열(陰虛血熱), 무실열(無

實熱)(忌)

⑤ 배합길(配合吉) ： 당귀(當歸), 지유(地楡), 황금(黃芩), 방풍(防風), 지각(枳殼), 고
삼(苦蔘), 하고초(夏枯草), 결명자(決明子)

⑥ 주치(主治) ： 사기열(邪氣熱), 오치(五痔), 습열치창출혈(濕熱痔瘡出血), 혈리(血
痢), 장풍하혈(腸風下血), 자궁출혈(子宮出血), 간화상염(肝火上炎), 두혼목적(頭昏
目赤), 심흉번민(心胸煩悶), 고혈압(高血壓), 간열목적(肝熱目赤), 현훈두통(眩暈頭
痛), 혈림(血淋), 유가(乳痂), 화창(火瘡), 열풍번민(熱風煩悶), 음창습양(陰瘡濕
癢),구치풍(口齒風)

⑦ 효능(效能) ： 양혈지혈(凉血止血), 청강설열(淸降泄熱), 청간사화(淸肝瀉火), 강혈
압(降血壓), 살충거풍(殺蟲祛風), 청간담(淸肝膽), 보절상(補絶傷), 명목(明目), 제
열루(除熱淚), 양대장(凉大腸)

⑧ 약물음양오행(藥物陰陽五行) ： 지혈약(止血藥)

37) 괴화(槐花) ： 회화나무의 화뢰(花蕾), 꽃봉오리, 꽃송이

① 성미(性味) ： 고(苦), 함(鹹), 평(平), 미한(微寒), 무독(無毒)
② 귀경(歸經) ： 간(肝) · 폐(肺) · 대장(大腸) 木金經
③ 용법(用法) ： 6~15g(18g) 單方가능, 煎服, 丸散用, 外用가능
④ 금기(禁忌) ： 임부(姙婦), 비위허한(脾胃虛寒)〈신중용(愼重用)〉
⑤ 배합길(配合吉) ： 창출(蒼朮), 지유(地楡), 감초(甘草), 형개수(荊芥穗), 측백엽(側
柏葉), 지각(枳殼), 치자(梔子), 백모근(白茅根), 오적골(烏賊骨), 용아초(龍芽草),
하고초(夏枯草), 감국(甘菊), 도인(桃仁), 황금(黃芩), 마자인(麻子仁), 갈근(葛根),
목향(木香), 후박(厚朴)

⑥ 주치(主治) ： 혈열출혈증(血熱出血證), 풍열(風熱), 하부출혈증(下部出血證), 간열
목적(肝熱目赤), 현훈(眩暈), 두창두통(頭脹頭痛), 옹저창독(癰疽瘡毒), 심통(心痛),
장풍사혈(腸風瀉血), 오치(五痔), 적백리(赤白痢), 붕중루하(崩中漏下), 위완통(胃
脘痛)

⑦ 효능(效能) : 양혈지혈(凉血止血), 청열(淸熱), 청간설화(淸肝泄火), 견신수(堅腎水), 강압(降壓), 살감충(殺疳蟲), 양대장열(凉大腸熱), 사심화(瀉心火)

⑧ 약물음양오행(藥物陰陽五行) : 지혈약(止血藥)

38) 구기엽(枸杞葉) : 구기자나무의 어린줄기, 잎

① 성미(性味) : 고(苦) 감(甘), 평(平), 양(凉)

② 귀경(歸經) : 심(心)·폐(肺)·비(脾)·신(腎) 火金土水經

③ 용법(用法) : 다대용(茶代用), 6~15g

④ 금기(禁忌) : 유락(乳酪)〈상오(相惡)〉

⑤ 주치(主治) : 허로발열(虛勞發熱), 목적혼통(目赤昏痛), 번갈(煩渴), 열독창종(熱毒瘡腫), 붕루대하(崩漏帶下), 상초심폐객열(上焦心肺客熱)

⑥ 효능(效能) : 보허익정(補虛益精), 거풍명목(祛風明目), 강화(降火), 안신(安神), 청열지갈(淸熱止渴), 견근내노(堅筋耐老), 보익근골(補益筋骨), 장심기(壯心氣), 제번익지(除煩益志), 안태관중(安胎寬中), 익신휴(益腎虧), 보오로칠상(補五勞七傷), 청두목(淸頭目)

⑦ 약물음양오행(藥物陰陽五行) : 보음약(補陰藥)

39) 구기자(枸杞子) : 구기자의 과실(果實 성숙한 과실)

① 성미(性味) : 감(甘), 윤(潤), 평(平), 미한(微寒), 완만(緩慢), 무독(無毒)

② 귀경(歸經) : 간(肝)·신(腎)·폐(肺) 木水金經, 심(心) 火經

③ 용법(用法) : 주침일숙(酒浸一宿), 주증(酒蒸), 주세(酒洗), 구복(久服) 가능, 상용가능(常用可能), 單方가능, 다대용(茶代用), 3~6g, 6~15g, 15~18g 전복(煎服)

④ 금기(禁忌) : 실열(實熱), 비허습체(脾虛濕滯), 장활(腸滑), 설사(泄瀉), 비위한담(脾胃寒痰), 냉벽(冷癖)

⑤ 배합길(配合吉) : 황정(黃精), 천문동(天門冬), 건지황(乾地黃), 두중(杜仲), 골쇄

보(骨碎補), 상기생(桑寄生), 속단(續斷), 숙지황(熟地黃), 산수유(山茱萸), 산약(山藥), 귀판(龜板), 국화(菊花), 당귀(當歸), 제하수오(製何首烏), 토사자(菟絲子), 우슬(牛膝), 생지황(生地黃), 생황기(生黃芪), 천화분(天花紛), 맥문동(麥門冬), 지모(知母), 패모(貝母), 백부근(百部根), 별갑(鱉甲), 백미(白薇), 은시호(銀柴胡), 지골피(地骨皮), 백급(白芨), 아교(阿膠), 한련초(旱蓮草), 사삼(沙蔘), 천련자(川棟子), 파극천(巴戟天), 육종용(肉蓯蓉), 여정자(女貞子), 오미자(五味子), 국화(菊花)

⑥ 주치(主治) : 간신음허(肝腎陰虛), 두훈목현(頭暈目眩), 시물혼화(視物昏花), 요슬산연(腰膝酸軟), 유정불잉(遺精不孕), 간신부족(肝腎不足), 음정휴허증(陰精虧虛證), 수발조백(鬚髮早白), 면색위황(面色萎黃), 체약허(体弱虛), 실면다몽(失眠多夢), 내열상진(內熱傷津), 소갈(消渴), 음허노수(陰虛勞嗽), 간풍혈허(肝風血虛)

⑦ 효능(效能) : 자보간신음(滋補肝腎陰), 윤폐(潤肺), 완보(緩補), 보허손(補虛損), 익정명목(益精明目), 건신체(健身体), 장기육(長肌肉), 양혈(養血), 생진지갈(生津止渴), 자음윤폐(滋陰潤肺), 생정익기(生精益氣), 강성음도(强盛陰道), 안신(安神), 견근내노(堅筋耐老), 보익근골(補益筋骨)

⑧ 약물음양오행(藥物陰陽五行) : 보음약(補陰藥)

40) 구맥(瞿麥) : 패랭이 꽃, 술패랭이 꽃(의 全草)

① 성미(性味) : 고(苦), 신(辛), 한(寒), 침강(沈降), 무독(無毒)
② 귀경(歸經) : 심(心)・소장(小腸)・신(腎)・방광(膀胱) 火水經, 비(脾) 土經
③ 용법(用法) : 6~10g 煎服, 外用가능
④ 금기(禁忌) : 임부(姙婦), 비신기허약(脾腎氣虛弱), 무습열(無濕熱), 수종충창(水腫蟲脹)(忌), 상표초(桑螵蛸)〈상오(相惡)〉
⑤ 배합길(配合吉) : 차전자(車前子), 활석(滑石), 편축(萹蓄), 감초(甘草), 치자(梔子), 목통(木通), 죽엽(竹葉), 모근(茅根), 동규자(冬葵子), 동과자(冬瓜子), 황금(黃芩), 홍화(紅花), 적작약(赤芍藥), 단삼(丹蔘), 익모초(益母草), 생지황(生地黃), 지골피(地骨皮), 아교(阿膠), 포황(蒲黃), 괄루인(栝樓仁)

⑥ 주치(主治) : 임병(淋病), 오림(五淋), 하초열결(下焦熱結), 소변임비(小便淋秘), 혈어경폐(血瘀經閉), 임역삽통(淋瀝澁痛), 어체경폐(瘀滯經閉), 수종(水腫), 목적장예(目赤障翳)

⑦ 효능(效能) : 청열이수(淸熱利水), 활혈거어(活血祛瘀), 활혈통경(活血通經), 강심화(降心火), 이소변(利小便), 양신기(養腎氣), 최생(催生), 배농(排膿), 파혈괴(破血塊), 이소장(利小腸)

⑧ 약물음양오행(藥物陰陽五行) : 이수청열약(利水淸熱藥)

41) 구약(蒟蒻) : 구약(곤약)의 괴경(塊莖)(덩이줄기)

① 성미(性味) : 신(辛), 감(甘), 고(苦), 온(溫), 소독(小毒)

② 용법(用法) : 외용(外用), 내복(內服) 10~18g 煎服, 청즙(淸汁)을 用, 구전(久煎)(2시간 이상), 단방(單方)가능

③ 금기(禁忌) : 약찌꺼기 복용금지, 한냉체질(寒冷体質) 복용주의

④ 배합길(配合吉) : 포공영(蒲公英), 금은화(金銀花), 자화지정(紫花地丁), 연교(連翹)

⑤ 주치(主治) : 단독(丹毒), 옹절종독(癰癤腫毒), 담수적체(淡水積滯), 라역결핵(瘰癧結核), 독사교상(毒蛇咬傷), 화상(火傷), 정창(疔瘡), 타박상(打撲傷), 무월경(無月經), 학질(瘧疾), 풍독(風毒), 소갈(消渴), 유행성이하선염(시용)

⑥ 효능(效能) : 화담산적(化痰散積), 소종해독(消腫解毒), 행어(行瘀), 치담수(治痰嗽), 거폐한(去肺寒), 이뇨(利尿)

⑦ 약물음양오행(藥物陰陽五行) : 외용약(外用藥), 소창옹저약(消瘡癰疽藥)

42) 구채(韭菜) : 부추나물(지상 전초 地上全草)(잎)

① 성미(性味) : 신(辛), 함(鹹), 온(溫), 삽(澁), 무독(無毒)

② 귀경(歸經) : 간(肝), 신(腎), 위(胃), 비(脾) 木水土經, 폐(肺) 金經

③ 용법(用法) : 생즙음(生汁飮), 선용(鮮用), 초숙용(炒熟用), 30~60g

④ 금기(禁忌) : 음허내열(陰虛內熱), 창양목질(瘡瘍目疾) : 꿀, 우육(牛肉)(忌), 위기
허(胃氣虛)〈유열(有熱)〉, 창정독(瘡疔毒), 사(痧), 학질(瘧疾)(忌)

⑤ 배합길(配合吉) : 지마유(脂麻油), 호도육(胡桃肉), 우유(牛乳), 생강(生薑), 생지
황(生地黃)

⑥ 주치(主治) : 흉비(胸痺), 반위(反胃), 냉복통(冷腹痛), 양허신냉(陽虛身冷), 요슬
냉통(腰膝冷痛), 유정몽설(遺精夢泄), 수곡리(水穀痢), 소갈(消渴), 이질(痢疾), 뇨
혈(尿血), 뉵혈(衄血), 토혈(吐血), 탈항(脫肛), 치루(痔漏), 질박손상(跌撲損傷),
흉중비냉(胸中痺冷), 현벽(痃癖)

⑦ 효능(效能) : 온중행기(溫中行氣), 제위중열(除胃中熱), 이흉격(利胸膈), 산혈해독
(散血解毒), 안오장(安五臟), 보허(補虛), 익양(益陽), 난요슬(暖腰膝), 지소갈(止
消渴), 해약독(解藥毒), 행기산혈(行氣散血), 조화장부(調和臟腑), 살충독(殺蟲毒),
지설정뇨혈(止泄精尿血), 활윤장위중적(滑潤腸胃中積), 통경최유(通經催乳)

⑧ 약물음양오행(藥物陰陽五行) : 보양약(補陽藥)

43) 구채자(韭菜子), 구자(韭子), 부추나물 씨

① 성미(性味) : 신(辛), 감(甘), 함(鹹), 온(溫), 무독(無毒)

② 귀경(歸經) : 간(肝)·신(腎) 木水經

③ 용법(用法) : 생용(生用), 초황(炒黃), 환(丸)·산(散), 단방(單方)가능, 3~5g,
5~9g 煎服, 丸散用

④ 금기(禁忌) : 음허화왕(陰虛火旺)(忌)

⑤ 배합길(配合吉) : 용골(龍骨), 보골지(補骨脂), 상표초(桑螵蛸)

⑥ 주치(主治) : 신양허쇠증(腎陽虛衰證), 양위(陽痿), 요슬냉통(腰膝冷痛), 유정유뇨
(遺精遺尿), 적백대하(赤白帶下), 소변빈삭(小便頻數), 백탁(白濁), 설사(泄瀉), 하
원허냉(下元虛冷), 소복냉통(小腹冷痛), 음한(陰寒), 근골동통(筋骨疼痛), 산통(疝
痛), 질타손상(跌打損傷), 몽설정(夢泄精), 적어(積瘀)

⑦ 효능(效能) : 온보조양(溫補助陽), 보간신(補肝腎), 장양고정(壯陽固精), 난요슬(暖腰膝), 보명문(補命門), 흥양도(興陽道), 통임탁(通淋濁)

⑧ 약물음양오행(藥物陰陽五行) : 보양약(補陽藥)

44) 구인(蚯蚓) : 지룡(地龍), 토룡(土龍), 큰 지렁이

① 성미(性味) : 함(鹹), 한(寒), 강설(降泄), 미독(微毒)

② 귀경(歸經) : 간(肝)·비(脾)·방광(膀胱) 木土水經, 폐(肺) 金經

③ 용법(用法) : 5~12g, 12~15g 전복(煎服), 분말(粉末) 1.3~3g(每服), 單方가능, 外用가능

④ 금기(禁忌) : 신약(身弱)·토약(土弱)의 사주(四柱), 비위허한증(脾胃虛寒證), 양허(陽虛)(忌), 소금·파(畏), 비신허복창(脾腎虛腹脹), 대노황달(大勞黃疸), 음허노채(陰虛勞瘵)(忌)

⑤ 배합길(配合吉) : 주사(朱砂), 조구등(釣鉤藤), 전갈(全蠍), 백강잠(白殭蠶), 석고(石膏), 백당(白糖), 초오(草烏), 몰약(沒藥), 천오(川烏), 유향(乳香), 천남성(天南星), 천궁(川芎), 당귀(當歸), 생황기(生黃芪), 도인(桃仁), 적작약(赤芍藥), 홍화(紅花), 마황(麻黃), 감초(甘草), 황백(黃柏), 육계(肉桂), 소목(蘇木), 행인(杏仁), 지모(知母), 동규자(冬葵子), 목통(木通), 차전자(車前子), 연교(連翹), 금은화(金銀花), 천축황(天竺黃), 오적골(烏賊骨), 자석(磁石), 단삼(丹蔘), 독활(獨活), 강활(羌活), 낙석등(絡石藤), 창포(菖蒲), 계혈등(鷄血藤), 통초(通草), 우슬(牛膝), 자감초(炙甘草), 토사자(菟絲子), 음양곽(淫羊藿), 한련초(旱蓮草)

⑥ 주치(主治) : 열병고열(熱病高熱), 광조경간(狂躁驚癇), 경풍추축(驚風抽搐), 경락조체(經絡阻滯), 풍한습비(風寒濕痹), 풍열두통(風熱頭痛), 골절어적동통(骨折瘀積疼痛), 중풍(中風), 간질(癇疾), 폐열천해(肺熱喘咳), 방광열결(膀胱熱結), 사충상(蛇虫傷), 석림(石淋), 소변불리(小便不利), 사독(蛇毒), 황달(黃疸), 후비(喉痹), 라역(瘰癧), 관절통(關節痛), 대복(大腹), 이농(耳聾)

⑦ 효능(效能) : 식풍정경(熄風定驚), 청열(淸熱), 평간(平肝), 통경락(通經絡), 소종

지통(消腫止痛), 청폐열(淸肺熱), 평정기천(平定氣喘), 청열이수(淸熱利水), 혈압강하(血壓降下), 거삼충(去三蟲), 해독(解毒), 해열(解熱)

⑧ 약물음양오행(藥物陰陽五行) : 거풍습통경락약(祛風濕通經絡藥)

45) 권백(卷柏) : 부처손(바위손)(의 전초(全草)

① 성미(性味) : 신(辛), 감(甘), 평(平), 무독(無毒), 수렴(收斂)
② 귀경(歸經) : 간(肝)·심(心) 木火經
③ 용법(用法) : 3~9g 전복(煎服), 술에 넣고 복용. 外用가능
④ 금기(禁忌) : 임부(妊婦), 무어혈(無瘀血)(忌)
⑤ 배합길(配合吉) : 종려탄(棕櫚炭), 측백엽(側柏葉), 홍화(紅花), 도인(桃仁), 목단피(牧丹皮), 천궁(川芎), 당귀(當歸), 차전자(車前子), 해금사(海金砂), 석위(石葦), 돈육(豚肉)
⑥ 주치(主治) : 음중한열통(陰中寒熱痛), 출혈증(出血證)〈흑초용(黑炒用)〉, 복통(腹痛), 질타손상(跌打損傷), 월경폐색(月經閉塞), 징가(癥瘕), 천식(喘息), 요혈(尿血), 변혈(便血), 토혈(吐血), 탈항(脫肛), 두중풍현(頭中風眩), 오장사기(五臟邪氣), 자궁출혈(子宮出血), 열성장출혈(熱性腸出血)
⑦ 효능(效能) : 지혈(止血)〈炒用〉, 활혈거어(活血祛瘀), 통림산결(通淋散結), 파혈(破血), 행혈(行血), 진심(鎭心), 강음익정(強陰益精), 지해역(止咳逆), 난수장(暖水臟), 행기(行氣), 접골(接骨)
⑧ 약물음양오행(藥物陰陽五行) : 지혈약(止血藥), 활혈거어약(活血祛瘀藥)

46) 권삼(拳蔘) : 범꼬리(의 根莖 : 뿌리줄기)

① 성미(性味) : 고(苦), 강설(降泄), 산(酸), 수렴(收斂), 미한(微寒), 소독(小毒)
② 귀경(歸經) : 간(肝)·위(胃)·대장(大腸) 木土金經
③ 용법(用法) : 생용(生用) 3~9g, 9~15g 전복(煎服), 단방(單方)가능

④ 금기(禁忌) : 외양음증(外瘍陰證)(忌)

⑤ 배합길(配合吉) : 포공영(蒲公英), 금은화(金銀花), 자화지정(紫花地丁), 오매(烏梅), 아교주(阿膠珠), 감초(甘草), 적작약(赤芍藥), 황금(黃芩), 맥문동(麥門冬), 백국화(白菊花), 산두근(山豆根), 하고초(夏枯草), 반변련(半邊蓮), 백합(百合), 사삼(沙蔘), 파극천(巴戟天), 두중(杜仲), 한련초(旱蓮草)

⑥ 주치(主治) : 열독(熱毒), 열병경축(熱病驚搐), 옹종창독(癰腫瘡毒), 인후종통(咽喉腫痛), 장위습열(腸胃濕熱), 토뉵혈(吐衄血), 적리치창변혈(赤痢痔瘡便血), 화상(火傷), 창상출혈(創傷出血), 혈열대하(血熱帶下), 간염(肝炎), 독사교상(毒蛇咬傷), 라역(瘰癧), 파상풍(破傷風)

⑦ 효능(效能) : 청열해독(淸熱解毒), 지사지대(止瀉止帶), 산결소종(散結消腫), 양혈지혈(涼血止血), 항균(抗菌), 진해(鎭咳), 진경(鎭驚)

⑧ 약물음양오행(藥物陰陽五行) : 청열해독약(淸熱解毒藥), 청열양혈약(淸熱涼血藥), 지혈약(止血藥)

47) 귀전우(鬼箭羽) : 화살나무(가지)

① 성미(性味) : 고(苦), 감(甘), 산(酸), 한(寒), 미독(微毒)

② 귀경(歸經) : 간(肝) 木經

③ 용법(用法) : 4.5~9g, 30g 전복(煎服), (丸散服)

④ 금기(禁忌) : 임부(妊婦)(忌)

⑤ 배합길(配合吉) : 천궁(川芎), 당귀(當歸), 현호색(玄胡索), 우슬(牛膝), 홍화(紅花)

⑥ 주치(主治) : 질타손상(跌打損傷), 징가(癥瘕), 국부동통(局部疼痛), 복부동통(腹部疼痛), 어혈정체(瘀血停滯), 월경부조(月經不調), 복통(腹痛), 충적복통(蟲積腹痛), 여인혈기(女人血氣), 풍습비통(風濕痺痛), 산후어혈조체(産後瘀血阻滯), 붕중하혈(崩中下血), 중오복통(中惡腹痛), 피부풍독종(皮膚風毒腫)

⑦ 효능(效能) : 파혈통경(破血通經), 파징결(破癥結), 살충(殺蟲), 지혈붕(止血崩),

거백충(去白蟲), 살복장충(殺腹臟蟲), 통월경(通月經)

⑧ 약물음양오행(藥物陰陽五行) : 파징소적약(破癥消積藥), 항암약(抗癌藥), 활혈거어약(活血祛瘀藥)

48) 귀침초(鬼針草) : 도깨비 바늘(全草)(전초)

① 성미(性味) : 고(苦), 평(平), 무독(無毒)
② 귀경(歸經) : 간(肝)·대장(大腸) 木金經
③ 용법(用法) : 생용(生用), 15~30g 전복(煎服), 즙복(汁服), 외용(外用)가능, 30~37g, 30~60g (선용(鮮用), 단방(單方)가능
④ 금기(禁忌) : 임부(妊婦)(忌)
⑤ 배합길(配合吉) : 금은화(金銀花), 포공영(蒲公英), 의이인(薏苡仁), 철현채(鐵莧菜), 마치현(馬齒莧), 대조(大棗), 다유(茶油), 참기름, 계란, 돼지고기
⑥ 주치(主治) : 간염(肝炎), 위통(胃痛), 급성신장염(急性腎臟炎), 인후종통(咽喉腫痛), 장옹(腸癰), 독사독충교상(毒蛇毒蟲咬傷), 질타손상(跌打損傷), 금창출혈(金瘡出血), 치창(痔瘡), 풍습비통(風濕痺痛), 출혈성하리(出血性下痢), 복사이질(腹瀉痢疾), 학질(瘧疾), 월경불통(月經不通), 열격반위(噎膈反胃), 맹장염(盲腸炎), 산후어혈(産後瘀血), 심복결통(心腹結痛), 요혈(尿血), 장출혈(腸出血), 소변불리(小便不利), 임탁(淋濁), 황달(黃疸)
⑦ 효능(效能) : 청열해독(淸熱解毒), 청장지사(淸腸止瀉), 산어소종(散瘀消腫), 소옹(消癰), 지혈(止血), 진통(鎭痛)
⑧ 약물음양오행(藥物陰陽五行) : 청열해독약(淸熱解毒藥)

49) 귀판(龜板) : 거북등껍질, 귀갑, 남생이의 복갑(腹甲) 또는 배갑(背甲)

① 성미(性味) : 감(甘), 함(鹹), 평(平), 한(寒), 중후(重厚), 탁(濁), 량(凉), 미독(微毒)

② 귀경(歸經) : 간(肝)·신(腎)·심(心) 木水火經, 비(脾) 土經

③ 용법(用法) : 생용(生用), 초자용(醋炙用), 6~24g, 24~30g(45g) 單方가능, 전복(煎服)

④ 금기(禁忌) : 한습(寒濕), 비위허한(脾胃虛寒), 양허설사(陽虛泄瀉), 황기(黃芪 : 相反), 저육(猪肉)(忌), 人蔘, 沙蔘(相惡), 저담(猪膽)(相畏)

⑤ 배합길(配合吉) : 황백(黃柏), 지모(知母), 숙지황(熟地黃), 저척수(猪脊髓), 별갑(鱉甲), 모려분(牡蠣粉), 백작약(白芍藥), 생건지황(生乾地黃), 아교주(阿膠珠), 감초(甘草), 마자인(麻子仁), 맥문동(麥門冬), 계자황(鷄子黃), 오미자(五味子), 우슬(牛膝), 쇄양(鎖陽), 작약(芍藥), 당귀(當歸), 호골(虎骨), 진피(陳皮), 향부자(香附子), 황금(黃芩), 저근백피(樗根白皮), 석창포(石菖蒲), 원지(遠志), 용골(龍骨), 천근(茜根), 한련초(旱蓮草), 시호(柴胡), 자석(磁石), 백두옹(白頭翁), 조각자(皂角刺)

⑥ 주치(主治) : 신음부족(腎陰不足), 골증노열(骨蒸勞熱), 음허양항(陰虛陽亢), 진액부족(津液不足), 음허풍동(陰虛風動), 발열(發熱), 요슬위약(腰膝痿弱), 혈림비(血淋痺), 신허골위(腎虛骨痿), 혈열붕루대하(血熱崩漏帶下), 혈허(血虛), 음허혈열(陰虛血熱), 심허경계(心虛驚悸), 월경과다(月經過多), 탈항(脫肛), 장풍치혈(腸風痔血), 뉵혈토혈(衄血吐血), 만성학질, 이질, 요통(腰痛), 두창(痘瘡), 음창(陰瘡), 오치(五痔), 심복통(心腹痛), 골중한열(骨中寒熱), 습비(濕痺), 음식(陰蝕), 사지중약(四肢重弱)

⑦ 효능(效能) : 익음신양(益陰腎陽), 잠염부양(潛斂浮陽), 자음잠양(滋陰潛陽), 퇴열식풍(退熱熄風), 익신건골(益腎健骨), 통임맥(通任脈), 양혈보심(養血補心), 자음양혈(滋陰凉血), 지혈(止血), 파징가(破癥瘕), 익기자지(益氣資智), 보심신(補心腎), 속근골(續筋骨), 지혈리(止血痢), 자신손(滋腎損), 거어혈(去瘀血), 익대장(益大腸), 소옹종(消癰腫)

⑧ 약물음양오행(藥物陰陽五行) : 보음약(補陰藥)

50) 귀판교(龜板膠)

① 성미(性味) : 감(甘), 함(鹹), 평(平), 한(寒), 무독(無毒)

② 용법(用法) : 끓는 물에 녹여 3.7~10g 服用

③ 금기(禁忌) : 위한습(胃寒濕), 비위허한(脾胃虛寒), 냉활(冷滑), 사삼(沙蔘), 인삼(人蔘)(상오 相惡)

④ 주치(主治) : 신음허(腎陰虛), 음허혈휴(陰虛血虧), 위약(胃弱), 붕루(崩漏), 대하(帶下), 번열경계(煩熱驚悸), 골증노열(骨蒸勞熱), 요슬위약(腰膝痿弱), 신허요통(腎虛腰痛), 자궁출혈(子宮出血), 토뉵혈(吐衄血), 해객혈담(咳喀血痰), 근골동통(筋骨疼痛), 음허혈허증(陰虛血虛證), 오한발열(惡寒發熱), 학질(瘧疾)

⑤ 효능(效能) : 귀판과 같음, 자보(滋補), 지혈(止血), 양간(養肝), 자음보혈(滋陰補血), 양폐(養肺)

⑥ 약물음양오행(藥物陰陽五行) : 보음약(補陰藥)

51) 근채(芹菜), 한근(旱芹) : 셀러리(서양 밭미나리)(의 대근전초 (帶根 全草)

① 성미(性味) : 감(甘), 고(苦), 담(淡), 평(平), 량(凉), 무독(無毒)

② 귀경(歸經) : 간(肝) · 위(胃) 木土經

③ 용법(用法) : 9~15g, 선용(鮮用) 30~60g 전복(煎服), 즙용(汁用), 외용(外用)

④ 주치(主治) : 간양항성(肝陽亢盛), 간풍내동(肝風內動), 고혈압(高血壓), 현훈두통(眩暈頭痛), 목적(目赤), 반위구토(反胃嘔吐), 간양두혼(肝陽頭昏), 면홍(面紅), 혈림(血淋), 두중각경(頭重脚輕), 소변임통(小便淋痛), 옹종(癰腫), 제풍증(諸風證)

⑤ 효능(效能) : 평간강압(平肝降壓), 청열(清熱), 화위(和胃), 지구(止嘔), 거풍이습(祛風利濕), 청리위중습탁(清利胃中濕濁), 보혈(補血), 산창종(散瘡腫), 콜레스테롤 강하

⑥ 약물음양오행(藥物陰陽五行) : 평간잠양약(平肝潛陽藥), 지구약(止嘔藥), 식풍약(熄風藥)

52) 금모구척(金毛狗脊), 구척(狗脊), 금모구척(根莖 : 뿌리줄기)

① 성미(性味) : 고(苦), 감(甘), 신(辛), 평(平), 온(溫), 무독(無毒)
② 귀경(歸經) : 간(肝)·신(腎) 木水經, 방광(膀胱), 심(心) 火經
③ 용법(用法) : 사탕초(砂燙炒), 주초(酒炒) 5~9g, 10~15g 전복(煎服), 外用가능
④ 금기(禁忌) : 신허유열(腎虛有熱), 소변불리(小便不利), 간허울화(肝虛鬱火), 음허유열(陰虛有熱)(忌), 패장(敗醬)〈상오(相惡)〉
⑤ 배합길(配合吉) : 주(酒), 토사자(菟絲子), 두중(杜仲), 산수유(山茱萸), 숙지황(熟地黃), 우슬(牛膝), 녹각교(鹿角膠), 상기생(桑寄生), 모과(木瓜), 송절(松節), 상지(桑枝), 속단(續斷), 계지(桂枝), 호골(虎骨), 진교(秦艽), 해풍등(海風藤), 당귀신(當歸身)
⑥ 주치(主治) : 간신부족증(肝腎不足證), 요배강(腰背强), 요통척통(腰痛脊痛), 각약(脚弱), 슬동(膝疼), 완비(頑痺), 족슬연약(足膝軟弱), 근골무력(筋骨無力), 유정(遺精), 대하(帶下), 소변실금(小便失禁), 제창출혈(諸瘡出血), 풍허(風虛), 한습비(寒濕痺), 풍사임로(風邪淋露), 독풍연각(毒風軟脚)
⑦ 효능(效能) : 보간신(補肝腎), 보기(補氣), 강요척(强腰脊), 거풍습(祛風濕), 강근장골(强筋壯骨), 강간신(强肝腎), 이관절(利關節), 속근골(續筋骨), 치풍허(治風虛), 건골(健骨), 통관이규(通關利竅), 살충(殺蟲), 견신양혈(堅腎養血)
⑧ 약물음양오행(藥物陰陽五行) : 보양약(補陽藥), 거풍습지비약(祛風濕止痺藥)

53) 금박(金箔) : 황금의 지상박편(紙狀薄片)

① 성미(性味) : 신(辛), 고(苦), 평(平), 한(寒), 무독(無毒)
② 귀경(歸經) : 심(心)·간(肝) 火木經, 신(腎) 水經, 폐(肺) 金經
③ 용법(用法) : 환·산용(丸·散用), 丸衣, 外用가능
④ 금기(禁忌) : 양부족(陽不足), 기약기함(氣弱氣陷), 신약(身弱), 체한(体寒), 하리청냉(下痢清冷)(忌)

⑤ 배합길(配合吉) : 용뇌(龍腦)〈빙편(氷片)〉, 진주말(珍珠末), 우황(牛黃), 서각(犀角), 호박(琥珀), 천축황(天竺黃), 담성(膽星), 웅황(雄黃), 사향(麝香), 주사(朱砂), 감수(甘遂), 경분(輕粉), 천남성(天南星), 방풍(防風), 백부자(白附子), 반하(半夏)

⑥ 주치(主治) : 경간(驚癎), 창독(瘡毒), 심계(心悸), 추담연(墜痰涎), 전간풍열(癲癎風熱), 상한폐손토혈(傷寒肺損吐血), 상기해수(上氣咳嗽)

⑦ 효능(效能) : 진심안신(鎭心安神), 해독(解毒), 보심(補心), 양정신(養精神), 화혈맥(和血脈), 견골수(堅骨髓), 이오장사기(利五臟邪氣), 지경계풍간(止驚悸風癎), 제사살독(除邪殺毒), 정심지(定心智), 서간기(舒肝氣), 파적소저(破積消疽), 이관절(利關節), 행경락(行經絡), 자신수(滋腎水)

⑧ 약물음양오행(藥物陰陽五行) : 진심안신약(鎭心安神藥)

54) 금불초(金沸草) : 금불초의 전초(全草), 선복경(旋覆梗)

① 성미(性味) : 고(苦), 신(辛), 함(鹹), 온(溫), 미독(微毒)
② 귀경(歸經) : 폐(肺)・대장(大腸) 金經
③ 용법(用法) : 8~12g, 전복(煎服), 선즙용(鮮汁用)
④ 금기(禁忌) : 음허노해(陰虛勞咳)(忌)
⑤ 배합길(配合吉) : 길경(桔梗), 전호(前胡), 형개(荊芥), 마황(麻黃), 법반하(法半夏), 박하(薄荷), 적작약(赤芍藥), 감초(甘草)

⑥ 주치(主治) : 풍한해수(風寒咳嗽), 협하창통(脇下脹痛), 담옹기역(痰壅氣逆), 담음축결(痰飮蓄結), 흉격비만(胸膈痞滿), 종독(腫毒), 정창(疔瘡), 토뉵(吐衄), 구천해수(嘔喘咳嗽), 심비복음(心脾伏飮), 풍기습비(風氣濕痺)

⑦ 효능(效能) : 청폐제열(淸肺除熱), 화담지해(化痰止咳), 강기(降氣), 산풍한(散風寒), 소종독(消腫毒), 지금창혈(止金瘡血), 개규통림(開竅通淋), 거습(祛濕), 정천제음(定喘除飮), 서근활혈(舒筋活血)

⑧ 약물음양오행(藥物陰陽五行) : 화담지해평천약(化痰止咳平喘藥)

55) 금앵자(金櫻子) : 금앵자 나무의 성숙한 과실(果實) (열매)

① 성미(性味) : 산(酸), 삽(澁), 떫다, 평(平), 무독(無毒), 삶은 것(甘)

② 귀경(歸經) : 신(腎)·방광(膀胱)·폐(肺)·대장(大腸) 水金經, 비(脾) 土經

③ 용법(用法) : 3~9g, 9~30g 전복(煎服), 단방(單方)가능

④ 금기(禁忌) : 실화실사(實火實邪)(忌), 용량(用量)주의, 장복(長服)삼가, 중한비(中寒痺)(忌), 음허화치(陰虛火熾)(忌)

⑤ 배합길(配合吉) : 검실(芡實), 산약(山藥), 백출(白朮), 복령(茯苓), 초원지(炒遠志), 초산조인(炒酸棗仁), 인삼(人蔘), 자감초(炙甘草), 오미자(五味子), 익지인(益智仁), 구척(狗脊), 복분자(覆盆子), 숙지황(熟地黃), 용골(龍骨), 생지황(生地黃), 모려(牡蠣), 연자(蓮子)

⑥ 주치(主治) : 신허활정(腎虛滑精), 정충경계(怔忡驚悸), 유정(遺精), 소변빈삭(小便頻數), 야뇨(液尿), 요실금(尿失禁), 비허설사(脾虛泄瀉), 백대하(白帶下), 자궁출혈(子宮出血), 구사구리(久瀉久痢), 토뉵혈(吐衄血), 비허천해(脾虛喘咳), 비설혈리(脾泄血痢), 허한(虛汗), 도한(盜汗), 화상(火傷)

⑦ 효능(效能) : 고정축뇨(固精縮尿), 수삽고장(收澁固腸), 익정수(益精髓), 삽장지사(澁腸止瀉), 생진액(生津液), 삽정기(澁精氣), 평해수(平咳嗽), 항균(抗菌), 항바이러스, 지유설(止遺泄), 지혈(止血), 양혈기(養血氣), 보오장(補五臟), 장근골(壯筋骨), 정천급(定喘急)

⑧ 약물음양오행(藥物陰陽五行) : 수렴약(收斂藥), 지갈약(止渴藥)

56) 금은화(金銀花) : 인동덩굴(花蕾) 꽃봉오리

① 성미(性味) : 감(甘), 고(苦), 평(平), 한(寒), 무독(無毒)

② 귀경(歸經) : 폐(肺)·위(胃)·대장(大腸)·심(心) 金土火經

③ 용법(用法) : 생용(生用), 초탄용(炒炭用), 3~9g, 9~30g(90g) 煎服, 單方가능, 外用가능

④ 배합길(配合吉) : 황금(黃芩), 야국(野菊), 포공영(蒲公英), 감초(甘草), 주(酒), 당귀(當歸), 황기(黃芪), 의이인(薏苡仁), 현삼(玄蔘), 지유(地楡), 맥문동(麥門冬), 백두옹(白頭翁), 황련(黃連), 박하(薄荷), 형개(荊芥), 연교(連翹), 적복령(赤茯苓), 조각자(皂角刺), 천산갑(穿山甲), 절패모(浙貝母), 백지(白芷), 유향(乳香), 진피(陳皮), 감초(甘草), 천화분(天花粉), 몰약(沒藥), 방풍(防風), 적작약(赤芍藥), 담두시(淡豆豉), 담죽엽(淡竹葉), 노근(蘆根), 박하(薄荷), 길경(桔梗), 우방자(牛蒡子), 백작(白芍), 인진호(茵陳蒿)

⑤ 주치(主治) : 열병발열(熱病發熱), 열창옹(熱瘡癰), 외옹(外癰), 내옹(內癰), 외감풍열(外感風熱), 풍화습열(風火濕熱), 구건인통(口乾咽痛), 온병초기(溫病初起), 열독하리(熱毒下痢), 라역(瘰癧), 습열이질(濕熱痢疾), 종독(腫毒), 치루(痔瘻), 개선(疥癬), 외감발열해수(外感發熱咳嗽), 마진(麻疹)

⑥ 효능(效能) : 청열해독(淸熱解毒), 산옹(散癰), 양혈지리(凉血止痢), 청설소산(淸泄疏散), 해제창(解諸瘡), 산풍열(散風熱), 항균(抗菌), 항바이러스, 소옹저정독(消癰疽疔毒), 지갈(止渴)

⑦ 약물음양오행(藥物陰陽五行) : 청열해독약(淸熱解毒藥), 청열양혈약(淸熱凉血藥), 소창옹저약(消瘡癰疽藥)

57) 금작근(金雀根), : 토황기(土黃芪), 골담초의 근(根) 뿌리

① 성미(性味) : 평(平), 고(苦), 신(辛), 감(甘), 미온(微溫), 무독(無毒)
② 귀경(歸經) : 폐(肺) · 비(脾) 金土經
③ 용법(用法) : 15~30g 전복(煎服), 單方가능, 外用가능
④ 배합길(配合吉) : 보골지(補骨脂), 저실자(楮實子), 복령(茯苓), 백출(白朮), 모과(木瓜), 오가피(五加皮), 상지(桑枝), 흑당(黑糖)
⑤ 주치(主治) : 체허핍력(体虛乏力), 허손노열(虛損勞熱), 체허부종(体虛浮腫), 풍습비통(風濕痹痛), 오로칠상(五勞七傷), 백대하(白帶下), 산후유즙불하(産後乳汁不下), 고혈압(高血壓), 효천(哮喘), 해수(咳嗽), 타박상(打撲傷), 관절염(關節炎),

자궁출혈(子宮出血), 뉵혈(衄血), 임질(淋疾), 두훈(頭暈), 음탈(陰脫)

⑥ 효능(效能) : 청폐익비(淸肺益脾), 보기(補氣), 이뇨(利尿), 활혈통락(活血通絡), 지통(止痛), 통유(通乳), 통경(通經), 혈압강하(血壓降下), 난근골(暖筋骨), 보근골(補筋骨), 건비위(健脾胃), 통맥(通脈), 소결독(消結毒), 이뇨(利尿)

⑦ 약물음양오행(藥物陰陽五行) : 보기약(補氣藥), 이수삼습약(利水滲濕藥), 거풍습지비약(祛風濕止痺藥)

58) 금전초(金錢草) : 긴병꽃풀(의 全草)(뿌리포함한다), 아욱메꽃(代用)

① 성미(性味) : 함(鹹), 감(甘), 고(苦), 신(辛), 평(平), 미한(微寒), 무독(無毒)

② 귀경(歸經) : 간(肝)·담(膽)·신(腎)·방광(膀胱) 木水經

③ 용법(用法) : 9~15g, 15~30g 煎服, 單方가능, 침주용(浸酒用), 30~60g(鮮用). 外用가능.

④ 금기(禁忌) : 비위허설사(脾胃虛泄瀉), 음저제독(陰疽諸毒)(忌), 생즙(生汁) 삼가

⑤ 배합길(配合吉) : 편축(萹蓄), 차전자(車前子), 계내금(鷄內金), 해금사(海金砂), 석위(石葦), 목통(木通), 활석(滑石), 인진(茵陳), 치자(梔子), 차전초(車前草), 백모근(白茅根), 포공영(蒲公英), 야감국(野甘菊), 구맥(瞿麥), 산치자(山梔子), 호박(琥珀), 두중(杜仲), 우슬(牛膝), 호도육(胡桃肉), 당삼(黨蔘), 시호(柴胡), 지각(枳殼), 단삼(丹蔘), 작약(芍藥), 황금(黃芩), 목향(木香), 천련자(川楝子)

⑥ 주치(主治) : 임병(淋病), 습열황달(濕熱黃疸), 담도결석(膽道結石), 신결석(腎結石), 석림(石淋), 방광결석(膀胱結石), 정창종독(疔瘡腫毒), 만성폐염(慢性肺炎), 폐옹(肺癰), 창선(瘡癬), 습진(濕疹), 홍붕대하(紅崩帶下), 학질(瘧疾), 독사교상(毒蛇咬傷), 수종(水腫), 하혈(下血), 토혈(吐血), 해수(咳嗽), 경간(驚癇), 관절풍습통(關節風濕痛), 고혈압(高血壓), 질타손상(跌打損傷), 산후경풍(産後驚風), 감병(疳病), 腮腺炎(이하선염)

⑦ 효능(效能) : 청열이습(淸熱利濕), 거풍습(祛風濕), 통림배석(通淋排石), 발산풍사

(發散風邪), 이담배석(利膽排石), 서근활락(舒筋活絡)〈침주용(浸酒用)〉, 청열해독
소종(淸熱解毒消腫), 청간담습열(淸肝膽濕熱), 이뇨(利尿), 지혈(止血), 지골통(止
骨痛), 진해(鎭咳), 지갈(止渴), 지통(止痛), 파적(破積)

⑧ 약물음양오행(藥物陰陽五行) : 이습퇴황약(利濕退黃藥), 청열해독약(淸熱解毒藥),
이수통림약(利水通淋藥)

59) 길경(桔梗) : 도라지(뿌리 根)

① 성미(性味) : 고(苦), 신(辛), 평(平), 미독(微毒)

② 귀경(歸經) : 폐(肺) 金經, 위(胃) 土經

③ 용법(用法) : 3~9g 煎服, 단방(單方)가능, 丸・散用, 물에 담갔다 말려 사용(거피
(去皮))

④ 금기(禁忌) : 음허구해(陰虛久咳), 해혈(咳血)(愼重히 用), 음허화왕(陰虛火旺), 기
역(氣逆), 노기하허(怒氣下虛)(忌), 위궤양(胃潰瘍)(忌), 저육(豬肉), 용안(龍眼),
백급(白芨), 용담(龍膽)(忌)

⑤ 배합길(配合吉) : 방풍(防風), 형개(荊芥), 행인(杏仁), 소엽(蘇葉), 진피(陳皮), 반
하(半夏), 지각(枳殼), 생강(生薑), 감초(甘草), 대조(大棗), 복령(茯苓), 전호(前
胡), 상엽(桑葉), 감국(甘菊, 菊花), 우방자(牛蒡子), 노근(蘆根), 박하(薄荷), 연교
(連翹), 사간(射干), 황금(黃芩), 산두근(山豆根), 황련(黃連), 치자(梔子), 파두(巴
豆), 패모(貝母), 의이인(薏苡仁), 어성초(魚腥草), 동과인(冬瓜仁), 금은화(金銀
花), 대황(大黃), 현삼(玄蔘), 망초(芒硝), 방기(防己), 상백피(桑白皮), 당귀(當歸),
의이인(薏苡仁), 괄루인(栝樓仁), 백합(百合), 행인(杏仁), 황기(黃芪), 가자(訶子)

⑥ 주치(主治) : 해수담다(咳嗽痰多), 심복창통(心腹脹痛), 폐옹(肺癰), 인후종통(咽喉
腫痛), 비색(鼻塞), 목적종통(目赤腫痛), 복만(腹滿), 흉민불창(胸悶不暢), 흉만협통
(胸滿脇痛), 후옹종통(喉癰腫痛), 이질복통(痢疾腹痛), 구설생창(口舌生瘡), 경공계
기(驚恐悸氣), 풍비(風痺), 적기(積氣), 소아경간(小兒驚癇), 폐열기촉(肺熱氣促),
중오(中惡)

⑦ 효능(效能) : 선폐(宣肺), 개폐(開肺), 거담(祛痰), 통폐이격(通肺利膈), 이인배농(利咽排膿), 이폐기(利肺氣), 하기(下氣), 항균(抗菌), 진해(鎭咳), 제한열(除寒熱), 파혈(破血), 소적취(消積聚), 보혈기(補血氣), 양혈배농(養血排膿), 이오장장위(利五臟腸胃), 소담(消痰), 파징가(破癥瘕), 보허로(補虛勞), 이규(利竅), 청리두목(淸利頭目), 최유(催乳)

⑧ 약물음양오행(藥物陰陽五行) : 청화열담약(淸化熱痰藥), 배농약(排膿藥)

60) 나(라)마(蘿藦) : 박주가리(帶根全草) 전초뿌리

① 성미(性味) : 감(甘), 신(辛), 평(平), 무독(無毒)
② 용법(用法) : 15~60g(70g) 單方가능, 전복(煎服), 즙용(汁用), 외용(外用)
③ 배합길(配合吉) : 백자인(栢子仁), 지골피(地骨皮), 오미자(五味子), 선모근(仙茅根), 음양곽(淫羊藿)
④ 주치(主治) : 신허유정(腎虛遺精), 양위(陽痿), 허손노상(虛損勞傷), 허약백대(虛弱白帶), 단독(丹毒), 창독(瘡毒), 유즙불통(乳汁不通), 대하(帶下), 사충독(蛇蟲毒), 적종(赤腫), 온독(溫毒)
⑤ 효능(效能) : 보익정기(補益精氣), 해독통유(解毒通乳), 강성음도(强盛陰道), 해열(解熱), 보혈익기(補血益氣), 하유즙(下乳汁)
⑥ 약물음양오행(藥物陰陽五行) : 보기약(補氣藥), 보음약(補陰藥), 해독약(解毒藥)

61) 남과인(南瓜仁) : 호박씨(種子), 남과자(南瓜子)

① 성미(性味) : 감(甘), 평(平), 무독(無毒)
② 귀경(歸經) : 위(胃) · 대장(大腸)
③ 용법(用法) : 생용(生用), 30~60g, 60~120g, 120~200g 單方 · 長服가능, 外用가능
④ 금기(禁忌) : 多服삼가
⑤ 배합길(配合吉) : 백사탕(白砂糖), 빈랑자(檳榔子)

⑥ 주치(主治) : 촌충(寸蟲), 요충(蟯虫), 회충(蛔虫), 혈흡충(血吸蟲), 충적복통(蟲積腹痛), 치질(痔疾), 백일해(百日咳), 당뇨병(糖尿病), 산후수족부종(産後手足浮腫)(炒煎用), 소아인후통(小兒咽喉痛)

⑦ 효능(效能) : 살충(殺虫), 구제조충(驅除條蟲)

⑧ 약물음양오행(藥物陰陽五行) : 살충약(殺蟲藥)

62) 낙석등(絡石藤) : 털마삭줄의 경엽(莖葉 : 줄기와 잎)

① 성미(性味) : 고(苦), 평(平), 미한(微寒), 소독(小毒)

② 귀경(歸經) : 심(心·간(肝) 火木經, 신(腎) 水經

③ 용법(用法) : 생용(生用), 6~12g 煎服(전복), 용량신중(用量愼重), 外用가능

④ 금기(禁忌) : 양허(陽虛)〈오한(惡寒), 이상변(泥狀便)〉(忌), 잉부(孕婦)(愼用), 패모(貝母), 창포(菖蒲)(相畏)

⑤ 배합길(配合吉) : 방기(防己), 오가피(五加皮), 진교(秦艽), 위령선(威靈仙), 모과(木瓜), 독활(獨活), 생의이인(生薏苡仁), 우슬(牛膝), 당귀(當歸), 구기자(枸杞子), 황백(黃柏), 해동피(海桐皮), 백미(白薇), 창출(蒼朮), 단삼(丹蔘), 인동등(忍冬藤), 몰약(沒藥), 과루(瓜蔞), 조각자(皂角刺), 감초(甘草), 유향(乳香), 목통(木通), 자완(紫菀), 길경(桔梗), 적복령(赤茯苓), 사간(射干), 상기생(桑寄生), 계지(桂枝), 천년건(千年健), 해풍등(海風藤)

⑥ 주치(主治) : 풍습비통(風濕痺痛), 근골산통(筋骨酸痛), 풍습열증(風濕熱證), 요슬산통(腰膝酸痛), 인후종통(咽喉腫痛), 관절홍종(關節紅腫), 비통(痺痛), 풍화아통(風火牙痛), 옹저종통(癰疽腫痛), 산후혈결(産後血結), 타박상(打撲傷), 토혈(吐血), 독사교상(毒蛇咬傷), 사창사독심민(蛇瘡蛇毒心悶)

⑦ 효능(效能) : 거풍습(祛風濕), 서근통락(舒筋通絡), 지혈(止血), 지통(止痛), 양혈청열(涼血淸熱), 소종(消腫), 소옹(消癰), 소어(消瘀), 항균(抗菌), 양신(養腎), 견근골(堅筋骨), 이관절(利關節), 제사기(除邪氣), 소산제창(消散諸瘡), 유산예방(流産豫防)

⑧ 약물음양오행(藥物陰陽五行) : 거풍습통경락약(祛風濕通經絡藥), 소창옹저약(消瘡癰疽藥)

63) 내복근(萊菔根) : 무우의 뿌리(根), 萊菔

① 성미(性味) : 신(辛), 감(甘), 고(苦), 량(凉), 온(溫), 무독(無毒), 삶으면(熟) 감(甘) · 온(溫), 생것은 신(辛) · 한(寒)

② 귀경(歸經) : 폐(肺) · 비(脾) · 위(胃) · 심(心) 金土火經

③ 용법(用法) : 9~15g, 15~30g, 전복(煎服), 즙복(汁服)

④ 금기(禁忌) : 하수오(何首烏), 지황(地黃)(忌), 인삼(人蔘)(相惡), 비위허한(脾胃虛寒)(忌)

⑤ 배합길(配合吉) : 즉어(鯽魚), 양육(羊肉)

⑥ 주치(主治) : 식적설사(食積泄瀉), 담열담벽(痰熱痰癖), 흉격포민(胸膈飽悶), 이질후중(痢疾後重), 면황종창(面黃腫脹), 창만(脹滿), 폐수토혈(肺嗽吐血), 담수실음(痰嗽失音), 편두통(偏頭痛), 이질(痢疾), 소갈(消渴)(生汁用), 오장중악기(五臟中惡氣), 사열기(邪熱氣), 노수해수(勞瘦咳嗽), 탄산(吞酸)

⑦ 효능(效能) : 이수소종(利水消腫), 익기(益氣), 소곡(消穀), 소담지해(消痰止咳), 해주독(解酒毒), 화적체(化積滯), 산어혈(散瘀血), 해부자독(解附子毒), 생진액(生津液), 보비운식(補脾運食), 하기(下氣), 해독(解毒), 이오장(利五臟), 이관절(利關節), 명목(明目 무우꽃), 보부족(補不足), 온중초(溫中焦), 이대소변(利大小便), 관흉격(寬胸膈), 양혈(養血)

⑧ 약물음양오행(藥物陰陽五行) : 소도약(消導藥)

64) 내복엽(萊菔葉) : 무우 잎

① 성미(性味) : 신(辛), 고(苦), 감(甘), 함(鹹), 평(平), 온(溫)

② 귀경(歸經) : 비(脾) · 위(胃) · 폐(肺) 土金經

③ 용법(用法) : 15~30g(18~30g) 전복(煎服), 즙용(汁用)

④ 금기(禁忌) : 기허혈약(氣虛血弱)(忌)

⑤ 주치(主治) : 소화불량(消化不良), 음식정체(飲食停滯), 하리적백(下痢赤白), 인통(咽痛), 숙식불소(宿食不消), 부인유결(婦人乳結), 흉격팽창(胸膈膨脹), 유종(乳腫), 딸국질, 후증(喉證), 비위불화(脾胃不和), 열격(噎膈), 경폐(經閉), 구토산수(嘔吐酸水), 반진(斑疹), 학리(瘧痢), 시행온질(時行瘟疾), 각기(脚氣), 비만감달(痞滿疳疸), 사독제병(痧毒諸病)

⑥ 효능(效能) : 화위청인(和胃淸咽), 이기(理氣), 소식화중(消食和中), 화담지해(化痰止咳), 생진이기(生津利氣), 화장부(和臟腑), 화습(化濕), 개위(開胃)

⑦ 약물음양오행(藥物陰陽五行) : 소도약(消導藥)

65) 내복자(萊菔子) : 무우의 씨

① 성미(性味) : 신(辛), 감(甘), 평(平), 온(溫)(炒), 무독(無毒)

② 귀경(歸經) : 폐(肺)·비(脾)·위(胃) 金土經

③ 용법(用法) : 생용(生用), 초용(炒用), 3~9g, 9~15g 전복(煎服), 환산용(丸散用), 外用가능

④ 금기(禁忌) : 기모(氣耗)우려 있음, 氣虛이면 신중용(愼重用)

⑤ 배합길(配合吉) : 산사(山楂), 맥아(麥芽), 신국(神麯), 진피(陳皮), 복령(茯苓), 연교(連翹), 반하(半夏), 황련(黃連), 백출(白朮), 소자(蘇子), 백개자(白芥子), 황기(黃芪), 은행(銀杏), 행인(杏仁), 숙지황(熟地黃)

⑥ 주치(主治) : 식적불화(食積不化), 상기(上氣), 담수(痰嗽), 위완비만(胃脘痞滿), 비위기체(脾胃氣滯), 하리후중(下痢後重), 복통설사(腹痛泄瀉), 담다해수(痰多咳嗽), 황달(黃疸), 담옹기천(痰壅氣喘), 식적(食積), 비괴(痞塊)

⑦ 효능(效能) : 소식화적(消食化積), 제창행체(除脹行滯), 소팽창(消膨脹), 강기거담(降氣祛痰), 소식(消食)〈초용(炒用)〉, 용토풍담(涌吐風痰)〈생용(生用)〉, 제풍(除風), 건위(健胃), 화담정천(化痰定喘), 소종독(消腫毒)〈식초〉, 하기관중(下氣寬中),

이대소변(利大小便), 지기통(止氣痛), 산사발한(散邪發汗)

⑧ 약물음양오행(藥物陰陽五行) : 소도약(消導藥)

66) 노감석(爐甘石) : 수아연광(水亞鉛礦)

① 성미(性味) : 감(甘), 평(平), 온(溫), 무독(無毒)

② 귀경(歸經) : 간(肝)·폐(肺)·비(脾) 木金土經

③ 용법(用法) : 적당량 外用

④ 배합길(配合吉) : 활석(滑石), 황백(黃柏), 석고(石膏), 청대(靑黛), 모려(牡蠣), 박초(朴硝), 용뇌(龍腦)〈빙편(氷片)〉, 붕사(硼砂), 황련(黃連), 강활(羌活), 천궁(川芎), 방풍(防風), 백지(白芷), 국화(菊花), 초석(硝石), 만형자(蔓荊子), 황금(黃芩)

⑤ 주치(主治) : 창양불렴(瘡瘍不斂), 습진(濕疹), 농수임리(膿水淋漓), 풍열적안(風熱赤眼), 목예(目翳), 목적종란(目赤腫爛), 하부습창(下部濕瘡), 치루하감(痔瘻下疳), 만성궤양(慢性潰瘍)

⑥ 효능(效能) : 수렴흡습(收斂吸濕), 방부염창(防腐斂瘡), 거부해독(去腐解毒), 수렴퇴예(收斂退翳), 명목(明目), 소종독(消腫毒), 지혈(止血), 생기(生肌)

⑦ 약물음양오행(藥物陰陽五行) : 외용약(外用藥), 수렴약(收斂藥)

67) 노관초(老鸛草) : 쥐손이풀(全草), 열매포함

① 성미(性味) : 신(辛), 고(苦), 평(平), 무독(無毒)

② 귀경(歸經) : 간(肝)·대장(大腸) 木金經

③ 용법(用法) : 9~15g, 30~60g 單方가능, 전복(煎服)

④ 배합길(配合吉) : 백작약(白芍藥), 상지(桑枝), 홍화(紅花), 당귀(當歸), 계혈등(鷄血藤)

⑤ 주치(主治) : 풍습비통(風濕痺痛), 풍화충아(風火蟲牙), 근골동통(筋骨疼痛), 담화위연(痰火痿軟), 장염(腸炎), 기부마목(肌膚麻木), 구사구리(久瀉久痢), 방광적열

(膀胱積熱), 수족근련(手足筋攣), 타박상(打撲傷), 악창(惡瘡), 옹저창종(癰疽瘡腫), 개라(疥癩), 두진(痘疹), 노열발열(癆熱發熱), 열병소갈(熱病消渴)

⑥ 효능(效能) : 거풍제습(祛風除濕), 활혈(活血), 통경활락(通經活絡), 청열해독(清熱解毒), 해표(解表), 지사지리(止瀉止痢), 이소변(利小便), 건근골(健筋骨), 후장위(厚腸胃), 통경맥(通經脈), 조중건비(調中健脾), 익폐기(益肺氣), 지해(止咳)

⑦ 약물음양오행(藥物陰陽五行) : 거풍습약(祛風濕藥), 통경락약(通經絡藥), 청열해독약(清熱解毒藥)

68) 노근(蘆根) : 갈대의 뿌리(根莖 : 뿌리줄기)

① 성미(性味) : 감(甘), 고(苦), 한(寒), 무독(無毒)
② 귀경(歸經) : 폐(肺)·위(胃) 金土經, 비(脾)·신(腎)·간(肝) 土水木經
③ 용법(用法) : 15~35g(30~62g) 煎服, 70~140g 鮮用
④ 금기(禁忌) : 음한다토약사주(陰寒多土弱四柱), 비위허한(脾胃虛寒)(忌)
⑤ 배합길(配合吉) : 맥문동(麥門冬), 천화분(天花粉), 지모(知母), 석고(石膏), 금은화(金銀花), 국화(菊花), 박하(薄荷), 감초(甘草), 연교(連翹), 상엽(桑葉), 길경(桔梗), 행인(杏仁), 두시(豆豉), 형개(荊芥), 죽엽(竹葉), 우방자(牛蒡子), 이(梨), 발제(荸薺), 우(藕), 비파엽(枇杷葉), 죽여(竹茹), 생강(生薑), 갱미(粳米), 어성초(魚腥草), 의이인(薏苡仁), 도인(桃仁), 동과인(冬瓜仁), 모근(茅根), 반하(半夏), 천패모(川貝母)
⑥ 주치(主治) : 열병상진(熱病傷津), 번열구갈(煩熱口渴), 객열시질번민(客熱時疾煩悶), 외감풍열(外感風熱), 진상구갈(津傷口渴), 위열구토(胃熱嘔吐), 폐열해수(肺熱咳嗽), 폐위(肺痿), 담조구건(痰稠口乾), 열림뇨소(熱淋尿少), 폐옹(肺癰), 마진초기(麻疹初起), 소갈객열(消渴客熱), 위중열(胃中熱), 임부심열(妊婦心熱), 건구곽란(乾嘔霍 亂), 창독(瘡毒), 이명(耳鳴), 두훈(頭暈), 유정(遺精), 변비(便秘), 부종(浮腫), 인통(咽痛), 반진설조(斑疹舌燥)
⑦ 효능(效能) : 생진지갈(生津止渴), 청열제번(清熱除煩), 청위지구(清胃止嘔), 개위

(開胃), 청폐열(淸肺熱), 청열이뇨(淸熱利尿), 선독투진(宣毒透疹), 해주독(解酒毒),
해어독(解魚毒), 항균(抗菌), 청강폐위(淸降肺胃), 삼습행수(滲濕行水), 청심익신
(淸心益腎)

⑧ 약물음양오행(藥物陰陽五行) : 청열사화약(淸熱瀉火藥)

69) 노봉방(露蜂房) : 말벌의 봉과(蜂窠), 말벌집

① 성미(性味) : 감(甘), 고(苦), 함(鹹), 평(平), 소독(小毒)

② 귀경(歸經) : 간(肝)·위(胃) 木土經, 폐(肺) 金經

③ 용법(用法) : 초황(炒黃), 하(煆), 신중용(愼重用), 2.4～4.5g, 4.5～6g 煎服, 外用,
태워서 분말(粉末) 服用

④ 금기(禁忌) : 신약사주(身弱四柱), 기혈허약(氣血虛弱) : 신용(愼用), 용량주의, 옹
저이궤후(癰疽已潰後)(忌), 단삼(丹蔘), 작약(芍藥), 황금(黃芩), 모려(牡蠣), 건강
(乾薑)〈상오(相惡)〉

⑤ 배합길(配合吉) : 세신(細辛), 유향(乳香), 전갈(全蠍), 포공영(蒲公英), 몰약(沒
藥), 저지(豬脂), 백질려(白蒺藜), 신이(辛荑), 자화지정(紫花地丁), 국화(菊花), 금
은화(金銀花), 망초(芒硝)

⑥ 주치(主治) : 우치동통(齲齒疼痛), 위암유암(胃癌乳癌), 악창(惡瘡), 창선(瘡癬),
라역암종(瘰癧癌腫), 옹저창독(癰疽瘡毒), 이질(痢疾), 풍습(風濕), 경간(驚癎), 한
열사기(寒熱邪氣), 은진소양(癮疹瘙痒), 적담구해(積痰久咳), 양치(陽痔), 종독(腫
毒), 봉독(蜂毒), 음위(陰痿), 유뇨실금(遺尿失禁), 적백리(赤白痢)

⑦ 효능(效能) : 거풍공독(祛風攻毒), 산종지통(散腫止痛), 살충(殺蟲), 산정종악독(散
疔腫惡毒)

⑧ 약물음양오행(藥物陰陽五行) : 소창옹저약(消瘡癰疽藥), 항암약(抗癌藥), 지통약
(止痛藥), 외용약(外用藥)

70) 노사(磠砂) : 요사(磠砂), 염화암모늄결정(NH₄Cl)

① 성미(性味) : 함(鹹), 고(苦), 신(辛), 산(酸), 온(溫), 대독(大毒)

② 귀경(歸經) : 비(脾)·위(胃)·간(肝) 土木經

③ 용법(用法) : 외용(外用), 내복(內服), 0.1~0.9g(丸散)

④ 금기(禁忌) : 임부(妊婦), 허약체질(虛弱体質)(忌), 양혈(羊血)(忌), 장수(漿水)(꺼림), 다복(多服)삼가, 산미(酸味)(꺼림)

⑤ 배합길(配合吉) : 후박(厚朴), 창출(蒼朮), 생감초(生甘草), 진피(陳皮), 생강(生薑), 소자(蘇子), 백개자(白芥子), 내복자(萊葍子), 판람근(板藍根), 위령선(威靈仙), 택칠(澤漆), 제남성(製南星), 해조(海藻), 곤포(昆布), 오매(烏梅), 용뇌(龍腦), 인공우황(人工牛黃)

⑥ 주치(主治) : 적취징가(積聚癥瘕), 현벽(痃癖), 담음(痰飮), 숙냉(宿冷), 폐기종(肺氣腫), 담기울결(痰氣鬱結), 리수적병(羸瘦積病), 목예(目翳), 육식포만(肉息飽滿), 악창육식(惡瘡肉息), 열격반위(噎膈反胃), 토수(吐水), 후중결기(喉中結氣), 혈기부조(血氣不調), 음식불소(飮食不消), 유형창통(有形脹痛), 장명(腸鳴), 후비(喉痺), 해수천역(咳嗽喘逆), 악육(惡肉), 만성기관염(慢性氣管炎), 옹저정독(癰疽疔毒), 정창(疔瘡), 라역(瘰癧), 적리(積痢), 요각동냉(腰脚疼冷), 무월경(無月經), 혈붕대하(血崩帶下), 야다소변(夜多小便), 혈기심동(血氣心疼)(女人), 골경(骨哽)

⑦ 효능(效能) : 소적거어(消積祛瘀), 거담(祛痰), 소냉벽어혈(消冷癖瘀血), 연견산결(軟堅散結), 해울결(解鬱結), 소종(消腫), 소육적(消肉積), 거부(去腐), 파결혈(破結血), 거예(祛翳), 이뇨(利尿), 지통하기(止痛下氣), 생호기(生好肌), 비건(肥健), 보수장(補水臟), 난자궁(暖子宮)

⑧ 약물음양오행(藥物陰陽五行) : 파징소적약(破癥消積藥), 소창옹저약(消瘡癰疽藥), 외용약(外用藥)

71) 노회(蘆薈) : 알로에(ALOE), 알로에의 액즙(液汁)(농축)

① 성미(性味) : 고(苦), 한(寒), 무독(無毒)(微毒)

② 귀경(歸經) : 간(肝)·대장(大腸) 木金經, 심(心)·비(脾) 火土經

③ 용법(用法) : 1.5~4.5g, 전복(煎服), 0.3~1.5g (丸散用), 單方가능, 外用

④ 금기(禁忌) : 임부(妊婦), 비위허약(脾胃虛弱), 월경기(月經期)(忌)

⑤ 배합길(配合吉) : 고련근피(苦楝根皮), 사군자(使君子), 감초(甘草), 용담(龍膽), 당귀(當歸), 치자(梔子), 황금(黃芩), 황백(黃柏), 황련(黃連), 목향(木香), 대황(大黃), 사향(麝香), 주사(朱砂), 대청엽(大靑葉), 백작(白芍), 빈랑자(檳榔子), 편축(扁蓄), 후박(厚朴), 산사(山楂)

⑥ 주치(主治) : 열결변비(熱結便秘), 흉격간열기(胸膈間熱氣), 두훈(頭暈), 번조(煩躁), 목적(目赤), 실면(失眠), 습관성변비(習慣性便秘), 무월경(無月經), 회충복통(蛔蟲腹痛), 소아감적(小兒疳積), 경간(驚癇), 라역(瘰癧), 창양(瘡瘍), 선질(癬疾), 간경실화(肝經實火), 두통(頭痛), 조광역노(躁狂易怒), 대변비결(大便秘結), 충치(蟲齒), 습양(濕瘍), 치루(痔瘻), 열풍번열(熱風煩熱), 간화(肝火)

⑦ 효능(效能) : 사화통변(瀉火通便), 구충(驅蟲), 제감(除疳), 살충(殺蟲), 건위통경(健胃通經), 청열양간(淸熱凉肝), 명목진심(明目鎭心), 청심열(淸心熱), 진간(鎭肝), 이수제종(利水除腫), 해파두독(解巴豆毒)

⑧ 약물음양오행(藥物陰陽五行) : 공하약(攻下藥)

72) 녹각(鹿角)

① 성미(性味) : 함(鹹), 온(溫), 무독(無毒)

② 귀경(歸經) : 간(肝)·신(腎) 木水經, 심(心) 火經

③ 용법(用法) : 생용(生用) 가능, 녹용대용, 5~10g(90g) 숙용(熟用), 소금(鹽)(相反), 丸·散用, 外用

④ 금기(禁忌) : 음허양항(陰虛陽亢), 위화치통(胃火齒痛), 무어혈(無瘀血)(忌)

⑤ 주치(主治) : 기약허한증(氣弱虛寒證), 창양종독(瘡瘍腫毒), 유옹(乳癰), 어혈작통(瘀血作痛), 허로내상(虛勞內傷), 요척통(腰脊痛), 근골동통(筋骨疼痛), 악창옹종(惡瘡癰腫), 소복혈급통(小腹血急痛), 사오기(邪惡氣), 절상악혈(折傷惡血), 여인몽

교(女人夢交), 탈정요혈(脫精尿血)

⑥ 효능(效能) : 보신조양(補腎助陽)(녹용대용), 산어행혈(散瘀行血)〈생용(生用)〉, 익신보허(益腎補虛), 활혈강정(活血强精)〈숙용(熟用)〉, 자보(滋補)〈녹각교〉, 소종(消腫), 강장(强壯), 강심익기(强心益氣), 보절상(補絶傷), 강골수(强骨髓)

⑦ 약물음양오행(藥物陰陽五行) : 보양약(補陽藥)

73) 녹각교(鹿角膠)

① 성미(性味) : 감(甘), 함(鹹), 평(平), 온(溫), 무독(無毒)

② 귀경(歸經) : 간(肝)·신(腎) 木水經

③ 용법(用法) : 탕(湯), 액(液), 황주(黃酒)에 녹여 복용, 5~9g, 9~15g (丸), 산(散), 고(膏)

④ 금기(禁忌) : 소금(鹽 염)(相反), 신허유화(腎虛有火), 음허양항(陰虛陽亢), 신가유화(腎家有火), 상초담열(上焦痰熱), 위장울화(胃腸鬱火)(忌), 대황(大黃)(忌)

⑤ 주치(主治) : 신양부족(腎陽不足), 양위활정(陽痿滑精), 정혈휴허(精血虧虛), 허로(虛勞), 요슬무력(腰膝無力), 허한증(虛寒證), 유정(遺精), 음저요통리수(陰疽腰痛羸瘦), 뉵혈(衄血), 토혈(吐血), 붕루(崩漏), 대하(帶下), 사지산동(四肢酸疼), 자궁허냉(子宮虛冷), 상중노절(傷中勞絶), 하혈(下血), 뇨혈(尿血), 질타손상(跌打損傷), 신기허노손(腎氣虛勞損), 해수(咳嗽), 수혈(嗽血), 객혈(喀血), 노수(勞嗽), 창양종독(瘡瘍腫毒)

⑥ 효능(效能) : 익혈보정(益血補精), 온보간신(溫補肝腎), 지혈(止血), 체온승고(体溫升高), 신경강장(神經强壯), 체력증진(体力增進), 강심(强心), 보중익기(補中益氣), 지통안태(止痛安胎), 보뇌(補腦)

⑦ 약물음양오행(藥物陰陽五行) : 보양약(補陽藥), 보혈약(補血藥)

74) 녹두(綠豆) : 녹두 종자(種子)

① 성미(性味) : 감(甘), 한(寒), 무독(無毒)

② 귀경(歸經) : 심(心)·위(胃) 火土經

③ 용법(用法) : 15~30g 전복(煎服), 즙용(汁用), 30~60g(120g), 單方가능, 外用

④ 금기(禁忌) : 비위허한(脾胃虛寒), 활설(滑泄), 비자(榧子)(忌), 이어(鯉魚 잉어), 어자(魚鮓 젓)(꺼림)

⑤ 배합길(配合吉) : 봉밀(蜂蜜), 박하(薄荷), 대황(大黃), 갈근(葛根), 황련(黃連), 감초(甘草)

⑥ 주치(主治) : 서열번갈(暑熱煩渴), 온열독(溫熱毒), 한열(寒熱), 옹종창독(癰腫瘡毒), 진액손상(津液損傷), 소아단종독(小兒丹腫毒), 농약중독(農藥中毒), 파두(巴豆), 부자(附子), 오두(烏頭)〈중독(中毒)〉, 비상·금석·초목 중독(砒霜·金石·草木 中毒), 이질(痢疾), 수종(水腫), 소갈(消渴), 풍진(風疹), 번열(煩熱), 두독(痘毒)

⑦ 효능(效能) : 청열해독(淸熱解毒), 해서(解署), 제번(除煩), 지갈(止渴), 이수(利水), 해제약독(解除藥毒), 이소변(利小便), 후장위(厚腸胃), 익기(益氣), 청풍열(淸風熱), 윤피육(潤皮肉), 소종하기(消腫下氣), 명목(明目)

⑧ 약물음양오행(藥物陰陽五行) : 청열해독약(淸熱解毒藥), 청열해서약(淸熱解暑藥)

75) 녹반(綠礬)

① 성미(性味) : 산(散), 삽(澀), 량(凉), 미독(微毒)

② 귀경(歸經) : 간(肝)·비(脾) 木土經

③ 용법(用法) : 환(丸)·산(散) 1회 0.3~0.6g씩 용량신중, 單方가능 外用

④ 금기(禁忌) : 다(茶)(忌) 위약(胃弱)(愼重用), 식초(忌)

⑤ 배합길(配合吉) : 백작약(白芍藥), 당귀(當歸), 사탕(砂糖), 백초상(百草霜), 진피(陳皮), 후박(厚朴), 대조(大棗), 감초(甘草), 창출(蒼朮), 산사(山楂), 신국(神麯), 육두구(肉豆蔲), 맥아(麥芽), 빈랑(檳榔), 초과(草果), 봉출(蓬朮), 삼릉(三棱), 고련자(苦楝子)

⑥ 주치(主治) : 철분결핍성빈혈(鐵分缺乏性貧血), 충병황종빈혈(蟲病黃腫貧血), 창만

(脹滿), 수종(水腫), 황달(黃疸), 후비구창(喉痺口瘡), 식육적(食肉積), 간비종대(肝
脾腫大), 학질(瘧疾), 혈허위황(血虛萎黃), 탕상(燙傷), 아감(牙疳), 습진(濕疹), 개
선(疥癬), 소아감적(小兒疳積), 구리장풍변혈(久痢腸風便血)

⑦ 효능(效能) ： 보혈(補血), 지혈(止血), 소적제창(消積除脹), 조습살충(燥濕殺蟲),
조비습(燥脾濕), 제황종(除黃腫), 소식화적(消食化積), 소수종황달(消水腫黃疸), 화
담연(化痰涎), 염창(斂瘡), 해독(解毒)

⑧ 약물음양오행(藥物陰陽五行) ： 파징소적약(破癥消積藥), 소도약(消導藥), 살충약
(殺蟲藥), 외용약(外用藥), 보혈약(補血藥)

76) 녹용(鹿茸) ： 매화록(梅花鹿), 마록(馬鹿)의 유각(幼角)(어린뿔)

① 성미(性味) ： 감(甘), 함(鹹), 미산(微酸), 온(溫), 무독(無毒)
② 귀경(歸經) ： 간(肝)·신(腎) 木水經
③ 용법(用法) ： 주자용(酒炙用), 0.5~3g, 3~4.5g 단방(單方)가능
④ 금기(禁忌) ： 양화다사주(陽火多四柱), 음허양항(陰虛陽亢), 내열(內熱), 신위유화
(腎胃有火), 외감증(外感症), 발열(發熱), 상초담열(上焦痰熱)(忌), 즉어(鯽魚 붕
어)(忌), 소금(鹽)(相反)
⑤ 배합길(配合吉) ： 오가피(五加皮), 산약(山藥), 사향(麝香), 밀(蜜), 주(酒), 토사자
(菟絲子), 양신(羊腎), 회향(茴香), 당귀(當歸), 포황(蒲黃), 오적골(烏賊骨), 아교
(阿膠), 용골(龍骨), 육종용(肉蓯蓉), 작약(芍藥), 생숙지황(生熟地黃), 귀갑(龜甲),
백석지(白石脂), 속단(續斷), 음양곽(淫羊藿), 파극천(巴戟天), 보골지(補骨脂), 두
충(杜冲), 산수유(山茱萸), 양기석(陽起石), 우각시(牛角腮), 계혈등(鷄血藤), 대조
(大棗), 생강(生薑), 계육(鷄肉), 동충하초(冬蟲夏草), 우슬(牛膝)
⑥ 주치(主治) ： 신허양위(腎虛陽痿), 원기부족(元氣不足), 유정(遺精), 사지산동(四肢
痠疼), 신허허냉(腎虛虛冷), 사지위연(四肢痿軟), 외한핍력(畏寒乏力), 소아발육부
전(小兒發育不全), 신양부족증(腎陽不足證), 음위(陰痿), 유뇨(遺尿), 이농(耳聾),
현훈(眩暈), 요통(腰痛), 요슬무력(腰膝無力), 양허불고증(陽虛不固證), 혈붕누하

(血崩漏下), 붕중누혈(崩中漏血), 한열경간(寒熱驚癎), 허로리수(虛勞羸瘦), 요슬통
(腰膝痛), 요신허냉(腰腎虛冷)

⑦ 효능(效能) : 보신장양(補腎壯陽), 보기혈(補氣血), 익정혈수(益精血髓), 체력증진
(体力增進), 준보원양(峻補元陽), 강건근골(强健筋骨), 파어혈(破瘀血), 생정보수
(生精補髓), 보양기혈(補陽氣血), 생치불노(生齒不老), 양혈익양(養血益陽), 익기강
지(益氣强志), 안태하기(安胎下氣)

⑧ 약물음양오행(藥物陰陽五行) : 보양약(補陽藥)

77) 녹함초(鹿銜草) : 녹제초(鹿蹄草), 전초(全草)

① 성미(性味) : 감(甘), 고(苦), 신(辛), 온(溫), 무독(無毒), 완만(緩慢)

② 귀경(歸經) : 폐(肺)·간(肝)·신(腎) 金土水經

③ 용법(用法) : 9~15g, 15~18g, 18~30g 전복(煎服), 外用가능, 단방양호(單方良好)

④ 배합길(配合吉) : 두중(杜仲), 음양곽(淫羊藿), 숙지황(熟地黃), 골쇄보(骨碎補),
백합(百合), 오미자(五味子), 산약(山藥), 검실(芡實), 강활(羌活), 합환피(合歡皮),
홍조(紅棗), 창출(蒼朮), 모과(木瓜), 방풍(防風), 택사(澤瀉), 백출(白朮), 봉밀(蜂
蜜), 돈육(豚肉), 백부(百部), 토사자(菟絲子)

⑤ 주치(主治) : 풍습비통(風濕痺痛), 근골동통(筋骨疼痛), 관절통(關節痛), 신경성동
통(神經性疼痛), 신허도한(腎虛盜汗), 신허요통(腎虛腰痛), 족슬무력(足膝無力), 근
골위연(筋骨痿軟), 폐허구천(肺虛久喘), 담화(痰火), 허로해수(虛勞咳嗽), 기허천
(氣虛喘), 노상토혈(勞傷吐血), 대하(帶下), 붕루(崩漏), 족냉비(足冷痺), 토혈(吐
血), 자궁출혈(子宮出血), 심계(心悸), 허로(虛癆), 해수(咳嗽), 경계(驚悸)

⑥ 효능(效能) : 거풍제습(祛風除濕), 보허(補虛), 보익간신(補益肝腎), 보폐(補肺),
강근건골(强筋健骨), 보신윤폐(補腎潤肺), 수렴지혈(收斂止血), 양심염한(養心斂
汗), 생정액(生精液), 항균(抗菌), 강압(降壓), 조경활혈(調經活血), 통경(通經), 지
해(止咳)

⑦ 약물음양오행(藥物陰陽五行) : 강근골약(强筋骨藥)

78) 농길리(農吉利) ： 활나물(全草), 야백합(野百合), 불지갑(佛脂甲)

① 성미(性味) ： 고(苦), 감(甘), 평(平), 소독(小毒)
② 귀경(歸經) ： 폐(肺)・비(脾)・위(胃) 金土經, 신(腎) 水經
③ 용법(用法) ： 6~12g, 12~30g, 용량신중, 單方가능, 전복(煎服), 외용(外用)
④ 배합길(配合吉) ： 자화지정(紫花地丁), 금은화(金銀花)
⑤ 주치(主治) ： 소아황달(小兒黃疸), 감적(疳積), 자궁경암(子宮頸癌), 이질(痢疾),
폐풍(肺風), 창절(瘡節), 수종(水腫), 현훈(眩暈), 이명(耳鳴), 복수(腹水), 소변불
리(小便不利)
⑥ 효능(效能) ：청열이습(淸熱利濕), 소적(消積), 치암(治癌), 해독(解毒), 항암(抗癌),
소종(消腫)
⑦ 약물음양오행(藥物陰陽五行) ： 항암약(抗癌藥), 청열해독약(淸熱解毒藥)

79) 뇌환(雷丸) ： 뇌환균(雷丸菌)의 균핵(菌核), 참대버섯

① 성미(性味) ： 고(苦), 함(鹹), 감(甘), 평(平), 한(寒), 소독(小毒)
② 귀경(歸經) ： 위(胃)・대장(大腸) 土金經, 폐(肺)・비(脾) 經
③ 용법(用法) ： 6~9g(粉末・丸), 單方가능
④ 금기(禁忌) ： 임부(姙婦), 비위허한(脾胃虛寒)〈신중용(愼重用)〉, 속단(續斷) 相惡,
갈근(葛根)(惡), 편축(萹蓄)(惡), 長服삼가
⑤ 배합길(配合吉) ： 사군자(使君子), 빈랑(檳榔), 오매(烏梅), 견우자(牽牛子), 인진
(茵陳), 고련피(苦楝皮), 목향(木香), 조각(皂角), 관중(貫衆), 계심(桂心), 진피(陳
皮), 학슬(鶴蝨), 비자(榧子)
⑥ 주치(主治) ： 충병(蟲病), 제충심통(諸蟲心痛), 결적충독(結積蟲毒), 풍간(風癎),
감질(疳疾), 삼충(三蟲), 위중열(胃中熱), 악풍한출(惡風汗出)
⑦ 효능(效能) ： 살충소적(殺蟲消積), 소감(消疳), 이남자(利男子), 축풍(逐風), 청열
소간(淸熱疏肝), 제간(除癎), 해독(解毒)

⑧ 약물음양오행(藥物陰陽五行) : 살충약(殺蟲藥)

80) 누고(螻蛄) : 땅강아지(全虫)

① 성미(性味) : 함(鹹), 한(寒), 미독(微毒)
② 귀경(歸經) : 방광(膀胱) 水經, 위(胃) 土經
③ 용법(用法) : 3~5g, 煎服, 單方가능, 분말(粉末), 外用
④ 금기(禁忌) : 임부(姙婦), 신약(身弱), 체질허약(体質虛弱), 기약(氣弱)
⑤ 배합길(配合吉) : 대극(大戟), 감수(甘遂), 상륙(商陸)
⑥ 주치(主治) : 소변폐색불창(小便閉塞不暢), 석림(石淋), 수종창만(水腫脹滿), 소변
삽통(小便澁痛), 대변비결(大便秘結), 옹종창독(癰腫瘡毒), 악창(惡瘡), 라역(瘰癧),
난산(難產), 구창(口瘡), 골경(骨鯁)
⑦ 효능(效能) : 이수통변(利水通便), 해독(解毒), 이대소변(利大小便), 청열이습(淸熱
利濕)
⑧ 약물음양오행(藥物陰陽五行) : 이수청열약(利水淸熱藥)

81) 누로(漏蘆) : 절굿대, 뻐꾹채(根)

① 성미(性味) : 고(苦), 함(鹹), 한(寒), 미독(微毒)
② 귀경(歸經) : 위(胃)·대장(大腸)·폐(肺)·소장(小腸) 土金火經
③ 용법(用法) : 3~12g 전복(煎服), 35~70g 선용(鮮用)
④ 금기(禁忌) : 임부(姙婦), 기허자(氣虛者)(忌)
⑤ 배합길(配合吉) : 대황(大黃), 연교(連翹), 포공영(蒲公英), 패모(貝母), 과루인(瓜蔞
仁), 금은화(金銀花), 황기(黃芪), 천궁(川芎), 모과(木瓜), 산자고(山慈姑), 대조(大
棗), 생강(生薑), 황백(黃柏), 북자초(北紫草), 당귀(當歸), 방풍(防風), 당삼(黨蔘)
⑥ 주치(主治) : 옹종저창종(癰腫疽瘡腫), 열성(熱盛), 근골통(筋骨痛), 흔종동통(炘腫
疼痛), 인후종통(咽喉腫痛), 라역(瘰癧), 악창(惡瘡), 근맥구련(筋脈拘攣), 열독적리

(熱毒積痢), 혈치(血痔), 비뉵(鼻衄), 루개(瘻疥), 은진(癮疹), 피기소양(皮肌瘙癢)

⑦ 효능(效能) : 청열해독(淸熱解毒), 소옹(消癰), 소창종(消瘡腫), 소종배농(消腫排膿), 하유즙(下乳汁), 살충(殺蟲), 보혈(補血), 통경락(通經絡), 통소장(通小腸), 청열양혈(淸熱凉血), 속근골(續筋骨), 지혈장육(止血長肉)

⑧ 약물음양오행(藥物陰陽五行) : 청열해독약(淸熱解毒藥)

82) 능소화(凌霄花) : 능소화나무 꽃, 능소화나무(花, 莖葉, 根)

① 성미(性味) : 신(辛), 산(酸), 감(甘), 미한(微寒), 무독(無毒)〈소독(小毒)〉
② 귀경(歸經) : 간(肝)·심포(心包) 木火經, 비(脾)·신(腎) 土水經
③ 용법(用法) : 3~6g, 6~9g, 單方가능, 전복(煎服)
④ 금기(禁忌) : 임부(姙婦), 기혈허약(氣血虛弱)(忌), 식염, 염화마그네슘(忌)
⑤ 배합길(配合吉) : 홍화(紅花), 당귀(當歸), 소목(蘇木), 적작약(赤芍藥), 유기노(劉寄奴), 우슬(牛膝), 현호색(玄胡索), 백지(白芷), 육계(肉桂), 목단피(牧丹皮), 자충(蟅蟲), 별갑(鱉甲), 사간(射干), 대황(大黃), 황금(黃芩), 후박(厚朴), 석위(石葦), 작약(芍藥), 반하(半夏), 구맥(瞿麥), 아교주(阿膠珠), 도인(桃仁), 인삼(人蔘), 계지(桂枝), 자봉방(炙蜂房), 백반(白礬), 웅황(雄黃), 양제근(羊蹄根), 황련(黃連)
⑥ 주치(主治) : 혈어경폐(血瘀經閉), 징가적취(癥瘕積聚), 담화각기(痰火脚氣), 피부습선(皮膚濕癬), 혈열생풍(血熱生風), 유결홍종(乳結紅腫), 붕중(崩中), 한열리수(寒熱羸瘦), 대소변불리(大小便不利), 임역(淋瀝), 장중결실(腸中結實), 풍간(風癎)
⑦ 효능(效能) : 파어혈(破瘀血), 소징적(消癥積), 통혈맥(通血脈), 통경(通經), 양혈거풍(凉血祛風), 사간열(瀉肝熱)
⑧ 약물음양오행(藥物陰陽五行) : 파징소적약(破癥消積藥), 활혈거어약(活血祛瘀藥)

83) 다엽(茶葉) : 차나무의 눈엽(嫩葉)〈아엽(芽葉)〉

① 성미(性味) : 고(苦), 감(甘), 함(鹹), 량(凉), 무독(無毒)

② 귀경(歸經) : 심(心)·폐(肺)·위(胃) 火金土經, 간(肝)·비(脾)·신(腎) 木土水經

③ 용법(用法) : 3~9g, 單方가능, 전복(煎服), (溫服)

④ 금기(禁忌) : 실면(失眠)(忌), 토복령(土茯苓), 위령선(威靈仙)(忌) 久服삼가

⑤ 배합길(配合吉) : 총백(葱白), 백지(白芷), 형개(荊芥), 박하(薄荷), 천궁(川芎), 세신(細辛), 감초(甘草), 강활(羌活), 방풍(防風), 생강(生薑), 해금사(海金砂)

⑥ 주치(主治) : 상풍두통(傷風頭痛), 비색(鼻塞), 풍열상공(風熱上攻), 두목혼중(頭目昏重), 상서두통(傷署頭痛), 번갈(煩渴), 소변불통(小便不通), 이질(痢疾), 학질(瘧疾), 식적(食積), 담체(痰滯), 다면증(多眠症), 루창(瘻瘡), 주독(酒毒)

⑦ 효능(效能) : 청열강화(清熱降火), 거풍해서(祛風解署), 청심이뇨(清心利尿), 청두목(清頭目), 해독지리(解毒止痢), 거담(祛痰), 이소변(利小便), 제번갈(除煩渴), 쾌지(快志), 소숙식(消宿食), 이소대장(利小大腸), 파결기(破結氣), 토풍열담연(吐風熱痰涎), 청심신(清心神)

⑧ 약물음양오행(藥物陰陽五行) : 이수청열약(利水清熱藥), 청열사화약(清熱瀉火藥)

84) 단삼(丹蔘)

① 성미(性味) : 고(苦), 함(鹹), 미한(微寒), 무독(無毒), 강(降)

② 귀경(歸經) : 심(心)·심포(心包))·간(肝) 火木經, 비(脾)·신(腎) 土水經

③ 용법(用法) : 생용(生用), 초용(炒用), 3~6g, 6~15g(30g) 煎服, 단방(單方)가능, 長服가능

④ 금기(禁忌) : 여로(藜蘆)〈상반(相反)〉, 임부(姙婦) 삼가, 무어혈(無瘀血)〈신중용(愼重用)〉, 산(酸)(忌), 식초(食醋), 함수(鹹水)(相畏), 대변부실(大便不實)삼가

⑤ 배합길(配合吉) : 홍화(紅花), 도인(桃仁), 목단피(牧丹皮), 당귀(當歸), 익모초(益母草), 단향(檀香), 사인(砂仁), 생유향(生乳香), 몰약(沒藥), 연교(連翹), 금은화(金銀花), 천산갑(穿山甲), 과루인(瓜蔞仁), 지모(知母), 백자인(栢子仁), 산조인(酸棗仁), 당삼(黨蔘), 오미자(五味子), 맥문동(麥門冬), 라미근(糯米根), 산수유(山茱

黃), 생지황(生地黃), 감초(甘草), 현삼(玄蔘), 포황(蒲黃), 울금(鬱金), 오령지(五靈脂), 모려(牡蠣), 용골(龍骨), 자석영(紫石英), 복령(茯苓), 홍당(紅糖), 계혈등(鷄血藤), 자석(磁石)

⑥ 주치(主治) : 월경부조(月經不調), 산후어체복통(産後瘀滯腹痛), 혈체경폐(血滯經閉), 한열적취(寒熱積聚), 징가(癥瘕), 심복자통(心腹刺痛), 지체동통(肢体疼痛), 심계(心悸), 실면(失眠), 창옹종통(瘡癰腫痛), 온열병(溫熱病), 발반(發斑), 열독창양(熱毒瘡瘍), 동비(疼痺), 각비(脚痺), 건망정충(健忘怔忡), 산통(疝痛), 풍습비통(風濕痺痛), 유선염(乳腺炎), 토혈(吐血), 자궁출혈(子宮出血)

⑦ 효능(效能) : 활혈거어(活血祛瘀), 조경지통(調經止痛), 양혈(凉血), 제혈열(除血熱), 소종지통(消腫止痛), 제번안신(除煩安神), 양혈안신(養血安神), 익기(益氣), 배농지통(排膿止痛), 보심정지(補心定志), 항균(抗菌), 파징제가(破癥除瘕), 통리관맥(通利關脈), 생기장육(生肌長肉), 지혈붕중대하(止血崩中帶下), 통심포락(通心包絡), 진정지통(鎭靜止痛), 통경(通經)

⑧ 약물음양오행(藥物陰陽五行) : 활혈거어약(活血祛瘀藥), 양심안신약(養心安神藥)

85) 단향(檀香) : 단향나무〈의 심재(心材)〉

① 성미(性味) : 신(辛), 감(甘), 고(苦), 온(溫), 조(燥), 무독(無毒), 산(散), 방향(芳香)

② 귀경(歸經) : 비(脾)·위(胃)·폐(肺) 土金經, 간(肝) 木經

③ 용법(用法) : 0.9~1.5g, 1.5~3g 煎服, 丸散, 外用

④ 금기(禁忌) : 음허혈허(陰虛血虛)〈신용(愼用)〉, 음허화성(陰虛火盛)(忌)

⑤ 배합길(配合吉) : 곽향(藿香), 정향(丁香), 사인(砂仁), 오약(烏藥), 백두구(白豆蔲), 향부자(香附子), 후박(厚朴), 창출(蒼朮), 건강(乾薑), 빈랑(檳榔), 목향(木香), 청피(靑皮), 진피(陳皮), 신국(神麯), 현호색(玄胡索), 빙편(氷片), 고량강(高良薑), 필발(蓽撥), 귤피(橘皮), 복령(茯苓), 침향(沈香), 지각(枳殼), 단삼(丹蔘)

⑥ 주치(主治) : 한응기체(寒凝氣滯), 흉격불서(胸膈不舒), 흉복동통(胸腹疼痛), 구토

청수(嘔吐淸水), 심복통(心腹痛), 위완동통(胃脘疼痛), 흉비교통(胸痺絞痛), 풍종(風腫), 곽란(霍亂), 열격토식(噎膈吐食), 면생흑자(面生黑子 검은사마귀)

⑦ 효능(效能) : 거한(祛寒), 이격관흉(利膈寬胸), 행기지통(行氣止痛), 성비(醒脾), 화위(和胃), 지통개흉(止痛開胸), 살충(殺蟲), 진식(進食), 조비위(調脾胃)

⑧ 약물음양오행(藥物陰陽五行) : 이기약(理氣藥)

86) 담반(膽礬)

① 성미(性味) : 산(酸), 신(辛), 한(寒), 소독(小毒)

② 귀경(歸經) : 간(肝)·담(膽) 木經

③ 용법(用法) : 0.1～0.3g 單方가능, 환산복(丸散服), 외용(外用)

④ 금기(禁忌) : 체허약(体虛弱)(忌), 백미(白薇), 신이(辛荑), 원화(芫花)(相畏)

⑤ 배합길(配合吉) : 백강잠(白殭蠶), 호황련(胡黃蓮), 해아다(孩兒茶), 붕사(硼砂), 등심초(燈芯草)

⑥ 주치(主治) : 풍담전간(風痰癲癇), 후비(喉痺), 아감(牙疳), 풍안적란(風眼赤爛), 풍담옹성(風痰壅盛), 구창(口瘡), 종독(腫毒), 금창(金瘡), 오식독물(誤食毒物), 치질(痔疾), 목통(目痛), 석림(石淋), 붕중하혈(崩中下血), 한열(寒熱), 음식통(陰蝕痛), 충입이(蟲入耳)

⑦ 효능(效能) : 용토풍열담연(涌吐風熱痰涎), 거부(祛膚), 조습해독(燥濕解毒), 수렴(收斂)(外用), 산징감(散癥疳), 명목(明目), 제사독기(除邪毒氣), 염폐기(斂肺氣), 사간화(瀉肝火)

⑧ 약물음양오행(藥物陰陽五行) : 용토약(涌吐藥), 외용약(外用藥)

87) 당귀(當歸) : 당귀의 근(뿌리 根)

① 성미(性味) : 감(甘), 신(辛), 고(苦), 온(溫), 무독(無毒)

② 귀경(歸經) : 간(肝)·심(心)·비(脾) 木火土經, 폐(肺) 金經

③ 용법(用法) : 3~9g, 9~12g, 12~24g 전복(煎服), 24~30g, 60g〈생용(生用)〉, 주초용(酒炒用), 두(頭)-상행(上行)-지혈(止血), 신(身)-중수(中守)-양혈보혈(養血補血), 미(尾)-하행(下行)-파혈(破血), 수(鬚)-치혈(治血), 전체-화혈(和血)

④ 금기(禁忌) : 습조중만(濕阻中滿), 대변당설(大便溏泄), 비장허(脾腸虛), 설사(泄瀉)〈신중용(愼重用)〉, 온면(溫麵 따뜻한국수)(忌), 비위병(脾胃病), 소화불량(消化不良), 산후태전(産後胎前), 풍한표증(風寒表證), 오한발열(惡寒發熱)(忌), 해조(海藻), 창포(菖蒲), 생강(生薑)(相惡)

⑤ 배합길(配合吉) : 생숙지황(生熟地黃), 천궁(川芎), 백작약(白芍藥), 황기(黃芪), 백출(白朮), 인삼(人蔘), 산조인(酸棗仁), 용안육(龍眼肉), 적작약(赤芍藥), 목단피(牧丹皮), 황금(黃芩), 이당(飴糖), 계지(桂枝), 양육(羊肉), 생강(生薑), 택사(澤瀉), 복령(茯苓), 패모(貝母), 고삼(苦蔘), 포강(炮薑), 도인(桃仁), 감초(甘草), 목통(木通), 맥문동(麥門冬), 저제(猪蹄), 홍화(紅花), 오수유(吳茱萸), 시호(柴胡), 백복령(白茯苓), 치자(梔子), 대황(大黃), 포천산갑(炮穿山甲), 몰약(沒藥), 유향(乳香), 자충(蟅蟲), 소목(蘇木), 골쇄보(骨碎補), 자연동(自然銅), 우슬(牛膝), 지각(枳殼), 육종용(肉蓯蓉), 화마인(火麻仁), 하수오(何首烏), 사삼(沙蔘), 구기자(枸杞子), 천련자(川楝子), 홍조(紅棗), 연호색(延胡索), 향부자(香附子), 승마(升麻), 금은화(金銀花)

⑥ 주치(主治) : 심간혈허증(心肝血虛證), 한증(寒證), 비위허한(脾胃虛寒), 해역상기(咳逆上氣), 중오객기(中惡客氣), 완복냉통(脘腹冷痛), 혈어기체(血瘀氣滯), 혈허두통(血虛頭痛), 월경부조(月經不調), 경폐월통증(經閉月痛證), 습비(濕痺), 혈체동통(血滯疼痛), 어혈종통(瘀血腫痛), 허냉(虛冷), 질타손상(跌打損傷), 근골절상(筋骨折傷), 장조변비(腸燥便秘), 산후제질(産後諸疾), 온학(溫瘧), 허로한열(虛勞寒熱), 하장위냉(下腸胃冷), 여인역혈(女人瀝血), 심복제통(心腹諸痛), 징가결취(癥瘕結聚), 위비(痿痺), 적리후중(赤痢後重), 옹저창양(癰疽瘡瘍), 자궁출혈(子宮出血), 치동통(齒疼痛)

⑦ 효능(效能) : 보혈조경활혈(補血調經活血), 화어행체(化瘀行滯), 온중지통(溫中止痛), 어혈소산(瘀血消散), 보혈윤조(補血潤燥), 윤장통변(潤腸通便), 보오장(補五臟), 보로(補勞), 생기육(生肌肉), 파숙혈(破宿血), 지리복통(止痢腹痛), 보부족(補

不足), 배농지통(排膿止痛), 안생태(安生胎)

⑧ 약물음양오행(藥物陰陽五行) : 보혈약(補血藥), 윤하약(潤下藥)

88) 대계(大薊) : 엉겅퀴의 대근전초(帶根全草)(전초, 뿌리)

① 성미(性味) : 감(甘), 고(苦), 량(凉), 온(溫)〈뿌리(根)〉, 무독(無毒)

② 귀경(歸經) : 심(心)·간(肝) 火木經, 비(脾)·신(腎)·폐(肺) 土水金經

③ 용법(用法) : 3~9g, 9~15g 전복(煎服), 30~60g(鮮用), 단방(單方)가능, 즙용(汁用), 外用

④ 금기(禁忌) : 비위허한(脾胃虛寒)〈무어체(無瘀滯)〉, 위약설사(胃弱泄瀉)(忌), 철(鐵)(忌)

⑤ 배합길(配合吉) : 생지황(生地黃), 우절(藕節), 포황(蒲黃), 소계(小薊), 측백엽(側柏葉), 백모근(白茅根), 천초(茜草), 대황(大黃), 치자(梔子), 종려피(棕櫚皮), 목단피(牧丹皮), 희렴(豨薟), 하고초(夏枯草), 무즙(汁)

⑥ 주치(主治) : 각종 출혈병증(出血病證), 폐열해혈(肺熱咳血), 옹종(癰腫), 칠창(漆瘡), 정창(疔瘡), 금창(金瘡), 토뉵혈(吐衄血), 자궁출혈(子宮出血), 요혈(尿血), 열결혈림(熱結血淋), 장풍(腸風), 혈열(血熱), 장옹(腸癰), 탕화상(湯火傷)

⑦ 효능(效能) : 양혈지혈(凉血止血), 수렴(收斂), 청열해독(淸熱解毒), 산어소종(散瘀消腫), 안태(安胎), 소담(消痰), 소어혈(消瘀血), 생기배농(生肌排膿), 생신혈(生新血), 소염(消炎), 양정보혈(養精保血)(根用), 지붕중혈하(止崩中血下), 견신수(堅腎水)

⑧ 약물음양오행(藥物陰陽五行) : 지혈약(止血藥)

89) 대극(大戟) : 대극의 뿌리(根)

① 성미(性味) : 고(苦), 신(辛), 감(甘), 한(寒), 대독(大毒)

② 귀경(歸經) : 비(脾)·폐(肺)·대장(大腸)·신(腎) 土金水經, 간(肝)·방광(膀胱)

木水經

③ 용법(用法) : 1.5~3g 煎服, 0.9~1.5g(散), 대극해독약(장포(菖蒲))

④ 금기(禁忌) : 체허약(体虛弱), 비위간신허한(脾胃肝腎虛寒), 임부(姙婦)(忌), 감초(甘草 : 相反), 허한음수(虛寒陰水)(忌), 해조(海藻), 원화(芫花)(相反), 노초(蘆草), 창포(菖蒲), 산약(山藥)(畏)

⑤ 배합길(配合吉) : 감수(甘遂), 백개자(白芥子), 견우자(牽牛子), 속수자(續隨子), 등심(燈心), 정력자(葶藶子), 대조(大棗), 초원화(炒芫花), 대황(大黃), 진피(陳皮), 청피(青皮), 목향(木香), 밀당(蜜糖), 홍조(紅棗), 산자고(山慈姑)

⑥ 주치(主治) : 대복수종(大腹水腫), 신면부종(身面浮腫), 흉협정음(胸脇停飲), 습열창만(濕熱脹滿), 수종천만(水腫喘滿), 심복고창(心腹鼓脹), 기촉구갈(氣促口渴), 결핵(結核), 창옹(瘡癰), 종독(腫毒), 사창(痧瘡), 충독(蟲毒), 적취(積聚), 라역(瘰癧), 복만급통(腹滿急痛), 토역(吐逆), 중풍피부동통(中風皮膚疼痛), 악혈벽괴(惡血癖塊), 온학(溫瘧), 풍독각종(風毒脚腫)

⑦ 효능(效能) : 공수축음(攻水逐飲), 이대소장(利大小腸), 소종산결(消腫散結), 파징가(破癥瘕), 이이변(利二便), 통월(通月), 사폐(瀉肺), 이수(利水), 살충(殺蟲)

⑧ 약물음양오행(藥物陰陽五行) : 준하축수약(峻下逐水藥), 소창옹저약(消瘡癰疽藥)

90) 대두황권(大豆黃卷) : 두권(豆卷), 흑대두(黑大豆)의 발아(發芽)

① 성미(性味) : 감(甘), 고(苦), 온(溫), 평(平), 무독(無毒)

② 귀경(歸經) : 비(脾)·위(胃) 土經, 간(肝) 木經

③ 용법(用法) : 생용(生用), 9~15g 전복(煎服), 즙용(汁用), 청수두권(清水豆卷) : 〈성평(性平), 청리습열(清利濕熱)〉, 대두황권(大豆黃券)〈마황수(麻黃水)〉 성온(性溫), 발한해표(發汗解表), 수습전설(水濕專泄), 통경맥(通經脈), 파어혈(破瘀血), 선풍해독(宣風解毒)

④ 금기(禁忌) : 용담(龍膽), 삼(蔘)(相惡)

⑤ 배합길(配合吉) : 통초(通草), 향유(香薷), 금은화(金銀花), 감초(甘草), 활석(滑

石), 남두화(南豆花), 후박(厚朴), 곽향(藿香), 복령(茯苓), 반하(半夏), 목통(木通), 황금(黃芩)

⑥ 주치(主治) : 습열표증(濕熱表證), 습열불화(濕熱不化), 습온(濕溫), 서습(暑濕), 오한발열(惡寒發熱), 습비(濕痺), 흉민(胸悶), 신중(身重), 습열내온(濕熱內蘊), 발열한소(發熱汗少), 골절번통(骨節煩痛), 위기결적(胃氣結積), 흉비불서(胸痞不舒), 풍습(風濕), 위중적열(胃中積熱), 습비구련(濕痺拘攣), 근련슬통(筋攣膝痛), 수종창만(水腫脹滿), 소변불리(小便不利)

⑦ 효능(效能) : 청해표사(淸解表邪), 분리청리습열(分利淸利濕熱), 통리혈맥(通利血脈), 발한해표(發汗解表), 발표이습(發表利濕), 익기(益氣), 파악혈(破惡血), 제오두독(除烏頭毒), 지통(止痛), 지독(止毒)

⑧ 약물음양오행(藥物陰陽五行) : 청열이습약(淸熱利濕藥), 신량해표약(辛凉解表藥)

91) 대마인(大麻仁) : 마자인(麻子仁), 화마인(火麻仁), 삼의 성숙한 과실(果實)(열매)

① 성미(性味) : 감(甘), 신(辛), 평(平), 미한(微寒), 무독(無毒), 지방질(脂肪質), 윤활(潤滑)

② 귀경(歸經) : 비(脾)·위(胃)·대장(大腸) 土金經, 폐(肺) 金經

③ 용법(用法) : 9~15g, 18~30g 전복(煎服), 用量·中毒주의

④ 금기(禁忌) : 복령(茯苓)〈상오(相惡)〉, 백미(白薇)·모려(牡蠣)〈상외(相畏)(꺼림)〉, 변당(便溏)(忌)

⑤ 배합길(配合吉) : 지실(枳實), 대황(大黃), 행인(杏仁), 후박(厚朴), 백작(白芍), 백자인(栢子仁), 당귀(當歸), 괄루인(栝樓仁), 감초(甘草), 금은화(金銀花)

⑥ 주치(主治) : 허약자(虛弱者), 노인(老人), 열성병후(熱性病後), 산후진고(産後津枯)의 장조변비(腸燥便秘), 중풍한출(中風汗出), 산후여병(産後餘病), 열림(熱淋), 소갈(消渴), 창라(瘡癩), 이질(痢疾), 오로(五勞), 월경불순(月經不順), 풍비(風痺), 선라(癬癩), 개창(疥瘡), 질타손상(跌打損傷)

⑦ 효능(效能) : 자양(滋養), 윤장통변(潤腸通便), 윤조살충(潤燥殺蟲), 윤폐(潤肺), 파적혈(破積血), 통림(通淋), 보중익기(補中益氣), 장기육(長肌肉), 활혈(活血), 완비윤조(緩脾潤燥), 통혈맥(通血脈), 하기(下氣), 보허로(補虛勞), 이소변(利小便), 최생(催生), 하유(下乳), 지소갈(止消渴), 생신혈(生新血)

⑧ 약물음양오행(藥物陰陽五行) : 윤하약(潤下藥)

92) 대모(玳瑁) : 얼룩바다거북의 갑편(甲片)

① 성미(性味) : 감(甘), 함(鹹), 한(寒), 무독(無毒)

② 귀경(歸經) : 심(心)・간(肝) 火木經

③ 용법(用法) : 생용(生用), 활석분탕초(滑石粉燙炒), 3~9g, 9~15g 전복(煎服), 丸・散(환・산), 1.5~7.5g(粉末)

④ 배합길(配合吉) : 서각(犀角), 노봉방(露蜂房), 주사(朱砂), 빙편(氷片), 사향(麝香), 우황(牛黃), 안식향(安息香), 금박(金箔), 백개자(白芥子), 웅황(雄黃), 단사(丹砂)

⑤ 주치(主治) : 두독(痘毒), 정창종독(疔瘡腫毒), 온열병(溫熱病), 열병고열번조(熱病高熱煩躁), 경간(驚癇), 중풍(中風), 상한열결(傷寒熱結), 열병경광(熱病驚狂), 화풍사(火風邪)

⑥ 효능(效能) : 청열해독(淸熱解毒), 평간정경(平肝定驚), 파징결(破癥結), 진심신(鎭心神), 진경(鎭驚), 해번열(解煩熱), 소옹독(消癰毒), 해두독(解痘毒)

⑦ 약물음양오행(藥物陰陽五行) : 식풍지경약(熄風止痙藥)

93) 대복피(大腹皮) : 빈랑나무 과실(의 果皮)(과실의 껍질)

① 성미(性味) : 신(辛), 미온(微溫), 무독(無毒), 하행산(下行散)

② 귀경(歸經) : 비(脾)・위(胃)・대장(大腸)・소장(小腸) 土金火經, 폐(肺) 金經

③ 용법(用法) : 3~9g 전복(煎服), 丸, 外用가능

④ 금기(禁忌) : 기허(氣虛)〈신중용(愼重用)〉, 체허약(体虛弱)(愼用)

⑤ 배합길(配合吉) : 복령피(茯苓皮), 상백피(桑白皮), 오가피(五加皮), 생강피(生薑皮), 지골피(地骨皮), 후박(厚朴), 진피(陳皮), 인진(茵陳), 곽향(藿香), 신국(神麯), 행인(杏仁), 맥아(麥芽)

⑥ 주치(主治) : 습조기체(濕阻氣滯), 냉열기공심복(冷熱氣攻心腹), 완복창민(脘腹脹悶), 수종(水腫), 각기(脚氣), 완복비민(脘腹痞悶), 창만(脹滿), 담격(痰膈), 대변불상(大便不爽), 대장옹독(大腸癰毒), 장학비만(瘴瘧痞滿), 학질(瘧疾), 사리(瀉痢), 태기오조창민(胎氣惡阻脹悶)

⑦ 효능(效能) : 하기행관중(下氣行寬中), 이수소종(利水消腫), 건비개위(健脾開胃), 통대소장(通大小腸), 지곽란(止霍亂), 조중(調中), 화위기(和胃氣), 이요각기(理腰脚氣), 이습추풍(利濕追風), 사폐(瀉肺)

⑧ 약물음양오행(藥物陰陽五行) : 이기약(理氣藥), 이수소종약(利水消腫藥)

94) 대산(大蒜) : 마늘

① 성미(性味) : 온(溫), 신(辛), 감(甘)(익은것), 무독(無毒), 〈미독(微毒)〉〈신(辛)·온(溫)(鮮)〉, 〈감(甘), 溫, 熟)〉

② 귀경(歸經) : 비(脾)·위(胃)·폐(肺)·대장(大腸) 土金經

③ 용법(用法) : 5.5~9g, 9~15g 전복(煎服), 單方가능

④ 금기(禁忌) : 화왕사주(火旺四柱)(愼重用), 음허화왕(陰虛火旺), 내열(內熱), 목질(目疾), 구치설질(口齒舌疾), 후질(喉疾), 비위열(脾胃熱), 간신화(肝腎火), 창학혈증(瘡瘧血症), 사두(痧痘), 산전산후(産前産後)(忌), 견육(犬肉), 어자(魚鮓), 생선회, 계육(鷄肉 닭고기), 즉어(鯽魚)(붕어)(忌)

⑤ 배합길(配合吉) : 학슬(鶴蝨), 빈랑(檳榔), 고련근피(苦楝根皮), 자완(紫菀), 백부근(百部根), 백당(白糖), 식초(食醋), 유향(乳香), 차전자(車前子), 흑사탕(黑砂糖)

⑥ 주치(主治) : 요충(蟯蟲), 구충(鉤蟲), 완복냉통(脘腹冷痛), 음식적체(飮食積滯), 창양(瘡瘍), 종독(腫毒), 독창(毒瘡), 장옹(腸癰), 복사(腹瀉), 이질(痢疾), 수종창

만(水腫脹滿), 폐로해수(肺勞咳嗽), 백일해(百日咳), 폐결핵(肺結核), 식해중독(食蟹中毒), 옹저종독(癰疽腫毒), 피부선양(皮膚癬瘇), 유행성감모(流行性感冒), 토혈(吐血), 심복통(心腹痛), 풍손냉통(風損冷痛), 학질(瘧疾), 붕중대하(崩中帶下), 독사교상(毒蛇咬傷), 수악장기(水惡瘴氣), 온역기(溫疫氣), 현벽(痃癖)

⑦ 효능(效能) : 살충(殺蟲), 충병예방(蟲病豫防), 소종(消腫), 해독(解毒), 항균(抗菌), 제풍사(除風邪), 파냉(破冷), 소징적(消癥積), 행체기(行滯氣), 선통온보(宣通溫補), 난비위(暖脾胃), 건비(健脾), 화육식(化肉食), 하기소곡(下氣消穀), 거한담(祛寒痰), 제한습(除寒濕), 파악혈(破惡血), 소비살충(消痞殺蟲), 공냉적(攻冷積), 하기난중(下氣暖中), 이대소변(利大小便), 홍양도(興陽道)

⑧ 약물음양오행(藥物陰陽五行) : 살충약(殺蟲藥)

95) 대자석(代赭石) : 적철광(赤鐵礦)

① 성미(性味) : 고(苦), 감(甘), 신(辛), 평(平), 한(寒), 질중(質重), 무독(無毒)
② 귀경(歸經) : 간(肝)·심(心)·심포(心包) 木火經, 위(胃) 土經
③ 용법(用法) : 생용(生用), 하용(煅用), 9~30g 전복(煎服)
④ 금기(禁忌) : 임부(姙婦 : 愼重用), 양허(陽虛), 음위(陰痿), 하체허한(下体虛寒)(忌), 부자(附子), 천웅(天雄)(相畏)
⑤ 배합길(配合吉) : 반하(半夏), 선복화(旋覆花), 생강(生薑), 감초(甘草), 인삼(人蔘), 대조(大棗), 오수유(吳茱萸), 청대(靑黛), 작약(芍藥), 용담(龍膽), 귀판(龜板), 모려(牡蠣), 용골(龍骨), 인진(茵陳), 생맥아(生麥芽), 천련자(川楝子), 현삼(玄蔘), 천문동(天門冬), 우슬(牛膝), 천축황(天竺黃), 황련(黃連), 담성(膽星), 초우방자(炒牛蒡子), 죽여(竹茹), 초과루인(炒瓜蔞仁), 후박(厚朴), 건강(乾薑), 산약(山藥), 백출(白朮), 만삼(蔓蔘), 산수유(山茱萸), 초소자(炒蘇子), 검인(芡仁), 지모(知母), 당귀(當歸), 조구등(釣鉤藤), 백질려(白蒺藜), 상백피(桑白皮), 생지황(生地黃), 목단피(牧丹皮), 비파엽(枇杷葉), 행인(杏仁), 관동화(款冬花), 자완(紫菀)
⑥ 주치(主治) : 애역(呃逆), 애기(噯氣), 반위구토(反胃嘔吐), 복중독사기(腹中毒邪

氣), 기역천급(氣逆喘急), 허실증(虛實證), 음허양항(陰虛陽亢), 간양상항(肝陽上
亢), 경간(驚癎), 두목현훈(頭目眩暈), 출혈증(出血證), 오림붕대(五淋崩帶), 한열증
(寒熱證), 혈어(血瘀), 혈비(血痹), 장풍치루(腸風痔漏), 월경부지(月經不止), 자궁
출혈(子宮出血), 토뉵혈(吐衄血), 난산(難產), 감질(疳疾), 경계(驚悸), 효천(哮喘)

⑦ 효능(效能) : 중진강역(重鎭降逆), 청간화(淸肝火), 평간잠양(平肝潛陽), 식풍(熄
風), 진정(鎭靜), 강역평천(降逆平喘), 양혈지혈(凉血止血), 하기강담(下氣降痰),
진역기(鎭逆氣), 제혈열(除血熱), 청화(淸火), 수렴지혈(收斂止血)〈하용(煆用)〉, 소
종화담(消腫化痰), 평간강화(平肝降火), 타태(墮胎), 안태건비(安胎健脾), 거어생신
(祛瘀生新)

⑧ 약물음양오행(藥物陰陽五行) : 양혈약(養血藥), 평간잠양약(平肝潛陽藥)

96) 대조(大棗) : 대추나무의 과실(果實)(열매)

① 성미(性味) : 온(溫), 감(甘), 신(辛), 평(平), 윤(潤), 무독(無毒)

② 귀경(歸經) : 비(脾)·위(胃) 土經

③ 용법(用法) : 2~12개 5~20g, 20~30g 전복(煎服)

④ 금기(禁忌) : 습조중만(濕阻中滿), 감질(疳疾), 적체(積滯), 치병(齒病), 충병(蟲
病), 담열(痰熱), 습열(濕熱), 종창(腫脹), 기통기체(氣痛氣滯), 산후(產後)(忌), 多
服삼가, 생총(生葱)(忌), 방해(螃蟹)(忌)

⑤ 배합길(配合吉) : 백출(白朮), 인삼(人蔘), 감초(甘草), 소맥(小麥), 정력자(葶藶
子), 원화(芫花), 감수(甘遂), 생강(生薑), 맥문동(麥門冬), 부소맥(浮小麥), 석곡
(石斛), 생지황(生地黃), 마황(麻黃), 황기(黃芪), 숙부자(熟附子)

⑥ 주치(主治) : 심복사기(心腹邪氣), 내상간비(內傷肝脾), 위허(胃虛), 토허목조(土虛
木燥), 소식(少食), 음허(陰虛), 허노손(虛勞損), 비약변당(脾弱便溏), 혈행영위불화
(血行營衛不和), 장위벽기(腸胃癖氣), 기혈진액부족(氣血津液不足), 고혈압(高血
壓), 장조(臟燥), 심계(心悸), 정충(怔忡), 번민(煩悶), 빈혈(貧血)

⑦ 효능(效能) : 보비화위(補脾和胃), 보중익기(補中益氣), 비위보좌(脾胃補佐), 안중

양비(安中養脾), 자신난위(滋腎暖胃), 평위기(平胃氣), 자영충액(滋營充液), 양혈안신(養血安神), 보간(補肝), 해약독(解藥毒), 천웅·부자·오두해독(天雄·附子·烏頭解毒), 완화약성(緩和藥性), 생진액(生津液), 통구규(通九竅), 윤심폐(潤心肺), 지수(止嗽), 조영위(調營衛), 보오장(補五臟)

⑧ 약물음양오행(藥物陰陽五行) : 보기약(補氣藥), 양심안신약(養心安神藥)

97) 대청엽(大靑葉) : 대청, 둥근대청, 참누리장 나무(잎)

① 성미(性味) : 고(苦), 감(甘), 함(鹹), 한(寒), 설강(泄降), 무독(無毒)

② 귀경(歸經) : 심(心)·간(肝)·(위(胃) 火木土經, 비(脾) 土經

③ 용법(用法) : 6~10g, 10~20g(30g) 전복(煎服), 35~70g(鮮) 즙복(汁服)

④ 금기(禁忌) : 토약사주(土弱四柱), 비위허한(脾胃虛寒), 체허설사(体虛泄瀉)

⑤ 배합길(配合吉) : 금은화(金銀花), 우방자(牛蒡子), 형개(荊芥), 현삼(玄蔘), 석고(石膏), 승마(升麻), 황련(黃連), 황금(黃芩), 황백(黃柏), 치자(梔子), 감초(甘草), 서각(犀角), 목단피(牧丹皮), 자근(紫根), 원명분(元明粉), 선지황(鮮地黃), 금사등(金沙藤), 판람근(板藍根)

⑥ 주치(主治) : 외감풍열(外感風熱), 온병(溫病), 열성번갈(熱盛煩渴), 온열병(溫熱病), 시행열독(時行熱毒), 열독옹성(熱毒壅盛), 풍열반진(風熱斑疹), 발반(發斑), 마진(痲疹), 옹저종독(癰疽腫毒), 단독(丹毒), 사상(蛇傷), 급성간염(急性肝炎), 황달(黃疸), 후비(喉痺), 구창(口瘡), 토혈(吐血), 뉵혈(衄血), 옹양종통(癰瘍腫痛), 폐결핵(肺結核), 과민성피염(過敏性皮炎), 장염(腸炎), 이질(痢疾), 심번대열(心煩大熱), 백약독(百藥毒), 금창전독(金瘡箭毒)

⑦ 효능(效能) : 청열해독(淸熱解毒), 양혈지혈(凉血止血), 제번갈(除煩渴), 산어(散瘀), 살감충(殺疳蟲)

⑧ 약물음양오행(藥物陰陽五行) : 청열해독약(淸熱解毒藥), 청열양혈약(淸熱凉血藥), 지혈약(止血藥)

98) 대풍자(大楓子) : 태국대풍자 나무, 해남대풍자 나무의 종자(種子)

① 성미(性味) : 신(辛), 감(甘), 고(苦), 열(熱), 소독(小毒), 조열(燥烈)

② 귀경(歸經) : 간(肝) · 비(脾) · 신(腎) 木土水經

③ 용법(用法) : 0.3~1g(丸), 外用, 내복(內服)시 신중(愼重)

④ 금기(禁忌) : 음허혈열(陰虛血熱)(忌)

⑤ 배합길(配合吉) : 고삼(苦蔘), 마유(麻油), 경분(輕粉), 고백반(枯白礬), 백부자(白附子), 당귀(當歸), 백지(白芷), 모과(木瓜), 육계(肉桂), 천마(天麻), 우슬(牛膝), 천년건(千年健), 산치자(山梔子), 초오두(草烏頭), 창출(蒼朮), 계지(桂枝), 진교(秦芁), 조구등(釣鉤藤), 천궁(川芎), 토사자(菟絲子), 몽석(礞石), 하수오(何首烏), 지모(知母), 천오두(川烏頭), 위령선(威靈仙), 백질려(白蒺藜), 창이자(蒼耳子), 형개(荊芥), 방풍(防風), 백화사(白花蛇), 호마(胡麻), 오미자(五味子), 백선피(白蘚皮), 학슬(鶴蝨), 송향(松香), 황백(黃柏)

⑥ 주치(主治) : 개선진양(疥癬疹痒), 마풍(麻風), 양매창독(楊梅瘡毒), 풍선개라(風癬疥癩), 기열유독(氣熱有毒), 상피병(象皮病)

⑦ 효능(效能) : 거풍조습(祛風燥濕), 행담(行痰), 공독살충(攻毒殺蟲), 행적수(行績水), 산풍(散風)

⑧ 약물음양오행(藥物陰陽五行) : 외용약(外用藥), 살충약(殺蟲藥)

99) 대황(大黃) : 장군풀 뿌리(根), (根莖 뿌리줄기)

① 성미(性味) : 고(苦), 감(甘), 한(寒), 무독(無毒), 설열공하(泄熱攻下)

② 귀경(歸經) : 비(脾) · 위(胃) · 대장(大腸) · 간(肝) · 심(心) 土金木火經

③ 용법(用法) : 3~12g, 30~60g 전복(煎服), 生用〈준하(峻下)〉, 숙용(熟用)〈완하(緩下)〉, 사하(瀉下) 목적이면 久煎삼가

④ 금기(禁忌) : 장위무적체(腸胃無積滯), 혈분무울혈(血分無鬱血), 수유기(授乳期)(忌), 산전(産前)〈신중용(愼重用)〉, 월경중(月經中), 산후(産後)(愼用), 구병노인

(久病老人), 체허(体虛), 비위허약(脾胃虛弱), 혈허기약(血虛氣弱), 음허(陰虛)
(忌), 건칠(乾漆)(相惡), 냉수(冷水)(忌)

⑤ 배합길(配合吉) : 후박(厚朴), 지실(枳實), 망초(芒硝), 목단피(牧丹皮), 황련(黃
連), 황금(黃芩), 적작약(赤芍藥), 치자(梔子), 인진(茵陳), 도인(桃仁), 소목(蘇木),
홍화(紅花), 현호색(玄胡索)

⑥ 주치(主治) : 열결변비(熱結便秘), 고열신혼(高熱神昏), 실열옹체(實熱壅滯), 식적
비만(食積痞滿), 적체사리(積滯瀉痢), 대변불통(大便不通), 심복창만(心腹脹滿), 화
열상염(火熱上炎), 혈열증(血熱證), 열독창절(熱毒瘡癤), 정창(疔瘡), 장옹(腸癰),
어혈경폐(瘀血經閉), 습열황달(濕熱黃疸), 산후어체복통(產後瘀滯腹痛), 징가적취
(癥瘕積聚), 어혈응체(瘀血凝滯), 옹양종독(癰瘍腫毒), 월경불통(月經不通), 어체작
통(瘀滯作痛), 화상(火傷), 질박손상(跌撲損傷), 토뉵혈(吐衄血), 임탁(淋濁), 하리
적백(下痢赤白), 소변임역(小便淋瀝), 화창(火瘡)

⑦ 효능(效能) : 공적도체(攻積導滯), 통리수곡(通利水穀), 청열사화(淸熱瀉火), 사하
통변(瀉下通便), 사습열(瀉濕熱), 활혈축어(活血逐瘀), 인혈하행(引血下行), 청열해
독(淸熱解毒), 행어통경(行瘀通經), 청리습열(淸利濕熱), 파징가적취(破癥瘕積聚),
평위하기(平胃下氣), 안화오장(安和五臟), 조중화식(調中和食), 이대소장(利大小
腸), 이수종(利水腫), 조혈맥(調血脈), 통기(通氣)

⑧ 약물음양오행(藥物陰陽五行) : 공하약(攻下藥), 청열사화약(淸熱瀉火藥), 청열양혈
약(淸熱凉血藥), 활혈거어약(活血祛瘀藥), 파징소적약(破癥消積藥)

100) 도인(桃仁) : 복숭아씨, 산복숭아나무의 익은 과일(果實) 핵인 (核仁)

① 성미(性味) : 고(苦), 감(甘), 신(辛), 평(平), 무독(無毒), 윤(潤), 다지(多脂)
② 귀경(歸經) : 심(心)·간(肝)·폐(肺)·대장(大腸) 火木金經
③ 용법(用法) : 5.5~10g 전복(煎服), 환산(丸散)
④ 금기(禁忌) : 임부(姙婦), 혈허(血虛), 허약(虛弱)(燥血), 신용(愼用)

⑤ 배합길(配合吉) : 당귀(當歸), 자감초(炙甘草), 천궁(川芎), 포강(炮薑), 지황(地黃), 우슬(牛膝), 홍화(紅花), 작약(芍藥), 천화분(天花粉), 시호(柴胡), 주대황(酒大黃), 천산갑(穿山甲), 맹충(䗪蟲), 수질(水蛭), 의이인(薏苡仁), 노근(蘆根), 동과인(冬瓜仁), 망초(芒硝), 백자인(柏子仁), 욱리인(郁李仁), 화마인(火麻仁), 행인(杏仁), 목단피(牧丹皮), 송자인(松子仁), 적작(赤芍), 지각(枳殼), 감초(甘草), 길경(桔梗), 백지(白芷), 계지(桂枝), 산치자(山梔子), 생강즙(生薑汁), 생총즙(生蔥汁), 복령(茯苓)

⑥ 주치(主治) : 혈체경폐(血滯經閉), 통경(痛經), 혈체작통(血滯作痛), 산후어혈조체복통(産後瘀血阻滯腹痛), 만성맹장염(慢性盲腸炎), 협통(脇痛), 혈폐(血閉), 징가적취(癥瘕積聚), 혈조(血燥), 혈담(血痰), 간학실열(肝瘧實熱), 상한축혈발광(傷寒蓄血發狂), 혈체풍비(血滯風痺), 열병축혈(熱病蓄血), 진휴장조변비(津虧腸燥便秘), 자궁혈종(子宮血腫), 무월경(無月經), 타박상(打撲傷), 고혈압(高血壓)

⑦ 효능(效能) : 파혈거어(破血祛瘀), 옹종소산(癰腫消散), 윤조활장(潤燥滑腸), 통맥지통(通脈止痛), 지심통(止心痛), 살삼충(殺三虫)

⑧ 약물음양오행(藥物陰陽五行) : 파징소적약(破癥消積藥), 활혈거어약(活血祛瘀藥), 윤하약(潤下藥)

101) 독활(獨活) : 땃두릅의 근(根)(뿌리, 뿌리줄기)

① 성미(性味) : 신(辛), 고(苦), 감(甘), 평(平), 온(溫), 무독(無毒), 조(燥), 산(散), 향(香), 하행(下行)

② 귀경(歸經) : 간(肝)・신(腎)・방광(膀胱) 木水經, 폐(肺)・심(心) 金火經

③ 용법(用法) : 식용(食用), 3~9g 單方가능

④ 금기(禁忌) : 음허혈조(陰虛血燥), 고열(高熱), 기혈허(氣血虛)(忌)

⑤ 배합길(配合吉) : 강활(羌活), 천궁(川芎), 감초(甘草), 생강(生薑), 방풍(防風), 고본(藁本), 만형자(蔓荊子), 세신(細辛), 진교(秦艽), 두중(杜仲), 상기생(桑寄生), 당귀(當歸), 지황(地黃), 육계(肉桂), 백작약(白芍藥), 인삼(人蔘), 우슬(牛膝), 당

삼(黨蔘), 복령(茯苓)

⑥ 주치(主治) : 외감풍열표증(外感風熱表證), 오한발열(惡寒發熱), 전신지절산통(全
身肢節酸痛), 두통(頭痛), 풍한습비통(風寒濕痺痛), 요슬산중동통(腰膝痠重疼痛),
여자산가(女子疝瘕), 양족습비(兩足濕痺), 외감소음두통(外感少陰頭痛), 풍아종통
(風牙腫痛), 제풍(諸風), 풍독치통(風毒齒痛), 항강요척통(項强腰脊痛), 면한동통
(面寒疼痛)

⑦ 효능(效能) : 신산온통(辛散溫痛), 산한해표(散寒解表), 거풍승습(袪風勝濕), 통경
락지통(通經絡止痛), 소부종(消浮腫), 이수(利水)

⑧ 약물음양오행(藥物陰陽五行) : 신온해표약(辛溫解表藥), 지통약(止痛藥), 지비약
(止痺藥)

102) 동과자(冬瓜子) : 동과인(冬瓜仁), 동아호박씨(種子)

① 성미(性味) : 감(甘), 평(平), 한(寒), 무독(無毒), 활(滑)

② 귀경(歸經) : 간(肝) 木經

③ 용법(用法) : 미초용(微炒用), 6~12g, 30g 전복(煎服), 외용(外用), 구복(久服) 삼
가

④ 배합길(配合吉) : 의이인(薏苡仁), 위경(葦莖), 목단피(牧丹皮), 대황(大黃), 망초
(芒硝), 전호(前胡), 행인(杏仁), 천패모(川貝母), 도인(桃仁)

⑤ 주치(主治) : 하초습열(下焦濕熱), 동통(疼痛), 복내결취(腹內結聚), 소변백탁(小便
白濁), 백대하(白帶下), 신염(腎炎), 폐옹(肺癰), 폐열해수(肺熱咳嗽), 장위내옹(腸
胃內癰), 장옹(腸癰), 각기(脚氣), 수종(水腫), 치질(痔疾), 임질(淋疾), 번만불락
(煩滿不樂), 피부풍(皮膚風), 심경온열(心經蘊熱)

⑥ 효능(效能) : 청리습열(淸利濕熱), 윤폐(潤肺), 화담배농(化痰排膿), 윤기부(潤肌
膚), 보간명목(補肝明目), 개위성비(開胃醒脾), 익기(益氣), 이수소옹(利水消癰),
파궤농혈(破潰膿血), 익위기(益胃氣)

⑦ 약물음양오행(藥物陰陽五行) : 배농약(排膿藥), 청열조습약(淸熱燥濕藥), 소창옹저

약(消瘡癭疽藥), 청화열담약(淸化熱痰藥)

103) 동과피(冬瓜皮) : 동아 호박〈과피(果皮)〉 열매껍질

① 성미(性味) : 감(甘), 담(淡), 미한(微寒), 무독(無毒)
② 귀경(歸經) : 비(脾)·위(胃)·대장(大腸)·폐(肺)·소장(小腸) 土金火經
③ 용법(用法) : 15~35g 전복(煎服), 散用, 外用
④ 배합길(配合吉) : 차전자(車前子), 복령피(茯苓皮), 백모근(白茅根), 적소두(赤小豆), 흑사탕(黑砂糖), 생의이인(生薏苡仁)
⑤ 주치(主治) : 수종(水腫), 복사(腹瀉), 습열(濕熱), 소변불리(小便不利), 창만(脹滿), 중풍(中風), 절상손통(折傷損痛), 치창(痔瘡)
⑥ 효능(效能) : 청열이수(淸熱利水), 소종(消腫), 지갈(止渴), 이소변(利小便), 소담(消痰), 이습소서(利濕消暑), 보비사화(補脾瀉火), 소수종(消水腫), 해풍열(解風熱)
⑦ 약물음양오행(藥物陰陽五行) : 배농약(排膿藥), 이수소종약(利水消腫藥), 이수청열약(利水淸熱藥)

104) 동규자(冬葵子) : 아욱씨, 아욱의 성숙한 종자(種子)

① 성미(性味) : 감(甘), 고(苦), 한(寒), 윤(潤), 활리(滑利), 무독(無毒)
② 귀경(歸經) : 대장(大腸)·소장(小腸)·방광(膀胱) 金火水經, 위(胃)·간(肝)·폐(肺) 土木金經
③ 용법(用法) : 3~6g, 6~15g 단방(單方)가능, 전복(煎服)
④ 금기(禁忌) : 임부(妊婦)〈신중용(愼重用)〉, 비허장활(脾虛腸滑)(忌), 기허하함(氣虛下陷)(忌)
⑤ 배합길(配合吉) : 해금사(海金砂), 차전자(車前子), 황백(黃柏), 목통(木通), 택사(澤瀉), 복령(茯苓), 사인(砂仁), 왕불유행(王不留行), 천산갑(穿山甲), 활석(滑石), 곽향(藿香), 향유(香薷), 금전초(金錢草)

⑥ 주치(主治) : 소변불리(小便不利), 수종(水腫), 임역(淋瀝), 삽통(澁通), 유방창통(乳房脹痛), 유즙불하(乳汁不下), 변비(便秘), 경맥응체(經脈凝滯), 이변불통(二便不通), 한열수리(寒熱瘦羸), 오림(五淋)

⑦ 효능(效能) : 이수통림(利水通淋), 활장(滑腸), 최유(催乳), 이소변(利小便), 해촉초독(解蜀椒毒), 활태(滑胎), 하포의(下胞衣)

⑧ 약물음양오행(藥物陰陽五行) : 이수통림약(利水通淋藥), 윤하약(潤下藥)

105) 동충하초(冬蟲夏草)

① 성미(性味) : 감(甘), 산(酸), 평(平), 온(溫), 무독(無毒), 완만(緩慢)

② 귀경(歸經) : 폐(肺)・신(腎) 金水經

③ 용법(用法) : 생용(生用), 전용(煎用), 단방(單方)가능, 장복(長服) 유리, 5～9g, 9～15g, 15～30g, 30～60g 전복(煎服), 丸・散用(환・산용)

④ 금기(禁忌) : 폐열해혈(肺熱咳血), 표사(表邪)(忌)

⑤ 배합길(配合吉) : 맥문동(麥門冬), 사삼(沙蔘), 아교(阿膠), 패모(貝母), 오미자(五味子), 인삼(人蔘), 합개(蛤蚧), 육종용(肉蓯蓉), 음양곽(淫羊藿), 두중(杜仲), 압육(鴨肉), 계육(鷄肉), 저육(豬肉), 자라(별갑 鱉甲), 생어(生魚), 천패모(川貝母), 행인(杏仁), 백부(百部), 백급(白芨), 현삼(玄蔘), 인삼엽(人蔘葉), 측백엽(側柏葉)

⑥ 주치(主治) : 음허양부(陰虛陽浮), 폐신양허(肺腎兩虛), 음허기허(陰虛氣虛), 폐결핵(肺結核), 신허양위(腎虛陽痿), 유정(遺精), 병후허손(病後虛損), 체허(体虛), 폐허구해(肺虛久咳), 이명(耳鳴), 요슬산연(腰膝酸軟), 자한(自汗), 도한(盜汗), 복부팽만(腹部膨滿), 담음천해(痰飮喘咳), 토혈(吐血), 노인외한(老人畏寒), 만성해수기천(慢性咳嗽氣喘), 허천(虛喘), 빈혈허약(貧血虛弱)

⑦ 효능(效能) : 보신양(補腎陽), 자폐음(滋肺陰), 장신양(壯腎陽), 보익폐신(補益肺腎), 지해화담(止咳化痰), 익신음(益腎陰), 보폐기(補肺氣), 보정기(補精氣), 보명문(補命門)

⑧ 약물음양오행(藥物陰陽五行) : 보양약(補陽藥), 화담지해평천약(化痰止咳平喘藥),

온화한담약(溫化寒痰藥)

106) 두시(豆豉) : 담두시(淡豆豉), 메주, 청국장, 대두(大豆)를 쪄서 말려 발효한 가공품

〈흑대두(黑大豆)＋청호(菁蒿)·상엽(桑葉) 달인물) 등을 쪄서 건조한후 발효한다〉

① 성미(性味) : 고(苦), 감(甘), 함(鹹), 무독(無毒)

② 귀경(歸經) : 폐(肺)·위(胃) 金土經

③ 용법(用法) : 6~12g, 12~15g 전복(煎服)

④ 금기(禁忌) : 수유중(授乳中)인 부인(婦人)(忌)

⑤ 배합길(配合吉) : 산치자(山梔子), 연교(連翹), 박하(薄荷), 총백(葱白), 식혜

⑥ 주치(主治) : 상한열병(傷寒熱病), 시질열병발한(時疾熱病發汗), 감모(感冒), 오한발열(惡寒發熱), 한열풍(寒熱風), 상한두통한열(傷寒頭痛寒熱), 외감풍한열(外感風寒熱), 열병후(熱病後), 흉중번민(胸中煩悶), 위완포만(胃脘飽滿), 번조만민(煩躁滿悶), 양각동냉(兩脚疼冷), 허번불면(虛煩不眠), 음허(陰虛), 혈뇨(血尿), 허로천흡(虛勞喘吸), 장기악독(瘴氣惡毒), 혈리복통(血痢腹痛), 흉중생창(胸中生瘡), 약물중독(藥物中毒), 골증(骨蒸), 학질(瘧疾), 견교상(犬咬傷), 구역(嘔逆)

⑦ 효능(效能) : 소산해표(疏散解表), 조중(調中), 하기(下氣), 발한해기(發汗解肌), 해독(解毒), 선울제번(宣鬱除煩), 조소화(助消化), 치한열풍(治寒熱風), 지도한(止盜汗), 건위(健胃)

⑧ 약물음양오행(藥物陰陽五行) : 신량해표약(辛凉解表藥)

107) 두중(杜仲) : 두충(杜冲)(나무 껍질)

① 성미(性味) : 감(甘), 미신(微辛), 고(苦), 평(平), 온(溫), 무독(無毒)

② 귀경(歸經) : 간(肝)·신(腎) 木水經

③ 용법(用法) : 3~9g, 9~15g, 15~30g(90g) 전복(煎服), 침주(浸酒), 환(丸)·산

(散)用

④ 금기(禁忌) : 음허화왕(陰虛火旺), 간양상항(肝陽上亢)(愼重用), 혈조내열(血燥內熱)(忌), 원삼(元蔘), 사피(蛇皮)(畏), 철(鐵)(忌)

⑤ 배합길(配合吉) : 토사자(菟絲子), 속단(續斷), 상기생(桑寄生), 오미자(五味子), 구기자(枸杞子), 산약(山藥), 산수유(山茱萸), 숙지황(熟地黃), 녹용(鹿茸), 맥문동(麥門冬), 우슬(牛膝), 천궁(川芎), 당귀(當歸), 차전자(車前子), 소회향(小茴香), 황금(黃芩), 하고초(夏枯草), 육종용(肉蓯蓉), 진교(秦艽), 독활(獨活), 계지(桂枝), 황금(黃芩)

⑥ 주치(主治) : 신허요통(腎虛腰痛), 요척통(腰脊痛), 음위(陰痿), 현훈(眩暈), 요슬핍력(腰膝乏力), 각중산통(脚中酸痛), 관절습음(關節濕淫), 음하습양(陰下濕癢), 태루욕타(胎漏欲墮), 임신루혈(姙娠漏血), 태동불안(胎動不安), 소변빈삭(小便頻數), 고혈압(高血壓)

⑦ 효능(效能) : 보간신(補肝腎), 윤간(潤肝), 건골강근(健骨強筋), 보중익정기(補中益精氣), 안태(安胎), 강지(強志), 난자궁(暖子宮), 강양도(強陽道)

⑧ 약물음양오행(藥物陰陽五行) : 보양약(補陽藥)

108) 등리근(藤梨(根)) : 미후리(獼猴梨)(뿌리, 잎), 다래나무의 根, 잎

① 성미(性味) : 산(酸), 삽(澀), 량(凉), 무독(無毒)
② 귀경(歸經) : 간(肝)·위(胃)·방광(膀胱) 木土水經
③ 용법(用法) : 15~30g, 60~120g 전복(煎服)
④ 금기(禁忌) : 임부(姙婦)(忌)
⑤ 배합길(配合吉) : 백화사설초(白花蛇舌草), 백모근(白茅根), 반지련(半枝蓮), 호장근(虎杖根), 방기(防己), 담죽엽(淡竹葉), 천초(茜草), 소계(小薊), 창이자(蒼耳子), 저장(猪腸), 홍조(紅棗), 저마근(苧麻根), 수양매근(水楊梅根), 창이근(蒼耳根)
⑥ 주치(主治) : 위장도종(胃腸道腫), 소화불량(消化不良), 구토(嘔吐), 창절종독(瘡癤腫毒), 질타손상(跌打損傷), 풍습관절동통(風濕關節疼痛), 황달(黃疸), 설사(泄瀉)

⑦ 효능(效能) : 청열해독(清熱解毒), 건위(健胃), 활혈소종(活血消腫), 거풍제습(祛風除濕), 항암(抗癌), 이뇨(利尿), 지혈(止血), 생기(生肌), 소염(消炎), 최유(催乳)

⑧ 약물음양오행(藥物陰陽五行) : 항암약(抗癌藥), 청열해독약(清熱解毒藥), 이수청열약(利水清熱藥), 거풍습지비약(祛風濕止痺藥)

109) 등심(燈心) : 골풀(조리풀), 등심초(燈芯草)

① 성미(性味) : 감(甘), 담(淡), 평(平), 미한(微寒), 무독(無毒)

② 귀경(歸經) : 심(心)·폐(肺)·소장(小腸) 火金經

③ 용법(用法) : 1.5~3g, 3~4.5g 전복(煎服), 18~35g (鮮) 外用

④ 금기(禁忌) : 허한(虛寒)〈慎重用〉, 중한(中寒), 기허(氣虛), 소변불금(小便不禁) (忌)

⑤ 배합길(配合吉) : 치자(梔子), 감초(甘草), 활석(滑石), 백모근(白茅根), 차전자(車前子), 목통(木通), 복령(茯苓), 동규자(冬葵子), 청대(青黛), 주사(朱砂), 담죽엽(淡竹葉)

⑥ 주치(主治) : 열증(熱證), 소변임삽(小便淋澀), 수종(水腫), 심화항성(心火亢盛), 습열황달(濕熱黃疸), 허번불면(虛煩不眠), 구설생창(口舌生瘡), 후비(喉痺), 소아야제(小兒夜啼), 오림(五淋), 치창(痔瘡), 해수(咳嗽), 소아경열(小兒驚熱), 창양(瘡瘍)

⑦ 효능(效能) : 삼습이수(滲濕利水), 청심강화(清心降火), 설열(泄熱), 청열이수(清熱利水), 청심제번(清心除煩), 이수소종(利水消腫), 안신이뇨(安神利尿), 산종지갈(散腫止渴), 지혈(止血), 통림(通淋), 통음규섭(通陰竅澀), 사폐(瀉肺), 청폐강화(清肺降火)

⑧ 약물음양오행(藥物陰陽五行) : 이수청열약(利水清熱藥)

110) 마두령(馬兜鈴) : 쥐방울 덩굴과의 성숙한 과실

① 성미(性味) : 고(苦), 미신(微辛), 평(平), 한(寒), 무독(無毒), 설강(泄降)

② 귀경(歸經) : 폐(肺)·대장(大腸) 金經

③ 용법(用法) : 3~9g 생용(生用), 전복(煎服), 밀자용(蜜炙用)〈윤폐(潤肺)〉

④ 금기(禁忌) : 비위허약(脾胃虛弱), 대변설사(大便泄瀉), 허한성천해(虛寒性喘咳)
   (愼重用 신중용)

⑤ 배합길(配合吉) : 상백피(桑白皮), 비파엽(枇杷葉), 황금(黃芩), 행인(杏仁), 전호
   (前胡), 맥문동(麥門冬), 사삼(沙蔘), 아교(阿膠), 자완(紫菀), 우방자(牛蒡子), 산
   약(山藥), 오미자(五味子), 백출(白朮), 인삼(人蔘), 육계(肉桂), 포강(炮薑), 관동
   화(款冬花), 소자(蘇子)

⑥ 주치(主治) : 폐열해수(肺熱咳嗽), 폐기상급(肺氣上急), 폐허구해(肺虛久咳), 담옹
   기촉(痰壅氣促), 담결천촉(痰結喘促), 담중대혈(痰中帶血), 치창종통(痔瘡腫痛), 혈
   치루창(血痔瘻瘡), 장열치혈(腸熱痔血), 객혈(喀血), 폐중습열(肺中濕熱), 담천해수
   (痰喘咳嗽), 소아마진내함(小兒麻疹內陷)

⑦ 효능(效能) : 청폐지해(淸肺止咳), 강기평천(降氣平喘), 화담(化痰), 청장소치(淸腸
   消痔), 지해평천(止咳平喘), 이소변(利小便), 보폐(補肺)

⑧ 약물음양오행(藥物陰陽五行) : 청화열담약(淸化熱痰藥), 지해평천약(止咳平喘藥)

111) 마발(馬勃) : 먼지버섯의 자실체(子實体), 달걀번지버섯(큰구슬버섯)

① 성미(性味) : 신(辛), 함(鹹), 평(平), 무독(無毒), 소산(疏散), 상부(上浮)

② 귀경(歸經) : 폐(肺) 金經

③ 용법(用法) : 1.5~6g 포전(包煎), 전복(煎服), 환산(丸散), 내복(內服), 외용(外
   用), 單方가능

④ 금기(禁忌) : 풍한노해수(風寒勞咳嗽), 실음(失音)(忌)

⑤ 배합길(配合吉) : 산두근(山豆根), 생감초(生甘草), 현삼(玄蔘), 봉밀(蜂蜜), 판람
   근(板藍根), 사간(射干), 황련(黃連), 황금(黃芩), 귤홍(橘紅), 인삼(人蔘), 연교(連
   翹), 우방자(牛蒡子), 길경(桔梗), 백강잠(白殭蠶), 박하(薄荷)

⑥ 주치(主治) : 풍열습폐(風熱襲肺), 인후종통(咽喉腫痛), 해수실음(咳嗽失音), 혈열
토혈(血熱吐血), 외상출혈(外傷出血), 비출혈(鼻出血), 악창(惡瘡), 골경토혈(骨鯁
吐血)

⑦ 효능(效能) : 풍열소산(風熱疏散), 해독이인(解毒利咽), 청폐해열(淸肺解熱), 지혈
(止血), 산혈열(散血熱)

⑧ 약물음양오행(藥物陰陽五行) : 청열해독약(淸熱解毒藥), 지혈약(止血藥)

112) 마전자(馬錢子) : 마전(의 種子)

① 성미(性味) : 고(苦), 한(寒), 설(泄), 대독(大毒)

② 귀경(歸經) : 간(肝)·비(脾) 木土經

③ 용법(用法) : 0.3~0.6g, 환·산용(丸·散用), 외용(外用)/마전자의 해독약 : 육계
(肉桂), 백사탕(白砂糖), 향유(香油)

④ 금기(禁忌) : 신약(身弱), 임부(妊婦)(忌), 中毒주의, 비위약(脾胃弱), 기혈허(氣血
虛)(신중용 愼重用)

⑤ 배합길(配合吉) : 유향(乳香), 마황(麻黃), 몰약(沒藥), 백출(白朮), 인삼(人蔘), 오
공(蜈蚣), 천산갑(穿山甲), 당귀(當歸), 골쇄보(骨碎補), 자연동(自然銅), 지룡(地
龍), 초오(草烏), 산두근(山豆根), 청목향(靑木香), 감초(甘草), 지각(枳殼), 독활
(獨活), 강활(羌活), 세신(細辛), 오약(烏藥), 혈갈(血竭), 홍화(紅花), 주사(朱砂),
구척(狗脊), 삼칠(三七), 동질려(潼蒺藜), 자충(蟅蟲), 황기(黃芪), 두중(杜仲), 우
슬(牛膝)

⑥ 주치(主治) : 풍습동통(風濕疼痛), 인후비통(咽喉痺痛), 탄탄마목(癱瘓麻木), 옹저
종독(癰疽腫毒), 질박손상(跌撲損傷), 후비종통(喉痺腫痛), 상한열병(傷寒熱病)

⑦ 효능(效能) : 통경락(通經絡), 지통(止痛), 산결소종(散結消腫), 공독지통(攻毒止
痛), 소비괴(消痞塊), 산혈열(散血熱)

⑧ 약물음양오행(藥物陰陽五行) : 통경락약(通經絡藥), 소창옹저약(消瘡癰疽藥), 항암
약(抗癌藥), 지통약(止痛藥), 외용약(外用藥)

113) 마치현(馬齒莧) : 쇠비름의 전초(全草)

① 성미(性味) : 산(酸), 신(辛), 한(寒), 무독(無毒)

② 귀경(歸經) : 대장(大腸)·간(肝)·심(心) 金木火經, 비위(脾胃) 土經

③ 용법(用法) : 9~15g, 30~60g 선용(鮮用), 120g, 전복(煎服), 즙용(汁用), 외용(外用)

④ 금기(禁忌) : 비허변당(脾虛便溏)〈주의(注意)〉, 별갑(鱉甲)(忌)

⑤ 배합길(配合吉) : 황금(黃芩), 황련(黃連), 오적골(烏賊骨), 저근백피(樗根白皮), 밀(蜜)

⑥ 주치(主治) : 습열사리(濕熱瀉痢), 열리농혈(熱痢膿血), 열독창양(熱毒瘡瘍), 적백리(赤白痢), 감리(疳痢), 음종(陰腫), 혈열림(血熱淋), 붕루(崩漏), 대하(帶下), 산후허한(産後虛汗), 라역(瘰癧), 단독(丹毒), 혈벽징벽(血癖癥癖), 목맹백예(目盲白翳), 금창(金瘡), 치창감정(痔瘡疳疔)

⑦ 효능(效能) : 청열해독(淸熱解毒), 항균(抗菌), 양혈지혈(凉血止血), 소종(消腫), 통림(通淋), 살충(殺蟲), 지갈(止渴), 소적체(消積滯), 익기윤장(益氣潤腸), 산혈소종(散血消腫), 명목(明目), 지소갈(止消渴), 이대소변(利大小便), 살제충(殺諸蟲), 양간퇴예(養肝退翳), 관중하기(寬中下氣), 청서열(淸署熱), 익기(益氣), 이장활태(利腸滑胎)

⑧ 약물음양오행(藥物陰陽五行) : 청열해독약(淸熱解毒藥), 소창옹저약(消瘡癰疽藥)

114) 마편초(馬鞭草) : 마편초의 대근전초(帶根全草)(뿌리포함한다)

① 성미(性味) : 고(苦), 신(辛), 감(甘), 미한(微寒), 미독(微毒), 설강(泄降)

② 귀경(歸經) : 간(肝)·비(脾) 木土經, 신(腎) 水經

③ 용법(用法) : 15~30g, 전복(煎服), 30~60g(鮮用), 單方가능

④ 금기(禁忌) : 임부(妊婦)〈신중용(愼重用)〉

⑤ 배합길(配合吉) : 익모초(益母草), 향부자(香附子), 봉출(蓬朮), 삼릉(三棱), 소목

(蘇木), 홍화(紅花), 포공영(蒲公英), 야국화(野菊花), 자화지정(紫花地丁), 지모(知母), 석고(石膏), 산두근(山豆根), 사간(射干), 마발(馬勃), 진피(秦皮), 백두옹(白頭翁)

⑥ 주치(主治) : 어조경폐(瘀阻經閉), 감모발열(感冒發熱), 혈체(血滯), 통경(痛經), 징가(癥瘕), 구학(久瘧), 적취(積聚), 질타손상(跌打損傷), 금창(金瘡), 관절동통(關節疼痛), 아은종통(牙齦腫痛), 음종(陰腫), 열독창옹(熱毒瘡癰), 후비(喉痺), 복수(腹水), 습열황달(濕熱黃疸), 습열하리(濕熱下痢), 열림(熱淋), 수종(水腫), 각기부종(脚氣浮腫)

⑦ 효능(效能) : 활혈산어(活血散瘀), 통리경맥(通利經脈), 청열해독(清熱解毒), 이수소종(利水消腫), 통월경(通月經), 행혈(行血), 평간사화(平肝瀉火)

⑧ 약물음양오행(藥物陰陽五行) : 활혈거어약(活血祛瘀藥), 청열해독약(清熱解毒藥), 이수소종약(利水消腫藥)

115) 마황(麻黃) : 초마황, 목적마황, 중마황(草質莖)

① 성미(性味) : 신(辛), 감(甘), 평(平), 고(苦), 온(溫), 무독(無毒),
② 귀경(歸經) : 폐(肺)·방광(膀胱) 金水經, 대장(大腸) 포락(包絡)
③ 용법(用法) : 생용(生用), 밀자용(蜜炙用), 1.5~5g, 5~9g 용량신중(用量愼重)
④ 금기(禁忌) : 폐허천해(肺虛喘咳), 체허표허(体虛表虛), 자한(自汗), 음허도한(陰虛盜汗), 고혈압(高血壓)(忌), 모려(牡蠣 相惡), 석위(石葦), 신이(辛荑)(惡), 다복(多服)(忌)
⑤ 배합길(配合吉) : 계지(桂枝), 감초(甘草), 행인(杏仁), 선태(蟬蛻), 박하(薄荷), 오미자(五味子), 건강(乾薑), 반하(半夏), 세신(細辛), 석고(石膏), 대조(大棗), 백출(白朮), 부자(附子), 의이인(薏苡仁), 지황(地黃), 녹각교(鹿角膠), 육계(肉桂), 백개자(白芥子), 백작약(白芍藥), 방풍(防風), 강활(羌活)
⑥ 주치(主治) : 감모풍한(感冒風寒), 상한두통(傷寒頭痛), 오한발열(惡寒發熱), 마진투발불창(麻疹透發不暢), 풍진신양(風疹身痒), 외감풍한표실증(外感風寒表實證),

풍협통(風脇痛), 풍습지절비통(風濕肢節痺痛), 피육불인(皮肉不仁), 풍사완비(風邪頑痺), 풍수부종(風水浮腫), 풍진소양(風疹瘙癢), 음저(陰疽), 중풍온학(中風溫瘧), 폐기옹갈해천(肺氣壅渴咳喘), 폐한해수(肺寒咳嗽), 기관지염(氣管支炎), 복통하리(腹痛下痢), 소변불리(小便不利), 산후혈체(産後血滯), 수종표증(水腫表證), 산기(疝氣)

⑦ 효능(效能) : 발한해표(發寒解表), 온산한사(溫散寒邪), 선폐평천(宣肺平喘), 파징견적취(破癥堅積聚), 발표출한(發表出汗), 지해평천(止咳平喘), 해기(解肌), 이수통림(利水通淋), 발한개폐(發汗開肺), 통주리(通腠理), 통구규(通九竅), 통혈맥(通血脈), 이뇨(利尿)

⑧ 약물음양오행(藥物陰陽五行) : 신온해표약(辛溫解表藥), 이수소종약(利水消腫藥), 지비약(止痺藥), 지해평천약(止咳平喘藥)

116) 마황근(麻黃根)

① 성미(性味) : 감(甘), 미고(微苦), 평(平), 무독(無毒)
② 귀경(歸經) : 폐(肺) 金經
③ 용법(用法) : 9~18g 전복(煎服), 환·산용(丸·散用)
④ 금기(禁忌) : 표사(表邪)
⑤ 배합길(配合吉) : 부소맥(浮小麥), 황기(黃芪), 하모려(煆牡蠣), 당귀(當歸), 백출(白朮), 인삼(人蔘), 계지(桂枝), 부자(附子), 오미자(五味子), 용골(龍骨), 산수유(山茱萸), 숙지황(熟地黃)
⑥ 주치(主治) : 기허자한(氣虛自汗), 음허도한(陰虛盜汗), 매핵기(梅核氣), 풍습(風濕)
⑦ 효능(效能) : 수렴지한(收斂止汗), 염한고표(斂汗固表), 실표기(實表氣)
⑧ 약물음양오행(藥物陰陽五行) : 지한약(止汗藥), 수렴약(收斂藥)

117) 만삼(蔓蔘) : 당삼(黨蔘), 참더덕, 당근더덕

① 성미(性味) : 평(平), 감(甘), 무독(無毒), 완(緩)

② 귀경(歸經) : 비(脾)·폐(肺) 土金經

③ 용법(用法) : 노두제거(蘆頭除去), 생용(生用), 부초용(麩炒用), 6~12g, 12~30g, 30~60g, 60~90g 전복(煎服)

④ 금기(禁忌) : 표증미해(表證未解), 기체(氣滯), 중만(中滿), 사실(邪實), 열상(熱象), 노화성(怒火盛)(忌), 오령지(五靈脂)(相畏), 여로(藜蘆)(相反)

⑤ 배합길(配合吉) : 백출(白朮), 산사(山楂), 지실(枳實), 진피(陳皮), 맥아(麥芽), 지각(枳殼), 승마(升麻), 황기(黃芪), 자완(紫菀), 오미자(五味子), 상백피(桑白皮), 맥문동(麥門冬), 숙지황(熟地黃), 당귀(當歸), 제하수오(製何首烏), 감초(甘草), 작약(芍藥), 망초(芒硝), 대황(大黃), 전호(前胡), 길경(桔梗), 제반하(製半夏), 소엽(蘇葉), 복령(茯苓), 계혈등(鷄血藤), 생강(生薑), 대조(大棗)

⑥ 주치(主治) : 중기부족증(中氣不足證), 비위허약(脾胃虛弱), 폐기휴허(肺氣虧虛), 기천번갈(氣喘煩渴), 해수천식(咳嗽喘息), 허로내상(虛勞內傷), 기음양상(氣陰兩傷), 장위중냉(腸胃中冷), 만성빈혈(慢性貧血), 체권무력(体倦無力), 혈허(血虛), 기혈양휴(氣血兩虧), 발열자한(發熱自汗), 사실정허(邪實正虛), 음식부진(飮食不振), 구갈(口渴), 구사탈항(久瀉脫肛), 백혈병(白血病), 혈붕(血崩), 위황병(萎黃病), 태산제병(胎産諸病)

⑦ 효능(效能) : 보중익기(補中益氣), 청폐(淸肺), 보익폐기(補益肺氣), 지해평천(止咳平喘), 보기생진(補氣生津), 양혈(養血), 보혈(補血), 화비위(和脾胃), 제번갈(除煩渴)

⑧ 약물음양오행(藥物陰陽五行) : 보기약(補氣藥), 지갈약(止渴藥)

118) 만형자(蔓荊子) : 순비기 나무, 덩굴순비기 나무(果實 열매)

① 성미(性味) : 고(苦), 신(辛), 량(凉), 경(輕), 부(浮), 상향(上向), 발산(發散)

② 귀경(歸經) : 간(肝)·위(胃)·방광(膀胱) 木土水經

③ 용법(用法) : 초초용(炒焦用) 3~9g 전복(煎服)

④ 금기(禁忌) : 위허(胃虛), 혈허유화(血虛有火), 두통목현(頭痛目眩)〈신중용(愼重用)〉, 석고(石膏), 오두(烏頭)(相惡), 비위약(脾胃弱)(忌)

⑤ 배합길(配合吉) : 감국(甘菊), 방풍(防風), 〈석고(石膏)〉, 천궁(川芎), 고본(藁本), 선복화(旋覆花), 감초(甘草), 지각(枳殼), 독활(獨活), 강활(羌活), 도인(桃仁), 당귀(當歸), 결명자(決明子), 황기(黃芪), 인삼(人蔘), 박하(薄荷), 조구등(釣鉤藤), 백지(白芷)

⑥ 주치(主治) : 외감풍열두통(外感風熱頭痛), 근골간한열(筋骨間寒熱), 양명풍열치통(陽明風熱齒痛), 풍습근골통(風濕筋骨痛), 풍열목적종통(風熱目赤腫痛), 습비구련(濕痺拘攣), 치은종통(齒齦腫痛), 위통(胃痛), 장염복사(腸炎腹瀉), 소화불량(消化不良), 질타종통(跌打腫痛), 간질(癎疾), 장백충(長白蟲)

⑦ 효능(效能) : 소산풍열(疏散風熱), 청열(淸熱), 거풍지통(祛風止痛), 청리두목(淸利頭目), 익기(益氣), 이구규(利九竅), 명목(明目), 견치(堅齒), 이관절(利關節), 평간지통(平肝止痛), 장자발(長髭髮)

⑧ 약물음양오행(藥物陰陽五行) : 신량해표약(辛凉解表藥)

119) 망초(芒硝), 망소(芒消) : 망초가공 결정체

① 성미(性味) : 함(鹹), 신(辛), 고(苦), 한(寒), 무독(無毒)

② 귀경(歸經) : 폐(肺)·위(胃)·대장(大腸) 金土經, 간(肝)·비(脾)·신(腎) 木土水經

③ 용법(用法) : 2.5~6g, 6~12g

④ 금기(禁忌) : 임부(妊婦), 비위허한(脾胃虛寒)(忌)

⑤ 배합길(配合吉) : 대황(大黃), 지실(枳實), 후박(厚朴), 치자(梔子), 황금(黃芩), 박하(薄荷), 죽엽(竹葉), 연교(連翹), 감초(甘草), 붕사(硼砂), 빙편(氷片), 주사(朱砂), 래복자(萊菔子), 도인(桃仁), 작약(芍藥), 지각(枳殼), 생감초(生甘草), 괄루인

(栝樓仁), 마자인(麻子仁), 행인(杏仁), 진피(陳皮), 창출(蒼朮)

⑥ 주치(主治) : 장위실열적체(腸胃實熱積滯), 복통(腹痛), 정담적취(停痰積聚), 복창(腹脹), 대변조결(大便操結), 적열복기(積熱伏氣), 적취결벽(積聚結癖), 시질열옹(時疾熱壅), 외감열병(外感熱病), 장조번갈(腸燥煩渴), 구열위폐(久熱胃閉), 인후종통(咽喉腫痛), 구설생창(口舌生瘡), 황달(黃疸), 상한역리(傷寒疫痢), 삼초장위습열(三焦腸胃濕熱), 정담임폐(停痰淋閉), 라역(瘰癧), 옹종창독(癰腫瘡毒), 치창(痔瘡), 단독(丹毒), 습진(濕疹), 목적장예(目赤障翳), 치통(齒痛), 칠창(漆瘡), 월폐징가(月閉癥瘕)

⑦ 효능(效能) : 사열통변(瀉熱通便), 윤조(潤燥), 연견설강청열(軟堅泄降淸熱), 청간위열(淸肝胃熱), 청심간명목(淸心肝明目), 청화소종(淸火消腫), 통경맥(通經脈), 파유혈(破留血), 파견적열괴(破堅積熱塊), 제사기(除邪氣), 파오림(破五淋), 이대소변(利大小便), 통경타태(通經墮胎), 이월수(利月水)

⑧ 약물음양오행(藥物陰陽五行) : 공하약(攻下藥), 소창옹저약(消瘡癰疽藥)

120) 매괴화(玫瑰花) : 해당화(의 花蕾)

① 성미(性味) : 감(甘), 미고(微苦), 온(溫), 무독(無毒), 기향(氣香)
② 귀경(歸經) : 간(肝)·비(脾) 木土經
③ 용법(用法) : 3~5g, 5~9g 전복(煎服), 침주용(浸酒用)
④ 배합길(配合吉) : 백작약(白芍藥), 향부자(香附子), 천련자(川楝子), 당귀(當歸), 택란(澤蘭), 천궁(川芎), 익모초(益母草)
⑤ 주치(主治) : 간위불화(肝胃不和), 기통(氣痛), 위완적한(胃脘積寒), 복중냉통(腹中冷痛), 흉민(胸悶), 위완동통(胃脘疼痛), 오심구토(惡心嘔吐), 협륵창통(脇肋脹痛), 불사음식(不思飮食), 폐병(肺病), 해수담혈(咳嗽痰血), 월경부조(月經不調), 박손어통(撲損瘀痛), 풍비(風痺), 경전유방창통(經前乳房脹痛), 객혈(喀血), 토혈(吐血), 적백대하(赤白帶下), 종독(腫毒), 이질(痢疾), 장염하리(腸炎下痢), 금구리(噤口痢), 소화불량(消化不良)

⑥ 효능(效能) : 유간성비(柔肝醒脾), 익간담(益肝膽), 소간해울(疏肝解鬱), 행기활혈
(行氣活血), 이기행혈(理氣行血), 산어(散瘀), 이폐비(利肺脾), 파적(破積), 건비강
화(健脾降火)

⑦ 약물음양오행(藥物陰陽五行) : 이기약(理氣藥), 활혈거어약(活血祛瘀藥)

121) 맥문동(麥門冬) : 맥문동의 괴근(塊根) 덩이뿌리

① 성미(性味) : 감(甘), 미고(微苦), 미한(微寒), 무독(無毒), 완만(緩慢)

② 귀경(歸經) : 심(心)·폐(肺)·위(胃) 火金土經

③ 용법(用法) : 생용(生用), 주사반용(朱砂拌用), 3~6, 6~18g 전복(煎服), 單方가능

④ 금기(禁忌) : 습정체(濕停滯), 풍한해수(風寒咳嗽), 비위허한(脾胃虛寒), 기약위한
(氣弱胃寒)(忌), 설사(泄瀉), 즉어(鯽魚 붕어)(忌), 관동(款冬)(相惡), 고삼(苦蔘),
목이(木耳)(相畏)

⑤ 배합길(配合吉) : 상엽(桑葉), 비파엽(枇杷葉), 생석고(生石膏), 아교(阿膠), 패모
(貝母), 지모(知母), 천문동(天門冬), 황금(黃芩), 백모근(白茅根), 치자(梔子), 과
루인(瓜蔞仁), 옥죽(玉竹), 생건지황(生乾地黃), 사삼(沙蔘), 인삼(人蔘), 대조(大
棗), 갱미(粳米), 반하(半夏), 감초(甘草), 오매(烏梅), 천화분(天花粉), 우유(牛乳),
황련(黃連), 금은화(金銀花), 서각(犀角), 단삼(丹蔘), 죽엽(竹葉), 현삼(玄蔘), 목
단피(牧丹皮), 대·소계(大·小薊), 당삼(黨蔘), 오미자(五味子), 당귀(當歸), 황기
(黃芪), 하수오(何首烏), 복령(茯苓), 백작약(白芍藥), 여정자(女貞子)

⑥ 주치(主治) : 외감조사(外感燥邪), 심폐허열(心肺虛熱), 폐음손상(肺陰損傷), 건해
무담(乾咳無淡), 담중체혈(痰中滯血), 열병상진(熱病傷津), 온조증(溫燥證), 위음휴
허(胃陰虧虛), 한열체로(寒熱体勞), 설건구갈(舌乾口渴), 내열(內熱), 시질열광(時
疾熱狂), 상음모진(傷陰耗津), 소갈증(消渴證), 폐중복화(肺中伏火), 음혈휴허(陰血
虧虛), 심번불면(心煩不眠), 음허혈휴유열(陰虛血虧有熱), 유즙불하(乳汁不下), 구
건번갈(口乾煩渴), 객혈토혈(喀血吐血), 심복결기(心腹結氣), 인후종통(咽喉腫痛),
허로번열(虛勞煩熱), 폐위(肺痿), 변비(便秘), 습림(濕淋)

⑦ 효능(效能) : 청양폐위음(淸養肺胃陰), 자음윤폐(滋陰潤肺), 익위생진(益胃生津), 양심익간(養心益肝), 청설폐열(淸泄肺熱), 자음양위(滋陰養胃), 청열(淸熱), 청심제번(淸心除煩), 윤장통변(潤腸通便), 이뇨해열(利尿解熱), 강음익정(强陰益精), 지구토(止嘔吐), 안오장(安五臟), 생맥(生脈), 보신(保神), 비건(肥健), 소곡조중(消穀調中), 하담음(下痰飮), 보심기부족(補心氣不足)

⑧ 약물음양오행(藥物陰陽五行) : 보음약(補陰藥), 이수청열약(利水淸熱藥), 윤하약(潤下藥), 지갈약(止渴藥)

122) 맥아(麥芽) : 보리 싹(發芽)

① 성미(性味) : 감(甘), 함(鹹), 평(平), 미온(微溫), 무독(無毒)

② 귀경(歸經) : 비(脾)·위(胃)·간(肝) 土木經

③ 용법(用法) : 생용(生用) 또는 초용(炒用), 6~15g, 15~30g, 30~120g 전복(煎服), 6~15g (粉末), 단방(單方)가능

④ 금기(禁忌) : 부인수유기(婦人授乳期)(久服)삼가, 담화천식(痰火喘息)(忌)

⑤ 배합길(配合吉) : 산사(山楂), 계내금(鷄內金), 신국(神麴), 백출(白朮), 인삼(人蔘), 곡아(穀芽), 내복자(萊菔子), 연교(連翹), 진피(陳皮)

⑥ 주치(主治) : 식적불화(食積不化), 소화불량(消化不良), 비위허약(脾胃虛弱), 심복창만(心腹脹滿), 완민복창(脘悶腹脹), 음식부진(飮食不振), 구토(嘔吐), 소아유적불화(小兒乳積不化), 토유(吐乳), 설사(泄瀉), 유즙울적(乳汁鬱積), 유방창통(乳房脹痛), 냉기(冷氣), 설탄산토산(舌吞酸吐酸)

⑦ 효능(效能) : 소식화중(消食和中), 소유(消乳), 제만(除滿), 제번(除煩), 퇴유(退乳), 소창(消脹), 보비위허(補脾胃虛), 화중하기(和中下氣), 파징결(破癥結), 개위(開胃), 소화숙식(消化宿食), 파냉기(破冷氣), 지설리(止泄痢), 관장위(寬腸胃), 최생낙태(催生落胎), 소담(消痰), 지구토(止嘔吐), 소위관격(消胃寬膈)

⑧ 약물음양오행(藥物陰陽五行) : 소도약(消導藥)

123) 맹충(蝱蟲) : 등에

① 성미(性味) : 고(苦), 신(辛), 함(鹹), 미한(微寒), 소독(小毒), 준맹(峻猛)

② 귀경(歸經) : 간(肝) 木經

③ 용법(用法) : 1.5~3g, 전복(煎服), 0.37~0.7g 분말복(粉末服)

④ 금기(禁忌) : 임부(妊婦)(忌), 허약체질(虛弱体質)(忌), 기혈허(氣血虛)(忌)

⑤ 배합길(配合吉) : 수질(水蛭), 숙지황(熟地黃), 도인(桃仁), 목단피(牧丹皮), 대황
(大黃), 자충(䗪蟲), 몰약(沒藥), 유향(乳香)

⑥ 주치(主治) : 혈체(血滯), 경폐(經閉), 박손어혈(撲損瘀血), 질타손상(跌打損傷),
징가적취(癥瘕積聚), 소복축혈(少腹蓄血), 견비(堅痞), 한열(寒熱), 후비결색(喉痹
結塞)

⑦ 효능(效能) : 공혈결(攻血結), 파혈통경(破血通經), 거어소산(祛瘀疏散), 파징결(破
癥結), 통경축어(通經逐瘀), 산결(散結), 파적(破積), 파하혈적(破下血積), 통리혈맥
(通利血脈), 타태(墮胎), 소적농(消積膿)

⑧ 약물음양오행(藥物陰陽五行) : 파징소적약(破癥消積藥), 활혈거어약(活血祛瘀藥)

124) 면화자(棉花子) : 목화 종자

① 성미(性味) : 신(辛), 열(熱), 소독(小毒)

② 귀경(歸經) : 간(肝)·위(胃)·신(腎) 木土水經

③ 용법(用法) : 6~15g 초숙용(炒熟用), 전복(煎服)

④ 금기(禁忌) : 음허화왕(陰虛火旺)(忌)

⑤ 배합길(配合吉) : 보골지(補骨脂), 토사자(菟絲子), 감초(甘草), 황기(黃芪), 종려
탄(棕櫚炭), 연근(蓮根), 괴화(槐花)

⑥ 주치(主治) : 신허요통(腎虛腰痛), 양위(陽痿), 유소(乳少), 족슬무력(足膝無力),
위한동통(胃寒疼痛), 야뇨(夜尿), 붕중루하(崩中漏下), 치루(痔漏), 탈항(脫肛), 치
혈(痔血), 고환편타(睾丸偏墮), 하혈(下血), 소아유뇨(小兒遺尿)

⑦ 효능(效能) : 난요(暖腰), 온신(溫腎), 보신강요(補腎强腰), 최유(催乳), 보허(補虛), 지통(止痛), 지혈(止血), 해매창독(解梅瘡毒)

⑧ 약물음양오행(藥物陰陽五行) : 보양약(補陽藥), 지혈약(止血藥), 지통약(止痛藥)

125) 모과(木瓜) : 모과나무, 명자나무(果實 열매)

① 성미(性味) : 산(酸), 감(甘), 함(鹹), 향(香), 삽(澁), 온(溫), 무독(無毒)

② 귀경(歸經) : 간(肝)·비(脾) 木土經, 폐(肺)·신(腎) 金水經

③ 용법(用法) : 생용(生用), 초초(炒焦), 3~9g, 單方가능, 많이먹지말 것. 전복(煎服)

④ 금기(禁忌) : 소변단적(小便短赤), 철(鐵), 연(鉛 납)(忌), 음허혈허(陰虛血虛)(忌)

⑤ 배합길(配合吉) : 몰약(沒藥), 유향(乳香), 주(酒), 생지황(生地黃), 회향(茴香), 자소(紫蘇), 생강(生薑), 자감초(炙甘草), 오수유(吳茱萸), 산사(山楂), 축사(縮砂), 목향(木香), 곽향(藿香), 백작약(白芍藥), 당귀(當歸)

⑥ 주치(主治) : 풍습비통(風濕痺痛), 각기부종(脚氣浮腫), 근맥구련(筋脈拘攣), 전근(轉筋), 토사(吐瀉), 복통설사(腹痛泄瀉), 냉열리(冷熱痢), 요슬무력(腰膝無力), 소화불량(消化不良), 심복통(心腹痛), 심하번비(心下煩痞), 퇴슬동통(腿膝疼痛)

⑦ 효능(效能) : 서근활락(舒筋活絡), 생진(生津), 평간(平肝), 거습화위(祛濕和胃), 서근화비(舒筋和痺), 자비익폐(滋脾益肺), 소식(消食), 진경(鎭痙), 조영위(調營衛), 하냉기(下冷氣), 염폐염간(斂肺斂肝), 강근골(强筋骨), 지갈소종(止渴消腫), 활혈통경(活血通經)

⑧ 약물음양오행(藥物陰陽五行) : 거풍습통경락약(祛風濕通經絡藥)

126) 모려(牡蠣) : 굴의 패각(貝殼)

① 성미(性味) : 함(鹹), 평(平), 미한(微寒), 수렴(收斂), 무독(無毒)

② 귀경(歸經) : 간(肝)·신(腎) 木水經

③ 용법(用法) : 생용(生用), 화하(火煆), 6~15g, 15~30g 구복(久服)시 강근골절(强

筋骨節)

④ 금기(禁忌) : 습열실사(濕熱實邪), 신허한(身虛寒), 고열염증(高熱炎症)(忌), 정한궤정(精寒潰精)(忌), 산수유(山茱萸), 마황(麻黃), 신이(辛荑) 상오(相惡), 신허무화(腎虛無火)(忌)

⑤ 배합길(配合吉) : 대자석(代赭石), 우슬(牛膝), 귀판(龜板), 용골(龍骨), 천문동(天門冬), 현삼(玄蔘), 작약(芍藥), 맥아(麥芽), 감초(甘草), 인진(茵陳), 천련자(川楝子), 부소맥(浮小麥), 마황근(麻黃根), 황기(黃芪), 검실(芡實), 연육(蓮肉), 연수(蓮鬚), 사원자(沙苑子), 금앵자(金櫻子), 패모(貝母), 청피(靑皮), 하고초(夏枯草), 시호(柴胡), 조구등(釣鉤藤), 석결명(石決明)

⑥ 주치(主治) : 양기부월(陽氣浮越), 간양항성(肝陽亢盛), 조열도한(潮熱盜汗), 자한(自汗), 허로핍손(虛勞乏損), 유정(遺精), 열사상음(熱邪傷陰), 상한열담(傷寒熱痰), 양항(陽亢), 두통(頭痛), 번조(煩躁), 신체허약(身体虛弱), 간화울결(肝火鬱結), 라역(瘰癧), 산가적괴(疝瘕積塊), 담핵종괴(痰核腫塊), 간경화울(肝經火鬱), 협하견만작통(脇下堅滿作痛), 심통기결(心痛氣結), 후비(喉痺), 간풍내동(肝風內動), 간비종대(肝脾腫大), 온학(溫瘧), 붕루대하(崩漏帶下), 영유(癭瘤), 경간(驚癇), 창종(瘡腫), 위산과다(胃酸過多), 칼슘부족, 폐결핵(肺結核), 해수(咳嗽)

⑦ 효능(效能) : 잠양고삽(潛陽固澀), 평간잠양(平肝潛陽), 수렴고삽(收斂固澀), 제산지통(制酸止痛)〈煆用시〉 지한(止汗), 삽정지대(澀精止帶), 청열제습(淸熱除濕), 화담(化痰), 연견산결(軟堅散結), 지갈(止渴), 보신정기(補腎正氣), 제풍열(除風熱), 보양안신(補陽安神), 연비적(軟痞積), 지애역(止呃疫), 화위진통(和胃鎭痛)

⑧ 약물음양오행(藥物陰陽五行) : 평간잠양약(平肝潛陽藥), 진심안신약(鎭心安神藥)

127) 목근피(木槿皮) : 무궁화나무의 경피(莖皮), 근피(根皮)

① 성미(性味) : 감(甘), 고(苦), 신(辛), 평(平), 량(凉), 미독(微毒)
② 귀경(歸經) : 간(肝) · 비(脾) · 대장(大腸) 木土金經, 심(心) · 폐(肺) · 위(胃) 火金土經

③ 용법(用法) : 생용(生用), 외용(外用), 3~9g, 單方가능, 전복(煎服)

④ 배합길(配合吉) : 반하(半夏), 대풍자(大楓子), 경분(輕粉), 반모(斑蝥), 장뇌(樟腦), 유황(硫黃), 오배자(五倍子), 백반(白礬), 황백(黃柏), 저근백피(樗根白皮), 검실(芡實), 창출(蒼朮), 황련(黃連), 마치현(馬齒見), 백두옹(白頭翁)

⑤ 주치(主治) : 장풍사혈(腸風瀉血), 선증(癬證), 개창(疥瘡), 치창종통(痔瘡腫痛), 습열하주(濕熱下注), 적백대하(赤白帶下), 탈항(脫肛), 이질(痢疾), 이후열온(痢後熱溫), 뉵혈(衄血), 황달(黃疸), 장옹(腸癰), 폐옹(肺癰), 심번불면(心煩不眠), 소갈(消渴)

⑥ 효능(效能) : 살충(殺蟲), 청열해독(淸熱解毒), 화습지양(化濕止痒), 청열이습(淸熱利濕), 윤조활혈(潤燥活血), 보폐삼습(補肺滲濕), 통리관절(通利關節), 안심신(安心神)

⑦ 약물음양오행(藥物陰陽五行) : 외용약(外用藥), 살충약(殺蟲藥)

128) 목단피(牧丹皮) : 모란(根皮 : 뿌리껍질), 모란피(牡丹皮)

① 성미(性味) : 고(苦), 신(辛), 량(凉), 산(酸), 감(甘), 미한(微寒), 하행력(下行力), 무독(無毒)

② 귀경(歸經) : 심(心)·간(肝)·신(腎) 火木水經, 폐(肺) 金經

③ 용법(用法) : 생용(生用)〈청열양혈(淸熱凉血)〉, 초탄용(炒炭用)〈지혈(止血)〉, 주초용(酒炒用)〈활혈산어(活血散瘀)〉, 3~9g, 9~12g 전복(煎服)

④ 금기(禁忌) : 비위허한(脾胃虛寒), 자한(自汗)(忌), 임부(妊婦), 월경과다(月經過多)(忌), 호유(胡荽 고수나물)(忌), 혈허유한(血虛有寒), 대황(大黃), 패모(貝母)(꺼림), 산(蒜 마늘), 토사자(菟絲子)(忌), 철(鐵)(忌)

⑤ 배합길(配合吉) : 적작약(赤芍藥), 지황(地黃), 서각(犀角), 황금(黃芩), 백작약(白芍藥), 시호(柴胡), 생감초(生甘草), 울금(鬱金), 주세당귀(酒洗當歸), 주초향부자(酒炒香附子), 초백개자(炒白芥子), 치자(梔子), 계지(桂枝), 도인(桃仁), 복령(茯苓), 소목(蘇木), 유향(乳香), 맹충(虻蟲), 몰약(沒藥), 우슬(牛膝), 봉출(蓬朮), 천

궁(川芎), 연교(連翹), 금은화(金銀花), 백지(白芷), 백출(白朮), 자감초(炙甘草), 생강(生薑), 박하(薄荷), 의이인(薏苡仁), 대황(大黃), 동과인(冬瓜仁), 인동등(忍冬藤), 야국화(野菊花), 패란(佩蘭), 석결명(石決明), 계혈등(鷄血藤), 오수유(吳茱萸), 맥문동(麥門冬), 반하(半夏), 아교(阿膠), 당삼(黨蔘), 산수유(山茱萸), 별갑(鱉甲), 청호(青蒿)

⑥ 주치(主治) : 한열(寒熱), 혈열발반진(血熱發斑疹), 시기두통(時氣頭痛), 토혈(吐血), 변혈(便血), 뉵혈(衄血), 음허발열(陰虛發熱), 객열오로(客熱五勞), 월경선기(月經先期), 혈체경폐(血滯經閉), 혈역요동(血瀝腰疼), 경전발열(經前發熱), 외옹내옹(外癰內癰), 징적(癥積), 장위적혈(腸胃積血), 타박상(打撲傷), 옹양(癰瘍), 골증노열(骨蒸勞熱), 전간(癲癇), 월경불통(月經不通)

⑦ 효능(效能) : 청열양혈(清熱凉血), 활혈통경(活血通經), 활혈행어(活血行瘀), 산어소종(散瘀消腫), 배농(排膿), 통월경(通月經), 화혈(和血), 안오장(安五臟), 제풍비(除風痺), 통관주혈맥(通關腠血脈), 속근골(續筋骨), 양혈기(養血氣)

⑧ 약물음양오행(藥物陰陽五行) : 청열양혈약(清熱凉血藥), 활혈거어약(活血祛瘀藥)

129) 목부용(木芙蓉) : 목부용화(木芙蓉花), 부용(의 花葉)

① 성미(性味) : 신(辛), 미고(微苦), 감(甘), 평(平), 량(凉), 점활(粘滑), 무독(無毒)
② 귀경(歸經) : 간(肝)・폐(肺) 木金經
③ 용법(用法) : 6~15g, 單方가능, 전복(煎服), 외용(外用)
④ 배합길(配合吉) : 흑당(黑糖), 어성초(魚腥草), 마유(麻油), 봉밀(蜂蜜), 대황(大黃), 오배자(五倍子), 백급(白芨), 황백(黃柏)
⑤ 주치(主治) : 정창종독(疔瘡腫毒), 종독악창(腫毒惡瘡), 옹저종독(癰疽腫毒), 폐옹(肺癰), 폐열해수(肺熱咳嗽), 유옹(乳癰), 단독(丹毒), 혈열(血熱), 토혈(吐血), 백대하(白帶下), 붕루(崩漏), 탕화상(燙火傷), 타박상(打撲傷), 안질(眼疾), 복사(腹瀉)
⑥ 효능(效能) : 청열양혈(清熱凉血), 해독(解毒), 산열소종(散熱消腫), 해독창(解毒瘡), 소옹종(消癰腫), 배농지통(排膿止痛), 양혈지혈(凉血止血), 청폐양혈(清肺凉

血), 지해수(止咳嗽), 산창양종독(散瘡瘍腫毒), 보기화혈(補氣和血), 통경활혈(通經活血)

⑦ 약물음양오행(藥物陰陽五行) : 청열해독약(淸熱解毒藥), 청열양혈약(淸熱凉血藥), 지혈약(止血藥), 소창옹저약(消瘡癰疽藥), 배농약(排膿藥), 외용약(外用藥)

130) 목별자(木鼈子) : 목별자 종자(種子)

① 성미(性味) : 고(苦), 미감(微甘), 온(溫), 소독(小毒)
② 귀경(歸經) : 간(肝)·비(脾)·위(胃) 木土經, 신(腎) 水經
③ 용법(用法) : 1회 0.5~1g 용량신중
④ 금기(禁忌) : 체약(体弱), 비위허약(脾胃虛弱), 임부(妊婦)(忌), 구복(久服) 삼가, 저육(豬肉 돼지고기)(忌)
⑤ 배합길(配合吉) : 목향(木香), 산두근(山豆根), 초(醋)
⑥ 주치(主治) : 종독(腫毒), 유옹(乳癰), 정창(疔瘡), 치루(痔漏), 옹종(癰腫), 풍습비통(風濕痺痛), 위궐(痿厥), 질타손상(跌打損傷), 감적(疳積), 비괴(痞塊), 라역(瘰癧), 창치(瘡痔), 근맥경련(筋脈痙攣), 절상(折傷), 악창(惡瘡), 봉독(蜂毒), 행비(行痺), 각기(脚氣)
⑦ 효능(效能) : 생기거독(生肌祛毒), 산종요창(散腫療瘡), 해울결(解鬱結), 소종독(消腫毒), 지요통(止腰痛), 생기(生肌), 이대장사리(利大腸瀉痢)
⑧ 약물음양오행(藥物陰陽五行) : 소창옹저약(消瘡癰疽藥), 외용약(外用藥)

131) 목적(木賊) : 속새(全草) 목적의 전초

① 성미(性味) : 감(甘), 고(苦), 평(平), 온(溫), 무독(無毒)
② 귀경(歸經) : 폐(肺)·간(肝)·담(膽) 金木經
③ 용법(用法) : 3~9g 전복(煎服), 다복(多服)삼가, 장복(長服) 삼가
④ 금기(禁忌) : 기혈허(氣血虛)(愼用), 서열상혈(暑熱傷血), 노기(怒氣)(忌)

⑤ 배합길(配合吉) : 창출(蒼朮), 방풍(防風), 하고초(夏枯草), 결명자(決明子), 백질려(白蒺藜), 석결명(石決明), 곡정초(穀精草), 황금(黃芩), 사태(蛇蛻), 감초(甘草), 선태(蟬蛻), 괴각(槐角), 지유(地楡), 감국(甘菊)〈국화(菊花)〉

⑥ 주치(主治) : 풍열목적예장(風熱目赤翳障), 옹저라역(癰疽瘰癧), 절종정독(癤腫疔毒), 창양종경(瘡瘍腫硬), 치창출혈(痔瘡出血), 변혈(便血), 외감풍열목적동통(外感風熱目赤疼痛), 인후통(咽喉痛), 산통(疝痛), 장풍하혈(腸風下血), 탈항(脫肛), 적리(積痢), 목질(目疾), 상한(傷寒)

⑦ 효능(效能) : 발산풍열(發散風熱), 퇴목예(退目翳), 지혈(止血), 거풍습(祛風濕), 수렴(收斂), 소염이뇨(消炎利尿), 해기(解肌), 익간담(益肝膽), 발한(發汗), 소적괴(消積塊), 명목지루(明目止淚), 토풍광담연(吐風狂痰涎)

⑧ 약물음양오행(藥物陰陽五行) : 신량해표약(辛凉解表藥), 청열명목약(淸熱明目藥), 지혈약(止血藥)

132) 목통(木通) : 으름덩굴〈의 목질경(木質莖)〉(목질줄기)

① 성미(性味) : 고(苦), 감(甘), 신(辛), 평(平), 한(寒), 무독(無毒)

② 귀경(歸經) : 심(心)·폐(肺)·소장(小腸)·방광(膀胱) 火金水經, 비(脾)·신(腎) 土水經

③ 용법(用法) : 3~6g 전복(煎服), 환산용(丸散用)

④ 금기(禁忌) : 임부(妊婦)(忌), 용량주의, 정활기약(精滑氣弱), 내무습열(內無濕熱), 소변빈삭(小便頻數), 온병상진(溫病傷津)(忌), 체질허약(体質虛弱)〈愼用〉, 음허기약(陰虛氣弱), 심기약(心氣弱), 신기허(腎氣虛), 구갈(口渴)(忌)

⑤ 배합길(配合吉) : 백출(白朮), 당삼(黨蔘), 죽엽(竹葉), 생지황(生地黃), 감초(甘草), 상백피(桑白皮), 저령(豬苓), 빈랑(檳榔), 적복령(赤茯苓), 자소(紫蘇), 통초(通草), 왕불류행(王不留行), 누로(漏蘆), 천산갑(穿山甲), 저제(猪蹄), 우슬(牛膝), 포황(蒲黃), 도인(桃仁), 상지(桑枝), 해동피(海桐皮), 인동등(忍冬藤), 총백(葱白), 생강(生薑), 편축(萹蓄)

⑥ 주치(主治) : 방광습열(膀胱濕熱), 풍열이질(風熱痢疾), 흉중번열(胸中煩熱), 소변
임역(小便淋瀝), 심화항성(心火亢盛), 이농(耳聾), 목현(目眩), 두통(頭痛), 구설생
창(口舌生瘡), 임역삽통(淋瀝澁痛), 수종(水腫), 오림(五淋), 심번불면(心煩不眠),
소변단적(小便短赤), 악창(惡瘡), 금창(金瘡), 루창(瘻瘡), 각기종통(脚氣腫痛), 부
녀(婦女)의 혈어경폐(血瘀經閉), 습열비통(濕熱痺痛), 후비인통(喉痺咽痛), 비위한
열(脾胃寒熱), 관절불리(關節不利), 악충(惡蟲), 각기부종(脚氣浮腫), 산후유소(産
後乳少), 징적(癥積), 혈폐(血閉)

⑦ 효능(效能) : 이수청열(利水淸熱), 강화이수(降火利水), 통기하유(通氣下乳), 강심
화(降心火), 통유(通乳), 통혈맥(通血脈), 통리활규(通利滑竅), 제번(除煩), 이뇨(利
尿), 이관절(利關節), 지자한(止自汗), 이대소변(利大小便), 항균(抗菌), 안심제번
(安心除煩), 명이목(明耳目), 지갈퇴열(止渴退熱), 파적취혈괴(破積聚血塊), 지통
(止痛), 배농(排膿), 최생하포(催生下胞)

⑧ 약물음양오행(藥物陰陽五行) : 이수청열약(利水淸熱藥)

133) 목통실(木通實) : 팔월찰(八月札), 으름덩굴〈의 果實(열매)〉, 목통자(木通子)

① 성미(性味) : 감(甘), 고(苦), 평(平), 한(寒), 무독(無毒)
② 귀경(歸經) : 간(肝) · 위(胃) 木土經
③ 용법(用法) : 6~12g, 15~30g, 전복(煎服), 침주용(浸酒用)
④ 금기(禁忌) : 임부(妊婦)〈신중용(愼重用)〉
⑤ 배합길(配合吉) : 천련자(川楝子), 울금(鬱金), 연호색(延胡索), 지각(枳殼), 향부
자(香附子), 모려(牡蠣), 천규자(天葵子), 하고초(夏枯草), 패모(貝母), 곤포(昆布),
저령(豬苓), 택사(澤瀉), 차전자(車前子), 금전초(金前草), 반변련(半邊蓮), 백화사
설초(白花蛇舌草)
⑥ 주치(主治) : 간위실조(肝胃失調), 간위기통(肝胃氣痛), 흉복동통(胸腹疼痛), 소화
불량(消化不良), 위열(胃熱), 식욕부진(食慾不振), 사리(瀉痢), 산기통(疝氣痛), 간

기울체(肝氣鬱滯), 번열(煩熱), 흉협동통(胸脇疼痛), 소변불리(小便不利), 요통(腰痛), 적백이질(赤白痢疾), 월경통(月經痛), 자궁하추(子宮下墜), 삼초객열(三焦客熱), 반위(反胃), 토혈(吐血), 담수(痰水)

⑦ 효능(效能) : 소간파기(疏肝破氣), 익신(益腎), 산결지통(散結止痛), 산결이기(散結理氣), 이뇨(利尿), 이대소변(利大小便), 지갈(止渴), 지통(止痛), 해독(解毒), 살충(殺蟲), 활혈(活血), 제번(除煩), 제악기(除惡氣), 선통(宣痛), 하기(下氣), 건비화위(健脾和胃), 후장위(厚腸胃), 통경맥(通經脈), 납신기(納腎氣)

⑧ 약물음양오행(藥物陰陽五行) : 이수청열약(利水淸熱藥), 이기약(理氣藥), 파기약(破氣藥)

134) 목향(木香) : 당목향, 토목향의 근(根)

① 성미(性味) : 신(辛), 온(溫), 고(苦), 조(燥), 무독(無毒), 향(香), 모산(耗散)

② 귀경(歸經) : 비(脾), 위(胃), 대장(大腸), 담(膽), 土金木經 폐(肺), 간(肝), 심(心), 방광(膀胱), 金木火水經

③ 용법(用法) : 생용(生用), 부피외(麩皮煨), 외숙(煨熟)〈지사(止瀉)〉, 單方가능
  1.5~9g 煎服, 0.75~4.5g(丸散用), 外用

④ 금기(禁忌) : 음허(陰虛), 진액부족(津液不足)〈신중〉
  음허내열(陰虛內熱), 장부조열(臟腑燥熱)(忌), 폐허열(肺虛熱)(忌), 기허(氣虛)(忌)

⑤ 배합길(配合吉) : 진피(陳皮), 지각(枳殼), 청피(靑皮), 향부자(香附子), 맥아(麥芽), 산사자(山楂子), 내복자(萊菔子), 복령(茯苓), 감초(甘草), 빈랑자(檳榔子), 오약(烏藥), 신국(神麴), 황련(黃連)

⑥ 주치(主治) : 비위기체(脾胃氣滯), 중한(中寒), 구역반위(嘔逆反胃), 식욕감퇴(食慾減退), 소화불량(消化不良), 심복자통(心腹刺痛), 복만창통(服滿脹痛), 식체사리(食滯瀉痢), 방광냉통(膀胱冷痛), 사리복통(瀉痢腹痛), 간실소설(肝失疏泄), 곽란구토(霍亂嘔吐), 한산(寒疝), 기중편한(肌中扁寒), 온학(溫瘧), 종독(腫毒), 현벽징괴(痃癖癥塊), 적년냉기(積年冷氣)

⑦ 효능(效能) : 행기지통(行氣止痛), 장위기체소통(腸胃氣滯疏通), 건비소식(健脾消食), 지리(止痢), 소독(消毒), 화위기(和胃氣), 온중초(溫中焦), 강지(强志), 지갈(止渴), 안태(安胎)

⑧ 방제음양오행(藥物陰陽五行) : 이기약(理氣藥)

135) 몰약(沒藥) : 몰약나무〈수지(樹脂)〉

① 성미(性味) : 고(苦), 신(辛), 평(平), 온(溫), 무독(無毒)

② 귀경(歸經) : 심(心), 간(肝), 비(脾), 火木土經, 신(腎) 水經

③ 용법(用法) : 3~12g, 單方가능. 전복(煎服)

④ 금기(禁忌) : 임부(妊婦), 무어혈조체(無瘀血阻滯), 복중허통(腹中虛痛)(忌)

⑤ 배합길(配合吉) : 오령지(五靈脂), 현호색(玄胡索), 향부자(香附子), 초과(草果), 유향(乳香), 당귀(當歸), 천궁(川芎), 적작약(赤芍藥), 도인(桃仁), 촉초(蜀椒), 자연동(自然銅)

⑥ 주치(主治) : 기혈응체(氣血凝滯), 근골어통(筋骨瘀痛), 심복어통(心腹瘀痛), 심담허(心膽虛), 간혈부족(肝血不足), 어혈조체(瘀血阻滯), 경폐(經閉), 월경통(月經痛), 치루(痔瘻), 풍습비통(風濕痺痛), 완복동통(脘腹疼痛), 금창(金瘡), 질박상통(跌撲傷痛), 창종작통(瘡腫作痛), 옹저종통(癰疽腫痛), 징벽(癥癖)

⑦ 효능(效能) : 활혈행기(活血行氣), 거담(祛痰), 지통(止痛), 소종(消腫), 생기(生肌), 통혈맥(通血脈), 소종독(消腫毒), 생혈(生血), 파징결숙혈(破癥結宿血), 고치아(固齒牙), 서근막(舒筋膜)

⑧ 약물음양오행(藥物陰陽五行) : 지통약(止痛藥), 활혈거어약(活血祛瘀藥), 소창옹저약(消瘡癰疽藥), 외용약(外用藥)

136) 몽석(礞石)

① 성미(性味) : 감(甘), 함(鹹), 신(辛), 평(平), 무독(無毒), 준열(峻烈), 질중(質重)

② 귀경(歸經) : 폐(肺), 간(肝), 金木經, 위(胃), 대장(大腸) 土金經

③ 용법(用法) : 9~15g, 1.5~3g(散, 丸)

④ 금기(禁忌) : 기혈양허(氣血兩虛), 기약비허(氣弱脾虛), 기약혈허(氣弱血虛), 임부(妊婦), 소아만경(小兒慢驚)

⑤ 배합길(配合吉) : 대황(大黃), 침향(沈香), 황금(黃芩), 박하(薄荷), 진피(陳皮), 반하(半夏), 죽력(竹瀝)

⑥ 주치(主治) : 완담벽결(頑痰癖結), 식적리수(食積羸瘦), 대변비결(大便秘結), 담적전간(痰積癲癇), 담열옹색(痰熱壅塞), 경계추축(驚悸抽搐), 해역천급(咳逆喘急), 번조흉민(煩躁胸悶)

⑦ 효능(效能) : 하기추담(下氣墜痰), 소식(消食), 소담(消痰), 평간진경(平肝鎭驚), 소적지경(消積止痙)

⑧ 약물음양오행(藥物陰陽五行) : 청화열담약(淸化熱痰藥)

137) 무이(蕪荑) : 왕 느릅나무(果實) 열매

① 성미(性味) : 신(辛), 고(苦), 평(平), 온(溫), 무독(無毒)

② 귀경(歸經) : 비(脾), 위(胃), 土經, 심(心) 火經

③ 용법(用法) : 3~9g, 單方가능, 長服시 치오치(治五痔)

④ 금기(禁忌) : 신약토약사주(身弱土弱四柱), 비위허약(脾胃虛弱), 비폐조열(脾肺燥熱)(忌)

⑤ 배합길(配合吉) : 사군자(使君子), 학슬(鶴蝨), 빈랑(檳榔), 건칠(乾漆), 육두구(肉豆蔲), 가자(訶子), 목향(木香), 황련(黃連), 비자(榧子)

⑥ 주치(主治) : 충적복통(蟲積腹痛), 위한충복통(胃寒蟲腹痛), 소아감적(小兒疳積), 삼충(三蟲), 설사(泄瀉), 적냉기(積冷氣), 풍습(風濕), 심복징통(心腹癥痛), 복중기통(腹中氣痛), 악창개선(惡瘡疥癬), 장풍치루(腸風痔漏)

⑦ 효능(效能) : 살충(殺蟲), 지통(止痛), 소적(消積), 구충(驅蟲), 조비소한식(燥脾消寒食), 사폐거풍습(瀉肺祛風濕), 거담이뇨(祛痰利尿)

⑧ 약물음양오행(藥物陰陽五行) : 살충약(殺虫藥)

138) 무화과(無花果) : 무화과 나무의 화탁(花托)-꽃턱, 천우자(天牛子)

① 성미(性味) : 감(甘), 고(苦), 산(酸), 평(平), 한(寒), 미독(微毒)
② 귀경(歸經) : 폐(肺), 위(胃), 대장(大腸), 금토경(金土經)
③ 용법(用法) : 30~60g(10~20개), 단방가능(單方可能)
④ 배합길(配合吉) : 금은화(金銀花)
⑤ 주치(主治) : 인후종통(咽喉腫痛), 설사이질(泄瀉痢疾), 복사(腹瀉), 변비(便秘), 치창출혈(痔瘡出血), 장염(腸炎), 치질(痔疾), 옹창개선(癰瘡疥癬), 유결(乳結), 오치(五痔), 소화불량(消化不良), 흉민(胸悶), 해수담다(咳嗽痰多)
⑥ 효능(效能) : 청열해독(淸熱解毒), 소종(消腫), 익폐(益肺), 건위청장(健胃淸腸), 개위(開胃), 거담이기(祛痰理氣), 통유(通乳), 지리(止痢)
⑦ 약물음양오행(藥物陰陽五行) : 청열해독약(淸熱解毒藥)

139) 미용(麋茸) : 고라니의 유각(幼角), 녹용대용

① 성미(性味) : 감(甘), 온(溫)(熱), 무독(無毒)
② 귀경(歸經) : 신(腎) 水經
③ 용법(用法) : 환(丸)·산(散)用, 침주용(浸酒用)
④ 주치(主治) : 수리(瘦羸), 근골요슬산통(筋骨腰膝酸痛), 음위(陰痿), 골연(骨軟), 음허노손(陰虛勞損), 혈병(血病)
⑤ 효능(效能) : 자음익신(滋陰益腎), 보음(補陰), 견강근골(堅強筋骨), 자양기혈(滋養氣血), 보정(補精), 보혈(補血), 보간자신(補肝滋腎)
⑥ 약물음양오행(藥物陰陽五行) : 보양약(補陽藥)

140) 밀몽화(密蒙花) : 밀몽화의 화서(花序)(꽃차례)

① 성미(性味) : 감(甘), 평(平), 미한(微寒), 무독(無毒)
② 귀경(歸經) : 간(肝)木經
③ 용법(用法) : 3~9(10)g, 전복(煎服), 丸散用
④ 배합길(配合吉) : 백질려(白蒺藜), 국화(菊花), 결명자(決明子), 강활(羌活), 목적(木賊), 토사자(菟絲子), 구기자(枸杞子), 석결명(石決明), 청상자(靑葙子), 만형자(蔓荊子), 다(茶), 백출(白朮)
⑤ 주치(主治) : 간신음허유열(肝腎陰虛有熱), 간경질환(肝經疾患)의 허실증(虛實證), 간열목적종통(肝熱目赤腫痛), 수명외광다루(羞明畏光多淚), 간허목맹예장(肝虛目盲翳障), 풍현란안(風弦爛眼)
⑥ 효능(效能) : 청간열(淸肝熱), 거풍(祛風), 윤폐(潤肺), 양간(養肝), 명목퇴예(明目退翳), 윤간조(潤肝燥)
⑦ 약물음양오행(藥物陰陽五行) : 청열명목약(淸熱明目藥)

141) 밀타승(密陀僧)

① 성미(性味) : 함(鹹), 신(辛), 평(平), 대독(大毒), 연성(鉛性)
② 귀경(歸經) : 간(肝), 비(脾), 木土經
③ 용법(用法) : 外用, 單方가능. 0.3~0.9g(丸, 散), 내복(內服) 금지
④ 금기(禁忌) : 체허약(体虛弱)(忌), 낭독(狼毒 相畏)
⑤ 배합길(配合吉) : 백부자(白附子), 백지(白芷), 녹두(綠豆), 천초유(川椒油), 경분(輕粉), 고백반(枯白礬), 용뇌(龍腦), 웅황(雄黃), 사상자(蛇床子), 유황(硫黃), 현삼(玄蔘)
⑥ 주치(主治) : 창양농다(瘡瘍膿多), 구설(久泄), 한반(汗斑), 습진유수(濕疹流水), 고취(孤臭), 경간(驚癎), 구창(口瘡), 골저(骨疽), 수족다한(手足多汗), 치질종독(痔疾腫毒), 오치(五痔), 토담(吐痰), 소갈(消渴), 반위(反胃)

⑦ 효능(效能) : 공독살충(攻毒殺蟲), 소담(消痰), 양혈생기(凉血生肌), 염창퇴반(斂瘡退瘢), 수습지한(水濕止汗), 수렴방부(收斂防腐), 구충(驅蟲), 진심(鎭心), 소적(消積), 지혈(止血), 보오장(補五臟), 소종독(消腫毒), 해유황독(解硫黃毒), 해비상독(解砒霜毒)

⑧ 약물음양오행(藥物陰陽五行) : 외용약(外用藥)

142) 박하(薄荷) : 박하의 전초(全草)

① 성미(性味) : 신(辛), 량(涼), 무독(無毒), 발산(發散), 경양승부(輕揚升浮)

② 귀경(歸經) : 간(肝), 폐(肺), 木金經, 담(膽) 木經

③ 용법(用法) : 2~6g, 6~9g(나중에 煎) 전복(煎服), 단방가능(單方可能), 多服(久服) 삼가

④ 금기(禁忌) : 폐허해수(肺虛咳嗽), 간양편항(肝陽偏亢), 음허혈조(陰虛血燥), 발열(發熱), 표허자한(表虛自汗)(忌), 별육(鱉肉 : 자라고기)(忌)

⑤ 배합길(配合吉) : 상엽(桑葉), 우방자(牛蒡子), 형개(荊芥), 감국(甘菊), 강활(羌活), 소엽(蘇葉), 황금(黃芩), 금은화(金銀花), 길경(桔梗), 죽엽(竹葉), 두시(豆豉), 연교(連翹), 감초(甘草), 목통(木通), 승마(升麻), 지각(枳殼), 전호(前胡), 갈근(葛根), 당귀(當歸), 작약(芍藥), 시호(柴胡), 외강(煨薑), 복령(茯苓), 백출(白朮), 백두구(白豆蔲), 곽향(藿香), 사간(射干), 패모(貝母), 창포(菖蒲), 인진(茵陳), 활석(滑石), 방풍(防風), 선퇴(蟬退), 석고(石膏)

⑥ 주치(主治) : 감모풍열(感冒風熱), 온병초기표증(溫病初起表證), 중풍전간(中風癲癇), 풍열두통(風熱頭痛), 인후통(咽喉痛), 구창(口瘡), 목적(目赤), 간기울체(肝氣鬱滯), 식체기창(食滯氣脹), 협륵창통(脇肋脹痛), 사창복통(痧脹腹痛), 토담(吐痰), 마진투발불창(麻疹透發不暢), 은진창개(癮疹瘡疥), 칠창(漆瘡), 소아경풍(小兒驚風), 치통(齒痛)

⑦ 효능(效能) : 소산풍열(疏散風熱), 청리인후(淸利咽喉), 두목투발(頭目透發), 해독(解毒), 소간해울(疏肝解鬱), 투진(透疹), 벽예기(辟穢氣), 소염(消炎), 항균(抗菌),

지번갈(止煩渴), 진통(鎭痛), 통리관절(通利關節), 파혈지리(破血止痢), 하기(下氣), 청리두목(淸利頭目), 이인후(利咽喉), 소목예(消目翳)

⑧ 약물음양오행(藥物陰陽五行) : 신량해표약(辛凉解表藥)

143) 반대해(胖大海) : 반대해의 성숙한 종자(種子)

① 성미(性味) : 감(甘), 한(寒), 무독(無毒), 질경(質輕), 선산(宣散), 윤(潤)

② 귀경(歸經) : 폐(肺), 대장(大腸) 金經

③ 용법(用法) : 3~6g, 6~12g 단방(單方) 가능

④ 금기(禁忌) : 비허변당(脾虛便溏)

⑤ 배합길(配合吉) : 과루인(瓜蔞仁), 패모(貝母), 전호(前胡), 선의(蟬衣), 대황(大黃), 황련(黃連), 황금(黃芩), 박하(薄荷), 창포(菖蒲), 백사탕(白砂糖), 원유(芫荽)〈호유(胡荽)〉

⑥ 주치(主治) : 폐열성아(肺熱聲啞), 담열해수(痰熱咳嗽), 골증내열(骨蒸內熱), 인후종통(咽喉腫痛), 건해무담(乾咳無淡), 열결변비(熱結便秘), 상부화독제증(上部火毒諸證), 열결두통(熱結頭痛), 아통(牙痛), 인종(咽腫), 치창누관(痔瘡漏管),목적(目赤), 출혈(出血), 토혈(吐血), 하혈(下血), 화폐두(火閉痘), 삼초화증(三焦火證)

⑦ 효능(效能) : 청열윤폐(淸熱潤肺), 개선폐기(開宣肺氣), 청설울화(淸泄鬱火), 윤장통변(潤腸通便), 이인해독(利咽解毒), 소독거서(消毒去署), 소염(消炎)

⑧ 약물음양오행(藥物陰陽五行) : 청화열담약(淸化熱痰藥)

144) 반모(斑蝥), 반묘(斑猫) : 참가뢰, 남방가뢰(蟲体)

① 성미(性味) : 신(辛), 한(寒), 대독(大毒)

② 귀경(歸經) : 대장(大腸), 소장(小腸), 간(肝), 신(腎), 金火木水經, 폐(肺), 비(脾) 金土經

③ 용법(用法) : 주로 외용(外用) 0.03~0.06g

④ 금기(禁忌) : 임부(妊婦), 체허(体虛), 단삼(丹蔘), 파두(巴豆), 공청(空靑), 두화(豆花)(꺼림)

⑤ 배합길(配合吉) : 도인(桃仁), 대산(大蒜), 비석(砒石), 웅황(雄黃), 붕사(硼砂), 박하(薄荷), 활석(滑石), 오수유(吳茱萸), 백급(白芨), 산약(山藥)

⑥ 주치(主治) : 어혈경폐(瘀血經閉), 한열(寒熱), 악창저(惡瘡疽), 적취(積聚), 징가(癥瘕), 완선(頑癬), 혈적(血積), 옹저(癰疽), 라역(瘰癧), 충독(蟲毒), 광견교상(狂犬咬傷), 산가(疝瘕), 개선(疥癬), 임질(淋疾), 경분독(輕粉毒)

⑦ 효능(效能) : 파혈통경(破血通經), 소징산결(消癥散結), 치산가(治疝瘕), 통리수도(通利水道), 공독식창(攻毒蝕瘡), 해정독(解疔毒)

⑧ 약물음양오행(藥物陰陽五行 : 파징소적약(破癥消積藥), 외용약(外用藥)

145) 반변련(半邊蓮) : 수염가래꽃의 전초(全草)(뿌리포함)

① 성미(性味) : 신(辛), 감(甘), 평(平), 한(寒), 무독(無毒)

② 귀경(歸經) : 심(心), 소장(小腸), 폐(肺), 火金經

③ 용법(用法) : 생용(生用) 15~33g, 30~60g(90g)〈선용(鮮用)〉

④ 금기(禁忌) : 신약사주(身弱四柱), 허증(虛證)〈신용(愼用)〉

⑤ 배합길(配合吉) : 반지련(半枝蓮), 백화사설초(白花蛇舌草), 복령(茯苓), 저령(豬苓), 택사(澤瀉), 황련(黃連), 황금(黃芩), 야국화(野菊花), 금은화(金銀花), 소금

⑥ 주치(主治) : 독사교상(毒蛇咬傷), 질타상어통(跌打傷瘀痛), 소아경풍(小兒驚風), 외상출혈(外傷出血),오공교상(蜈蚣咬傷), 봉(蜂)·갈(蝎)·독충교상(毒蟲咬傷), 황달(黃疸), 암(癌), 복수(腹水), 습진(濕疹), 수종(水腫), 부종(浮腫), 복창(腹脹), 슬창(膝瘡), 설사(泄瀉), 이질(痢疾), 풍습성신경통(風濕性神經痛), 종독(腫毒), 정창(疔瘡), 개선(疥癬), 화창(火瘡)

⑦ 효능(效能) : 청열해독(淸熱解毒), 이수소종(利水消腫), 소염(消炎), 지혈생기(止血生肌), 이뇨(利尿)

⑧ 약물음양오행(藥物陰陽五行) : 청열해독약(淸熱解毒藥), 항암약(抗癌藥), 이수소종

약(利水消腫藥), 이수청열약(利水淸熱藥)

146) 반지련(半枝蓮) : 칫솔골무꽃의 전초(全草)

① 성미(性味) : 신(辛), 미고(微苦), 감(甘), 평(平), 량(凉), 무독(無毒)

② 귀경(歸經) : 간(肝), 폐(肺), 위(胃) 木金土經

③ 용법(用法) : 9~30g, 전복(煎服), 單方 가능. 30~60g(鮮用), 외용(外用)

④ 금기(禁忌) : 혈허자(血虛者), 임부(妊婦)〈신용(愼用)〉

⑤ 배합길(配合吉) : 백화사설초(白花蛇舌草), 빙당(氷糖), 홍조(紅棗), 저두위(猪肚胃), 계(鷄), 마편초(馬鞭草), 어성초(魚腥草), 반변련(半邊蓮), 백모근(白茅根), 백영(白英)

⑥ 주치(主治) : 질타상(跌打傷), 창양(瘡瘍), 도상(刀傷), 인후통(咽喉痛), 황달(黃疸), 라역(瘰癧), 암종양(癌腫瘍), 옹저(癰疽), 정창(疔瘡), 폐옹(肺癰), 무명종독(無名腫毒), 적리(赤痢), 뉵혈(衄血), 토혈(吐血), 독사교상(毒蛇咬傷)

⑦ 효능(效能) : 청열해독(淸熱解毒), 거풍(祛風), 이뇨(利尿), 소종해독(消腫解毒), 항암(抗癌), 이수(利水), 거어지혈(祛瘀止血), 진통(鎭痛), 파혈통경(破血通經), 소담(消痰), 산혈(散血), 행기(行氣)

⑧ 약물음양오행(藥物陰陽五行) : 항암약(抗癌藥), 청열해독약(淸熱解毒藥), 소창옹저약(消瘡癰疽藥)

147) 반하(半夏) : 반하(끼무릇)의 지하구형(地下球形)괴경(塊莖) (덩이뿌리)

① 성미(性味) : 신(辛), 고(苦), 평(平), 온(溫), 유독(有毒), 조열(燥烈)

② 귀경(歸經) : 비(脾), 위(胃), 폐(肺), 土金經, 간(肝) 木經

③ 용법(用法) : 3~9g 전복(煎服), 외용(外用)

④ 금기(禁忌) : 임부(妊婦)(愼用), 담열조점(痰熱稠粘), 열증(熱證), 진액손상(津液損

傷), 혈증(血證), 구갈(口渴), 음휴조해(陰虧燥咳), 오두(烏頭)(忌), 생강(生薑)(畏), 조협(皂莢)(꺼림), 웅황(雄黃), 진피(秦皮), 귀갑(龜甲), 해조(海藻)(꺼림), 양육(羊肉), 양혈(羊血), 이당(飴糖 검은엿)(忌)

⑤ 배합길(配合吉) : 생강(生薑), 정향(丁香), 곽향(藿香), 죽여(竹茹), 황련(黃連), 진피(陳皮), 소경(蘇梗), 사인(砂仁), 복령(茯苓), 감초(甘草), 지모(知母), 황금(黃芩), 과루인(瓜蔞仁), 세신(細辛), 건강(乾薑), 백개자(白芥子), 남성(南星), 천마(天麻), 백출(白朮), 인삼(人蔘), 황기(黃芪), 창출(蒼朮), 신국(神麯), 맥아(麥芽), 택사(澤瀉), 황백(黃柏), 패모(貝母), 목향(木香), 대자석(代赭石), 선복화(旋覆花), 당삼(黨蔘), 전호(前胡), 관동화(款冬花)

⑥ 주치(主治) : 한증구토(寒證嘔吐), 정음(停飮), 습사조체(濕邪阻滯), 구토증(嘔吐證), 임신구토(姙娠嘔吐), 위열구토(胃熱嘔吐), 반위(反胃), 습담(濕痰), 담연옹체(痰涎壅滯), 상한한열(傷寒寒熱), 해수기역(咳嗽氣逆), 담습내조(痰濕內阻), 장복냉(腸腹冷), 흉격비민(胸膈痞悶), 위기불화(胃氣不化), 담궐두통(痰厥頭痛), 견비작통(堅痞作痛), 매핵기(梅核氣), 옹저종독(癰疽腫毒), 대하(帶下), 인후종통(咽喉腫痛), 심복흉격담열만결(心腹胸膈痰熱滿結), 담학(痰瘧), 심하급통견비(心下急痛堅痞)

⑦ 효능(效能) : 조습화담(燥濕化痰), 하기(下氣), 강역화위(降逆和胃), 소비산결(消痞散結), 소담연(消痰涎), 지구토(止嘔吐), 지한(止汗), 개위건비(開胃健脾), 소옹종(消癰腫), 제위한(除胃寒), 익비위기(益脾胃氣), 소종산결(消腫散結)

⑧ 약물음양오행(藥物陰陽五行) : 지구약(止嘔藥), 온화한담약(溫化寒痰藥)

148) 발제(荸薺) : 올방개〈의 구경(球莖)〉, 남방개(개올 방개)

① 성미(性味) : 감(甘), 고(苦), 미한(微寒), 무독(無毒), 활(滑)
② 귀경(歸經) : 폐(肺), 위(胃), 대장(大腸), 金土經 간(肝), 심(心), 木火經
③ 용법(用法) : 30~90g 전복(煎服)(汁用), 침주용(浸酒用)
④ 금기(禁忌) : 비위허한(脾胃虛寒), 혈허(血虛), 당설(溏泄)(愼用), 허로해수(虛勞咳

嗽)(忌), 중기허한(中氣虛寒)(忌), 냉한체질(冷寒体質)(忌)

⑤ 배합길(配合吉) : 생강(生薑), 노근즙(蘆根汁), 맥문동즙(麥門冬汁), 이즙(梨汁), 우즙(藕汁), 죽여(竹茹), 모근(茅根), 밀(蜜)

⑥ 주치(主治) : 담열옹폐(痰熱壅肺), 온병소갈(溫病消渴), 해수(咳嗽), 음허폐조(陰虛肺燥), 흉중실열기(胸中實熱氣), 온열병(溫熱病), 상진(傷津), 변비(便秘), 혈붕하혈(血崩下血), 황달(黃疸), 간열목적(肝熱目赤), 장예(障翳), 인후종통(咽喉腫痛), 열림(熱淋), 비적(痞積)

⑦ 효능(效能) : 화담소적(化痰消積), 청화열담(淸火熱痰), 청폐위열(淸肺胃熱), 개위하식(開胃下食), 생진지갈(生津止渴), 윤장통변(潤腸通便), 청심강화(淸心降火), 청열명목(淸熱明目), 퇴예(退翳), 익기(益氣), 보폐양간(補肺養肝), 항균(抗菌), 소풍독(消風毒), 파적체(破積滯), 하오림(下五淋)

⑧ 약물음양오행(藥物陰陽五行) : 청화열담약(淸化熱痰藥), 청열명목약(淸熱明目藥), 지갈약(止渴藥)

149) 방기(防己) : 댕댕이 덩굴(한방기)〈의 뿌리(根)〉

① 성미(性味) : 고(苦), 신(辛), 평(平), 한(寒), 무독(無毒), 하행성(下行性), 漢防己(苦, 小毒), 木防己(辛)

② 귀경(歸經) : 신(腎), 방광(膀胱), 비(脾), 水土經, 간(肝)木經

③ 용법(用法) : 3~9, 9~15g 전복(煎服)

④ 금기(禁忌) : 임부(妊婦)〈신중용(愼重用)〉, 음허(陰虛), 위약(胃弱), 무습열(無濕熱)〈신중용(愼重用)〉, 상초습열(上焦濕熱)(忌), 기분풍열(氣分風熱)(忌), 비해(萆薢 :두려워함), 세신(細辛 : 꺼림)

⑤ 배합길(配合吉) : 복령(茯苓), 황기(黃芪), 백출(白朮), 대조(大棗), 생강(生薑), 감초(甘草), 대황(大黃), 정력자(葶藶子), 초목(椒目), 강활(羌活), 방풍(防風), 독활(獨活), 인삼(人蔘), 육계(肉桂), 오두(烏頭)

⑥ 주치(主治) : 수습정체(水濕停滯), 수종각기(水腫脚氣), 풍한온학(風寒溫瘧), 풍습

옹체(風濕壅滯), 소변불리(小便不利), 풍습비통(風濕痺痛), 습진창독(濕疹瘡毒), 고혈압(高血壓), 열기제간(熱氣諸癇), 선개창(癬疥瘡)

⑦ 효능(效能) : 이수소종(利水消腫), 풍습소산(風濕消散), 거풍습(祛風濕), 사심(瀉心), 조비습(燥脾濕), 견신(堅腎), 통락지통(通絡止痛), 이대소변(利大小便), 이구규(利九竅), 건비위(健脾胃), 제사(除邪), 통주리(通腠理), 파혈(破血)

⑧ 약물음양오행(藥物陰陽五行) : 이수소종약(利水消腫藥), 거풍습통경락약(祛風濕通經絡藥), 지통약(止痛藥)

150) 방풍(防風) : 방풍·갯기름 나물의 뿌리(根)

① 성미(性味) : 신(辛), 감(甘), 미온(微溫), 무독(無毒)

② 귀경(歸經) : 간(肝), 비(脾), 신(腎), 방광(膀胱) 木土水經, 폐(肺)金經

③ 용법(用法) : 생용(生用) 3~9g 전복(煎服), 초황(炒黃)〈해표력완화(解表力緩和) : 지사(止瀉)〉, 초탄용(炒炭用)〈지혈(止血)〉

④ 금기(禁忌) : 혈허발경(血虛發痙), 음허화왕(陰虛火旺)(忌), 여로(藜蘆), 건강(乾薑)(꺼림), 원화(芫花), 백렴(白薟), 비해(萆薢)(꺼림), 기허(氣虛), 양허(陽虛)(忌)

⑤ 배합길(配合吉) : 형개(荊芥), 자소(紫蘇), 백지(白芷), 박하(薄荷), 연교(連翹), 선태(蟬蛻), 백질려(白蒺藜), 방기(防己), 강활(羌活), 백부자(白附子), 천마(天麻), 천남성(天南星), 조구등(釣鉤藤), 황련(黃連), 빙편(氷片), 청대(靑黛), 사향(麝香), 우황(牛黃), 용담(龍膽), 백작약(白芍藥), 백출(白朮), 진피(陳皮), 창출(蒼朮), 총백(葱白), 자감초(炙甘草), 생강(生薑), 천궁(川芎)

⑥ 주치(主治) : 외감풍한(外感風寒), 대풍두현통(大風頭眩痛), 협통(脇痛), 사지련급(四肢攣急), 골절산통(骨節酸痛), 목현(目眩), 심번체중(心煩体重), 풍열표증(風熱表證), 풍한습비(風寒濕痺), 풍진소양(風疹瘙痒), 오로칠상(五勞七傷), 풍적안(風赤眼), 복통설사(腹痛泄瀉), 파상풍(破傷風), 붕루(崩漏), 리손도한(羸損盜汗)

⑦ 효능(效能) : 거풍승습(祛風勝濕), 거풍해표(祛風解表), 승습해경(勝濕解痙), 지통(止痛), 지혈(止血), 지사(止瀉), 지동통(止疼痛), 거풍지양(祛風止痒), 지경(止痙),

온중익신(溫中益腎), 안신정지(安神定志), 행경락(行經絡), 이뇨(利尿), 항균(抗菌),
항바이러스, 해부자독(解附子毒), 통리오장관맥(通利五臟關脈), 염자한(斂自汗), 서
근맥(舒筋脈), 해약독(解藥毒)

⑧ 약물음양오행(藥物陰陽五行) : 신온해표약(辛溫解表藥), 지비약(止痺藥), 식풍지경
약(熄風止痙藥), 지사약(止瀉藥)

151) 백강잠(白殭蠶) : 누에

① 성미(性味) : 함(鹹), 신(辛), 평(平), 무독(無毒)

② 귀경(歸經) : 간(肝), 폐(肺) 木金經, 胃心脾 土火經

③ 용법(用法) : 생용(生用), 부피초용(麩皮炒用) 3~9g 煎服, 每服 0.9~1.5g(粉末)

④ 금기(禁忌) : 길경(桔梗), 상표초(桑螵蛸), 비해(萆薢), 복령(茯苓) (꺼림)

⑤ 배합길(配合吉) : 황련(黃連), 우황(牛黃), 남성(南星), 천마(天麻), 전갈(全蝎), 주
사(朱砂), 빙편(氷片), 담성(膽星), 인삼(人蔘)〈복령(茯苓)〉, 백출(白朮), 육계(肉
桂), 백부자(白附子), 방풍(防風), 후박(厚朴), 유황(硫黃), 감국(甘菊), 상엽(桑葉),
형개(荊芥), 감초(甘草), 길경(桔梗), 연교(連翹), 현삼(玄蔘), 세신(細辛), 목적(木
賊), 선복화(旋覆花), 박하(薄荷), 선태(蟬蛻), 패모(貝母), 하고초(夏枯草), 황금
(黃芩), 금은화(金銀花), 판남근(板藍根), 진주(眞珠), 백작(白芍), 조구등(釣鉤藤),
강활(羌活), 단삼(丹蔘), 산조인(酸棗仁), 계혈등(鷄血藤), 반하(半夏), 천축황(天竺
黃), 당귀(當歸), 창포(菖蒲), 오공(蜈蚣)

⑥ 주치(主治) : 중풍(中風), 담열옹성(痰熱壅盛), 경간추축(驚癇抽搐), 담학(痰瘧),
풍열두통(風熱頭痛), 인후종통(咽喉腫痛), 구금(口噤), 목적(目赤), 풍진소양(風疹
瘙痒), 풍창은진(風瘡癮疹), 담연결취(痰涎結娶), 정종풍치(疔腫風痔), 라역결핵(瘰
癧結核), 금창(金瘡), 아동(牙疼), 유선염(乳腺炎), 단독(丹毒), 삼충(三虫), 붕중적
백(崩中赤白), 음양통(陰瘍痛), 풍충치통(風蟲齒痛), 유즙불통(乳汁不通), 소아감식
(小兒疳蝕)

⑦ 효능(效能) : 식풍해경(熄風解痙), 화담산결(化痰散結), 소산풍열(消散風熱), 거풍

지양(祛風止痒), 진경(鎭痙), 발한(發汗), 활혈통경(活血通經), 구풍개비(驅風開痺)

⑧ 약물음양오행(藥物陰陽五行) : 식풍지경약(熄風止痙藥)

152) 백개자(白芥子) : 겨자, 갓의 성숙한 종자(種子)

① 성미(性味) : 신(辛), 온(溫), 산(散), 미독(微毒)

② 귀경(歸經) : 폐(肺)金經, 胃脾肝心 土木火經

③ 용법(用法) : 3~6g, 單方가능, 생용(生用), 초용(炒用), 짧게 전(煎)

④ 금기(禁忌) : 음허화성(陰虛火盛), 폐허해수(肺虛咳嗽)(忌), 용량(用量) 주의

⑤ 배합길(配合吉) : 내복자(萊菔子), 소자(蘇子), 대극(大戟), 감수(甘遂), 몰약(沒藥), 육계(肉桂), 목향(木香), 목별자(木鼈子), 마황(麻黃), 포강(炮薑), 감초(甘草), 녹각교(鹿角膠), 숙지황(熟地黃)

⑥ 주치(主治) : 한담옹체(寒痰壅滯), 흉격담냉상기(胸膈痰冷上氣), 흉만협통(胸滿脇痛), 한담해수(寒痰咳嗽), 담다희박(痰多稀薄), 해수기역(咳嗽氣逆), 악기폭풍(惡氣暴風), 담다해천(痰多咳喘), 흉협창통(胸脇脹痛), 담주지체(痰注肢体), 관절동통(關節疼痛), 근골요절동통(筋骨腰節疼痛), 음저종통(陰疽腫痛), 비목각기(痺木脚氣), 면목황적(面目黃赤), 박손어혈(撲損瘀血), 해수반위(咳嗽反胃)

⑦ 효능(效能) : 온폐거담(溫肺祛痰), 통경락(通經絡), 지통(止痛), 이기창격(利氣暢膈), 이기산결(利氣散結), 축담산결(逐痰散結), 산한축음(散寒逐飮), 연견산결(軟堅散結), 산종지통(散種止痛), 발한(發汗), 이흉격담(利胸膈痰), 안오장(安五藏), 난위(暖胃), 마취(麻醉)

⑧ 약물음양오행(藥物陰陽五行) : 온화한담약(溫化寒痰藥)

153) 백과(白果) : 은행(銀杏), 은행나무(種子)

① 성미(性味) : 감(甘), 고(苦), 삽(澁), 한(寒), 평(平), 소독(小毒), 익히면 온(溫)

② 귀경(歸經) : 폐(肺)金經, 신(腎), 심(心)水火經

③ 용법(用法) : 증숙(蒸熟), 초숙(炒熟), 외숙(煨熟), 생식(生食)을 금(禁)한다.
3~6g, 6~12g, 5~10개 전복(煎服). 용량주의, 만리어(뱀장어 : 忌), 多食삼가, 실
사(實邪)(忌), 소아(小兒)(忌)

④ 배합길(配合吉) : 감초(甘草), 마황(麻黃), 소자(蘇子), 반하(半夏), 상백피(桑白
皮), 관동화(款冬花), 산약(山藥), 검인(芡仁), 연자육(蓮子肉), 차전자(車前子), 비
해(萆薢), 황백(黃柏), 익지인(益智仁), 황금(黃芩)

⑤ 주치(主治) : 다담천수(多痰喘嗽), 해수기급(咳嗽氣急), 대하(帶下), 소변빈삭(小便
頻數), 폐열담천(肺熱痰喘), 효천담수(哮喘痰嗽), 폐허해천(肺虛咳喘), 냉림백탁(冷
淋白濁), 유정(遺精), 창개저유(瘡疥疽瘤)

⑥ 효능(效能) : 염폐평천(斂肺平喘), 거담탁(祛痰濁), 제습(除濕), 수렴고삽(收斂固
澀), 지대(止帶), 지해(止咳), 정천수(定喘嗽), 화담(化痰), 청폐위탁기(清肺胃濁
氣), 제번(除煩), 온폐익기(溫肺益氣)〈숙용(熟用)〉, 익신자음(益腎滋陰), 보기양심
(補氣養心), 생기장육(生肌長肉), 배농발독(排膿拔毒), 소독살충(消毒殺蟲), 해주
(解酒)

⑦ 약물음양오행(藥物陰陽五行) : 화담지해평천약(化痰止咳平喘藥), 수렴약(收斂藥)

154) 백굴채(白屈菜) : 애기 똥풀(젖풀)〈의 전초(全草)〉

① 성미(性味) : 고(苦), 신(辛), 미온(微溫), 소독(小毒)
② 귀경(歸經) : 간(肝)·위(胃)·대장(大腸) 金土經
③ 용법(用法) : 3~6g 전복(煎服) 外用(汁用)
④ 배합길(配合吉) : 감초(甘草), 목향(木香), 택사(澤瀉), 인진(茵陳), 창출(蒼朮), 연
호색(延胡索), 복령(茯苓), 삼릉(三棱), 정향피(丁香皮), 빈랑(檳榔), 포강(炮薑),
육계(肉桂), 총백(葱白), 청피(靑皮), 봉출(蓬朮)
⑤ 주치(主治) : 음식불화(飮食不化), 위완복통(胃脘腹痛), 황달(黃疸), 수종(水腫),
간경화(肝硬化), 폐결핵(肺結核), 해수(咳嗽), 각기(脚氣), 사충교상(蛇蟲咬傷), 피
부질환(皮膚疾患), 개선창종(疥癬瘡腫), 위장동통궤양(胃腸疼痛潰瘍)

⑥ 효능(效能) : 소식해독(消食解毒), 이뇨(利尿), 해열(解熱), 지해(止咳), 소종진통
(消腫鎭痛), 항암(抗癌), 진통진정(鎭痛鎭靜), 소염살균(消炎殺菌), 해창독(解瘡
毒), 지해(止咳)

⑦ 약물음양오행(藥物陰陽五行) : 지통약(止痛藥), 소창옹저약(消瘡癰疽藥), 항암약
(抗癌藥), 소도약(消導藥)

155) 백급(白芨) : 대암(자란)의 괴경(塊莖)(덩이줄기)

① 성미(性味) : 고(苦), 감(甘), 신(辛), 평(平), 삽(澁), 미한(微寒), 무독(無毒), 점
(粘), 설(泄)

② 귀경(歸經) : 폐(肺)·간(肝)·위(胃) 金木土經, 신(腎) 水經

③ 용법(用法) : 3~15g, 15~18g(24g) 전복(煎服), 산제(散劑) 1.5~3g씩, 單方가능

④ 금기(禁忌) : 부자(附子), 오두(烏頭)〈상반(相反)〉, 폐옹초기(肺癰初起), 외감해혈
(外感咳熱), 폐위실열(肺胃實熱)〈신중용(愼重用)〉, 행인(杏仁), 이핵(李核)(꺼림)

⑤ 배합길(配合吉) : 나미(糯米), 우절(藕節), 아교(阿膠), 비파엽(枇杷葉), 생지황(生
地黃), 오적골(烏賊骨), 패모(貝母), 금은화(金銀花), 유향(乳香), 천화분(天花粉),
황백(黃柏), 총백(葱白), 대황(大黃), 오배자(五倍子), 목부용(木芙蓉), 석고(石膏),
황련(黃連), 경분(輕粉), 백작(白芍), 당귀(當歸), 황기(黃芪), 당삼(黨蔘), 모려(牡
蠣), 귀판(龜板), 천산갑(穿山甲), 백합(百合), 삼칠(三七), 맥문동(麥門冬), 조각
(皂角), 밀(蜜), 호마유(胡麻油)

⑥ 주치(主治) : 폐위경출혈증(肺胃經出血證), 폐상해혈(肺傷咳血), 폐로(肺勞), 노상
폐기(勞傷肺氣), 폐음부족(肺陰不足), 음허내열(陰虛內熱), 객혈(喀血), 창양(瘡瘍),
창옹종독(瘡癰腫毒), 백선개(白癬疥), 라역(瘰癧), 징결(癥結), 간질(癇疾), 혈사(血
邪), 경사(驚邪), 치루(痔瘻), 적안(赤眼), 혈리(血痢), 도상(刀傷), 화상(火傷), 뉵
혈(衄血), 장풍(腸風), 음하위(陰下痿), 결열불소(結熱不消), 온열학질(溫熱瘧疾),
탕화창(湯火瘡), 풍비(風痺)

⑦ 효능(效能) : 수렴지혈(收斂止血), 소종생기(消腫生肌), 염창(斂瘡), 지해수(止咳

嗽), 지폐혈(止肺血), 수렴폐기(收斂肺氣), 항균(抗菌), 지통(止痛), 보폐허(補肺虛)

⑧ 약물음양오행(藥物陰陽五行) : 지혈약(止血藥), 수렴약(收斂藥)

156) 백두구(白豆蔻) : 자바백두구의 과실(果實)(열매)

① 성미(性味) : 신(辛), 온(溫), 무독(無毒)
② 귀경(歸經) : 폐(肺), 비(脾), 위(胃) 金土經, 심(心), 간(肝) 火木經
③ 용법(用法) : 3~6g, 1.5~3g(4.5g)(散)
④ 금기(禁忌) : 음허혈조(陰虛血燥), 무습열(無濕熱), 폐위화성(肺胃火盛), 기허(氣虛)(忌)
⑤ 배합길(配合吉) : 반하(半夏), 곽향(藿香), 생강(生薑), 사인(砂仁), 후박(厚朴), 창출(蒼朮), 진피(陳皮), 연교(連翹), 황금(黃芩), 죽엽(竹葉), 복령(茯苓), 통초(通草), 활석(滑石), 의이인(薏苡仁), 행인(杏仁)
⑥ 주치(主治) : 비위허한(脾胃虛寒), 흉중체기(胸中滯氣), 습조중초(濕阻中焦), 위기상역(胃氣上逆), 감한복통(感寒腹痛), 반위구토(反胃嘔吐), 불사음식(不思飲食), 적냉기(積冷氣), 습조기체(濕阻氣滯), 식적불소(食積不消), 한열구역(寒熱嘔逆), 습조비위(濕阻脾胃), 비허학질(脾虛瘧疾), 흉복창만(胸腹脹滿), 흉민(胸悶), 열격(噎膈)
⑦ 효능(效能) : 온중산위한(溫中散胃寒), 제한조습(除寒燥濕), 행기지구역(行氣止嘔逆), 난비화습(暖脾化濕), 하기지구(下氣止嘔), 온중화습(溫中化濕), 온난비위(溫暖脾胃), 익비위(益脾胃), 보폐기(補肺氣), 해주독(解酒毒)
⑧ 약물음양오행(藥物陰陽五行) : 방향화습약(芳香化濕藥), 이기약(理氣藥), 지구약(止嘔藥)

157) 백두옹(白頭翁) : 할미꽃(노고초)의 근(根 : 뿌리)

① 성미(性味) : 고(苦), 감(甘), 한(寒), 설강(泄降), 미독(微毒)

② 귀경(歸經) : 위(胃), 간(肝), 대장(大腸) 土木金經, 심(心), 신(腎) 火水經

③ 용법(用法) : 샌용(生用), 초용(炒用) 3~12g 전복(煎服)

④ 금기(禁忌) : 허한성하리(虛寒性下痢), 체하위허(滯下胃虛)(忌)

⑤ 배합길(配合吉) : 진피(秦皮), 황백(黃柏), 황련(黃連), 백출(白朮), 당삼(黨蔘), 아교(阿膠), 감초(甘草)

⑥ 주치(主治) : 습열이질(濕熱痢疾), 독리뉵혈(毒痢衄血), 열독(熱毒), 사리(瀉痢), 온학한열(溫瘧寒熱), 농혈(膿血), 백절골통(百節骨痛), 라역(瘰癧), 항하영유(項下瘿瘤), 치창(痔瘡), 금창(金瘡), 산가(疝瘕), 징가적취(癥瘕積聚), 영기(癭氣), 독리(毒痢), 골절통(骨節痛), 혈치(血痔), 인종(咽腫), 치통(齒痛)

⑦ 효능(效能) : 청열해독(淸熱解毒), 해습독(解濕毒), 조습양혈(燥濕凉血), 지통(止痛), 소적체(消積滯), 난요슬(暖腰膝), 명목(明目), 소어(消瘀)

⑧ 약물음양오행(藥物陰陽五行) : 청열양혈약(淸熱凉血藥), 청열해독약(淸熱解毒藥)

158) 백렴(白蘞) : 가회톱의 뿌리(根)

① 성미(性味) : 고(苦), 감(甘), 신(辛), 평(平), 미한(微寒), 미독(微毒)

② 귀경(歸經) : 심(心)·간(肝)·비(脾)·위(胃) 火木土經, 폐(肺) 金經

③ 용법(用法) : 생용(生用), 3~10g, 單方가능, 전복(煎服)

④ 금기(禁忌) : 오두(烏頭)〈상반(相反)〉, 비위허약(脾胃虛弱), 무실열(無實熱), 한성창저(寒性瘡疽)(忌)

⑤ 배합길(配合吉) : 연교(連翹), 적작약(赤芍藥), 천화분(天花粉), 백지(白芷), 유향(乳香), 당귀(當歸), 과루인(瓜蔞仁), 황금(黃芩), 천궁(川芎), 방풍(防風), 시호(柴胡), 생감초(生甘草), 백질려(白蒺藜), 길경(桔梗), 황백(黃柏), 낙석(絡石), 백급(白及), 황련(黃連), 적석지(赤石脂), 오적골(烏賊骨), 용골(龍骨)

⑥ 주치(主治) : 홍종열통(紅腫熱痛), 금창(金瘡), 정창(疔瘡), 창양옹종(瘡瘍癰腫), 탕화상(燙火傷), 라역(瘰癧), 동상(凍傷), 부녀산기복통(婦女疝氣腹痛), 창풍치루(脹風痔漏), 적백대하(赤白帶下), 혈리(血痢), 음중종통(陰中腫痛), 온학(溫瘧), 경

간(驚癇)

⑦ 효능(效能) : 청열해독(淸熱解毒), 해울결(解鬱結), 소종생기(消腫生肌), 염창(斂瘡), 해낭독(解狼毒), 지통(止痛), 치풍(治風), 산결기(散結氣)

⑧ 약물음양오행(藥物陰陽五行) : 청열해독약(淸熱解毒藥)

159) 백모근(白茅根) : 모근(茅根) 띠의 근경(根莖)(뿌리줄기)

① 성미(性味) : 감(甘), 고(苦), 한(寒), 무독(無毒)
② 귀경(歸經) : 폐(肺)·위(胃)·방광(膀胱) 金土水經, 소장(小腸)·간(肝) 火木經
③ 용법(用法) : 9~18g, 18~30g, 30~60g(鮮用) 전복(煎服), 單方가능
④ 금기(禁忌) : 비위허한(脾胃虛寒), 중한구토(中寒嘔吐), 한기발얼(寒氣發噦), 습담정음(濕痰停飮), 발열(發熱)(忌)
⑤ 배합길(配合吉) : 우절(藕節), 소계(小薊), 적소두(赤小豆), 갈근(葛根), 노근(蘆根), 상백피(桑白皮), 차전초(車前草), 선학초(仙鶴草), 속미수(粟米鬚), 산치자(山梔子), 생지황(生地黃), 저육(猪肉)
⑥ 주치(主治) : 혈열망행(血熱妄行), 혈폐한열(血閉寒熱), 어혈(瘀血), 출혈증(出血證), 열림(熱淋), 수종황달(水腫黃疸), 소복창만(小腹脹滿), 노상허리(勞傷虛羸), 폐위열증(肺胃熱證), 습열(濕熱), 오림동열(五淋疼熱), 폐열해천(肺熱咳喘), 열병번갈(熱病煩渴), 붕루하혈(崩漏下血), 위열구얼(胃熱嘔噦), 소변불리(小便不利), 뉵혈토혈(衄血吐血), 혈림(血淋), 반위상기(反胃上氣)
⑦ 효능(效能) : 양혈지혈(凉血止血), 청열이수(淸熱利水), 제어혈(除瘀血), 보중익기(補中益氣), 해주독(解酒毒), 지갈(止渴), 이소변(利小便), 견근(堅筋)
⑧ 약물음양오행(藥物陰陽五行) : 지혈약(止血藥), 이수청열약(利水淸熱藥)

160) 백미(白薇) : 백미꽃의 근(根)(뿌리)

① 성미(性味) : 고(苦), 함(鹹), 평(平), 한(寒), 무독(無毒)

② 귀경(歸經) : 위(胃)·간(肝) 土木經, 폐(肺)·신(腎) 金水經, 심(心)·비(脾) 火土經

③ 용법(用法) : 3~9, 9~12g, 전복(煎服), 구복(久服) 가능

④ 금기(禁忌) : 음한사주(陰寒四柱), 혈어(血瘀), 내허(內虛)(忌), 비위허한(脾胃虛寒), 식소변당(食少便溏)(忌), 양육(羊肉)(忌), 대마인(大麻仁 : 相畏), 건강(乾薑), 황기(黃芪), 산수유(山茱萸), 대조(大棗), 대극(大戟), 대황(大黃), 건칠(乾漆)(忌)

⑤ 배합길(配合吉) : 인삼(人蔘), 당귀(當歸), 감초(甘草), 청호(青蒿), 작약(芍藥), 당삼(黨蔘), 지황(地黃), 지골피(地骨皮), 두시(豆豉), 박하(薄荷), 옥죽(玉竹), 패모(貝母), 마황(麻黃), 비파엽(枇杷葉), 전호(前胡), 행인(杏仁), 목통(木通), 활석(滑石)

⑥ 주치(主治) : 온열병후기(溫熱病後期), 열사입영혈(熱邪入營血), 구열불퇴(久熱不退), 풍온작열(風溫灼熱), 음허내열(陰虛內熱), 열궐(熱厥), 폐열해수(肺熱咳嗽), 음허외감발열(陰虛外感發熱), 열통(熱痛), 열림(熱淋), 혈림(血淋), 상중임로(傷中淋露), 인후종통(咽喉腫痛), 풍광(風狂), 경사(驚邪), 창옹종독(瘡癰腫毒), 라역(瘰癧), 신염(腎炎), 수종(水腫), 온학(溫瘧), 풍습통(風濕痛), 한열산동(寒熱痠疼), 산후허번(産後虛煩), 금창출혈(金瘡出血), 폐결핵(肺結核), 다면(多眠), 독사교상(毒蛇咬傷)

⑦ 효능(效能) : 이수통림(利水通淋), 해독소종(解毒消腫), 청허화(清虛火), 청열양혈(清熱涼血), 해독료창(解毒療瘡), 익정(益精), 이음기(利陰氣), 청폐열(清肺熱), 청량자양(清涼滋養)

⑧ 약물음양오행(藥物陰陽五行) : 청열양혈약(清熱涼血藥), 청퇴허열약(清退虛熱藥), 이수통림약(利水通淋藥)

161) 백반(白礬) : 명반(明礬), 명반석

① 성미(性味) : 산(酸), 한(寒), 소독(小毒)

② 귀경(歸經) : 폐(肺), 대장(大腸), 간(肝), 비(脾), 위(胃) 金木土經

③ 용법(用法) : 1~3g, 單方가능 丸散服用, 長服삼가

④ 금기(禁忌) : 무습열(無濕熱), 음허위약(陰虛胃弱)(忌), 허증(虛證)(忌), 마황(麻黃), 모려(牡蠣)(꺼림), 음허내열(陰虛內熱), 음허혈열(陰虛血熱), 중기하함(中氣下陷), 백대(白帶), 비위기허(脾胃氣虛)(久痢)(忌)

⑤ 배합길(配合吉) : 가자(訶子), 오미자(五味子), 조각자(皂角刺), 울금(鬱金), 반하(半夏), 웅황(雄黃), 황단(黃丹), 주사(朱砂), 용뇌(龍腦), 유황(硫黃), 백부(百部), 사상자(蛇床子)

⑥ 주치(主治) : 구사구리(久瀉久痢), 한열설리(寒熱泄痢), 중풍담궐(中風痰厥), 구금담옹(口噤痰壅), 급후비(急喉痺), 풍담옹성(風痰壅盛), 전간(癲癎), 음식악창(陰蝕惡瘡), 구설생창(口舌生瘡), 옹저홍종(癰疽紅腫), 화상(火傷), 뉵혈(衄血), 습진소양(濕疹瘙瘍), 라역(瘰癧), 개선(疥癬), 간염(肝炎), 목적(目赤), 목통(目痛), 간경화(肝硬化), 습열황달(濕熱黃疸), 붕루대하(崩漏帶下), 아치종통출혈(牙齒腫痛出血), 사갈견호충독상(蛇蝎犬虎蟲毒傷)

⑦ 효능(效能) : 지혈지사(止血止瀉), 수렴삽장(收斂澁腸)〈하용(煆用)〉, 거담개폐(祛痰開閉), 해독(解毒), 조습지양(燥濕止痒)〈生用〉, 지사(止瀉), 구충(驅蟲), 청열퇴황(清熱退黃), 수렴조습(收斂燥濕), 지혈정통(止血定痛), 소담지갈(消痰止渴), 통대소변(通大小便), 견골치(堅骨齒), 난수장부(暖水臟腑), 생기(生肌)

⑧ 약물음양오행(藥物陰陽五行) : 지사약(止瀉藥), 청열조습약(清熱燥濕藥), 청열해독약(清熱解毒藥), 지혈약(止血藥), 이습퇴황약(利濕退黃藥), 수렴약(收斂藥), 외용약(外用藥)

162) 백복령(白茯苓) : 복령(茯苓), 복령의 균핵(菌核)

① 성미(性味) : 감(甘), 담(淡), 온(溫), 평(平), 무독(無毒)

② 귀경(歸經) : 심(心), 폐(肺), 비(脾), 신(腎) 火金土水經, 방광(膀胱), 소장(小腸) 水火經

③ 용법(用法) : 생용(生用), 주사반(朱砂拌) 3~9g, 9~18g, 18~30g 전복(煎服)

④ 금기(禁忌) : 허한정활(虛寒精滑), 비위기하함(脾胃氣下陷), 신음휴허(腎陰虧虛), 소변불리(小便不利), 자리(自利), 대마인(大麻仁)(相惡), 백렴(白蘞)(忌), 진교(秦艽), 귀갑(龜甲), 웅황(雄黃), 지유(地楡)(꺼림), 식초(食醋)(忌), 산(酸)(忌)

⑤ 배합길(配合吉) : 택사(澤瀉), 저령(豬苓), 백출(白朮), 계지(桂枝), 감초(甘草), 생강(生薑), 작약(芍藥), 당귀(當歸), 등심(燈心), 치자(梔子), 초목(椒目), 통초(通草), 대복피(大腹皮), 담죽엽(淡竹葉), 생의이인(生薏苡仁), 인삼(人蔘), 진피(陳皮), 지실(枳實), 반하(半夏), 주사(朱砂), 향부자(香附子), 천화분(天花粉), 황기(黃芪), 황련(黃連), 맥문동(麥門冬), 석고(石膏), 지모(知母), 토사자(菟絲子), 육종용(肉蓗蓉), 건지황(乾地黃), 우담즙(牛膽汁), 용골(龍骨), 원지(遠志), 천문동(天門冬), 숙지황(熟地黃), 석창포(石菖蒲), 산약(山藥), 사인(砂仁), 길경(桔梗), 자감초(炙甘草), 연자육(蓮子肉), 백편두(白扁豆), 당삼(黨蔘), 천패모(川貝母), 금은화(金銀花), 창출(蒼朮), 오미자(五味子), 백자인(柏子仁), 원지(遠志), 산조인(酸棗仁)

⑥ 주치(主治) : 수습정체(水濕停滯), 편한(偏寒), 한열번만(寒熱煩滿), 심하결통(心下結痛), 비허습곤(脾虛濕困), 담음정체(痰飮停滯), 해역(咳逆), 식소완비(食少脘痞), 심계실면(心悸失眠), 흉중담수(胸中痰水), 담음(痰飮), 수종(水腫), 폐위(肺痿), 담옹(痰癰), 열림(熱淋), 소변불리(小便不利), 심복창만(心腹脹滿), 임탁(淋濁), 유정(遺精), 설사(泄瀉), 구얼(嘔噦), 건망(健忘), 경계(驚悸)

⑦ 효능(效能) : 이수삼습(利水滲濕), 건비보중(健脾補中), 개흉부(開胸腑), 영심안신(寧心安神), 지사(止瀉), 지소갈(止消渴), 익기력(益氣力), 익비위(益脾胃), 진정(鎭靜), 혈당강하(血糖降下), 보신수중(補腎守中), 장음(長陰), 개위(開胃), 보오로칠상(補五勞七傷), 개심익지(開心益智), 난요슬(暖腰膝), 안태(安胎), 화중익기(和中益氣), 생진액(生津液), 개주리(開腠理)

⑧ 약물음양오행(藥物陰陽五行) : 이수삼습약(利水滲濕藥), 양심안신약(養心安神藥)

163) 백부(근)〈百部(根)〉 : 덩굴백부(의. 괴근(塊根)(덩이뿌리)

① 성미(性味) : 감윤(甘潤), 고강(苦降), 미온(微溫), 평(平), 무독(無毒)(微毒)
② 귀경(歸經) : 폐(肺) 金經, 비위(脾胃) 土經
③ 용법(用法) : 3~9g, 9~18g 전복(煎服)
④ 금기(禁忌) : 비허변당(脾虛便溏)(忌), 수휴화염(水虧火炎), 열수(熱嗽)(忌)
⑤ 배합길(配合吉) : 진피(陳皮), 백전(白前), 형개(荊芥), 길경(桔梗), 생강(生薑), 감초(甘草), 자완(紫菀), 생지황(生地黃), 맥문동(麥門冬), 삼칠근(三七根), 백급(白芨), 가자육(訶子肉), 오미자(五味子), 죽여(竹茹), 황금(黃芩), 관동화(款冬花), 천패모(川貝母), 사삼(沙蔘), 감초(甘草), 당삼(黨蔘), 맥문동(麥門冬), 괄루인(栝樓仁), 행인(杏仁), 오매(烏梅), 고련근피(苦楝根皮)
⑥ 주치(主治) : 폐로해수(肺勞咳嗽), 구해허수(久咳虛嗽), 감수풍한해수(感受風寒咳嗽), 상기(上氣), 미오풍한(微惡風寒), 요충병(蟯蟲病), 촌백충(寸白蟲), 두슬(頭蝨), 천식(喘息), 폐결핵(肺結核), 백일해(百日咳), 체슬(体蝨), 습진(濕疹), 개선(疥癬)
⑦ 효능(效能) : 윤폐지해(潤肺止咳), 온윤익폐(溫潤盆肺), 살충(殺蟲), 소담정천(消淡定喘), 항균(抗菌), 항바이러스
⑧ 약물음양오행(藥物陰陽五行) : 온화한담약(溫化寒痰藥)

164) 백부자(白附子)
　　　흰바꽃(노랑돌쩌귀)〈의 괴근(塊根)〉 덩이뿌리
　　　독각련〈의 괴경(塊莖)〉 덩이줄기

① 성미(性味) : 신(辛), 감(甘), 온(溫), 조열(燥烈), 유독(有毒), 상행(上行)
② 귀경(歸經) : 비(脾), 위(胃) 土經, 간(肝) 木經
③ 용법(用法) : 3~4.5g. 생용(生用), 제용(製用), 單方가능
④ 금기(禁忌) : 열성(熱盛), 음허(陰虛)(忌), 임부(妊婦)(忌), 날것 복용주의

⑤ 배합길(配合吉) : 반하(半夏), 남성(南星), 백강잠(白殭蠶), 전갈(全蝎), 천오(川烏), 진피(陳皮), 천마(天麻), 정향(丁香), 목향(木香), 생강(生薑), 방풍(防風), 백지(白芷), 강활(羌活), 패모(貝母), 금은화(金銀花), 독활(獨活), 위령선(威靈仙), 황기(黃芪), 백질려(白蒺藜), 당귀(當歸), 하수오(何首烏), 백작약(白芍藥)

⑥ 주치(主治) : 중풍담옹(中風痰壅), 파상풍(破傷風), 한습두통(寒濕頭痛), 감모두통(感冒頭痛), 사지산통(四肢痠痛), 담음두통(痰飮頭痛), 임파절결핵(淋巴節結核), 담화울결(痰火鬱結), 독사교상(毒蛇咬傷), 풍한습비(風寒濕痺), 관절산통(關節痠痛), 심통혈비(心痛血痺), 후비종통(喉痺腫痛)

⑦ 효능(效能) : 거풍담(祛風痰), 조습담(燥濕痰), 축한습(逐寒濕), 해독산결(解毒散結), 지통(止痛), 진정(鎭靜), 진경(鎭痙), 조습지양(燥濕止痒), 통경락(通經絡)

⑧ 약물음양오행(藥物陰陽五行) : 온화한담약(溫化寒痰藥)

165) 백선피(白蘚皮) : 백선(검화)의 근피(根皮 뿌리껍질)

① 성미(性味) : 고(苦), 함(鹹), 미신(微辛), 한(寒), 하향(下向), 무독(無毒)

② 귀경(歸經) : 비(脾), 위(胃) 土經, 肺, 小腸, 膀胱 金火水經

③ 용법(用法) : 3~6g, 6~9g, 單方가능 전복(煎服)

④ 금기(禁忌) : 하부허한(下部虛寒), 황기(黃芪 : 相反), 복령(茯苓), 길경(桔梗), 상표초(桑螵蛸), 비해(萆薢)(꺼림)

⑤ 배합길(配合吉) : 금은화(金銀花), 하수오(何首烏), 창출(蒼朮), 형개(荊芥), 연교(連翹), 감초(甘草), 방풍(防風), 고삼(苦蔘), 지부자(地膚子), 백질려(白蒺藜), 생지황(生地黃), 오초사(烏梢蛇), 당귀(當歸), 사상자(蛇床子), 위령선(威靈仙), 인동등(忍冬滕)

⑥ 주치(主治) : 풍열(風熱), 습열성창양(濕熱性瘡瘍), 습열풍독(濕熱風毒), 피부소양(皮膚瘙痒), 풍진(風疹), 습진(濕疹), 습비(濕痺), 개선(疥癬)), 황달(黃疸), 두풍(頭風), 안동(眼疼), 임역(淋瀝), 해역(咳逆), 음중종통(陰中腫痛), 사지불안(四肢不安), 장열오한(壯熱惡寒), 폐수(肺嗽), 풍비(風痺), 창열독(瘡熱毒)

⑦ 효능(效能) : 청열해독(清熱解毒), 제습거풍(除濕祛風), 해열황(解熱黃), 이구규(利九竅), 이혈맥(利血脈), 통관절(通關節), 통소장수기(通小腸水氣)

⑧ 약물음양오행(藥物陰陽五行) : 청열조습약(清熱燥濕藥), 청열해독약(清熱解毒藥), 소창옹저약(消瘡癰疽藥)

166) 백수오(白首烏) : 은조롱의 괴근(塊根) 덩이뿌리

① 성미(性味) : 고(苦), 감(甘), 삽(澀), 미온(微溫), 무독(無毒)
② 귀경(歸經) : 간(肝), 신(腎) 木水經
③ 용법(用法) : 6~12g 전복(煎服), 丸·散用
④ 금기(禁忌) : 외감초기(外感初期)
⑤ 배합길(配合吉) : 인삼(人蔘)
⑥ 주치(主治) : 구병허약(久病虛弱), 요슬산연(腰膝酸軟), 음허구학(陰虛久瘧), 빈혈(貧血), 성신경쇠약(性神經衰弱), 수발조백(鬚髮早白), 허약인변비(虛弱人便秘), 만성풍비(慢性風痺), 장출혈(腸出血), 치창(痔瘡)
⑦ 효능(效能) : 자양강장(滋養强壯), 보혈익신(補血益腎), 윤장통변(潤腸通便)〈생용(生用)〉, 고정(固精), 수렴정기(收斂精氣)
⑧ 약물음양오행(藥物陰陽五行) : 보혈약(補血藥)

167) 백영(白英) : 백모등(白毛藤)
배풍등의 전초(全草)

① 성미(性味) : 고(苦), 감(甘), 평(平), 미한(微寒), 무독(無毒)
② 귀경(歸經) : 간(肝)·담(膽) 木經
③ 용법(用法) : 건용(乾用) 15~30g, 30~60g(鮮), 전복(煎服), 단방(單方)가능, 장복(長服) 가능.
④ 금기(禁忌) : 신약사주(身弱四柱), 체허(体虛), 무습열(無濕熱)(忌)

⑤ 배합길(配合吉) : 목단피(牧丹皮), 야국화(野菊花), 포공영(蒲公英), 백화사설초(白花蛇舌草), 사매(蛇苺), 반지련(半枝蓮), 용규(龍葵), 인진(茵陳), 강활(羌活), 진교(秦艽), 오가피(五加皮), 차전초(車前草), 삼백초(三白草), 인동(忍冬), 배풍등(排風藤)

⑥ 주치(主治) : 수습열독(水濕熱毒), 한열(寒熱), 정창단독(疔瘡丹毒), 칠창(漆瘡), 창종(瘡腫), 유옹(乳癰), 복수(腹水), 대하(帶下), 소아결열(小兒結熱), 풍습관절통(風濕關節痛), 임병(淋病), 노병(癆病), 수종(水腫), 습열(濕熱), 황달(黃疸), 학질(瘧疾), 습열대하(濕熱帶下), 풍진(風疹), 번열(煩熱), 해수(咳嗽), 간경화복수(肝硬化腹水), 풍습비통(風濕痺痛), 요통(腰痛), 산기(疝氣), 소아회결복통(小兒蛔結腹痛), 경풍(驚風)

⑦ 효능(效能) : 청열해독(淸熱解毒), 거풍이습(祛風利濕), 이습퇴황(利濕退黃), 항암작용(抗癌作用), 활혈(活血), 생혈(生血), 지혈림(止血淋)

⑧ 약물음양오행(藥物陰陽五行) : 抗癌藥, 淸熱解毒藥, 利濕退黃藥, 祛風濕止痺藥

168) 백자인(柏子仁) : 측백나무 씨(種仁)

① 성미(性味) : 감(甘), 신(辛), 평(平), 미량(微凉), 무독(無毒), 자윤(滋潤)

② 귀경(歸經) : 심(心)·신(腎)·대장(大腸) 火水金經, 肝·脾·肺·膀胱 木土金水經

③ 용법(用法) : 6~9g, 9~18g 전복(煎服)

④ 금기(禁忌) : 다담(多痰), 변당(便溏)〈신중용(愼重用)〉, 설사(泄瀉)(忌), 석류(石榴), 양제(羊蹄), 소맥(小麥), 국화(菊花)(꺼림)

⑤ 배합길(配合吉) : 산조인(酸棗仁), 복령(茯苓), 복신(茯神), 육계(肉桂), 반하(半夏), 오미자(五味子), 당귀(當歸), 인삼(人蔘), 원지(遠志), 황금(黃芩), 대조(大棗), 생강(生薑), 자감초(炙甘草), 백출(白朮), 모려(牡蠣), 마황근(麻黃根), 마인(麻仁), 행인(杏仁), 도인(桃仁), 해송자(海松子), 진피(陳皮), 욱리인(郁李仁), 송자인(松子仁), 맥문동(麥門冬), 백작약(白芍藥), 황련(黃連), 당삼(黨蔘), 생지황(生地黃),

황기(黃芪), 육종용(肉蓯蓉)

⑥ 주치(主治) : 혈허정충(血虛怔忡), 해천(咳喘), 허번불면(虛煩不眠), 경계(驚悸), 두풍(頭風), 질타손상(跌打損傷), 두훈(頭暈), 도한(盜汗), 건망(健忘), 허로(虛勞), 허손(虛損), 장조변비(腸燥便秘), 유정(遺精), 요중중통(腰中重痛), 요신중냉(腰腎中冷)

⑦ 효능(效能) : 자보(滋補), 자양심혈(滋養心血), 안신(安神), 지한(止汗), 익혈(益血), 익지영신(益智寧神), 윤장통변(潤腸通便), 안오장(安五臟), 제습비(除濕痺), 익기(益氣), 흥양도(興陽道), 윤피부(潤皮膚), 윤신조(潤腎燥), 윤폐건위(潤肺健胃), 수렴지혈(收斂止血), 이수소염(利水消炎)

⑧ 약물음양오행(藥物陰陽五行) : 양심안신약(養心安神藥), 윤하약(潤下藥)

169) 백작약(白芍藥) : 함박꽃, 산작약의 뿌리(根)

① 성미(性味) : 산(酸), 고(苦), 감(甘), 함(鹹), 평(平), 량(凉), 염(斂), 미독(微毒)
② 귀경(歸經) : 간(肝)·비(脾)· 木土經
③ 용법(用法) : 생용(生用), 초용(炒用), 주초용(酒炒用), 토초용(土炒用) 3~9g, 9~12g, 15~30g 전복(煎服)
④ 금기(禁忌) : 허한복통설사(虛寒腹痛泄瀉)〈愼重用〉, 산후(産後 : 愼重), 여로(藜蘆 : 相反), 소석(消石)·망초(芒硝)·석곡(石斛)·소계(小薊)·별갑(鱉甲)(꺼림), 중한작설(中寒作泄), 중한복통(中寒腹痛), 복중냉통(腹中冷痛)(忌)
⑤ 배합길(配合吉) : 당귀(當歸), 지황(地黃), 천궁(川芎), 시호(柴胡), 아교(阿膠), 제수오(製首烏), 녹각교(鹿角膠), 육계(肉桂), 포강(炮薑), 애엽(艾葉), 황련(黃連), 황금(黃芩), 목단피(牧丹皮), 향부자(香附子), 청피(靑皮), 소경(蘇梗), 시호(柴胡), 오령지(五靈脂), 도인(桃仁), 포황(蒲黃), 홍화(紅花), 인삼(人蔘), 황기(黃芪), 백출(白朮), 두중(杜仲), 상기생(桑寄生), 속단(續斷), 토사자(菟絲子), 한련초(旱蓮草), 아교(阿膠), 오적골(烏賊骨), 선학초(仙鶴草), 부소맥(浮小麥), 오미자(五味子), 모려(牡蠣), 백자인(柏子仁), 생강(生薑), 용골(龍骨), 대조(大棗), 계지(桂枝),

부자(附子), 우슬(牛膝), 대자석(代赭石), 감초(甘草), 이당(飴糖), 대황(大黃), 목
향(木香), 계혈등(鷄血藤), 모과(木瓜), 맥문동(麥門冬), 진교(秦艽), 독활(獨活),
지실(枳實), 방풍(防風), 진피(陳皮), 빈랑자(檳榔子), 산조인(酸棗仁)

⑥ 주치(主治) : 간혈휴허(肝血虧虛), 비허중만(脾虛中滿), 흉복협륵동통(胸腹脇肋疼
痛), 월경부조(月經不調), 음허발열(陰虛發熱), 붕루(崩漏), 대하(帶下), 간혈부족
(肝血不足), 중오복통(中惡腹痛), 통경(痛經), 태산제증(胎産諸證), 혈어유열(血瘀
有熱), 양허유한(陽虛有寒), 혈기적취(血氣積聚), 체허다한(体虛多汗), 음혈휴허(陰
血虧虛), 심하비(心下痞), 간양상항증(肝陽上亢證), 간음허동풍(肝陰虛動風), 간급
제통(肝急諸痛), 음허발열(陰虛發熱), 협륵완복동통(脇肋脘腹疼痛), 요통(腰痛), 사
리복통(瀉痢腹痛), 한열산가(寒熱疝瘕), 시행한열(時行寒熱), 옹종(癰腫)

⑦ 효능(效能) : 양혈염음(養血斂陰), 보혈(補血), 유간(柔肝), 조경지통(調經止痛),
이중기(理中氣), 평억간양(平抑肝陽), 지한(止汗), 청열(淸熱), 지통(止痛), 익기
(益氣), 이소변(利小便), 파견적(破堅積), 제혈어(製血瘀), 이대소장(利大小腸), 보
신기(補腎氣), 보로(補癆), 명목(明目), 보비위(補脾胃), 고주리(固腠理), 조양심간
비경혈(調養心肝脾經血)

⑧ 약물음양오행(藥物陰陽五行) : 보양약(補陽藥), 보음약(補陰藥), 평간잠양약(平肝
潛陽藥), 지통약(止痛藥)

170) 백전(白前) : 백전의 근경(根莖), 근(根)(뿌리줄기, 뿌리)

① 성미(性味) : 신(辛), 감(甘), 고(苦), 미온(微溫), 무독(無毒), 강기(降氣)
② 귀경(歸經) : 폐(肺) 金經, 간(肝) 木經
③ 용법(用法) : 3~4.5, 4.5~9g 전복(煎服)
④ 금기(禁忌) : 기허(氣虛), 위약(胃弱), 폐허(肺虛)(忌)
⑤ 배합길(配合吉) : 반하(半夏), 자완(紫菀), 대극(大戟), 상백피(桑白皮), 전호(前
胡), 지골피(地骨皮), 형개(荊芥), 길경(桔梗), 감초(甘草), 백부근(百部根), 진피
(陳皮), 관동화(款冬花), 행인(杏仁), 창출(蒼朮)

⑥ 주치(主治) : 폐기옹실(肺氣壅實), 담다해수(痰多咳嗽), 폐실천만(肺實喘滿), 한열
수(寒熱嗽), 기역천촉(氣逆喘促), 상기(上氣), 흉만천급(胸滿喘急), 외감풍한해수
(外感風寒咳嗽), 미오풍한(微惡風寒), 위완통(胃脘痛), 흉협역기(胸脇逆氣)

⑦ 효능(效能) : 강기(降氣), 거담지해(祛痰止咳), 사폐하담(瀉肺下痰), 건비화위(健脾
和胃), 행기소적(行氣消積)

⑧ 약물음양오행(藥物陰陽五行) : 온화한담약(溫化寒痰藥), 지해평천약(止咳平喘藥)

171) 백지(白芷) : 구릿대〈의 뿌리(根)〉

① 성미(性味) : 신(辛), 미감(微甘), 방향(芳香), 온(溫), 무독(無毒), 상행(上行), 조
열(燥熱)

② 귀경(歸經) : 폐(肺), 비(脾), 위(胃) 金土經

③ 용법(用法) : 3~9g, 單方가능

④ 금기(禁忌) : 음허화왕(陰虛火旺), 혈허(血虛), 두통(頭痛)(忌), 유열(有熱)(忌),
옹저(癰疽), 이궤농출통창(已潰膿出通暢) : 신용(愼用), 선복화(旋覆花)(相惡), 음
허혈열(陰虛血熱)(忌)

⑤ 배합길(配合吉) : 세신(細辛), 강활(羌活), 방풍(防風), 천궁(川芎), 황금(黃芩), 창
출(蒼朮), 감초(甘草), 생지황(生地黃), 박하(薄荷), 다엽(茶葉), 형개(荊芥), 창이
자(蒼耳子), 신이(辛荑), 연교(連翹), 석고(石膏), 승마(升麻), 패모(貝母), 청피(靑
皮), 포공영(蒲公英), 과루인(瓜蔞仁), 천화분(天花粉), 금은화(金銀花), 천산갑(穿
山甲), 조각자(皂角刺), 적작약(赤芍藥), 진피(陳皮), 몰약(沒藥), 유향(乳香), 감초
(甘草), 해표초(海螵蛸), 황백(黃柏), 시호(柴胡)

⑥ 주치(主治) : 감모풍한(感冒風寒), 풍통두현(風痛頭眩), 풍습비통(風濕痺痛), 두통
(頭痛), 아통(牙痛), 비색(鼻塞), 골통(骨痛), 두풍(頭風), 창양종통(瘡瘍腫痛), 심
복혈자통(心腹血刺痛), 적백대하(赤白帶下), 한습복통(寒濕腹痛), 위냉(胃冷), 한통
(寒痛), 라역(瘰癧), 유옹(乳癰), 개선(疥癬), 혈폐음종(血閉陰腫), 양협만(兩脇滿),
구토(嘔吐), 치루(痔漏), 장풍(腸風), 도전금창(刀箭金瘡), 독사교상(毒蛇咬傷), 치

통(齒痛)

⑦ 효능(效能) : 거풍제습(祛風除濕), 발산풍한(發散風寒), 통규지통(通竅止痛), 소종(消腫), 배농(排膿), 온조한습(溫燥寒濕), 해사독(海蛇毒), 생기(生肌), 명목(明目), 항균(抗菌), 장기부(長肌膚), 보신혈(補新血), 파숙혈(破宿血)

⑧ 약물음양오행(藥物陰陽五行) : 지통약(止痛藥), 신온해표약(辛溫解表藥), 소창옹저약(消瘡癰疽藥), 배농약(排膿藥)

172) 백질려(白蒺藜) : 질려(蒺藜), 자질려(刺蒺藜)
납가새의 과실(果實)(열매)

① 성미(性味) : 고(苦), 신(辛), 감(甘), 산(散), 평(平), 온(溫), 미독성(微毒性)

② 귀경(歸經) : 간(肝)·폐(肺) 木金經, 신(腎) 水經

③ 용법(用法) : 생용(生用), 염수자(鹽水炙), 6~9g, 9~12g 전복(煎服)

④ 금기(禁忌) : 혈허기약(血虛氣弱), 임부(妊婦)〈신용(愼用)〉, 음허부족(陰虛不足), 간허(肝虛)(忌)

⑤ 배합길(配合吉) : 백작약(白芍藥), 감국(甘菊), 조구등(釣鉤藤), 우슬(牛膝), 청피(青皮), 향부자(香附子), 시호(柴胡), 만형자(蔓荆子), 청상자(青葙子), 결명자(決明子), 감초(甘草), 연교(連翹), 선태(蟬蛻), 형개(荊芥), 방기(防己), 하수오(何首烏), 당귀(當歸), 방풍(防風), 천궁(川芎), 적작약(赤芍藥), 생지황(生地黃), 삼칠(三七), 목적(木賊), 곡정초(穀精草)

⑥ 주치(主治) : 간양상항(肝陽上亢), 현훈(眩暈), 두통(頭痛), 폐기흉격만(肺氣胸膈滿), 간기울결(肝氣鬱結), 흉협불서(胸脇不舒), 풍열목적(風熱目赤), 목적종옹(目赤腫癰), 해역상폐(咳逆傷肺), 후비(喉痺), 폐옹(肺癰), 대하(帶下), 폐위(肺痿), 유폐불통(乳閉不通), 유란(乳難), 유암(乳癌), 월경부조(月經不調), 난산(難產), 풍진소양(風疹瘙痒), 풍역양(風癧瘍), 소아두창(小兒頭瘡), 토농(吐膿), 습창(濕瘡), 라역(瘰癧), 악혈(惡血), 징가(癥瘕), 조열(躁熱), 홍백이질(紅白痢疾), 분돈신기(奔豚腎氣), 회충심복통(蛔虫心腹痛), 음한(陰汗), 치루(痔漏), 풍비(風痺)

⑦ 효능(效能) : 평간잠양(平肝潛陽), 파숙혈(破宿血), 소간울결(疏肝鬱結), 거풍명목(祛風明目), 사간화(瀉肝火), 지번(止煩), 거풍활혈(祛風活血), 최생(催生), 파징걸적취(破癥結積聚), 하기(下氣), 사폐기(瀉肺氣), 진간풍(鎭肝風), 산습파혈(散濕破血), 익기화담(益氣化痰), 산창독(散瘡毒), 타태(墮胎), 소옹저(消癰疽)
⑧ 약물음양오행(藥物陰陽五行) : 평간잠양약(平肝潛陽藥)

173) 백초상(百草霜)
잡초(雜草) 흑탄(黑炭)의 분말(粉末)

① 성미(性味) : 신(辛), 고(苦), 삽(澀), 평(平), 온(溫), 무독(無毒)
② 귀경(歸經) : 폐(肺)・대장(大腸)・위(胃) 金土經, 간(肝)・신(腎) 木水經
③ 용법(用法) : 1.5~9g. 單方가능. 0.9~4.5g(丸散)
④ 금기(禁忌) : 해수폐손(咳嗽肺損), 음허화조(陰虛火燥((忌)
⑤ 배합길(配合吉) : 측백엽(側柏葉), 우절(藕節), 모근(茅根), 당귀(當歸), 아교주(阿膠珠), 포황(蒲黃), 소계(小薊), 향부자(香附子), 애엽(艾葉), 지유(地楡), 괴화(槐花), 복령(茯苓), 천궁(川芎), 종려(棕櫚), 목향(木香), 신국(神麯), 산사(山査), 황련(黃連), 육계(肉桂), 감초(甘草), 붕사(硼砂), 미음(米飮)
⑥ 주치(主治) : 혈열토뉵혈(血熱吐衄血), 장독하혈(腸毒下血), 외상출혈(外傷出血), 치혈(痔血), 변혈(便血), 상한양독(傷寒陽毒), 식적불화(食積不化), 황달(黃疸), 열격(噎膈), 학리(瘧痢), 구설생창(口舌生瘡), 제창(諸瘡), 붕루(崩漏), 사리(瀉痢), 두부습진(頭部濕疹)
⑦ 효능(效能) : 수삽지혈(收澀止血), 청열소어(淸熱消瘀), 소식산적(消食散積), 수렴지사(收斂止瀉), 소적지사(消積止瀉), 지혈생기(止血生肌), 염영지혈(斂營止血), 사심강화(瀉心降火), 하기(下氣), 소적행담(消積行痰)
⑧ 약물음양오행(藥物陰陽五行) : 지혈약(止血藥)

174) 백출(白朮) : 흰삽주

① 성미(性味) : 감(甘), 고(苦), 신(辛), 미온(微溫), 온조(溫燥), 무독(無毒)

② 귀경(歸經) : 비(脾)・위(胃) 土經, 심(心)・삼초(三焦) 火經

③ 용법(用法) : 노두(蘆頭)・잔뿌리 제거, 생용(生用)(이수파혈(利水破血) 4.5~9g
전복(煎服), 丸散用. 쌀뜨물에 담갔다 말림. 생백출(生白朮)(潤燥和脾), (土炒)(健
脾), 부초(麩炒)(消脹)

④ 금기(禁忌) : 다복(多服), 구복(久服) 삼가
음허내열(陰虛內熱), 조갈(燥渴), 진액휴모(津液虧耗), 기체창민(氣滯脹悶), 폐열해
수(肺熱咳嗽), 습열하리(濕熱下痢), 청어(靑魚), 작육(雀肉 : 참새고기),도리(桃李),
숭채(菘菜 배추)(忌)

⑤ 배합길(配合吉) : 인삼(人蔘), 감초(甘草), 건강(乾薑), 오가피(五加皮), 대복피(大
腹皮), 지골피(地骨皮), 생강피(生薑皮), 마황근(麻黃根), 모려(牡蠣), 황기(黃芪),
부소맥(浮小麥), 황금(黃芩), 두중(杜仲), 상기생(桑寄生), 아교(阿膠), 속단(續斷),
진피(陳皮), 소경(蘇梗), 백작약(白芍藥), 숙지황(熟地黃), 당귀(當歸), 복령(茯苓),
저마근(苧麻根), 애엽탄(艾葉炭), 방풍(防風), 지실(枳實), 축사(縮砂)(砂仁), 목향
(木香), 당삼(黨蔘)

⑥ 주치(主治) : 풍한습비(風寒濕痺), 비위허약증(脾胃虛弱證), 창만(脹滿), 설사(泄
瀉), 수습내정(水濕內停), 담음(痰飮), 수기종만(水氣腫滿), 풍습병(風濕病), 지체
동통허증(肢体疼痛虛證), 표허자한(表虛自汗), 태기불안(胎氣不安), 심복창통(心腹
脹痛), 풍현두통(風眩頭痛), 황달(黃疸), 두훈(頭暈), 소변불리(小便不利), 대풍완
비(大風頑痺), 복내냉통(腹內冷痛), 오로칠상(五勞七傷), 현벽기괴(痃癖氣塊), 온질
(溫疾), 냉징가(冷癥瘕), 비위중습(脾胃中濕), 위완통(胃脘痛), 심하급통(心下急
痛), 신체중(身体重), 심하수비(心下水痞)

⑦ 효능(效能) : 보비익기(補脾益氣), 건비지사(健脾止瀉), 개위(開胃), 난위(暖胃),
식욕증진(食慾增進), 조습이수(燥濕利水), 이소변(利小便), 고표지한(固表止汗), 안
태(安胎), 소담(消痰), 제열소식(除熱消食), 이중익비(理中益脾), 보간풍허(補肝風

虛), 보요슬(補腰膝), 제번장기(除煩長肌), 화중익기(和中益氣), 강비위(强脾胃),
생진액(生津液), 온중(溫中), 화위(和胃), 제습익조(除濕益燥), 지갈(止渴)

⑧ 약물음양오행(藥物陰陽五行) : 보기약(補氣藥), 이수삼습약(利水滲濕藥), 거풍습지
비약(祛風濕止痺藥), 지갈약(止渴藥), 지한약(止汗藥)

175) 백편두(白扁豆) : 편두(扁豆)
변두콩(까치콩)의 종자(種子)

① 성미(性味) : 감(甘), 평(平), 미온(微溫),무독(無毒)
② 귀경(歸經) : 비(脾)·위(胃)土經
③ 용법(用法) : 3~6g, 6~18g, 단방(單方)가능. 전복(煎服), 丸散. 생용(生用), 초용
(炒用)
④ 금기(禁忌) : 외사(外邪), 상한한열(傷寒寒熱)(忌), 냉기(冷氣), 한열사(寒熱邪)
(忌)
⑤ 배합길(配合吉) : 백출(白朮), 인삼(人蔘), 의이인(薏苡仁), 복령(茯苓), 산약(山
藥), 연자육(蓮子肉), 길경(桔梗), 사인(砂仁), 자감초(炙甘草), 오적골(烏賊骨), 검
실(芡實), 후박(厚朴), 향유(香薷), 백두구(白豆蔲), 갈화(葛花)
⑥ 주치(主治) : 비위허약(脾胃虛弱), 비허구역(脾虛嘔逆), 습탁조체(濕濁阻滯), 설사
(泄瀉), 구하리(久下痢), 식욕감소(食欲減少), 서습복통(暑濕腹痛), 적백대하(赤白
帶下), 체권핍력(体倦乏力), 수정소갈(水停消渴), 식적비괴(食積痞塊), 소아감적(小
兒疳積), 초목독(草木毒), 곽란토리(霍亂吐痢)
⑦ 효능(效能) : 건비(健脾), 화중화습(和中化濕), 하기(下氣), 소서(消暑), 지소갈(止
消渴), 난비위(暖脾胃), 보비지사(補脾止瀉), 해독(解毒), 보오장(補五臟), 해주독
(解酒毒)
⑧ 약물음양오행(藥物陰陽五行) : 지사약(止瀉藥), 청열해서약(清熱解暑藥)

176) 백합(百合) : 참나리

① 성미(性味) : 감(甘), 신(辛), 미고(微苦), 평(平), 미한(微寒), 무독(無毒), 활리(滑利)

② 귀경(歸經) : 심(心)·폐(肺) 火金經, 대소장(大·小腸)·담(膽) 金火木經

③ 용법(用法) : 증건(蒸乾), 생용(生用), 밀자용(蜜炙用), 단방가능(單方可能), 9~30g 전복(煎服)

④ 금기(禁忌) : 중한변활(中寒便滑), 중기허한(中氣虛寒), 풍한담수(風寒痰嗽), 초해(初咳)

⑤ 배합길(配合吉) : 생지황(生地黃), 맥문동(麥門冬), 패모(貝母), 현삼(玄蔘), 숙지황(熟地黃), 당귀(當歸), 초작약(炒芍藥), 감초(甘草), 길경(桔梗), 지모(知母), 대자석(代赭石), 활석(滑石), 계자황(鷄子黃), 원지(遠志), 산조인(酸棗仁), 식염(食鹽), 백작약(白芍藥), 담죽엽(淡竹葉), 용안육(龍眼肉), 연자(蓮子)

⑥ 주치(主治) : 폐조허열(肺燥虛熱), 폐로구해(肺癆久咳), 노열해수(勞熱咳嗽), 심폐음허(心肺陰虛), 폐옹(肺癰), 폐위(肺痿), 해타담혈(咳唾痰血), 후비(喉痺), 비만(痞滿), 각기부종(脚氣浮腫), 유옹(乳癰), 심신불안(心身不安), 심통(心痛), 허번경계(虛煩驚悸)

⑦ 효능(效能) : 윤폐지해(潤肺止咳), 청심안신(淸心安神), 안심정담(安心定膽), 청열보허(淸熱補虛), 보중익기(補中益氣), 익지(益志), 청담화(淸痰火), 진정(鎭靜), 이대소변(利大小便), 양오장(養五臟), 살충독기(殺蟲毒氣)

⑧ 약물음양오행(藥物陰陽五行) : 보음약(補陰藥), 양심안신약(養心安神藥)

177) 백화사(白花蛇) : 살무사

① 성미(性味) : 감(甘), 함(鹹), 온(溫), 소독(小毒)

② 귀경(歸經) : 간(肝) 木經, 비(脾)·폐(肺) 土金經

③ 용법(用法) : 3~5g, 5~10g, 분말(粉末) 1~1.5g

④ 금기(禁忌) : 음수약화다사주(陰水弱火多四柱), 음허내열(陰虛內熱), 혈허생풍(血虛生風), 체허약(体虛弱)

⑤ 배합길(配合吉) : 독활(獨活), 희렴(豨薟), 위령선(威靈仙), 천마(天麻), 전갈(全蠍), 당귀(當歸), 강활(羌活), 방풍(防風), 진교(秦艽), 오가피(五加皮), 대황(大黃), 오초사(烏梢蛇), 웅황(雄黃), 형개(荊芥), 남성(南星), 지골피(地骨皮), 오공(蜈蚣), 주(酒)

⑥ 주치(主治) : 내외풍독옹성(內外風毒壅盛), 혈분증(血分證), 풍습비통(風濕痺痛), 골절동통(骨折疼痛), 마풍(麻風), 기육마목(肌肉麻木), 소아경축(小兒驚搐), 소양(瘙痒), 파상풍(破傷風), 개선(疥癬), 양매창(楊梅瘡), 근맥구련(筋脈拘攣), 라역(瘰癧), 악창(惡瘡), 학슬풍(鶴膝風)

⑦ 효능(效能) : 거풍습통경락(祛風濕通經絡), 공독지축(攻毒止搐), 정경지통(定驚止痛), 진정(鎭靜), 강압(降壓), 통관투절(通關透節)

⑧ 약물음양오행(藥物陰陽五行) : 거풍습약(祛風濕藥), 통경락약(通經絡藥), 식풍지경약(熄風止痙藥)

178) 백화사설초(白花蛇舌草) : 백운풀(쌍낚시풀)

① 성미(性味) : 고(苦), 신(辛), 미산(微酸), 평(平), 감(甘), 한(寒), 무독(無毒)

② 귀경(歸經) : 위(胃)・대장(大腸)・소장(小腸) 土金火經, 心肝脾 火木土經

③ 용법(用法) : 15~60g(75g), 單方가능, 전복(煎服), 즙복(汁服)

④ 금기(禁忌) : 임부(妊婦)〈신용(愼用)〉

⑤ 배합길(配合吉) : 감국(甘菊), 연교(連翹), 금은화(金銀花), 패장초(敗醬草), 길경(桔梗), 현삼(玄蔘), 감초(甘草), 자화지정(紫花地丁), 조휴(蚤休), 반변련(半邊蓮), 차전초(車前草), 복령(茯苓), 석위(石葦), 백모근(白茅根), 산치자(山梔子), 자소엽(紫蘇葉), 황백(黃柏), 백주(白酒)

⑥ 주치(主治) : 장옹(腸癰), 창절종독(瘡癤腫毒), 폐열해수(肺熱咳嗽), 인후종통(咽喉腫痛), 편도선염(扁桃腺炎), 암(癌), 독사교상(毒蛇咬傷), 소아감적(小兒疳積), 간염

(肝炎), 맹장염(盲腸炎), 라역(瘰癧), 옹저창양(癰疽瘡瘍), 해역흉민(咳逆胸悶), 폐
열천촉(肺熱喘促), 열림(熱淋), 습열황달(濕熱黃疸)

⑦ 효능(效能) : 소옹해독(消癰解毒), 청열산어(淸熱散瘀), 항암(抗癌), 청열이습(淸熱
利濕), 사폐열(瀉肺熱), 청폐화(淸肺火), 활혈이수(活血利水), 이뇨(利尿), 소염지통
(消炎止痛)

⑧ 약물음양오행(藥物陰陽五行) : 항암약(抗癌藥), 청열해독약(淸熱解毒藥), 소창옹저
약(消瘡癰疽藥)

179) 번백초(翻白草) : 솜양지꽃(全草 뿌리포함)

① 성미(性味) : 감(甘), 미고(微苦), 평(平), 무독(無毒)
② 귀경(歸經) : 간(肝)·비(脾)·대장(大腸) 木土金經
③ 용법(用法) : 생용(生用), 9~15g, 30~60g(鮮用), 전복(煎服), 침주용(浸酒用)
④ 배합길(配合吉) : 자화지정(紫花地丁), 포공영(蒲公英), 금은화(金銀花), 백주(白
酒), 망초(芒硝), 애엽탄(艾葉炭), 용아초(龍芽草), 백두옹(白頭翁), 저폐(猪肺)〈대
장(大腸)〉, 빙당(氷糖), 선학초(仙鶴草), 토복령(土茯苓)
⑤ 주치(主治) : 열독(熱毒), 옹종정독(癰腫疔毒), 유종(乳腫), 치창종통(痔瘡腫痛),
라역결핵(瘰癧結核), 출혈증(出血證), 해혈(咳血), 토혈(吐血), 변혈(便血), 붕루
(崩漏), 학질(瘧疾), 이질(痢疾), 창선(瘡癬), 정독개라(疔毒疥癩), 해수(咳嗽)
⑥ 효능(效能) : 청열해독(淸熱解毒), 제풍습(除風濕), 소종(消腫), 청열양혈(淸熱凉
血), 지혈(止血), 청리장위(淸利腸胃), 거어생신(祛瘀生新)
⑦ 약물음양오행(藥物陰陽五行) : 청열해독약(淸熱解毒藥), 지혈약(止血藥)

180) 번행초(番杏草) : 번행초 전초(全草)

① 성미(性味) : 감(甘), 미신(微辛), 평(平), 무독(無毒)
② 귀경(歸經) : 위(胃) 土經

③ 용법(用法) : 건용(乾用) 45~50g, 50~60g, 단방(單方)가능

④ 배합길(配合吉) : 결명자(決明子), 의이인(薏苡仁)

⑤ 주치(主治) : 열독(熱毒), 정창홍종(疔瘡紅腫), 암(癌), 풍열(風熱), 목적종통(目赤腫痛), 장염(腸炎)

⑥ 효능(效能) : 청열해독(清熱解毒), 소종(消腫), 청열거풍(清熱祛風), 치장염(治腸炎), 항암작용(抗癌作用)

⑦ 약물음양오행(藥物陰陽五行) : 항암약(抗癌藥), 청열해독약(清熱解毒藥)

181) 별갑(鱉甲) : 자라의 배갑(背甲)

① 성미(性味) : 함(鹹), 평(平), 한(寒), 무독(無毒)

② 귀경(歸經) : 간(肝) 木經, 비(脾) 土經

③ 용법(用法) : 생용(生用)〈자음잠양(滋陰潛陽)〉, 초용(醋用)(자황(炙黃), 연견산결(軟堅散結) 6~24g, 24~30g

④ 금기(禁忌) : 임부(妊婦)〈신중용(愼重用)〉, 비허설사(脾虛泄瀉)주의, 소화불량(消化不良), 반석(礬石)(忌), 현채(莧菜), 개말(芥末)(忌), 저육(豬肉)(忌), 박하(薄荷忌), 음허위약(陰虛胃弱), 간허무열(肝虛無熱), 혈조(血燥)(忌)

⑤ 배합길(配合吉) : 진교(秦艽), 청호(靑蒿), 지모(知母), 지골피(地骨皮), 감초(甘草), 호황련(胡黃蓮), 시호(柴胡), 오수유(吳茱萸), 부자(附子), 건칠(乾漆), 목향(木香), 대황(大黃), 삼릉(三棱), 우슬(牛膝), 도인(桃仁), 목단피(牧丹皮), 호박(琥珀), 가자피(訶子皮), 현삼(玄蔘), 단삼(丹蔘), 울금(鬱金), 백작약(白芍藥), 귀판(龜板), 모려(牡蠣), 맥문동(麥門冬), 건지황(乾地黃), 마자인(麻子仁), 아교(阿膠), 백출(白朮), 황기(黃芪), 후박(厚朴), 빈랑자(檳榔子), 대조(大棗), 제하수오(製何首烏), 당귀(當歸), 생강(生薑), 감초(甘草), 진피(陳皮)

⑥ 주치(主治) : 음허발열(陰虛發熱), 온질(溫疾), 허풍내동(虛風內動), 노수(勞瘦), 골증도한(骨蒸盜汗), 흉협적취동통(胸脇積聚疼痛), 구학(久瘧), 혈가(血瘕), 박손어혈(撲損瘀血), 징가경폐(癥瘕經閉), 협하징벽자통(脇下癥癖刺痛), 학모(瘧母), 한열

(寒熱), 숙식냉가(宿食冷痕), 장옹(腸癰), 음독복통(陰毒腹痛), 견적(堅積), 현벽기(痃癖氣), 골열(骨熱), 소아경간(小兒驚癇)

⑦ 효능(效能) : 자음산결(滋陰散結), 익음제열잠양(益陰除熱潛陽), 연견산결(軟堅散結), 파징결(破癥結), 보음보기(補陰補氣), 타태(墮胎)

⑧ 약물음양오행(藥物陰陽五行) : 보음약(補陰藥), 파징소적약(破癥消積藥)

182) 보골지(補骨脂) : 파고지(破故紙), 보골지의 열매(종자 種子)

① 성미(性味) : 고(苦), 신(辛), 감(甘), 온(溫), 무독(無毒)
② 귀경(歸經) : 신(腎)·비(脾) 水土經
③ 용법(用法) : 생용(生用), 염수초용(鹽水炒用), 3~6g, 6~9g 전복(煎服), 다복(多服)삼가
④ 금기(禁忌) : 신강사주(身强四柱)(愼用), 운대(蕓薹)(忌), 저혈(豬血)(忌), 음허화왕(陰虛火旺), 대변비결(大便秘結), 내열번갈(內熱煩渴)(忌), 감초(甘草)(忌)
⑤ 배합길(配合吉) : 토사자(菟絲子), 유향(乳香), 침향(沈香), 몰약(沒藥), 호도육(胡桃肉), 밀(蜜), 육두구(肉豆蔲), 오미자(五味子), 오수유(吳茱萸), 대조(大棗), 생강(生薑), 익지인(益智仁), 호마(胡麻)
⑥ 주치(主治) : 신허(腎虛), 하원허냉증(下元虛冷證), 허한해수(虛寒咳嗽), 양위활정(陽痿滑精), 음위(陰痿), 유정(遺精), 요통냉사(腰痛冷瀉), 유뇨(遺尿), 변활제증(便滑諸證), 소변빈삭(小便頻數), 허한천수(虛寒喘嗽), 오로칠상(五勞七傷), 복중냉(腹中冷), 슬냉통(膝冷痛), 대하(帶下), 신냉정류(腎冷精流), 제냉비완(諸冷痺頑), 냉허로(冷虛勞), 풍허냉(風虛冷), 혈기타태(血氣墮胎)
⑦ 효능(效能) : 온보신양(溫補腎陽), 고정축뇨(固精縮尿), 납기정천(納氣定喘), 고정기(固精氣), 장원양(壯元陽), 명이목(明耳目), 염정신(斂精神), 승달비위(升達脾胃), 소화음식(消化飲食), 난단전(暖丹田), 통명문(通命門), 온난수토장부(溫暖水土臟腑)
⑧ 약물음양오행(藥物陰陽五行) : 보양약(補陽藥), 지사약(止瀉藥)

183) 보두(寶豆) : 여송과(呂宋果), 여송두 나무의 성숙한 종자(種子)

① 성미(性味) : 고(苦), 한(寒), 맹열(猛烈), 대독(大毒)
② 귀경(歸經) : 위(胃) 土經
③ 용법(用法) : 0.6~0.9g, 용량(用量)주의, 外用가능, 마전자(馬錢子) 대용(代用)
④ 금기(禁忌) : 임부(妊婦)(忌), 신약(身弱), 체허약(体虛弱), 구리(久痢)(忌), 구병(久病)(忌)
⑤ 주치(主治) : 복통설사리(腹痛泄瀉痢), 회충감적(蛔蟲疳積), 독사교상(毒蛇咬傷), 학질(瘧疾), 오공교상(蜈蚣咬傷), 도상출혈(刀傷出血)
⑥ 효능(效能) : 진통(鎭痛), 진경(鎭痙)
⑦ 약물음양오행(藥物陰陽五行) : 지통약(止痛藥)

184) 복룡간(伏龍肝) : 잡초와 나무를 태운 아궁이 밑바닥 중앙의 초황토(焦黃土)

① 성미(性味) : 신(辛), 미함(微鹹), 온(溫), 무독(無毒)
② 귀경(歸經) : 비(脾)·위(胃) 土經, 간(肝) 木經
③ 용법(用法) : 30~60g, 60~90g 전복(煎服)
④ 금기(禁忌) : 음허실혈(陰虛失血), 무습(無濕)(忌), 열증반위구토(熱證反胃嘔吐)
⑤ 배합길(配合吉) : 황금(黃芩), 숙지황(熟地黃), 백출(白朮), 아교주(阿膠珠), 감초(甘草), 부자(附子), 인삼(人蔘), 반하(半夏), 사인(砂仁), 건강(乾薑), 소경(蘇梗), 죽여(竹茹), 곽향(藿香), 산사(山楂), 당귀(當歸), 애엽(艾葉), 육계(肉桂), 생강(生薑), 진피(陳皮), 황기(黃芪)
⑥ 주치(主治) : 비기허한(脾氣虛寒), 복통(腹痛), 출혈병증(出血病證), 토뉵혈(吐衄血), 설정요혈(泄精尿血), 대하(帶下), 혈붕(血崩), 비위허한구토(脾胃虛寒嘔吐), 심복광전(心腹狂癲), 임신오조(妊娠惡阻), 비허구사(脾虛久瀉), 태전하리(胎前下痢), 유정(遺精), 장풍(腸風), 소아만경(小兒慢驚)

⑦ 효능(效能) : 난비위(暖脾胃), 온중초(溫中焦), 제습(除濕), 지혈일(止血溢), 부양
억음(扶陽抑陰), 조중(調中), 온경지혈(溫經止血), 온중섭혈(溫中攝血), 소종(消腫),
온중화위(溫中和胃), 강역지구(降逆止嘔), 지해역(止咳逆), 온중삽장지사(溫中澁腸
止瀉), 조습지구(燥濕止嘔), 지사(止瀉), 소옹종독기(消癰腫毒氣), 최생하포(催生下
胞), 안태(安胎)

⑧ 약물음양오행(藥物陰陽五行) : 지혈약(止血藥)

185) 복분자(覆盆子) : 복분자 딸기

① 성미(性味) : 삼(甘), 산(酸), 신(辛), 평(平), 미온(微溫), 무독(無毒)

② 귀경(歸經) : 간(肝), 신(腎) 木水經

③ 용법(用法) : 주증(酒蒸), 3~9g, 9~15g 전복(煎服), 單方가능

④ 금기(禁忌) : 신허유화(腎虛有火), 소변단삽(小便短澁), 음허양항(陰虛陽亢), 요량
감소(尿量減少)(忌), 신열음허(腎熱陰虛)(忌)

⑤ 배합길(配合吉) : 익지인(益智仁), 토사자(菟絲子), 산수유(山茱萸), 금앵자(金櫻
子), 상표초(桑螵蛸), 사원질려(沙苑蒺藜), 용골(龍骨), 검실(芡實), 연수(蓮鬚), 차
전자(車前子), 오미자(五味子), 구기자(枸杞子), 연자육(蓮子肉), 사원자(沙苑子),
숙지황(熟地黃), 여정자(女貞子), 보골지(補骨脂)

⑥ 주치(主治) : 간신부족증(肝腎不足證), 정휴양위(精虧陽痿), 유정(遺精), 유약(遺
弱), 신정허갈(腎精虛喝), 허로노권(虛勞勞倦), 노손풍허(勞損風虛), 목암(目暗),
조설(早泄), 소변빈삭(小便頻數), 활정(滑精), 음위(陰痿), 간신기허오한(肝腎氣虛
惡寒)

⑦ 효능(效能) : 보익간신(補益肝腎), 익음조양(益陰助陽), 양정기(養精氣), 보허(補
虛), 축소변(縮小便), 수렴(收斂), 삽정축약(澁精縮弱), 온중익력(溫中益力), 자양
정혈(滋養精血), 보간명목(補肝明目), 안오장(安五臟), 강음건양(强陰健陽), 익신고
정(益腎固精), 강지(强志), 장발(長髮), 익기경신(益氣輕身), 익안색(益顏色)

⑧ 약물음양오행(藥物陰陽五行) : 보양약(補陽藥), 수렴약(收斂藥)

186) 봉밀(蜂蜜) : 꿀

① 성미(性味) : 감(甘), 평(平), 온(溫), 무독(無毒), 〈량(凉) : 선(鮮)〉, 〈온(溫) : 숙(熟)〉

② 귀경(歸經) : 비(脾) · 폐(肺) · 대장(大腸) 土金經, 심(心) 火經

③ 용법(用法) : 3~15g, 30g 단방(單方)가능

④ 금기(禁忌) : 화다사주(火多四柱) 신중(愼重), 습열적체(濕熱積滯), 흉비불서(胸痞不舒)(愼重用), 담습내온(痰濕內蘊), 장활설사(腸滑泄瀉), 중만비창(中滿痞脹), 대장기허(大腸氣虛), 습열각기(濕熱脚氣), 음주후(飮酒後)(忌), 총(葱 파), 와거(萵苣 상추), 해황(蟹黃 게장), 구(韭 부추), 서미(黍米 기장쌀)(忌)

⑤ 배합길(配合吉) : 인삼(人蔘), 복령(茯苓), 생지황(生地黃), 오두(烏頭)

⑥ 주치(主治) : 폐허폐조(肺虛肺燥), 위완동통(胃脘疼痛), 허노해수(虛勞咳嗽), 허한복통(虛寒腹痛), 피부적장(皮膚赤障), 수족궐냉(手足厥冷), 장조변비(腸燥便秘), 장제부족(臟諸不足), 심복사기(心腹邪氣), 기중동통(肌中疼痛), 구창(口瘡), 비연(鼻淵), 화상(火傷)

⑦ 효능(效能) : 윤폐보중(潤肺補中), 완급해독(緩急解毒), 자보(滋補), 활대장(滑大腸), 약물해독(藥物解毒), 양비기(養脾氣), 익기(益氣), 지통(止痛), 불노(不老), 제심번(除心煩), 안오장(安五臟), 보부족(補不足), 명이목(明耳目), 살충(殺虫), 화영위(和營衛), 통삼초(通三焦), 윤장부(潤臟腑), 조비위(調脾胃)

⑧ 약물음양오행(藥物陰陽五行) : 보기약(補氣藥), 윤하약(潤下藥)

187) 봉안초(鳳眼草) : 저근백피(가죽나무)의 과실(果實)

① 성미(性味) : 고(苦), 한(寒), 저근백피와 유사

② 용법(用法) : 3~9g

③ 주치(主治) : 장풍하혈(腸風下血), 이질(痢疾), 혈뇨(血尿), 백대하(白帶下), 자궁출혈(子宮出血), 변혈(便血), 골경(骨鯁)

④ 효능(效能) : 지혈(止血), 저근백피(樗根白皮)와 유사

188) 봉출(蓬朮) : 봉아출의 근경(根莖)(뿌리줄기)

① 성미(性味) : 신(辛), 고(苦), 평(平), 온(溫), 무독(無毒), 산(散)

② 귀경(歸經) : 간(肝)·비(脾) 木土經, 폐(肺)·심(心)·신(腎) 金火水經

③ 용법(用法) : 3~9g 전복(煎服), 丸散

④ 금기(禁忌) : 임부(妊婦), 기허체약(氣虛体弱), 월경과다(月經過多), 혈고경폐(血枯經閉), 혈허(血虛)

⑤ 배합길(配合吉) : 삼릉(三棱), 백출(白朮), 인삼(人蔘), 목향(木香), 지실(枳實), 정향(丁香), 흑축(黑丑), 청피(靑皮), 곡아(穀芽), 향부자(香附子), 천궁(川芎), 숙지황(熟地黃), 소회향(小茴香), 감초(甘草), 당귀(當歸), 백작약(白芍藥), 백지(白芷), 홍화(紅花), 별갑(鱉甲), 당삼(黨蔘), 천산갑(穿山甲), 황기(黃芪), 진피(陳皮), 단삼(丹蔘), 한련초(旱蓮草), 생지황(生地黃), 치자(梔子), 후박(厚朴), 빈랑자(檳榔子)

⑥ 주치(主治) : 혈대경폐(血帶經閉), 중오(中惡), 담식작통(痰食作痛), 경폐복통(經閉腹痛), 완복창만동통(脘腹脹滿疼痛), 산후어혈복통(產後瘀血腹痛), 혈기심통(血氣心痛), 징가적취(癥瘕積聚), 음식적체(飮食積滯), 수종(水腫), 기종(氣腫), 심복동통(心腹疼痛), 소화불량(消化不良), 흉격적체(胸膈積滯), 냉기토산수(冷氣吐酸水), 타박상(打撲傷), 내손악혈(內損惡血), 하혈(下血)

⑦ 효능(效能) : 행기파혈(行氣破血), 통혈맥(通血脈), 소적(消積), 지통(止痛), 해독(解毒), 소종(消腫), 소어혈(消瘀血), 통월경(通月經), 파현벽냉기(破痃癖冷氣), 파적취악혈(破積聚惡血), 개위소식(開胃消食)

⑧ 약물음양오행(藥物陰陽五行) : 파기약(破氣藥), 활혈거어약(活血祛瘀藥), 파징소적약(破癥消積藥)

189) 부소맥(浮小麥) : 참밀의 미성숙한 穎果(영과)

① 성미(性味) : 감(甘), 함(鹹), 량(凉), 무독(無毒)
② 귀경(歸經) : 심(心) 火經
③ 용법(用法) : 9~15g, 15~30g, 30~60g 전복(煎服), 단방(單方)가능, 초용(炒用)
④ 배합길(配合吉) : 미(米), 백출(白朮), 황기(黃芪), 마황근(麻黃根), 모려(牡蠣), 인삼(人蔘), 계지(桂枝), 감초(甘草), 당귀(當歸), 용골(龍骨), 익지인(益智仁), 자상표초(炙桑螵蛸), 토사자(菟絲子)
⑤ 주치(主治) : 허한(虛汗)〈자한(自汗), 도한(盜汗), 체허다한(体虛多汗)〉, 골증노열(骨蒸勞熱), 허번체권(虛煩体倦), 부인허열(婦人虛熱)
⑥ 효능(效能) : 지허한(止虛汗), 익기(益氣), 퇴허열(退虛熱), 익기제열(益氣除熱), 진정(鎭靜), 보심(補心), 염한(斂寒), 지번(止煩), 이소변(利小便)
⑦ 약물음양오행(藥物陰陽五行) : 지한약(止汗藥), 수렴약(收斂藥)

190) 부자(附子) : 바꽃 모근(母根)〈부생자근(附生子根 : 덩이뿌리)〉

① 성미(性味) : 신(辛), 감(甘), 고(苦), 열(熱), 유독(有毒)
② 귀경(歸經) : 심(心)·신(腎)·비(脾) 火水土經, 간(肝) 木經
③ 용법(用法) : 담부편(淡附片), 포부편(炮附片) 으로 用, 1.5~5g, 5~9g, 9~18g, 18~30g, 30~60g(久煎), 용량신중(用量愼重)
   부자해독약물 : 生薑 120g, 감초(甘草) 15g, 녹두(綠豆) 90~120g
④ 금기(禁忌) : 음허화왕(陰虛火旺)(忌), 화다사주(火多四柱)(愼重), 열증(熱證), 내열외한(內熱外寒), 진열가한(眞熱假寒), 대변열결(大便熱結), 임부(妊婦), 맥실홍대(脈實洪大)(忌), 제조(蠐螬), 백급(白芨), 백렴(白斂), 패모(貝母), 반하(半夏), 괄루인(栝樓仁)(忌), 직미(稷米 피쌀), 시즙(豉汁 메주)(忌), 방풍(防風), 오공(蜈蚣), 황기(黃芪), 감초(甘草), 대두(大豆), 인삼(人蔘), 서각(犀角), 녹두(綠豆)(꺼림)
⑤ 배합길(配合吉) : 건강(乾薑), 〈감초(甘草)〉, 〈인삼(人蔘)〉, 숙지황(熟地黃), 육계

(肉桂), 구기자(枸杞子), 산약(山藥), 녹각교(鹿角膠), 토사자(菟絲子), 당귀(當歸), 산수유(山茱萸), 두중(杜仲), 백출(白朮), 복령(茯苓), 대조(大棗), 〈반하(半夏)〉, 갱미(粳米), 계지(桂枝), 생강(生薑), 〈황기(黃芪)〉, 대황(大黃), 황련(黃連), 지황(地黃), 인진(茵陳), 용담(龍膽), 백작약(白芍藥), 후박(厚朴), 모과(木瓜), 대복피(大腹皮), 목향(木香), 초두구(草豆蔲), 당삼(黨蔘), 목단피(牧丹皮), 택사(澤瀉)

⑥ 주치(主治) : 양미욕절증(陽微欲絶證), 음성격양(陰盛格陽), 대한(大汗), 사지궐역(四肢厥逆), 각동냉약(脚疼冷弱), 심복냉통(心腹冷痛), 장부침한(臟腑沈寒), 삼음상한(三陰傷寒), 중한중풍(中寒中風), 망양(亡陽), 음한내성(陰寒內盛), 흉복냉통(胸腹冷痛), 풍한해역사기(風寒咳逆邪氣), 음독한산(陰毒寒疝), 담음기궐(痰飲氣厥), 토리복통(吐痢腹痛), 양허(陽虛), 풍한습비(風寒濕痺), 각기수종(脚氣水腫), 구련슬통(拘攣膝痛), 요척풍한(腰脊風寒), 구리비설(久痢脾泄), 구루냉창(久漏冷瘡), 하리적백(下痢赤白), 폭사탈양(暴瀉脫陽), 신궐두통(腎厥頭痛), 두풍(頭風), 한학장기(寒瘧瘴氣), 혈가(血瘕), 경폐(經閉), 소아만경(小兒慢驚)

⑦ 효능(效能) : 회양구역(廻陽救逆), 보심양(補心陽), 통맥(通脈), 온신양익화(溫腎陽益火), 보화조양(補火助陽), 온중지통(溫中止痛), 온비양(溫脾陽), 산음한(散陰寒), 온열비위(溫熱脾胃), 온경산한(溫經散寒), 제습지통(除濕止痛), 견기골(堅肌骨), 보조양기부족(補助陽氣不足), 보신명화(補腎命火), 보허산옹(補虛散癰)

⑧ 약물음양오행(藥物陰陽五行) : 온열약(溫熱藥), 지비약(止痺藥)

191) 부평(浮萍) : 개구리 밥(全草)

① 성미(性味) : 신(辛), 산(酸), 고(苦), 함(鹹), 평(平), 한(寒), 경(輕), 부(浮), 무독(無毒), 하향(下向), 승산(升散)

② 귀경(歸經) : 폐(肺)·방광(膀胱) 金水經, 소장(小腸)·간(肝)·비(脾) 火木土經

③ 용법(用法) : 3~6g, 9~18g〈18~30g 선용(鮮用)〉, 내복(內服), 외용(外用), 단방(單方) 가능

④ 금기(禁忌) : 기허표허자한(氣虛表虛自汗), 기허풍통(氣虛風痛), 혈허부조(血虛膚

燥)

⑤ 배합길(配合吉) : 형개(荊芥), 연교(連翹), 방풍(防風), 박하(薄荷), 우방자(牛蒡子), 선태(蟬蛻), 차전자(車前子), 적소두(赤小豆)

⑥ 주치(主治) : 풍열표증(風熱表證), 시행열병(時行熱病), 신열무한(身熱無汗), 진출불투(疹出不透), 창옹(瘡癰), 풍열은진(風熱癮疹), 열증수종(熱證水腫), 피부소양(皮膚瘙癢), 탕상(湯傷), 단독(丹毒), 개선(疥癬), 구설생창(口舌生瘡), 전풍(癲風), 토혈뉵혈(吐血衄血), 충교상(蟲咬傷)

⑦ 효능(效能) : 발한해표(發汗解表), 투진지양(透疹止痒), 거풍지양(祛風止痒), 행수소종(行水消腫), 지소갈(止消渴), 해열(解熱), 해독(解毒), 이뇨(利尿), 하수기(下水氣)

⑧ 약물음양오행(藥物陰陽五行) : 신량해표약(辛凉解表藥), 이수소종약(利水消腫藥), 이수청열약(利水淸熱藥)

192) 북사삼(北沙蔘) : 갯방풍의 근(根)

① 성미(性味) : 감(甘), 미고(微苦), 미한(微寒), 량(凉), 무독(無毒)

② 귀경(歸經) : 폐(肺)·위(胃) 金土經, 비(脾) 土經

③ 용법(用法) : 6~15g, 20~30g(鮮), 단방가능(單方可能)

④ 금기(禁忌) : 한증(寒證), 폐위허한(肺胃虛寒), 풍한작수(風寒作嗽), 한음천해(寒陰喘咳)(忌), 여로(藜蘆 : 相反), 방기(防己 相惡)

⑤ 배합길(配合吉) : 천화분(天花粉), 맥문동(麥門冬), 상엽(桑葉), 옥죽(玉竹), 천문동(天門冬), 패모(貝母), 지모(知母), 생석고(生石膏), 지골피(地骨皮), 상백피(桑白皮), 과루실(瓜蔞實), 전호(前胡), 별갑(鱉甲), 백모근(白茅根), 백급(白芨), 아교(阿膠), 석곡(石斛), 백편두(白扁豆), 만삼(蔓蔘), 태자삼(太子蔘), 계내금(鷄內金), 곡아(穀芽), 천련자(川楝子), 구기자(枸杞子), 생지황(生地黃)

⑥ 주치(主治) : 폐열조해(肺熱燥咳), 열병상진(熱病傷津), 음상인건(陰傷咽乾), 음허화왕(陰虛火旺), 음허노수(陰虛勞嗽), 구해폐위(久咳肺痿), 담황점조(淡黃粘稠), 비

위기허(脾胃氣虛), 건해무담(乾咳無痰), 노해담열(勞咳痰熱), 위음휴허(胃陰虧虛), 구갈(口渴), 간신음허(肝腎陰虛), 혈조기울(血燥氣鬱), 폐결핵(肺結核), 만성기관염(慢性氣管炎)

⑦ 효능(效能) : 양음윤폐(養陰潤肺), 폐열청해(肺熱淸解), 익위생진(益胃生津), 자음청폐(滋陰淸肺), 자양위음(滋養胃陰), 보폐음(補肺陰), 거담지해(祛痰止咳)

⑧ 약물음양오행(藥物陰陽五行) : 보음약(補陰藥)

193) 붕사(硼砂)

① 성미(性味) : 감(甘), 함(鹹), 산(酸), 량(凉), 무독(無毒), (微毒)

② 귀경(歸經) : 폐(肺)・위(胃) 金土經

③ 용법(用法) : 생용(生用), 하용(煆用), 1.5~3g 外用, 1~1.5g(內服愼重)

④ 금기(禁忌) : 음허진조(陰虛津燥)(忌)

⑤ 배합길(配合吉) : 주사(朱砂), 현명분(玄明粉), 감초(甘草), 웅황(雄黃), 패모(貝母), 과루인(瓜蔞仁), 합분(蛤粉), 망초(芒硝), 용뇌(龍腦)〈빙편(氷片), 백강잠(白殭蠶)

⑥ 주치(主治) : 구설생창(口舌生瘡), 인후종통(咽喉腫痛), 담열해수(痰熱咳嗽), 해수담조(咳嗽痰稠), 적괴결어육(積塊結瘀肉), 목적종통(目赤腫痛), 골경악창(骨哽惡瘡), 상초담열(上焦痰熱), 열격반위(噎膈反胃), 구치병(口齒病)

⑦ 효능(效能) : 청열해독(淸熱解毒), 소담지수(消痰止嗽), 지해(止咳), 방부(防腐), 파징결후비(破癥結喉痹), 생진액(生津液), 살노충(殺勞蟲), 생기(生肌)

⑧ 약물음양오행(藥物陰陽五行) : 외용약(外用藥), 소창옹저약(消瘡癰疽藥), 청화열담약(淸化熱痰藥)

194) 비석(砒石)

① 성미(性味) : 신(辛), 산(酸), 고(苦), 대열(大熱), 대독(大毒)

② 귀경(歸經) : 폐(肺)·간(肝) 金木經, 위(胃) 腸 土經

③ 용법(用法) : 1일 1회 0.09~0.15g, 녹두(綠豆), 두부(豆腐)와 동자용(同煮用), 외용(外用), 내복(內服)/구복(久服) 삼가, 중독(中毒)주의

④ 금기(禁忌) : 임부(妊婦), 체허약(体虛弱)/비석(砒石)의 해독약(解毒藥) : 흑두전즙(黑豆煎汁), 녹두생즙(綠豆生汁)

⑤ 배합길(配合吉) : 주사(朱砂), 고백반(枯白礬), 오매육(烏梅肉), 담두시(淡豆豉)

⑥ 주치(主治) : 옹저(癰疽), 치창(痔瘡), 선창(癬瘡), 라역(瘰癧), 한성효천(寒性哮喘), 한담천식(寒痰喘息), 담다청희(痰多淸稀), 담옹열독(痰壅熱毒), 해수(咳嗽), 학질(瘧疾), 선질(癬疾), 적리(積痢), 아감(牙疳), 한담효천(寒痰哮喘)

⑦ 효능(效能) : 부식작용(腐蝕作用), 거부발독(去腐拔毒), 화담평천(化痰平喘), 절학(截瘧), 지천(止喘), 구충(驅蟲), 해열독(解熱毒)

⑧ 약물음양오행(藥物陰陽五行) : 외용약(外用藥), 지해평천약(止咳平喘藥)

195) 비자(榧子) : 비자나무(種子)

① 성미(性味) : 감(甘), 삽(澀), 평(平), 무독(無毒)

② 귀경(歸經) : 폐(肺)·대장(大腸)·위(胃) 金土經, 비(脾) 土經

③ 용법(用法) : 연각생용(連殼生用), 초용(炒用), 9~15g, 15~30g, 10~20枚, 單方가능, 녹두(綠豆)(忌)(相反), 多服삼가

④ 배합길(配合吉) : 무이(蕪荑), 빈랑(檳榔), 학슬(鶴蝨), 웅황(雄黃), 대산(大蒜), 백부(百部), 사군자(使君子), 편축(萹蓄)

⑤ 주치(主治) : 기생충병(寄生蟲病), 소아황수(小兒黃瘦), 감적(疳積), 충적복통(蟲積腹痛), 폐조해수무담(肺燥咳嗽無痰), 오치(五痔), 치창변비(痔瘡便秘), 복중사기(腹中邪氣), 사교상(蛇咬傷)

⑥ 효능(效能) : 살충소적(殺蟲消積), 윤조(潤燥), 윤폐지해(潤肺止咳), 완사통변(緩瀉通便), 거충(去蟲), 조근골(助筋骨), 명목(明目), 행영위(行營衛), 조양도(助陽道), 거어생신(祛瘀生新), 보기화담(補氣化痰), 건비(健脾)

⑦ 약물음양오행(藥物陰陽五行) : 살충약(殺蟲藥), 윤하약(潤下藥)

196) 비파엽(枇杷葉) : 비파나무의 엽(葉)

① 성미(性味) : 고(苦), 감(甘), 신(辛), 평(平), 량(涼), 무독(無毒), 청설(淸泄), 강(降)

② 귀경(歸經) : 폐(肺)·위(胃) 金土經

③ 용법(用法) : 생용(生用), 밀자용(蜜炙用)〈윤폐(潤肺)〉, 3~12g(包煎), 單方가능 (15~30g 鮮), 12~15g

④ 금기(禁忌) : 위한구토(胃寒嘔吐), 풍한해수(風寒咳嗽)(忌), 열면(熱麵 : 忌)

⑤ 배합길(配合吉) : 황백(黃柏), 황련(黃連), 인삼(人蔘), 상백피(桑白皮), 감초(甘草), 사삼(沙蔘), 반하(半夏), 죽여(竹茹), 모근(茅根), 맥문동(麥門冬), 선노근(鮮蘆根), 천화분(天花粉), 복령(茯苓), 생강(生薑), 빈랑(檳榔), 국화(菊花), 천패모(川貝母), 행인(杏仁), 생지황(生地黃), 향부자(香附子), 계내금(鷄內金), 황금(黃芩), 갈근(葛根), 산약(山藥)

⑥ 주치(主治) : 폐열해수(肺熱咳嗽), 천식(喘息), 폐풍창(肺風瘡), 조열해천(燥熱咳喘), 위열구토(胃熱嘔吐), 뉵혈해혈(衄血咳血), 비위허한(脾胃虛寒), 구얼(嘔噦), 각기(脚氣)

⑦ 효능(效能) : 청폐설열(淸肺泄熱), 청폐기(淸肺氣), 화담하기(化痰下氣), 지해(止咳), 청위열(淸胃熱), 화위강역(和胃降逆), 소담정천(消痰定喘), 지갈(止渴), 청열해서독(淸熱解署毒), 항(抗) 바이러스

⑧ 약물음양오행(藥物陰陽五行) : 청화열담약(淸化熱痰藥), 지해평천약(止咳平喘藥), 지구약(止嘔藥)

197) 비해(萆薢) : 큰마(도꼬로마)〈의 괴경(塊莖)〉 덩이줄기

① 성미(性味) : 고(苦), 감(甘), 미산(微酸), 미온(微溫), 평(平), 무독(無毒)

② 귀경(歸經) : 간(肝)·위(胃)·방광(膀胱) 木土水經, 비(脾)·신(腎) 土水經

③ 용법(用法) : 5~9g, 9~15g(24g) 생용(生用)

④ 금기(禁忌) : 신허음휴(腎虛陰虧)(忌), 초(醋)(忌), 시호(柴胡), 대황(大黃), 규근(葵根), 모려(牡蠣)(꺼림)

⑤ 배합길(配合吉) : 황백(黃柏), 활석(滑石), 차전자(車前子), 석창포(石菖蒲), 복령(茯苓), 익지인(益智仁), 오약(烏藥), 감초(甘草), 문합(文蛤), 등심(燈心), 석위(石葦), 연자심(蓮子心), 위령선(威靈仙), 천궁(川芎), 독활(獨活), 백출(白朮), 육계(肉桂), 부자(附子), 우슬(牛膝), 상지(桑枝), 방기(防己), 의이인(薏苡仁), 진교(秦芃), 속단(續斷), 두중(杜仲), 지황(地黃), 산수유(山茱萸), 지부자(地膚子), 택사(澤瀉), 백출(白朮), 단삼(丹蔘), 오약(烏藥), 연심(連心), 목단피(牧丹皮), 적작약(赤芍藥), 생활석(生滑石), 통초(通草), 낙석등(絡石藤)

⑥ 주치(主治) : 풍습비통(風濕痺痛), 냉풍완비(冷風頑痺), 중풍실음(中風失音), 요슬산통(腰膝痠痛), 관절불리(關節不利), 전간(癲癇), 소변백탁(小便白濁), 고림(膏淋), 습열하주(濕熱下注), 유정(遺精), 음위실뇨(陰痿失尿)

⑦ 효능(效能) : 거풍습(祛風濕), 이습(利濕), 청탁분리(淸濁分離), 서근통락(舒筋通絡), 강골절(强骨節), 보간허(補肝虛), 익정명목(益精明目), 온경락(溫經絡), 보수장(補水臟)

⑧ 약물음양오행(藥物陰陽五行) : 거풍습지비약(祛風濕止痺藥)

198) 빈랑(檳榔) : 빈랑나무의 종자

① 성미(性味) : 고(苦), 신(辛), 온(溫), 삽(澁), 무독(無毒)

② 귀경(歸經) : 비(脾)·위(胃)·대장(大腸) 土金經, 폐(肺) 金經

③ 용법(用法) : 생용(生用), 초용(炒用), 3~9g, 9~12g, 15~30g, 單方가능

④ 금기(禁忌) : 체약(体弱), 기허하함(氣虛下陷), 등귤(橙橘 : 忌), 多服삼가, 비위허(脾胃虛)(忌)

⑤ 배합길(配合吉) : 목향(木香), 지실(枳實), 청피(靑皮), 향부자(香附子), 황백(黃

柏), 황련(黃連), 아출(莪朮), 견우자(牽牛子), 대황(大黃), 진피(陳皮), 감초(甘草), 인삼(人蔘), 작약(芍藥), 황금(黃芩), 당귀(當歸), 육계(肉桂), 후박(厚朴), 상산(常山), 초과(草果), 석류피(石榴皮), 생강(生薑), 소엽(蘇葉), 모과(木瓜), 길경(桔梗), 오수유(吳茱萸), 창출(蒼朮), 우슬(牛膝), 강활(羌活), 상륙(商陸), 복령피(茯苓皮), 초목(椒目), 목통(木通), 진교(秦艽), 적소두(赤小豆), 택사(澤瀉), 오매(烏梅)

⑥ 주치(主治) : 식적기체(食積氣滯), 완복창통(脘腹脹痛), 복창변비(腹脹便秘), 심복제통(心腹諸痛), 담기천급(痰氣喘急), 수종(水腫), 각기종통(脚氣腫痛), 사리후중(瀉痢後重), 풍냉기(風冷氣), 산기(疝氣), 기생충병(寄生蟲病), 습열이질(濕熱痢疾), 학질(瘧疾), 징결(癥結), 담벽(痰癖), 옹체(壅滯), 풍혈적취(風血積聚)

⑦ 효능(效能) : 이기행체수(理氣行滯水), 소적완사(消積緩瀉), 살충소적(殺蟲消積), 파징결(破癥結), 건비조중(健脾調中), 하기(下氣), 제담벽(除痰癖), 지통(止痛), 생기육(生肌肉), 이구규(利九竅), 통관절(通關節), 제번(除煩), 구충(驅蟲), 보오로칠상(補五勞七傷)

⑧ 약물음양오행(藥物陰陽五行) : 理氣藥, 利水消腫藥, 潤下藥, 살충약(殺蟲藥)

199) 사간(射干) : 범부채(의 根莖 :뿌리, 뿌리줄기)

① 성미(性味) : 신(辛), 고(苦), 평(平), 한(寒), 강설(降泄), 소독(小毒)

② 귀경(歸經) : 폐(肺)·간(肝) 金木經, 비(脾) 土經

③ 용법(用法) : 3~6g, 6~9g, 單方가능, 長服삼가, 多服 삼가

④ 금기(禁忌) : 임부(妊婦)(忌), 비허변당(脾虛便溏), 무실화(無實火), 기혈허(氣血虛), 허한(虛寒), 비위허약(脾胃虛弱), 무실열(無實熱)(忌)

⑤ 배합길(配合吉) : 감초(甘草), 길경(桔梗), 황금(黃芩), 연교(連翹), 현삼(玄蔘), 형개(荊芥), 우방자(牛蒡子), 마두령(馬兜鈴), 상백피(桑白皮), 천화분(天花粉), 국화(菊花), 지각(枳殼), 금은화(金銀花), 패모(貝母), 마황(麻黃), 반하(半夏), 관동화(款冬花), 생강(生薑), 오미자(五味子), 대조(大棗), 세신(細辛), 자완(紫菀)

⑥ 주치(主治) : 담열옹성(痰熱壅盛), 흉격만(胸膈滿), 인후종통(咽喉腫痛), 폐열다담

(肺熱多痰), 백대(白帶), 해역상기(咳逆上氣), 상풍해수(傷風咳嗽), 해천(咳喘), 후비인통(喉痺咽痛), 라역결핵(瘰癧結核), 옹종창독(癰腫瘡毒), 경폐(經閉)(無月經), 학모(瘧母)

⑦ 효능(效能) : 청열해독(淸熱解毒), 이인(利咽), 소담(消痰), 화담지해평천(化痰止咳平喘), 소어혈(消瘀血), 진간명목(鎭肝明目), 산결기(散結氣), 산어혈(散瘀血), 개위하식(開胃下食)

⑧ 약물음양오행(藥物陰陽五行) : 청열해독약(淸熱解毒藥)

200) 사과락(絲瓜絡) : 수세미 오이(果實網狀섬유), 열매

① 성미(性味) : 감(甘), 평(平), 한(寒), 무독(無毒), 미한(微寒), 편량성(偏凉性)

② 귀경(歸經) : 폐(肺)・위(胃)・간(肝) 金土木經

③ 용법(用法) : 생용(生用), 초용(炒用), 초탄용(炒炭用) 3~9g, 9~12g 전복(煎服) 單方가능

④ 배합길(配合吉) : 연교(連翹), 금은화(金銀花), 자화지정(紫花地丁), 포공영(蒲公英), 락석등(絡石藤), 상지(桑枝), 진교(秦艽), 시호(柴胡), 지각(枳殼), 천궁(川芎), 울금(鬱金), 과루피(瓜蔞皮), 과루실(瓜蔞實), 반하(半夏), 청피(靑皮), 해백(薤白), 패모(貝母), 저제(猪蹄), 왕불류행(王不留行), 천산갑(穿山甲), 황기(黃芪), 인삼(人蔘), 당귀(當歸), 숙지황(熟地黃), 향부자(香附子), 천문동(天門冬), 상백피(桑白皮), 전호(前胡), 상엽(桑葉), 행인(杏仁), 우방자(牛蒡子), 백부근(百部根), 자완(紫菀), 관동화(款冬花), 유향(乳香), 백작(白芍), 몰약(沒藥), 백두구(白豆蔲), 귤락(橘絡), 방기(防己), 생의이인(生薏苡仁), 동과피(冬瓜皮)

⑤ 주치(主治) : 옹종창독(癰腫瘡毒), 탕화상(燙火傷), 풍습비통(風濕痺痛), 근맥구련(筋脈拘攣), 흉협동통(胸脇疼痛), 유방창통(乳房脹痛), 복통(腹痛), 유즙불하(乳汁不下), 해수담다(咳嗽痰多), 폐열담해(肺熱痰咳), 출혈증(出血證), 붕루(崩漏), 요통(腰痛), 무월경(無月經), 치창유혈(痔瘡流血), 심열번조(心熱煩躁), 자궁출혈(子宮出血), 적리(赤痢)

⑥ 효능(效能) : 청열해독(淸熱解毒), 통락소종(通絡消腫), 양혈삼출(凉血滲出), 통경활락(通經活絡), 거풍(祛風), 화담지해(化痰止咳), 화혈맥(和血脈), 지혈(止血), 통유하유(通乳下乳), 살충(殺蟲), 탁두독(托痘毒), 이수거습(利水祛濕), 통유즙(通乳汁)

⑦ 약물음양오행(藥物陰陽五行) : 청열해독약(淸熱解毒藥), 거풍습통경락약(祛風濕通經絡藥), 청화열담약(淸化熱痰藥)

201) 사군자(使君子) : 사군자나무(果實 열매)

① 성미(性味) : 감(甘), 온(溫), 소독(小毒)

② 귀경(歸經) : 비(脾)・위(胃) 土經

③ 용법(用法) : 생용(生用), 초용(炒用), 3~6g, 6~9g, 20粒 이하, 單方가능

④ 금기(禁忌) : 다량복용(多量服用)(忌), 열성물(熱性物)(忌), 다즙(茶汁)(忌), 부작용이 있으면 甘草, 丁香으로 해약독(解藥毒)한다.

⑤ 배합길(配合吉) : 오매(烏梅), 빈랑(檳榔), 고련근피(苦楝根皮), 백출(白朮), 인삼(人蔘), 무이(蕪荑), 황련(黃連)

⑥ 주치(主治) : 충적복통(蟲積腹痛), 경증회충병(輕症蛔蟲病), 복부창만(腹部脹滿), 소아감적(小兒疳積), 소화불량(消化不良), 설사(泄瀉)

⑦ 효능(效能) : 살충소적(殺蟲消積), 건비위(健脾胃), 요감(療疳), 제허열(除虛熱)

⑧ 약물음양오행(藥物陰陽五行) : 살충약(殺蟲藥)

202) 사매(蛇苺) : 뱀딸기 전초(全草)

① 성미(性味) : 감(甘), 미고(微苦), 산(酸), 한(寒), 소독(小毒)

② 귀경(歸經) : 폐(肺)・위(胃)・간(肝) 金土木經

③ 용법(用法) : 말려서 사용, 9~15g, 15~30g, 30~60g (鮮用)

④ 배합길(配合吉) : 반지련(半枝蓮), 백영(白英), 고반(枯礬), 염수(鹽水), 포공영(蒲公英), 조각자(皂角刺), 적작약(赤芍藥), 도인(桃仁)

⑤ 주치(主治) : 옹종정독(癰腫疔毒), 상한대열(傷寒大熱), 독사교상(毒蛇咬傷), 경간
한열(驚癎寒熱), 폐열해수(肺熱咳嗽), 혈열붕루(血熱崩漏), 흉위열기(胸胃熱氣), 인
후종통(咽喉腫痛), 토혈(吐血), 질타정창(跌打疔瘡), 사충교상(蛇蟲咬傷), 화상(火
傷), 흉복고열(胸腹高熱),구설생창(口舌生瘡), 풍화아통(風火牙痛), 상풍감모(傷風
感冒), 효천(哮喘), 해수(咳嗽)

⑥ 효능(效能) : 청열해독(淸熱解毒), 양혈지해(凉血止咳), 지혈(止血), 화혈(和血),
통경(通經), 화담지해(化痰止咳), 염창종(斂瘡腫), 소종지통(消腫止痛), 장근골(壯
筋骨), 거풍(祛風)

⑦ 약물음양오행(藥物陰陽五行) : 청열양혈약(淸熱凉血藥), 항암약(抗癌藥), 청열해독
약(淸熱解毒藥), 소창옹저약(消瘡癰疽藥), 청화열담약(淸化熱痰藥)

203) 사삼(沙蔘) : 남사삼(南沙蔘), 잔대

① 성미(性味) : 감(甘), 미고(微苦), 한(寒), 무독(無毒), 청윤(淸潤), 경청상부(輕淸
上浮)

② 귀경(歸經) : 폐(肺)·위(胃) 金土經

③ 용법(用法) : 생용(生用), 단방가능(單方可能), 3~15g, 15~18g, 전(煎), 환(丸),
산(散)

④ 금기(禁忌) : 여로(藜蘆 相反), 방기(防己 相惡), 한다사주(寒多四柱)(愼重), 풍한
해수(風寒咳嗽), 한음천해(寒飮喘咳), 폐허한(肺虛寒), 비위허한(脾胃虛寒)(忌)

⑤ 배합길(配合吉) : 두시(豆豉), 상엽(桑葉), 행인(杏仁), 패모(貝母), 이피(梨皮), 치
자(梔子), 옥죽(玉竹), 맥문동(麥門冬), 생감초(生甘草), 백편두(白扁豆), 천화분(天
花粉), 천문동(天門冬), 지골피(地骨皮), 지모(知母), 상백피(桑白皮), 과루실(瓜蔞
實), 황금(黃芩), 석고(石膏), 아교(阿膠), 백부근(百部根), 생지황(生地黃), 숙지황
(熟地黃), 복령(茯苓), 백국화(白菊花), 달간(獺肝), 삼칠근(三七根), 천패모(川貝
母), 산약(山藥), 빙당(氷糖), 계내금(鷄內金), 모과(木瓜), 맥아(麥芽), 저육(豬肉)

⑥ 주치(主治) : 폐조(肺燥), 조해담점(燥咳痰粘), 폐열해수(肺熱咳嗽), 인건구건(咽乾

口乾), 음허노수(陰虛勞嗽), 위음휴허(胃陰虧虛), 대변비결(大便秘結)

⑦ 효능(效能) : 자음윤폐(滋陰潤肺), 양음청폐(養陰淸肺), 거담지해(祛痰止咳), 익위생진(益胃生津), 윤조(潤燥)

⑧ 약물음양오행(藥物陰陽五行) : 보음약(補陰藥)

204) 사상자(蛇床子) : 벌사상자, 갯사상자의 열매(果實)(뱀도랏)

① 성미(性味) : 신(辛), 고(苦), 감(甘), 평(平), 온(溫), 미독(微毒), 조습(燥濕)
② 귀경(歸經) : 신(腎)·비(脾) 水土經, 폐(肺) 金經
③ 용법(用法) : 3~9g, 9~18g, 외용(外用)가능, 單方가능
④ 금기(禁忌) : 신음부족(腎陰不足), 음허조열(陰虛潮熱), 하초습열(下焦濕熱), 정활불고(精滑不固), 상화역동(相火易動)(忌), 패모(貝母), 파두(巴豆), 목단(牧丹)(꺼림)
⑤ 배합길(配合吉) : 오미자(五味子), 토사자(菟絲子), 화초(花椒), 고삼(苦蔘), 백부(百部), 음양곽(淫羊藿), 파극천(巴戟天)
⑥ 주치(主治) : 신허음위(腎虛陰痿), 불잉(不孕), 풍습비통(風濕痺痛), 음부습양(陰部濕痒)(外用), 궁냉(宮冷), 습창(濕瘡), 습진(濕疹), 요냉통(腰冷痛), 음중종통(陰中腫痛), 박손어혈(撲損瘀血). 음한습선(陰汗濕癬), 전간(癲癇), 적백대하(赤白帶下)
⑦ 효능(效能) : 온신장양(溫腎壯陽), 거풍산한(祛風散寒), 조습살충(燥濕殺蟲), 이관절(利關節), 거풍냉(去風冷), 익비(益脾), 온중하기(溫中下氣), 호안색(好顔色), 남자음강(陰强), 난양기(暖陽氣), 조음기(助陰氣), 축소변(縮小便)
⑧ 약물음양오행(藥物陰陽五行) : 보양약(補陽藥), 살충약(殺蟲藥), 외용약(外用藥)

205) 사원자(沙苑子) : 사원질려(沙苑蒺藜), 동질려(潼蒺藜)〈종자(種子)〉

① 성미(性味) : 온(溫), 감(甘), 고(苦), 삽(澁), 무독(無毒)

② 귀경(歸經) : 간(肝)·신(腎) 木水經, 심(心) 火經

③ 용법(用法) : 염수초용(鹽水炒用) 9~20g(24g)

④ 금기(禁忌) : 상화치성(相火熾盛), 양강역여(陽强易與), 정력과다(精力過多), 수장부편열(水臟腑偏熱)(忌)

⑤ 배합길(配合吉) : 토사자(菟絲子), 산약(山藥), 용골(龍骨), 검실(芡實), 모려(牡蠣), 연수(蓮鬚), 여정자(女貞子), 구기자(枸杞子), 숙지황(熟地黃), 야명사(夜明砂), 석창포(石菖蒲)

⑥ 주치(主治) : 간신부족(肝腎不足), 허손노핍(虛損勞乏), 신허요통(腎虛腰痛), 유정(遺精), 요빈불금(尿頻不禁), 간신양휴(肝腎兩虧), 요통설정(腰痛泄精), 양위(陽痿), 소변빈삭(小便頻數), 치루(痔瘻), 대하(帶下), 요슬산통(腰膝痠痛), 신냉(腎冷), 이명(耳鳴), 두훈안화(頭暈眼花), 음위(陰痿), 징가(癥瘕), 요혈(尿血), 폐위(肺痿)

⑦ 효능(效能) : 간신보익(肝腎補益), 축뇨고정(縮尿固精), 양간명목(養肝明目), 보신고정(補腎固精), 보간신(補肝腎), 익정(益精), 견신수(堅腎水), 강음(强陰), 축소변(縮小便), 장기육(長肌肉)

⑧ 약물음양오행(藥物陰陽五行) : 보양약(補陽藥)

206) 사인(砂仁) : 축사(縮砂) 사인(축사)의 과실(果實)(열매, 종자)

① 성미(性味) : 신향(辛香), 고(苦), 함(鹹), 평(平), 온조(溫燥), 무독(無毒)

② 귀경(歸經) : 비(脾)·위(胃)·신(腎) 土水經, 심(心) 火經

③ 용법(用法) : 생용(生用), 초용(炒用), 염수초용(鹽水炒用) : 1.5~3g, 3~6g, 구전(久煎)삼가, 單方가능, 구복(久服) 삼가

④ 금기(禁忌) : 음소화다사주(陰少火多四柱)(愼重), 음허유열(陰虛有熱), 기허폐만(氣虛肺滿), 화열복통(火熱腹痛)(忌)

⑤ 배합길(配合吉) : 진피(陳皮), 지실(枳實), 후박(厚朴), 목향(木香), 백출(白朮), 창출(蒼朮), 백두구(白豆蔻), 인삼(人蔘), 반하(半夏), 복령(茯苓), 감초(甘草), 소경(蘇梗), 죽여(竹茹), 두중(杜仲), 상기생(桑寄生), 속단(續斷), 부자(附子), 건강(乾

薑), 당삼(黨蔘), 후박(厚朴), 향부자(香附子), 진피(陳皮), 생강(生薑), 대조(大棗), 초두구(草豆蔻), 지실(枳實), 오수유(吳茱萸)

⑥ 주치(主治) : 비위기체(脾胃氣滯), 냉기복통(冷氣腹痛), 복부창만(腹部脹滿), 상기해수(上氣咳嗽), 습조비위(濕阻脾胃), 복통설사(腹痛泄瀉), 비창(痞脹), 임신오조(姙娠惡阻), 경간사기(驚癎邪氣), 노손(勞損), 태동불안(胎動不安), 비위허한(脾胃虛寒), 붕중(崩中), 한사냉리(寒瀉冷痢), 열격구토(噎膈嘔吐)

⑦ 효능(效能) : 화습건비(化濕健脾), 성비조위(醒脾調胃), 온비지사(溫脾止瀉), 행기관중(行氣寬中), 화위관중(和胃寬中), 안태이기(安胎理氣), 온중산한(溫中散寒), 보간(補肝), 화비위(和脾胃), 온난비위(溫暖脾胃), 소화수곡(消化水穀), 보폐성비(補肺醒脾), 통체기(通滯氣), 이원기(理元氣), 양위익신(養胃益腎), 산한음창비(散寒飮脹痞), 윤신(潤腎), 개울결(開鬱結)

⑧ 약물음양오행(藥物陰陽五行) : 방향화습약(芳香化濕藥), 이기약(理氣藥), 지사약(止瀉藥)

207) 사태(蛇蛻) : 사퇴피(蛇退皮) 뱀의 탈피막(脫皮膜)

① 성미(性味) : 감(甘), 함(鹹), 평(平), 무독(無毒)(有毒)
② 귀경(歸經) : 간(肝)·비(脾) 木土經
③ 용법(用法) : 1.5~3g, 3~6g 전복(煎服)
④ 금기(禁忌) : 임부(妊婦)(忌), 자석(磁石)(꺼림)
⑤ 배합길(配合吉) : 조구등(釣鉤藤), 세신(細辛), 감초(甘草), 대황(大黃), 황기(黃芪), 고삼(苦蔘), 백반(白礬), 사상자(蛇床子), 국화(菊花), 금은화(金銀花), 황백(黃柏), 상백피(桑白皮), 선퇴(蟬退), 당귀(當歸), 생지황(生地黃), 백질려(白蒺藜), 목단피(牧丹皮), 형개수(荊芥穗), 적작약(赤芍藥), 백출(白朮), 자근(紫根), 지부자(地膚子), 창이자(蒼耳子)
⑥ 주치(主治) : 옹저악창종독(癰疽惡瘡腫毒), 안창두풍(眼脹頭風), 소아경풍(小兒驚風), 개선(疥癬), 이종통(耳腫痛), 구해(嘔咳), 후풍구창(喉風口瘡), 후비(喉痺), 목

적예장(目赤翳障), 치루(痔瘻), 한열(寒熱), 전질(癲疾), 충독사간(蟲毒蛇癇), 역양(癧瘍), 탕화상(湯火傷)

⑦ 효능(效能) : 해독소종(解毒消腫), 완간보심(緩肝保心), 거풍정경(祛風定驚), 살충(殺蟲), 명목퇴예(明目退翳), 제풍습(除風濕), 지구역(止嘔逆), 최생(催生)

⑧ 약물음양오행(藥物陰陽五行) : 통경락약(通經絡藥), 청열명목약(淸熱明目藥), 소창옹저약(消瘡癰疽藥), 살충약(殺蟲藥), 외용약(外用藥)

208) 사향(麝香)

① 성미(性味) : 신(辛), 고(苦), 온(溫), 무독(無毒), 방향(芳香)
② 귀경(歸經) : 심(心)·간(肝)·비(脾) 火木土經
③ 용법(用法) : 1회 0.03~0.15g씩 (丸散)
④ 금기(禁忌) : 임부(妊婦)(忌)
⑤ 배합길(配合吉) : 우황(牛黃), 빙편(氷片)〈용뇌(龍腦)〉, 서각(犀角), 호박(琥珀), 주사(朱砂), 안식향(安息香), 대모(玳瑁), 웅황(雄黃), 금·은박(金·銀箔), 섬수(蟾酥), 황단(黃丹), 용골(龍骨), 고백반(枯白礬), 단삼(丹蔘), 적작약(赤芍藥), 홍화(紅花), 도인(桃仁), 몰약(沒藥), 유향(乳香), 육계(肉桂)
⑥ 주치(主治) : 열병(熱病), 경궐(驚厥), 중풍담궐(中風痰厥), 중오번민(中惡煩悶), 심복폭통(心腹暴痛), 소아경간(小兒驚癇), 창급비만(脹急痞滿), 경폐징가(經閉癥瘕), 벽적(癖積), 질박손상(跌撲損傷), 비통(痺痛), 풍독(風毒), 옹저창양(癰疽瘡瘍), 종독(腫毒), 악창치루종통(惡瘡痔瘻腫痛), 온학(溫瘧), 인후종통(咽喉腫痛), 목중부예(目中膚翳), 사독(蛇毒), 삼충(三蟲), 음냉(陰冷)
⑦ 효능(效能) : 개규통폐(開竅通閉), 산어혈(散瘀血), 경락소통(經絡疏通), 활혈산결(活血散結), 진심안신(鎭心安神), 최생하태(催生下胎), 화양통주리(化陽通腠理), 활혈통경(活血通經), 거충독(祛虫毒), 항균(抗菌), 제심통(除心痛), 토풍담(吐風痰), 해주독(解酒毒)
⑧ 약물음양오행(藥物陰陽五行) : 개규약(開竅藥)

209) 산두근(山豆根) : 광두근(廣豆根), 광두근, 새모래덩굴(根)(代用 : 땅비싸리)

① 성미(性味) : 고(苦), 감(甘), 한(寒), 무독(無毒)

② 귀경(歸經) : 폐(肺)·심(心) 金火經, 비(脾)·대장(大腸) 土金經

③ 용법(用法) : 생용(生用), 3~6g, 6~9g 전복(煎服), 즙복(汁服), 2~6g(研粉末), 單方가능

④ 금기(禁忌) : 토약사주(土弱四柱)(愼重), 비위허한(脾胃虛寒), 식소설사(食少泄瀉), 허화염폐(虛火炎肺)(忌)

⑤ 배합길(配合吉) : 미초(米醋), 판남근(板藍根), 사간(射干), 현삼(玄蔘), 길경(桔梗), 연교(連翹), 우방자(牛蒡子), 황련(黃連), 금은화(金銀花), 당귀(當歸), 감초(甘草), 지각(枳殼), 방풍(防風), 생지황(生地黃), 황금(黃芩), 치자(梔子), 생감초(生甘草), 어성초(魚腥草), 백화사설초(白花蛇舌草)

⑥ 주치(主治) : 열독(熱毒), 후풍(喉風), 인후종통(咽喉腫痛), 구창종독(口瘡腫毒), 후중발옹(喉中發癰), 암(癌), 약독(藥毒), 사견교상(蛇犬咬傷), 치통(齒痛), 천만열해(喘滿熱咳), 열종(熱腫), 개선(疥癬), 치질(痔疾), 설사황달(泄瀉黃疸), 급황발열(急黃發熱)

⑦ 효능(效能) : 청열해독(淸熱解毒), 이인후(利咽喉), 산결소종(散結消腫), 해약독(解藥毒), 지통(止痛), 소염(消炎), 소창종독(消瘡腫毒), 해인후종통(解咽喉腫痛)

⑧ 약물음양오행(藥物陰陽五行) : 청열해독약(淸熱解毒藥), 항암약(抗癌藥)

210) 산사(山楂), 山楂子 : 산사나무(아가위 나무)의 과실(果實 : 열매)

① 성미(性味) : 산(酸), 감(甘), 신(辛), 미온(微溫), 무독(無毒)

② 귀경(歸經) : 비(脾)·위(胃)·간(肝) 土木經

③ 용법(用法) : 생용(生用), 초황(炒黃), 초탄용(炒炭用), 3~15g, 30g, 單方가능, 전

복(煎服)

④ 금기(禁忌) : 비위토허(脾胃土虛), 산과다자(酸過多者), 위궤양(胃潰瘍)(愼用 신용), 선복(鮮服) 삼가, 多服 삼가, 기허변당(氣虛便溏), 인삼(人蔘)(忌)

⑤ 배합길(配合吉) : 맥아(麥芽), 신국(神麯), 지각(枳殼), 목향(木香), 천궁(川芎), 당귀(當歸), 익모초(益母草), 천초근(茜草根), 포황(蒲黃), 복령(茯苓), 반하(半夏), 연교(連翹), 진피(陳皮), 내복자(萊菔子), 산약(山藥), 갈근(葛根), 대황(大黃), 청피(青皮), 패란(佩蘭), 죽여(竹茹), 백편두(白扁豆), 육두구(肉豆蔻), 연호색(延胡索), 은행엽(銀杏葉), 단삼(丹蔘), 하수오(何首烏), 황련(黃連), 가자(訶子), 우여량(禹餘糧)

⑥ 주치(主治) : 식육적체(食肉積滯), 비허습열(脾虛濕熱), 완복창통(脘腹脹痛), 설사(泄瀉), 어체출혈(瘀滯出血), 체혈통종(滯血痛腫), 산후어혈복통(產後瘀血腹痛), 경폐복통(經閉腹痛), 고지혈증(高脂血證), 오로부진(惡露不盡), 고혈압(高血壓), 담음(痰飮), 탄산(吞酸), 징가(癥瘕), 비만(痞滿), 산기(疝氣), 요통(腰痛), 동창(凍瘡), 창양(瘡瘍)

⑦ 효능(效能) : 소육적체(消肉積滯), 화음식(化飮食), 소혈비기괴(消血痺氣塊), 활혈산어(活血散瘀), 거담행체(祛痰行滯), 건위(健胃), 행결기(行結氣), 항균(抗菌), 이소변(利小便), 구촌충(驅寸蟲), 건위관격(健胃寬膈), 하기(下氣)

⑧ 약물음양오행(藥物陰陽五行) : 소도약(消導藥)

211) 산수유(山茱萸) : 산수유의 과육(果肉)

① 성미(性味) : 산(酸), 함(鹹), 신(辛), 평(平), 미온(微溫), 무독(無毒), 수렴(收斂)

② 귀경(歸經) : 간(肝)·신(腎) 木水經, 심(心) 火經

③ 용법(用法) : 주침거핵(酒浸去核), 과육(果肉)이용, 초증(醋蒸), 3~9g, 9~12g, 12~30g 전복(煎服)

④ 금기(禁忌) : 명문화치(命門火熾)(忌), 습열(濕熱), 소변임삽(小便淋澁), 강양불위(强陽不痿)(忌), 방풍(防風), 방기(防己), 길경(桔梗)(꺼림), 모려(牡蠣 相惡)

⑤ 배합길(配合吉) ： 구기자(枸杞子), 숙지황(熟地黃), 두중(杜仲), 토사자(菟絲子), 선령비(仙靈脾), 보골지(補骨脂), 〈모려(牡蠣)〉, 용골(龍骨), 작약(芍藥), 당귀(當歸), 익모초(益母草), 아교주(阿膠珠), 천궁(川芎), 부자(附子), 인삼(人蔘), 복령(茯苓), 산약(山藥), 자감초(炙甘草), 목단피(牧丹皮), 택사(澤瀉), 육계(肉桂), 녹각교(鹿角膠), 금앵자(金櫻子), 계혈등(鷄血藤), 석창포(石菖蒲), 생백작(生白芍), 황기(黃芪), 백출(白朮), 오적골(烏賊骨), 진종탄(陳棕炭), 천근탄(茜根炭), 오배자(五倍子), 하용골(煆龍骨), 승마(升麻), 당삼(黨蔘), 오미자(五味子)

⑥ 주치(主治) ： 간신부족증(肝腎不足證), 간허한열(肝虛寒熱), 요슬산통(腰膝酸痛), 요산(腰痠), 목현(目眩), 두훈이명(頭暈耳鳴), 두풍(頭風), 신양부족증(腎陽不足證), 유정(遺精), 소변빈삭(小便頻數), 유뇨(遺尿), 음위(陰痿), 정기허약증(正氣虛弱證), 허한(虛汗), 심하사기(心下邪氣), 한열(寒熱), 부녀체허(婦女体虛), 월경과다(月經過多), 누하(漏下), 양위(陽痿), 활정(滑精), 붕루(崩漏), 이농(耳聾), 목황(目黃), 비색(鼻塞), 풍기거래(風氣去來), 장위풍사(腸胃風邪), 풍골통(風骨痛), 삼충(三虫), 심허발열(心虛發熱), 한열산가(寒熱疝瘕)

⑦ 효능(效能) ： 보간익신(補肝益腎), 익신고정(益腎固精), 삽정염한(澁精斂汗), 고경지혈(固經止血), 온보수렴(溫補收斂), 안오장(安五臟), 강음익정(强陰益精), 온간(溫肝), 지구사(止久瀉), 난요슬(暖腰膝), 항균(抗菌), 축한습비(逐寒濕痺), 온중(溫中), 장원기(壯元氣), 하기(下氣), 강력(强力), 명목(明目), 통구규(通九竅), 흥양도(興陽道), 보신기(補腎氣), 제면지창(除面止瘡), 파징결(破癥結)

⑧ 약물음양오행(藥物陰陽五行) ： 보음약(補陰藥), 지혈약(止血藥), 지한약(止汗藥), 수렴약(收斂藥)

212) 산약(山藥) ： 마, 참마(덩이줄기)

① 성미(性味) ： 감(甘), 평(平), 온(溫), 윤(潤), 무독(無毒), 삽(澁), 생것(凉)
② 귀경(歸經) ： 비(脾)・폐(肺)・신(腎) 土金水經
③ 용법(用法) ： 생용(生用), (粗皮 제거), 맥부초(麥麩炒), 토초(土炒), 6～30g,

30~60g, 60~120g, 單方가능, 구복(久服) 가능

④ 금기(禁忌) : 신강화다사주(身强火多四柱)신중), 실열증(實熱證), 염증성설사(炎症性泄瀉), 복창만민(腹脹滿悶), 대변경결(大便硬結), 택칠(澤漆)(相惡), 감수(甘遂)(꺼림), 실사(實邪)(忌)

⑤ 배합길(配合吉) : 인삼(人蔘), 백출(白朮), 의이인(薏苡仁), 복령(茯苓), 갈근(葛根), 초두구(草豆蔻), 자감초(炙甘草), 금은화(金銀花), 천패모(川貝母), 맥문동(麥門冬), 당삼(黨蔘), 행인(杏仁), 백합(百合), 황기(黃芪), 천화분(天花粉), 생숙지황(生熟地黃), 연자(蓮子), 산수유(山茱萸), 부소맥(浮小麥), 신국(神麴)

⑥ 주치(主治) : 비위허약(脾胃虛弱), 비허설사(脾虛泄瀉), 허로해수(虛勞咳嗽), 소식체권(少食体倦), 구리(久痢), 유정(遺精), 소갈(消渴), 대하(帶下), 소변빈삭(小便頻數), 비신허약(脾腎虛弱), 조설(早泄), 두목현훈(頭目眩暈), 두면유풍(頭面遊風), 요슬산연(腰膝痠軟), 소갈증(消渴證), 상중초(傷中焦), 허로리수(虛勞羸瘦), 냉풍(冷風), 두동건망(頭疼健忘), 번열(煩熱)

⑦ 효능(效能) : 보비위(補脾胃), 익기보중(益氣補中), 보익정(補益精), 익폐신(益肺腎), 보허(補虛), 강음(强陰), 익신음(益腎陰), 장기육(長肌肉), 장지(長志), 양음(養陰), 익신기(益腎氣), 제한열사기(除寒熱邪氣), 이목총명(耳目聰明), 하기(下氣), 충오장(充五臟), 지요통(止腰痛), 보심기부족(補心氣不足), 진심신(鎭心神), 보오로칠상(補五勞七傷), 강근골(强筋骨), 안신(安神), 청허열(淸虛熱), 윤피모(潤皮毛), 화담연(化痰涎)

⑧ 약물음양오행(藥物陰陽五行) : 보기약(補氣藥)

213) 산자고(山慈姑) : 약난초, 두잎 약난초(가구경(假球莖), 까치무릇(인경 鱗莖 : 비늘줄기)

① 성미(性味) : 감(甘), 신(辛), 한(寒), 소독(小毒)
② 귀경(歸經) : 간(肝)・위(胃) 木土經, 비(脾)・폐(肺) 土金經
③ 용법(用法) : 3~9g, 전복(煎服), 단방(單方)가능, 용량신중

④ 금기(禁忌) : 기허약(氣虛弱), 신약(身弱)〈신중용(愼重用)〉, 신약사주(身弱四柱)
〈신중〉

⑤ 배합길(配合吉) : 천금자상(千金子霜), 사향(麝香), 주사(朱砂), 오배자(五倍子),
용뇌(龍腦), 금은화(金銀花), 왕불류행(王不留行), 홍아대극(紅芽大戟), 나미(糯米)

⑥ 주치(主治) : 실열(實熱), 창옹종독(瘡癰腫毒), 사충교상(蛇蟲咬傷), 번열담화(煩熱
痰火), 식물중독(食物中毒), 후비종통(喉痺腫痛), 라역결핵(瘰癧結核), 독창(毒瘡)

⑦ 효능(效能) : 청열산결(清熱散結), 해울(解鬱), 해독산결(解毒散結), 항종양(抗腫
瘍), 항암(抗癌), 소담(消痰), 지해수(止咳嗽), 해제독(解諸毒), 살제충독(殺諸蟲
毒), 지인후통(止咽候痛)

⑧ 약물음양오행(藥物陰陽五行) : 항암약(抗癌藥), 청열해독약(清熱解毒藥)

214) 산장실(酸漿實) : 꽈리(果實 : 열매), 괘금등(掛金燈)

① 성미(性味) : 산(酸), 한(寒), 무독(無毒)

② 귀경(歸經) : 심(心)·폐(肺)·방광(膀胱) 火金水經, 간(肝)·비(脾) 木土經

③ 용법(用法) : 생용(生用), 3~12g, 단방(單方)가능

④ 금기(禁忌) : 임부(妊婦)(忌), 비허한설사(脾虛寒泄瀉)(忌)

⑤ 배합길(配合吉) : 사간(射干), 우방자(牛蒡子), 현삼(玄蔘), 길경(桔梗), 포공영(蒲
公英), 상백피(桑白皮), 행인(杏仁), 비파엽(枇杷葉), 전호(前胡), 산장초(酸漿草),
목통(木通), 차전자(車前子), 담죽엽(淡竹葉)

⑥ 주치(主治) : 인후종통(咽喉腫痛), 정창(疔瘡), 폐열해수(肺熱咳嗽), 골증노열(骨蒸
勞熱), 기역다담(氣逆多痰), 황달(黃疸), 수종(水腫), 열림삽통(熱淋澀痛), 소변적삽
(小便赤澀), 상초열결(上焦熱結), 번조비만(煩躁痞滿), 열담수(熱痰嗽), 난산(難産),
오림(五淋), 복옹(腹癰), 창독(瘡毒), 혈붕(血崩), 단독(丹毒)

⑦ 효능(效能) : 청열해독(清熱解毒), 청폐위열(清肺胃熱), 이인소종(利咽消腫), 청열
강기화담(清熱降氣化痰), 이뇨통림(利尿通淋), 청심제번(清心除煩), 하기(下氣), 이
수도(利水道), 치열담수(治熱痰嗽), 정지익기(定志益氣), 명목(明目), 소울결(消鬱

結), 파기(破氣), 파혈(破血)

⑧ 약물음양오행(藥物陰陽五行) : 청열해독약(淸熱解毒藥), 이수청열약(利水淸熱藥)

215) 산조인(酸棗仁) : 멧대추나무의 종인(種仁), 산조의 종자

① 성미(性味) : 감(甘), 산(酸), 평(平), 미온(微溫), 무독(無毒), 수렴(收斂)

② 귀경(歸經) : 심(心)·비(脾)·간(肝)·담(膽) 火土木經

③ 용법(用法) : 생용(生用), 초용(炒用), 3~9g, 9~18g, 單方가능, 전복(煎服)

④ 금기(禁忌) : 울화(鬱火), 습담사열(濕痰邪熱), 활설(滑泄), 실사열(實邪熱), 간왕 번조불면(肝旺煩躁不眠)(忌), 방기(防己)(꺼림)

⑤ 배합길(配合吉) : 천궁(川芎), 복령(茯苓), 감초(甘草), 지모(知母), 인삼(人蔘), 당귀(當歸), 황기(黃芪), 백출(白朮), 목향(木香), 원지(遠志), 용안육(龍眼肉), 오미자(五味子), 생지황(生地黃), 백자인(柏子仁), 맥문동(麥門冬), 천문동(天門冬), 길경(桔梗), 현삼(玄蔘), 단삼(丹蔘), 주사(朱砂), 모려(牡蠣), 산수유(山茱萸), 복신(茯神), 당삼(黨蔘), 백작(白芍), 백합화(白合花), 아교등(阿膠藤)

⑥ 주치(主治) : 혈허(血虛), 심계(心悸), 허번(虛煩), 불안(不安), 심번불면(心煩不眠), 경계정충(驚悸怔忡), 다몽(多夢), 체허(体虛), 심복한열(心腹寒熱), 자한(自汗), 도한(盜汗), 허한번갈(虛汗煩渴), 습비(濕痺), 사지산통(四肢酸痛), 사결기취(邪結氣聚)

⑦ 효능(效能) : 보간담(補肝膽), 영심안신(寧心安神), 자양(滋養), 자양심간(滋養心肝), 염한(斂汗), 염기(斂氣), 보중익간기(補中益肝氣), 조음기(助陰氣), 화위운비(和胃運脾), 견근골(堅筋骨), 영근양수(榮筋養髓), 진정(鎭靜), 강압(降壓), 총이명목(聰耳明目), 평간이기(平肝理氣), 온중이습(溫中利濕), 윤폐양음(潤肺養陰)

⑧ 약물음양오행(藥物陰陽五行) : 양심안신약(養心安神藥), 지한약(止汗藥), 수렴약(收斂藥)

216) 삼내자(三乃子) : 산내(山柰), 산내의 근경(根莖 : 뿌리줄기)

① 성미(性味) : 신(辛), 감(甘), 온(溫), 무독(無毒)
② 귀경(歸經) : 위(胃) 土經, 심(心)·비(脾)·신(腎) 火土水經
③ 용법(用法) : 3~6g, 전복(煎服), 外用
④ 금기(禁忌) : 시약사주(身弱四柱)(신중), 음혈허(陰血虛), 위토열(胃土熱)(忌)
⑤ 배합길(配合吉) : 당귀(當歸), 정향(丁香), 감초(甘草)
⑥ 주치(主治) : 심복냉통(心腹冷痛), 한습곽란(寒濕霍亂), 정식불화(停食不化), 풍충
아통(風虫牙痛), 질타손상(跌打損傷), 예기(穢氣), 골경(骨硬), 소화불량(消化不良)
⑦ 효능(效能) : 온중소식(溫中消食), 난중초(暖中焦), 거풍(祛風), 지통(止痛), 소종
(消腫)
⑧ 약물음양오행(藥物陰陽五行) : 소도약(消導藥), 온열약(溫熱藥), 지통약(止痛藥)

217) 삼백초(三白草) : 삼백초 전초(全草)

① 성미(性味) : 고(苦), 감(甘), 신(辛), 한(寒), 미독(微毒)
② 귀경(歸經) : 간(肝)·신(腎) 木水經
③ 용법(用法) : 말려서 사용(乾用), 9~15g 전복(煎服), 單方가능
④ 주치(主治) : 수종(水腫), 복수(腹水), 각기부종(脚氣浮腫), 열림(熱淋), 임탁(淋
濁), 황달(黃疸), 암(癌), 정창종독(疔瘡腫毒), 흉격열담(胸膈熱痰), 사교상(蛇咬
傷), 소아비만(小兒痞滿), 학질(瘧疾), 백대(白帶), 사기(痧氣), 이질(痢疾)
⑤ 효능(效能) : 청리습열(淸利濕熱), 소종해독(消腫解毒), 파적취(破積聚), 소담(消
痰), 이대소변(利大小便), 파벽(破癖), 소옹종(消癰腫), 조월경(調月經), 소열독(消
熱毒)
⑥ 약물음양오행(藥物陰陽五行) : 항암약(抗癌藥), 청열해독약(淸熱解毒藥), 이습퇴황
약(利濕退黃藥)

218) 삼릉(三棱) : 메자기(의 塊莖), 흙삼릉의 괴경(塊莖)(덩이줄기)

① 성미(性味) : 신(辛), 감(甘), 고(苦), 평(平), 온(溫), 무독(無毒)
② 귀경(歸經) : 간(肝)·비(脾) 木土經, 폐(肺) 金經
③ 용법(用法) : 3~9g 전복(煎服), 丸散)
④ 금기(禁忌) : 임부(妊婦), 월경과다(月經過多)(忌), 아초(牙硝 相畏), 혈고경폐(血枯經閉), 기허체약(氣虛体弱)(忌)
⑤ 배합길(配合吉) : 봉출(蓬朮), 천궁(川芎), 우슬(牛膝), 현호색(玄胡索), 대황(大黃), 목단피(牧丹皮), 목향(木香), 청피(靑皮), 빈랑(檳榔), 맥아(麥芽), 신국(神麯), 산사(山査), 백출(白朮), 인삼(人蔘), 육계(肉桂), 숙지황(熟地黃), 백작약(白芍藥), 도인(桃仁), 홍화(紅花)
⑥ 주치(主治) : 어체기결(瘀滯氣結), 어혈결괴(瘀血結塊), 혈대경폐(血帶經閉), 징가적취(癥瘕積聚), 산후어혈복통(産後瘀血腹痛), 음식정체(飮食停滯), 심격통(心膈痛), 완복창통(脘腹脹痛), 식적완복창만(食積脘腹脹滿), 심복동통(心腹疼痛), 기창(氣脹), 창종견경(瘡腫堅硬), 박손어혈(撲損瘀血), 노벽징가(老癖癥瘕), 결괴(結塊)
⑦ 효능(效能) : 파기거어(破氣祛瘀), 파어(破瘀), 행산기체(行散氣滯), 식적소제(食積消除), 지통(止痛), 통월경(通月經), 소악혈(消惡血)
⑧ 약물음양오행(藥物陰陽五行) : 파기약(破氣藥), 활혈거어약(活血祛瘀藥), 파징소적약(破癥消積藥)

219) 삼칠(근)〈三七(根)〉 : 인삼삼칠의 뿌리(根)

① 성미(性味) : 감(甘), 미고(微苦), 평(平), 온(溫), 무독(無毒)
② 귀경(歸經) : 간(肝)·위(胃) 木土經, 대장(大腸)·심(心)·신(腎)·폐(肺) 金火水經
③ 용법(用法) : 4.5~9g 전복(煎服), 분말(粉末) 1회 0.9~1.5g씩
④ 금기(禁忌) : 임부(妊婦), 혈허무어혈(血虛無瘀血)(忌), 혈열망행(血熱妄行)(忌), 무어혈(無瘀血)(忌)

⑤ 배합길(配合吉) : 백급(白芨), 모근(茅根), 우즙(藕汁), 모려(牡蠣), 용골(龍骨), 제대황(製大黃), 주(酒), 오배자(五倍子), 생지황(生地黃), 오미자(五味子), 적작(赤芍), 목단피(牧丹皮), 육계(肉桂), 자석(磁石), 창포(菖蒲), 천축황(天竺黃), 당삼(黨蔘), 계혈등(鷄血藤)

⑥ 주치(主治) : 질타손상(跌打損傷), 어혈(瘀血), 출혈증(出血證), 어체복통(瘀滯腹痛), 징가(癥瘕), 옹저창종(癰疽瘡腫), 독사교상(毒蛇咬傷), 해혈(咳血), 토혈(吐血), 혈변(血便), 비출혈(鼻出血), 붕루(崩漏), 혈리(血痢), 산후혈훈(產後血暈), 오로불하(惡露不下), 옹종동통(癰腫疼痛)

⑦ 효능(效能) : 지혈(止血), 활혈산어(活血散瘀), 소종(消腫), 활혈정통(活血定痛), 소염(消炎), 항(抗)바이러스, 통맥행어(通脈行瘀)

⑧ 약물음양오행(藥物陰陽五行) : 지혈약(止血藥), 활혈거어약(活血祛瘀藥)

220) 상기생(桑寄生) : 뽕나무 겨우살이(가지, 잎)

① 성미(性味) : 고(苦), 감(甘), 평(平), 미온(微溫), 무독(無毒)

② 귀경(歸經) : 간(肝)·신(腎) 木水經, 심(心) 火經

③ 용법(用法) : 생용(生用), 주초용(酒炒用), 3~9g, 9~18g, 18~30g, 30~60g 전복(煎服)

④ 금기(禁忌) : 철(鐵)(忌)

⑤ 배합길(配合吉) : 독활(獨活), 두중(杜仲), 방풍(防風), 인삼(人蔘), 지황(地黃), 당귀(當歸), 복령(茯苓), 세신(細辛), 계심(桂心), 작약(芍藥), 진교(秦艽), 감초(甘草), 천궁(川芎), 우슬(牛膝), 백출(白朮), 생강(生薑), 향부자(香附子), 속단(續斷), 백복신(白茯神), 아교(阿膠), 애엽(艾葉), 인동등(忍冬藤), 계혈등(鷄血藤), 토사자(菟絲子), 황금(黃芩), 사탕(砂糖), 황기(黃芪), 적백작약(赤白芍藥), 당삼(黨蔘), 계란(鷄卵)

⑥ 주치(主治) : 풍습관절동통(風濕關節疼痛), 풍한습비(風寒濕痺), 간신부족(肝腎不足), 요슬동통(腰膝疼痛), 근골위약(筋骨痿弱), 각기(脚氣), 사지마목(四肢麻木),

내상해수(內傷咳嗽), 신염(腎炎), 장풍대혈(腸風帶血), 태동불안(胎動不安), 태루(胎漏), 자궁탈수(子宮脫垂), 혈붕(血崩), 산통(疝痛), 창개옹종(瘡疥癰腫), 창양(瘡瘍), 금창(金瘡), 이질(痢疾), 고혈압(高血壓), 음허양항(陰虛陽亢)

⑦ 효능(效能) : 양혈통락(養血通絡), 보간신(補肝腎), 강근골(强筋骨), 거풍습(祛風濕), 익혈(益血), 화혈(和血), 안태(安胎), 정통(定痛), 항균(抗菌), 이뇨(利尿), 강압(降壓), 하유즙(下乳汁), 장양도(壯陽道), 견신사화(堅腎瀉火), 보기온중(補氣溫中), 통월수(通月水), 이관절(利關節), 견발(堅髮), 자보(滋補), 서근활락(舒筋活絡), 청열거담(清熱祛痰), 지해(止咳), 소종(消腫)

⑧ 약물음양오행(藥物陰陽五行) : 보음약(補陰藥), 보혈약(補血藥), 거풍습강근골약(祛風濕强筋骨藥)

221) 상륙(商陸) : 자리공 뿌리(根)

① 성미(性味) : 고(苦), 신(辛), 산(酸), 평(平), 한(寒), 유독(有毒), 침(沈), 강(降), 맹열(猛烈)

② 귀경(歸經) : 폐(肺)·대장(大腸)·신(腎)·비(脾) 金水土經, 방광(膀胱)·소장(小腸) 水火經

③ 용법(用法) : 1.5~3g, 3~9g 전복(煎服), 單方가능, 신중용(愼重用)

④ 금기(禁忌) : 임부(妊婦), 비허수종(脾虛水腫)(忌), 견육(犬肉 개고기)(忌), 위기허약(胃氣虛弱)(忌)

⑤ 배합길(配合吉) : 대극(大戟), 감수(甘遂), 이어(鯉魚), 적소두(赤小豆), 택사(澤瀉), 대복피(大腹皮), 강활(羌活), 목통(木通), 초목(椒目), 빈랑(檳榔), 진교(秦艽), 생강(生薑), 복령피(茯苓皮), 식염(食鹽), 두중(杜仲), 원화(芫花), 대산(大蒜)

⑥ 주치(主治) : 소변불리(小便不利), 수종창만(水腫脹滿), 복수(腹水), 옹종창독(癰腫瘡毒), 편신홍종(遍身洪腫), 번조다갈(煩躁多渴), 인후종통(咽喉腫痛), 산가(疝瘕), 위비(痿痹), 후비불통(喉痹不通), 각기(脚氣), 수창(水脹), 흉중사기(胸中邪氣), 충독(蟲毒), 황달(黃疸)

⑦ 효능(效能) : 이변통리(二便通利), 행수(行水), 소종독(消腫毒), 살충(殺蟲), 산수기(散水氣), 통대소장(通大小腸)

⑧ 약물음양오행(藥物陰陽五行) : 준하축수약(峻下逐水藥)

222) 상백피(桑白皮) : 뽕나무 뿌리껍질

① 성미(性味) : 감(甘), 미산(微酸), 평(平), 한(寒), 강(降), 무독(無毒)

② 귀경(歸經) : 폐(肺) 金經, 대장(大腸)・비(脾) 金土經

③ 용법(用法) : 생용(生用), 밀자용(蜜炙用), 3~18g, 전복(煎服)

④ 금기(禁忌) : 한증(寒證), 천수(喘嗽), 풍한해수(風寒咳嗽), 소변과다(小便過多)〈愼重用〉, 폐허무화(肺虛無火)(忌), 철(鐵)(忌)

⑤ 배합길(配合吉) : 갱미(粳米), 감초(甘草), 지골피(地骨皮), 의이인(薏苡仁), 복령(茯苓), 차전자(車前子), 택사(澤瀉), 생강피(生薑皮), 대복피(大腹皮), 하고초(夏枯草), 결명자(決明子), 황금(黃芩), 박하(薄荷), 길경(桔梗), 지모(知母)

⑥ 주치(主治) : 폐열천해(肺熱喘咳), 수기부종(水氣浮腫), 수종실증(水腫實證), 창만천급(脹滿喘急), 수음정폐(水飮停肺), 각기(脚氣), 황달(黃疸), 소변불리(小便不利), 토혈(吐血), 상중(傷中), 붕중(崩中), 폐중수기(肺中水氣), 열갈(熱渴), 풍습마목(風濕麻木), 두통(頭痛), 허로객열(虛勞客熱)

⑦ 효능(效能) : 사폐열(瀉肺熱), 하기평천(下氣平喘), 이수퇴종(利水退腫), 폐기숙강(肺氣肅降), 혈압강하(血壓降下), 소담지갈(消痰止渴), 산혈(散血), 보허익기(補虛益氣), 소수기(消水氣), 지폐열해수(止肺熱咳嗽)

⑧ 약물음양오행(藥物陰陽五行) : 이수소종약(利水消腫藥), 지해평천약(止咳平喘藥)

223) 상산(常山) : 황상산의 뿌리(根), 조팝나무, 백미꽃, 누리장나무(해주상산)(代用가능)

① 성미(性味) : 신(辛), 고(苦), 한(寒), 소독(小毒), 승산(升散), 용설(涌泄)

② 귀경(歸經) : 폐(肺)・간(肝)・심(心) 金木火經 비(脾) 土經

③ 용법(用法) : 3~5g, 5~9g 煎服, 單方가능, 생용(生用)〈용토(涌吐)〉, 숙용(熟用)〈
퇴열(退熱)〉

④ 금기(禁忌) : 체약(体弱), 정기허약(正氣虛弱)(忌), 생채(生菜), 생총(生葱 생파),
구병(久病), 노인(老人)(忌), 계육(鷄肉)(忌)

⑤ 배합길(配合吉) : 초과(草果), 패모(貝母), 지모(知母), 오매(烏梅), 빈랑(檳榔), 천
산갑(穿山甲), 봉밀(蜂蜜), 감초(甘草), 대조(大棗), 생강(生薑), 황련(黃連), 행인
(杏仁), 법반하(法半夏), 황백(黃柏)

⑥ 주치(主治) : 학질한열(瘧疾寒熱), 구학(久瘧), 흉중담음(胸中痰飮), 복중적취(腹中
積聚), 라역(瘰癧), 사기(邪氣), 비결(痞結), 견징(堅癥), 흉중담결토역(胸中痰結吐
逆), 간광전궐(癎狂癲厥), 서루(鼠瘻), 수창(水脹), 토담연(吐痰涎)

⑦ 효능(效能) : 절학퇴열(截瘧退熱), 용토담연(涌吐痰涎), 거한열(祛寒熱), 항(抗) 바
이러스

⑧ 약물음양오행(藥物陰陽五行) : 용토약(涌吐藥)

224) 상심자(桑椹子) : 뽕나무 과실(열매)

① 성미(性味) : 감(甘), 산(酸), 한(寒), 무독(無毒), 윤(潤)

② 귀경(歸經) : 심(心)・간(肝)・신(腎) 火木水經

③ 용법(用法) : 약간쪄서 말림. 단방(單方)가능, 장복유리(長服有利), 5~9g, 9~15g
전복(煎服), 15~30g(膏)

④ 금기(禁忌) : 비허변당(脾虛便溏), 비위허한(脾胃虛寒)(忌)

⑤ 배합길(配合吉) : 석곡(石斛), 숙건지황(熟乾地黃), 옥죽(玉竹), 맥문동(麥門冬),
사삼(沙蔘), 지모(知母), 석고(石膏), 천문동(天門冬), 천화분(天花粉), 생황기(生
黃芪), 태자삼(太子蔘), 서양삼(西洋蔘), 흑두의(黑豆衣), 계혈등(鷄血藤), 여정자
(女貞子), 지골피(地骨皮), 호마(胡麻), 하수오(何首烏)

⑥ 주치(主治) : 간신음휴(肝腎陰虧), 두훈(頭暈), 이명(耳鳴), 목현(目眩), 목암(目

暗), 수발조백(鬚髮早白), 실면(失眠), 시물혼화(視物昏花), 음휴혈허(陰虧血虛), 소갈증(消渴證), 진상구갈(津傷口渴), 장조변비(腸燥便秘), 라역(瘰癧)

⑦ 효능(效能) : 보간익신(補肝益腎), 자음보혈(滋陰補血), 생진(生津), 고정(固精), 거풍습(祛風濕), 자양윤장통변(滋養潤腸通便), 이수기(利水氣), 진해이뇨(鎭咳利尿), 이오장관절(利五臟關節), 청량지해(淸凉止咳), 소종(消腫), 통혈기(通血氣), 생정신(生精神), 충혈액(充血液), 흑발명목(黑髮明目)(久服時), 양음(養陰), 안태(安胎), 제열지사(除熱止瀉), 청허화(淸虛火), 해주중독(解酒中毒)

⑧ 약물음양오행(藥物陰陽五行) : 보혈약(補血藥), 보음약(補陰藥)

225) 상엽(桑葉) : 뽕나무 잎

① 성미(性味) : 고(苦), 감(甘), 산(酸), 신(辛), 한(寒), 미독(微毒)

② 귀경(歸經) : 폐(肺), 간(肝) 金木經

③ 용법(用法) : 單方가능, 3~6g, 6~12g 전복(煎服)

④ 배합길(配合吉) : 연교(連翹), 감국(甘菊), 전호(前胡), 박하(薄荷), 길경(桔梗), 노근(蘆根), 행인(杏仁), 감초(甘草), 차전자(車前子), 결명자(決明子), 백작약(白芍藥), 석결명(石決明), 구기자(枸杞子), 여정자(女貞子), 흑지마(黑芝麻), 패모(貝母), 석고(石膏), 사삼(沙蔘), 맥문동(麥門冬), 국화(菊花), 비파엽(枇杷葉), 단삼(丹蔘), 목단피(牧丹皮)

⑤ 주치(主治) : 외감풍열증(外感風熱證), 풍비(風痺), 해수두통(咳嗽頭痛), 폐경실열(肺經實熱), 혈열토혈(血熱吐血), 노열해수(勞熱咳嗽), 인건(咽乾), 후통(喉痛), 조열상폐(燥熱傷肺), 간양항성(肝陽亢盛), 두훈목현(頭暈目眩), 목적종통(目赤腫痛), 두통두창(頭痛頭脹), 간음허(肝陰虛), 안목혼화(眼目昏花), 복통토하(腹痛吐下), 장풍(腸風), 금창출혈(金瘡出血), 타박어혈(打撲瘀血), 각기(脚氣), 수종(水腫), 두면부종(頭面浮腫), 사충오공교상(蛇蟲蜈蚣咬傷)

⑥ 효능(效能) : 소산풍열(消散風熱), 평간명목(平肝明目), 폐경설열(肺經泄熱), 청폐지해(淸肺止咳), 양혈(凉血), 조습(燥濕), 지혈(止血), 이대소장(利大小腸), 이오장

(利五臟), 사위(瀉胃), 이관절(利關節), 항균(抗菌), 거담(祛痰), 하기(下氣), 지도
한(止盜汗), 지갈(止渴), 장발(長髮)

⑦ 약물음양오행(藥物陰陽五行) : 해표약(解表藥), 거풍약(祛風藥), 청열명목약(淸熱
明目藥), 지혈약(止血藥)

226) 상지(桑枝) : 뽕나무 枝(가지)

① 성미(性味) : 고(苦), 감(甘), 신(辛), 평(平), 미한(微寒), 무독(無毒), 량(凉)
② 귀경(歸經) : 간(肝) 木經, 폐(肺)·신(腎) 金水經
③ 용법(用法) : 생용(生用), 주초(酒炒), 부초(麩炒), 3~15g, 15~60g 전복(煎服), 單
方가능
④ 금기(禁忌) : 철(鐵)(忌)
⑤ 배합길(配合吉) : 독활(獨活), 강활(羌活), 위령선(威靈仙), 방기(防己), 황기(黃
芪), 천궁(川芎), 백지(白芷), 당귀(當歸), 강황(薑黃), 지룡(地龍), 인동등(忍冬藤),
낙석등(絡石藤), 사과락(絲瓜絡), 방기(防己), 우슬(牛膝)
⑥ 주치(主治) : 풍열(風熱), 풍한습비(風寒濕痹), 상지비통(上肢痹痛), 풍열비통(風熱
臂痛), 사지구련(四肢拘攣), 풍기련통(風氣攣痛), 중풍와사(中風喎斜), 노년학슬풍
(老年鶴膝風), 골절풍담(骨節風痰), 수족마목(手足麻木), 각기부종(脚氣浮腫), 폐기
수(肺氣嗽), 안훈(眼暈), 상기(上氣), 해수역기(咳嗽逆氣), 고혈압(高血壓)
⑦ 효능(效能) : 청열(淸熱), 거풍습(祛風濕), 통경락(通經絡), 통리관절(通利關節), 행수
(行水), 이소변(利小便), 소식(消食), 소흔종독옹(消炘腫毒癰), 소종지통(消腫止痛),
양진액(養津液), 장폐기(壯肺氣), 지해제번(止咳除煩), 자신수(滋腎水), 조습(燥濕)
⑧ 약물음양오행(藥物陰陽五行) : 거풍습통경락약(祛風濕通經絡藥)

227) 상표초(桑螵蛸) : 사마귀 알집

① 성미(性味) : 감(甘), 함(鹹), 평(平), 무독(無毒)

② 귀경(歸經) : 간(肝)·신(腎) 木水經

③ 용법(用法) : 부피초(麩皮炒) 또는 염수초(鹽水炒) 3~9g, 單方가능

④ 금기(禁忌) : 수음소(水陰少)(忌), 양화다사주(陽火多四柱)(신용), 음허화성(陰虛 火盛), 방광유열(膀胱有熱), 소변단적(小便短赤)(忌), 선복화(旋覆花)(꺼림)

⑤ 배합길(配合吉) : 구기자(枸杞子), 오미자(五味子), 보골지(補骨脂), 토사자(菟絲 子), 모려(牡蠣), 용골(龍骨), 복분자(覆盆子), 금앵자(金櫻子), 익지인(益智仁), 인 삼(人蔘), 석창포(石菖蒲), 당귀(當歸), 복신(茯神), 초자귀판(醋炙龜板), 원지(遠 志), 자감초(炙甘草), 황기(黃芪), 생강(生薑), 녹용(鹿茸), 산수유(山茱萸), 동질려 (潼蒺藜), 충울자(茺蔚子), 승마(升麻), 백작(白芍), 당삼(黨蔘), 육종용(肉蓯蓉), 쇄양(鎖陽), 검실(芡實)

⑥ 주치(主治) : 신허(腎虛), 후비(喉痺), 이통(耳痛), 유정(遺精), 허손(虛損), 상중 (傷中), 유뇨(遺尿), 소변빈삭(小便頻數), 산가(疝瘕), 유약(遺弱), 적백대하(赤白 帶下), 음위(陰痿), 소변백탁(小便白濁), 여자혈폐요통(女子血閉腰痛), 허냉(虛冷), 골경(骨骾)

⑦ 효능(效能) : 보신조양(補腎助陽), 보간신(補肝腎), 조양고정(助陽固精), 이소변(利 小便), 고정축뇨(固精縮尿), 익정(益精), 생자(生子), 통오림(通五淋)

⑧ 약물음양오행(藥物陰陽五行) : 수렴약(收斂藥)

228) 생강(生薑)

① 성미(性味) : 신(辛), 감(甘), 고(苦), 온(溫), 무독(無毒), 발산(發散)

② 귀경(歸經) : 폐(肺)·비(脾)·위(胃) 金土經, 심(心)·간(肝)·담(膽) 火木經

③ 용법(用法) : 생용(生用), 외숙(煨熟)(溫性 增加), 3~5g, 3~9g 단방(單方) 가능, 長服삼가

④ 금기(禁忌) : 음허내열(陰虛內熱), 표허자한(表虛自汗)(사용시 주의), 〈황금(黃芩) : 相惡)〉, 반하(半夏)·남성(南星)(相畏), 우육(牛肉)·저육(豬肉)·토육(兎肉)· 마육(馬肉)(忌)

⑤ 배합길(配合吉) : 제반하(製半夏), 〈황금(黃芩)〉, 황련(黃連), 대조(大棗), 감초(甘草), 당삼(黨蔘), 초죽여(炒竹茹), 제후박(製厚朴), 당(糖), 이당(飴糖), 밀(蜜), 행인(杏仁), 자소(紫蘇), 진피(陳皮), 자완(紫菀)

⑥ 주치(主治) : 감모상풍증(感冒傷風證), 외감풍한표증(外感風寒表證), 담수기만(痰水氣滿), 해역상기(咳逆上氣), 상한두통비색(傷寒頭痛鼻塞), 위풍한구토(胃風寒嘔吐), 비위허한(脾胃虛寒), 담음(痰飮), 풍한해수담다(風寒咳嗽痰多), 설사창만(泄瀉脹滿), 취기(臭氣), 장산통(腸疝痛), 어해육독(魚蟹肉毒), 천남성(天南星), 반하(半夏)(毒), 약독(藥毒)

⑦ 효능(效能) : 신산발표(辛散發表), 발한해표(發汗解表), 온위화중(溫胃和中), 제풍습한열(除風濕寒熱), 온강역지구(溫降逆止嘔), 온폐지해(溫肺止咳), 해독(解毒), 거담하기(祛痰下氣), 익비위(益脾胃), 온중거습(溫中祛濕), 통신명(通神明), 통한(通汗), 개위기(開胃氣), 파혈조중(破血調中), 거냉제담(祛冷除痰), 산풍한(散風寒)

⑧ 약물음양오행(藥物陰陽五行) : 온열약(溫熱藥), 신온해표약(辛溫解表藥), 지구약(止嘔藥)

229) 생강피(生薑皮)

① 성미(性味) : 신(辛), 량(凉), 무독(無毒)

② 귀경(歸經) : 비(脾)·폐(肺) 土金經

③ 용법(用法) : 2~5g, 3~10g 전복(煎服)

④ 배합길(配合吉) : 상백피(桑白皮), 복령피(茯苓皮), 대복피(大腹皮), 지골피(地骨皮), 오가피(五加皮)

⑤ 주치(主治) : 두면허부(頭面虛浮), 심복팽창(心腹膨脹), 복협여고(腹脇如鼓), 수종(水腫), 소변불리(小便不利), 요제창민(腰臍脹悶), 사지종만(四肢腫滿)

⑥ 효능(效能) : 화중이수(和中利水), 소종(消腫), 화비위(和脾胃), 이수퇴종(利水退腫), 소부종(消浮腫), 지한(止汗)

⑦ 약물음양오행(藥物陰陽五行) : 이수소종약(利水消腫藥)

230) 생지황(生地黃) ： 선지황(鮮地黃), 신선한 지황

① 성미(性味) ： 감(甘), 고(苦), 평(平), 대한(大寒), 무독(無毒), 윤(潤), 다액(多液), 응체(凝滯)

② 귀경(歸經) ： 심(心)·간(肝)·신(腎) 火木水經

③ 용법(用法) ： 3~9g, 90g 단방가능(單方可能), 전복(煎服)

④ 금기(禁忌) ： 복만변당(服滿便溏), 비위허(脾胃虛), 양허유습(兩虛有濕), 철(鐵), 동(銅), 삼백(三白), 구백(韭白), 총백(葱白), 해백(薤白), 래복(萊服)(忌)

⑤ 배합길(配合吉) ： 황련(黃連)

⑥ 주치(主治) ： 대열(大熱), 번갈(煩渴), 온병상음(溫病傷陰), 수휴화항(水虧火亢), 음허내열(陰虛內熱), 열독이질(熱毒痢疾), 발반(發斑), 토뉵(吐衄), 붕중대하(崩中帶下), 허로골증(虛勞骨蒸), 해혈(咳血), 혈붕(血崩), 변비(便秘), 소갈(消渴), 태동하혈(胎動下血), 절상(折傷), 치통(齒痛), 상한온역두증(傷寒溫疫痘證)

⑦ 효능(效能) ： 청열양혈(淸熱凉血), 보혈(補血), 생진지갈(生津止渴), 해제열(解諸熱), 소어혈(消瘀血), 청조금(淸燥金), 소어통경(消瘀通經), 파혈(破血), 흑수발(黑鬚髮), 거제습(祛除濕), 윤피부(潤皮膚), 이대소변(利大小便), 보수음(補水陰)

⑧ 약물음양오행(藥物陰陽五行) ： 보혈약(補血藥), 청열양혈약(淸熱凉血藥), 지갈약(止渴藥)

231) 서각(犀角) ： 외코뿔소(角)(보호동물), 〈대용(代用) ： 물소의 뿔(角)〉

① 성미(性味) ： 산(酸), 함(鹹), 감(甘), 한(寒), 무독(無毒)

② 귀경(歸經) ： 심(心)·간(肝)·위(胃) 火木土經

③ 용법(用法) ： 1.5~6g, 전복(煎服)

④ 금기(禁忌) ： 초오두(草烏頭), 천오두(川烏頭)〈상외(相畏)〉, 임부(妊婦)(忌), 소금(鹽)(相反), 뇌환(雷丸), 오두(烏頭)(꺼림)

⑤ 배합길(配合吉) : 목단피(牧丹皮), 생지황(生地黃), 작약(芍藥), 대청엽(大靑葉), 현삼(玄蔘), 석고(石膏), 감초(甘草), 지모(知母), 갱미(粳米), 승마(升麻), 연교(連翹), 단삼(丹蔘), 맥문동(麥門冬), 죽엽(竹葉), 황련(黃連), 연자심(蓮子心), 빙편(氷片), 우황(牛黃), 영양각(羚羊角), 사향(麝香), 호박(琥珀), 대모(玳瑁), 금박(金箔), 은박(銀箔), 안식향(安息香), 웅황(雄黃), 주사(朱砂), 자석(磁石), 황금(黃芩), 한수석(寒水石), 침향(沈香), 청목향(靑木香), 금은화(金銀花)

⑥ 주치(主治) : 내열항성(內熱亢盛), 혈열출혈증(血熱出血證), 온열병(溫熱病), 열독치성(熱毒熾盛), 두진(痘疹), 신열발반진(身熱發斑疹), 상한온역(傷寒溫疫), 고열구갈(高熱口渴), 열성화치(熱盛火熾), 두통한열(頭痛寒熱), 고열번조(高熱煩躁), 경궐추휵(驚厥抽搐), 중오독기(中惡毒氣), 발황(發黃), 하혈(下血), 토뉵혈(吐衄血), 장기(瘴氣), 창종옹저(瘡腫癰疽), 열독풍(熱毒風), 백독(百毒), 사독(蛇毒)

⑦ 효능(效能) : 청열양혈(淸熱凉血), 해독양혈화반(解毒凉血化斑), 강심(强心), 청심정경안신(淸心定驚安神), 진정(鎭靜), 해대열(解大熱), 진간명목(鎭肝明目), 진심신(鎭心神), 소담(消痰), 청위해독(淸胃解毒), 사간양심(瀉肝凉心)

⑧ 약물음양오행(藥物陰陽五行) : 청열양혈약(淸熱凉血藥), 청열사화약(淸熱瀉火藥), 청열해독약(淸熱解毒藥), 지혈약(止血藥)

232) 서과(西瓜) : 수박

① 성미(性味) : 감(甘), 평(平), 한(寒), 무독(無毒)
② 귀경(歸經) : 심(心)·위(胃)·방광(膀胱) 火土水經, 비(脾)·폐(肺) 土金經
③ 용법(用法) : 적당량(瓜汁) 복용. 單方가능
④ 금기(禁忌) : 중한습성(中寒濕盛)(忌)
⑤ 배합길(配合吉) : 이즙(梨汁), 자즙(蔗汁), 선생지황즙(鮮生地黃汁)
⑥ 주치(主治) : 서열번갈(暑熱煩渴), 구갈심번(口渴心煩), 열병상진(熱病傷津), 담용기체(痰涌氣滯), 상주(傷酒), 소변불리(小便不利), 수종(水腫), 인후비(咽喉痺), 구창(口瘡), 혈리(血痢), 심번(心煩), 소갈(消渴), 열증(熱證)

⑦ 효능(效能) : 청열해서(淸熱解署), 제번지갈(除煩止渴), 이소변(利小便), 소서열(消暑熱), 관중하기(寬中下氣), 해주독(解酒毒)

⑧ 약물음양오행(藥物陰陽五行) : 청열해서약(淸熱解署藥), 이수청열약(利水淸熱藥), 지갈약(止渴藥)

233) 서과피(西瓜皮) : 서과취의(西瓜翠衣), 수박의 果皮(열매껍질)

① 성미(性味) : 감(甘), 량(凉), 무독(無毒), 미고(微苦), 담평(淡平)

② 귀경(歸經) : 비(脾)·위(胃) 土經

③ 용법(用法) : 10~30g, 서과상(西瓜霜) 1~2g, 單方가능

④ 금기(禁忌) : 중한습성(中寒濕盛)(忌)

⑤ 배합길(配合吉) : 선편두화(鮮扁豆花), 선하엽(鮮荷葉), 사과피(絲瓜皮), 선금은화(鮮金銀花), 선죽엽(鮮竹葉)

⑥ 주치(主治) : 서열번갈(暑熱煩渴), 소변불리(小便不利), 구설생창(口舌生瘡), 수종(水腫), 신염부종(腎炎浮腫), 당뇨병(糖尿病)

⑦ 효능(效能) : 청열해서(淸熱解署), 지갈이뇨(止渴利尿), 화열제번(火熱除煩), 이소변(利小便), 해피부간열(解皮膚間熱), 거풍이습(祛風利濕), 양위진(養胃津), 해주독(解酒毒)

⑧ 약물음양오행(藥物陰陽五行) : 청열해서약(淸熱解署藥)

234) 서양삼(西洋蔘) : 서양삼의 뿌리

① 성미(性味) : 고(苦), 미감(微甘), 신(辛), 한(寒), 무독(無毒)

② 귀경(歸經) : 심(心)·폐(肺)·신(腎) 火金水經

③ 용법(用法) : 3~6년생 건용(乾用), 2~6g, 6~9g, 單方가능

④ 금기(禁忌) : 한습중조(寒濕中阻), 중양허쇠(中陽虛衰), 여로(藜蘆)(相反), 철(鐵)(忌), 장한(臟寒)(忌), 울화(鬱火)(忌)

⑤ 배합길(配合吉) : 아교(阿膠), 맥문동(麥門冬), 패모(貝母), 지모(知母), 생지황(生地黃), 오미자(五味子), 석곡(石斛), 천문동(天門冬), 옥죽(玉竹), 용안육(龍眼肉), 생석고(生石膏), 인삼(人蔘), 갱미(粳米), 감초(甘草)

⑥ 주치(主治) : 기음허유화(氣陰虛有火), 폐허(肺虛), 허열번권(虛熱煩倦), 음허화왕(陰虛火旺), 담중대혈(痰中帶血), 만성해수(慢性咳嗽), 해천(咳喘), 기음양상(氣陰兩傷), 열성(熱盛), 진액부족(津液不足), 구설건조(口舌乾燥), 해수담다(咳嗽痰多), 노상(勞傷), 장열변혈(腸熱便血), 폐신음허화왕(肺腎陰虛火旺), 담소해천(痰少咳喘), 외감열병내상병(外感熱病內傷病), 번권구갈(煩倦口渴)

⑦ 효능(效能) : 보기양음(補氣兩陰), 생진액(生津液), 지갈(止渴), 청폐신(淸肺腎), 청열(淸熱), 보폐강화(補肺降火), 고정안신(固精安神), 제번권(除煩倦), 보조기(補助氣), 보익혈분(補益血分)

⑧ 약물음양오행(藥物陰陽五行) : 보기약(補氣藥), 지갈약(止渴藥)

235) 서장경(徐長卿) : 산해박(根, 根莖)〈대근전초(帶根全草) 뿌리, 뿌리줄기포함〉

① 성미(性味) : 신(辛), 온(溫), 무독(無毒), 방향(芳香)

② 귀경(歸經) : 간(肝)·신(腎) 木水經

③ 용법(用法) : 생용(生用), 3~9g, 9~15g, 분말(粉末) 1.5~2g, 單方가능, 구전(久煎)하지 않는다.

④ 금기(禁忌) : 체허약(体虛弱)(忌)

⑤ 배합길(配合吉) : 백주(白酒), 황주(黃酒), 목방기(木防己), 오가피(五加皮), 위령선(威靈仙), 호장근(虎杖根), 속단(續斷), 두중(杜仲), 독활(獨活), 현호색(玄胡索), 향부자(香附子), 고량강(高良薑), 야국화(野菊花), 반변련(半邊蓮), 도인(桃仁), 오령지(五靈脂), 홍화(紅花), 천년건(千年健), 목향(木香), 연호색(延胡索), 진피(陳皮)

⑥ 주치(主治) : 풍습비통(風濕痺痛), 관절동통(關節疼痛), 위통(胃痛), 복통(腹痛), 습진근골동통(濕疹筋骨疼痛), 소아복창(小兒腹脹), 수종복수(水腫腹水), 식적(食

積), 심위기통(心胃氣痛), 월경통(月經痛), 대하(帶下), 소변임탁(小便淋濁), 만성기관염(慢性氣管炎), 만성효천(慢性哮喘), 장염(腸炎), 역질(疫疾), 온학(溫瘧), 악기(惡氣), 아통(牙痛), 피부소양(皮膚瘙痒), 질타손상(跌打損傷), 어혈종통(瘀血腫痛), 독충사교상(毒蟲蛇咬傷), 이질(痢疾), 간경화(肝硬化), 복수(腹水), 대상포진(帶狀疱疹)

⑦ 효능(效能) : 거풍이수(祛風利水), 통경활락(通經活絡), 활혈(活血), 진정지통(鎭靜止痛), 해독소종(解毒消腫), 지해(止咳), 항균(抗菌), 진통(鎭痛), 해사독(解蛇毒), 익기(益氣), 강요슬(强腰膝), 이뇨(利尿), 구한산어(驅寒散瘀)

⑧ 약물음양오행(藥物陰陽五行) : 거풍습통경락약(祛風濕通經絡藥), 이수소종약(利水消腫藥), 지통약(止痛藥)

236) 석결명(石決明) : 전복껍질, 둥근전복, 전복의 패각(貝殼)

① 성미(性味) : 함(鹹), 평(平), 한(寒), 무독(無毒), 질중(質重)

② 귀경(歸經) : 간(肝) 木經, 신(腎) 水經

③ 용법(用法) : 생용(生用)〈청열명목(淸熱明目), 평간잠양(平肝潛陽)〉, 하용(煆用)〈수렴성(收斂性), 허실증(虛實證)〉, 9~15g, 15~30g 선전(先煎), 대용(代用)〈합각(蛤殼)〉, 진주모(眞珠母), 구전(久煎)

④ 금기(禁忌) : 비위허한(脾胃虛寒), 무실열(無實熱)(愼重用), 운모(雲母 : 相反), 선복화(旋覆花 : 相畏)

⑤ 배합길(配合吉) : 상기생(桑寄生), 한련초(旱蓮草), 모근(茅根), 지황(地黃), 산약(山藥), 산수유(山茱萸), 토사자(菟絲子), 백작약(白芍藥), 모려(牡蠣), 조구등(釣鉤藤), 감국(甘菊), 하고초(夏枯草)

⑥ 주치(主治) : 간화상염(肝火上炎), 간폐풍열(肝肺風熱), 골증노극(骨蒸勞極), 목적종통(目赤腫痛), 현훈두통(眩暈頭痛), 청맹(靑盲), 간신음허(肝腎陰虛), 시물모호(視物模糊), 혈허(血虛), 간양상항(肝陽上亢), 양저(瘍疽), 위산과다(胃酸過多), 치루(痔漏), 목장예풍(目障翳風)

⑦ 효능(效能) : 청간명목(清肝明目), 평간잠양(平肝潛陽), 연견(軟堅), 진간(鎭肝), 자신(滋腎), 하품(煆品), 수렴(收斂), 지통(止痛), 제산(制酸), 지혈(止血), 통오림(通五淋), 양간(凉肝)

⑧ 약물음양오행(藥物陰陽五行) : 청열명목약(清熱明目藥), 평간잠양약(平肝潛陽藥)

237) 석고(石膏)

① 성미(性味) : 신(辛), 감(甘), 대한(大寒), 무독(無毒)

② 귀경(歸經) : 폐(肺)·위(胃) 金土經

③ 용법(用法) : 생용(生用)〈내복(內服)〉, 하용(煆用)〈외용(外用)〉, 3~20g, 20~30g, 60~120g, 180~240g, 單方가능, 전복(煎服)

④ 금기(禁忌) : 토약사주(土弱四柱)(신중), 체약(体弱), 신약(身弱), 비위허한(脾胃虛寒), 음혈허(陰血虛), 발열(發熱), 철(鐵)(忌), 파두(巴豆)(忌)

⑤ 배합길(配合吉) : 지모(知母), 갱미(粳米), 감초(甘草), 계지(桂枝), 마황(麻黃), 대조(大棗), 생강(生薑), 행인(杏仁), 현삼(玄蔘), 목단피(牧丹皮), 서각(犀角), 죽여(竹茹), 반하(半夏), 우슬(牛膝), 지황(地黃), 맥문동(麥門冬), 죽엽(竹葉), 연교(連翹), 산치자(山梔子), 황금(黃芩), 황련(黃連), 길경(桔梗), 당삼(黨蔘), 태자삼(太子蔘), 백미(白薇), 적작약(赤芍藥)

⑥ 주치(主治) : 폐위기분실열(肺胃氣分實熱), 시기두통신열(時氣頭痛身熱), 폐열천해(肺熱喘咳), 열병고열(熱病高熱), 위기상역(胃氣上逆), 위열구토(胃熱嘔吐), 중풍한열(中風寒熱), 번갈(煩渴), 서열번갈(暑熱煩渴), 경천(驚喘), 온열병(溫熱病), 장열불퇴(壯熱不退), 심번신혼(心煩神昏), 반진(斑疹), 폐경실열(肺經實熱), 중서자한(中暑自汗), 위화상염(胃火上炎), 복중견통(腹中堅痛), 열독옹성(熱毒壅盛), 아은종통(牙齦腫痛), 구설생창(口舌生瘡), 두통(頭痛), 금창(金瘡), 습진(濕疹), 아통(牙痛), 탕화상(燙火傷), 위완통심(胃脘痛甚), 옹저창양(癰疽瘡瘍), 피부열(皮膚熱), 삼초대열(三焦大熱), 심하역기(心下逆氣), 인열(咽熱), 복창폭기천식(腹脹暴氣喘息), 조열(潮熱)

⑦ 효능(效能) : 청열사화(淸熱瀉火), 해기발한(解肌發汗), 청폐열(淸肺熱), 청위열(淸胃熱), 사위화담적(瀉胃火痰積), 위기하강(胃氣下降), 청강(淸降), 청심폐(淸心肺), 제번지갈(除煩止渴), 염창(斂瘡), 수열한(收熱汗), 수렴청열(收斂淸熱), 소염진정(消炎鎭靜), 소열담(消熱痰), 익치(益齒), 하유(下乳), 완비익기(緩脾益氣), 윤폐제열(潤肺除熱), 통유즙(通乳汁), 이인통(理咽痛), 지조갈(止燥渴), 이소변(利小便), 살충(殺蟲)

⑧ 약물음양오행(藥物陰陽五行) : 청열사화약(淸熱瀉火藥), 지갈약(止渴藥)

238) 석곡(石斛) : 석곡의 줄기

① 성미(性味) : 감(甘), 미한(微寒), 무독(無毒), 자음(滋陰)
② 귀경(歸經) : 위(胃)·신(腎) 土水經, 폐(肺) 金經
③ 용법(用法) : 3~6g, 6~12g(鮮 15~30g), 구전복(久煎服), 구복(久服)시 후장위(厚腸胃)
④ 금기(禁忌) : 한다토약사주(寒多土弱四柱)(신중), 비위허한(脾胃虛寒), 복창(腹脹), 파두(巴豆), 응수석(凝水石)(忌), 뇌환(雷丸)(꺼림)
⑤ 배합길(配合吉) : 사삼(沙蔘), 옥죽(玉竹), 맥문동(麥門冬), 맥아(麥芽), 산사(山楂), 곡아(穀芽), 모과(木瓜), 백미(白薇), 생지황(生地黃), 청호(靑蒿), 천문동(天門冬), 구기자(枸杞子), 숙지황(熟地黃), 결명자(決明子), 국화(菊花), 원지(遠志), 현삼(玄蔘), 복령(茯苓), 생강(生薑), 자감초(炙甘草), 천화분(天花粉), 죽여(竹茹), 백편두(白扁豆), 지모(知母), 황련(黃連), 석고(石膏), 황금(黃芩), 대황(大黃), 산치자(山梔子), 노근(蘆根)
⑥ 주치(主治) : 외감열병(外感熱病), 열치진상(熱熾津傷), 폐기구허(肺氣久虛), 상중제비(傷中除痺), 인건설조(咽乾舌燥), 음허진소(陰虛津少), 병후허약(病後虛弱), 몽유활정(夢遺滑精), 발열(發熱), 대변건조(大便乾燥), 요통(腰痛), 위중허열(胃中虛熱), 번갈한출(煩渴汗出), 위음부족(胃陰不足), 구조인건(口燥咽乾), 소갈증(消渴證), 오장허로리수(五臟虛勞羸瘦), 허손(虛損)

⑦ 효능(效能) : 자음생진(滋陰生津), 청열(淸熱), 자양위음(滋養胃陰), 자신음(滋腎陰), 청퇴허열(淸退虛熱), 익정(益精), 평위기(平胃氣), 난수장(暖水臟), 장기육(長肌肉), 양신기(養腎氣), 장근골(壯筋骨), 하기(下氣), 강음(强陰), 보신(補腎), 정지제경(定志除驚), 익기제열(益氣除熱), 건양(健陽), 익력(益力), 개위건비(開胃健脾), 해서(解署), 제심중번갈(除心中煩渴)

⑧ 약물음양오행(藥物陰陽五行) : 보음약(補陰藥), 지갈약(止渴藥)

239) 석류피(石榴皮) : 석류나무 과실(果實)〈과피(果皮)〉

① 성미(性味) : 산(酸), 삽(澁), 온(溫), 유독(有毒)
② 귀경(歸經) : 위(胃)·대장(大腸) 土金經, 신(腎) 水經
③ 용법(用法) : 1.5~9g, 9~15g, 單方가능
④ 금기(禁忌) : 사리초기(瀉痢初起)(忌)
⑤ 배합길(配合吉) : 육두구(肉豆蔻), 가자(訶子), 백출(白朮), 황기(黃芪), 승마(升麻), 아교(阿膠), 황백(黃柏), 황련(黃連), 당귀(當歸), 포황(炮黃), 감초(甘草), 학슬(鶴蝨), 빈랑(檳榔), 금앵자(金櫻子), 백반(白礬)
⑥ 주치(主治) : 촌백충(寸白蟲), 회충(蛔蟲), 구사구리(久瀉久痢), 붕루대하(崩漏帶下), 탈항(脫肛), 창상출혈증(創傷出血證), 활정(滑精), 하리(下痢), 루정(漏精), 충아(蟲牙), 근골풍(筋骨風)
⑦ 효능(效能) : 살충(殺蟲), 삽장(澁腸), 지사(止瀉), 지혈(止血), 지대(止帶), 항균(抗菌), 항 바이러스, 구충(驅蟲), 지루정(止漏精)
⑧ 약물음양오행(藥物陰陽五行) : 살충약(殺蟲藥), 지혈약(止血藥), 지사약(止瀉藥), 수렴약(收斂藥)

240) 석위(石葦) : 석위(의 葉), 애기석위

① 성미(性味) : 고(苦), 감(甘), 신(辛), 평(平), 량(凉), 미한(微寒), 무독(無毒)

② 귀경(歸經) : 폐(肺)·방광(膀胱) 金水經, 소장(小腸) 火經

③ 용법(用法) : 3~9g, 9~30g, 30~90g

④ 금기(禁忌) : 음허(陰虛), 무습열(無濕熱)(忌)

⑤ 배합길(配合吉) : 차전자(車前子), 목통(木通), 해금사(海金砂), 모근(茅根), 금전초(金錢草), 활석(滑石), 치자(梔子), 백모근(白茅根), 포황(蒲黃), 작약(芍藥), 당귀(當歸), 감초(甘草), 창포(菖蒲), 백복령(白茯苓), 택사(澤瀉), 빈랑(檳榔), 한련초(旱蓮草), 자주초(紫珠草), 동규자(冬葵子), 구맥(瞿麥), 백출(白朮), 홍조(紅棗)

⑥ 주치(主治) : 임병(淋病), 소변임역삽통(小便淋瀝澀痛), 요중사석(尿中砂石), 노열사기(勞熱邪氣), 수종(水腫), 토뉵혈(吐衄血), 해수담다(咳嗽痰多), 담화이질(痰火痢疾), 붕루(崩漏), 신염(腎炎), 폐열해수(肺熱咳嗽), 옹저(癰疽), 금창(金瘡), 자궁출혈(子宮出血)

⑦ 효능(效能) : 이수통림(利水通淋), 배석(排石), 화담지해(化痰止咳), 이소변(利小便), 지혈(止血), 이수도(利水道), 지번하기(止煩下氣), 익정기(益精氣), 청폐기(淸肺氣), 소염(消炎), 항균(抗菌), 항 바이러스, 통방광만(通膀胱滿), 안오장(安五臟), 보오로(補五勞)

⑧ 약물음양오행(藥物陰陽五行) : 이수통림약(利水通淋藥), 이수청열약(利水淸熱藥)

241) 석창포(石菖蒲) : 창포(菖蒲), 석창포의 근경(根莖 : 뿌리줄기)

① 성미(性味) : 고(苦), 신(辛), 온(溫), 방향(芳香), 무독(無毒)

② 귀경(歸經) : 심(心)·위(胃) 火土經, 간(肝)·비(脾)·방광(膀胱) 木土水經

③ 용법(用法) : 1.5~3g, 3~7.5g 전복(煎服), 9~24g(鮮用), 단방(單方) 가능

④ 금기(禁忌) : 수음소사주(水陰少四柱)(신중), 음혈허(陰血虛), 한다활정(汗多滑精), 토혈(吐血), 해수(咳嗽), 몽정(夢精)(忌), 양육(羊肉), 양혈(羊血), 이당(飴糖 : 갱엿)(忌), 심로(心勞)(忌), 마황(麻黃), 철(鐵)(忌)

⑤ 배합길(配合吉) : 울금(鬱金), 죽여(竹茹), 반하(半夏), 용골(龍骨), 복령(茯苓), 복신(茯神), 원지(遠志), 주사(朱砂), 인삼(人蔘), 시호(柴胡), 자석(磁石), 오미자(五

味子), 단삼(丹蔘), 생지황(生地黃), 한련초(旱蓮草), 하수오등(何首烏藤), 토사자(菟絲子), 여정자(女貞子), 합환피(合歡皮), 진주모(眞珠母), 후박(厚朴), 창출(蒼朮), 곽향(藿香), 진피(陳皮), 하엽(荷葉), 황련(黃連), 연교(連翹), 국화(菊花), 산치자(山梔子), 담죽엽(淡竹葉), 목단피(牧丹皮), 천축황(天竺黃), 우방자(牛蒡子), 활석(滑石), 강즙(薑汁), 패란(佩蘭), 석곡(石斛), 길경(桔梗), 오매(烏梅), 인삼엽(人蔘葉), 맥문동(麥門冬), 명반(明礬), 사탕(砂糖)

⑥ 주치(主治) : 담궐(痰厥), 고열신혼(高熱神昏), 전간(癲癎), 기폐(氣閉), 건망(健忘), 중초습탁(中焦濕濁), 금구리(噤口痢), 흉복창민(胸腹脹悶), 습조비만(濕阻痞滿), 심흉번민(心胸煩悶), 해역상기(咳逆上氣), 풍습완비(風濕頑痺), 두풍이명(頭風耳鳴), 이농(耳聾), 풍비경간(風痺驚癎), 풍습성관절염(風濕性關節炎), 위염(胃炎), 복통위통(腹痛胃痛), 소화불량(消化不良)

⑦ 효능(效能) : 화습개위(化濕開胃), 화담습(化痰濕), 제풍(除風), 개규안신(開竅安神), 거담(祛痰), 성신익지(醒神益志), 건위(健胃), 화중벽탁(和中辟濁), 익심지(益心智), 총이목(聰耳目), 온장위(溫腸胃), 지통(止痛), 보오장(補五臟), 조기(調氣), 개심공(開心孔), 지심복통(止心腹痛), 살제충(殺諸蟲), 제풍하기(除風下氣), 지동통(止疼痛), 해대극·파두독(解大戟·巴豆毒), 보간익심(補肝益心), 개위관중(開胃寬中), 제담소적(除痰消積)

⑧ 약물음양오행(藥物陰陽五行) : 개규약(開竅藥), 양심안신약(養心安神藥)

242) 선모(仙茅) : 큰 잎 선모의 근경(根莖 : 뿌리줄기)

① 성미(性味) : 감(甘), 미함(微鹹), 신(辛), 온(溫), 소독(小毒), 조열(燥烈)
② 귀경(歸經) : 간(肝)·신(腎) 木水經, 폐(肺) 金經
③ 용법(用法) : 주초용(酒炒用), 4.5~9g, 중독성(中毒性) 있음. 장복(長服) 금지
④ 금기(禁忌) : 신강화다사주(身强火多四柱)(신중), 음허화성(陰虛火盛), 양항열증(陽亢熱證), 비출혈(鼻出血)(忌), 우유(牛乳), 우육(牛肉)(忌), 철(鐵)(忌)
⑤ 배합길(配合吉) : 음양곽(淫羊藿), 숙지황(熟地黃), 구기자(枸杞子), 초오(草烏),

오가피(五加皮), 지모(知母), 당귀(當歸), 황백(黃柏), 파극천(巴戟天)/선모해독약
(仙茅解毒藥) : 대황(大黃), 황금(黃芩), 황련(黃連), 현명분(玄明粉)

⑥ 주치(主治) : 신양부족(腎陽不足), 양위(陽痿), 유정(遺精), 정한(精寒), 심복냉기불
능식(心腹冷氣不能食), 허로(虛勞), 월경실조(月經失調), 조설(早泄), 간신허(肝腎
虛), 요슬산연(腰膝痠軟), 냉통(冷痛), 피부풍라(皮膚風癩), 심복냉통(心腹冷痛), 한
습비통(寒濕痺痛), 붕루(崩漏), 요실금(尿失禁), 라역(瘰癧), 옹저(癰疽), 고혈압(高
血壓)

⑦ 효능(效能) : 신양온보(腎陽溫補), 제한습(除寒濕), 익근력(益筋力), 강근골(强筋
骨), 온신장양(溫腎壯陽), 명이목(明耳目), 전골수(塡骨髓), 개위하기(開胃下氣),
배농(排膿), 보난요각(補暖腰脚), 보오로칠상(補五勞七傷), 보신(補腎), 이담(利
痰), 지통(止痛)

⑧ 약물음양오행(藥物陰陽五行) : 보양약(補陽藥)

243) 선태(蟬蛻) : 매미껍질 선퇴(蟬退), 참매미·말매미 의 태각 (蛻殼)

① 성미(性味) : 감(甘), 함(鹹), 평(平), 한(寒), 무독(無毒)
② 귀경(歸經) : 폐(肺)·간(肝) 金木經, 비(脾) 土經
③ 용법(用法) : 3~9g, 9~15g, 單方가능
④ 금기(禁忌) : 임부(妊婦)〈신중용(愼重用)〉, 두진허한(痘疹虛寒)(忌)
⑤ 배합길(配合吉) : 연교(連翹), 국화(菊花), 박하(薄荷), 상엽(桑葉), 행인(杏仁), 노
근(蘆根), 감초(甘草), 길경(桔梗), 형개(荊芥), 방풍(防風), 백질려(白蒺藜), 갈근
(葛根), 우방자(牛蒡子), 자초(紫草), 곡정초(穀精草), 강활(羌活), 천궁(川芎), 목
적(木賊), 치자(梔子), 황금(黃芩), 밀몽화(密蒙花), 만형자(蔓荊子), 초결명(草決
明), 천마(天麻), 남성(南星), 강잠(殭蠶), 전갈(全蠍), 조구등(釣鉤藤), 석결명(石
決明), 창출(蒼朮), 당귀(當歸), 적작약(赤芍藥), 등심초(燈芯草), 오공(蜈蚣), 서각
(犀角), 빈랑자(檳榔子), 익모초(益母草)

⑥ 주치(主治) : 외감풍열표증(外感風熱表證), 온병초기오한발열(溫病初起惡寒發熱), 해수두통(咳嗽頭痛), 풍진피부소양(風疹皮膚瘙痒), 마진초기(麻疹初起), 발반불창(發斑不暢), 피부풍열(皮膚風熱), 인후종통(咽喉腫痛), 풍열목적종통(風熱目赤腫痛), 간경풍열(肝經風熱), 파상풍(破傷風), 소아경간(小兒驚癎), 정창종독(疔瘡腫毒), 목혼예(目昏翳)

⑦ 효능(效能) : 소산풍열(疏散風熱), 청리두목(淸利頭目), 소풍지양(疏風止痒), 투진지양(透疹止痒), 투발(透發), 청열(淸熱), 화인후(和咽喉), 거풍열(祛風熱), 명목퇴예(明目退翳), 진정(鎭靜), 진경(鎭痙), 평간정경(平肝定驚), 지갈(止渴), 식풍해경(熄風解痙)

⑧ 약물음양오행(藥物陰陽五行) : 신량해표약(辛涼解表藥), 식풍지경약(熄風止痙藥)

244) 선복화(旋覆花) : 금불초(의 花序) 꽃차례, 두상화서

① 성미(性味) : 고(苦), 신(辛), 함(鹹), 감(甘), 미편온(微偏溫), 산(散), 강역(降逆), 무독(無毒)

② 귀경(歸經) : 비(脾)·위(胃)·폐(肺)·대장(大腸) 土金經, 간(肝)·방광(膀胱)·심(心)·소장(小腸) 木水火經

③ 용법(用法) : 생용(生用), 밀자용(蜜炙用) 3~9g, 9~12g

④ 금기(禁忌) : 풍열조해(風熱燥咳), 음허노수(陰虛勞嗽), 대변설사(大便泄瀉), 체허(体虛)〈신용(愼用)〉

⑤ 배합길(配合吉) : 진피(陳皮), 정력자(葶藶子), 반하(半夏), 상백피(桑白皮), 마황(麻黃), 생강(生薑), 전호(前胡), 형개(荊芥), 복령(茯苓), 세신(細辛), 대조(大棗), 감초(甘草), 별갑(鱉甲), 길경(桔梗), 시호(柴胡), 대황(大黃), 빈랑(檳榔), 대자석(代赭石), 인삼(人蔘), 목향(木香), 향부자(香附子), 백출(白朮), 당삼(黨蔘), 계내금(鷄內金), 신국(神麯), 괄루인(栝樓仁)

⑥ 주치(主治) : 담연옹폐(痰涎壅肺), 협하창만(脇下脹滿), 담옹기역(痰壅氣逆), 담음축결(痰飮蓄結), 흉중담결(胸中痰結), 해천담다(咳喘痰多), 비만천해(痞滿喘咳), 애

역(呃逆), 유옹(乳癰), 흉격비실(胸膈痞實), 비위허한(脾胃虛寒), 대복수종(大腹水腫), 경계(驚悸), 반위(反胃), 구토(嘔吐), 심하비경(心下痞硬), 결기(結氣), 허한열수종(虛寒熱水腫), 폭적화목질동통(暴赤火目疾疼痛), 상풍열해수(傷風熱咳嗽)

⑦ 효능(效能) : 연견선통(軟堅宣通), 소담화음(消痰化飮), 평천(平喘), 보중하기(補中下氣), 강기행수(降氣行水), 지구(止嘔), 개위(開胃), 통혈맥(通血脈), 명목(明目), 익색택(益色澤), 이대장(利大腸), 거제풍한사(祛除風寒邪), 제풍화아근종통(除風火牙根腫痛)

⑧ 약물음양오행(藥物陰陽五行) : 화담지해평천약(化痰止咳平喘藥)

245) 선학초(仙鶴草) : 짚신나물(전초 全草)

① 성미(性味) : 신(辛), 고(苦), 삽(澁), 감(甘), 평(平), 무독(無毒)

② 귀경(歸經) : 폐(肺) · 간(肝) · 비(脾) 金木土經

③ 용법(用法) : 9~18g, 18~30g, 30~60g, 單方가능

④ 배합길(配合吉) : 목단피(牧丹皮), 적작약(赤芍藥), 선지황(鮮地黃), 우절(藕節), 측백엽(側柏葉), 인삼(人蔘), 황기(黃芪), 백작약(白芍藥), 애엽(艾葉), 포강(炮薑), 당귀(當歸), 숙지황(熟地黃), 백모근(白茅根), 대계근(大薊根), 포황(蒲黃), 소주, 백급(白芨)

⑤ 주치(主治) : 출혈증(出血證), 토혈(吐血), 객혈(喀血), 혈변(血便), 혈뇨(血尿), 혈붕(血崩), 외상출혈(外傷出血), 복사이질(腹瀉痢疾), 학질(瘧疾), 적백리(赤白痢), 음도적충병(陰道滴蟲病), 후비(喉痺), 붕리(崩痢), 이장풍(痢腸風), 대하(帶下), 라역(瘰癧), 풍담요통(風痰腰痛), 타박상(打撲傷), 창선(瘡鮮)

⑥ 효능(效能) : 수렴지혈(收斂止血), 지사지리(止瀉止痢), 살충절학(殺蟲截瘧), 치풍담요통(治風痰腰痛), 산창독(散瘡毒), 건위(健胃)

⑦ 약물음양오행(藥物陰陽五行) : 지혈약(止血藥)

246) 섬수(蟾酥) : 큰 두꺼비 분비물(白色漿液) 가공품

① 성미(性味) : 신(辛), 고(苦), 감(甘), 온(溫), 소독(小毒)

② 귀경(歸經) : 심(心) 火經

③ 용법(用法) : 1회 0.03~0.06g, 내복(內服), 외용(外用), 신중(愼重) 사용

④ 금기(禁忌) : 체허(体虛), 신약(身弱)(忌)

⑤ 배합길(配合吉) : 황단(黃丹), 우황(牛黃), 사향(麝香), 웅황(雄黃), 빙편(氷片), 〈용뇌(龍腦)〉, 백초상(百草霜), 진주(珍珠), 대황(大黃), 창출(蒼朮), 천마(天麻), 정향(丁香), 감초(甘草), 주사(朱砂), 고반(枯礬), 경분(輕粉), 유향(乳香), 담반(膽礬), 몰약(沒藥), 한수석(寒水石)

⑥ 주치(主治) : 창종옹저(瘡腫癰疽), 라역(瘰癧), 발배(發背), 인후종통(咽喉腫痛), 중한중오(中寒中惡), 소아감적(小兒疳積), 토사복통(吐瀉腹痛), 흉복창만(胸腹脹滿), 아통(牙痛), 사창복통(痧脹腹痛), 풍치통(風齒痛), 완선(頑癬)

⑦ 효능(效能) : 공독산종(攻毒散腫), 해독소종(解毒消腫), 지통(止痛), 강심(强心), 통규지통(通竅止痛), 마취지통(麻醉止痛)

⑧ 약물음양오행(藥物陰陽五行) : 소창옹저약(消瘡癰疽藥), 지통약(止痛藥), 외용약(外用藥)

247) 섬여(蟾蜍) : 두꺼비

① 성미(性味) : 신(辛), 량(凉), 소독(小毒)

② 귀경(歸經) : 심(心)·간(肝)·비(脾)·폐(肺) 火木土金經

③ 용법(用法) : 3~6g, 6~9g

④ 배합길(配合吉) : 맥아(麥芽), 백출(白朮), 계내금(鷄內金), 노사(硇砂), 고반(枯礬), 붕사(硼砂), 흑두(黑豆), 현삼(玄蔘)

⑤ 주치(主治) : 감적복창(疳積腹脹), 옹저종독(癰疽腫毒), 해수천식(咳嗽喘息)

⑥ 효능(效能) : 청열해독(淸熱解毒), 지해평천(止咳平喘), 이수소종(利水消腫)

⑦ 약물음양오행(藥物陰陽五行) : 소창옹저약(消瘡癰疽藥), 항암약(抗癌藥)

248) 세신(細辛) : 족도리 풀(대근전초 帶根全草 : 뿌리달린 전초)

① 성미(性味) : 신(辛), 고(苦), 온(溫), 소독(小毒), 산(散), 향(香)

② 귀경(歸經) : 폐(肺)·심(心)·신(腎) 金火水經, 간(肝)·담(膽)·비(脾) 木土經

③ 용법(用法) : 1~3g, 3~5g, 0.5~2g(散), 單方가능, 용량 신중(用量愼重)

④ 금기(禁忌) : 음허양항두통(陰虛陽亢頭痛), 기허다한(氣虛多汗), 음허폐열해수(陰
虛肺熱咳嗽), 여로(藜蘆)〈상반(相反)〉, 생채(生菜)(忌), 리육(狸肉)(忌), 산수유(山
茱萸), 낭독(狼毒), 황기(黃芪), 소석(消石), 활석(滑石), 혈허두통(血虛頭痛), 풍열
음허(風熱陰虛)(忌)

⑤ 배합길(配合吉) : 방풍(防風), 형개(荊芥), 천궁(川芎), 강활(羌活), 부자(附子), 마
황(麻黃), 백지(白芷), 고본(藁本), 황금(黃芩), 석고(石膏), 초오(草烏), 천오(川
烏), 상기생(桑寄生), 두중(杜仲), 독활(獨活), 진교(秦艽), 계심(桂心), 복령(茯苓),
우슬(牛膝), 감초(甘草), 작약(芍藥), 인삼(人蔘), 건지황(乾地黃), 당귀(當歸), 단
삼(丹蔘), 계지(桂枝), 해백(薤白), 오미자(五味子), 반하(半夏), 건강(乾薑), 신이
(辛夷), 길경(桔梗), 생강(生薑), 황련(黃連), 밀(蜜)

⑥ 주치(主治) : 외감풍한(外感風寒), 오한발열(惡寒發熱), 신통두통(身痛頭痛), 구설
생창(口舌生瘡), 비색(脾塞), 담궐기옹(痰厥氣壅), 풍습두통(風濕頭痛), 풍한습비통
(風寒濕痺痛), 담역상기(痰逆上氣), 한음복폐(寒飮伏肺), 해수기천(咳嗽氣喘), 치통
(齒痛), 풍간전질(風癎癲疾), 감모풍한(感冒風寒), 담음해역(痰飮咳逆), 흉중결취
(胸中結聚)

⑦ 효능(效能) : 발산풍한(發散風寒), 이소변(利小便), 이수도(利水道), 거풍산한(祛風散
寒), 파담(破痰), 지통(止痛), 온중하기(溫中下氣), 명목(明目), 개흉중(開胸中), 온폐
(溫肺), 통규(通竅), 항균(抗菌), 통정기(通精氣), 익간담(益肝膽), 제치통(除齒痛)

⑧ 약물음양오행(藥物陰陽五行) : 신온해표약(辛溫解表藥), 지비약(止痺藥), 지통약
(止痛藥), 온화한담약(溫化寒痰藥)

249) 소경(蘇梗) : 자소경(紫蘇梗), 주름차조기의 경지(莖枝 줄기)

① 성미(性味) : 신(辛), 감(甘), 미온(微溫), 무독(無毒), 화평(和平)

② 귀경(歸經) : 폐(肺)·비(脾)·위(胃) 金土經

③ 용법(用法) : 4.5~9g 전복(煎服)

④ 배합길(配合吉) : 생강피(生薑皮), 대산(大蒜), 동과피(冬瓜皮), 곽향(藿香), 죽여(竹茹), 향부자(香附子), 진피(陳皮), 백복령(白茯苓), 사인(砂仁), 지각(枳殼), 백출(白朮)

⑤ 주치(主治) : 기울식체(氣鬱食滯), 흉복기체(胸腹氣滯), 흉격비민(胸膈痞悶), 복협창통(腹脇脹痛), 태동불안(胎動不安), 체허(体虛), 완복동통(脘腹疼痛), 열격반위(噎膈反胃)

⑥ 효능(效能) : 이기관중(理氣寬中), 소간(疏肝), 이기해울(理氣解鬱), 선통풍독(宣通風毒), 지통안태(止痛安胎), 화담연(化痰涎), 이폐(利肺), 소음식(消飮食), 지심복통(止心腹痛), 정수(定嗽), 화혈(和血)

⑦ 약물음양오행(藥物陰陽五行) : 이기약(理氣藥), 지구약(止嘔藥)

250) 소계(小薊) : 조뱅이(조방가새)의 대근전초(帶根全草)(전초 뿌리)

① 성미(性味) : 감(甘), 미고(微苦), 량(凉), 무독(無毒)

② 귀경(歸經) : 심(心)·간(肝) 火木經, 비(脾)·폐(肺) 土金經

③ 용법(用法) : 4~9g, 9~18g, 30~60g (鮮用), 單方가능

④ 금기(禁忌) : 기허(氣虛), 비위허한(脾胃虛寒), 무어체(無瘀滯), 철(鐵)(忌)

⑤ 배합길(配合吉) : 측백엽(側柏葉), 대계(大薊), 모근(茅根), 우절(藕節), 치자(梔子), 천초근(茜草根), 활석(滑石), 생지황(生地黃), 포황(蒲黃), 통초(通草), 당귀(當歸), 담죽엽(淡竹葉), 자감초(炙甘草), 유향(乳香), 목통(木通)

⑥ 주치(主治) : 출혈병증(出血病證), 뉵혈(衄血), 토혈(吐血), 혈림(血淋), 뇨혈(尿血), 혈붕(血崩), 옹종(癰腫), 열독창옹(熱毒瘡癰), 질타손상(跌打損傷), 고혈압, 신

염(腎炎), 변혈(便血), 간염(肝炎), 혈리(血痢), 금창(金瘡), 백대(白帶), 창통(脹痛), 황달(黃疸)

⑦ 효능(效能) : 양혈지혈(凉血止血), 청열양혈해독(淸熱凉血解毒), 제풍열(除風熱), 강압(降壓), 생신혈(生新血), 파숙혈(破宿血), 개위하식(開胃下食), 청화소풍활담(淸火疏風豁痰), 산어소종(散瘀消腫)

⑧ 약물음양오행(藥物陰陽五行) : 지혈약(止血藥)

251) 소목(蘇木) : 소방목의 심재(心材)

① 성미(性味) : 감(甘), 함(鹹), 산(酸), 미신(微辛), 평(平), 무독(無毒)
② 귀경(歸經) : 심(心)·간(肝)·비(脾) 火木土經, 위(胃)·대장(大腸) 土金經
③ 용법(用法) : 3~9g
④ 금기(禁忌) : 임부(妊婦), 월경과다(月經過多), 철(鐵)(忌), 대변부실(大便不實)(忌)
⑤ 배합길(配合吉) : 적작약(赤芍藥), 당귀(當歸), 홍화(紅花), 유향(乳香), 자연동(自然銅), 혈갈(血竭), 정향(丁香), 사향(麝香), 유기노(劉寄奴), 몰약(沒藥), 택란(澤蘭), 맥문동(麥門冬), 당삼(黨蔘), 도인(桃仁), 노로통(路路通)
⑥ 주치(主治) : 산후어혈조체(產後瘀血阻滯), 허로혈벽옹체(虛勞血癖壅滯), 동통(疼痛), 혈체경폐(血滯經閉), 질타손상(跌打損傷), 어체동통(瘀滯疼痛), 옹종(癰腫), 파상풍(破傷風), 이질(痢疾), 부인혈기심복통(婦人血氣心腹痛), 산후혈창(產後血脹)
⑦ 효능(效能) : 행혈(行血), 거어지통(祛瘀止痛), 배농지통(排膿止痛), 보심산어(補心散瘀), 항균(抗菌), 발산표리풍기(發散表裏風氣)
⑧ 약물음양오행(藥物陰陽五行) : 활혈거어약(活血祛瘀藥)

252) 소엽(蘇葉) : 자소엽(紫蘇葉), 차조기, 주름차조기의 잎이다.

① 성미(性味) : 신(辛), 감(甘), 온(溫), 무독(無毒)

② 귀경(歸經) : 폐(肺) · 비(脾) 金土經

③ 용법(用法) : 1.5~6g, 6~9g 전복(煎服), 單方가능

④ 금기(禁忌) : 온병(溫病), 기허약(氣虛弱), 과로표허(過勞表虛), 한열오한두통(寒熱
惡寒頭痛)〈주의〉, 장복(長服)삼가, 이어(鯉魚 잉어)(忌)

⑤ 배합길(配合吉) : 향부자(香附子), 진피(陳皮), 생강(生薑), 감초(甘草), 대조(大
棗), 행인(杏仁), 반하(半夏), 지각(枳殼), 복령(茯苓), 길경(桔梗), 전호(前胡), 곽
향(藿香), 후박(厚朴), 대복피(大腹皮), 황련(黃連), 사인(砂仁)

⑥ 주치(主治) : 감모풍한표증(感冒風寒表證), 오한발열(惡寒發熱), 비위기체(脾胃氣
滯), 흉민불서(胸悶不舒), 냉기(冷氣), 치질(痔疾), 임신오조(姙娠惡阻), 어해중독
(魚蟹中毒), 상풍두통(傷風頭痛)

⑦ 효능(效能) : 발한해표(發寒解表), 거풍한(祛風寒), 소산풍사(疏散風邪), 개위하식
(開胃下食), 행기관중(行氣寬中), 화혈(和血), 통대소장(通大小腸), 화위지구(和胃
止嘔), 행기안태(行氣安胎), 해어해독(解魚蟹毒), 보중익기(補中益氣), 익비위통심
경(益脾胃通心經), 소담이폐(消痰利肺), 지통(止痛), 지각기(止脚氣), 정천(定喘)

⑧ 약물음양오행(藥物陰陽五行) : 신온해표약(辛溫解表藥), 이기약(理氣藥)

253) 소자(蘇子) : 차조기의 종자, 자소자(紫蘇子)

① 성미(性味) : 신(辛), 온(溫), 무독(無毒), 윤(潤), 하강(下降)

② 귀경(歸經) : 폐(肺) · 대장(大腸) 金經, 간(肝) · 신(腎) 木水經

③ 용법(用法) : 생용(生用), 초용(炒用 : 약성완화), 3~12g

④ 금기(禁忌) : 신약사주(身弱四柱)(신중), 음허천역(陰虛喘逆), 기허구수(氣虛久嗽),
비허변활(脾虛便滑)(忌)

⑤ 배합길(配合吉) : 내복자(萊菔子), 백개자(白芥子), 후박(厚朴), 전호(前胡), 진피
(陳皮), 반하(半夏), 감초(甘草), 침향(沈香), 당귀(當歸), 대조(大棗), 생강(生薑),
행인(杏仁), 과루인(瓜蔞仁), 마자인(麻子仁)

⑥ 주치(主治) : 해역담천(咳逆痰喘), 반위구토(反胃嘔吐), 담연옹성(痰涎壅盛), 기체

흉비(氣滯胸痞), 폐기천급(肺氣喘急), 장조변비(腸燥便秘), 한담옹폐(寒痰壅肺), 천촉해수(喘促咳嗽), 요각중습풍결기(腰脚中濕風結氣), 사견상(蛇犬傷)

⑦ 효능(效能) : 강역소담(降逆消痰), 강기소담정천(降氣消痰定喘), 윤폐제한중(潤肺除寒中), 보허로(補虛勞), 파징결(破癥結), 지곽란(止霍亂), 지수(止嗽), 해어해독(解魚蟹毒), 익오장(益五臟), 조중(調中), 하기(下氣), 비건인(脾健人), 이대소변(利大小便), 이격관장(利膈寬腸)

⑧ 약물음양오행(藥物陰陽五行) : 지해평천약(止咳平喘藥), 윤하약(潤下藥)

254) 소합향(蘇合香) : 소합향나무(의 樹脂)(나무진)

① 성미(性味) : 신(辛), 감(甘), 온(溫), 무독(無毒), 향조(香燥)
② 귀경(歸經) : 심(心)·비(脾) 火土經, 폐(肺)·간(肝)·위(胃) 金木土經
③ 용법(用法) : 0.3~1g, 1~2.4g, 丸·散用
④ 금기(禁忌) : 음허화왕(陰虛火旺), 허탈증(虛脫證), 열폐(熱閉)(忌)
⑤ 배합길(配合吉) : 안식향(安息香), 빙편(氷片), 사향(麝香), 단향(丹香), 정향(丁香), 침향(沈香), 청목향(青木香), 유향(乳香), 백출(白朮), 서각(犀角), 주사(朱砂), 가자(訶子), 필발(蓽撥), 향부자(香附子)
⑥ 주치(主治) : 심복민통(心腹悶痛), 담옹기궐(痰壅氣厥), 폭궐(暴厥), 경풍(驚風), 전간(癲癇), 온학(溫瘧), 개선(疥癬), 심교통(心交通), 동통(疼痛), 심복급통(心腹急痛), 흉복냉통(胸腹冷痛), 기적혈징(氣積血癥), 동상(冬傷)
⑦ 효능(效能) : 개규벽예(開竅辟穢), 개울활담(開鬱豁痰), 동통완해(疼痛緩解), 지통(止痛), 이대소변(利大小便), 살충독(殺蟲毒), 이수소종(利水消腫), 조화장부(調和臟腑)
⑧ 약물음양오행(藥物陰陽五行) : 개규약(開竅藥)

255) 속단(續斷) : 산토끼 꽃, 천속단의 근(根)

① 성미(性味) : 신(辛), 고(苦), 미산(微酸), 감(甘), 미온(微溫), 무독(無毒)

② 귀경(歸經) : 간(肝)·신(腎) 木水經

③ 용법(用法) : 생용(生用), 주초용(酒炒用), 염수초용(鹽水炒用), 3~12g, 12~15g, 구복가능(久服可能)

④ 금기(禁忌) : 내열(內熱)(忌), 뇌환(雷丸)〈상오(相惡)(꺼림)〉, 노기울(怒氣鬱)(忌)

⑤ 배합길(配合吉) : 의이인(薏苡仁), 오가피(五加皮), 백출(白朮), 생지황(生地黃), 강활(羌活), 비해(萆薢), 모과(木瓜), 방풍(防風), 청람(靑藍), 포공영(蒲公英), 아교(阿膠), 애엽(艾葉), 숙지황(熟地黃), 초지유(炒地楡), 당귀(當歸), 두충(杜沖), 우슬(牛膝)

⑥ 주치(主治) : 간신부족(肝腎不足), 허약(虛弱), 유정(遺精), 상한(傷寒), 혈맥불리(血脈不利), 풍습지체동통(風濕肢体疼痛), 요슬산통(腰膝痠痛), 근골절상(筋骨折傷), 붕루(崩漏), 임신하혈(姙娠下血), 족슬무력(足膝無力), 태동불안(胎動不安), 어혈(瘀血), 자궁냉(子宮冷), 태루(胎漏), 대하(帶下), 장풍(腸風), 타박상(打撲傷), 금창(金瘡), 옹양(癰瘍), 요통(腰痛), 라역(瘰癧), 유옹(乳癰), 치루(痔漏)

⑦ 효능(效能) : 보간신(補肝腎), 속근골(續筋骨), 보양(補陽), 지붕루(止崩漏), 지혈(止血), 조기(助氣), 안태(安胎), 생기육(生肌肉), 통혈맥(通血脈), 익기력(益氣力), 보오로칠상(補五勞七傷), 강근골(强筋骨), 보부족(補不足), 화혈지통(和血止痛), 소종(消腫), 파징결어혈(破癥結瘀血), 선통경맥(宣通經脈), 지설정(止泄精), 축소변(縮小便)

⑧ 약물음양오행(藥物陰陽五行) : 보양약(補陽藥), 지혈약(止血藥)

256) 속수자(續隨子) : 천금자(千金子), 속수자의 성숙한 종자(種子)

① 성미(性味) : 신(辛), 온(溫), 유독(有毒), 준열(峻烈)

② 귀경(歸經) : 간(肝)·신(腎)·대장(大腸) 木水金經, 폐(肺)·위(胃)·방광(膀胱) 金土水經

③ 용법(用法) : 1.5~4.5g, (丸·散), 용량주의, 單方가능, 구복(久服)삼가, 중독(中毒)주의

④ 금기(禁忌) : 임부(妊婦), 대변당설(大便溏泄), 중기허약(中氣虛弱)

⑤ 배합길(配合吉) : 대극(大戟), 대황(大黃), 감수(甘遂)

⑥ 주치(主治) : 수종창만(水腫脹滿), 이변불리(二便不利), 징가적취(癥瘕積聚), 어체경폐(瘀滯經閉), 복중경결(腹中硬結), 숙체담음(宿滯痰飮), 악창개선(惡瘡疥癬), 혈결(血結), 월폐(月閉), 간비종대(肝脾腫大), 폐기수기(肺氣水氣), 사마귀, 냉기창만(冷氣脹滿), 심복통(心腹痛), 사교상(蛇咬傷), 어혈충독(瘀血蟲毒)

⑦ 효능(效能) : 사하축수(瀉下逐水), 파어통경(破瘀通經), 행어산징(行瘀散癥), 제충독(除蟲毒), 이대소장(利大小腸), 구충(驅蟲)

⑧ 약물음양오행(藥物陰陽五行) : 준하축수약(峻下逐水藥), 활혈거어약(活血祛瘀藥)

257) 송실(松實) : 소나무의 청눈(靑嫩)한 과실(果實)

① 성미(性味) : 고(苦), 온(溫), 무독(無毒)

② 용법(用法) : 6~10g

③ 주치(主治) : 풍습비통(風濕痺痛), 장조변비(腸燥便秘), 치질(痔疾), 풍비한기(風痺寒氣)

④ 효능(效能) : 거풍조습(祛風燥濕), 윤장(潤腸), 보부족(補不足)

⑤ 약물음양오행(藥物陰陽五行) : 거풍습지비약(祛風濕止痺藥)

258) 송엽(松葉) : 소나무 잎

① 성미(性味) : 고(苦), 온(溫), 무독(無毒)

② 귀경(歸經) : 심(心) · 비(脾) 火土經

③ 용법(用法) : 9~15g, 30~60g(鮮), 전복(煎服)

④ 배합길(配合吉) : 장뇌(樟腦), 경분(輕粉)

⑤ 주치(主治) : 풍습완선(風濕頑癬), 동창(凍瘡), 실면(失眠), 두풍두통(頭風頭痛), 풍습비통(風濕痺痛), 습창(濕瘡), 부종(浮腫), 영양성수종(榮養性水腫), 신경쇠약

(神經衰弱), 유감(流感)

⑥ 효능(效能) : 거풍조습(祛風燥濕), 살충지양(殺蟲止痒), 안오장(安五臟), 생모발(生毛髮)

⑦ 약물음양오행(藥物陰陽五行) : 거풍습지비약(祛風濕止痺藥)

259) 송절(松節) : 소나무 지간(枝幹)의 유상결절(瘤狀結節)(가지, 줄기의 마디)

① 성미(性味) : 고(苦), 신(辛), 감(甘), 미산(微酸), 편온(偏溫), 조(燥), 무독(無毒)

② 귀경(歸經) : 간(肝)·신(腎) 木水經, 심(心)·폐(肺) 火金經

③ 용법(用法) : 생용(生用), 증건용(蒸乾用), 9~15g, 單方가능

④ 금기(禁忌) : 수음소화다사주(水陰少火多四柱)(신중), 음허유열(陰虛有熱), 혈조(血燥), 혈허(血虛)(忌)

⑤ 배합길(配合吉) : 독활(獨活), 강활(羌活), 당귀(當歸), 위령선(威靈仙), 방풍(防風), 소목(蘇木), 몰약(沒藥), 유향(乳香), 숙지황(熟地黃)

⑥ 주치(主治) : 풍습비통(風濕痺痛), 질타손상(跌打損傷), 동통(疼痛), 각연골절풍(脚軟骨節風), 역절풍통(歷節風痛), 어혈동통(瘀血疼痛), 각기동통(脚氣疼痛), 풍허(風虛), 각기위연(脚氣痿軟), 습비위연(濕痺痿軟), 학슬풍(鶴膝風)

⑦ 효능(效能) : 거풍조습(祛風燥濕), 서근활락(舒筋活絡), 이골절(利骨節), 지통(止痛), 강근골(强筋骨), 행경락(行經絡), 통기화혈(通氣和血)

⑧ 약물음양오행(藥物陰陽五行) : 지비약(止痺藥), 지통약(止痛藥)

260) 송지(松脂) : 송향(松香), 소나무의 유수지(油樹脂)인 송진(松津)을 증류(蒸油)하여 만든 유유물(遺留物)〈휘발유(揮發油)는 제거(除去)한다〉

① 성미(性味) : 고(苦), 감(甘), 신(辛), 평(平), 온(溫), 무독(無毒)

② 귀경(歸經) : 간(肝)·비(脾) 木土經, 폐(肺) 金經

③ 용법(用法) : 생용(生用), 총전탕(葱煎湯)에 제(製), 0.5~1g 환산복(丸·散服), 침주복(浸酒服), 외용(外用)〈분말(粉末)〉

④ 금기(禁忌) : 실화유열(實火有熱), 혈허유화(血虛有火)(忌)

⑤ 배합길(配合吉) : 피마인(蓖麻仁), 고삼(苦蔘), 황금(黃芩), 대황(大黃), 사상자(蛇床子), 황련(黃連), 고백반(枯白礬), 수은(水銀), 연분(鉛粉), 용골(龍骨), 백급(白芨), 해표초(海螵蛸), 하석고(煆石膏)

⑥ 주치(主治) : 창절종독궤양(瘡節腫毒潰瘍), 개소풍기(疥瘙風氣), 풍한습비통(風寒濕痹痛), 타박손상(打撲損傷), 금창(金瘡), 출혈(出血), 옹저악창(癰疽惡瘡), 개선(疥癬), 치루(痔漏), 두양백독(頭瘍白禿), 인건소갈(咽乾消渴), 이농(耳聾), 붕대(繃帶)

⑦ 효능(效能) : 조습살충(燥濕殺蟲), 화독(化毒), 생기배농(生肌排膿), 거풍지통(祛風止痛), 지혈정통(止血定痛), 제열(除熱), 하기제사(下氣除邪), 윤심폐(潤心肺), 안오장(安五臟), 생진지갈(生津止渴), 총이명목(聰耳明目), 강근골(强筋骨), 고치(固齒), 장양(壯陽)

⑧ 약물음양오행(藥物陰陽五行) : 거풍습지비약(祛風濕止痹藥), 지혈약(止血藥), 살충약(殺蟲藥), 외용약(外用藥), 배농약(排膿藥)

261) 소회향(小茴香) : 회향(茴香)의 과실(果實)

① 성미(性味) : 신(辛), 감(甘), 고(苦), 평(平), 방향(芳香), 온(溫), 무독(無毒)

② 귀경(歸經) : 간(肝)·신(腎)·비(脾)·위(胃) 木水土經, 방광(膀胱)·심(心) 水火經

③ 용법(用法) : 생용(生用), 염수초용(鹽水炒用), 1.5~5g, 5~18g, 單方가능

④ 금기(禁忌) : 음허화왕(陰虛火旺), 열증(熱證)〈신용(愼用)〉

⑤ 배합길(配合吉) : 오약(烏藥), 천련자(川楝子), 육계(肉桂), 오수유(吳茱萸), 침향(沈香), 귤핵(橘核), 치자(梔子), 황금(黃芩), 보골지(補骨脂), 두중(杜仲), 호로파

(胡蘆巴), 생강(生薑), 사삼(沙蔘), 목향(木香), 백작(白芍), 목통(木通), 지각(枳殼), 황백(黃柏), 생의이인(生薏苡仁), 후박(厚朴)

⑥ 주치(主治) : 하초간신한냉(下焦肝腎寒冷), 산기(疝氣), 한산복통(寒疝腹痛), 신간냉기(腎間冷氣), 완복협통(脘腹脇痛), 신허요통(腎虛腰痛), 위통(胃痛), 곽란(霍亂), 구토식소(嘔吐食少), 만성기관염(慢性氣管炎), 음동(陰疼), 각기(脚氣), 방광통(膀胱痛), 사상(蛇傷), 제루(諸瘻), 신한소복통(腎寒小腹痛)

⑦ 효능(效能) : 행기(行氣), 온중산한(溫中散寒), 이기(理氣), 지통(止痛), 조중화위(調中和胃), 난간신(暖肝腎), 난요슬(暖腰膝), 개위진식(開胃進食), 살충(殺蟲), 진통(鎭痛)

⑧ 약물음양오행(藥物陰陽五行) : 이기약(理氣藥)

262) 쇄양(鎖陽) : 쇄양의 전초(全草)

① 성미(性味) : 감(甘), 함(鹹), 온(溫), 무독(無毒), 체윤(体潤)

② 귀경(歸經) : 간(肝)·신(腎)·대장(大腸) 木水金經

③ 용법(用法) : 6~15g, 30g

④ 금기(禁忌) : 신강(身强), 실열(實熱), 변비(便秘), 상화치성(相火熾盛), 당변(溏便), 심허기창(心虛氣脹)(忌)

⑤ 배합길(配合吉) : 숙지황(熟地黃), 지모(知母), 황백(黃柏), 당귀(當歸), 백작약(白芍藥), 우슬(牛膝), 진피(陳皮), 호경골(虎脛骨), 귀판(龜板), 육종용(肉蓯蓉), 천문동(天門冬), 호마인(胡麻仁), 구기자(枸杞子), 건강(乾薑), 오미자(五味子)

⑥ 주치(主治) : 정혈휴손(精血虧損), 양위골약(陽痿骨弱), 근골위약(筋骨痿弱), 양위활정(陽痿滑精), 장조변비(腸燥便秘), 경폐불잉(經閉不孕), 골증노열(骨蒸勞熱), 신경쇠약(神經衰弱), 요퇴산연(腰腿痠軟)

⑦ 효능(效能) : 익음익정흥양(益陰益精興陽), 고정(固精), 양근기위(養筋起痿), 윤조활장(潤燥滑腸), 보양(補陽), 대보음기(大補陰氣), 보신(補腎), 윤조양근(潤燥養筋), 익정혈(益精血), 강음익수(强陰益髓), 보음혈허화(補陰血虛火)

⑧ 약물음양오행(藥物陰陽五行) : 보양약(補陽藥), 윤하약(潤下藥)

263) 수근(水芹) : 미나리

① 성미(性味) : 감(甘), 고(苦), 산(酸), 신(辛), 량(凉), 무독(無毒)
② 귀경(歸經) : 폐(肺)·위(胃)·간(肝) 金土木經, 심(心) 火經
③ 용법(用法) : 30~60g 전복(煎服), 즙복(汁服)
④ 금기(禁忌) : 비위허한(脾胃虛寒)(愼重用), 중기한핍(中氣寒乏)(忌)
⑤ 배합길(配合吉) : 차전자(車前子), 대맥아(大麥芽)
⑥ 주치(主治) : 폭열번갈(暴熱煩渴), 신열비색(身熱鼻塞), 임병(淋病), 수종(水腫), 황달(黃疸), 라역(瘰癧), 붕중대하(崩中帶下), 복열(伏熱), 고혈압(高血壓), 풍습신경동통(風濕神經疼痛)
⑦ 효능(效能) : 청열이수(淸熱利水), 지혈양정(止血養精), 익기(益氣), 통혈맥(通血脈), 속상(續傷), 보심(補心), 비건기식(肥健嗜食), 익근력(益筋力), 제수창(除水脹), 살석약독(殺石藥毒), 이소변(利小便), 양신익력(養神益力), 이대소장(利大小腸), 제번해열(除煩解熱), 거어(祛瘀), 소라역결핵(消瘰癧結核), 화담하기(化痰下氣), 거풍(祛風), 청위척열(淸胃滌熱), 해열이뇨(解熱利尿)
⑧ 약물음양오행(藥物陰陽五行) : 이수청열약(利水淸熱藥)

264) 수분초(垂盆草) : 불갑초(佛甲草), 돌나물 전초(全草)

① 성미(性味) : 감(甘), 산(酸), 담(淡), 미산(微酸), 량(凉), 미독(微毒)
② 귀경(歸經) : 간(肝)·담(膽)·소장(小腸) 木火經
③ 용법(用法) : 9~15g, 15~30g 전복(煎服), 50~100g 선용(鮮用), 즙용(汁用), 단방(單方)가능, 외용(外用)
④ 배합길(配合吉) : 자화지정(紫花地丁), 야국화(野菊花), 반변련(半邊蓮), 치자(梔子), 인진(茵陳)
⑤ 주치(主治) : 옹종창독(癰腫瘡毒), 독사교상(毒蛇咬傷), 인후종통(咽喉腫痛), 수화탕상(水火燙傷), 습열황달(濕熱黃疸), 소변불리(小便不利), 열림(熱淋), 탕상(湯傷),

단독(丹毒), 사교상(蛇咬傷), 이질(痢疾), 후선(喉癬), 변독(便毒)

⑥ 효능(效能) : 청열해독(淸熱解毒), 이습퇴황(利濕退黃), 소옹산종(消癰散種), 청리
습열(淸利濕熱), 지갈(止渴), 지리(止痢), 청습열(淸濕熱), 해화독(解火毒)

⑦ 약물음양오행(藥物陰陽五行) : 청열해독약(淸熱解毒藥), 이습퇴황약(利濕退黃藥)

265) 수질(水蛭) : 거머리

① 성미(性味) : 함(鹹), 고(苦), 평(平), 미한(微寒), 소독(小毒)
② 귀경(歸經) : 간(肝) 木經, 방광(膀胱) 水經
③ 용법(用法) : 생용(生用), 초용(炒用), 1.8~6g, 散 0.3~0.6g 服, 外用
④ 금기(禁忌) : 임부(妊婦), 체허(体虛), 빈혈환자(貧血患者)(忌), 용량주의할 것, 소
금, 석탄(石炭)(꺼림)
⑤ 배합길(配合吉) : 삼릉(三棱), 도인(桃仁), 봉출(蓬朮), 맹충(虻蟲), 대황(大黃), 당
귀(當歸), 인삼(人蔘), 숙지황(熟地黃), 지모(知母), 황기(黃芪), 견우자(牽牛子),
해조(海藻), 사향(麝香)
⑥ 주치(主治) : 혈체경폐(血滯經閉), 축혈(蓄血), 타박어체작통(打撲瘀滯作痛), 어혈
내조(瘀血內阻), 징가적취(癥瘕積聚), 목적통(目赤痛), 무월경(無月經), 옹종독종
(癰腫毒腫), 적백유진(赤白遊疹)
⑦ 효능(效能) : 파혈축어(破血逐瘀), 파혈소징(破血消癥), 산징통경(散癥通經), 축악
혈(逐惡血), 이수도(利水道), 타태(墮胎), 치상절(治傷折)
⑧ 약물음양오행(藥物陰陽五行) : 파징소적약(破癥消積藥), 활혈거어약(活血祛瘀藥)

266) 숙지황(熟地黃) : 지황, 회경지황

① 성미(性味) : 감(甘), 고(苦), 미온(微溫), 무독(無毒), 점윤(粘潤), 자니(滋膩)
② 귀경(歸經) : 간(肝) · 신(腎) 木水經
③ 용법(用法) : 생용(生用), 초탄용(炒炭用), 3~30g, 30~45g, 單方가능, 長服삼가

④ 금기(禁忌) : 토약사주(土弱四柱), 기체담다(氣滯痰多), 비위허약(脾胃虛弱), 복만변당(服滿便溏), 간화상염(肝火上炎), 고혈압증(高血壓證), 외감실열(外感實熱), 내복(萊服)(忌), 혈(血), 총(葱), 산(蒜)(忌), 동(銅), 철(鐵)〈相反〉, 염교, 부추(忌)

⑤ 배합길(配合吉) : 당귀(當歸), 천궁(川芎), 작약(芍藥), 인삼(人蔘), 복령(茯苓), 백출(白朮), 감초(甘草), 황련(黃連), 형개(荊芥), 산수유(山茱萸), 오적골(烏賊骨), 애엽(艾葉), 아교(阿膠), 사인(砂仁), 속단(續斷), 산약(山藥), 택사(澤瀉), 목단피(牧丹皮), 황백(黃柏), 지모(知母), 쇄양(鎖陽), 귀판(龜板), 호골(虎骨), 부자(附子), 구기자(枸杞子), 육계(肉桂), 황기(黃芪), 천화분(天花粉), 석고(石膏), 지골피(地骨皮), 제하수오(製何首烏), 토사자(菟絲子), 녹각교(鹿角膠), 반하(半夏), 진피(陳皮), 향부자(香附子), 산수유(山茱萸), 우슬(牛膝)

⑥ 주치(主治) : 혈허증(血虛證), 음허혈소(陰虛血少), 혈어(血瘀), 음휴발열(陰虧發熱), 상중포루(傷中胞漏), 부녀(婦女)의 월경부조(月經不調), 산후제복급통(產後臍腹急痛), 간신음휴(肝腎陰虧), 붕루(崩漏), 유정(遺精), 신허천해(腎虛喘咳), 정혈휴허(精血虧虛), 오로칠상(五勞七傷), 소갈(消渴), 신양허쇠(腎陽虛衰), 기단천촉(氣短喘促), 노수골증(勞嗽骨蒸), 요슬위약(腰膝痿弱), 건해담수(乾咳痰水), 목혼(目昏), 이농(耳聾)

⑦ 효능(效能) : 양혈자음(養血滋陰), 보혈양음(補血養陰), 지혈(止血), 보정익수(補精益髓), 익기력(益氣力), 음생양장(陰生陽長), 보음(補陰), 음중구양(陰中求陽), 보신(補腎), 통혈맥(通血脈), 전골수(塡骨髓), 생정혈(生精血), 장기육(長肌肉), 보오장(補五臟), 흑수발(黑鬚髮), 총이명목(聰耳明目), 보비음(補脾陰)

⑧ 약물음양오행(藥物陰陽五行) : 보혈약(補血藥), 보음약(補陰藥)

267) 승마(升麻) : 승마의 근경(根莖)〈뿌리줄기〉, 끼절가리의 근경

① 성미(性味) : 신(辛), 감(甘), 미고(微苦), 미한(微寒), 무독(無毒), 승(升), 부(浮), 산(散)

② 귀경(歸經) : 폐(肺)·비(脾)·위(胃)·대장(大腸) 金土經, 간(肝) 木經

③ 용법(用法) : 생용(生用)〈투진(透疹), 청열해독(淸熱解毒)〉, 밀자용(蜜炙用)〈승거양기(升擧陽氣)〉, 1.5~9g, 2~9g

④ 금기(禁忌) : 용량주의, 마진이투(麻疹已透), 음허양부(陰虛陽浮), 음액부족(陰液不足), 허화(虛火), 천만기역(喘滿氣逆), 담다해수(痰多咳嗽), 상성하허(上盛下虛), 토뉵혈(吐衄血)(忌)

⑤ 배합길(配合吉) : 갈근(葛根), 감초(甘草), 작약(芍藥), 박하엽(薄荷葉), 창출(蒼朮), 황련(黃連), 석고(石膏), 생지황(生地黃), 황금(黃芩), 목단피(牧丹皮), 연교(連翹), 금은화(金銀花), 당귀(當歸), 시호(柴胡), 황기(黃芪), 인삼(人蔘), 길경(桔梗), 지모(知母)

⑥ 주치(主治) : 마진초기(麻疹初起), 투발불창(透發不暢), 시기열질(時氣熱疾), 열독반진(熱毒斑疹), 온질(溫疾), 장사(瘴邪), 외감풍열두통(外感風熱頭痛), 위화항성(胃火亢盛), 풍종제독(風腫諸毒), 인후종통(咽喉腫痛), 구설생창(口舌生瘡), 열독창양(熱毒瘡瘍), 농혈(膿血), 중기허약(中氣虛弱), 기허하함(氣虛下陷), 탈장(脫腸), 붕루부지(崩漏不止), 두통한열(頭痛寒熱), 경간(驚癇), 권태(倦怠), 자궁탈수(子宮脫垂), 비감(鼻疳), 폐위(肺痿), 해타농혈(咳唾膿血), 폐열(肺熱), 소아두진(小兒痘疹), 양함현훈(陽陷眩暈), 구설하리(嘔泄下痢), 유탁(遺濁), 흉협허통(胸脇虛痛), 대하(帶下), 하혈(下血), 양위족한(陽痿足寒), 혈림(血淋)

⑦ 효능(效能) : 발표투진(發表透疹), 청열(淸熱), 해독(解毒), 승거양기(升擧陽氣), 양명기주지사선발(陽明肌腠之邪宣發), 비위청양지기승거(脾胃淸陽之氣升擧), 해백독(解百毒), 정혼정백(定魂定魄), 해창독(解瘡毒), 지치통(止齒痛)

⑧ 약물음양오행(藥物陰陽五行) : 신량해표약(辛凉解表藥), 청열해독약(淸熱解毒藥)

268) 시체(柿蒂) : 감나무 과실 꼭지(감꼭지 익은 것)

① 성미(性味) : 고(苦), 평(平), 무독(無毒)

② 귀경(歸經) : 위(胃) 土經, 폐(肺) 金經

③ 용법(用法) : 3~9g, 9~12g 전복(煎服), 單方가능

④ 배합길(配合吉) : 생강(生薑), 정향(丁香), 인삼(人蔘), 죽여(竹茹), 노근(蘆根), 대
   자석(代赭石)

⑤ 주치(主治) : 애역(呃逆), 기격반위(氣膈反胃), 구얼(嘔噦), 해역(咳逆)

⑥ 효능(效能) : 강기지애(降氣止呃), 지구(止嘔)

⑦ 약물음양오행(藥物陰陽五行) : 이기약(理氣藥)

269) 시호(柴胡) : 시호의 근(根) 뿌리

① 성미(性味) : 고(苦), 감(甘), 신(辛), 평(平), 미한(微寒), 무독(無毒), 승발(升發)

② 귀경(歸經) : 간(肝)·담(膽) 木經, 심(心)·비(脾) 火土經

③ 용법(用法) : 생용(生用), 초초용(醋炒用), 2.5~6g, 6~9g, 12~18g

④ 금기(禁忌) : 진음휴손(眞陰虧損), 신양진양손상(腎陽眞陽損傷), 간양상항(肝陽上
   亢), 음화다한(陰火多汗), 음허(陰虛), 음허화치염상(陰虛火熾炎上)(忌), 동(銅),
   철(鐵)〈相反〉, 여로(藜蘆), 조협(皂莢)(꺼림)

⑤ 배합길(配合吉) : 갈근(葛根), 강활(羌活), 반하(半夏), 황금(黃芩), 감초(甘草), 대
   조(大棗), 생강(生薑), 인삼(人蔘), 청피(靑皮), 초과(草果), 작약(芍藥), 당귀(當
   歸), 울금(鬱金), 향부자(香附子), 복령(茯苓), 백출(白朮), 박하(薄荷), 지각(枳殼),
   황기(黃芪)

⑥ 주치(主治) : 감모풍열(感冒風熱), 소양경증(少陽經證), 한열왕래(寒熱往來), 심복
   장위중결기(心腹腸胃中結氣), 흉협고만(胸脇苦滿), 상한번열(傷寒煩熱), 흉중사역
   (胸中邪逆), 간기울결(肝氣鬱結), 목현(目眩), 두훈(頭暈), 구고이농(口苦耳聾), 늑
   협동통(肋脇疼痛), 담열결실(痰熱結實), 발열(發熱), 흉협기만(胸脇氣滿), 열로골절
   번동(熱勞骨節煩疼), 기허하함(氣虛下陷), 탈장탈항(脫腸脫肛), 자궁하수(子宮下
   垂), 월경부조(月經不調), 습비구련(濕痹拘攣), 수창(水脹), 견배동통(肩背疼痛), 담
   비(膽痹), 음식적취(飮食積聚), 노핍리수(勞乏羸瘦), 오감리열(五疳羸熱), 소아두진
   여열(小兒痘疹餘熱), 비위(痺痿), 노열(癆熱), 비기한열(肥氣寒熱)

⑦ 효능(效能) : 소양반표반리 병사선산(少陽半表半裏 病邪宣散), 간담억울지기소해

(肝膽抑鬱之氣疏解), 소담지해(消痰止咳), 투표설열(透表泄熱), 제번지경(除煩止
驚), 화해퇴열(和解退熱), 소간해울(疏肝解鬱), 해산기열(解散肌熱), 양기승거(陽氣
升擧), 제간가사열(除肝家邪熱), 익기(益氣), 윤심폐(潤心肺), 제허로번열(除虛勞煩
熱), 평간담(平肝膽), 조월경(調月經), 하기소식(下氣消食), 보오로칠상(補五勞七
傷)

⑧ 약물음양오행(藥物陰陽五行) : 신량해표약(辛凉解表藥), 이기약(理氣藥)

270) 식염(食鹽) : 소금

① 성미(性味) : 함(鹹), 한(寒), 무독(無毒)
② 귀경(歸經) : 위(胃)·신(腎)·대장(大腸)·소장(小腸)·폐(肺)·간(肝) 土水金火
木經
③ 용법(用法) : 9~18g, 0.6~3g
④ 금기(禁忌) : 수종(水腫), 소갈(消渴)(忌), 多服삼가
⑤ 주치(主治) : 담연옹성(痰涎壅盛), 숙식정체(宿食停滯), 오식독물(誤食毒物), 다식
불화(多食不化), 흉중통(胸中痛), 해역(咳逆), 장위결열(腸胃結熱), 심복창통(心腹
脹痛), 음식불소(飮食不消), 상한한열(傷寒寒熱), 인후종통(咽喉腫痛), 창양(瘡瘍),
금창(金瘡), 소아산기(小兒疝氣), 충상(蟲傷), 피부풍독(皮膚風毒), 치통(齒痛), 독
충교상(毒蟲咬傷), 담음(痰飮)
⑥ 효능(效能) : 용토(涌吐 : 宿食, 毒物, 痰涎), 소식(消食), 소숙물(消宿物), 장건(壯
健), 장육(長肉), 견기위(堅肌胃), 살충(殺蟲), 명목(明目), 양혈윤조(凉血潤燥), 보
피부(補皮膚), 해독(解毒), 견골고치(堅骨固齒), 거풍사(祛風邪), 청열삼습(淸熱滲
濕), 조화장부(調和臟腑), 통대소변(通大小便), 정통지양(定痛止癢), 활혈거어(活血
祛瘀), 안신지망(安神止妄), 보심(補心)
⑦ 약물음양오행(藥物陰陽五行) : 용토약(涌吐藥)

271) 신국(神麴) : 약누룩

① 성미(性味) : 감(甘), 신(辛), 온(溫), 무독(無毒)

② 귀경(歸經) : 비(脾)·위(胃) 土經

③ 용법(用法) : 초황(炒黃), 초초(炒焦), 6~15g

④ 금기(禁忌) : 비토음허(脾土陰虛), 위토화성(胃土火盛), 진액결핍(津液缺乏)(忌), 열상(熱象), 임부(妊婦)〈신용(愼用)〉, 위산과다(胃酸過多)

⑤ 배합길(配合吉) : 맥아(麥芽), 산사(山楂), 천화분(天花粉), 산약(山藥), 죽여(竹茹), 당삼(黨蔘), 지실(枳實), 백출(白朮), 진피(陳皮), 축사(縮砂)

⑥ 주치(主治) : 음식적체(飲食積滯), 수곡숙식(水穀宿食), 흉비복창(胸痞腹脹), 완복창만(脘腹脹滿), 소화불량(消化不良), 담역(痰逆), 곽란심격냉기(霍亂心膈冷氣), 장명설사(腸鳴泄瀉), 징결적취(癥結積聚), 소아복대견적(小兒腹大堅積), 흉중만(胸中滿), 구토(嘔吐), 사리(瀉痢), 반위(反胃), 위완통(胃脘痛), 상노권(傷勞倦), 담음해수(痰飲咳嗽), 비위현훈(痺胃眩暈), 황달(黃疸), 학기비증(瘧氣痞證), 산후어혈복통(產後瘀血腹痛), 태동불안(胎動不安)

⑦ 효능(效能) : 소식행기(消食行氣), 건위화위(健胃和胃), 지사(止瀉), 양위기(養胃氣), 건비난위(健脾暖胃), 해표(解表), 개위소숙식(開胃消宿食), 파징결(破癥結), 제번(除煩), 보허(補虛)

⑧ 약물음양오행(藥物陰陽五行) : 소도약(消導藥)

272) 신이(辛荑) : 자목련, 백목련의 화뇌(花蕾)(꽃봉오리)

① 성미(性味) : 신(辛), 미고(微苦), 온(溫), 무독(無毒), 상향(上向), 경(輕), 방향(芳香)

② 귀경(歸經) : 폐(肺)·위(胃)·담(膽)·비(脾) 金土木經

③ 용법(用法) : 3~6g, 6~9g 전복(煎服)

④ 금기(禁忌) : 음허화왕(陰虛火旺), 기허(氣虛), 위화치통(胃火齒痛), 혈허화치(血虛

火熾), 두통(頭痛)(忌), 모려(牡蠣)(相惡), 석고(石膏), 황련(黃連), 포황(蒲黃), 창포(菖蒲)(꺼림)

⑤ 배합길(配合吉) : 방풍(防風), 형개(荊芥), 세신(細辛), 백지(白芷), 창이자(蒼耳子), 박하(薄荷), 황금(黃芩), 목통(木通), 천궁(川芎), 감초(甘草), 고본(藁本), 승마(升麻)

⑥ 주치(主治) : 풍한표증두통(風寒表證頭痛), 한열풍(寒熱風), 비색(鼻塞), 위기통(胃氣痛), 치통(齒痛), 면간(面䵟 검은기미), 면종인치통(面腫引齒痛)

⑦ 효능(效能) : 산풍한(散風寒), 명목(明目), 거풍(祛風), 통폐규(通肺竅), 이기파옹(利氣破癰), 온중해기(溫中解肌), 생수발(生鬚髮), 설폐강역(泄肺降逆), 이구규(利九竅)

⑧ 약물음양오행(藥物陰陽五行) : 신온해표약(辛溫解表藥)

273) 아교(阿膠) : 당나귀, 소가죽 고은것

① 성미(性味) : 감(甘), 평(平), 무독(無毒), 자윤(滋潤)

② 귀경(歸經) : 폐(肺)·간(肝)·신(腎) 金木水經

③ 용법(用法) : 합분초(蛤粉炒)〈거담(祛痰)〉, 포황초(蒲黃炒)〈지혈(止血)〉, 구복(久服)〈익기(益氣)〉, 용해용(溶解用), 3~15g, 6~18g

④ 금기(禁忌) : 비위허약(脾胃虛弱), 흉복비만(胸腹痞滿), 소화불량(消化不良), 한담유음(寒痰留飮)(忌), 납식불소(納食不消), 담습구토(痰濕嘔吐), 설사(泄瀉)〈주의(主意)〉, 대황(大黃)(禁忌)

⑤ 배합길(配合吉) : 마두령(馬兜鈴), 행인(杏仁), 우방자(牛蒡子), 나미(糯米), 감초(甘草), 당귀(當歸), 애엽(艾葉), 백작약(白芍藥), 숙지황(熟地黃), 자감초(炙甘草), 천궁(川芎), 황련(黃連), 황금(黃芩), 난황(卵黃), 생지황(生地黃), 포황(蒲黃), 인삼(人蔘), 총백(葱白), 두시(豆豉), 패모(貝母), 관동화(款冬花), 오미자(五味子), 천문동(天門冬), 백합(百合), 백부근(百部根), 맥문동(麥門冬), 산약(山藥), 사삼(沙蔘), 달간(獺肝), 복령(茯苓), 상엽(桑葉), 감국화(甘菊花), 삼칠근(三七根), 초호마

인(炒胡麻仁), 비파엽(枇杷葉), 석고(石膏)

⑥ 주치(主治) : 혈허(血虛), 허로(虛勞), 토혈(吐血), 태루(胎漏), 열사상음(熱邪傷陰), 음허화치(陰虛火熾), 폐음부족(肺陰不足), 음허해수(陰虛咳嗽), 허로천해(虛勞喘咳), 폐위타농혈(肺痿唾膿血), 건해(乾咳), 폐조해수(肺燥咳嗽), 대풍(大風), 내상요통(內傷腰痛), 풍독골절통(風毒骨節痛), 사지산동(四肢酸疼), 요복통(腰腹痛), 혈리(血痢), 장풍(腸風), 혈고(血枯), 자궁출혈(子宮出血), 혈변(血便), 뉵혈(衄血), 월경불순(月經不順), 수기부종(水氣浮腫), 옹저종독(癰疽腫毒)

⑦ 효능(效能) : 보혈지혈(補血止血), 자음윤폐(滋陰潤肺), 윤조(潤燥), 양혈안태(養血安胎), 익기(益氣)〈久服時〉, 견근골(堅筋骨), 화혈(和血), 양간기(養肝氣), 지리(止痢), 화혈자음(和血滋陰), 화담청폐(化痰淸肺), 조대장(調大腸), 이소변(利小便), 제풍윤조(除風潤燥), 첨정고신(添精固腎), 강력신근(强力伸筋)

⑧ 약물음양오행(藥物陰陽五行) : 지혈약(止血藥), 보혈약(補血藥), 보음약(補陰藥)

274) 아담자(鴉膽子) : 아담자 나무〈의 과실(果實)〉 열매

① 성미(性味) : 고(苦), 한(寒), 대독(大毒)·

② 귀경(歸經) : 대장(大腸)·간(肝) 金木經

③ 용법(用法) : 5~20 粒, 식후복용(食後服用), 單方가능

④ 금기(禁忌) : 임부(妊婦), 유아(幼兒)(愼重用), 비위허약(脾胃虛弱), 구토(嘔吐)(忌)

⑤ 배합길(配合吉) : 용안육(龍眼肉), 금은화(金銀花), 감초(甘草), 백작약(白芍藥), 삼칠근(三七根), 사탕(砂糖), 백두옹(白豆翁)

⑥ 주치(主治) : 열독(熱毒), 정창종독(疔瘡腫毒), 열리(熱痢), 구사구리(久瀉久痢), 학질후우(瘧疾瘊疣), 티눈, 사마귀, 치질(痔疾), 질타(跌打)

⑦ 효능(效能) : 청열양혈해독(淸熱凉血解毒), 조습(燥濕), 살충(殺蟲), 지리(止痢), 부식췌우(腐蝕贅疣), 항학(抗瘧), 항 바이러스

⑧ 약물음양오행(藥物陰陽五行) : 청열해독약(淸熱解毒藥), 살충약(殺蟲藥)

275) 아위(阿魏) : 아위초의 수지(樹脂)(나무진)

① 성미(性味) : 고(苦), 신(辛), 온(溫), 소독(小毒)
② 귀경(歸經) : 간(肝)·비(脾)·위(胃) 木土經
③ 용법(用法) : 0.5~1.5g, 1.5~3g(丸·散服), 外用
④ 금기(禁忌) : 임부(妊婦), 비위허약(脾胃虛弱), 구복(久服) 삼가.
⑤ 배합길(配合吉) : 신국(神麯), 산사(山楂), 천궁(川芎), 당귀(當歸), 대황(大黃), 홍화(紅花), 백출(白朮), 적복령(赤茯苓), 교맥(蕎麥), 무이(蕪荑), 나복자(蘿葍子), 섬수(蟾酥), 고반(枯礬), 웅담(熊膽), 유향(乳香), 용뇌(龍腦), 몰약(沒藥)
⑥ 주치(主治) : 육식적정체(肉食積停滯), 곽란심복통(霍亂心腹痛), 부녀혈적징가(婦女血積癥瘕), 비괴(痞塊), 학질(瘧疾), 이질(痢疾), 충적(蟲積), 흉복냉통(胸腹冷痛), 취기(臭氣), 온장(溫瘴), 만성기관염(慢性氣管炎), 신경쇠약(神經衰弱)
⑦ 효능(效能) : 소식적(消食積), 살충(殺蟲), 소비산결(消痞散結), 절학치리(截瘧治痢), 치육적(治肉積), 하악기(下惡氣), 파징적(破癥積)
⑧ 약물음양오행(藥物陰陽五行) : 파징소적약(破癥消積藥), 살충약(殺蟲藥)

276) 안식향(安息香) : 안식향의 수지(樹脂)

① 성미(性味) : 신(辛), 고(苦), 미감(微甘), 평(平), 온(溫), 무독(無毒), 방향(芳香)
② 귀경(歸經) : 심(心)·폐(肺)·비(脾)·위(胃) 火金土經, 간(肝) 木經
③ 용법(用法) : 0.3~1.5g(丸·散用), 服用, 外用
④ 금기(禁忌) : 음허화왕(陰虛火旺)신중용(愼重用), 기허소식(氣虛少食)(忌)
⑤ 배합길(配合吉) : 우황(牛黃), 서각(犀角), 석창포(石菖蒲), 웅황(雄黃), 단사(丹砂), 침향(沈香), 목향(木香), 정향(丁香), 곽향(藿香), 소회향(小茴香), 향부자(香附子), 축사(縮砂), 감초(甘草)
⑥ 주치(主治) : 중풍담궐(中風痰厥), 심복동통(心腹疼痛), 노년효천(老年哮喘), 산후혈훈(産後血暈), 기울폭궐(氣鬱暴厥), 풍비요통(風痺腰痛), 소아경간(小兒驚癎), 유

정(遺精), 곽란(霍亂), 혈사(血邪), 중풍(中風), 학슬풍(鶴膝風), 풍간(風癎), 이농(耳聾)

⑦ 효능(效能) : 개규정신(開竅精神), 윤폐(潤肺), 지해거담(止咳祛痰), 행기활혈(行氣活血), 지통(止痛), 안신(安神), 행혈하기(行血下氣), 선행기혈(宣行氣血), 벽악기(辟惡氣), 난신(暖腎)

⑧ 약물음양오행(藥物陰陽五行) : 개규약(開竅藥), 온화한담약(溫化寒痰藥)

277) 압척초(鴨跖草) : 닭의 장풀(닭개비)〈의 전초(全草)〉

① 성미(性味) : 감(甘), 고(苦), 한(寒), 무독(無毒)
② 귀경(歸經) : 심(心)·간(肝)·비(脾)·신(腎)·대·소장(大·小腸) 木火土水金經
③ 용법(用法) : 9~15g, 60~90g 선용(鮮用), 단방(單方)가능
④ 금기(禁忌) : 비위허약(脾胃虛弱)〈慎重用〉
⑤ 배합길(配合吉) : 호유(胡荽), 부평(浮萍), 편축(萹蓄), 포공영(蒲公英), 백모근(白茅根), 차전자(車前子), 우방자(牛蒡子), 박하(薄荷), 지모(知母), 석고(石膏), 판람근(板藍根), 산두근(山豆根), 사간(射干), 야국화(野菊花), 자화지정(紫花地丁), 연교(連翹), 반변련(半邊蓮), 적소두(赤小豆)
⑥ 주치(主治) : 습열하주(濕熱下注), 소변임역(小便淋癃), 삽통(澀痛), 소변불리(小便不利), 열림(熱淋), 한열장학(寒熱瘴瘧), 수종각기(水腫脚氣), 감기(感氣), 단독(丹毒), 정창(疔瘡), 옹종창독(癰腫瘡毒), 인후종통(咽喉腫痛), 독사교상(毒蛇咬傷), 열리(熱痢), 혈뇨(血尿), 뉵혈(衄血), 백대(白帶), 혈붕(血崩), 대복비만(大腹痞滿), 발열광간(發熱狂癎), 신면기종(身面氣腫), 견교상(犬咬傷), 담음(痰飲), 혈림(血淋), 열독(熱毒), 급성전염성열병(急性傳染性熱病), 질타손상(跌打損傷), 근골동통(筋骨疼痛), 요로결석(尿路結石)
⑦ 효능(效能) : 이수소종(利水消腫), 양혈(凉血), 청열해독(淸熱解毒), 이소변(利小便), 윤폐(潤肺), 보양기혈(補養氣血), 소옹저(消癰疽), 생신혈(生新血), 청열이뇨(淸熱利尿)

⑧ 약물음양오행(藥物陰陽五行) : 이수소종약(利水消腫藥), 청열해독약(淸熱解毒藥)

278) 애엽(艾葉) : 참쑥(황해쑥), 메쑥(진주쑥) 잎

① 성미(性味) : 고(苦), 신(辛), 온(溫), 무독(無毒), 조열(燥熱), 기향(氣香), (熟하면 熱)

② 귀경(歸經) : 간(肝) · 비(脾) · 신(腎) 木土水經, 폐(肺) · 심(心) 金火經

③ 용법(用法) : 3~9g, 9~15g 전복(煎服), 즙용(汁用), 장복(長服)(止冷痢)

④ 금기(禁忌) : 음허혈열(陰虛血熱), 음허화성(陰虛火盛), 실혈증(失血證), 혈조발열(血燥發熱)(忌)

⑤ 배합길(配合吉) : 아교주(阿膠珠), 당귀(當歸), 측백엽(側柏葉), 선생지(鮮生地), 하엽(荷葉), 천궁(川芎), 작약(芍藥), 감초(甘草), 건지황(乾地黃), 오수유(吳茱萸), 향부자(香附子), 지부자(地膚子), 백선피(白蘚皮), 상기생(桑寄生), 토사자(菟絲子), 황기(黃芪), 백출(白朮), 속단(續斷), 황금(黃芩), 진종탄(陳棕炭), 육계(肉桂), 난발상(亂髮霜), 방풍(防風), 백질려(白蒺藜), 유황(硫黃), 웅황(雄黃)

⑥ 주치(主治) : 허한성출혈(虛寒性出血), 복중냉통(腹中冷痛), 붕루(崩漏), 하초허한(下焦虛寒), 만성설사이질(慢性泄瀉痢疾), 하혈(下血), 토뉵혈(吐衄血), 월경부조(月經不調), 대하(帶下), 궁냉불잉(宮冷不孕), 경행복통(經行腹痛), 냉통(冷痛), 장학(瘴瘧), 풍한습(風寒濕), 산후경풍(産後驚風), 열옹(熱壅), 심복오기(心腹惡氣), 금창(金瘡), 개선(疥癬), 옹양(癰瘍), 농혈리(膿血痢), 태동불안(胎動不安)

⑦ 효능(效能) : 산한지통(散寒止痛), 난기혈(暖氣血), 온경맥(溫經脈), 안태(安胎), 온경지혈(溫經止血), 생기육(生肌肉), 이음기(利陰氣), 온위(溫胃), 제습지양(除濕止痒), 축한습(逐寒濕), 조경개울(調經開鬱), 지안태복통(止安胎腹痛), 지태루(止胎漏), 온중(溫中), 이기행혈(理氣行血)

⑧ 약물음양오행(藥物陰陽五行) : 지혈약(止血藥)

279) 앵속각(罌粟殼) : 양귀비 과실 껍질

① 성미(性味) : 산(酸), 삽(澁), 평(平), 대독(大毒), 중독성(中毒性), 마약
② 귀경(歸經) : 폐(肺)・대장(大腸)・신(腎) 金水經
③ 용법(用法) : 복용규제약물(사용금지), 1.5~6, 6~9g 煎服, 丸・散用
④ 금기(禁忌) : 복사초기(腹瀉初起), 해수(咳嗽)(忌)
⑤ 배합길(配合吉) : 황련(黃連), 목향(木香), 생강(生薑), 소자(蘇子), 오미자(五味子), 오매(烏梅), 행인(杏仁), 지룡(地龍), 반하(半夏), 대조(大棗), 가자(訶子), 초(醋), 귤피(橘皮)
⑥ 주치(主治) : 구해(久咳), 만성해수(慢性咳嗽), 구사구리(久瀉久痢), 위통(胃痛), 동통(疼痛), 유정활정(遺精滑精), 변혈(便血), 탈항(脫肛), 다뇨(多尿), 백대하(白帶下), 대장하혈(大腸下血), 요통(腰痛), 해혈(咳血), 폐결핵(肺結核)
⑦ 효능(效能) : 수렴폐기(收斂肺氣), 지해(止咳), 삽장지사(澁腸止瀉), 지통(止痛), 고신(固腎), 고탈항(固脫肛)
⑧ 약물음양오행(藥物陰陽五行) : 지통약(止痛藥), 지사약(止瀉藥), 수렴약(收斂藥)

280) 야교등(夜交藤) : 하수오의 등경(藤莖)(덩굴, 잎)

① 성미(性味) : 평(平), 감(甘), 미고(微苦), 무독(無毒)
② 귀경(歸經) : 심(心)・간(肝) 火木經, 비(脾)・신(腎) 土水經
③ 용법(用法) : 생용(生用), 6~12g, 12~30g, 單方가능
④ 배합길(配合吉) : 합환피(合歡皮), 원지(遠志), 백자인(柏子仁), 산조인(酸棗仁), 당귀(當歸), 낙석등(絡石藤), 지황(地黃), 백질려(白蒺藜), 단삼(丹蔘), 용안육(龍眼肉)
⑤ 주치(主治) : 음허혈소(陰虛血少), 허번(虛煩), 다한(多汗), 혈허(血虛), 혈허지체산통(血虛肢体酸痛), 피부양진(皮膚痒疹), 폐병(肺病), 불면(不眠), 옹저(癰疽), 풍창(風瘡), 라역(瘰癧), 개선(疥癬), 노상(勞傷), 치창(痔瘡)

⑥ 효능(效能) : 양혈안신(養血安神), 경락통리(經絡通利), 양심(養心), 보중기(補中氣), 통혈맥(通血脈), 거풍지양(祛風止痒), 행경락(行經絡), 양간신(養肝腎), 최면(催眠), 지허한(止虛汗)

⑦ 약물음양오행(藥物陰陽五行) : 보혈약(補血藥), 양심안신약(養心安神藥)

281) 야명사(夜明砂) : 애기박쥐, 국두박쥐의 분변(糞便)

① 성미(性味) : 신(辛), 한(寒), 무독(無毒)
② 귀경(歸經) : 간(肝) 木經, 비(脾) 土經
③ 용법(用法) : 2.5~9g 포전(包煎), 초분말(炒粉末)(1회 1~2g씩), 單方가능
④ 금기(禁忌) : 무어체(無瘀滯), 임부(妊婦)〈신용(愼用)〉, 백미(白薇), 백렴(白蘞)(忌)
⑤ 배합길(配合吉) : 우담즙(牛膽汁), 백엽(柏葉), 저간(豬肝), 석결명(石決明), 곡정초(穀精草), 합각(蛤殼), 호황련(胡黃蓮), 고련근(苦楝根), 사군자(使君子), 진피(陳皮), 목향(木香)
⑥ 주치(主治) : 목적(目赤), 작목(雀目), 청맹(靑盲), 장예(障翳), 질타손상(跌打損傷), 감적(疳積), 한열적취(寒熱積聚), 라역(瘰癧), 이질(痢疾), 소아빈혈(小兒貧血), 면옹종(面癰腫)
⑦ 효능(效能) : 산혈소적(散血消積), 혈열청제(血熱淸除), 청열명목(淸熱明目), 산어소적(散瘀消積), 파적취(破積聚), 명목(明目), 제학(除瘧), 제경계(除驚悸)
⑧ 약물음양오행(藥物陰陽五行) : 청열명목약(淸熱明目藥)

282) 양금화(洋金花) : 독말풀, 흰독말풀의 花

① 성미(性味) : 신(辛), 감(甘), 온(溫), 대독(大毒)
② 귀경(歸經) : 심(心)·폐(肺)·비(脾) 火金土經
③ 용법(用法) : 0.3~0.45g, 0.09~0.15g(散)

④ 금기(禁忌) : 체질허약(体質虛弱)(忌), 독성(毒性) 주의하라, 내복(內服)시 주의

⑤ 배합길(配合吉) : 당귀(當歸), 초오(草烏), 백지(白芷), 천궁(川芎)

⑥ 주치(主治) : 한담천해(寒痰喘咳), 효천(哮喘), 위복동통(胃腹疼痛), 풍한습비통(風寒濕痺痛), 완복냉통(脘腹冷痛), 경간(驚癎), 창양동통(瘡瘍疼痛), 각기(脚氣), 탈항(脫肛), 질타동통(跌打疼痛), 해수(咳嗽)

⑦ 효능(效能) : 평천진해(平喘鎭咳), 마취지통(痲醉止痛), 거풍습(祛風濕), 통관이규(通關利竅), 선비착한효(宣痺着寒哮), 거두풍(去頭風)

⑧ 약물음양오행(藥物陰陽五行) : 지해평천약(止咳平喘藥), 거풍습지비약(祛風濕止痺藥), 외용약(外用藥)

283) 양기석(陽起石) : 양기석 석면

① 성미(性味) : 함(鹹), 신(辛), 감(甘), 평(平), 미온(微溫), 무독(無毒)

② 귀경(歸經) : 신(腎) 水經

③ 용법(用法) : 3~5g(6g) 丸, 單方 禁함, 구복(久服)삼가.

④ 금기(禁忌) : 음허화왕(陰虛火旺)(忌), 양혈(羊血)(忌), 뇌환(雷丸), 택사(澤瀉), 사태피(蛇蛻皮)(꺼림), 토사(菟絲)(忌)

⑤ 배합길(配合吉) : 숙부자(熟附子), 종유석(鐘乳石), 녹용(鹿茸), 파고지(破故紙), 파극천(巴戟天), 해구신(海狗腎), 음양곽(淫羊藿), 선모(仙茅), 쇄양(鎖陽), 동질려(潼蒺藜), 밀(蜜)

⑥ 주치(主治) : 신기허약(腎氣虛弱), 하초허한(下焦虛寒), 양위(陽痿), 유정(遺精), 자궁구냉(子宮久冷), 붕루(崩漏), 불잉(不孕), 요슬산연(腰膝痠軟), 수족궐냉(手足厥冷), 정활불금(精滑不禁), 설사(泄瀉), 변당(便溏), 한열복통(寒熱腹痛), 징가결기(癥瘕結氣), 습비(濕痺), 한산(寒疝), 요통슬냉(腰痛膝冷), 붕루(崩漏), 음하습양(陰下濕癢), 냉징한가(冷癥寒瘕)

⑦ 효능(效能) : 보신기(補腎氣), 난하초(暖下焦), 보양(補陽), 보정(補精), 소수종(消水腫), 보오로칠상(補五勞七傷), 보명문부족(補命門不足)

⑧ 약물음양오행(藥物陰陽五行) : 보양약(補陽藥)

284) 양담(羊膽) : 염소, 면양의 담즙(膽汁)

① 성미(性味) : 고(苦), 평(平), 한(寒), 무독(無毒)
② 귀경(歸經) : 간(肝)·담(膽)·위(胃) 木土經
③ 용법(用法) : 0.3~0.6g(粉末)
④ 주치(主治) : 풍열목적(風熱目赤), 예장(翳障), 후두홍종(喉頭紅腫), 청맹(靑盲),
폐로토혈(肺癆吐血), 황달(黃疸), 열독창양(熱毒瘡瘍), 변비(便秘)
⑤ 효능(效能) : 청화명목(淸火明目), 해독(解毒), 퇴예(退翳)
⑥ 약물음양오행(藥物陰陽五行) : 청열명목약(淸熱明目藥)

285) 양유(羊乳) : 더덕의 뿌리(根), 사엽삼(四葉蔘)

① 성미(性味) : 신(辛), 감(甘), 평(平), 무독(無毒)
② 귀경(歸經) : 폐(肺)·대장(大腸)·간(肝) 金木經
③ 용법(用法) : 생용(生用), 15~60g
④ 배합길(配合吉) : 당귀(當歸), 생숙지황(生熟地黃), 백합(百合), 자완(紫菀), 백부
근(百部根), 통초(通草), 대조(大棗), 저제(猪蹄), 길경(桔梗), 의이인(薏苡仁), 금
은화(金銀花), 동과자(冬瓜子), 노근(蘆根), 생감초(生甘草), 야국(野菊), 과루인(瓜
蔞仁), 포공영(蒲公英), 단삼(丹蔘), 자석(磁石), 계혈등(鷄血藤), 세신(細辛), 오미
자(五味子), 반풍하(半楓荷), 왕불유행(王不留行), 자천산갑(炙穿山甲), 목향(木香),
황기(黃芪), 사삼(沙蔘), 현삼(玄蔘)
⑤ 주치(主治) : 폐음부족(肺陰不足), 해수(咳嗽), 병후체허(病後体虛), 유즙부족(乳汁
不足), 산후체허(産後体虛), 유장옹(乳腸癰), 창양종독(瘡瘍腫毒), 폐옹흉통(肺癰胸
痛), 해토농혈(咳吐膿血), 사충교상(蛇蟲咬傷), 기혈양허(氣血兩虛), 고혈압(高血
壓)

⑥ 효능(效能) : 양음윤폐(養陰潤肺), 보중익기폐(補中益氣肺), 최유(催乳), 발유즙(發乳汁), 자양(滋養), 장기육(長肌肉), 생진(生津), 강혈압(降血壓), 자보행기(滋補行氣), 윤조(潤燥), 보기혈(補氣血)

⑦ 약물음양오행(藥物陰陽五行) : 청열해독약(淸熱解毒藥), 배농약(排膿藥), 보기약(補氣藥), 보음약(補陰藥)

286) 양제(羊蹄) : 참소리쟁이 뿌리(根)

① 성미(性味) : 고(苦), 신(辛), 감(甘), 삽(澀), 한(寒), 소독(小毒)
② 귀경(歸經) : 심(心)·간(肝)·대장(大腸) 火木金經
③ 용법(用法) : 9~15g 전복(煎服), 단방가능(單方可能), 즙용(汁用)
④ 금기(禁忌) : 비위허한(脾胃虛寒), 泄瀉(忌)
⑤ 배합길(配合吉) : 초(醋), 저유(猪油), 현명분(玄明粉), 대조(大棗)
⑥ 주치(主治) : 혈열출혈증(血熱出血證), 침음저치(浸淫疽痔), 개창(疥瘡), 완선(頑癬), 대변비결(大便秘結), 산후풍비(産後風秘), 황달(黃疸), 임탁(淋濁), 장풍(腸風), 토혈(吐血), 옹종(癰腫), 개선(疥癬), 타박상(打撲傷), 제열독(諸熱毒), 열림(熱淋)
⑦ 효능(效能) : 양혈지혈(涼血止血), 완사통변(緩瀉通便), 살충지양(殺蟲止痒), 제열(除熱), 이소변(利小便), 구충(驅蟲)
⑧ 약물음양오행(藥物陰陽五行) : 지혈약(止血藥), 살충약(殺蟲藥), 외용약(外用藥)

287) 어성초(魚腥草) : 약모밀 전초(全草)

① 성미(性味) : 신(辛), 고(苦), 감(甘), 함(鹹), 미한(微寒), 무독(無毒)
② 귀경(歸經) : 폐(肺) 金經, 간(肝) 木經
③ 용법(用法) : 생용(生用) 또는 선용(鮮用), 9~15g, 15~30g, 30~60g(鮮用), 오래 전(煎)하지 않는다. 단방(單方)가능

④ 금기(禁忌) : 신약사주(身弱四柱)(신중), 허약자(虛弱者), 음성외양(陰性外瘍)(忌),
   다복(多服)삼가, 장복(長服)삼가

⑤ 배합길(配合吉) : 생의이인(生薏苡仁), 동과인(冬瓜仁), 과루인(瓜蔞仁), 도인(桃
   仁), 선노근(鮮蘆根), 패모(貝母), 길경(桔梗), 봉밀(蜂蜜), 맥문동(麥門冬), 백부근
   (百部根), 상백피(桑白皮), 지모(知母), 연교(連翹), 야국화(野菊花), 포공영(蒲公
   英), 금전초(金錢草), 해금사(海金砂), 동규자(冬葵子), 차전자(車前子), 석위(石
   葦), 한련초(旱蓮草), 토복령(土茯苓), 감초(甘草)

⑥ 주치(主治) : 폐옹(肺癰), 폐염(肺炎), 해토농혈(咳吐膿血), 담열옹체(痰熱壅滯),
   흉통(胸痛), 식적(食積), 유선염(乳腺炎), 장염(腸炎), 중이염(中耳炎), 열리(熱痢),
   수종(水腫), 옹창종독(癰瘡腫毒), 어혈(瘀血), 독사교상(毒蛇咬傷), 습열임병(濕熱
   淋病), 설사(泄瀉), 치질(痔疾), 탈항(脫肛), 감염병(感染病), 개선(疥癬), 습진(濕
   疹), 열독옹종(熱毒癰腫)

⑦ 효능(效能) : 신산배농(辛散排膿), 청열해독(淸熱解毒), 이습(利濕), 이뇨(利尿),
   소수종(消水腫), 행수(行水), 해서(解署), 소염(消炎), 통림(通淋), 항균(抗菌), 항
   (抗) 바이러스, 보허약(補虛弱), 최토(催吐)

⑧ 약물음양오행(藥物陰陽五行) : 항암약(抗癌藥), 청열해독약(淸熱解毒藥), 이수청열
   약(利水淸熱藥)

288) 여로(藜蘆) : 참여로〈의 根, 뿌리줄기(根莖)〉

① 성미(性味) : 신(辛), 고(苦), 한(寒), 맹독(猛毒)

② 귀경(歸經) : 폐(肺)·간(肝)·위(胃) 金木土經

③ 용법(用法) : 0.3~0.9g(散) 中毒주의(약물배합시주의), 용량주의

④ 금기(禁忌) : 임부(妊婦), 허약(虛弱)(忌), 제삼(諸蔘), 작약(芍藥), 세신(細辛)〈상
   반(相反)〉, 생채(生菜), 리육(狸肉), 전호(前胡 相畏), 대황(大黃)(忌), 총백(葱白)
   (꺼림)

⑤ 배합길(配合吉) : 울금(鬱金), 천남성(天南星), 지룡(地龍), 법반하(法半夏), 두중

(杜仲), 오공(蜈蚣)

⑥ 주치(主治) : 오식독물(誤食毒物), 중풍담용(中風痰湧), 담연옹성(痰涎壅盛), 개선 충창(疥癬蟲瘡), 충독(蟲毒), 황달(黃疸), 풍간전질(風癎癲疾), 하리구학(下痢久瘧), 후비(喉痺), 두통(頭痛), 악창(惡瘡), 두양(頭瘍), 독사교상(毒蛇咬傷)

⑦ 효능(效能) : 용토풍담(龍吐風痰), 살충지양(殺蟲止痒), 살충(殺蟲), 상기(上氣)

⑧ 약물음양오행(藥物陰陽五行) : 용토약(涌吐藥), 살충약(殺蟲藥), 외용약(外用藥)

289) 여정자(女貞子) : 제주광나무, 여정자 나무 열매(果實)

① 성미(性味) : 고(苦), 감(甘), 량(凉), 화평(和平), 무독(無毒), 완만(緩慢)

② 귀경(歸經) : 간(肝)·신(腎) 木水經, 폐(肺) 金經

③ 용법(用法) : 황주증숙(黃酒蒸熟), 초증(醋蒸), 6~15g, 單方, 久服가능, 비건(肥健)

④ 금기(禁忌) : 토약사주(土弱四柱)(신중), 비위허한(脾胃虛寒), 설사(泄瀉), 양허(陽 虛)(忌)

⑤ 배합길(配合吉) : 미주(米酒), 상심자(桑椹子), 한련초(旱蓮草), 토사자(菟絲子), 황정(黃精), 생숙지황(生熟地黃), 사원자(沙苑子), 국화(菊花), 구기자(枸杞子), 복 령(茯苓), 산수유(山茱萸), 목단피(牧丹皮), 택사(澤瀉), 산약(山藥), 보골지(補骨 脂), 용규(龍葵)

⑥ 주치(主治) : 간신음허증(肝腎陰虛證), 내열(內熱), 요슬산연(腰膝酸軟), 골증노열 (骨蒸勞熱), 요퇴동(腰腿疼), 수발조백(鬚髮早白), 이명두훈(耳鳴頭暈), 목혼(目 昏), 치루동통(痔漏疼痛), 변혈(便血), 붕루(崩漏), 노인변비(老人便秘)

⑦ 효능(效能) : 청보간신(淸補肝腎), 청간화(淸肝火), 보혈거풍(補血祛風), 자음(滋 陰), 청열명목(淸熱明目), 강요슬(强腰膝), 강음(强陰), 강근(强筋), 양혈(凉血), 보 중초(補中焦), 양정신(養精神), 안오장(安五臟), 양음기(養陰氣), 흑발흑수(黑髮黑 鬚), 보기서간(補氣舒肝), 해번열골증(解煩熱骨蒸), 지루(止淚), 지허한(止虛汗), 양음익신(養陰益腎), 통경화혈(通經和血)

⑧ 약물음양오행(藥物陰陽五行) : 보음약(補陰藥)

290) 연교(連翹) : 개나리(과실), 만리화, 산개나리

① 성미(性味) : 고(苦), 신(辛), 미한(微寒), 무독(無毒), 경양(輕揚), 상향(上向)

② 귀경(歸經) : 폐(肺)·심(心)·간(肝)·담(膽) 金火木經, 위(胃)·삼초(三焦)·대장(大腸) 土火金經

③ 용법(用法) : 3~9g, 9~15g, 長服(忌)

④ 금기(禁忌) : 신약(身弱), 토약(土弱)의 사주(四柱)(신중), 기허발열(氣虛發熱), 비위허약(脾胃虛弱), 옹저이궤(癰疽已潰), 농희색담(膿稀色淡)(忌)

⑤ 배합길(配合吉) : 금은화(金銀花), 국화(菊花), 우방자(牛蒡子), 박하(薄荷), 길경(桔梗), 형개(荊芥), 죽엽(竹葉), 감초(甘草), 두시(豆豉), 상엽(桑葉), 행인(杏仁), 노근(蘆根), 야감국(野甘菊), 포공영(蒲公英), 천화분(天花粉), 적작약(赤芍藥), 황금(黃芩), 현삼(玄蔘), 산치자(山梔子), 사간(射干), 홍화(紅花), 갈근(葛根), 당귀(當歸), 진피(陳皮), 산두근(山豆根), 대조(大棗), 자초(紫草), 차전자(車前子), 목통(木通), 목단피(牧丹皮), 석곡(石斛), 하고초(夏枯草), 오미자(五味子), 황금(黃芩), 황백(黃柏), 용뇌(龍腦)

⑥ 주치(主治) : 상초제열(上焦諸熱), 풍열표증(風熱表證), 외감풍열(外感風熱), 온병초기(溫病初起), 혈열반진(血熱斑疹), 투발(透發), 번열신혼(煩熱神昏), 옹종결핵(癰腫結核), 한열결열(寒熱結熱), 열독온결(熱毒蘊結), 외옹내옹(外癰內癰), 담핵(痰核), 라역(瘰癧), 단독(丹毒), 종독(腫毒), 열림(熱淋), 혈림(血淋), 충독(蟲毒), 옹양(癰瘍), 소변불통(小便不通)

⑦ 효능(效能) : 청열해독(淸熱解毒), 이열청해(裏熱淸解), 소옹산결(消癰散結), 배농(排膿), 통리오림(通利五淋), 지통(止痛), 항균(抗菌), 항 바이러스, 제심가객열(除心家客熱), 통소장(通小腸), 통월경(通月經), 소종(消腫), 산제경혈(散諸經血), 결기취(結氣聚)

⑧ 약물음양오행(藥物陰陽五行) : 청열해독약(淸熱解毒藥)

291) 연교심(連翹心) : 연교(連翹)의 종자(種子)

① 배합길(配合吉) : 현삼(玄蔘), 서각(犀角), 맥문동(麥門冬), 죽엽권심(竹葉卷心)
② 효능(效能) : 청심열(淸心熱)
③ 약물음양오행(藥物陰陽五行) : 청열해독약(淸熱解毒藥)

292) 연근(蓮根) : 연뿌리, 우절(藕節), 연꽃의 근경(根莖)

① 성미(性味) : 감(甘), 삽(澁), 평(平), 무독(無毒), 자양(滋養)
② 귀경(歸經) : 폐(肺) · 위(胃) · 간(肝) 金土木經
③ 용법(用法) : 생용(生用), 초탄용(炒炭用), 장복(長服)〈호(好)〉, 單方가능. 9~15g, 15~30g, 30~60g(鮮用)
④ 배합길(配合吉) : 생지황(生地黃), 아교(阿膠), 천초근(茜草根), 행인(杏仁), 천패모(川貝母), 감초(甘草)
⑤ 주치(主治) : 출혈증(出血證), 혈변(血便), 혈뇨(血尿), 냉탁(冷濁), 요통(腰痛), 한습(寒濕), 대하(帶下), 혈붕(血崩), 어혈(瘀血), 토뉵혈(吐衄血), 혈리(血痢)
⑥ 효능(效能) : 수렴지혈(收斂止血), 화어생신혈(化瘀生新血), 해열독(解熱毒), 윤장폐(潤腸肺), 생진액(生津液), 소어혈(消瘀血), 산후혈민(産後血悶), 양혈(凉血), 보요신(補腰腎), 개격(開膈), 양혈(養血), 화혈맥(和血脈), 이수통경(利水通經)
⑦ 약물음양오행(藥物陰陽五行) : 지혈약(止血藥), 수렴약(收斂藥)

293) 연단(鉛丹) : 납가공품

① 성미(性味) : 신(辛), 함(鹹), 미한(微寒), 대독(大毒)
② 귀경(歸經) : 심(心) · 간(肝) 火木經, 비(脾) · 신(腎) 土水經
③ 용법(用法) : 외용(外用) 0.3~0.6g
④ 금기(禁忌) : 한증구토(寒證嘔吐), 허약(虛弱)(忌), 혈허(血虛)(忌)

⑤ 배합길(配合吉) : 황금(黃芩), 시호(柴胡), 용골(龍骨), 인삼(人蔘), 반하(半夏), 복령(茯苓), 하모려(煆牡蠣), 대황(大黃), 대조(大棗), 생강(生薑), 계지(桂枝), 청호(靑蒿)

⑥ 주치(主治) : 창양다농(瘡瘍多膿), 전광(癲狂), 경간(驚癇), 흉민(胸悶), 심계(心悸), 실면(失眠), 학질(瘧疾), 옹저창양(癰疽瘡瘍), 구창(口瘡), 습진선양(濕疹癬痒), 목예(目翳), 토역반위(吐逆反胃), 이질(痢疾), 탕화작상(湯火灼傷), 구적(久積), 중오심복창통(中惡心腹脹痛)

⑦ 효능(效能) : 해독수렴(解毒收斂), 타담진경(墮痰鎭驚), 절학(截瘧), 발독(拔毒), 수렴(收斂), 생기(生肌), 진심(鎭心), 지리(止痢), 살충(殺蟲), 지통생기(止痛生肌), 제열하기(除熱下氣), 진심안신(鎭心安神)

⑧ 약물음양오행(藥物陰陽五行) : 외용약(外用藥)

294) 연명초(延命草) : 산들깨, 배향초(배초향) 전초(全草), 방아풀, 오리방풀

① 성미(性味) : 고(苦), 한(寒), 무독(無毒)

② 귀경(歸經) : 간(肝)・심(心)・비(脾) 木火土經

③ 용법(用法) : 3~6g, 30~60g, 선용(鮮用), 전복(煎服), 구복(久服)시 항암(抗癌) 효과 있음. 단방(單方)가능

④ 주치(主治) : 식적불화(食積不化), 복통(腹痛), 구체(久滯), 소화불량(消化不良), 주체(酒滯), 식욕부진(食慾不振), 질타손상(跌打損傷), 사교상(蛇咬傷), 옹종(癰腫)

⑤ 효능(效能) : 건위지통(健胃止痛), 해독소종(解毒消腫), 항암(抗癌), 양혈(凉血)

⑥ 약물음양오행(藥物陰陽五行) : 소도약(消導藥), 항암약(抗癌藥)

295) 연방(蓮房) : 연꽃의 화탁(花托)(꽃받침)

① 성미(性味) : 고(苦), 삽(澁), 온(溫), 무독(無毒)

② 귀경(歸經) : 간(肝)・심(心)・신(腎)・비(脾) 木火水土經

③ 용법(用法) : 3~10g 전복(煎服)

④ 주치(主治) : 붕루(崩漏), 출혈증(出血證), 치창(痔瘡), 월경과다(月經過多), 어혈복통(瘀血腹痛), 태루하혈(胎漏下血), 피부습진(皮膚濕疹), 혈림(血淋), 산후태의불하(産後胎衣不下), 혈창복통(血脹腹痛), 탈항(脫肛)

⑤ 효능(效能) : 거습소어지혈(祛濕消瘀止血), 지혈붕(止血崩), 소독(消毒)

⑥ 약물음양오행(藥物陰陽五行) : 지혈약(止血藥)

296) 연자심(蓮子芯) : 연심(蓮心), 연꽃의 자실중(子實中), 청눈배아(靑嫩胚芽)-익은종자의 녹색배아

① 성미(性味) : 고(苦), 한(寒), 무독(無毒), 수렴(收斂)

② 귀경(歸經) : 심(心)·폐(肺)·신(腎) 火金水經

③ 용법(用法) : 1.5~3g 전복(煎服)

④ 배합길(配合吉) : 연교(連翹), 현삼(玄蔘), 서각(犀角), 모근(茅根), 사원자(沙苑子), 상표초(桑螵蛸), 금앵자(金櫻子), 맥문동(麥門冬), 죽엽(竹葉)

⑤ 주치(主治) : 온열병(溫熱病), 번열신혼(煩熱神昏), 열병토육(熱病吐衄), 혈열(血熱), 붕루(崩漏), 유정(遺精), 신허활설(腎虛滑泄), 고혈압(高血壓), 심번불매(心煩不寐), 토혈(吐血), 구갈(口渴), 산후갈질(産後渴疾), 목홍종(目紅腫)

⑥ 효능(效能) : 청심안신(淸心安神), 지혈삽정(止血澀精), 강혈압(降血壓), 청심거혈(淸心去血), 평간화(平肝火), 지곽란(止霍亂), 견신(堅腎), 강폐화(降肺火), 사비화(瀉脾火), 생진지갈(生津止渴), 소서제번(消暑除煩), 청열양신(淸熱養神), 염액지한(斂液止汗)

⑦ 약물음양오행(藥物陰陽五行) : 지혈약(止血藥), 청열사화약(淸熱瀉火藥)

297) 연자육(蓮子肉) : 연꽃의 종자, 연실(蓮實), 연자(蓮子)

① 성미(性味) : 감(甘), 삽(澁), 수렴(收斂), 평(平), 무독(無毒)

② 귀경(歸經) : 비(脾)·신(腎)·간(肝)·심(心) 土水木火經, 위(胃)·방광(膀胱) 土水經

③ 용법(用法) : 거심(去心), 증숙(蒸熟), 배용(焙用), 單方가능, 생용(生用)〈청심(淸心)〉

〈숙용(熟用) : 지사(止瀉)〉, 3~12g, 12~15g

④ 금기(禁忌) : 중만비창(中滿痞脹), 외감전후(外感前後), 대변조결(大便燥結), 열적변비(熱積便秘), 산후(産後)(忌)

⑤ 배합길(配合吉) : 복령(茯苓), 당삼(黨蔘), 황기(黃芪), 맥문동(麥門冬), 차전자(車前子), 지골피(地骨皮), 자감초(炙甘草), 황금(黃芩), 백자인(柏子仁), 산조인(酸棗仁), 토사자(菟絲子), 사원질려(沙苑蒺藜), 산약(山藥), 검실(芡實), 모려(牡蠣), 인삼(人蔘), 백출(白朮), 초길경(炒桔梗), 사인(砂仁), 의이인(薏苡仁), 백편두(白扁豆)

⑥ 주치(主治) : 심계(心悸), 경계(驚悸), 허번(虛煩), 실면(失眠), 하원허손(下元虛損), 신허유정(腎虛遺精), 붕루대하(崩漏帶下), 비허설사(脾虛泄瀉), 임탁(淋濁), 상중기절(傷中氣絶), 다몽(多夢), 설정(泄精), 요통(腰痛), 사리(瀉痢)

⑦ 효능(效能) : 양심영신(養心寧神), 익신고삽(益神固澁), 보익(補益), 건비지사(健脾止瀉), 익기력(益氣力), 양신(養神), 교심신(交心腎), 후장위(厚腸胃), 강근골(強筋骨), 청심해열(淸心解熱), 제번(除煩), 불노(不老), 보중익기(補中益氣), 개위진식(開胃進食), 발흑(髮黑), 지갈(止渴), 지리(止痢), 조심(助心), 지백탁(止白濁), 진역지구(鎭逆止嘔), 제한열(除寒熱), 보허손(補虛損), 고정기(固精氣)

⑧ 약물음양오행(藥物陰陽五行) : 보기약(補氣藥), 안신약(安神藥), 지사약(止瀉藥), 수렴약(收斂藥)

298) 영사(靈砂) : 인공주사(人工朱砂), 주사대용(朱砂代用)

① 성미(性味) : 신(辛), 온(溫), 대독(大毒), 조열(燥烈)
② 귀경(歸經) : 심(心)·폐(肺)·위(胃) 火金土經

③ 용법(用法) : 0.6~0.9g 丸・散

④ 금기(禁忌) : 신중용(愼重用), 임부(妊婦)(忌)

⑤ 배합길(配合吉) : 송향(松香), 진석탄(陳石炭), 백반(白礬), 경분(輕粉), 빈랑(檳榔), 사군자(使君子), 감초(甘草)

⑥ 주치(主治) : 완선(頑癬), 저창발배(疽瘡發背), 악창(惡瘡), 양매창(楊梅瘡), 탕화작상(湯火灼傷), 개선(疥癬), 단독(丹毒), 담기결흉(痰氣結胸), 정충(怔忡)

⑦ 효능(效能) : 조습제농(燥濕除膿), 파적산결(破積散結), 요창살충(療瘡殺蟲), 이독공독(以毒攻毒), 살충살회(殺蟲殺蛔), 양신(養神), 통혈맥(通血脈), 익기명목(益氣明目)

⑧ 약물음양오행(藥物陰陽五行) : 진심안신약(鎭心安神藥), 살충약(殺蟲藥)

299) 영양각(羚羊角) : 영양의 뿔

① 성미(性味) : 함(鹹), 고(苦), 한(寒), 무독(無毒)

② 귀경(歸經) : 간(肝)・심(心) 木火經

③ 용법(用法) : 0.3~5g 별도로 전(煎), 0.2~0.9g, 분말(粉末)

④ 금기(禁忌) : 비허만경(脾虛慢驚)(忌)

⑤ 배합길(配合吉) : 백작약(白芍藥), 상엽(桑葉), 조구등(釣鉤藤), 생지황(生地黃), 감국(甘菊), 감초(甘草), 죽여(竹茹), 패모(貝母), 복신목(茯神木), 황금(黃芩), 용담(龍膽), 석결명(石決明), 치자(梔子), 초결명(草決明), 승마(升麻), 황련(黃連), 서각(犀角), 맥문동(麥門冬), 산조인(酸棗仁), 아교(阿膠), 용골(龍骨), 모려(牡蠣), 상기생(桑寄生), 침향(沈香), 정향(丁香), 현삼(玄蔘), 사향(麝香), 초석(硝石), 박초(朴硝), 금박(金箔), 차전자(車前子), 세신(細辛), 복령(茯苓), 현삼(玄蔘), 방풍(防風), 지모(知母)

⑥ 주치(主治) : 간풍내동(肝風內動), 열병신혼경궐(熱病神昏痙厥), 경간추축(驚癎抽搐), 간양항성(肝陽亢盛), 상한시기한열(傷寒時氣寒熱), 목적예막(目赤翳膜), 고혈압(高血壓), 현훈(眩暈), 두통(頭痛), 온열병(溫熱病), 고열(高熱), 열재기부(熱在

肌膚), 열독발반(熱毒發斑), 중풍근련(中風筋攣), 산기(疝氣), 산후혈충(産後血冲), 심번민(心煩悶), 하혈(下血), 라역(瘰癧), 번민(煩悶), 경계(驚悸), 와불안(臥不安)

⑦ 효능(效能) : 평간식풍(平肝熄風), 식풍지경(熄風止痙), 청열해독(清熱解毒), 평간잠양(平肝潛陽), 서근(舒筋), 청심(清心), 명목익기(明目益氣), 안심기(安心氣), 정풍안혼(定風安魂), 산혈하기(散血下氣), 거어혈(去瘀血), 소수종(消水腫), 생신혈(生新血), 지갈제번(止渴除煩)

⑧ 약물음양오행(藥物陰陽五行) : 식풍지경약(熄風止痙藥), 청열해독약(清熱解毒藥), 평간잠양약(平肝潛陽藥)

300) 영지(靈芝) : 영지초, 영지버섯

① 성미(性味) : 감(甘), 평(平), 온(溫), 무독(無毒)

② 귀경(歸經) : 심(心)・비(脾)・폐(肺)・간(肝)・신(腎) 火土金木水經

③ 용법(用法) : 3~9g, 9~15g(粉末 1~3g), 單方가능

④ 금기(禁忌) : 인진호(茵蔯蒿)(꺼림)

⑤ 배합길(配合吉) : 당귀(當歸), 용안육(龍眼肉), 산조인(酸棗仁), 작약(芍藥), 오미자(五味子), 인삼(人蔘), 반하(半夏), 건강(乾薑), 석창포(石菖蒲), 계혈등(鷄血藤), 목단피(牧丹皮), 두충(杜冲)), 삼칠(三七), 구척(狗脊), 대계(大薊), 황정(黃精), 토사자(菟絲子), 돈육(豚肉), 당삼(黨蔘), 오배자(五倍子), 진피(陳皮), 백출(白朮), 대조(大棗), 생강(生薑), 축사(縮砂), 계내금(鷄內金), 마자인(麻子仁)

⑥ 주치(主治) : 심비양허(心脾兩虛), 기혈부족증(氣血不足證), 체권신피(体倦神疲), 실면다몽(失眠多夢), 심계(心悸), 건망(健忘), 식욕부진(食慾不振), 변당(便溏), 폐허구해(肺虛久咳), 허로해수(虛勞咳嗽), 심신불안(心神不安), 기허혈소증(氣虛血少證), 비위허약(脾胃虛弱), 신피핍력(神疲乏力), 간신부족증(肝腎不足證), 요산목현(腰痠目眩), 담음(痰飲), 담다천촉(痰多喘促), 형한해수(刑寒咳嗽), 담습허한(痰濕虛寒), 고혈압(高血壓), 간염심교통(肝炎心絞痛), 소화불량(消化不良), 치(痔)

⑦ 효능(效能) : 양심안신(養心安神), 보익강장(補益强壯), 익정기(益精氣), 보신(保

身), 견근골(堅筋骨), 이관절(利關節), 보기양혈(補氣養血), 거담지해평천(祛痰止咳平喘), 호안색(好顏色)

⑧ 약물음양오행(藥物陰陽五行) : 양심안신약(養心安神藥), 보기약(補氣藥), 보혈약(補血藥), 지해평천약(止咳平喘藥)

301) 오가피(五加皮) : 오갈피 나무

① 성미(性味) : 신(辛), 고(苦), 감(甘), 온(溫), 무독(無毒)

② 귀경(歸經) : 간(肝)·신(腎) 木水經

③ 용법(用法) : 생용(生用), 주세용(酒洗用), 3~9g, 9~15g 환·산·전(丸·散·煎)

④ 금기(禁忌) : 음허화성(陰虛火盛)(愼重用), 사피(蛇皮), 현삼(玄蔘)(忌), 간신허(肝腎虛), 화다(火多), 하화(下火), 폐기허(肺氣虛), 진액부족(津液不足)(忌)

⑤ 배합길(配合吉) : 주(酒), 강활(羌活), 모과(木瓜), 우슬(牛膝), 속단(續斷), 대복피(大腹皮), 지골피(地骨皮), 생강피(生薑皮), 복령피(茯苓皮), 진피(陳皮), 당귀(當歸), 황기(黃芪), 천궁(川芎), 천년건(千年健), 해동피(海桐皮), 상기생(桑寄生), 생강즙(生薑汁), 누룩, 지유(地楡), 두충(杜冲)

⑥ 주치(主治) : 풍한습비통(風寒濕痺痛), 근락구련(筋絡拘攣), 간신부족증(肝腎不足證), 요슬산통연약(腰膝痠痛軟弱), 중풍골절연급(中風骨節攣急), 행주무력(行走無力), 하지위약(下肢痿弱), 수종(水腫), 소변불리(小便不利), 심복산기(心腹疝氣), 복통(腹痛), 요통(腰痛), 음위(陰痿), 각기(脚氣), 창저종독(瘡疽腫毒), 음식(陰蝕), 노상(勞傷), 타박상(打撲傷), 풍습성관절통(風濕性關節痛), 학질(瘧疾), 습진(濕疹), 권태(倦怠), 건망(健忘), 여인음양요척통(女人陰癢腰脊痛), 각동비(脚疼痺), 노상(勞傷)

⑦ 효능(效能) : 거풍습(祛風濕), 보간신(補肝腎), 양신(養神), 보중익정(補中益精), 거어혈(祛瘀血), 견근골(堅筋骨), 혈액순환개선(血液循環改善), 혈압강하(血壓降下), 진통(鎭痛), 항염증(抗炎證), 혈당량조절(血糖量調節), 저항력증대(抵抗力增大), 수명연장(壽命延長), 체력두뇌작용력강화(体力頭腦作用力强化), 상기조절(上

氣調節), 화담제습(化痰除濕), 이각기요통(理脚氣腰痛), 강근건골(强筋健骨), 온신화습(溫腎化濕), 이수소종(利水消腫), 강지의(强志意), 명목하기(明目下氣), 활혈(活血), 파축오풍열(破逐惡風熱), 보오로칠상(補五勞七傷)

⑧ 약물음양오행(藥物陰陽五行) : 거풍습약(祛風濕藥), 강근골약(强筋骨藥), 거풍습지비약(祛風濕止痺藥), 지통약(止痛藥)

302) 오공(蜈蚣) : 지네

① 성미(性味) : 신(辛), 온(溫), 대독(大毒)
② 귀경(歸經) : 간(肝) 木經
③ 용법(用法) : 1.5~4.5g(1~3개), 1~2.5g(散)
④ 금기(禁忌) : 임부(妊婦), 혈허경련(血虛痙攣)(忌)
⑤ 배합길(配合吉) : 백강잠(白殭蠶), 전갈(全蝎), 조구등(釣鉤藤), 사향(麝香), 주사(朱砂), 자충(蟅蟲), 호마인(胡麻仁), 녹각분(鹿角粉), 계자(鷄子), 양제근(羊蹄根), 독활(獨活), 방풍(防風), 위령선(威靈仙), 천궁(川芎), 천마(天麻), 당귀(當歸), 제남성(製南星), 어표교(魚鰾膠), 백부자(白附子), 저담즙(猪膽汁), 어담즙(魚膽汁), 다유(茶油)
⑥ 주치(主治) : 경풍경련(驚風痙攣), 창양종독(瘡瘍腫毒), 독사교상(毒蛇咬傷), 풍습비통(風濕痺痛), 통열극열(痛熱劇烈), 사충어독(蛇蟲魚毒), 파상풍(破傷風), 라역(瘰癧), 피부궤양(皮膚潰瘍)
⑦ 효능(效能) : 식풍지경(熄風止痙), 공독산결(攻毒散結), 통경(通經), 해독(解毒), 통락지통(通絡止痛), 해사독(解蛇毒), 치징벽(治癥癖), 항경련(抗痙攣)
⑧ 약물음양오행(藥物陰陽五行) : 식풍지경약(熄風止痙藥)

303) 오령지(五靈脂) : 하늘 다람쥐의 분변(糞便)

① 성미(性味) : 고(苦), 감(甘), 산(酸), 평(平), 온(溫), 미독(微毒)

② 귀경(歸經) : 간(肝) 木經, 비(脾)·심(心) 土火經

③ 용법(用法) : 4.5~6g, 6~9g 포전(包煎), 單方가능

④ 금기(禁忌) : 인삼(人蔘), 당삼(黨蔘)〈상외(相畏)〉, 임부(妊婦)〈신중용(愼重用)〉, 위약(胃弱), 혈허경폐(血虛經閉), 혈허복통(血虛腹痛), 혈허무어혈(血虛無瘀血), 심허화성(心虛火盛)(忌)

⑤ 배합길(配合吉) : 포강(炮薑), 생지황(生地黃), 삼칠근(三七根), 포황(蒲黃), 목단피(牧丹皮), 백두구(白豆蔻), 맥아(麥芽), 축사(縮砂), 청피(青皮), 아출(莪朮), 귤홍(橘紅), 사군자(使君子), 섬여(蟾蜍), 익모초(益母草), 연호색(延胡索), 당귀(當歸), 천궁(川芎), 호황련(胡黃連)

⑥ 주치(主治) : 혈체경폐(血滯經閉), 신체혈비자통(身体血痺刺痛), 심복냉기(心腹冷氣), 하복동통(下服疼痛), 간학발한열(肝瘧發寒熱), 혈응치통(血凝齒痛), 혈기자통(血氣刺痛), 위통(胃痛), 산후오로불하(產後惡露不下), 혈붕(血崩), 통경(痛經), 월경과다(月經過多), 박손어혈(撲損瘀血), 상냉적취(傷冷積聚), 흉완통(胸脘痛), 장풍(腸風), 반위(反胃), 전질(癲疾), 독사·전갈·오공교상(毒蛇·全蠍·蜈蚣咬傷), 산통(疝痛), 소아경풍(小兒驚風), 소아오감(小兒五疳)

⑦ 효능(效能) : 혈맥통리(血脈通利), 어혈소산(瘀血消散), 지통(止痛), 활혈산어(活血散瘀), 지혈(止血), 해독(解毒), 행혈(行血), 살충(殺蟲), 통경폐(通經閉)

⑧ 약물음양오행(藥物陰陽五行) : 지통약(止痛藥), 활혈거어약(活血祛瘀藥)

304) 오매(烏梅) : 매화나무 미성숙 과실(果實), 매실(梅實)

① 성미(性味) : 평(平), 산(酸), 무독(無毒), 삽(澀), 수렴(收斂)

② 귀경(歸經) : 간(肝)·비(脾)·폐(肺)·대장(大腸) 木土金經, 신(腎)·위(胃) 水土經

③ 용법(用法) : 거핵(去核), 생용(生用), 초탄(炒炭), 2.4~9g, 9~15g, 20~30g 單方가능, 전(煎)·환(丸)·산(散), 구복(久服)삼가, 多服삼가

④ 금기(禁忌) : 열증(熱症), 실사(實邪), 위산과다(胃酸過多), 저육(豬肉 돼지고기)

(忌), 학리초기(瘧痢初起)

⑤ 배합길(配合吉) : 행인(杏仁), 반하(半夏), 소엽(蘇葉), 앵속(罌粟), 생강(生薑), 감초(甘草), 아교(阿膠), 육두구(肉豆蔻), 가자(訶子), 복령(茯苓), 창출(蒼朮), 목향(木香), 인삼(人蔘), 황기(黃芪), 갈근(葛根), 천화분(天花粉), 맥문동(麥門冬), 황백(黃柏), 황련(黃連), 세신(細辛), 건강(乾薑), 부자(附子), 화초(花椒), 당귀(當歸), 계지(桂枝), 당삼(黨蔘), 고련근피(苦楝根皮), 빈랑자(檳榔子), 목향(木香), 사군자(使君子), 촉초(蜀椒), 대황(大黃), 염(鹽 소금), 황금(黃芩), 금은화(金銀花), 산사자(山楂子), 축사(縮砂), 후박(厚朴), 신국(神麴), 비자(榧子), 백작약(白芍藥)

⑥ 주치(主治) : 폐허구해(肺虛久咳), 허열심흉열감(虛熱心胸熱感), 담액희소(痰液稀少), 상한(傷寒), 활설(滑泄), 구사구리(久瀉久痢), 구학(久瘧), 기음양허(氣陰兩虛), 구갈(口渴), 인후갈증(咽喉渴證), 번열(煩熱), 서열번갈(暑熱煩渴), 허열소갈(虛熱消渴), 변혈요붕(便血尿崩), 혈붕(血崩), 회궐복통(蛔厥腹痛), 지체통(肢体痛), 허로수리(虛勞瘦羸), 반위열격(反胃噎膈), 편고불인(偏枯不仁), 학장(瘧瘴), 사리(瀉痢)

⑦ 효능(效能) : 염폐지해(斂肺止咳), 삽장지사(澁腸止瀉), 생진지갈(生津止渴), 안회(安蛔), 지갈조중(止渴調中), 고하지혈(固下止血), 소주독(消酒毒), 지토역(止吐逆), 살충(殺蟲), 소종(消腫), 해어독(解魚毒), 제로(除勞), 거담(祛痰), 이근맥(利筋脈), 지하리(止下痢), 항균(抗菌), 지혈(止血), 하기(下氣), 안심(安心), 제냉열리(除冷熱痢), 거흑점(去黑點), 제열번만(除熱煩滿)

⑧ 약물음양오행(藥物陰陽五行) : 지갈약(止渴藥), 지혈약(止血藥), 지사약(止瀉藥), 수렴약(收斂藥)

305) 오미자(五味子) : 오미자나무 열매(果實)

① 성미(性味) : 산(酸), 삽(澁), 고(苦), 함(鹹), 온(溫), 무독(無毒)
② 귀경(歸經) : 폐(肺)·심(心)·신(腎) 金火水經, 간(肝) 木經
③ 용법(用法) : 미초(米醋) 넣고 쪄서 말려 사용, 1.5~6g, 6~9g

④ 금기(禁忌) : 실열증(實熱證), 표사미해(表邪未解), 급성염증(急性炎症), 고혈압(高血壓), 해수초기(咳嗽初起), 마진초기(麻疹初起), 위내정음(胃內停飮), 폐위실열(肺胃實熱)(忌), 위유(萎蕤)(꺼림)

⑤ 배합길(配合吉) : 인삼(人蔘), 숙지황(熟地黃), 맥문동(麥門冬), 산수유(山茱萸), 합개(蛤蚧), 세신(細辛), 마황(麻黃), 천화분(天花粉), 생지황(生地黃), 모려분(牡蠣粉), 부소맥(浮小麥), 백자인(柏子仁), 반하(半夏), 백출(白朮), 황기(黃芪), 감초(甘草), 복령(茯苓), 지모(知母), 산약(山藥), 갈근(葛根), 계내금(鷄內金), 토사자(菟絲子), 상표초(桑螵蛸), 보골지(補骨脂), 오수유(吳茱萸), 육두구(肉豆蔲), 천문동(天門冬), 당귀(當歸), 산조인(酸棗仁), 단삼(丹蔘), 현삼(玄蔘), 원지(遠志), 초백자인(炒柏子仁), 주사(朱砂), 길경(桔梗), 용안육(龍眼肉), 건강(乾薑), 조구등(釣鉤藤), 자석(磁石), 당삼(黨蔘), 주(酒), 밀(蜜), 대조(大棗), 인진(茵陳)

⑥ 주치(主治) : 폐신양휴(肺腎兩虧), 구해허천(久咳虛喘), 해역상기(咳逆上氣), 체허다한(体虛多汗), 진소구갈(津少口渴), 음허도한(陰虛盜汗), 양허자한(陽虛自汗), 소갈증(消渴證), 정활불고(精滑不固), 몽유활정(夢遺滑精), 음혈부족(陰血不足), 건망다몽(健忘多夢), 심계실면(心悸失眠), 진상구갈(津傷口渴), 노상리수(勞傷羸瘦), 만성설사이질(慢性泄瀉痢疾), 현벽분돈냉기(痃癖奔豚冷氣), 심복기창(心腹氣脹), 반위(反胃)

⑦ 효능(效能) : 수렴폐기(收斂肺氣), 자신음(滋腎陰), 지해평천(止咳平喘), 생진염한(生津斂汗), 생진지갈(生津止渴), 고삽염한(固澁斂寒), 익신고정(益腎固精), 삽장지사(澁腸止瀉), 양심음(養心陰), 강음(强陰), 보부족(補不足), 영심안신(寧心安神), 양오장(養五臟), 소수종(消水腫), 항균(抗菌), 거담(祛痰), 제번열(除煩熱), 지갈(止渴), 익기(益氣), 장근골(壯筋骨), 해주독(解酒毒), 생음중기(生陰中肌), 명목(明目), 하기(下氣), 소식(消食), 난수장(暖水臟)

⑧ 약물음양오행(藥物陰陽五行) : 보음약(補陰藥), 지사약(止瀉藥), 지갈약(止渴藥), 수렴약(收斂藥)

306) 오배자(五倍子) : 오배자 진딧물의 충영(蟲癭)(붕퉁이 의 全体)

① 성미(性味) : 산(酸), 함(鹹), 삽(澁), 한(寒), 무독(無毒)

② 귀경(歸經) : 폐(肺) · 대장(大腸) · 신(腎) 金水經, 간(肝) 木經, 위(胃) 土經

③ 용법(用法) : 생용(生用), 초초용(醋炒用), 6~9g, 1.5~6g(丸 · 散), 單方가능

④ 금기(禁忌) : 습열적체(濕熱積滯), 사리(瀉痢), 외감해수(外感咳嗽)(忌)

⑤ 배합길(配合吉) : 오미자(五味子), 천문동(天門冬), 맥문동(麥門冬), 현삼(玄蔘), 백출(白朮), 정향(丁香), 보골지(補骨脂), 가자(訶子), 용골(龍骨), 복령(茯苓), 백급(白芨), 계내금(鷄內金), 모려(牡蠣), 승마(升麻), 황기(黃芪), 명반(明礬), 지유(地楡), 봉밀(蜂蜜), 오공(蜈蚣)

⑥ 주치(主治) : 폐허천해(肺虛喘咳), 심복통(心腹痛), 후비(喉痺), 구사구리(久瀉久痢), 체허다한(体虛多汗), 장허설리(腸虛泄痢), 치혈(痔血), 탈항(脫肛), 유정(遺精), 활정(滑精), 소변백탁(小便白濁), 붕루하혈(崩漏下血), 창양종독(瘡瘍腫毒), 자궁하수(子宮下垂), 자한(自汗), 도한(盜汗), 탈항(脫肛), 비출혈(鼻出血), 혈변(血便), 외상출혈(外傷出血), 소아면비감창(小兒面鼻疳瘡), 소아야제(小兒夜啼), 소양농수(瘙癢膿水), 소갈(消渴), 금창(金瘡), 화상(火傷), 탕상(燙傷)

⑦ 효능(效能) : 염폐강화(斂肺降火), 지해수(止咳嗽), 폐화강설(肺火降泄), 화담음(化痰飮), 폐음충익(肺陰充益), 생진액(生津液), 삽장지사(澁腸止瀉), 지한지혈(止汗止血), 염한(斂汗), 삽정(澁精), 축뇨(縮尿), 소종염창(消腫斂瘡), 수습해독(收濕解毒), 치중약독(治中藥毒), 화담지갈(化痰止渴), 항균(抗菌), 항(抗) 바이러스, 소주독(消酒毒), 해제열병(解諸熱病)

⑧ 약물음양오행(藥物陰陽五行) : 지한약(止汗藥), 지혈약(止血藥), 지해평천약(止咳平喘藥), 지사약(止瀉藥), 수렴약(收斂藥)

307) 오수유(吳茱萸) : 오수유나무의 미성숙 과실(果實)

① 성미(性味) : 신(辛), 고(苦), 조(燥), 열(熱), 소독(小毒)

② 귀경(歸經) : 간(肝)·비(脾)·위(胃) 木土經, 대장(大腸)·신(腎) 金水經

③ 용법(用法) : 1.5~3g, 3~9g, 단방(單方)가능

④ 금기(禁忌) : 음허화왕(陰虛火旺), 내열(內熱), 임부(妊婦)〈신용(愼用)〉, 저육(豬肉), 저심폐(豬心肺), 위열구토(胃熱嘔吐), 장허설(腸虛泄), 혈허유화(血虛有火)(忌), 소석(消石), 단삼(丹蔘), 자석영(紫石英)(꺼림)

⑤ 배합길(配合吉) : 주(酒), 초(醋), 택사(澤瀉), 육계(肉桂), 건강(乾薑), 오약(烏藥), 소회향(小茴香), 당귀(當歸), 향부자(香附子), 애엽(艾葉), 황련(黃連), 대조(大棗), 생강(生薑), 인삼(人蔘), 빈랑(檳榔), 모과(木瓜), 보골지(補骨脂), 육두구(肉豆蔻), 오미자(五味子), 백작약(白芍藥), 자감초(炙甘草), 포강(炮薑), 후박(厚朴), 부자(附子), 천궁(川芎), 당삼(黨蔘)

⑥ 주치(主治) : 비위냉통(脾胃冷痛), 해역한열(咳逆寒熱), 담냉(痰冷), 심복통(心腹痛), 중오(中惡), 복내교통(腹內絞痛), 완복창통(脘腹脹痛), 하복냉통(下服冷痛), 산통(疝痛), 한습각기동통(寒濕脚氣疼痛), 수종(水腫), 간위실조(肝胃失調), 장한토사(臟寒吐瀉), 탄산구토(吞酸嘔吐), 한습설사(寒濕泄瀉), 궐음두통(厥陰頭痛), 이질(痢疾), 구설생창(口舌生瘡), 치통(齒痛), 구창궤양(口瘡潰瘍), 황수창(黃水瘡), 습진(濕疹), 고혈압(高血壓)

⑦ 효능(效能) : 소간난비(疏肝暖脾), 온중하기(溫中下氣), 거습(祛濕), 온산개울(溫散開鬱), 화중지구(和中止嘔), 지통(止痛), 이기(理氣), 온중지사(溫中止瀉), 살충(殺蟲), 항균(抗菌), 이뇨(利尿), 개주리(開腠理), 제습혈비(除濕血痺), 이오장(利五臟), 건비통관절(健脾通關節), 윤간조비(潤肝燥脾)

⑧ 약물음양오행(藥物陰陽五行) : 온열약(溫熱藥), 지구약(止嘔藥)

308) 오약(烏藥) : 천태오약(의 根)〈대용(代用) : 형주오약(의 根)〉

① 성미(性味) : 신(辛), 미고(微苦), 온(溫), 향(香), 모산(耗散), 무독(無毒)

② 귀경(歸經) : 비(脾)·폐(肺)·신(腎)·방광(膀胱) 土金水經

③ 용법(用法) : 3~12g, 마복(磨服)은 1회에 0.9~3g 씩

④ 금기(禁忌) : 기혈허(氣血虛), 내열(內熱)(忌), 多服삼가

⑤ 배합길(配合吉) : 목향(木香), 향부자(香附子), 청피(靑皮), 소회향(小茴香), 백작약(白芍藥), 당귀(當歸), 인삼(人蔘), 빈랑(檳榔), 침향(沈香), 산약(山藥), 익지인(益智仁), 대조(大棗), 생강(生薑), 다(茶), 천련자(川棟子), 고량강(高良薑), 후박(厚朴), 진피(陳皮), 사맥아(沙麥芽), 창출(蒼朮), 육계(肉桂), 당귀(當歸), 연호색(延胡索), 축사(縮砂), 계혈등(鷄血藤), 천궁(川芎), 금은화(金銀花), 황금(黃芩)

⑥ 주치(主治) : 기역한울(氣逆寒鬱), 기체(氣滯), 기궐두통(氣厥頭痛), 흉민복창(胸悶腹脹), 종창천식(腫脹喘息), 담음적유(痰飮積留), 한산복통(寒疝腹痛), 위복동통(胃腹疼痛), 곽란토사(霍亂吐瀉), 기혈응정(氣血凝停), 경행복통(經行腹痛), 반위토식(反胃吐食), 각기(脚氣), 신양부족(腎陽不足), 소변빈삭(小便頻數), 숙식불소(宿食不消)

⑦ 효능(效能) : 산한온통(散寒溫通), 순기강역(順氣降逆), 온신(溫腎), 지통(止痛), 이원기(理元氣), 이칠정울결(理七情鬱結), 소창(消脹), 파어설만(破瘀泄滿)

⑧ 약물음양오행(藥物陰陽五行) : 이기약(理氣藥), 지통약(止痛藥)

309) 오적어골(烏賊魚骨) : 오징어 뼈, 참오징어, 쇠오징어(內貝殼), 해표초(海螵蛸)

① 성미(性味) : 함(鹹), 삽(澀), 미온(微溫), 미독(微毒)

② 귀경(歸經) : 간(肝) · 신(腎) 木水經, 비(脾) 土經

③ 용법(用法) : 생말(生末), 초황(炒黃), 초초(炒焦), 3~6g, 6~12g, 분말 每服 1.5~3g, 單方가능

④ 금기(禁忌) : 음소화다(陰少火多)의 사주(四柱)(신중), 음허다열(陰虛多熱), 혈병(血病), 백급(白芨), 백렴(白蘞), 부자(附子)(忌)

⑤ 배합길(配合吉) : 황기(黃芪), 인삼(人蔘), 백출(白朮), 아교(阿膠), 천초(茜草), 하모려(煆牡蠣), 용골(龍骨), 오배자(五倍子), 산수유(山茱萸), 종려탄(棕櫚炭), 백작약(白芍藥), 생대황(生大黃), 백급(白芨), 토사자(菟絲子), 사상자(蛇床子), 백지(白

芷), 혈여탄(血餘炭), 절패모(浙貝母), 청대(靑黛), 황백(黃柏), 황련(黃連), 당삼(黨蔘), 당귀(當歸), 천궁(川芎), 숙지황(熟地黃), 용뇌(龍腦)

⑥ 주치(主治) : 기혈허탈(氣血虛脫), 폐위출혈(肺胃出血), 위궤양(胃潰瘍), 위산과다(胃酸過多), 위통탄산(胃痛炭酸), 붕루대하(崩漏帶下), 창양출혈(瘡瘍出血), 변혈(便血), 토뉵혈(吐衄血), 체허유정(体虛遺精), 하원허냉(下元虛冷), 적백대하(赤白帶下), 음중한종(陰中寒腫), 위완복통(胃脘腹痛), 궤양출혈(潰瘍出血), 범토산수(泛吐酸水), 허학사리(虛瘧瀉痢), 습진창양(濕疹瘡瘍), 혈폐(血閉), 한열징가(寒熱癥瘕), 이농(耳聾), 백중예(白中翳), 혈붕(血崩)

⑦ 효능(效能) : 수렴지혈(收斂止血), 삽정지대(澀精止帶), 제산지통(制酸止痛), 염창생기(斂瘡生肌), 거한습(祛寒濕), 통경락(通經絡), 살소충(殺小蟲)

⑧ 약물음양오행(藥物陰陽五行) : 수렴약(收斂藥), 지혈약(止血藥)

310) 오초사(烏梢蛇) : 먹구렁이(烏蛇)

① 성미(性味) : 감(甘), 고(苦), 함(鹹), 평(平), 무독(無毒)
② 귀경(歸經) : 간(肝) 木經, 폐(肺)·비(脾) 金土經
③ 용법(用法) : 주침(酒浸), 5~9g, 9~15g 전복(煎服), 초황(炒黃) 말려서 사용, 粉末 3g
④ 금기(禁忌) : 수약목약사주(水弱木弱四柱)(신중), 혈허생풍(血虛生風)(忌), 철(鐵)(꺼림)
⑤ 배합길(配合吉) : 선퇴(蟬退), 적작약(赤芍藥), 당귀(當歸), 형개(荊芥), 시호(柴胡), 감초(甘草), 백질려(白蒺藜), 지부자(地膚子), 방풍(防風), 오공(蜈蚣), 진교(秦艽), 강활(羌活)
⑥ 주치(主治) : 제풍완비(諸風頑痺), 풍한동통(風寒疼痛), 열독풍(熱毒風), 경간(驚癎), 마목불인(麻木不仁), 파상풍(破傷風), 개선(疥癬), 피부은진(皮膚癮疹), 만성습진(慢性濕疹), 풍습관절통(風濕關節痛), 골결핵(骨結核), 풍습비(風濕痺)
⑦ 효능(效能) : 거풍습(祛風濕), 통경락(通經絡), 자음명목(滋陰明目), 정경간(定驚

痺), 진통(鎭痛)

⑧ 약물음양오행(藥物陰陽五行) : 거풍습약(祛風濕藥), 통경락약(通經絡藥)

311) 옥죽(玉竹) : 둥글레

① 성미(性味) : 감(甘), 고(苦), 신(辛), 평(平), 미한(微寒), 무독(無毒), 즙액다(汁液多), 자니(滋膩)

② 귀경(歸經) : 폐(肺)·위(胃) 金土經, 비(脾)·신(腎) 土水經

③ 용법(用法) : 생용(生用)〈음허습성(陰虛濕盛)〉, 증숙(蒸熟), 배건용(焙乾用), 9~15g, 15~30g, 30~60g 長服시〈거면흑간(去面黑黚)〉

④ 금기(禁忌) : 비허담습기체(脾虛痰濕氣滯), 음병내한(陰病內寒)(忌)

⑤ 배합길(配合吉) : 사삼(沙蔘), 맥문동(麥門冬), 감초(甘草), 총백(葱白), 백미(白薇), 대조(大棗), 박하(薄荷), 두시(豆豉), 길경(桔梗), 산약(山藥), 갈근(葛根), 생숙지황(生熟地黃), 천화분(天花粉), 당삼(黨蔘), 천문동(天門冬), 생강(生薑), 용안육(龍眼肉), 구기자(枸杞子), 백편두(白扁豆), 백합(百合), 연자(蓮子)

⑥ 주치(主治) : 폐위조열(肺胃燥熱), 열병상음(熱病傷陰), 폐위조해(肺痿燥咳), 해수번갈(咳嗽煩渴), 음허(陰虛), 풍습발열해수(風濕發熱咳嗽), 중풍습열(中風濕熱), 풍습자한작열(風濕自汗灼熱), 허로객열(虛勞客熱), 내열소갈증(內熱消渴證), 제부족(諸不足), 허손(虛損), 습독요통(濕毒腰痛), 소변빈삭(小便頻數), 비위허핍(脾胃虛乏), 요각동통(腰脚疼痛), 심복결기(心腹結氣), 허열(虛熱), 시질한열(時疾寒熱)

⑦ 효능(效能) : 자음윤조(滋陰潤燥), 윤심폐(潤心肺), 양음(養陰), 생진양위(生津養胃), 지갈(止渴), 조혈기(調血氣), 보기혈(補氣血), 보오로칠상(補五勞七傷), 보중건비(補中健脾), 제번민(除煩悶), 호안색(好顔色), 보부족(補不足), 강장(强壯), 총명(聰明), 보중익기(補中益氣), 지갈(止渴), 윤간(潤肝)

⑧ 약물음양오행(藥物陰陽五行) : 보기약(補氣藥), 보음약(補陰藥), 지통약(止痛藥), 지갈약(止渴藥)

312) 옥촉수(玉蜀鬚) : 옥미수(玉米鬚), 옥수수의 화주(花柱) (수염)

① 성미(性味) : 감(甘), 담(淡), 평(平), 미온(微溫), 무독(無毒)

② 귀경(歸經) : 간(肝)·신(腎)·방광(膀胱) 木水經

③ 용법(用法) : 9~15g, 15~30g, 30~60g 전복(煎服), 單方가능

④ 배합길(配合吉) : 백출(白朮), 택사(澤瀉), 복령(茯苓), 적소두(赤小豆), 동과자(冬瓜子), 차전자(車前子), 치자(梔子), 인진(茵陳), 계내금(鷄內金), 울금(鬱金), 금전초(金錢草), 해금사(海金砂), 목향(木香), 동규자(冬葵子), 호박(琥珀), 감초(甘草), 지각(枳殼), 통초(通草)

⑤ 주치(主治) : 소변불리(小便不利), 신염(腎炎), 간염(肝炎), 임병(淋病), 부종성질환(浮腫性疾患), 수종(水腫), 당뇨병(糖尿病), 습열황달(濕熱黃疸), 간담습열(肝膽濕熱), 담도결석(膽道結石), 유즙불통(乳汁不通), 홍종동통(紅腫疼痛), 부인유결(婦人乳結), 두통체곤(頭痛体困), 토뉵혈(吐衄血), 각기(脚氣)

⑥ 효능(效能) : 이수소종(利水消腫), 통림(通淋), 청열이담(清熱利膽), 혈압강하(血壓降下), 평간(平肝), 혈당강하(血糖降下), 청혈열(清血熱), 이소변(利小便), 관장하기(寬腸下氣), 이뇨소종(利尿消腫), 거풍개위(祛風開胃)

⑦ 약물음양오행(藥物陰陽五行) : 이수소종약(利水消腫藥), 이수통림약(利水通淋藥), 이수청열약(利水清熱藥)

313) 와송(瓦松) : 바위솔

① 성미(性味) : 산(酸), 고(苦), 량(凉), 무독(無毒)

② 귀경(歸經) : 간(肝)·폐(肺) 木金經

③ 용법(用法) : 말려서 사용, 3~9g, 15~30g 전복(煎服), 單方가능

④ 금기(禁忌) : 체약(体弱), 비위허한(脾胃虛寒)(忌)

⑤ 배합길(配合吉) : 돼지고기(豬肉), 사탕(砂糖), 백작약(白芍藥), 맥아(麥芽), 소주, 다유(茶油), 생강(生薑), 생백엽(生柏葉), 백반(白礬), 웅황(雄黃)

⑥ 주치(主治) : 습열황달(濕熱黃疸), 간염(肝炎), 옹독정창(癰毒疔瘡), 열림(熱淋), 열성토뉵혈(熱性吐衄血), 암(癌), 습진(濕疹), 치질(痔疾), 견상(犬傷), 치창종통출혈(痔瘡腫痛出血), 수곡혈리(水穀血痢), 구중건통(口中乾痛), 대장하혈(大腸下血), 화창(火瘡), 백독(百毒), 수고(水臌)

⑦ 효능(效能) : 청열이습(清熱利濕), 해독소종(解毒消腫), 지혈(止血), 행경락(行經絡), 살충(殺蟲), 통변(通便), 이소변(利小便)

⑧ 약물음양오행(藥物陰陽五行) : 항암약(抗癌藥), 청열조습약(清熱燥濕藥), 청열해독약(清熱解毒藥), 지혈약(止血藥), 소창옹저약(消瘡癰疽藥)

314) 왕불류행(王不留行) : 말맹이 나물, (개장구채)씨 종자(種子)
〈대용(代用) : 장구채(全草)〉

① 성미(性味) : 고(苦), 평(平), 무독(無毒), 감(甘), 신(辛)
② 귀경(歸經) : 간(肝)・위(胃) 木土經, 심(心) 火經
③ 용법(用法) : 미초용(微炒用), 3~9g, 9~15g
④ 금기(禁忌) : 임부(妊婦), 붕루(崩漏)(忌), 실혈(失血)(忌)
⑤ 배합길(配合吉) : 향부자(香附子), 당귀(當歸), 도인(桃仁), 천궁(川芎), 홍화(紅花), 맥문동(麥門冬), 천산갑(穿山甲), 용골(龍骨), 구맥(瞿麥), 섬수(蟾酥), 통초(通草), 황기(黃芪), 판람근(板藍根), 황금(黃芩), 황련(黃連), 생지황(生地黃), 사엽삼(四葉蔘), 천련자(川楝子), 목단피(牧丹皮), 감초(甘草), 해금사(海金砂), 황피핵(黃皮核), 백지(白芷), 포공영(蒲公英)
⑥ 주치(主治) : 경폐불통(經閉不通), 혈림(血淋), 난산(難產), 유즙불하(乳汁不下), 통경(痛經), 정창(疔瘡), 옹저악창(癰疽惡瘡), 유옹종통(乳癰腫痛), 금창출혈(金瘡出血), 심번(心煩), 풍독(風毒), 유풍(遊風), 발배풍진(發背風疹)
⑦ 효능(效能) : 통리혈맥(通利血脈), 활혈통경(活血通經), 소종지통(消腫止痛), 하유(下乳), 염창(斂瘡), 지혈축통(止血逐痛), 통혈맥(通血脈), 이창양(利瘡瘍), 이소변(利小便), 제풍비내한(除風痺內寒)

⑧ 약물음양오행(藥物陰陽五行) ： 활혈거어약(活血袪瘀藥), 소창옹저약(消瘡癰疽藥)

315) 용골(龍骨) ： 골화석(骨化石)

① 성미(性味) ： 감(甘), 미신(微辛), 삽(澀), 평(平), 미한(微寒), 미독(微毒), 수렴(收斂)

② 귀경(歸經) ： 심(心)·간(肝)·신(腎) 火木水經, 대장(大腸) 金經

③ 용법(用法) ： 생용(生用), 하용(煆用) 3~24g

④ 금기(禁忌) ： 습열실증(濕熱實證)(忌), 이어(鯉魚 잉어), 어(물고기)(忌), 석고(石膏)(忌)

⑤ 배합길(配合吉) ： 백작약(白芍藥), 모려(牡蠣), 생자석(生磁石), 귀판(龜板), 천문동(天門冬), 현삼(玄蔘), 생맥아(生麥芽), 감초(甘草), 우황(牛黃), 인삼(人蔘), 인진(茵陳), 천련자(川楝子), 우슬(牛膝), 백미(白薇), 대조(大棗), 생강(生薑), 계지(桂枝), 석창포(石菖蒲), 원지(遠志), 천초(茜草), 산약(山藥), 해표초(海螵蛸), 연수(蓮鬚), 검실(芡實), 사원질려(沙苑蒺藜), 백출(白朮), 산수유(山茱萸), 오배자(五倍子), 종려탄(棕櫚炭), 황기(黃芪), 오미자(五味子), 계지(桂枝), 상심(桑椹), 백작(白芍), 금앵자(金櫻子), 대자석(代赭石), 조구등(釣鉤藤), 명반(明礬)

⑥ 주치(主治) ： 음허간왕(陰虛肝旺), 허양부월(虛陽浮越), 번조실면(煩躁失眠), 다몽(多夢), 심복번만(心腹煩滿), 두훈목현(頭暈目眩), 조열도한(潮熱盜汗), 전간(癲癇), 경계(驚悸), 심계(心悸), 정충(怔忡), 건망(健忘), 유정(遺精), 장풍하혈(腸風下血), 붕루대하(崩漏帶下), 임탁(淋濁), 혈변(血便), 토뉵혈(吐衄血), 탈항(脫肛), 구사구리(久瀉久痢), 장옹내저(腸癰內疽), 징가견결(癥瘕堅結)

⑦ 효능(效能) ： 평간잠양(平肝潛陽), 익음(益陰), 잠염부양(潛斂浮揚), 진정안신(鎭靜安神), 수렴고삽(收斂固澀)〈하용(煆用)〉, 생기염창(生肌斂瘡), 익신(益腎), 진경(鎭驚), 거담지혈(祛痰止血), 삽장위(澀腸胃), 지한(止汗), 양정신(養情神), 안오장(安五臟), 축소변(縮小便), 지설정(止泄精), 지사리(止瀉痢)

⑧ 약물음양오행(藥物陰陽五行) ： 진심안신약(鎭心安神藥), 평간잠양약(平肝潛陽藥)

316) 용규(龍葵) : 까마중(까마종이) 전초(全草)

① 성미(性味) : 미고(微苦), 미감(微甘), 신(辛), 활(滑), 한(寒), 무독(無毒)

② 귀경(歸經) : 폐(肺)·방광(膀胱) 金水經

③ 용법(用法) : 생용(生用), 9~15g, 15~30g

④ 배합길(配合吉) : 반지련(半枝蓮), 백영(白英), 백화사설초(白花蛇舌草), 릉각(菱殼), 포공영(蒲公英), 사매(蛇苺), 사간(射干), 길경(桔梗), 우방자(牛蒡子), 대청엽(大青葉), 자화지정(紫花地丁), 야국화(野菊花), 석위(石葦), 택사(澤瀉), 차전자(車前子), 목통(木通), 형개(荊芥), 선태(蟬蛻), 주(酒), 총백(葱白), 연수(連鬚), 인삼(人蔘), 원화(芫花), 산해초(山海椒)

⑤ 주치(主治) : 암(癌), 옹종정독(癰腫疔毒), 두풍창(頭風瘡), 인후종통(咽喉腫痛), 습열열림(濕熱熱淋), 열증경풍(熱證驚風), 수종(水腫), 습진(濕疹), 단독(丹毒), 급성신염(急性腎炎), 만성기관염(慢性氣管炎), 허열종(虛熱腫), 금창(金瘡), 소아풍열(小兒風熱), 편신풍양(遍身風癢)

⑥ 효능(效能) : 청열해독(淸熱解毒), 산결소종(散結消腫), 이수통림(利水通淋), 거습지양(祛濕止痒), 거피부풍(祛皮膚風), 화담해경(化痰解痙), 소열산혈(消熱散血), 이수소염(利水消炎), 공창독(攻瘡毒)

⑦ 약물음양오행(藥物陰陽五行) : 항암약(抗癌藥), 청열해독약(淸熱解毒藥), 이수청열약(利水淸熱藥)

317) 용뇌(龍腦) : 빙편(氷片), 용뇌나무 수지가공품(樹脂加工品)

① 성미(性味) : 신(辛), 고(苦), 미한(微寒), 산(散), 방향(芳香), 유독(有毒)

② 귀경(歸經) : 심(心)·비(脾)·폐(肺) 火土金經, 간(肝) 木經

③ 용법(用法) : 0.03~1.2g, 환산(丸散), 단방(單方)가능

④ 금기(禁忌) : 기혈양허(氣血兩虛), 혈허양기상항(血虛陽氣上亢), 소아만경(小兒慢驚), 신혼담궐(神昏痰厥), 간신음허목질(肝腎陰虛目疾)(忌), 임부(妊婦)(愼用)

⑤ 배합길(配合吉) : 주사(朱砂), 붕사(硼砂), 현명분(玄明粉)

⑥ 주치(主治) : 온열병(溫熱病), 신혼경궐(神昏痙厥), 기울폭궐(氣鬱暴蹶), 중풍담궐(中風痰厥), 구금(口噤), 경간담미(驚癎痰迷), 중오구창(中惡口瘡), 내폐(內閉), 기폐(氣閉), 풍습적취(風濕積聚), 심복사기(心腹邪氣), 이농(耳聾), 골통(骨痛), 지절동통(肢節疼痛), 난산(難產), 오치(五痔), 옹종(癰腫), 목적예막(目赤翳膜), 삼충(三蟲), 치통(齒痛), 소아두함(小兒痘陷)

⑦ 효능(效能) : 개규성뇌(開竅醒腦), 회소(回蘇), 방부(防腐), 산열지통(散熱止痛), 명목(明目), 진심(鎭心), 통제규(通諸竅), 항균(抗菌)

⑧ 약물음양오행(藥物陰陽五行) : 개규약(開竅藥)

318) 용담초(龍膽草) : 초룡담, 큰용담, 과남풀의 근(根)(뿌리), 용담(龍膽)

① 성미(性味) : 고(苦), 신(辛), 미산(微酸), 한(寒), 무독(無毒), 조(燥)

② 귀경(歸經) : 간(肝)·담(膽) 木經, 신(腎)·방광(膀胱) 水經

③ 용법(用法) : 3~9g, 공복에 복용 禁, 長服삼가

④ 금기(禁忌) : 비위양허(脾胃兩虛), 설사(泄瀉), 무습열실화(無濕熱實火), 지황(地黃)(忌), 철(鐵)(忌)

⑤ 배합길(配合吉) : 치자(梔子), 인진(茵蔯), 생지황(生地黃), 황금(黃芩), 시호(柴胡), 목통(木通), 차전자(車前子), 황련(黃連), 구등(鉤藤), 사향(麝香), 우황(牛黃), 빙편(氷片), 청대(靑黛), 택사(澤瀉), 당귀(當歸), 감초(甘草), 맥문동(麥門冬), 사삼(沙蔘), 천화분(天花粉), 석곡(石斛), 영양각(羚羊角), 석결명(石決明)

⑥ 주치(主治) : 간담습열하주(肝膽濕熱下注), 황달(黃疸), 풍열도한(風熱盜汗), 장열골열(壯熱骨熱), 경간사기(驚癎邪氣), 골간한열(骨間寒熱), 시기습열(時氣濕熱), 대하(帶下), 습진(濕疹), 인후통(咽喉痛), 음부습양(陰部濕痒), 간경열성(肝經熱盛), 간화협통(肝火脇痛), 고열경궐(高熱驚厥), 생풍구고(生風口苦), 사지동통(四肢疼痛), 두통(頭痛), 이농목적(耳聾目赤), 소아경간(小兒驚癎), 장풍하혈(腸風下血), 한

습각기(寒濕脚氣), 장중소충(腸中小蟲), 충공심통(蟲攻心痛), 설열하리(泄熱下痢), 옹종창양(癰腫瘡瘍), 창개독종(瘡疥毒種), 주독변혈(酒毒便血)

⑦ 효능(效能) : 청열사화조습(淸熱瀉火燥濕), 제위중복열(除胃中伏熱), 사간정경(瀉肝定驚), 청열간화(淸熱肝火), 익간담기(益肝膽氣), 명목(明目), 소염(消炎), 진경(鎭痙), 지번(止煩), 정오장(定五臟), 속절상(續絶傷), 살충독(殺蟲毒)

⑧ 약물음양오행(藥物陰陽五行) : 청열조습약(淸熱燥濕藥), 청열사화약(淸熱瀉火藥)

319) 용안육(龍眼肉) : 용안나무의 과육(果肉)〈가종피(假種皮)〉

① 성미(性味) : 감(甘), 산(酸), 평(平), 온(溫), 무독(無毒)
② 귀경(歸經) : 심(心)・비(脾) 火土經, 간(肝)・신(腎) 木水經
③ 용법(用法) : 3~9g, 9~15g, 15~30g(60g), 단방가능(單方可能), 구복유리(久服有利)
④ 금기(禁忌) : 내열(內熱), 습조중만(濕阻中滿), 담음기체(痰飮氣滯), 음식정체(飮食停滯), 위열담화(胃熱痰火), 심폐화성(心肺火盛), 기격울결(氣膈鬱結)(忌)
⑤ 배합길(配合吉) : 인삼(人蔘), 황기(黃芪), 당귀(當歸), 백출(白朮), 복신(茯神), 원지(遠志), 감초(甘草), 목향(木香), 산조인(酸棗仁), 백설탕(白雪糖), 대조(大棗), 생강(生薑), 당삼(黨蔘), 복령(茯苓), 백합(百合)
⑥ 주치(主治) : 심비양허(心脾兩虛), 오장사기(五臟邪氣), 허로리약(虛勞羸弱), 신경쇠약(神經衰弱), 사려과도(思慮過度), 경계(驚悸), 정충(怔忡), 건망(健忘), 실면(失眠), 노상심비(勞傷心脾), 기허수종(氣虛水腫), 기혈부족(氣血不足), 체허노약(体虛老弱), 비허설사(脾虛泄瀉), 면색담백(面色淡白), 소기자한(小氣自汗), 뇌력쇠퇴(腦力衰退), 산후기혈허(産後氣血虛), 부종(浮腫), 충독(蟲毒)
⑦ 효능(效能) : 보심안신(補心安神), 뇌력증강(腦力增强), 양혈익비(養血益脾), 개위익비영심(開胃益脾寧心), 총명(聰明), 대보기혈(大補氣血), 보익(補益), 안지(安志), 장지염한(長智斂汗), 보허장지(補虛長智), 진정(鎭靜), 보비위(補脾胃), 윤폐지해(潤肺止咳), 윤오장(潤五臟), 제충독(除蟲毒)

⑧ 약물음양오행(藥物陰陽五行) : 보혈약(補血藥), 양심안신약(養心安神藥), 지통약(止痛藥)

320) 우담(牛膽) : 황소·물소의 담즙(膽汁)

① 성미(性味) : 고(苦), 대한(大寒)
② 귀경(歸經) : 간(肝)·담(膽)·폐(肺) 木金經
③ 용법(用法) : 0.3~0.9g 분말(粉末)
④ 금기(禁忌) : 비위허한(脾胃虛寒)(忌)
⑤ 주치(主治) : 풍열목질(風熱目疾), 소아경풍(小兒驚風), 황달(黃疸), 담열(痰熱), 소갈변비(消渴便秘), 치창옹종(痔瘡癰腫), 당뇨(糖尿), 만성위염(慢性胃炎), 위부팽만(胃部膨滿)
⑥ 효능(效能) : 청열명목(淸熱明目), 제심복열(除心腹熱), 익목청(益目睛), 이담통장(利膽通腸), 해독소종(解毒消腫), 치옹종(治癰腫), 살충(殺蟲), 이대장(利大腸), 제황(除黃), 건위정장(健胃整腸)
⑦ 약물음양오행(藥物陰陽五行) : 청열명목약(淸熱明目藥)

321) 우방자(牛蒡子) : 우엉의 과실(果實)(열매)

① 성미(性味) : 신(辛), 고(苦), 한(寒), 무독(無毒)
② 귀경(歸經) : 폐(肺)·위(胃) 金土經, 간(肝) 木經
③ 용법(用法) : 생용(生用), 미초용(微炒用), 3~5g, 5~9g
④ 금기(禁忌) : 기허변당(氣虛便溏), 혈허(血虛), 허한설사(虛寒泄瀉), 옹저이궤(癰疽已潰)(忌)
⑤ 배합길(配合吉) : 감초(甘草), 형개(荊芥), 박하(薄荷), 선태(蟬蛻), 정류(檉柳), 지모(知母), 현삼(玄蔘), 죽엽(竹葉), 맥문동(麥門冬), 갈근(葛根), 연교(連翹), 치자(梔子), 석곡(石斛), 목단피(牧丹皮), 하고초(夏枯草), 대황(大黃), 방풍(防風), 길

경(桔梗), 승마(升麻), 판남근(板藍根), 황련(黃連)

⑥ 주치(主治) : 폐열인통(肺熱咽痛), 풍열해수(風熱咳嗽), 후비(喉痺), 열독(熱毒), 마진초기(麻疹初起), 투발불창(透發不暢), 풍열창진(風熱瘡疹), 풍독종(風毒腫), 열독창종(熱毒瘡腫), 결절근골번열독(結節筋骨煩熱毒)

⑦ 효능(效能) : 소산풍열(疏散風熱), 청폐(淸肺), 제풍상(除風傷), 이인후(利咽喉), 이인산결(利咽散結), 해열(解熱), 윤폐산기(潤肺散氣), 이인지통(利咽止痛), 소종(消腫), 청열해독(淸熱解毒), 통리소변(通利小便), 이뇨항균(利尿抗菌), 명목보중(明目補中), 이요각(利腰脚)

⑧ 약물음양오행(藥物陰陽五行) : 신량해표약(辛涼解表藥), 청열해독약(淸熱解毒藥)

322) 우슬(牛膝) : 쇠무릎, 두메쇠무릎(뿌리)

① 성미(性味) : 고(苦), 산(酸), 감(甘), 미량(微涼), 평(平), 무독(無毒)

② 귀경(歸經) : 간(肝)·신(腎) 木水經

③ 용법(用法) : 생용(生用), 주초(酒炒), 3~15g, 15~30g

생천우슬(生川牛膝) : 활혈거어(活血祛瘀), 인혈하행(引血下行), 이뇨통림(利尿通淋)/제회우슬(製懷牛膝) : 보간신(補肝腎), 강근골(强筋骨)

④ 금기(禁忌) : 임부(妊婦), 비허설사(脾虛泄瀉), 기허하함(氣虛下陷), 하원불고(下元不固), 월경과다(月經過多), 몽유실정(夢遺失精)(忌), 우육(牛肉 쇠고기)(忌), 과루인(瓜蔞仁 相畏), 백전(白前), 귀갑(龜甲)(꺼림)

⑤ 배합길(配合吉) : 황금(黃芩), 당귀(當歸), 도인(桃仁), 홍화(紅花), 현호색(玄胡索), 동규자(冬葵子), 황백(黃柏), 창출(蒼朮), 금모구척(金毛狗脊), 상기생(桑寄生), 두중(杜仲), 모과(木瓜), 백모근(白茅根), 측백엽(側柏葉), 소계(小薊), 지모(知母), 석고(石膏), 맥문동(麥門冬), 생지황(生地黃), 편축(萹蓄), 구맥(瞿麥), 속단(續斷), 몰약(沒藥), 유향(乳香), 마전자(馬錢子), 마황(麻黃), 조구등(釣鉤藤), 백질려(白蒺藜), 백작(白芍), 모려(牡蠣), 용골(龍骨), 대자석(代赭石), 천문동(天門冬), 현삼(玄蔘), 감초(甘草), 목단피(牧丹皮), 황련(黃連), 낙석등(絡石藤), 비해

(草薢), 해동피(海東皮), 창출(蒼朮), 육계(肉桂), 당삼(黨蔘), 계혈등(鷄血藤), 독활(獨活), 해풍등(海風藤), 자석(磁石)

⑥ 주치(主治) : 어혈응체(瘀血凝滯), 통경(痛經), 혈체경폐(血滯經閉), 어체작통(瘀滯作痛), 월경부조(月經不調), 요슬관절동통(腰膝關節疼痛), 산후복통(産後腹痛), 어혈동통(瘀血疼痛), 혈조구련(血燥拘攣), 혈결(血結), 간신부족증(肝腎不足證), 요슬연약(腰膝軟弱), 요퇴산통(腰腿痠痛), 상절(傷折), 상부출혈(上部出血), 치통(齒痛), 임병요혈(淋病尿血), 습열관절비통(濕熱關節痺痛), 구설생창(口舌生瘡), 현훈(眩暈), 두통(頭痛), 구학한열(久瘧寒熱), 징가(癥瘕), 포의불하(胞衣不下), 난산(難産), 후비(喉痺), 타박상(打撲傷), 상열화란(傷熱火爛), 한습위비(寒濕痿痺), 옹종악창(癰腫惡瘡), 대변건결(大便乾結)

⑦ 효능(效能) : 활혈거어(活血祛瘀), 하행(下行), 활혈통리관절(活血通利關節)(生用時), 보간신(補肝腎), 강요슬(强腰膝)(熟用時), 진통(鎭痛), 진경(鎭痙), 인화인혈하행(引火引血下行), 인제약하행(引諸藥下行), 지혈(止血), 익정(益精), 이수통(利水通), 축악혈유결(逐惡血流結), 보신전정(補腎塡精), 익음활혈(益陰活血), 보수(補髓), 파징결(破癥結), 장양(壯陽), 배농지통(排膿止痛), 강근(强筋), 서근(舒筋), 타태(墮胎), 지요슬산마(止腰膝酸麻), 지근골동(止筋骨疼)

⑧ 약물음양오행(藥物陰陽五行) : 활혈거어약(活血祛瘀藥), 이수통림약(利水通淋藥), 지통약(止痛藥)

323) 우유(牛乳)

① 성미(性味) : 감(甘), 평(平), 미한(微寒), 무독(無毒)
② 귀경(歸經) : 심(心)・폐(肺)・위(胃) 火金土經
③ 금기(禁忌) : 산물(酸物)〈상반(相反)〉, 진교(秦艽)(꺼림), 비습하리(脾濕下痢)(忌), 소금, 기름, 설탕(꺼림), 생어(生魚)・선모(仙茅)(忌), 비위허한(脾胃虛寒), 담습적음(痰濕積飮)(忌), 흉위적음(胸胃積飮), 냉담(冷痰)(忌)
④ 배합길(配合吉) : 마늘, 딸기, 간, 감자, 빵, 옥수수

⑤ 주치(主治) : 노손(勞損), 반위(反胃), 열얼(熱嘧), 변비(便秘), 소갈(消渴), 기리(氣痢), 황달(黃疸), 허약(虛弱), 열격(噎膈), 풍독각약(風毒脚弱), 비만상기(痞滿上氣), 대변조결(大便燥結)

⑥ 효능(效能) : 보허리(補虛羸), 보폐위(補肺胃), 생진액(生津液), 윤장(潤腸), 지갈하기(止渴下氣), 해열독(解熱毒), 양심폐혈(養心肺血), 윤피부(潤皮膚), 보허약(補虛弱), 보익허손(補益虛損), 자윤오장(滋潤五臟), 보로(補勞), 윤대장(潤大腸)

⑦ 약물음양오행(藥物陰陽五行) : 보익약(補益藥)

324) 우황(牛黃) : 소의 담리결석(膽裏結石), 소의 담석(膽石)

① 성미(性味) : 고(苦), 감(甘), 량(凉), 소독(小毒)

② 귀경(歸經) : 심(心)·간(肝) 火木經

③ 용법(用法) : 1.5~2.5g(丸·散用)

④ 금기(禁忌) : 신약토약사주(身弱土弱四柱)(신중), 비위허약(脾胃虛弱), 임부(妊婦)(愼用), 비위허한(脾胃虛寒)(忌), 용담(龍膽), 지황(地黃), 용골(龍骨), 건칠(乾漆), 상산(常山)(꺼림)

⑤ 배합길(配合吉) : 유향(乳香), 사향(麝香), 몰약(沒藥), 주사(朱砂), 서각(犀角), 황련(黃連), 맥문동(麥門冬), 백작약(白芍藥), 방풍(防風), 시호(柴胡), 천궁(川芎), 행인(杏仁), 포황(蒲黃), 영양각(羚羊角), 육계(肉桂), 백렴(白斂), 웅황(雄黃), 빙편(氷片)〈용뇌(龍腦)〉, 인삼(人蔘), 백출(白朮), 산약(山藥), 아교(阿膠), 감초(甘草), 대두황권(大豆黃卷), 대조(大棗), 복령(茯苓), 금박(金箔), 산치자(山梔子), 황금(黃芩), 울금(鬱金), 호박(琥珀), 대모(玳瑁), 안식향(安息香), 은박(銀箔), 진주(眞珠), 곽향(藿香), 감초(甘草), 천마(天麻), 담남성(膽南星), 전갈(全蝎)

⑥ 주치(主治) : 열독울결(熱毒鬱結), 열담옹색(熱痰壅塞), 한열(寒熱), 후부종통(喉部腫痛), 옹종창양(癰腫瘡瘍), 구설생창(口舌生瘡), 장열경간(壯熱驚癎), 추축실열(抽搐實熱), 번조(煩躁), 소아경풍(小兒驚風), 아감(牙疳), 단독(丹毒), 옹저정독(癰疽疔毒), 경궐추축(痙厥抽搐), 마진여독(麻疹餘毒), 소아야제(小兒夜啼), 중풍실음

(中風失音), 부인혈금(婦人血噤)

⑦ 효능(效能) : 청열해독(淸熱解毒), 식풍(熄風), 통규이담(通竅利痰), 정경(定驚), 양혈활혈(養血活血), 개규활담(開竅豁痰), 진정강심(鎭靜强心), 이담양경(利痰涼驚), 청심화열(淸心化熱), 제열(除熱), 정정신(定精神), 익간담(益肝膽)

⑧ 약물음양오행(藥物陰陽五行) : 청열해독약(淸熱解毒藥), 개규약(開竅藥), 식풍지경약(熄風止痙藥)

325) 욱리인(郁李仁) : 이스라지의 성숙한 종자(種子), 산앵도(앵도)의 성숙한 종자(種子)

① 성미(性味) : 신(辛), 고(苦), 감(甘), 산(酸), 평(平), 무독(無毒), 체윤다지(体潤多脂), 체강(滯降)

② 귀경(歸經) : 비(脾)·대장(大腸)·소장(小腸) 土金火經, 간(肝)·담(膽) 木經

③ 용법(用法) : 3~12g

④ 금기(禁忌) : 임부(妊婦), 음허(陰虛), 진액부족(津液不足)(愼用), 대변활(大便滑)(忌)

⑤ 배합길(配合吉) : 도인(桃仁), 백자인(柏子仁), 송자인(松子仁), 행인(杏仁), 의이인(薏苡仁), 적소두(赤小豆), 상백피(桑白皮), 진피(陳皮), 모근(茅根), 소엽(蘇葉), 마자인(麻子仁), 괄루인(栝樓仁), 활석(滑石), 적복령(赤茯苓)

⑥ 주치(主治) : 대장기체(大腸氣滯), 장중결기(腸中結氣), 조삽불통(燥澁不通), 진액고갈(津液枯渴), 장조변비(腸燥便秘), 수종(水腫), 각기(脚氣), 대복수종(大腹水腫), 방광급통(膀胱急痛), 사지부종(四肢浮腫)

⑦ 효능(效能) : 행기체(行氣滯), 통설오장(通泄五臟), 윤장통변(潤腸通便), 하기이소변(下氣利小便), 소숙식(消宿食), 이수도(利水道), 이수퇴종(利水退腫), 행수하기(行水下氣), 파벽기(破癖氣), 파혈윤조(破血潤燥), 파혈소종(破血消腫), 통관절(通關節)

⑧ 약물음양오행(藥物陰陽五行) : 윤하약(潤下藥), 이수소종약(利水消腫藥)

326) 운대자(蕓薹子) : 유채씨(種子)

① 성미(性味) : 신(辛), 온(溫), 무독(無毒)

② 귀경(歸經) : 간(肝) 木經

③ 용법(用法) : 4.5~9g

④ 배합길(配合吉) : 적작약(赤芍藥), 당귀(當歸), 생지황(生地黃), 육계(肉桂)

⑤ 주치(主治) : 산후오로불하(產後惡露不下), 혈훈(血暈), 혈결충심자통(血結衝心刺痛), 혈체경폐복통(血滯經閉腹痛), 산후혈체복통(產後血滯腹痛), 치창(痔瘡), 유옹(乳癰), 종독(腫毒), 라저(瘰疽), 적리(赤痢), 치루(痔漏), 금창(金瘡), 적단열종(赤丹熱腫), 몽중설정(夢中泄精), 요각위비(腰脚痿痺), 탕화작상(湯火灼傷)

⑥ 효능(效能) : 행혈파기(行血破氣), 소종산결(消腫散結), 청폐(淸肺), 파냉기(破冷氣), 명목(明目), 소허창(消虛脹)

⑦ 약물음양오행(藥物陰陽五行) : 파징소적약(破癥消積藥), 활혈거어약(活血祛瘀藥), 소창옹저약(消瘡癰疽藥)

327) 운모(雲母) : 돌비늘

① 성미(性味) : 감(甘), 평(平), 온(溫), 미독(微毒)

② 귀경(歸經) : 폐(肺)·비(脾)·방광(膀胱) 金土水經, 간(肝) 木經

③ 용법(用法) : 생용(生用), 초하용(醋煆用), 9~15g, 단방(單方)가능

④ 금기(禁忌) : 양혈(羊血)(忌), 음허화항(陰虛火亢)〈신용(愼用)〉, 석결명(石決明 : 相反), 서장경(相剋)

⑤ 배합길(配合吉) : 상산(常山)

⑥ 주치(主治) : 폐기부족(肺氣不足), 허손소기(虛損少氣), 허천(虛喘), 풍담중풍(風痰中風), 한학(寒瘧), 전간(癲癇), 한열왕래(寒熱往來), 담음두통(痰飮頭痛), 금창출혈(金創出血), 신피사기(身皮死肌), 옹저창독(癰疽瘡毒), 구리(久痢), 임질(淋疾), 대하(帶下), 폐기허천(肺氣虛喘), 경계(驚悸), 현훈(眩暈), 전간(癲癇), 만성장염(慢性

腸炎), 도상출혈(刀傷出血)

⑦ 효능(效能) : 보기거담(補氣祛痰), 보폐하기(補肺下氣), 납기타담(納氣墮痰), 지혈
염창(止血斂瘡), 명목(明目), 익정(益精), 안오장(安五臟), 제사기(除邪氣), 속절보
중(續節補中), 보신냉(補腎冷), 거열해독(去熱解毒), 견고기리(堅固肌理), 이뇨소독
(利尿消毒)

⑧ 약물음양오행(藥物陰陽五行) : 보기약(補氣藥), 지혈약(止血藥)

328) 울금(鬱金) : 울금의 塊根(덩이뿌리)

〈대용(代用) : 강황〉봉출(蓬朮)의 덩이뿌리

① 성미(性味) : 신(辛), 고(苦), 평(平), 한(寒), 무독(無毒)

② 귀경(歸經) : 심(心)·담(膽)·간(肝)·폐(肺) 火木金經

③ 용법(用法) : 3~9g

④ 금기(禁忌) : 임부(妊婦)〈신중용(愼重用)〉, 기체혈어(氣滯血瘀)가 없는 경우, 음허
실혈(陰虛失血), 음분화염(陰分火炎)(忌), 위허혈허동통(胃虛血虛疼痛), 기허창체
(氣虛脹滯)(忌), 정향(丁香)(忌)

⑤ 배합길(配合吉) : 지각(枳殼), 길경(桔梗), 치자(梔子), 두시(豆豉), 강진향(降眞
香), 석창포(石菖蒲), 백반(白礬), 시호(柴胡), 당귀(當歸), 백작약(白芍藥), 향부자
(香附子), 목단피(牧丹皮), 황금(黃芩), 백개자(白芥子), 생지황(生地黃), 인진(茵
陳), 망초(芒硝), 청피(靑皮), 시호(柴胡), 석위(石葦), 동규자(冬葵子), 한련초(旱
蓮草), 금전초(金錢草), 목향(木香), 지각(枳殼), 대황(大黃), 명반(明礬), 천남성
(天南星), 주사(朱砂), 단삼(丹蔘), 생강(生薑)

⑥ 주치(主治) : 습온열병(濕溫熱病), 흉복협륵제통(胸腹脇肋諸痛), 흉복비민(胸腹痞
悶), 두통현훈(頭痛眩暈), 경간(驚癎), 전광(癲狂), 간기울결(肝氣鬱結), 기혈응체
(氣血凝滯), 해수(咳嗽), 협조자통(脇助刺痛), 통경(痛經), 숙혈기심통(宿血氣心
痛), 월경실조(月經失調), 토뉵혈(吐衄血), 치뉵(齒衄), 징가적괴(癥瘕積塊), 혈림
(血淋), 하혈빈통(下血頻痛), 습열황달(濕熱黃疸), 냉기결취(冷氣結聚), 혈기심복통

(血氣心腹痛), 혈적(血積), 금창(金瘡), 결취기체(結聚氣滯)

⑦ 효능(效能) : 양혈청심(凉血淸心), 행기개울(行氣開鬱), 소간활혈(疏肝活血), 거어지통(祛瘀止痛), 이담퇴황(利膽退黃), 생기(生肌), 지혈(止血), 양심(凉心), 양혈(凉血), 파악혈(破惡血), 해울(解鬱), 행기(行氣), 산간울(散肝鬱), 파어(破瘀), 설혈(泄血)

⑧ 약물음양오행(藥物陰陽五行) : 이기약(理氣藥), 활혈거어약(活血祛瘀藥), 이습퇴황약(利濕退黃藥), 지통약(止痛藥)

329) 웅담(熊膽) : 반달곰·불곰의 담즙(膽汁), 곰쓸개

① 성미(性味) : 고(苦), 감(甘), 한(寒), 무독(無毒)
② 귀경(歸經) : 간(肝)·담(膽)·심(心)·위(胃) 木火土經, 비(脾)·대장(大腸) 土金經
③ 용법(用法) : 1.0~2.5g(丸散用), 0.6~1g, 1~2.5g, 單方가능
④ 금기(禁忌) : 지황(地黃), 방기(防己)(꺼림), 허열(虛熱)(忌)
⑤ 배합길(配合吉) : 죽력(竹瀝), 용뇌(龍腦)〈빙편(氷片)〉, 인진호(茵蔯蒿)
⑥ 주치(主治) : 화열독(火熱毒), 옹저(癰疽), 열황(熱黃), 열독창옹(熱毒瘡癰), 창양종통(瘡瘍腫痛), 감질(疳疾), 치질실증(痔疾實證), 간열목적(肝熱目赤), 종통(腫痛), 간화치성(肝火熾盛), 후비(喉痺), 정치(疔痔), 경풍(驚風), 간열생풍(肝熱生風), 전간(癲癇), 간양항성(肝陽亢盛), 고혈압(高血壓), 회충병(蛔蟲病), 악창(惡瘡), 소아오감(小兒五疳), 치루(痔瘻), 혈림(血淋), 축혈(蓄血)
⑦ 효능(效能) : 청열해독(淸熱解毒), 청열명목(淸熱明目), 청간화지경(淸肝火止痙), 살충(殺蟲), 평간명목(平肝明目), 거예(去翳), 퇴열(退熱), 청심(淸心), 소염(消炎), 구충(驅蟲)
⑧ 약물음양오행(藥物陰陽五行) : 청열해독약(淸熱解毒藥)

330) 웅황(雄黃) : 황식석(黃食石)

① 성미(性味) : 신(辛), 고(苦), 감(甘), 온(溫), 대독(大毒), 조(燥)

② 귀경(歸經) : 간(肝)·심(心)·신(腎)·위(胃) 木火水土經

③ 용법(用法) : 외용(外用), 0.15~0.3g씩

④ 금기(禁忌) : 임부(妊婦), 음부족(陰不足), 혈허(血虛)(忌)

⑤ 배합길(配合吉) : 주사(朱砂), 섬수(蟾酥), 오령지(五靈脂), 백반(白礬), 유향(乳香), 사향(麝香), 몰약(沒藥), 대황(大黃), 빈랑(檳榔), 고련근피(苦楝根皮), 대풍자(大楓子), 경분(輕粉), 파두(巴豆), 울금(鬱金), 모려(牡蠣), 제마전자(製馬錢子), 단삼(丹蔘), 계내금(鷄內金), 오공(蜈蚣), 전갈(全蝎), 백지(白芷), 창출(蒼朮), 애엽(艾葉), 상산(常山), 반묘(斑猫), 백부(百部), 붕사(硼砂), 촉초(蜀椒), 고삼(苦蔘), 산사자(山楂子), 명반(明礬)

⑥ 주치(主治) : 옹창종독(癰瘡腫毒), 개선(疥癬), 저치(疽痔), 충사교상(蟲蛇咬傷), 조체동통(阻滯疼痛), 장기생충(腸寄生蟲), 중오복통(中惡腹痛), 충적복통(蟲積腹痛), 마풍효천(麻風哮喘), 경간(驚癇), 학질(瘧疾), 파상풍(破傷風), 풍습개창(風濕疥瘡), 인후종통(咽喉腫痛), 담연옹성(痰涎壅盛), 벽기(癖氣), 적취(積聚), 주마아감(走馬牙疳), 한열(寒熱), 악창(惡瘡), 목통(目痛), 두풍현훈(頭風眩暈), 복서설리(伏暑泄痢)

⑦ 효능(效能) : 공독살충(攻毒殺蟲), 구충(驅蟲), 조습거담(燥濕祛痰), 절학정경(截瘧定驚), 해독(解毒), 사간기(瀉肝氣), 해여로독(解藜蘆毒), 소연적(消涎積), 살노충감충(殺勞蟲疳蟲)

⑧ 약물음양오행(藥物陰陽五行) : 외용약(外用藥), 소창옹저약(消瘡癰疽藥), 살충약(殺蟲藥)

331) 원지(遠志) : 애기풀(뿌리)

① 성미(性味) : 신(辛), 고(苦), 산(酸), 미온(微溫), 무독(無毒), 선설통달(宣泄通達),

조(燥)

② 귀경(歸經) : 심(心)·폐(肺)·신(腎) 火金水經, 비(脾)·간(肝) 土木經

③ 용법(用法) : 감초탕에 침포(浸泡), 홍건(洪乾) 또는 밀자(蜜炙). 3~5g, 5~9g 單方가능, 전복(煎服), 환(丸), 산(散)

④ 금기(禁忌) : 음허양항(陰虛陽亢), 심신유화(心腎有火)(忌), 제조(蠐螬), 제합(齊蛤), 여로(藜蘆), 진주(眞珠)(忌), 담열(痰熱), 위열실화(胃熱實火), 궤양증(潰瘍證), 신중용(愼重用)

⑤ 배합길(配合吉) : 용뇌(龍腦), 복신(茯神), 용골(龍骨), 주사(朱砂), 울금(鬱金), 석창포(石菖蒲), 동규자(冬葵子), 백반(白礬), 길경(桔梗), 행인(杏仁), 감초(甘草), 용치(龍齒), 당귀(當歸), 황기(黃芪), 석곡(石斛), 산조인(酸棗仁), 맥문동(麥門冬), 당삼(黨蔘), 반하(半夏), 천패모(川貝母)

⑥ 주치(主治) : 심신불안(心神不安), 몽유활정(夢遺滑精), 실면(失眠), 경계(驚悸), 건망(健忘), 심신불교(心身不交), 해수다담(咳嗽多痰), 담조심규(痰阻心竅), 정신혼란(精神昏亂), 경간(驚癎), 담음해수(痰飮咳嗽), 외감풍한(外感風寒), 창양종독(瘡瘍腫毒), 한응기체(寒凝氣滯), 옹저(癰疽), 종통(腫痛), 유방종통(乳房腫痛), 면목적(面目赤), 피부중열(皮膚中熱), 신적분돈(腎積奔豚), 고림(膏淋), 적백탁(赤白濁), 각궁반장(角弓反張), 경축(驚搐)

⑦ 효능(效能) : 심울개통(心鬱開通), 안신익지(安神益智), 심신통교(心身通交), 거담이규(祛痰利竅), 소옹종(消癰腫), 소통기혈옹체(疏通氣血壅滯), 이목총명(耳目聰明), 익정(益精), 항균(抗菌), 보부족(補不足), 강지배력(强志倍力), 해부자·천웅독(解附子·天雄毒), 지경계(止驚悸), 정심기(定心氣), 견장양도(堅壯陽道), 조근골(助筋骨), 장기육(長肌肉), 진경(鎭驚), 양심혈(養心血), 영심(寧心), 행기산울(行氣散鬱), 축소변(縮小便), 산담연(散痰涎)

⑧ 약물음양오행(藥物陰陽五行) : 양심안신약(養心安神藥), 온화한담약(溫化寒痰藥)

332) 원화(芫花) : 팥꽃나무〈의 화뇌(花蕾)〉(꽃봉오리)

① 성미(性味) : 신(辛), 고(苦), 온(溫), 유독(有毒), 경양(輕揚)

② 귀경(歸經) : 폐(肺)·대장(大腸)·신(腎)·비(脾) 金水土經

③ 용법(用法) : 1.5~3g 전복(煎服), 1일 1회 0.5~1g(粉末), 單方가능

④ 금기(禁忌) : 임부(妊婦), 체질허약(体質虛弱)(忌), 감초(甘草 : 相反)

⑤ 배합길(配合吉) : 감수(甘遂), 대극(大戟), 지각(枳殼), 대황(大黃), 파두상(巴豆霜), 정력자(葶藶子), 웅황(雄黃), 저지(豬脂)

⑥ 주치(主治) : 상부흉협(上部胸脇), 담음비적(痰飮痞積), 심복징결창만(心腹癥結脹滿), 대복수종(大腹水腫), 흉협정음(胸脇停飮), 천식(喘息), 해수(咳嗽), 협하수음벽적(脇下水飮癖積), 협하인통(脇下引痛), 심하비경만(心下痞硬滿), 음식불소(飮食不消), 개선(疥癬), 옹종(癰腫), 두창두선(頭瘡頭癬), 사지련급(四肢攣急), 아통(牙痛), 산가(疝瘕), 육독(肉毒), 풍비습(風痺濕), 장학(瘴瘧), 해역상기(咳逆上氣), 인종단기(咽腫短氣), 식중독(食中毒)

⑦ 효능(效能) : 사하축수(瀉下逐水), 살충(殺蟲), 소옹(消癰), 지통(止痛), 이소변(利小便), 거담(祛痰), 통리혈맥(通利血脈)

⑧ 약물음양오행(藥物陰陽五行) : 준하축수약(峻下逐水藥), 살충약(殺蟲藥)

333) 월계화(月季花) : 월계화나무의 반개방화(半開放花 : 반정도 핀 꽃)

① 성미(性味) : 감(甘), 온(溫), 무독(無毒)

② 귀경(歸經) : 간(肝) 木經, 신(腎) 水經

③ 용법(用法) : 1.5~6g, 單方가능, 구복(久服)삼가

④ 금기(禁忌) : 임부(妊婦)(忌), 비위허약(脾胃虛弱)(愼重用)

⑤ 배합길(配合吉) : 익모초(益母草), 향부자(香附子), 당귀(當歸), 단삼(丹蔘), 침향(沈香), 원화(芫花), 흑사탕(黑砂糖)

⑥ 주치(主治) : 간기울체(肝氣鬱滯), 경맥조체(經脈助滯), 월경부조(月經不調), 월경통(月經痛), 소복창통(小腹脹痛), 창절종독(瘡癤腫毒), 라역궤란(瘰癧潰爛), 타박상(打撲傷), 홍붕(紅崩), 백대(白帶), 이질(痢疾), 폐허해수객혈(肺虛咳嗽咯血)

⑦ 효능(效能) : 활혈조경(活血調經), 행기체(行氣滯), 지어통(止瘀痛), 소종해독지통(消腫解毒止痛), 지혈(止血), 통경활혈화담(通經活血化痰), 소옹독(消癰毒), 사폐화(瀉肺火), 청장위습열(淸腸胃濕熱)

⑧ 약물음양오행(藥物陰陽五行) : 활혈거어약(活血祛瘀藥)

334) 위령선(威靈仙) : 위령선(根 : 뿌리)

① 성미(性味) : 신(辛), 함(鹹), 고(苦), 감(甘), 온(溫), 소독(小毒), 모산(耗散)

② 귀경(歸經) : 방광(膀胱) 水經, 위(胃)·장(腸)·폐(肺)·신(腎) 土金水經

③ 용법(用法) : 생용(生用), 주초용(酒炒用), 3~6g, 6~12g. 單方가능, 용량주의

④ 금기(禁忌) : 신약사주(身弱四柱)(신중), 현학구갈신열(痃瘧口渴身熱), 표허유한(表虛有汗), 기혈허약자(氣血虛弱者)〈신용(愼用)〉, 다(茶)(忌), 다면탕(茶麵湯)(忌), 혈허유열(血虛有熱), 생담음(生痰飮)(忌)

⑤ 배합길(配合吉) : 독활(獨活), 강활(羌活), 진교(秦艽), 우슬(牛膝), 방풍(防風), 형개(荊芥), 적작약(赤芍藥), 백지(白芷), 천궁(川芎), 지실(枳實), 갈근(葛根), 길경(桔梗), 마황(麻黃), 감초(甘草), 창출(蒼朮), 당귀(當歸), 계심(桂心), 사탕(沙糖), 사인(砂仁), 초(酢), 야국화(野菊花), 상지(桑枝), 모과(木瓜)

⑥ 주치(主治) : 풍습비통(風濕痺痛), 각기동통(脚氣疼痛), 완비통풍(頑痺痛風), 근골지체산통(筋骨肢体痠痛), 학질(瘧疾), 경락동통(經絡疼痛), 요슬냉통(腰膝冷痛), 골경인후(骨鯁咽喉), 냉체(冷滯), 심격담수(心膈痰水), 구적징가(久積癥瘕), 복내냉체(腹內冷滯), 징가현벽기괴(癥瘕痃癖氣塊), 파상풍(破傷風), 질타내상(跌打內傷), 황달(黃疸), 풍습골통(風濕骨痛), 편두통(偏頭痛), 소변불리(小便不利)

⑦ 효능(效能) : 통경락(通經絡), 거풍제습(祛風除濕), 경락지비(經絡止痺), 거담(祛痰), 선옹통체(宣壅通滯), 치장풍(治腸風), 항균(抗菌), 산벽적(散辟積), 선통오장

(宣通五臟), 지통이뇨(止痛利尿)

⑧ 약물음양오행(藥物陰陽五行) : 거풍습지비약(祛風濕止痺藥), 거풍습통경락약(祛風濕通經絡藥), 지통약(止痛藥)

335) 위릉채(萎陵菜) : 호랑이 눈썹, (찰랑, 딱지꽃, 당갱이)의 전초(全草)(뿌리포함)

① 성미(性味) : 고(苦), 신(辛), 평(平), 한(寒), 무독(無毒)
② 귀경(歸經) : 대장(大腸) 金經
③ 용법(用法) : 15~30g, 單方가능, 전복(煎服)
④ 배합길(配合吉) : 하수오(何首烏), 백반(白礬)
⑤ 주치(主治) : 출혈증(出血證), 변혈토혈(便血吐血), 붕루(崩漏), 백대(白帶), 적백구리(赤白久痢), 풍습근골동통(風濕筋骨疼痛), 창개(瘡疥), 전간(癲癎), 탄탄(癱瘓), 이질(痢疾)
⑥ 효능(效能) : 양혈지혈(凉血止血), 청열해독(清熱解毒), 지리(止痢), 거풍제습(祛風除濕)
⑦ 약물음양오행(藥物陰陽五行) : 지혈약(止血藥), 청열양혈약(清熱凉血藥), 청열해독약(清熱解毒藥), 지비약(止痺藥)

336) 유기노(劉寄奴) : 유기노초(草), 외잎쑥, 물쑥〈의 전초(全草)〉

① 성미(性味) : 고(苦), 온(溫), 무독(無毒), 강설(降泄)
② 귀경(歸經) : 심(心)·비(脾) 火土經, 폐(肺)·간(肝)·신(腎)·방광(膀胱) 金木水經
③ 용법(用法) : 단방(單方)가능, 4.5~6g, 6~9g. 용량신중
④ 금기(禁忌) : 임부(妊婦), 비허작설(脾虛作泄), 기혈허약(氣血虛弱)
⑤ 배합길(配合吉) : 적작약(赤芍藥), 당귀(當歸), 소목(蘇木), 홍화(紅花), 능소화(凌

霄花), 우슬(牛膝), 도인(桃仁), 귀전우(鬼箭羽), 지모(知母), 골쇄보(骨碎補), 현호색(玄胡索), 황기(黃芪), 백출(白朮), 당삼(黨蔘), 천초근(茜草根)

⑥ 주치(主治) : 혈체경폐(血滯經閉), 심복통(心腹痛), 산후어조복통(產後瘀阻腹痛), 징가(癥瘕), 오로불하(惡露不下), 질타손상(跌打損傷), 탕화열동(湯火熱疼), 식적복통(食積腹痛), 창상출혈(創傷出血), 제복동통(臍腹疼痛), 옹독흔종(癰毒焮腫), 흉복창통(胸腹脹痛)

⑦ 효능(效能) : 파혈통경(破血通經), 온통혈맥(溫通血脈), 산어지통(散瘀止痛), 소식화적(消食化積), 염창(斂瘡), 하기(下氣)

⑧ 약물음양오행(藥物陰陽五行) : 파징소적약(破癥消積藥), 활혈거어약(活血祛瘀藥)

337) 유백피(楡白皮) : 느릅나무(비슬나무)〈의 수피(樹皮)〉근피(根皮 : 뿌리껍질)

① 성미(性味) : 감(甘), 평(平), 한(寒), 무독(無毒)

② 귀경(歸經) : 대·소장(大·小腸)·방광(膀胱)·위(胃) 火水土經

③ 용법(用法) : 4.5~9g, 전복(煎服)

④ 금기(禁忌) : 위기허한(胃氣虛寒)〈신중용(愼重用)〉

⑤ 배합길(配合吉) : 동규자(冬葵子), 활석(滑石), 구맥(瞿麥), 석위(石葦), 목통(木通), 황금(黃芩), 차전자(車前子), 계자백(鷄子白), 적소두(赤小豆), 상백피(桑白皮), 대맥면(大麥麵), 조협(皂莢), 박초(朴硝)

⑥ 주치(主治) : 소변불통(小便不通), 임병(淋病), 수종(水腫), 단독(丹毒), 옹저발배(癰疽發背), 개선(疥癬), 풍열종독(風熱腫毒), 소아백독창(小兒白禿瘡), 장위사열기(腸胃邪熱氣), 불면(不眠), 유선염(乳腺炎)

⑦ 효능(效能) : 이수통림(利水通淋), 소종해독(消腫解毒), 통경맥(通經脈), 제사기(除邪氣), 삼습열(滲濕熱), 이규(利竅), 소옹독(消癰毒), 행진액(行津液)

⑧ 약물음양오행(藥物陰陽五行) : 이수통림약(利水通淋藥)

338) 유향(乳香) : 유향나무(膠狀樹脂)(: 교질나무진)

① 성미(性味) : 신(辛), 고(苦), 온(溫), 미독(微毒)

② 귀경(歸經) : 심(心)·간(肝)·비(脾) 火木土經

③ 용법(用法) : 3~9g, 전복(煎服)

④ 금기(禁忌) : 임부(妊婦), 무어혈조체(無瘀血阻滯), 옹저이궤(癰疽已潰), 위약(胃弱)(忌)

⑤ 배합길(配合吉) : 몰약(沒藥), 당귀(當歸), 현호색(玄胡索), 홍화(紅花), 도인(桃仁), 목향(木香), 천련자(川楝子), 초오(草烏), 오령지(五靈脂), 방풍(防風), 강활(羌活), 계지(桂枝), 독활(獨活), 천궁(川芎), 자감초(炙甘草), 상지(桑枝), 해풍등(海風藤), 오두(烏頭), 담남성(膽南星), 지룡(地龍), 사향(麝香), 웅황(雄黃), 계혈등(鷄血藤)

⑥ 주치(主治) : 기혈응체(氣血凝滯), 어혈조체(瘀血阻滯), 경폐(經閉), 월경통(月經痛), 심복동통(心腹疼痛), 풍습비통(風濕痺痛), 복완동통(腹脘疼痛), 풍은양(風癮癢), 중풍구금(中風口噤), 질박상통(跌撲傷痛), 근골구련(筋骨拘攣), 옹창종독(癰瘡腫毒), 부인혈기(婦人血氣), 절상(折傷), 악기(惡氣), 이농(耳聾)

⑦ 효능(效能) : 행기활혈지통(行氣活血止痛), 활혈신근(活血伸筋), 소종지통(消腫止痛), 생기(生肌), 소염(消炎), 해독(解毒), 지설리(止泄痢), 지대장설벽(止大腸泄癖), 지곽란(止霍亂)

⑧ 약물음양오행(藥物陰陽五行) : 지통약(止痛藥), 활혈거어약(活血祛瘀藥), 소창옹저약(消瘡癰疽藥), 외용약(外用藥)

339) 유황(硫黃) : 석유황(石硫黃)

① 성미(性味) : 산(酸), 함(鹹), 감(甘), 온(溫), 유독(有毒), 조(燥)

② 귀경(歸經) : 신(腎)·대장(大腸) 水金經, 비(脾) 土經

③ 용법(用法) : 생용(生用), 외용(外用), 제용(製用), 내복(內服). 1.5~3g(丸散)

④ 금기(禁忌) : 임부(妊婦), 용량(用量)주의, 장복(長服)삼가, 음허양항(陰虛陽亢)(忌), 습열위비(濕熱痿痺)(忌), 박초(朴硝 相畏), 세신(細辛), 초(醋), 철(鐵)(꺼림)

⑤ 배합길(配合吉) : 포부자(炮附子), 침향(沈香), 육계(肉桂), 양기석(陽起石), 호로파(胡蘆巴), 보골지(補骨脂), 초회향(炒茴香), 천련자(川楝子), 육두구(肉豆蔻), 흑석(黑錫), 목향(木香), 반하(半夏), 강즙(薑汁), 계자청(鷄子淸), 경분(輕粉), 계란(鷄卵)

⑥ 주치(主治) : 하원허냉(下元虛冷), 신허쇠제증(腎虛衰諸證), 허한구리활설(虛寒久痢滑泄), 상한곽란(傷寒霍亂), 요슬냉약(腰膝冷弱), 해역상기(咳逆上氣), 천역(喘逆), 냉벽재협(冷癖在脅), 음위유뇨(陰痿遺尿), 유정(遺精), 치루(痔漏), 완비(頑痺), 허한복통(虛寒腹痛), 냉비(冷秘), 냉설(冷泄), 저치악혈(疽痔惡血), 소아만경(小兒慢驚), 비뉵악창(鼻衄惡瘡), 옹저(癰疽), 개선(疥癬), 습진(濕疹), 라창(癩瘡), 부인음식(婦人陰蝕), 심복적취(心腹積聚)

⑦ 효능(效能) : 보화조양(補火助陽), 통변(通便), 산옹(散癰), 살충(殺蟲), 구충(驅蟲), 제냉풍(除冷風), 이독공독(以毒攻毒), 지양(止痒), 지사리(止瀉痢), 견근골(堅筋骨), 지혈(止血)

⑧ 약물음양오행(藥物陰陽五行) : 외용약(外用藥), 보양약(補陽藥), 온열약(溫熱藥), 살충약(殺蟲藥)

340) 육계(肉桂) : 관계(官桂)

① 성미(性味) : 신(辛), 감(甘), 고(苦), 열(熱), 미독(微毒), 하행(下行), 행혈(行血)

② 귀경(歸經) : 신(腎)·비(脾)·심(心)·간(肝) 土水火木經, 방광(膀胱)·폐(肺) 水金經

③ 용법(用法) : 조피(粗皮) 긁고 생용(生用), 1~3g, 1.5~8g(粉末 0.5~2.5g) 單方가 능하다

④ 금기(禁忌) : 임부(妊婦), 음허양항(陰虛陽亢), 이실증(裏實證)(忌), 적석지(赤石

脂)〈相畏(꺼림)〉, 화증(火證), 혈허내열(血虛內熱), 담수인후통(痰嗽咽喉痛), 산후혈열(產後血熱)(忌), 정혈허(精血虛)(忌)

⑤ 배합길(配合吉) : 연호색(延胡索), 고량강(高良薑), 소회향(小茴香), 하모려(煆牡蠣), 백작(白芍), 복령(茯苓), 감초(甘草), 축사(縮砂), 당귀(當歸), 몰약(沒藥), 적작(赤芍), 천궁(川芎), 오령지(五靈脂), 포황(蒲黃), 당삼(黨蔘), 숙지황(熟地黃), 백출(白朮), 자감초(炙甘草), 황기(黃芪), 산수유(山茱萸), 부자(附子), 산약(山藥), 토사자(菟絲子), 두중(杜仲), 녹각교(鹿角膠), 구기자(枸杞子), 이당(飴糖), 유황(硫黃), 울금(鬱金), 유향(乳香), 홍화(紅花), 독활(獨活), 강활(羌活), 포강(炮薑), 필발(蓽撥), 애엽(艾葉), 백개자(白芥子), 마황(麻黃), 천산갑(穿山甲), 진피(陳皮), 빈랑(檳榔), 조각자(皂角刺), 인삼(人蔘)

⑥ 주치(主治) : 하원허냉(下元虛冷), 상열하한(上熱下寒), 신양부족(腎陽不足), 명문화쇠(命門火衰), 외한지냉(畏寒肢冷), 완복냉통(脘腹冷痛), 풍비골절연축(風痺骨節攣縮), 요슬연약(腰膝軟弱), 결기후비토흡(結氣喉痺吐吸), 상기해역(上氣咳逆), 한산동통(寒疝疼痛), 양위뇨빈(陽痿尿頻), 자궁냉통(子宮冷痛), 변당(便溏), 사리(瀉痢), 기혈허약(氣血虛弱), 중한설사(中寒泄瀉), 허한성설사(虛寒性泄瀉), 복통(腹痛), 협통(脇痛), 심통(心痛), 심복창통(心腹脹痛), 기혈허한(氣血虛寒), 허양부월(虛陽浮越), 음저유주징가(陰疽流注癥瘕), 한비(寒痺), 음성실혈(陰盛失血), 경간(驚癎)

⑦ 효능(效能) : 대보양기(大補陽氣), 보명문화(補命門火), 온중산한(溫中散寒), 온비위(溫脾胃), 지통(止痛), 온통혈맥(溫通血脈), 활혈(活血), 온경통맥(溫經通脈), 조양(助陽), 익화소음(益火消陰), 온조기혈(溫照氣血), 기혈생장(氣血生長), 보중익기(補中益氣), 이관절(利關節), 견골절(堅骨節), 소어혈(消瘀血), 생기육(生肌肉), 속근골(續筋骨), 제적냉(除積冷), 익정(益精), 지번(止煩), 온근(溫筋), 이간폐기(利肝肺氣), 해사독(解蛇毒), 살삼충(殺三蟲), 통리월폐(通利月閉), 살초목독(殺草木毒), 지복내냉기(止腹內冷氣), 통구규(通九竅), 보오로칠상(補五勞七傷), 명목(明目), 소어혈(消瘀血), 파현벽징가(破痃癖癥瘕), 난요슬(暖腰膝), 보하초부족(補下焦不足)

⑧ 약물음양오행(藥物陰陽五行) : 온열약(溫熱藥)

341) 육두구(肉豆蔻) : 육두구 나무의 종자(種子)

① 성미(性味) : 신산(辛散), 고(苦), 온조(溫燥), 무독(無毒)
② 귀경(歸經) : 비(脾)·위(胃)·대장(大腸) 土金經, 폐(肺) 金經
③ 용법(用法) : 1.5~3g, 3~9g, 1.5~3g(散用)
④ 금기(禁忌) : 열리(熱痢), 열사(熱瀉)(忌), 동(銅)〈상반(相反)〉, 위화치통(胃火齒痛), 장풍하혈(腸風下血), 습열적체(濕熱積滯)(忌)
⑤ 배합길(配合吉) : 만삼(蔓蔘)〈당삼(黨蔘)〉, 건강(乾薑), 백출(白朮), 오미자(五味子), 보골지(補骨脂), 오수유(吳茱萸), 강반하(薑半夏). 진피(陳皮), 목향(木香), 가자육(訶子肉), 백목(白木), 백작(白芍), 당귀(當歸), 자감초(炙甘草), 육계(肉桂), 대조(大棗), 생강(生薑), 신국(神麯), 향부자(香附子), 축사(縮砂), 맥아(麥芽)
⑥ 주치(主治) : 비위허한(脾胃虛寒), 허사냉리(虛瀉冷痢), 설사(泄瀉), 중초한울기체(中焦寒鬱氣滯), 적냉심복창통(赤冷心腹脹痛), 식욕부진(食慾不振), 복창구토(腹脹嘔吐), 심복충통(心腹蟲痛), 흉복동통(胸腹疼痛), 냉기(冷氣), 담음(痰飮), 상성하허(上盛下虛)
⑦ 효능(效能) : 거유시(去油時), 삽장지사(澁腸止瀉), 온중행기(溫中行氣), 지통(止痛), 조중하기(調中下氣), 온중고삽(溫中固澀), 개위소식(開胃消食), 해주독(解酒毒), 난비위(暖脾胃), 지설(止泄), 고대장(固大腸)
⑧ 약물음양오행(藥物陰陽五行) : 지사약(止瀉藥), 이기약(理氣藥), 수렴약(收斂藥)

342) 육종용(肉蓯蓉) : 육종용의 육질줄기 전초(全草)

① 성미(性味) : 감(甘), 산(酸), 함(鹹), 평(平), 온(溫), 무독(無毒), 체윤(体潤)
② 귀경(歸經) : 신(腎)·대장(大腸) 水金經
③ 용법(用法) : 3~12g, 12~18g 전복(煎服)
④ 금기(禁忌) : 토약사주(土弱四柱)(신중), 상화왕성(相火旺盛), 비위허변당(脾胃虛便溏), 철(鐵), 동(銅)(忌), 심허기창(心虛氣脹), 실열변비(實熱便秘), 설사(泄瀉)

(忌)

⑤ 배합길(配合吉) ： 오미자(五味子), 생숙지황(生熟地黃), 토사자(菟絲子), 백작약(白芍藥), 당귀(當歸), 마자인(麻子仁), 구기자(枸杞子), 옥죽(玉竹), 황정(黃精), 맥문동(麥門冬), 산수유(山茱萸), 보골지(補骨脂), 침향(沈香), 돈육(豚肉)

⑥ 주치(主治) ： 신허양위(腎虛陽痿), 요슬냉통(腰膝冷痛), 정혈휴손(精血虧損), 오로칠상(五勞七傷), 설정유역(泄精遺瀝), 대하음통(帶下陰痛), 요통(腰痛), 자궁발육부전(子宮發育不全), 뇨혈(尿血), 불잉(不孕), 신허골연(腎虛骨軟), 장조변비(腸燥便秘), 설정(泄精), 혈붕(血崩), 부인징가(婦人癥瘕)

⑦ 효능(效能) ： 보신장양(補腎壯陽), 익수생진(益髓生津), 익기정혈(益氣精血), 윤조활장(潤燥滑腸), 하강통변(下降通便), 보신(補腎), 윤오장(潤五臟), 양오장(養五臟), 보중(補中), 제방광사기(除膀胱邪氣), 제경중한열통(除莖中寒熱痛), 장기육(長肌肉), 보익(補益), 난요슬(暖腰膝)

⑧ 약물음양오행(藥物陰陽五行) ： 보양약(補陽藥), 윤하약(潤下藥)

343) 율초(葎草) ： 한삼덩굴(의 全草)

① 성미(性味) ： 고(苦), 감(甘), 한(寒), 무독(無毒)
② 귀경(歸經) ： 간(肝)·방광(膀胱)·폐(肺)·대장(大腸) 木水金經
③ 용법(用法) ： 생용(生用), 선용(鮮用), 9~18g, 60~120g(鮮用)
④ 배합길(配合吉) ： 흑대두(黑大豆), 단삼(丹蔘), 황금(黃芩), 지골피(地骨皮), 백부근(百部根), 백모근(白茅根), 해금사(海金砂)
⑤ 주치(主治) ： 폐로해수(肺癆咳嗽), 상한한후허열(傷寒汗後虛熱), 조열도한(潮熱盜汗), 옹종(癰腫), 사충교상(蛇蟲咬傷), 갈상(蝎傷), 습진(濕疹), 소양(瘙痒), 실면(失眠), 열림삽통(熱淋澁痛), 비뇨계결석(泌尿系結石), 소변불리(小便不利), 설사이질(泄瀉痢疾), 허열갈(虛熱渴), 학질(瘧疾), 폐염(肺炎), 폐결핵(肺結核), 라역(瘰癧), 옹독(癰毒), 치루(痔漏)
⑥ 효능(效能) ： 청퇴허열(淸退虛熱), 청열해독(淸熱解毒), 이수통림(利水通淋), 이소

변(利小便), 지사지리(止瀉止痢), 제구충(除驅蟲), 익오장(益五臟), 거어(祛瘀), 제학(除瘧), 윤삼초(潤三焦), 소오곡(消五穀)

⑦ 약물음양오행(藥物陰陽五行) : 청퇴허열약(淸退虛熱藥), 청열해독약(淸熱解毒藥), 이수통림약(利水通淋藥), 이수청열약(利水淸熱藥)

344) 은시호(銀柴胡) : 은시호의 뿌리(根)

대용(代用) 가능한 것 : 벼룩이 울타리, 대나물의 뿌리

① 성미(性味) : 감(甘), 고(苦), 미한(微寒), 량(凉), 화평(和平), 무독(無毒)
② 귀경(歸經) : 간(肝)·위(胃)·신(腎) 木土水經, 담(膽) 木經
③ 용법(用法) : 생용(生用), 3~9g, 9~12g
④ 금기(禁忌) : 외감풍한(外感風寒), 혈허무열(血虛無熱)(忌)
⑤ 배합길(配合吉) : 황금(黃芩), 연교(連翹), 치자(梔子), 길경(桔梗), 천궁(川芎), 감초(甘草), 인삼(人蔘), 진교(秦艽), 지골피(地骨皮), 지모(知母), 청호(靑蒿), 감초(甘草), 별갑(鱉甲), 호황련(胡黃蓮)
⑥ 주치(主治) : 소아감적발열(小兒疳積發熱), 폐결핵(肺結核), 조열(潮熱), 기부노열(肌膚勞熱), 소아간감증(小兒肝疳證), 음허발열(陰虛發熱), 허로골증열(虛勞骨蒸熱), 도한(盜汗), 오장허손(五臟虛損), 만성학질(慢性瘧疾), 습비구련(濕痺拘攣), 골증번통(骨蒸煩痛)
⑦ 효능(效能) : 청감열(淸疳熱), 청허열(淸虛熱), 양혈제열(凉血除熱), 퇴허열(退虛熱), 익음(益陰), 견신수(堅腎水), 청열양혈(淸熱凉血)
⑧ 약물음양오행(藥物陰陽五行) : 신량해표약(辛凉解表藥), 청퇴허열약(淸退虛熱藥)

345) 은행엽(銀杏葉) : 백과엽(白果葉)

① 성미(性味) : 감(甘), 고(苦), 삽(澁), 평(平)
② 용법(用法) : 5~9g, 사기실증(邪氣實證)(禁忌)

③ 배합길(配合吉) : 홍화(紅花), 천궁(川芎)

④ 주치(主治) : 폐허해천(肺虛咳喘), 고혈압증(高血壓證), 흉민심통(胸悶心痛), 고지혈증(高脂血證), 심계정충(心悸怔忡), 설사이질(泄瀉痢疾), 담천해수(痰喘咳嗽), 백대하(白帶下)

⑤ 효능(效能) : 염폐(斂肺), 평천(平喘), 지통(止痛), 혈액순환촉진(血液循環促進), 콜레스테롤 감소, 보심(補心), 제습(除濕), 지설(止泄)

⑥ 약물음양오행(藥物陰陽五行) : 화담지해평천약(化痰止咳平喘藥)

346) 음양곽(淫羊藿) : 삼지구엽초 전초(全草)(줄기와 잎)

① 성미(性味) : 신(辛), 감(甘), 온(溫), 무독(無毒)

② 귀경(歸經) : 간(肝)·신(腎) 木水經

③ 용법(用法) : 생용(生用), 양지유(羊脂油)에 자(炙), 전복(煎服), 환(丸) 6~15g, 단방(單方)가능, 장복시(長服時), 환(丸), 산(散), 주침(酒浸)

④ 금기(禁忌) : 음허화왕(陰虛火旺), 상화역동(相火易動), 변적구건(便赤口乾), 몽유부지(夢遺不止), 강양불위(强陽不痿)

⑤ 배합길(配合吉) : 위령선(威靈仙), 계심(桂心), 창이자(蒼耳子), 천궁(川芎), 생강(生薑), 대조(大棗), 산수유(山茱萸), 오미자(五味子), 동질려(潼蒺藜), 구기자(枸杞子), 조구등(釣鉤藤), 상기생(桑寄生), 선모(仙茅), 당귀(當歸), 황백(黃柏), 파극천(巴戟天), 지모(知母)

⑥ 주치(主治) : 신양부족(腎陽不足), 양위불육(陽痿不育), 소변임력(小便淋瀝), 음위(陰痿), 풍습비통(風濕痺痛), 편고불수(偏枯不遂), 근골급성경련(筋骨急性痙攣), 요슬무력(腰膝無力), 냉풍노기(冷風勞氣), 사지피부불인(四肢皮膚不仁), 건망(健忘)

⑦ 효능(效能) : 보신장양(補腎壯陽), 익정기(益精氣), 이소변(利小便), 거풍제습(祛風除濕), 견근골(堅筋骨), 보명문(補命門), 강지(强志), 익기력(益氣力), 소라역(消瘰癧), 출충(出蟲), 보요슬(補腰膝)

⑧ 약물음양오행(藥物陰陽五行) : 보양약(補陽藥), 거풍습지비약(祛風濕止痺藥)

347) 음행초(陰行草) : 영인진(鈴茵陳), 절국대(全草) 전초

① 성미(性味) : 고(苦), 신(辛), 량(凉), 무독(無毒), 강설(降泄), 행산(行散)
② 귀경(歸經) : 간(肝)·비(脾)·폐(肺)·신(腎)·방광(膀胱) 木土金水經
③ 용법(用法) : 9~15g, 30~60g 전용(煎用), 단방(單方)가능
④ 금기(禁忌) : 비허작사(脾虛作瀉), 기혈허약(氣血虛弱)(忌)
⑤ 배합길(配合吉) : 밀(蜜), 홍당(紅糖), 황주(黃酒)
⑥ 주치(主治) : 습열황달(濕熱黃疸), 간염(肝炎), 심복통하기(心腹痛下氣), 수창혈기징결(水脹血氣癥結), 혈림(血淋), 적리(赤痢), 소변불리(小便不利), 대하(帶下), 혈체경폐(血滯經閉), 산후어체복통(産後瘀滯腹痛), 징가적취(癥瘕積聚), 요통(腰痛), 해수토담(咳嗽吐痰), 복부창만(腹部脹滿), 감모발열(感冒發熱), 수종(水腫), 타박어통(打撲瘀痛), 급성신염(急性腎炎), 백대과다(白帶過多)
⑦ 효능(效能) : 청열이습(淸熱利濕), 활혈거어(活血祛瘀), 산풍해표화담(散風解表化痰), 이소변(利小便), 소수종(消水腫), 지금창혈(止金瘡血), 순기화담(順氣化痰), 파혈하창(破血下脹), 통부인경맥(通婦人經脈), 하혈지통(下血止痛)
⑧ 약물음양오행(藥物陰陽五行) : 이습퇴황약(利濕退黃藥), 청열조습약(淸熱燥濕藥), 활혈거어약(活血祛瘀藥)

348) 이당(飴糖) : 교이(膠飴), 찹쌀·멥쌀등 쌀로 만든 갱엿, 검은 엿(밀, 보리, 좁쌀 사용가능)

① 성미(性味) : 감(甘), 고(苦), 온(溫), 무독(無毒), 자윤(滋潤)
② 귀경(歸經) : 비(脾)·위(胃)·폐(肺) 土金經
③ 용법(用法) : 15~60g, 전복(煎服)
④ 금기(禁忌) : 습열완민비결(濕熱脘悶秘結), 습조중만토역(濕阻中滿吐逆), 습담옹성(濕痰壅盛), 해수상기(咳嗽上氣), 복부팽만(腹部膨滿), 이상변(泥狀便), 충치(蟲齒), 감병(疳病), 목적(目赤)(忌), 즉어(鯽魚 붕어)(忌), 저심폐(豬心肺)(忌)

⑤ 배합길(配合吉) : 황기(黃芪), 생강(生薑), 계지(桂枝), 자감초(炙甘草), 대조(大棗), 백작(白芍)

⑥ 주치(主治) : 중기허핍(中氣虛乏), 중초영기폭상(中焦營氣暴傷), 노권상비(勞倦傷脾), 허로이급(虛勞裏急), 소갈(消渴), 현훈(眩暈), 허한(虛寒), 복중급통(腹中急痛), 인통(咽痛), 폐허해수(肺虛咳嗽), 폐조(肺燥), 구갈(口渴), 토혈(吐血), 변비(便秘), 후경어골(喉骾魚骨), 정충번란(怔忡煩亂)

⑦ 효능(效能) : 보허건중(補虛健中), 자양(滋養), 완급지통(緩急止痛), 소염(消炎), 화비(和脾), 윤폐(潤肺), 지해(止咳), 지갈(止渴), 보허냉(補虛冷), 익기력(益氣力), 화비(和脾), 생진액(生津液), 소담(消痰), 양혈(養血), 화위기(化胃氣), 건비위기(健脾胃氣), 윤오장(潤五臟), 지수(止嗽), 해천웅·오두·부자독(解天雄·烏頭·附子毒), 지복통(止腹痛)

⑧ 약물음양오행(藥物陰陽五行) : 보기약(補氣藥)

349) 익모초(益母草) : 익모초(全草)

① 성미(性味) : 신(辛), 고(苦), 감(甘), 미한(微寒), 활(滑), 무독(無毒)

② 귀경(歸經) : 심(心)·간(肝)·방광(膀胱) 火木水經, 비(脾)·신(腎) 土水經

③ 용법(用法) : 6~15g(15~30g) 전복(煎服), 60g 선용(鮮用), 단방(單方)가능

④ 금기(禁忌) : 음허혈소(陰虛血少)(忌), 활함불고(滑陷不固), 혈기허한(血氣虛寒), 철(鐵)(忌)

⑤ 배합길(配合吉) : 사탕(砂糖), 당귀(當歸), 천궁(川芎), 목향(木香), 적작약(赤芍藥), 충울자(茺蔚子), 단삼(丹蔘), 대산(大蒜), 자감초(炙甘草), 향부자(香附子), 애엽(艾葉), 산사자(山楂子), 백작약(白芍藥), 동규자(冬葵子), 석위(石葦), 황정(黃精)

⑥ 주치(主治) : 월경부조(月經不調), 산후혈체복통(産後血滯腹痛), 경전복통(經前腹痛), 산전산후제창(産前産後諸瘡), 태루난산(胎漏難産), 태의불하(胎衣不下), 어혈작통(瘀血作痛), 혈훈(血暈), 질타손상(跌打損傷), 붕루하혈(崩漏下血), 서체(暑

滯), 창옹종독(瘡癰腫毒), 수종(水腫), 양진(痒疹), 저독정종(疽毒疔腫), 소아감리(小兒疳痢), 치질(痔疾), 혈풍(血風)

⑦ 효능(效能) : 행혈거어(行血祛瘀), 지혈(止血), 활혈통경(活血通經), 소수해독(消水解毒), 해서(解署)〈선용(鮮用)〉, 안생태(安生胎), 양혈(養血), 생신혈(生新血), 해독조경(解毒調經), 청열양혈(淸熱涼血), 이뇨(利尿), 파혈(破血)

⑧ 약물음양오행(藥物陰陽五行) : 활혈거어약(活血祛瘀藥)

350) 익지인(益智仁) : 익지의 과실(果實 : 열매)

① 성미(性味) : 신(辛), 온(溫), 무독(無毒)

② 귀경(歸經) : 비(脾)·신(腎) 土水經, 위(胃) 土經

③ 용법(用法) : 거각(去殼), 염수초(鹽水炒), 3~9g 전복(煎服)

④ 금기(禁忌) : 음허화왕(陰虛火旺), 열노(熱怒)(忌), 혈조유화(血燥有火)(忌)

⑤ 배합길(配合吉) : 산약(山藥), 오약(烏藥), 대조(大棗), 생강(生薑), 후박(厚朴), 상표초(桑螵蛸), 토사자(菟絲子), 진피(陳皮), 반하(半夏), 자감초(炙甘草), 복령(茯苓), 백출(白朮), 당삼(黨蔘), 건강(乾薑), 인삼(人蔘)

⑥ 주치(主治) : 하원허냉증(下元虛冷證), 비위중한사(脾胃中寒邪), 유설유뇨(遺泄遺尿), 소변빈삭(小便頻數), 백탁(白濁), 설사냉통(泄瀉冷痛), 중한토사(中寒吐瀉), 신허유약(腎虛遺弱), 붕중누혈(崩中漏血), 몽정(夢精), 유정(遺精), 구연다루(口涎多漏), 냉기복통(冷氣腹痛), 구얼(嘔噦), 야다소변(夜多小便)

⑦ 효능(效能) : 온신양(溫腎陽), 보신고정축뇨(補腎固精縮尿), 난비(暖脾), 익기안신(益氣安神), 이삼초(利三焦), 보부족(補不足), 사기선통(使氣宣通), 개발울결(開發鬱結), 화중익기(和中益氣), 익비위(益脾胃), 보신허(補腎虛), 이원기(理元氣)

⑧ 약물음양오행(藥物陰陽五行) : 보양약(補陽藥), 지사약(止瀉藥)

351) 인동등(忍冬藤) : 금화등(金花藤), 인동덩굴(줄기와 잎)

① 성미(性味) : 감(甘), 고(苦), 한(寒), 신(辛), 무독(無毒)

② 귀경(歸經) : 심(心)·폐(肺) 火金經

③ 용법(用法) : 9~30g 전복(煎服)

④ 금기(禁忌) : 철(鐵)(忌)

⑤ 배합길(配合吉) : 포공영(蒲公英), 연교(連翹)

⑥ 주치(主治) : 온병발열(溫病發熱), 심허화왕(心虛火旺), 한열신종(寒熱身腫), 열독혈리(熱毒血痢), 폭열퇴통(暴熱腿痛), 옹종창독(癰腫瘡毒), 옹위해수(癰痿咳嗽), 옹종개선(癰腫疥癬), 풍한습비(風寒濕痺), 전염성간염(傳染性肝炎), 복창만(腹脹滿), 피부풍양(皮膚風痒), 근골동통(筋骨疼痛)

⑦ 효능(效能) : 거풍습열(祛風濕熱), 통경락(通經絡), 소담(消痰), 청인후열통(淸咽喉熱痛), 지통(止痛), 보허(補虛), 청열해독(淸熱解毒), 관중하기(寬中下氣), 보기관중(補氣寬中)

⑧ 약물음양오행(藥物陰陽五行) : 청열해독약(淸熱解毒藥)

352) 인삼(人蔘)

① 성미(性味) : 감(甘), 미고(微苦), 온(溫), 무독(無毒)

② 귀경(歸經) : 비(脾)·위(胃)·폐(肺) 土金經

③ 용법(用法) : 노두(蘆頭)와 잔뿌리 제거하여 사용, 생용(生用), 건용(乾用), 1.5~3g, 3~6g, 6~9g, 9~15g, 15~30g 동계(冬季)에 복용, 單方가능, 대용(代用 : 黨蔘)

④ 금기(禁忌) : 신강화다사주(身强火多四柱)(신중), 신열기성(身熱氣盛), 실열(實熱), 간양항성(肝陽亢盛), 습조열성(濕阻熱盛)(忌), 여로(藜蘆)〈상반(相反)〉, 한열교차(寒熱交叉)〈신용(愼用)〉, 상반병증교차(相反病證交叉)(愼用), 실혈초기(失血初起)(忌), 감모발열(感冒發熱), 조잡증세(愼用), 음허토혈(陰虛吐血)(신중용), 오령지

(五靈脂 相畏), 내복(萊菔 : 相惡), 흑두(黑豆), 조협(皂莢)(꺼림), 철(鐵)(忌)

⑤ 배합길(配合吉) : 부자(附子), 대조(大棗), 생강(生薑), 당귀(當歸), 황기(黃芪), 시호(柴胡), 감초(甘草), 승마(升麻), 진피(陳皮), 백출(白朮), 오미자(五味子), 생지황(生地黃), 복령(茯苓), 천화분(天花粉), 연수(蓮鬚), 죽엽(竹葉), 등심(燈心), 지모(知母), 맥문동(麥門冬), 산약(山藥), 산조인(酸棗仁), 저요자(猪腰子), 호도육(胡桃肉), 합개(蛤蚧), 천문동(天門冬), 구기자(枸杞子), 택사(澤瀉), 산수유(山茱萸), 육종용(肉蓰蓉), 파극천(巴戟天), 갈근(葛根), 소엽(蘇葉), 전호(前胡), 지각(枳殼), 숙부자(熟附子), 숙지황(熟地黃), 익지인(益智仁), 원지(遠志), 용안육(龍眼肉), 부소맥(浮小麥), 백작약(白芍藥)

⑥ 주치(主治) : 허손(虛損), 기탈위증(氣脫危證), 맥미욕절(脈微欲絶), 비위쇠약증(脾胃衰弱證), 음식부진(飮食不振), 권태소식(倦怠小食), 흉비(胸痞), 노상(癆傷), 구토설사(嘔吐泄瀉), 동통(疼痛), 폐허기천(肺虛氣喘), 폐기휴허(肺氣虧虛), 기진양상(氣津兩傷), 소갈(消渴), 열상진액(熱傷津液), 기혈쌍휴(氣血雙虧), 혈허위황(血虛萎黃), 양위(陽痿), 실면(失眠), 건망(健忘), 경계(驚悸), 정충(怔忡), 자한폭탈(自汗暴脫), 오로칠상(五勞七傷), 기혈진액부족(氣血津液不足), 일체허증(一切虛證), 장위중냉(腸胃中冷), 흉륵역만(胸肋逆滿), 심복고통(心腹鼓痛), 대변활설(大便滑泄), 반위구토(反胃嘔吐), 곽란토역(霍亂吐逆), 빈뇨(頻尿), 소아경련(小兒驚攣), 상한불하식(傷寒不下食), 냉기역상(冷氣逆上), 비위양기부족(脾胃陽氣不足), 단기(短氣), 폐기허약(肺氣虛弱), 음양부족(陰陽不足), 현훈두통(眩暈頭痛)

⑦ 효능(效能) : 대보원기(大補元氣), 보오장(補五臟), 보비위(補脾胃), 익폐기(益肺氣), 생진지갈(生津止渴), 지사(止瀉), 익기익혈(益氣益血), 영신익지(寧神益智), 안신(安神), 십이경진흥(十二經振興), 보오장육부(補五臟六腑), 명목(明目), 제사기(除邪氣), 안정지중(安精之中), 통혈맥(通血脈), 양혈(養血), 사심화(瀉心火), 조중지소갈(調中止消渴), 지경계(止驚悸), 영인불망(令人不忘), 파견적(破堅積), 소흉중담(消胸中痰), 소식개위(消食開胃), 자보원양(滋補元陽)

⑧ 약물음양오행(藥物陰陽五行) : 보기약(補氣藥), 양심안신약(養心安神藥), 용토약(涌吐藥), 지갈약(止渴藥)

353) 인진(茵陳) : 인진호(茵蔯蒿), 사철쑥, 비쑥의 유눈경엽(幼嫩莖葉)(어린줄기 · 잎)

① 성미(性味) : 고(苦), 신(辛), 감(甘), 평(平), 미한(微寒), 량(凉), 무독(無毒)〈미독(微毒)〉

② 귀경(歸經) : 비(脾) · 위(胃) · 간(肝) · 담(膽) · 신(腎) · 방광(膀胱) 土木水經

③ 용법(用法) : 전복(煎服), 단방(單方)가능, 3~15g, 15~18g, 18~30g

④ 금기(禁忌) : 축혈발황(蓄血發黃), 허황(虛黃), 담백색황달(淡白色黃疸)(忌), 무습열황달(無濕熱黃疸)(忌), 열성황달(熱盛黃疸)(忌)

⑤ 배합길(配合吉) : 치자(梔子), 대황(大黃), 백출(白朮), 복령(茯苓), 저령(豬苓), 계지(桂枝), 택사(澤瀉), 부자(附子), 건강(乾薑), 감초(甘草)

⑥ 주치(主治) : 습열황달(濕熱黃疸), 발열(發熱), 발황(發黃), 신목황색(身目黃色), 소변단적(小便短赤), 한습음황(寒濕陰黃), 납소완복(納少脘腹), 열결산결(熱結散結), 풍습한열(風濕寒熱), 풍안통(風眼痛), 풍양창개(風癢瘡疥), 복징(茯癥), 여인징가(女人癥瘕), 장학(瘴瘧)

⑦ 효능(效能) : 청열이습(淸熱利濕), 삼습이수(滲濕利水), 청습열(淸濕熱), 해열(解熱), 이습퇴황(利濕退黃), 통관절(通關節), 해열체(解熱滯), 조비습(燥脾濕), 견신(堅腎), 지해발한(止咳發汗), 화담지통(化痰止痛), 청간담(淸肝膽), 이담(利膽), 항균(抗菌), 항(抗) 바이러스, 행체(行滯), 관흉(寬胸), 평간(平肝), 이습소종(利濕消腫), 지통(止痛)

⑧ 약물음양오행(藥物陰陽五行) : 이습퇴황약(利濕退黃藥), 이수삼습약(利水滲濕藥)

354) 의이인(薏苡仁) : 염주, 율무(의 성숙한 種仁)

① 성미(性味) : 감(甘), 평(平), 담(淡), 미한(微寒), 무독(無毒)

② 귀경(歸經) : 폐(肺) · 비(脾) · 위(胃) 金土經, 신(腎) · 간(肝) · 대장(大腸) 水木金經

③ 용법(用法) : 생용(生用), 부피초용(麩皮炒用), 6~30g, 30~60g 단방(單方)가능

④ 금기(禁忌) : 임부(妊婦), 비약(脾弱)(신중용), 변비(便秘), 비허무습(脾虛無濕),
기허하함(氣虛下陷), 하리(下痢)(忌)

⑤ 배합길(配合吉) : 욱리인(郁李仁), 목통(木通), 활석(滑石), 복령(茯苓), 백출(白
朮), 방기(防己), 행인(杏仁), 마황(麻黃), 감초(甘草), 도인(桃仁), 동규자(冬葵子),
노근(蘆根), 목단피(牧丹皮), 패장초(敗醬草), 과루인(瓜蔞仁), 부자(附子), 백출
(白朮), 인삼(人蔘), 백편두(白扁豆), 사인(砂仁), 연자육(蓮子肉), 산약(山藥), 길
경(桔梗), 두중(杜仲), 토사자(菟絲子), 토복령(土茯苓), 황기(黃芪), 구척(狗脊),
사엽삼(四葉蔘), 어성초(魚腥草), 희렴초(豨薟草), 락석등(絡石藤)

⑥ 주치(主治) : 습열내온(濕熱內蘊), 소변단적(小便短赤), 수종각기(水腫脚氣), 열림
(熱淋), 사석(沙石), 토농혈(吐膿血), 풍습비통(風濕痺痛), 근맥구련(筋脈拘攣), 습
체비통(濕滯痺痛), 폐옹(肺癰), 폐수종(肺水腫), 장옹(腸癰), 폐위(肺痿), 폐기(肺
氣), 백대하(白帶下), 위중적수(胃中積水), 비위허약(脾胃虛弱), 소갈(消渴), 만성위
장병(慢性胃腸病), 습체설사(濕滯泄瀉)

⑦ 효능(效能) : 익비(益脾), 이수삼습(利水滲濕), 제습비(除濕痺), 청폐열(淸肺熱),
청열배농(淸熱排膿), 건비익위(健脾益胃), 보비위(補脾胃), 지사(止瀉), 보폐(補
肺), 하기(下氣), 소수종(消水腫), 이장위(利腸胃), 온기(溫氣), 살회충(殺蛔蟲), 이
소변(利小便)

⑧ 약물음양오행(藥物陰陽五行) : 이수삼습약(利水滲濕藥), 배농약(排膿藥), 거풍습지
비약(祛風濕止痺藥), 지사약(止瀉藥)

355) 자석(磁石) : 자철광석(磁鐵礦石)

① 성미(性味) : 신(辛), 함(鹹), 평(平), 한(寒), 무독(無毒)

② 귀경(歸經) : 간(肝)・심(心)・신(腎) 木火水經, 폐(肺) 金經

③ 용법(用法) : 6~12g, 12~30g, 60g 선전(先煎), 0.3~2.4g (散), 장복(長服)삼가

④ 금기(禁忌) : 황석지(黃石脂), 목단(牧丹)〈상반(相反)〉

⑤ 배합길(配合吉) : 신국(神麯), 주사(朱砂), 오미자(五味子), 호도육(胡桃肉), 대자석(代赭石), 석결명(石決明), 용치(龍齒), 산수유(山茱萸), 숙지황(熟地黃), 육계(肉桂)

⑥ 주치(主治) : 간신음허(肝腎陰虛), 부양상요(浮陽上擾), 이명(耳鳴), 목암(目暗), 풍습(風濕), 양위(陽痿), 이농(耳聾), 심간실양(心肝失養), 지절중통(肢節中痛), 음허양항(陰虛陽亢), 전간(癲癇), 두훈두통(頭暈頭痛), 수면불안(睡眠不安), 정충(怔忡), 허천(虛喘), 기역천급(氣逆喘急), 목청(目睛), 빈혈(貧血), 근골리약(筋骨羸弱), 위황병(萎黃病), 번조실면(煩躁失眠), 종독(腫毒)

⑦ 효능(效能) : 보간신잠양(補肝腎潛陽), 명목총이(明目聰耳), 납기평천(納氣平喘), 진경(鎭驚), 보혈(補血), 익정제번(益精除煩), 소종독(消腫毒), 강골기(强骨氣), 통관절(通關節), 보오로칠상(補五勞七傷), 염한지혈(斂汗止血)

⑧ 약물음양오행(藥物陰陽五行) : 평간잠양약(平肝潛陽藥), 진심안신약(鎭心安神藥), 보양약(補陽藥)

356) 자석영(紫石英)

① 성미(性味) : 감(甘), 신(辛), 온(溫), 무독(無毒)
② 귀경(歸經) : 심(心)·간(肝)·폐(肺)·신(腎) 火木金水經
③ 용법(用法) : 3~9g, 9~12g
④ 금기(禁忌) : 음허화왕(陰虛火旺)(忌), 부자(附子)(싫어함), 황련(黃連)(꺼림), 혈열(血熱)(忌)
⑤ 배합길(配合吉) : 복신(茯神), 인삼(人蔘), 모려(牡蠣), 용골(龍骨), 한수석(寒水石), 생대황(生大黃), 적석지(赤石脂), 건강(乾薑), 계지(桂枝), 감초(甘草), 호마(胡麻), 오미자(五味子), 육종용(肉蓯蓉), 당귀(當歸), 산수유(山茱萸), 맥문동(麥門冬), 산조인(酸棗仁), 당삼(黨蔘), 황금(黃芩), 원지(遠志), 방풍(防風), 영양각(羚羊角), 황기(黃芪), 대조(大棗), 생강(生薑), 아교(阿膠), 숙지황(熟地黃), 호도인(胡桃仁), 천문동(天門冬)

⑥ 주치(主治) : 심기부족(心氣不足), 허로(虛勞), 경계(驚悸), 한열사기(寒熱邪氣), 경간(驚癎), 정충(怔忡), 담열(痰熱), 해역상기(咳逆上氣), 전간추축(癲癎抽搐), 폐경허한(肺經虛寒), 심복통(心腹痛), 해수(咳嗽), 담다기천(痰多氣喘), 원양허쇠(元陽虛衰), 두목현훈(頭目眩暈), 기혈부족(氣血不足), 궁냉불잉(宮冷不孕), 실면다몽(失眠多夢), 붕루대하(崩漏帶下)

⑦ 효능(效能) : 온윤진겁(溫潤鎭怯), 온영혈이윤양(溫營血而潤養), 진심안신(鎭心安神), 정경(定驚), 온폐하기(溫肺下氣), 보부족(補不足), 난자궁(暖子宮), 온신(溫腎), 산옹종(散癰腫), 제위중구한(除胃中久寒), 지소갈(止消渴), 양폐기(養肺氣)

⑧ 약물음양오행(藥物陰陽五行) : 진심안신약(鎭心安神藥), 지해평천약(止咳平喘藥)

357) 자연동(自然銅)

① 성미(性味) : 신(辛), 고(苦), 평(平), 량(凉), 무독(無毒)

② 귀경(歸經) : 간(肝) 木經

③ 용법(用法) : 3~9g, 粉末〈丸散(1회 0.03~0.3g)〉

④ 금기(禁忌) : 혈허무어(血虛無瘀), 음허화성(陰虛火盛), 용량(用量) 주의

⑤ 배합길(配合吉) : 유향(乳香), 당귀(當歸), 혈갈(血竭), 몰약(沒藥), 소목(蘇木), 골쇄보(骨碎補), 강활(羌活), 주(酒), 속단(續斷), 자충(蟅蟲), 택란(澤蘭), 상지(桑枝), 연호색(延胡索), 도인(桃仁), 단삼(丹蔘)

⑥ 주치(主治) : 어체동통(瘀滯疼痛), 질타골절(跌打骨折), 금창(金瘡), 창양(瘡瘍), 어조종통(瘀阻腫痛), 영유(癭瘤), 화상(火傷), 산후혈사(産後血邪)

⑦ 효능(效能) : 행혈(行血), 산어지통(散瘀止痛), 속근접골(續筋接骨), 파혈소영(破血消瘿), 배농(排膿), 파적취(破積聚), 소어혈(消瘀血), 지경계(止驚悸), 안심(安心)

⑧ 약물음양오행(藥物陰陽五行) : 활혈거어약(活血祛瘀藥)

358) 자완(紫菀) : 개미취(자원), 개쑥부장이, 왕곰취〈의 근(根), 근경(根莖)〉(뿌리, 뿌리줄기)

① 성미(性味) : 고(苦), 신(辛), 감(甘), 평(平), 미온(微溫), 무독(無毒), 윤(潤), 화평(和平), 하기(下氣)

② 귀경(歸經) : 폐(肺) 金經, 심(心) 火經

③ 용법(用法) : 생용(生用)〈담수실증(痰嗽實證)〉, 밀자용(蜜炙用)〈윤폐(潤肺)〉, 3~5g, 5~9g

④ 금기(禁忌) : 허화상염(虛火上炎), 실열(實熱), 폐음허(肺陰虛)(忌), 인진(茵陳), 원지(遠志), 고본(藁本)(忌), 뇌환(雷丸), 구맥(瞿麥), 천웅(天雄)(꺼림), 폐신노상(肺腎勞傷), 해천출혈(咳喘出血)(忌)

⑤ 배합길(配合吉) : 형개(荊芥), 길경(桔梗), 전호(前胡), 백부근(百部根), 황금(黃芩), 백전(白前), 감초(甘草), 패모(貝母), 관동화(款冬花), 아교(阿膠), 맥문동(麥門冬), 지모(知母), 인삼(人蔘), 복령(茯苓), 오미자(五味子), 천문동(天門冬), 행인(杏仁), 상백피(桑白皮), 당삼(黨蔘)

⑥ 주치(主治) : 해수기역(咳嗽氣逆), 폐허구해(肺虛久咳), 풍한해수(風寒咳嗽), 음위기천(陰痿氣喘), 오로체허(五勞体虛), 후비(喉痺), 객담불상(喀痰不爽), 흉중한열결기(胸中寒熱結氣), 담중대혈(痰中帶血), 해타농혈(咳唾膿血), 외감풍한(外感風寒), 담다해수(痰多咳嗽), 기옹(氣壅), 폐로해수(肺勞咳嗽), 노기허열(勞氣虛熱), 소아경간(小兒驚癎), 폐위(肺痿), 토혈(吐血)

⑦ 효능(效能) : 윤폐하기(潤肺下氣), 화담지해(化痰止咳), 보허하기(補虛下氣), 익폐기(益肺氣), 개후비(開喉痺), 지천계(止喘悸), 거충독(去蟲毒), 항균(抗菌), 안오장(安五臟), 통리소장(通利小腸)

⑧ 약물음양오행(藥物陰陽五行) : 온화한담약(溫化寒痰藥)

359) 자초(紫草) : 자근(紫根), 지치의 근(根)(뿌리)

① 성미(性味) : 고(苦), 감(甘), 함(鹹), 평(平), 한(寒), 활(滑), 무독(無毒)
② 귀경(歸經) : 심포락(心包絡), 간(肝)·심(心) 火木經, 소장(小腸) 火經
③ 용법(用法) : 주세용(酒洗用) 3~9g, 9~15g, 단방(單方)가능
④ 금기(禁忌) : 비약당사(脾弱溏瀉), 위허약(胃虛弱)(忌)
⑤ 배합길(配合吉) : 작약(芍藥), 감초(甘草), 선태(蟬蛻), 연교(連翹), 목통(木通), 산두근(山豆根), 우방자(牛蒡子), 형개(荊芥), 백모근(白茅根), 소계(小薊), 생지황(生地黃), 백지(白芷), 혈갈(血竭), 당귀(當歸), 서하류(西河柳), 금은화(金銀花), 자화지정(紫花地丁), 절패모(浙貝母), 담죽엽(淡竹葉), 대청엽(大靑葉)
⑥ 주치(主治) : 혈분열독옹성(血分熱毒壅盛), 습열황달(濕熱黃疸), 마진불투(麻疹不透), 온열병(溫熱病), 혈뇨열결(血尿熱結), 발반진(發斑疹), 투발불창(透發不暢), 이변불리(二便不利), 토육(吐衄), 혈림(血淋), 옹저창양(癰疽瘡瘍), 습진(濕疹), 탕화상(燙火傷), 음양(陰痒), 동상(凍傷), 단독(丹毒), 피염(皮炎)
⑦ 효능(效能) : 청열양혈(淸熱凉血), 활혈해독(活血解毒), 활장이뇨(滑腸利尿), 항 바이러스, 통수도(通水道), 산어(散瘀), 완간(緩肝), 보심(補心), 보중익기(補中益氣), 이구규(利九竅)
⑧ 약물음양오행(藥物陰陽五行) : 청열양혈약(淸熱凉血藥), 청열해독약(淸熱解毒藥), 소창옹저약(消瘡癰疽藥), 윤하약(潤下藥)

360) 자충(蟅蟲) : 흙바퀴

① 성미(性味) : 고(苦), 함(鹹), 한(寒), 소독(小毒)
② 귀경(歸經) : 간(肝) 木經, 심(心)·비(脾) 火土經
③ 용법(用法) : 3~6g, 6~12g, 丸散은 1회 0.9~1.5g씩
④ 금기(禁忌) : 임부(妊婦), 허약(虛弱), 무어혈(無瘀血)(忌), 창포(菖蒲), 조협(皁莢)(꺼림)

⑤ 배합길(配合吉) : 수질(水蛭), 대황(大黃), 도인(桃仁), 지황(地黃), 건칠(乾漆), 제조(蟅螬), 맹충(蝱蟲), 황금(黃芩), 망초(芒硝), 행인(杏仁), 감초(甘草), 작약(芍藥), 목단피(牧丹皮), 별갑(鱉甲), 건강(乾薑), 계지(桂枝), 시호(柴胡), 석위(石葦), 후박(厚朴), 몰약(沒藥), 유향(乳香), 자연동(自然銅), 천궁(川芎), 당귀(當歸), 택란(澤蘭), 홍화(紅花), 적작(赤芍), 골쇄보(骨碎補), 속단(續斷), 삼칠(三七), 울금(鬱金), 계내금(鷄內金), 포황(蒲黃), 화예석(花蕊石), 오령지(五靈脂), 운지(雲芝)

⑥ 주치(主治) : 어혈응체(瘀血凝滯), 혈체경폐(血滯經閉), 절상어통(折傷瘀痛), 징가적취(癥瘕積聚), 비괴(痞塊), 풍습근골통(風濕筋骨痛), 혈어(血瘀), 산후복통(産後腹痛), 학모(瘧母), 유맥불행(乳脈不行), 질타중상(跌打重傷)

⑦ 효능(效能) : 파혈축어(破血逐瘀), 파적취(破積聚), 통경락(通經絡), 소징산결(消癥散結), 료절상(療折傷),파견(破堅), 소수종(消水腫), 접골(接骨)

⑧ 약물음양오행(藥物陰陽五行) : 파징소적약(破癥消積藥), 활혈거어약(活血祛瘀藥)

361) 자하거(紫河車) : 태반(胎盤), 인포(人胞)

① 성미(性味) : 감(甘), 함(鹹), 고(苦), 온(溫), 무독(無毒)
② 귀경(歸經) : 간(肝)·폐(肺)·신(腎)·심(心) 木金水火經, 비(脾) 土經
③ 용법(用法) : 3~9g, 9~12g 분말(粉末), 1.5~3g 분복(分服), 단방가능(單方可能)
④ 금기(禁忌) : 실사(實瀉)
⑤ 배합길(配合吉) : 인삼(人蔘), 진피(陳皮), 산약(山藥), 오미자(五味子), 맥문동(麥門冬), 천문동(天門冬), 황백(黃柏), 귀판(龜板), 우슬(牛膝), 생숙지황(生熟地黃), 육종용(肉蓯蓉), 두충(杜冲), 구기자(枸杞子), 당귀(當歸), 쇄양(鎖陽)

⑥ 주치(主治) : 허손노극(虛損勞極), 노열골증(勞熱骨蒸), 도한(盜汗), 천수(喘嗽), 만성쇠약(慢性衰弱), 혈기리수(血氣羸瘦), 결핵(結核), 무유즙(無乳汁), 오로칠상(五勞七傷), 신경쇠약(神經衰弱), 기혈쌍허(氣血雙虛), 양위(陽痿), 정휴불잉(精虧不孕), 유정(遺精), 전간(癲癇), 허천노수(虛喘老嗽), 요통슬연(腰痛膝軟)

⑦ 효능(效能) : 익기양혈(益氣養血), 기혈대보(氣血大補), 전정보뇌(塡精補腦), 자양

보익(滋養補益), 익기보정(益氣補精), 안심(安心)

⑧ 약물음양오행(藥物陰陽五行) : 보기약(補氣藥), 보양약(補陽藥), 보혈약(補血藥)

362) 자화지정(紫花地丁) : 제비꽃, 지정(地丁) 대근전초(帶根全草) 〈전초(뿌리포함)〉

① 성미(性味) : 고(苦), 신(辛), 한(寒), 무독(無毒)
② 귀경(歸經) : 심(心)·간(肝) 火木經, 비(脾) 土經
③ 용법(用法) : 9~15g, 30~60g (單方用)
④ 금기(禁忌) : 신약사주(身弱四柱) 신중, 허한(虛寒)(忌)
⑤ 배합길(配合吉) : 포공영(蒲公英), 연교(連翹), 금은화(金銀花), 반변련(半邊蓮), 천규자(天葵子), 야국화(野菊花), 황금(黃芩)
⑥ 주치(主治) : 열독(熱毒), 정창종독(疔瘡腫毒), 옹종(癰腫), 옹양창절(癰瘍瘡癤), 라역(瘰癧), 목적종통(目赤腫痛), 홍종동통(紅腫疼痛), 후비(喉痺), 습열황달(濕熱黃疸), 이질(痢疾), 유옹(乳癰), 관절종통(關節腫痛), 독사교상(毒蛇咬傷), 비출혈(鼻出血), 장염복사(腸炎腹瀉), 신염(腎炎), 임파결핵(淋巴結核), 혈열근위(血熱筋痿)
⑦ 효능(效能) : 청열해독(淸熱解毒), 소종(消腫), 청열이습(淸熱利濕), 청해창독(淸解瘡毒), 양혈(凉血), 파혈(破血), 소염(消炎), 항균(抗菌)
⑧ 약물음양오행(藥物陰陽五行) : 청열해독약(淸熱解毒藥), 청열조습약(淸熱燥濕藥)

363) 잠사(蠶沙) : 누에유충(幼蟲)의 분변(糞便)

① 성미(性味) : 신(辛), 감(甘), 온(溫), 무독(無毒)
② 귀경(歸經) : 간(肝)·비(脾)·위(胃) 木土經
③ 용법(用法) : 3~9g, 9~15g 포전(包煎)
④ 배합길(配合吉) : 방풍(防風), 형개(荊芥), 황백(黃柏), 생의이인(生薏苡仁), 반하

(半夏), 모과(木瓜), 황련(黃連), 치자(梔子), 황금(黃芩), 오수유(吳茱萸), 통초(通草), 고반(枯礬), 녹두(綠豆)

⑤ 주치(主治) : 외병풍한습비통(外病風寒濕痺痛), 습진(濕疹), 소양(瘙痒), 내상음식(內傷飲食), 토사전근(吐瀉轉筋), 복통(腹痛), 담학징결(痰瘧癥結), 요슬비통(腰膝痺痛), 급성위장염(急性胃腸炎), 부정성출혈(不正性出血)

⑥ 효능(效能) : 거풍제습(祛風除濕), 화위화탁(和胃化濁), 치소갈(治消渴), 지혈(止血)

⑦ 약물음양오행(藥物陰陽五行) : 식풍지경약(熄風止痙藥), 거풍습지비약(祛風濕止痺藥)

364) 장뇌(樟腦) : 녹나무의 줄기, 뿌리, 잎으로 만든 제품

① 성미(性味) : 신(辛), 고(苦), 열(熱), 소독(小毒), 방향(芳香)

② 귀경(歸經) : 심(心)·비(脾) 火土經, 신(腎) 水經

③ 용법(用法) : 0.3~1.5g 장복(長服)삼가

④ 금기(禁忌) : 임부(妊婦), 기허(氣虛)(忌)

⑤ 배합길(配合吉) : 고백반(枯白礬), 황백(黃柏), 고삼(苦蔘), 유황(硫黃), 당귀(當歸), 촉초(蜀椒), 홍화(紅花), 육계(肉桂), 건강(乾薑), 세신(細辛)

⑥ 주치(主治) : 중오(中惡), 열병(熱病), 돌연혼도(突然昏倒), 어체종통(瘀滯腫痛), 질박손상(跌撲損傷), 개선창(疥癬瘡), 토사복통(吐瀉腹痛), 한습각기(寒濕脚氣), 심복통(心腹痛), 곽란(霍亂), 풍소(風瘙)

⑦ 효능(效能) : 방향개규(芳香開竅), 통관규(通關竅), 벽예화탁(辟穢化濁), 제습살충(除濕殺蟲), 산종지통(散腫止痛), 방부(防腐), 이체기(利滯氣)

⑧ 약물음양오행(藥物陰陽五行) : 개규약(開竅藥), 살충약(殺蟲藥), 외용약(外用藥)

365) 저근백피(樗根白皮) : 저백피(樗白皮), 가죽나무(가중나무)의 뿌리(根), 수간내피(樹幹內皮)〈뿌리, 나무줄기의 내피(內皮)〉

① 성미(性味) : 고(苦), 삽(澁), 한(寒), 소독(小毒)

② 귀경(歸經) : 위(胃)・대장(大腸)・간(肝) 土金木經, 심(心)・비(脾)・폐(肺) 火土金經

③ 용법(用法) : 6~12g 전복(煎服)

④ 금기(禁忌) : 진음허(眞陰虛), 비위허한(脾胃虛寒), 적체(積滯)(忌)

⑤ 배합길(配合吉) : 검실(芡實), 황백(黃柏), 치자(梔子), 연자육(蓮子肉), 차전자(車前子), 황금(黃芩), 황련(黃連), 오수유(吳茱萸), 보골지(補骨脂), 육두구(肉豆蔲), 향부자(香附子), 백작약(白芍藥), 귀판(龜板), 무이(無荑), 사군자(使君子), 관중(寬中), 여로(藜蘆), 화초(花椒)

⑥ 주치(主治) : 습열하주(濕熱下注), 장출혈(腸出血), 적리(赤痢), 만성설리(慢性泄痢), 감리(疳痢), 적백대하(赤白帶下), 사리(瀉痢), 붕루(崩漏), 장풍변혈(腸風便血), 창선(瘡癬), 습열이질(濕熱痢疾), 정활몽유(精滑夢遺), 열독하리(熱毒下痢), 복사(腹瀉), 음허혈열(陰虛血熱), 월경과다(月經過多), 회충병(蛔蟲病), 장염(腸炎), 자궁염(子宮炎)

⑦ 효능(效能) : 청열조습(淸熱燥濕), 축소변(縮小便), 행기분습열(行氣分濕熱), 수렴고삽(收斂固澁), 삽장지사(澁腸止瀉), 지혈(止血), 지대(止帶), 살충(殺蟲), 조비습(燥脾濕)

⑧ 약물음양오행(藥物陰陽五行) : 지사약(止瀉藥), 청열조습약(淸熱燥濕藥), 지혈약(止血藥), 수렴약(收斂藥)

366) 저담즙(猪膽汁) : 돼지의 담즙

① 성미(性味) : 고(苦), 함(鹹), 한(寒), 무독(無毒), 활(滑)

② 귀경(歸經) : 간(肝)・담(膽)・폐(肺)・대장(大腸) 木金經, 심(心) 火經

③ 용법(用法) : 제고용(製膏用), 3~6g 단방(單方)가능

④ 배합길(配合吉) : 황백(黃柏), 황련(黃連), 붕사(硼砂), 용뇌(龍腦), 노감석(爐甘石), 자완(紫菀), 백부근(百部根), 지룡(地龍), 생총(生蔥), 상지(桑枝), 고백반(枯白礬)

⑤ 주치(主治) : 간염(肝炎), 황달(黃疸), 해천(咳喘), 기관지염(氣管支炎), 열병이열조갈(熱病裏熱燥渴), 백일해(百日咳), 목적종통(目赤腫痛), 효천(哮喘), 정창종독(疔瘡腫毒), 농이(膿耳), 이질(痢疾), 후비(喉痹), 열결변비(熱結便秘), 소아두창(小兒頭瘡), 습진(濕疹), 고혈압(高血壓), 적리설사(赤痢泄瀉), 후비(喉痹), 목예(目翳), 골열노극(骨熱勞極)

⑥ 효능(效能) : 청심(淸心), 양간담(凉肝膽), 청열통변(淸熱通便), 청간명목(淸肝明目), 조습(燥濕), 청담양간(淸膽凉肝), 지해평천(止咳平喘), 해독치창(解毒治瘡), 살충(殺蟲), 통소변(通小便), 강혈압(降血壓), 양간비(凉肝脾), 청심(淸心), 청열보담(淸熱補膽)

⑦ 약물음양오행(藥物陰陽五行) : 청열명목약(淸熱明目藥), 청열해독약(淸熱解毒藥), 지해평천약(止咳平喘藥)

367) 저령(猪苓) : 균류식물저령, 저령의 균핵(菌核)

① 성미(性味) : 감(甘), 담(淡), 조(燥), 평(平), 온(溫), 무독(無毒)

② 귀경(歸經) : 신(腎)·방광(膀胱) 水經, 비(脾) 土經

③ 용법(用法) : 6~15g, 흑피삭거(黑皮削去), 미배(微焙), 단방(單方)가능

④ 금기(禁忌) : 무수습(無水濕)(忌), 장복(長服)삼가, 신허(腎虛)(忌), 철(鐵)(忌)

⑤ 배합길(配合吉) : 택사(澤瀉), 복령(茯苓), 백출(白朮), 아교(阿膠), 활석(滑石), 차전자(車前子), 목통(木通), 황백(黃柏), 육두구(肉豆蔲), 우슬(牛膝)

⑥ 주치(主治) : 수습정체(水濕停滯), 만복급통(滿腹急痛), 소변불리(小便不利), 임탁(淋濁), 수종(水腫), 창만(脹滿), 상한온역대열(傷寒瘟疫大熱), 중서(中暑), 설사(泄瀉), 대하(帶下), 각기(脚氣), 구학(久瘧), 소갈(消渴)

⑦ 효능(效能) : 삼설이수(滲泄利水), 수습분리(水濕分利), 이수삼습(利水滲濕), 지사(止瀉), 지갈(止渴), 이수도(利水道), 개주리(開腠理)

⑧ 약물음양오행(藥物陰陽五行) : 이수삼습약(利水滲濕藥)

368) 저마근(苧麻根) : 모시풀의 근(根)

① 성미(性味) : 감(甘), 산(酸), 평(平), 한(寒), 무독(無毒)
② 귀경(歸經) : 심(心)·간(肝) 火木經
③ 용법(用法) : 5~15g 전복(煎服), 즙복(汁服)
④ 금기(禁忌) : 위약설사(胃弱泄瀉)(忌)
⑤ 배합길(配合吉) : 차전자(車前子), 선모근(鮮茅根), 초치자(炒梔子), 생포황(生蒲黃), 측백엽(側柏葉), 소계(小薊), 백출(白朮), 황금(黃芩), 상기생(桑寄生), 생건지황(生乾地黃), 작약(芍藥), 자감초(炙甘草), 아교(阿膠), 당귀(當歸)
⑥ 주치(主治) : 습열하주(濕熱下注), 열병(熱病), 소변불리(小便不利), 혈열뇨혈(血熱尿血), 열독창양(熱毒瘡瘍), 치창종통(痔瘡腫痛), 칠창홍종(漆瘡紅腫), 독사충교상(毒蛇蟲咬傷), 질박손상(跌撲損傷), 절상(折傷), 금창(金瘡), 발배(發背), 창상출혈종통(創傷出血腫痛), 태동불안(胎動不安), 태루하혈(胎漏下血), 혈림(血淋), 적백대하(赤白帶下), 활정(滑精), 백탁(白濁), 후폐(喉閉), 아통(牙痛), 산기(疝氣), 옹종(癰腫), 단독(丹毒), 심격열(心膈熱), 골경(骨哽)
⑦ 효능(效能) : 통리수도(通利水道), 청열해독(清熱解毒), 청열양혈(清熱涼血), 지혈안태(止血安胎), 보음(補陰), 파어(破瘀), 지갈(止渴), 윤조(潤燥), 해열(解熱), 활혈지혈(活血止血)
⑧ 약물음양오행(藥物陰陽五行) : 지혈약(止血藥), 청열해독약(清熱解毒藥), 이수청열약(利水清熱藥)

369) 저실(楮實) : 꾸지나무의 과실(果實 : 열매)

① 성미(性味) : 감(甘), 평(平), 한(寒), 무독(無毒)

② 귀경(歸經) : 간(肝)·비(脾)·신(腎) 木土水經

③ 용법(用法) : 6~15g, 전복(煎服)

④ 금기(禁忌) : 비위허한(脾胃虛寒)(忌)

⑤ 배합길(配合吉) : 구기자(枸杞子), 숙지황(熟地黃), 우슬(牛膝), 육종용(肉蓯蓉), 지골피(地骨皮), 형개(荊芥), 복령피(茯苓皮), 적소두(赤小豆), 동과피(冬瓜皮)

⑥ 주치(主治) : 신허양위(腎虛陽痿), 요슬산연무력(腰膝痠軟無力), 허로(虛勞), 혈허(血虛), 두훈목현(頭暈目眩), 안화(眼花), 수종(水腫), 목예(目翳), 목혼(目昏), 수기부종(水氣浮腫)

⑦ 효능(效能) : 보신(補腎), 청간자신(淸肝滋腎), 강근골(强筋骨), 양간명목(養肝明目), 이뇨(利尿), 익기(益氣), 보허로(補虛勞), 익안색(益顏色), 조요슬(助腰膝), 충기부(充肌膚), 조양기(助陽氣), 건비양신(健脾養神)

⑧ 약물음양오행(藥物陰陽五行) : 보양약(補陽藥), 이수소종약(利水消腫藥)

370) 적석지(赤石脂) : 고령토, 찰흙, 석지(石脂)

① 성미(性味) : 감(甘), 산(酸), 신(辛), 평(平), 온(溫), 삽(澀), 무독(無毒)

② 귀경(歸經) : 대장(大腸)·위(胃) 金土經, 비(脾)·심(心) 土火經

③ 용법(用法) : 9~12g, 전복(煎服)

④ 금기(禁忌) : 실열(實熱), 습열적체(濕熱積滯), 화열폭사(火熱暴邪)(忌), 임부(妊婦)(愼用), 급성장염(急性腸炎)(忌), 하리백적(下痢白積)(忌), 육계(肉桂)〈상외(相畏)〉, 원화(芫花), 대황(大黃), 송지(松脂), 황금(黃芩)(꺼림)

⑤ 배합길(配合吉) : 백출(白朮), 인삼(人蔘), 건강(乾薑), 갱미(粳米), 부자(附子), 작약(芍藥), 용골(龍骨), 모려(牡蠣), 당귀(當歸), 감초(甘草), 오적골(烏賊骨), 측백엽(側柏葉), 혈갈(血竭), 진주(珍珠), 상피(象皮), 유향(乳香), 경분(輕粉), 연분(鉛

粉), 해아다(孩兒茶), 몰약(沒藥), 백랍(白蠟), 용뇌(龍腦), 라미(糯米), 황금(黃芩), 황련(黃連), 보골지(補骨脂), 우여량(禹餘糧), 오매(烏梅)

⑥ 주치(主治) : 허한성구리(虛寒性久痢), 하리적혈(下痢赤血), 설리(泄痢), 복통설벽(腹痛泄澼), 탈항(脫肛), 혈변(血便), 월경과다(月經過多), 대하붕루(帶下崩漏), 궤양불렴(潰瘍不斂), 유정(遺精), 황달(黃疸), 음식하혈적백(陰蝕下血赤白), 장벽농혈(腸澼膿血), 두양개소(頭瘍疥瘙), 저양악창(疽瘍惡瘡), 사기옹종(邪氣癰腫)

⑦ 효능(效能) : 삽장지사(澁腸止瀉), 거습(祛濕), 수렴지혈(收斂止血), 생기육(生肌肉), 익정명목(益精明目), 양심기(養心氣), 안심(安心), 보심위(補心胃), 배농(排膿), 장근골(壯筋骨), 양비기(養脾氣), 보허손(補虛損), 후장위(厚腸胃)

⑧ 약물음양오행(藥物陰陽五行) : 지사약(止瀉藥), 지혈약(止血藥), 수렴약(收斂藥)

371) 적소두(赤小豆) : 붉은 팥, 덩굴팥, 이팥〈종자(種子)〉

① 성미(性味) : 감(甘), 산(酸), 고(苦), 신(辛), 함(鹹), 평(平), 온(溫), 하행(下行), 무독(無毒)

② 귀경(歸經) : 심(心)·소장(小腸) 火經, 비(脾)·심(心)·폐(肺) 土火金經

③ 용법(用法) : 9~30g, 30~120g 장복(長服)삼가, 單方가능

④ 금기(禁忌) : 양심간(羊心肝), 양육(羊肉)(忌), 사교상(蛇咬傷)(忌)

⑤ 배합길(配合吉) : 택사(澤瀉), 저령(豬苓), 자소(紫蘇), 상백피(桑白皮), 복령피(茯苓皮), 이어(鯉魚), 당귀(當歸), 연교(連翹), 마황(麻黃), 감초(甘草), 대조(大棗), 생강(生薑), 행인(杏仁), 식초(食醋), 붕어, 낙화생(落花生), 돼지비장

⑥ 주치(主治) : 수종(水腫), 복부창만(腹部脹滿), 각기부종(脚氣浮腫), 소변불리(小便不利), 창양종독(瘡瘍腫毒), 황달(黃疸), 혈변(血便), 설사(泄瀉), 장옹복통(腸癰腹痛), 습열(濕熱), 병주열(病酒熱), 풍습비통(風濕痺痛), 신체발황(身體發黃), 한열(寒熱), 소갈(消渴), 하복창만(下腹脹滿)

⑦ 효능(效能) : 통리수도(通利水道), 이수통경(利水通經), 수습하설(水濕下泄), 소종(消腫), 소열독옹종(消熱毒癰腫), 청열해독(清熱解毒), 행혈배농(行血排膿), 통기

(通氣), 소염(消炎), 청열이습(清熱利濕), 퇴황(退黃), 보혈맥(補血脈), 건비위(健脾胃), 견근골(堅筋骨), 통유즙(通乳汁), 관장이기(寬腸理氣)

⑧ 약물음양오행(藥物陰陽五行) : 이수소종약(利水消腫藥), 청열해독약(清熱解毒藥), 배농약(排膿藥), 이수청열약(利水清熱藥)

372) 적작약(赤芍藥) : 야생종 함박꽃, 사천함박꽃의 근(根 : 뿌리)

① 성미(性味) : 산(酸), 고(苦), 감(甘), 함(鹹), 량(凉), 미독(微毒)

② 귀경(歸經) : 간(肝)·비(脾) 木土經, 심(心)·소장(小腸) 火經

③ 용법(用法) : 생용(生用), 초용(炒用), 3~6g, 12~30g 단방(單方)가능

④ 금기(禁忌) : 여로(藜蘆)(相反), 허한증(虛寒證)(忌), 혈허(血虛)(주의), 망초(芒硝), 석곡(石斛)(싫어함), 소계(小薊), 별갑(鱉甲), 소석(消石)(꺼림)

⑤ 배합길(配合吉) : 생지황(生地黃), 목단피(牧丹皮), 서각(犀角), 선태(蟬蛻), 자초(紫草), 감초(甘草), 목통(木通), 천초근(茜草根), 백모근(白茅根)〈소계(小薊)〉천궁(川芎), 당귀(當歸), 포강(炮薑), 유향(乳香), 홍화(紅花), 도인(桃仁), 지룡(地龍), 황기(黃芪), 조각자(皂角刺), 금은화(金銀花), 하고초(夏枯草), 목적(木賊), 감국(甘菊), 포공영(蒲公英), 왕불유행(王不留行), 패장초(敗醬草), 택란(澤蘭), 단삼(丹蔘), 천련자(川棟子), 몰약(沒藥), 백지(白芷)

⑥ 주치(主治) : 온열병(溫熱病), 신열(身熱), 시행한열(時行寒熱), 혈열망행(血熱妄行), 발반진(發斑疹), 혈체경폐(血滯經閉), 통경(痛經), 열림(熱淋), 혈림(血淋), 혈기적취(血氣積聚), 한열산가(寒熱疝瘕), 질타손상(跌打損傷), 심복교통(心腹交痛), 복중경결(腹中硬結), 흉복어통(胸腹瘀痛), 징가적취(癥瘕積聚), 협통복통(脇痛腹痛), 목적(目赤)

⑦ 효능(效能) : 청열양혈(清熱凉血), 혈분울혈청해(血分鬱血清解), 파견적(破堅積), 활혈거어(活血祛瘀), 지통(止痛), 이소변(利小便), 하기(下氣), 행체소종(行滯消腫), 제혈비(除血痺), 소옹산종(消癰散腫), 통혈맥(通血脈), 산오혈(散惡血), 이방광대소장(利膀胱大小腸), 명목(明目), 익기(益氣)

⑧ 약물음양오행(藥物陰陽五行) : 청열양혈약(清熱凉血藥), 활혈거어약(活血祛瘀藥), 파징소적약(破癥消積藥)

373) 전갈(全蠍)

① 성미(性味) : 신(辛), 평(平), 소독(小毒)

② 귀경(歸經) : 간(肝) 木經

③ 용법(用法) : 1.2~4.6g, 전갈꼬리(大毒), 0.9~1.5g, 1회 0.6~0.9g씩, 단방(單方)가
능, 용량주의

④ 금기(禁忌) : 혈허생풍(血虛生風), 임부(妊婦), 와우(蝸牛)(忌)

⑤ 배합길(配合吉) : 백강잠(白殭蠶), 오공(蜈蚣), 황련(黃連), 영양각(羚羊角), 주사
(朱砂), 사향(麝香), 백부자(白附子), 조구등(釣鉤藤), 천마(天麻), 마유(麻油), 치
자(梔子), 천궁(川芎), 모과(木瓜), 당귀(當歸), 법반하(法半夏), 방풍(防風), 자감
초(炙甘草), 황기(黃芪), 천축황(天竺黃), 선퇴(蟬退)

⑥ 주치(主治) : 소아경풍(小兒驚風), 경간추축(驚癇抽搐), 파상풍(破傷風), 경련중풍
(痙攣中風), 급만경풍(急慢驚風), 궐음풍담(厥陰風痰), 풍습비통(風濕痹痛), 관절구
련(關節拘攣), 창양종독(瘡瘍腫毒), 산기(疝氣), 풍진(風疹), 골관절결핵(骨關節結
核), 임파결핵(淋巴結核)

⑦ 효능(效能) : 식풍지경(熄風止痙), 거풍(祛風), 통락지통(通絡止痛), 해독산결(解毒
散結), 이독공독(以毒攻毒), 축습제풍(逐濕除風), 개풍담(開風痰)

⑧ 약물음양오행(藥物陰陽五行) : 식풍지경약(熄風止痙藥), 지통약(止痛藥)

374) 전호(前胡) : 전호의 뿌리(根), 바디나물의 뿌리

① 성미(性味) : 고(苦), 신(辛), 감(甘), 강역(降逆), 산(散), 미한(微寒), 무독(無毒)

② 귀경(歸經) : 폐(肺) 金經, 비(脾)・간(肝)・방광(膀胱)・소장(小腸) 土木水火經

③ 용법(用法) : 생용(生用), 밀자용(蜜炙用), 〈5~9g 전복(煎服)〉

④ 금기(禁忌) ： 한음해수(寒飮咳嗽), 허음화수(虛陰火嗽)(忌), 여로(藜蘆)(相畏), 조협(皂莢)(相惡), 기허혈소(氣虛血少), 음허화치(陰虛火熾)(忌), 해천(咳喘)(忌), 음혈허(陰血虛)(忌)

⑤ 배합길(配合吉) ： 소자(蘇子), 상백피(桑白皮), 행인(杏仁), 박하(薄荷), 길경(桔梗), 우방자(牛蒡子), 감초(甘草), 맥문동(麥門冬), 패모(貝母), 생강(生薑), 상엽(桑葉), 야국화(野菊花), 형개(荊芥)

⑥ 주치(主治) ： 폐기불강(肺氣不降), 담열천(痰熱喘), 담조천만(痰稠喘滿), 풍열울폐(風熱鬱肺), 해수담다(咳嗽痰多), 외감풍열(外感風熱), 두통해수(頭痛咳嗽), 흉격만민(胸膈滿悶), 담만흉협중비(痰滿胸脇中痞), 풍두통(風頭痛), 심복결기(心腹結氣), 골절번민(骨節煩悶), 기천(氣喘), 반위(反胃)

⑦ 효능(效能) ： 소산풍열(疏散風熱), 강기화담(降氣化痰), 청폐열(淸肺熱), 명목익정(明目益精),〈윤폐화담(潤肺化痰), 강기(降氣) ： 밀자용(蜜炙用)〉, 파징결(破癥結), 개위하식(開胃下食), 안태(安胎)

⑧ 약물음양오행(藥物陰陽五行) ： 신량해표약(辛凉解表藥), 청화열담약(淸化熱痰藥)

375) 접골목(接骨木) ： 딱총나무(莖枝)(줄기, 가지)

① 성미(性味) ： 감(甘), 고(苦), 평(平), 한(寒), 미옥(微毒)
② 귀경(歸經) ： 간(肝)・신(腎) 木水經
③ 용법(用法) ： 생용(生用), 선용(鮮用), 9~15g 전복(煎服), 單方가능
④ 금기(禁忌) ： 임부(妊婦)(忌), 다복(多服)삼가
⑤ 배합길(配合吉) ： 방풍(防風), 홍화(紅花), 노관초(老鸛草), 정류(檉柳), 상지(桑枝), 적작약(赤芍藥), 당귀(當歸), 천궁(川芎), 자연동(自然銅), 유향(乳香), 옥미수(玉米鬚), 차전자(車前子)
⑥ 주치(主治) ： 풍습관절종통(風濕關節腫痛), 산부악혈(產婦惡血), 근골산통(筋骨酸痛), 근골절상(筋骨折傷), 질타손상(跌打損傷), 어혈종통(瘀血腫痛), 각종(脚腫), 소변불리(小便不利), 수종(水腫), 풍진(風疹), 한통(寒痛), 요통(腰痛), 은진(癮疹),

풍양(風癢), 창상출혈(創傷出血), 산후빈혈(産後貧血)

⑦ 효능(效能) : 거풍습(祛風濕), 서근통락(舒筋通絡), 활혈지통(活血止痛), 이수소종(利水消腫), 속근골(續筋骨), 행혈패독(行血敗毒)

⑧ 약물음양오행(藥物陰陽五行) : 거풍습통경락약(祛風濕通經絡藥), 활혈거어약(活血祛瘀藥), 이수통림약(利水通淋藥)

376) 정력자(葶藶子) : 다닥냉이의 종자

① 성미(性味) : 고(苦), 산(酸), 강(降), 신산(辛散), 대한(大寒), 량(凉), 무독(無毒)

② 귀경(歸經) : 폐(肺)·방광(膀胱) 金水經, 비(脾)·위(胃)·심(心)·간(肝) 土火木經

③ 용법(用法) : 생용(生用), 초용(炒用), 3~4.5g, 4.5~9g, 포전(包煎), 장복(長服)삼가

④ 금기(禁忌) : 토금약사주(土金弱四柱)(신중), 폐허천해(肺虛喘咳), 비허종만(脾虛腫滿), 비위허약(脾胃虛弱)(忌), 강잠(僵蠶)(꺼림), 음부족(陰不足), 음수한음(陰水寒飲)(忌)

⑤ 배합길(配合吉) : 선복화(旋覆花), 상백피(桑白皮), 대조(大棗), 초목(椒目), 방기(防己), 대황(大黃), 망초(芒硝), 행인(杏仁), 당삼(黨蔘), 마황(麻黃)

⑥ 주치(主治) : 폐경기분실증(肺經氣分實證), 담연옹폐(痰涎壅肺), 해수(咳嗽), 천해담다(喘咳痰多), 수종창만(水腫脹滿), 흉복적수(胸腹積水), 면목부종(面目浮腫), 징가적취결기(癥瘕積聚結氣), 복유열기(伏留熱氣), 폐옹상기해수(肺癰上氣咳嗽)

⑦ 효능(效能) : 설폐하기(泄肺下氣), 파견축사(破堅逐邪), 행수소담(行水消痰), 사폐정천(瀉肺定喘), 지수(止嗽), 행수소종(行水消腫), 통월경(通月經), 통리수도(通利水道), 제흉중담음(除胸中痰飲)

⑧ 약물음양오행(藥物陰陽五行) : 화담지해평천약(化痰止咳平喘藥), 이수소종약(利水消腫藥)

377) 정류(檉柳) : 서하류(西河柳), 위성류의 눈지엽(嫩枝葉 : 어린 가지 잎), 향성류, 자주키버들

① 성미(性味) : 신(辛), 함(鹹), 고(苦), 승산(升散), 감(甘), 평(平), 온(溫), 무독(無毒)

② 귀경(歸經) : 폐(肺) · 위(胃) · 심(心) 金土火經, 간(肝) 木經

③ 용법(用法) : 3~9g, 9~15g, 30~60g 선용(鮮用), 용량신중(用量愼重)

④ 금기(禁忌) : 체허다한(体虛多汗), 마진이투(麻疹已透)(忌)

⑤ 배합길(配合吉) : 우방자(牛蒡子), 갈근(葛根), 선태(蟬蛻), 박하(薄荷), 죽엽(竹葉), 지모(知母), 형개(荊芥), 감초(甘草), 맥문동(麥門冬), 현삼(玄蔘)

⑥ 주치(主治) : 마진초기투발불창(麻疹初起透發不暢), 풍한외속(風寒外束), 해수(咳嗽), 감모발열두통(感冒發熱頭痛), 악창(惡瘡), 개선(疥癬), 관절풍습(關節風濕)

⑦ 효능(效能) : 해표투진(解表透疹), 마진투발(麻疹透發), 거풍지양(祛風止痒), 항균(抗菌), 이뇨(利尿), 해독(解毒), 해주독(解酒毒), 소비(消痞)

⑧ 약물음양오행(藥物陰陽五行) : 신온해표약(辛溫解表藥)

378) 정향(丁香) : 정향나무(의 未開한 花蕾)(꽃봉오리)

① 성미(性味) : 신(辛), 온조(溫燥), 강역(降逆), 무독(無毒), 방향성(芳香性)

② 귀경(歸經) : 비(脾) · 위(胃) · 신(腎) 土水經, 폐(肺) 金經

③ 용법(用法) : 1.5~5g, 단방(單方)가능

④ 금기(禁忌) : 울금(鬱金)〈상외(相畏) 꺼림〉, 음허내열(陰虛內熱), 열증(熱證)(忌)

⑤ 배합길(配合吉) : 건강(乾薑), 육계(肉桂), 생강(生薑), 반하(半夏), 인삼(人蔘), 곽향(藿香), 시체(柿蒂), 만삼(蔓蔘), 포강(炮薑), 백출(白朮), 백두구(白豆蔻), 진피(陳皮), 계심(桂心), 자감초(炙甘草), 맥아(麥芽), 대조(大棗), 후박(厚朴), 부자(附子), 소회향(小茴香), 파극천(巴戟天), 축사(縮砂)

⑥ 주치(主治) : 중초한응(中焦寒凝), 완복냉통(脘腹冷痛), 위한구토(胃寒嘔吐), 비위

허한(脾胃虛寒), 만성소화불량(慢性消化不良), 식소토사(食少吐瀉), 음냉양위(陰冷陽痿), 위한사리(胃寒瀉痢), 음통(陰痛), 심복냉통(心腹冷痛), 설사이질(泄瀉痢疾), 옹창(癰脹), 기역(氣逆), 자궁산통(子宮疝痛), 오치(五痔), 현벽(痃癖), 선질(癬疾)

⑦ 효능(效能) : 온중강역(溫中降逆), 온신조양(溫腎助陽), 난위산한(暖胃散寒), 온비위(溫脾胃), 보간(補肝), 장양(壯陽), 산풍습(散風濕), 사폐(瀉肺), 윤명문(潤命門), 개구규(開口竅), 행수(行水), 제냉로(除冷勞), 소현벽(消痃癖), 살충(殺蟲), 항균(抗菌), 항 바이러스

⑧ 약물음양오행(藥物陰陽五行) : 지구약(止嘔藥), 온열약(溫熱藥)

379) 정향피(丁香皮) : 정향나무의 수피(樹皮), 정향수피(丁香樹皮)

① 성미(性味) : 신(辛), 온(溫), 무독(無毒)

② 용법(用法) : 3~6g, 전복(煎服)

③ 배합길(配合吉) : 창출(蒼朮), 현호색(玄胡索), 복령(茯苓), 청피(靑皮), 빈랑(檳榔), 사인(砂仁), 삼릉(三棱), 봉출(蓬朮), 자감초(炙甘草), 총백(葱白), 포강(炮薑), 육계(肉桂), 연근(蓮根)

④ 주치(主治) : 중한(中寒), 비위허냉(脾胃虛冷), 완복창통(脘腹脹痛), 치통(齒痛), 설사(泄瀉), 흉격비민(胸膈痞悶), 심복냉기제병(心腹冷氣諸病), 오심(惡心), 복창(腹脹), 수곡불소(水穀不消), 설사허활(泄瀉虛滑)

⑤ 효능(效能) : 조양(助陽), 장양(壯陽), 치복창(治腹脹), 치치통(治齒痛)

⑥ 약물음양오행(藥物陰陽五行) : 온열약(溫熱藥), 지통약(止痛藥)

380) 제조(蠐螬) : 굼벵이, 검은풍뎅이(유충)

① 성미(性味) : 함(鹹), 미온(微溫), 소독(小毒)

② 귀경(歸經) : 간(肝) 木經

③ 용법(用法) : 6~9g, 單方가능

④ 금기(禁忌) : 부자(附子)〈상오(相惡)〉

⑤ 주치(主治) : 절손어통(折損瘀痛), 적백유진(赤白游疹), 후비(喉痺), 통풍(痛風), 파상풍(破傷風), 옹저(癰疽), 단독(丹毒), 치루(痔漏), 금창내색(金瘡內塞), 악창(惡瘡), 악혈(惡血), 산후중한(産後中寒), 목예(目翳), 월폐(月閉), 혈어비기(血瘀痺氣)

⑥ 효능(效能) : 파혈행어(破血行瘀), 산결소종(散結消腫), 지통(止痛), 해울(解鬱), 하유즙(下乳汁)

⑦ 약물음양오행(藥物陰陽五行) : 파징소적약(破癥消積藥), 활혈거어약(活血祛瘀藥), 소창옹저약(消瘡癰疽藥)

381) 제채(薺菜) : 냉이〈전초(全草)(뿌리포함)〉

① 성미(性味) : 감(甘), 신(辛), 평(平), 무독(無毒)

② 귀경(歸經) : 간(肝)·비(脾) 木土經

③ 용법(用法) : 9~15g, 30~60g 선(鮮), 전복(煎服), 단방(單方)가능

④ 배합길(配合吉) : 한련초(旱蓮草), 측백엽(側柏葉), 대계(大薊), 차전자(車前子), 옥미수(玉米鬚), 괴화(槐花)

⑤ 주치(主治) : 혈열망행(血熱妄行), 출혈(出血), 혈붕(血崩), 신염(腎炎), 월경과다(月經過多), 이질(痢疾), 습열(濕熱), 수종(水腫), 간양항성(肝陽亢盛), 두훈(頭暈), 고혈압(高血壓), 목적동통(目赤疼痛), 자궁출혈(子宮出血), 토혈(吐血), 변혈(便血), 유산출혈(流産出血), 창절(瘡癤)

⑥ 효능(效能) : 양혈지혈(凉血止血), 보심비(補心脾), 청열이습(淸熱利濕), 익위(益胃), 명목(明目), 평간강압(平肝降壓), 화중(和中), 이간기(利肝氣), 양간(凉肝), 살제충(殺除蟲), 지혈(止血), 소종해독(消腫解毒), 화적체(化積滯), 건위소식(健胃消食)

⑦ 약물음양오행(藥物陰陽五行) : 청열양혈약(淸熱凉血藥), 지혈약(止血藥), 평간잠양약(平肝潛陽藥)

382) 조각자(皂角刺) : 조각자, 쥐엄나무 경지(莖枝)가시, 조협(皂莢)의 가시

① 성미(性味) : 신(辛), 함(鹹), 온(溫), 미독(微毒), 예리(銳利)

② 귀경(歸經) : 간(肝)·위(胃) 木土經

③ 용법(用法) : 3~9g 전복(煎服)

④ 금기(禁忌) : 임부(妊婦)(忌)

⑤ 배합길(配合吉) : 감초(甘草), 금은화(金銀花), 유향(乳香), 황기(黃芪), 대풍자유(大風子油), 창이자(蒼耳子), 울금(鬱金), 대황(大黃), 박초(朴硝), 방풍(防風), 선퇴(蟬退), 백질려(白蒺藜), 천산갑(穿山甲)

⑥ 주치(主治) : 옹저종독(癰疽腫毒), 마풍(麻風), 창선(瘡癬), 태의불하(胎衣不下), 상초병(上焦病), 풍열창진(風熱瘡疹), 편도체염(扁桃体炎)

⑦ 효능(效能) : 소종(消腫), 탁독배농(托毒排膿), 치풍살충(治風殺蟲), 패독공독(敗毒攻毒), 통유(通乳), 인제약상행(引諸藥上行), 거풍화담(祛風化痰), 정소아경풍(定小兒驚風)

⑧ 약물음양오행(藥物陰陽五行) : 배농약(排膿藥), 소창옹저약(消瘡癰疽藥), 살충약(殺蟲藥)

383) 조구등(釣鉤藤) : 구등(鉤藤), 조구등 나무 대구지조(帶鉤枝條), 구(鉤)달린 가지

① 성미(性味) : 감(甘), 고(苦), 평(平), 미한(微寒), 무독(無毒)

② 귀경(歸經) : 간(肝)·심포(心包) 木火經, 심(心) 火經

③ 용법(用法) : 6~15g(24g) 전복(煎服), 후하(後下)〈짧게 전(煎)〉

④ 금기(禁忌) : 기허약(氣虛弱), 무화(無火)(忌)

⑤ 배합길(配合吉) : 황금(黃芩), 하고초(夏枯草), 감국(甘菊)〈국화(菊花)〉, 석결명(石決明), 천마(天麻), 전갈(全蠍), 영양각(羚羊角), 용담초(龍膽草), 서각(犀角), 목향

(木香), 생강(生薑), 감초(甘草), 오공(蜈蚣), 당삼(黨蔘), 방풍(防風), 복령(茯苓), 진피(陳皮), 반하(半夏), 맥문동(麥門冬), 생석고(生石膏)

⑥ 주치(主治) : 간화두창(肝火頭脹), 간양상항(肝陽上亢), 두훈(頭暈), 열병고열(熱病高熱), 간풍내동(肝風內動), 경간(驚癇), 소아한열(小兒寒熱), 지절연급(肢節攣急), 수족주주동통(手足走注疼痛), 소아경제(小兒驚啼), 객오태풍(客忤胎風), 두선목현(頭旋目眩), 고혈압(高血壓)

⑦ 효능(效能) : 청간설열(淸肝泄熱), 식풍지경(熄風止痙), 청설간열(淸泄肝熱), 평간잠양(平肝潛陽), 혈압강하(血壓降下), 제심열(除心熱), 하기관중(下氣寬中), 서근제현(舒筋除眩), 항(抗) 바이러스

⑧ 약물음양오행(藥物陰陽五行) : 식풍지경약(熄風止痙藥)

384) 조협(皂莢) : 조각자, 쥐엄나무(成熟果實 익은 열매), 조협의 열매

① 성미(性味) : 신(辛), 온(溫), 소독(小毒), 산(散), 준열(峻烈)
② 귀경(歸經) : 폐(肺) · 대장(大腸) 金經
③ 용법(用法) : 외용(外用) : 1~1.5g, 내복(內服)(0.3~0.6g), 單方가능
④ 금기(禁忌) : 임부(妊婦), 체허(体虛), 신약(身弱)(忌), 전호(前胡)(相惡)
⑤ 배합길(配合吉) : 내복자(萊菔子), 반하(半夏), 세신(細辛), 명반(明礬), 밀(蜜)
⑥ 주치(主治) : 습담옹체(濕痰壅滯), 중풍(中風), 흉민해수(胸悶咳嗽), 담다객토불상(痰多喀吐不爽), 전간담성(癲癇痰盛), 개규조폐(開竅阻閉), 옹저(癰疽), 창종(瘡腫)
⑦ 효능(效能) : 거담(祛痰), 통관개규(通關開竅), 산결퇴종(散結退腫), 파견징(破堅癥), 항균(抗菌), 소풍기(疏風氣), 구충(驅蟲)
⑧ 약물음양오행(藥物陰陽五行) : 배농약(排膿藥), 소창옹저약(消瘡癰疽藥), 개규약(開竅藥), 온화한담약(溫化寒痰藥)

385) 조휴(蚤休) : 왕손〈의 근경(根莖 : 뿌리줄기)〉, 왕손(좁은 잎 삿갓나물), 넓은 잎 나래새, 삿갓풀

① 성미(性味) : 고(苦), 신(辛), 미한(微寒), 소독(小毒)

② 귀경(歸經) : 간(肝) 木經, 심(心)·폐(肺) 火金經

③ 용법(用法) : 5~10g, 單方가능

④ 금기(禁忌) : 신약(身弱), 체허(体虛), 임부(妊婦), 음증외양(陰證外瘍), 기허약(氣虛弱)(忌)

⑤ 배합길(配合吉) : 황련(黃連), 금은화(金銀花), 선태(蟬蛻), 반변련(半邊蓮), 백강잠(白殭蠶), 하고초(夏枯草), 조구등(釣鉤藤)

⑥ 주치(主治) : 정창종독(疔瘡腫毒), 인후종통(咽喉腫痛), 정창옹저(疔瘡癰疽), 음식(陰蝕), 독사교상(毒蛇咬傷), 편도체염(扁桃体炎), 어혈종통(瘀血腫痛), 간열생풍(肝熱生風), 전간(癲癇), 경풍(驚風), 라역(瘰癧), 치질한열(痔疾寒熱)

⑦ 효능(效能) : 청열해독(清熱解毒), 소종지통(消腫止痛), 화어지혈(化瘀止血), 활혈(活血), 청간지경(清肝止痙), 식풍정경(熄風定驚), 보혈행기(補血行氣), 거사독(祛蛇毒), 이소변(利小便), 승위지청기(升胃之清氣), 하삼충(下三虫), 이소변(利小便), 소제창(消諸瘡), 소백독(消百毒), 장정익신(壯精益腎), 익비즙(益脾汁)

⑧ 약물음양오행(藥物陰陽五行) : 식풍지경약(熄風止痙藥), 청열해독약(清熱解毒藥), 소창옹저약(消瘡癰疽藥), 지통약(止痛藥)

386) 종려피(棕櫚皮) : 종피(棕皮), 진종탄(陳棕炭), 종려나무

① 성미(性味) : 고(苦), 삽(澀), 완만(緩慢), 온(溫), 평(平), 무독(無毒)

② 귀경(歸經) : 간(肝)·폐(肺)·대장(大腸) 木金經, 비(脾) 土經

③ 용법(用法) : 9~15g, 초탄용(炒炭用), 전복(煎服), 단방(單方)가능

④ 배합길(配合吉) : 화피(樺皮), 대계(大薊), 소계(小薊), 용골(龍骨), 사향(麝香), 복룡간(伏龍肝), 단삼(丹蔘), 측백엽(側柏葉), 아교(阿膠), 한련초(旱蓮草), 난발상(亂

髮霜)

⑤ 주치(主治) : 출혈병증(出血病證), 장풍(腸風), 혈변(血便), 토뉵(吐衄), 하리(下痢), 뇨혈(尿血), 혈붕(血崩), 혈림(血淋), 금창(金瘡), 대하(帶下), 개선(疥癬), 적백리(赤白痢)

⑥ 효능(效能) : 수렴지혈(收斂止血), 파징(破癥), 파혈(破血), 생기(生肌)

⑦ 약물음양오행(藥物陰陽五行) : 지혈약(止血藥), 수렴약(收斂藥)

387) 종유석(鐘乳石) : 아관석(鵝管石)

① 성미(性味) : 감(甘), 신(辛), 함(鹹), 산(酸), 온(溫), 미독(微毒)

② 귀경(歸經) : 신(腎)·폐(肺)·위(胃) 水金土經

③ 용법(用法) : 9~15g, 15~30g, 長服삼가

④ 금기(禁忌) : 급성천해(急性喘咳), 고열(高熱), 출혈(出血), 목단(牧丹), 양혈(羊血)(忌), 음허화왕(陰虛火旺)(忌), 세신(細辛), 자석(紫石), 방기(防己)(싫어함), 출(朮)(두려워함)

⑤ 배합길(配合吉) : 행인(杏仁), 마황(麻黃), 자감초(炙甘草), 의이인(薏苡仁), 산약(山藥), 오미자(五味子), 호도육(胡桃肉), 파극천(巴戟天), 육종용(肉蓗蓉), 보골지(補骨脂), 통초(通草), 누로(漏蘆), 천화분(天花粉), 당귀(當歸), 황기(黃芪), 감초(甘草), 래복자(萊菔子), 사삼(沙蔘)

⑥ 주치(主治) : 한효담천(寒哮痰喘), 천해담청(喘咳淡淸), 한수(寒嗽), 해역상기(咳逆上氣), 양위유정(陽痿遺精), 양허냉천(陽虛冷喘), 허로천해(虛勞喘咳), 한수양위(寒水陽痿), 요각냉통(腰脚冷痛), 양허천식(陽虛喘息), 요냉슬비독풍(腰冷膝痺毒風), 위허유즙불통(胃虛乳汁不通), 하초상갈(下焦傷竭), 각약동냉(脚弱疼冷), 징가결기(癥瘕結氣), 설정(泄精), 설리(泄痢)

⑦ 효능(效能) : 지해평천(止咳平喘), 온폐기(溫肺氣), 납기평천(納氣平喘), 장원양(壯元陽), 난폐납기(暖肺納氣), 강음(强陰), 익위조양(益胃助陽), 익위통유즙(益胃通乳汁), 명목익정(明目益精), 익기보허번(益氣補虛煩), 통백절(通百節), 안오장(安五

臟), 이구규(利九竅), 보허손(補虛損), 익기(益氣), 보오로칠상(補五勞七傷), 생기혈
(生氣血), 온비위(溫脾胃), 보명문(補命門)

⑧ 약물음양오행(藥物陰陽五行) : 지해평천약(止咳平喘藥), 보양약(補陽藥)

388) 주사(朱砂) : 진사(辰砂), 단사(丹砂)

① 성미(性味) : 감(甘), 고(苦), 한(寒), 대독(大毒)

② 귀경(歸經) : 심(心) 火經, 폐(肺) 金經

③ 용법(用法) : 0.3~0.9g, 환·산용(丸·散用), 수은중독(水銀中毒)주의

④ 금기(禁忌) : 용량주의(用量注意), 장복(長服)삼가, 혈(血), 이어(鯉魚 잉어)(忌),
자석(磁石)(꺼림), 염수(忌)

⑤ 배합길(配合吉) : 감초(甘草), 황련(黃連), 당귀(當歸), 지황(地黃), 진주(珍珠), 웅
황(雄黃), 연(鉛), 수은(水銀), 서각(犀角), 우황(牛黃), 신국(神麴), 〈자석(磁石)〉,
사향(麝香), 오공(蜈蚣), 문합(文蛤), 산자고(山茨菇), 대극(大戟), 천금자(千金子),
복신(茯神), 등심(燈心), 천축황(天竺黃), 법반하(法半夏), 담남성(膽南星), 저심(豬
心), 당귀(當歸), 산조인(酸棗仁), 생지황(生地黃), 용뇌(龍腦)

⑥ 주치(主治) : 심계이경(心悸易驚), 목혼(目昏), 현훈(眩暈), 두독(痘毒), 전간발광
(癲癎發狂), 실면다몽(失眠多夢), 개선(疥癬), 구창(口瘡), 소아경풍(小兒驚風), 창
양종독(瘡瘍腫毒), 후비(喉痺), 심계정충(心悸怔忡), 온역(溫疫), 충독장학(蟲毒瘴
瘧), 심열번조(心熱煩躁), 소갈(消渴)

⑦ 효능(效能) : 청심안신(淸心安神), 정경해독(定驚解毒), 방부(防腐), 양정신(養精
神), 익기(益氣), 명목(明目), 통혈맥(通血脈), 진심(鎭心), 지아동(止牙疼), 윤심폐
(潤心肺), 지갈(止渴), 청간명목(淸肝明目), 지번만(止煩滿), 파징가(破癥瘕)

⑧ 약물음양오행(藥物陰陽五行) : 진심안신약(鎭心安神藥)

389) 죽력(竹瀝) : 왕대, 솜대 줄기의 액즙(液汁)

① 성미(性味) : 감(甘), 고(苦), 한(寒), 활(滑), 무독(無毒)

② 귀경(歸經) : 심(心)·폐(肺)·위(胃)·간(肝) 火金土木經

③ 용법(用法) : 30~60g, 60~90g, 單方가능

④ 금기(禁忌) : 비허변당(脾虛便溏), 한수(寒嗽), 한담(寒痰), 습담(濕痰)(忌), 한위활장(寒胃滑腸)(忌)

⑤ 배합길(配合吉) : 생강즙(生薑汁), 과루실(瓜蔞實), 비파엽(枇杷葉), 행인(杏仁), 절패모(浙貝母), 사간(射干), 노근(蘆根), 상백피(桑白皮), 동과인(冬瓜仁)

⑥ 주치(主治) : 담연옹색(痰涎壅塞), 폭중풍풍비(暴中風風痺), 중풍담음(中風痰飲), 폐열담옹(肺熱痰壅), 복중대열(腹中大熱), 번만해역(煩滿咳逆), 흉민단기(胸悶短氣), 풍경전광(風痙癲狂), 객담황조(喀痰黃稠), 담열경간(痰熱驚癎), 소갈(消渴), 경풍(驚風), 장열번갈(壯熱煩渴), 구갈심번(久渴心煩), 파상풍(破傷風), 혈허자한(血虛自汗), 번민소갈(煩悶消渴), 담미대열(痰迷大熱)

⑦ 효능(效能) : 주규축담(走竅逐痰), 청열화담(淸熱化痰), 진경이규(鎭驚利竅), 지번민(止煩悶), 양혈청담(養血淸痰), 소풍강화(消風降火), 윤조행담(潤燥行痰), 양혈익음(養血益陰), 이규명목(利竅明目), 강간화(降肝火), 해열제번(解熱除煩), 화담지갈(化痰止渴)

⑧ 약물음양오행(藥物陰陽五行) : 청화열담약(淸化熱痰藥)

390) 죽여(竹茹) : 왕대, 솜대, 참대줄기의 중간층

① 성미(性味) : 감(甘), 고(苦), 신(辛), 미한(微寒), 무독(無毒)

② 귀경(歸經) : 폐(肺)·위(胃) 金土經, 담(膽)·방광(膀胱)·비(脾)·심(心) 木水土火經

③ 용법(用法) : 3~5g, 5~9g 전복(煎服)

④ 금기(禁忌) : 위한구토(胃寒嘔吐)(忌)

⑤ 배합길(配合吉) : 과루인(瓜蔞仁), 황금(黃芩), 지실(枳實), 반하(半夏), 복령(茯苓), 진피(陳皮), 대조(大棗), 생강(生薑), 감초(甘草), 황련(黃連), 인삼(人蔘), 지각(枳殼), 소경(蘇梗), 향부자(香附子), 사인(砂仁), 백출(白朮), 곽향(藿香), 산치자(山梔子), 비파엽(枇杷葉), 귤피(橘皮), 당삼(黨蔘)

⑥ 주치(主治) : 폐열해수(肺熱咳嗽), 폐위타혈(肺痿唾血), 온기한열(溫氣寒熱), 담기천해(痰氣喘咳), 위열구토(胃熱嘔吐), 번열(煩熱), 애역(呃逆), 상한노복(傷寒勞腹), 중풍담미(中風痰迷), 임신오조(姙娠惡阻), 붕루(崩漏), 태동불안(胎動不安), 흉민(胸悶), 해천(咳喘), 열격(噎膈), 담열(痰熱), 토뉵혈(吐衄血), 경간(驚癇), 혈열붕림(血熱崩淋), 위번불면(胃煩不眠)

⑦ 효능(效能) : 청열화담(淸熱化痰), 청열제번(淸熱除煩), 강역(降逆), 화위(和胃), 지구(止嘔), 소옹위종독(消癰瘻腫毒), 윤폐개울(潤肺開鬱), 화어혈(化瘀血), 지토혈(止吐血), 화담양혈(化痰凉血)

⑧ 약물음양오행(藥物陰陽五行) : 청화열담약(淸化熱痰藥), 지구약(止嘔藥)

391) 죽엽(竹葉) : 담죽엽(淡竹葉), 죽엽권심(竹葉卷心), 왕대, 솜대 (의 嫩葉)잎

① 성미(性味) : 감(甘), 신(辛), 고(苦), 평(平), 담(淡), 한(寒), 무독(無毒)
② 귀경(歸經) : 심(心) · 폐(肺) · 위(胃) 火金土經, 담(膽) 木經
③ 용법(用法) : 3~6g, 6~15g 짧게(煎)
④ 배합길(配合吉) : 인삼(人蔘), 석고(石膏), 감초(甘草), 반하(半夏), 맥문동(麥門冬), 갱미(粳米), 서양삼(西洋蔘), 황련(黃連), 석곡(石斛), 하경(荷梗), 지모(知母), 서과취의(西瓜翠衣), 목통(木通), 생지황(生地黃)
⑤ 주치(主治) : 열병번갈(熱病煩渴), 구설생창(口舌生瘡), 심화상염(心火上炎), 해역상기(咳逆上氣), 흉중담열(胸中痰熱), 토혈(吐血), 소아경간(小兒驚癎), 허열번조(虛熱煩躁), 불면(不眠), 열림(熱淋), 서열모기(暑熱耗氣), 상진(傷津), 구갈심번(口渴心煩), 신열다한(身熱多汗), 온병초기(溫病初起), 외감풍열(外感風熱), 후비(喉

痺), 두통두풍(頭痛頭風)

⑥ 효능(效能) : 청열제번(淸熱除煩), 소담(消痰), 청열사화(淸熱瀉火), 청열통림(淸熱通淋), 익원기(益元氣), 생진이뇨(生津利尿), 지소갈(止消渴), 지경계(止驚悸), 양심건비(凉心健脾), 총이명목(聰耳明目)

⑦ 약물음양오행(藥物陰陽五行) : 청화열담약(淸化熱痰藥), 청열사화약(淸熱瀉火藥), 이수청열약(利水淸熱藥)

392) 지각(枳殼) : 탱자의 성숙한 과실(果實) 열매

① 성미(性味) : 고(苦), 신(辛), 산(酸), 량(凉), 무독(無毒), 지실(枳實)보다 완만

② 귀경(歸經) : 비(脾)·위(胃)·대장(大腸) 土金經, 폐(肺)·간(肝) 金木經

③ 용법(用法) : 3~9g 煎服

④ 금기(禁忌) : 임부(妊婦), 산전후(産前後), 음허화염(陰虛火炎), 비위허약(脾胃虛弱)(忌), 기혈약(氣血弱)(忌)

⑤ 배합길(配合吉) : 부자(附子), 빈랑(檳榔), 목향(木香), 후박(厚朴), 축사(縮砂), 작약(芍藥), 도인(桃仁), 소목(蘇木), 홍화(紅花), 당귀(當歸), 향부자(香附子), 황기(黃芪), 승마(升麻), 당삼(黨蔘), 익모초(益母草), 진피(陳皮), 대복피(大腹皮), 계혈등(鷄血藤), 반하(半夏), 소자(蘇子), 형개(荊芥), 연교(連翹), 황금(黃芩), 방풍(防風)

⑥ 주치(主治) : 소화불량(消化不良), 흉격담체(胸膈痰滯), 흉부창통(胸部脹痛), 흉격비결창민(胸膈痞結脹悶), 창만(脹滿), 흉협창통(胸脇脹痛), 식적(食積), 심복결기(心腹結氣), 반위간기수종(反胃肝氣水腫), 노기해수(勞氣咳嗽), 자궁탈수(子宮脱水), 탈항(脱肛), 곽란사리(霍亂瀉痢), 하리후중(下痢後重), 풍진(風疹), 장풍치질(腸風痔疾), 양협창허(兩脅脹虛)

⑦ 효능(效能) : 소적제비(消積除痞), 소염(消炎), 지구역(止嘔逆), 건비개위(健脾開胃), 행담(行痰), 파기(破氣), 하기(下氣), 통리관절(通利關節), 조오장(調五臟), 파징결현벽(破癥結痃癖), 이대소장(利大小腸), 이격중기(利膈中氣), 제풍명목(除風明

目), 지구역(止嘔逆), 소식(消食), 안위(安胃)

⑧ 약물음양오행(藥物陰陽五行) : 파기약(破氣藥)

393) 지골피(地骨皮) : 구기근피(拘杞根皮)(구기의 뿌리껍질)

① 성미(性味) : 감(甘), 담(淡), 한(寒), 무독(無毒)

② 귀경(歸經) : 폐(肺)·신(腎) 金水經, 간(肝) 木經

③ 용법(用法) : 전(煎), 丸·散, 3~6g, 6~12g

④ 금기(禁忌) : 철(鐵), 비위허한(脾胃虛寒), 허로화왕(虛勞火旺), 외감풍한발열(外感風寒發熱), 가열(假熱)(忌)

⑤ 배합길(配合吉) : 감초(甘草), 상백피(桑白皮), 백작약(白芍藥), 귀판(龜板), 생지황(生地黃), 산치자(山梔子), 지모(知母), 청호(靑蒿), 갱미(粳米), 부소맥(浮小麥), 맥문동(麥門冬), 적복령(赤茯苓), 인삼(人蔘), 황금(黃芩), 태자삼(太子蔘), 은시호(銀柴胡)

⑥ 주치(主治) : 폐열해수(肺熱咳嗽), 천식(喘息), 상격토혈(上膈吐血), 골증조열(骨蒸潮熱), 열중소갈(熱中消渴), 허로발열(虛勞發熱), 번열구갈(煩熱口渴), 음허혈열(陰虛血熱), 하초간신허열(下焦肝腎虛熱), 혈열토뉵(血熱吐衄), 객열두통(客熱頭痛), 허로골증번열(虛勞骨蒸煩熱), 하흉협기풍습(下胸脇氣風濕), 혈림(血淋), 금창(金瘡), 옹종(癰腫), 고혈압(高血壓)

⑦ 효능(效能) : 청열양혈(淸熱凉血), 청폐열(淸肺熱), 청허열(淸虛熱), 퇴열(退熱), 강음견근(强陰堅筋), 내한서(耐寒暑), 이대소장(利大小腸), 사신화(瀉腎火), 보정기(補精氣), 강폐중복화(降肺中伏火), 지치혈(止齒血)

⑧ 약물음양오행(藥物陰陽五行) : 보음약(補陰藥), 청열양혈약(淸熱凉血藥), 청퇴허열약(淸退虛熱藥)

394) 지모(知母) : 지모의 근경(根莖)(뿌리줄기)

① 성미(性味) : 고설(苦泄), 감(甘), 신(辛), 윤(潤), 한(寒), 무독(無毒)

② 귀경(歸經) : 폐(肺)·위(胃)·신(腎) 金土水經

③ 용법(用法) : 1.5~9g, 9~12g(12~15g) 다복(多服)삼가

④ 금기(禁忌) : 비위허한(脾胃虛寒), 변당(便溏), 표증미해(表證未解), 발열(發熱), 허손(虛損), 사리(瀉痢), 신허(腎虛), 변활(便滑)(忌), 철(鐵)(忌)

⑤ 배합길(配合吉) : 석고(石膏), 패모(貝母), 황금(黃芩), 황백(黃柏), 산약(山藥), 숙지황(熟地黃), 산수유(山茱萸), 백복령(白茯苓), 택사(澤瀉), 목단피(牧丹皮), 귀판(龜板), 황련(黃連), 황기(黃芪), 천화분(天花粉), 계내금(鷄內金), 산약(山藥), 오미자(五味子), 갈근(葛根), 맥문동(麥門冬), 청호(靑蒿), 우슬(牛膝), 별갑(鱉甲), 귤홍(橘紅), 남두화(南豆花), 금은화(金銀花), 석곡(石斛), 지골피(地骨皮), 모근(茅根), 생지황(生地黃), 현삼(玄蔘), 감초(甘草), 사삼(沙蔘)

⑥ 주치(主治) : 폐위실열(肺胃實熱), 열병장열(熱病壯熱), 열궐두통(熱厥頭痛), 번갈(煩渴), 폐열해수(肺熱咳嗽), 협하사기(脇下邪氣), 음허조해(陰虛燥咳), 담조불리(痰稠不利), 상진구갈(傷津口渴), 소갈(消渴), 소변불리(小便不利), 음허화성(陰虛火盛), 간신음허(肝腎陰虛), 하리요통(下痢腰痛), 골증노열(骨蒸勞熱), 번열소갈(煩熱消渴), 심번조민(心煩躁悶), 증한허손(憎寒虛損), 대변조결(大便燥結), 상한구학번열(傷寒久瘧煩熱)

⑦ 효능(效能) : 청열제번(淸熱除煩), 윤조(潤燥), 자음강화(滋陰降火), 견음보음(堅陰補陰), 생진지갈(生津止渴), 익기(益氣), 보부족(補不足), 윤심폐(潤心肺), 항균(抗菌), 통소장(通小腸), 안심지경계(安心止驚悸), 보허핍(補虛乏), 소담지수(消痰止嗽), 양심거열(凉心去熱), 자신수(滋腎水), 사간화(瀉肝火), 안태(安胎)

⑧ 약물음양오행(藥物陰陽五行) : 청열사화약(淸熱瀉火藥), 보음약(補陰藥), 지갈약(止渴藥)

395) 지부자(地膚子) : 댑싸리의 과실(果實)(열매)

① 성미(性味) : 감(甘), 고(苦), 한(寒), 강설(降泄), 무독(無毒)

② 귀경(歸經) : 신(腎)·방광(膀胱) 水經

③ 용법(用法) : 3~15g, 전복(煎服), 구복(久服)시 이목총명(耳目聰明)

④ 금기(禁忌) : 표초(螵蛸) : (꺼림)

⑤ 배합길(配合吉) : 구맥(瞿麥), 차전자(車前子), 활석(滑石), 복령(茯苓), 황백(黃柏), 목통(木通), 통초(通草), 황금(黃芩), 승마(升麻), 귤피(橘皮), 동규자(冬葵子), 대황(大黃), 감초(甘草), 해조(海藻), 지실(枳實), 지모(知母), 선태(蟬蛻), 백선피(白蘚皮), 형개(荊芥), 박하(薄荷), 백반(白礬), 비해(萆薢), 야국화(野菊花), 고삼(苦蔘), 적작약(赤芍藥), 생지황(生地黃), 당귀(當歸), 사상자(蛇床子)

⑥ 주치(主治) : 습열하주(濕熱下注), 피부중열기(皮膚中熱氣), 방광열(膀胱熱), 소변불리(小便不利), 소변삽통(小便澁痛), 임병(淋病), 습진(濕疹), 피부소양(皮膚瘙痒), 풍진(風疹), 음양(陰痒), 습열대하(濕熱帶下), 산가(疝瘕), 창독(瘡毒), 개선(疥癬), 객열단종(客熱丹腫), 혈리(血痢), 요동협통(腰疼脇痛), 두목종통(頭目腫痛), 피부충적열(皮膚蟲積熱)

⑦ 효능(效能) : 하초습열청리(下焦濕熱淸利), 보중(補中), 이습거풍지양(利濕祛風止痒), 익정기(益精氣), 강음(强陰), 이방광(利膀胱), 이뇨(利尿), 이소변(利小便), 산악창(散惡瘡), 청리태열(淸利胎熱)

⑧ 약물음양오행(藥物陰陽五行) : 이수청열약(利水淸熱藥)

396) 지실(枳實) : 탱자나무, 광귤나무의 유과(幼果 : 어린열매)

① 성미(性味) : 고(苦), 신(辛), 산(酸), 미한(微寒), 무독(無毒)

② 귀경(歸經) : 비(脾)·위(胃)·대장(大腸) 土金經, 심(心)·간(肝) 火木經

③ 용법(用法) : 3~9g 전복(煎服)

④ 금기(禁忌) : 임부(妊婦), 체허약(体虛弱)〈신중용(愼重用)〉, 비위허약(脾胃虛弱)(忌)

⑤ 배합길(配合吉) : 백출(白朮), 생강(生薑), 진피(陳皮), 계지(桂枝), 해백(薤白), 후박(厚朴), 과루피(瓜蔞皮), 대황(大黃), 황련(黃連), 택사(澤瀉), 신국(神麴), 축사(縮砂), 목향(木香), 황금(黃芩), 복령(茯苓), 맥아(麥芽)

⑥ 주치(主治) : 습조기체(濕阻氣滯), 담벽비통(痰癖痞痛), 상기(上氣), 해수(咳嗽), 심하비견(心下痞堅), 식적정체(食積停滯), 수종(水腫), 사리하창(瀉痢下暢), 복통변비(腹痛便秘), 흉완비만(胸脘痞滿), 담탁조체(痰濁阻滯), 자궁하수(子宮下垂), 위하수, 탈항(脫肛), 협풍통(脇風痛)

⑦ 효능(效能) : 파기행담(破氣行痰), 파결실(破結實), 통비색(通痞塞), 산적소비(散積消痞), 관장(寬腸), 축정수(逐停水), 장기육(長肌肉), 소식(消食), 안위기(安胃氣), 지리(止痢), 제한열결(除寒熱結), 이오장(利五臟), 제흉협담벽(除胸脇痰癖), 소창만(消脹滿), 화심흉담(化心胸痰), 명목(明目), 패독(敗毒), 산패혈소식(散敗血消食), 살충(殺蟲)

⑧ 약물음양오행(藥物陰陽五行) : 파기약(破氣藥)

397) 지유(地楡) : 오이풀 뿌리(根, 根莖)

① 성미(性味) : 고(苦), 감(甘), 산(散), 미한(微寒), 무독(無毒), 수렴(收斂)

② 귀경(歸經) : 간(肝)・위(胃)・대장(大腸) 木土金經, 폐(肺)・신(腎) 金水經

③ 용법(用法) : 생용(生用), 외용(外用), 초흑(炒黑), 초탄용(炒炭用)〈지혈(止血)〉, 6~15g, 30g(單用)

④ 금기(禁忌) : 초기협어(初起挾瘀), 허한성출혈(虛寒性出血)(忌), 기허하함(氣虛下陷), 구리(久痢), 허한냉리(虛寒冷痢), 비허(脾虛), 열병초기(熱病初期), 양쇠혈증(陽衰血證)(忌), 맥문동(麥門冬)(꺼림)

⑤ 배합길(配合吉) : 아교(阿膠), 당귀(當歸), 가자육(訶子肉), 오매(烏梅), 목향(木香), 황련(黃連), 자감초(炙甘草), 백작약(白芍藥), 생지황(生地黃), 괴화(槐花), 형개(荊芥), 속단(續斷), 황금(黃芩), 고삼(苦蔘), 고백반(枯白礬), 석고(石膏), 목단피(牧丹皮), 백작(白芍), 초산치자(炒山梔子), 황백(黃柏), 용뇌(龍腦), 낙화생유

(落花生油), 마자인(麻子仁)

⑥ 주치(主治) : 하부출혈증(下部出血證), 토뉵혈(吐衄血), 장풍(腸風), 출혈병증(出血病證), 탕상(燙傷), 화상(火傷), 금창(金瘡), 습진(濕疹), 옹종창(癰腫瘡), 붕루(崩漏), 대하(帶下), 열비(熱痹), 혈리(血痢), 감리열(疳痢熱), 냉열리(冷熱痢), 담기부족(膽氣不足), 두복통(肚腹痛), 면한동(面寒疼)

⑦ 효능(效能) : 양혈지혈(涼血止血), 청혈열(淸血熱), 사화해독(瀉火解毒), 설열(泄熱), 산삽염창(酸澀斂瘡), 청화명목(淸火明目), 항균(抗菌), 지통(止痛), 배농(排膿), 치풍비(治風痹), 지한(止汗)

⑧ 약물음양오행(藥物陰陽五行) : 지혈약(止血藥), 청열양혈약(淸熱涼血藥), 수렴약(收斂藥)

398) 진교(秦艽) : 큰잎용담(根)

① 성미(性味) : 고(苦), 신(辛), 평(平), 미한(微寒), 무독(無毒), 윤(潤)
② 귀경(歸經) : 위(胃)·간(肝)·담(膽) 土木經
③ 용법(用法) : 생용(生用), 초용(炒用), 3~9g, 9~12g, 12~18g
④ 금기(禁忌) : 체허약(体虛弱), 변활(便滑), 뇨다(尿多), 음허혈조(陰虛血燥)(愼用), 하부허한(下部虛寒), 소변불금(小便不禁)(忌), 우유(牛乳)(꺼림)(忌)
⑤ 배합길(配合吉) : 지모(知母), 방기(防己), 인동등(忍冬藤), 독활(獨活), 강활(羌活), 육계(肉桂), 부자(附子), 방풍(防風), 천궁(川芎), 당귀(當歸), 석고(石膏), 황금(黃芩), 백지(白芷), 백작약(白芍藥), 지황(地黃), 백복령(白茯苓), 백출(白朮), 감초(甘草), 세신(細辛), 지골피(地骨皮), 지모(知母), 청호(靑蒿), 별갑(鱉甲), 오매(烏梅), 시호(柴胡), 형개(荊芥), 치자(梔子), 인진(茵陳), 계지(桂枝), 생강(生薑), 행인(杏仁), 하수오(何首烏), 조구등(釣鉤藤), 백질려(白蒺藜), 사과락(絲瓜絡), 상지(桑枝), 위령선(威靈仙), 황금(黃芩)
⑥ 주치(主治) : 풍습비통(風濕痹痛), 지절산통(肢節痠痛), 장풍사혈(腸風瀉血), 관절홍종(關節紅腫), 한습열비(寒濕熱痹), 혈허중풍(血虛中風), 골증조열(骨蒸潮熱), 허

로발열(虛勞發熱), 기육소수(肌肉消瘦), 기조(氣粗), 위열(胃熱), 부인태열(婦人胎熱), 사지곤권(四肢困倦), 외감풍사(外感風邪), 습열황달(濕熱黃疸), 풍비(風痺), 근골경련(筋骨痙攣), 변혈(便血), 소아감열(小兒疳熱), 지절통(肢節痛)

⑦ 효능(效能) : 거풍습(祛風濕), 서근지통(舒筋止痛), 청퇴허열(淸退虛熱), 이습퇴황(利濕退黃), 해주독(解酒毒), 소염(消炎), 진통(鎭痛), 항균(抗菌), 이대소변(利大小便), 익담기(益膽氣), 양혈영근(養血營筋), 이뇨(利尿)

⑧ 약물음양오행(藥物陰陽五行) : 거풍습통경락약(祛風濕通經絡藥), 청퇴허열약(淸退虛熱藥), 이습퇴황약(利濕退黃藥), 지통약(止痛藥)

399) 진름미(陳廩米) : 진창미(陳倉米), 찰벼, 벼, 묵은쌀, 찹쌀(糯米 : 나미), 오래된 갱미(粳米)

① 성미(性味) : 감(甘), 함(鹹), 산(散), 담(淡), 평(平), 량(凉), 초(炒)〈온(溫)〉, 무독(無毒)

② 귀경(歸經) : 비(脾)·위(胃)·심(心) 土火經

③ 용법(用法) : 미초용(微炒用), 묵은것일수록 좋다. 9~15g, 30g

④ 주치(主治) : 비위허약(脾胃虛弱), 음식부진(飮食不振), 구토(嘔吐), 반위(反胃), 식상복통(食傷腹痛), 하리(下痢), 위음부족(胃陰不足), 번갈(煩渴), 구금리(口噤痢), 심통(心痛)

⑤ 효능(效能) : 보중익기(補中益氣), 양위(養胃), 제번(除煩), 지갈(止渴), 제열(除熱), 조장위(調腸胃), 삼습(滲濕), 하기(下氣), 지설(止泄), 통혈맥(通血脈), 견근골(堅筋骨), 삽장위(澀腸胃), 보오장(補五臟), 이소변(利小便)

⑥ 약물음양오행(藥物陰陽五行) : 보기약(補氣藥)

400) 진주(珍珠)

① 성미(性味) : 감(甘), 함(鹹), 한(寒), 무독(無毒), 수렴(收斂)

② 귀경(歸經) : 심(心)·간(肝) 火木經

③ 용법(用法) : 0.6~0.9g(丸·散), 단방(單方)가능

④ 금기(禁忌) : 무화열(無火熱)(忌)

⑤ 배합길(配合吉) : 우황(牛黃), 호박(琥珀), 사향(麝香), 용골(龍骨), 천축황(天竺黃), 주사(朱砂), 모려(牡蠣), 우담남성(牛膽南星), 산조인(酸棗仁), 복신(茯神), 오미자(五味子), 노감석(爐甘石), 석결명(石決明), 빙편(氷片), 호박(琥珀), 백랍(白蠟), 상피(象皮), 몰약(沒藥), 해아다(孩兒茶), 경분(輕粉), 혈갈(血竭), 연분(鉛粉)

⑥ 주치(主治) : 급성열병(急性熱病), 경풍(驚風), 경계(驚悸), 전간(癲癇), 정충(怔忡), 간허유열(肝虛有熱), 목적(目赤), 예장삽통(翳障澀通), 경계실면(驚悸失眠), 번열소갈(煩熱消渴), 간열목적(肝熱目赤), 습진(濕疹), 창양불렴(瘡瘍不斂), 목부예(目膚翳)

⑦ 효능(效能) : 청열(淸熱), 진심정경(鎭心定驚), 안신(安神), 청간(淸肝), 거풍소담(祛風消痰), 양간음(養肝陰), 퇴예(退翳), 생기염창(生肌斂瘡), 제면간(除面䵟), 청열해독(淸熱解毒), 안심명목(安心明目), 안혼백(安魂魄), 지유정(止遺精)

⑧ 약물음양오행(藥物陰陽五行) : 진심안신약(鎭心安神藥), 청열명목약(淸熱明目藥)

401) 진피(陳皮) : 귤나무의 성숙한 과피(果皮 : 열매껍질), 귤피(橘皮)

① 성미(性味) : 신산(辛散), 고조(苦燥), 온열(溫烈), 무독(無毒)

② 귀경(歸經) : 비(脾)·폐(肺) 土金經, 위(胃)·간(肝)·대장(大腸) 土木金經

③ 용법(用法) : 3~9g 單方가능

④ 금기(禁忌) : 음허조해(陰虛燥咳), 기허(氣虛)〈愼重用〉, 토육(兎肉)(忌), 토혈(吐血), 자한(自汗)(忌), 무정체(無停滯)(忌)

⑤ 배합길(配合吉) : 목향(木香), 후박(厚朴), 지각(枳殼), 황기(黃芪), 인삼(人蔘), 백출(白朮), 생강(生薑), 복령(茯苓), 반하(半夏), 창출(蒼朮), 감초(甘草), 죽여(竹茹), 대조(大棗), 당삼(黨蔘), 주사(朱砂), 호박(琥珀), 백강잠(白殭蠶)

⑥ 주치(主治) : 비위기체(脾胃氣滯), 상기해수(上氣咳嗽), 완복창만(脘腹脹滿), 소화불량(消化不良), 토역곽란(吐逆霍亂), 오심구토(惡心嘔吐), 식소(食少), 위기허한(胃氣虛寒), 건구얼(乾嘔噦), 담습옹체(痰濕壅滯), 흉중한사(胸中寒邪), 기역천해(氣逆喘咳), 흉격만민(胸膈滿悶), 담격기창(痰膈氣脹), 담비(痰痞), 감학(疳瘧), 각기(脚氣), 변비(便秘)

⑦ 효능(效能) : 이기건비(理氣健脾), 화중소체(和中消滯), 조습화담(燥濕化痰), 지구해(止嘔咳), 소식(消食), 하기(下氣), 파체기(破滯氣), 거취(去臭), 해어해독(解魚蟹毒), 이소변(利小便), 지설(止泄), 소담연(消痰涎), 제방광유열(除膀胱留熱)〈오림(五淋), 개위(開胃)〉, 익비위(益脾胃), 파징가현벽(破癥瘕痃癖), 소담지수(消痰止嗽)

⑧ 약물음양오행(藥物陰陽五行) : 이기약(理氣藥), 지구약(止嘔藥)

402) 진피(秦皮) : 물푸레나무의 껍질(樹皮), 들메나무 나무껍질

① 성미(性味) : 고(苦), 한(寒), 무독(無毒)
② 귀경(歸經) : 간(肝)・담(膽)・대장(大腸) 木金經, 신(腎) 水經
③ 용법(用法) : 3～12g, 12～15g 단방(單方)가능
④ 금기(禁忌) : 비위허한(脾胃虛寒)〈주의(主意)〉, 수유(茱萸)(꺼림)
⑤ 배합길(配合吉) : 황백(黃柏), 황련(黃連), 백두옹(白頭翁), 죽엽(竹葉), 아담자(鴉膽子)
⑥ 주치(主治) : 습열하리(濕熱下痢), 풍한습비(風寒濕痺), 하초허(下焦虛), 간열(肝熱), 목적종통(目赤腫痛), 여인대하(女人帶下), 신열(身熱), 장염복사(腸炎腹瀉), 이질(痢疾), 만성기관염(慢性氣管炎), 간중구열(肝中久熱), 목중청예백막(目中淸翳白膜), 장풍하혈(腸風下血), 피부풍비(皮膚風痺)
⑦ 효능(效能) : 청열해독(淸熱解毒), 조습(燥濕), 익정(益精), 청간명목(淸肝明目), 익퇴열(益退熱), 제습열(除濕熱), 지천해(止喘咳)
⑧ 약물음양오행(藥物陰陽五行) : 청열조습약(淸熱燥濕藥), 청열명목약(淸熱明目藥)

403) 차전자(車前子) : 질경이의 종자, 차전의 씨앗

① 성미(性味) : 감(甘), 함(鹹), 한(寒), 무독(無毒)

② 귀경(歸經) : 간(肝)·신(腎)·폐(肺) 木水經, 방광(膀胱)·소장(小腸) 水火經

③ 용법(用法) : 생용(生用), 염수초(鹽水炒), 3~12g, 12~15g 單方가능

④ 금기(禁忌) : 신허한(腎虛寒), 양기하함(陽氣下陷), 내상노권(內傷勞倦), 신허활정 (腎虛滑精), 무습열(無濕熱)(忌)

⑤ 배합길(配合吉) : 활석(滑石), 목통(木通), 편축(萹蓄), 구맥(瞿麥), 대황(大黃), 치 자(梔子), 감초(甘草), 복령(茯苓), 백출(白朮), 택사(澤瀉), 의이인(薏苡仁), 저령 (猪苓), 결명자(決明子), 감국(甘菊), 청상자(靑葙子), 토사자(菟絲子), 숙지황(熟地 黃), 행인(杏仁), 황금(黃芩), 패모(貝母), 소자(蘇子), 어성초(魚腥草), 길경(桔梗), 사삼(沙蔘), 맥문동(麥門冬), 야감국(野甘菊), 상기생(桑寄生), 하고초(夏枯草)

⑥ 주치(主治) : 습열하주(濕熱下注), 습비(濕痺), 허로(虛勞), 소변불리(小便不利), 임병(淋病), 소변임역삽통(小便淋瀝澀痛), 수종(水腫), 대하(帶下), 담열해수(痰熱 咳嗽), 서습설사(暑濕泄瀉), 간화상염(肝火上炎), 목적종통(目赤腫痛), 장예(障翳), 간중풍열(肝中風熱), 간신부족(肝腎不足), 안목혼화(眼目昏花), 심흉번열(心胸煩 熱), 독풍충안목(毒風沖眼目)

⑦ 효능(效能) : 이수통림(利水通淋), 소상초화열(消上焦火熱), 통리소변(通利小便), 거담(祛痰), 진해(鎭咳), 하초습열청설(下焦濕熱淸泄), 양폐(養肺), 강음익정(强陰 益精), 삼습이수(滲濕利水), 지사(止瀉), 제습비(除濕痺), 이소변(利小便), 장양(壯 陽), 청간명목(淸肝明目), 지통(止痛), 지서습사리(止暑濕瀉痢), 청열(淸熱), 거담 (祛痰), 지해(止咳), 청폐간풍열(淸肺肝風熱), 혈압강하(血壓降下), 지통(止痛), 제 습비(除濕痺), 장양항균(壯陽抗菌)

⑧ 약물음양오행(藥物陰陽五行) : 이수통림약(利水通淋藥), 청열명목약(淸熱明目藥), 청화열담약(淸化熱痰藥), 지사약(止瀉藥)

404) 차전초(車前草) : 차전(車前)의 전초(全草)

① 성미(性味) : 감(甘), 고(苦), 함(鹹), 한(寒), 무독(無毒)

② 귀경(歸經) : 간(肝) · 비(脾) 木土經

③ 용법(用法) : 9~15g, 15~30g, 60~120g 선용(鮮用), 전복(煎服)

④ 금기(禁忌) : 허한활정기불고(虛寒滑精氣不固)(忌)

⑤ 주치(主治) : 폐열해수(肺熱咳嗽), 목적종통(目赤腫痛), 수종(水腫), 임병(淋病), 열리농혈(熱痢膿血), 열독창양(熱毒瘡瘍), 열증출혈(熱證出血), 금창(金瘡), 어혈혈가하혈(瘀血血瘕下血), 대하(帶下), 소변불통(小便不通), 황달(黃疸)

⑥ 효능(效能) : 청열명목(清熱明目), 화담지해(化痰止咳), 이수(利水), 청열해독(清熱解毒), 지혈(止血), 통오림(通五淋), 양혈(凉血), 명목(明目), 해주독(解酒毒), 제습비(除濕痺), 산혈소종(散血消腫), 이소변(利小便), 지번(止煩), 제소충(除小蟲), 보오장(補五臟), 청위열(清胃熱), 강화사열(降火瀉熱)

⑦ 약물음양오행(藥物陰陽五行) : 이수통림약(利水通淋藥), 청열해독약(清熱解毒藥)

405) 창이자(蒼耳子) : 창이초(도꼬마리)의 과실(果實 : 열매)

① 성미(性味) : 감(甘), 고(苦), 온(溫), 유독(有毒), 발산력(發散力)

② 귀경(歸經) : 폐(肺) · 간(肝) 金木經, 비(脾) · 신(腎) 土水經

③ 용법(用法) : 3~9g 단방(單方)가능, 용량신중(用量慎重)

④ 금기(禁忌) : 혈허두통(血虛頭痛), 기혈허약(氣血虛弱)(忌), 미감(米泔 쌀뜨물), 저육(豬肉 돼지고기), 마육(馬肉 말고기)(忌)

⑤ 배합길(配合吉) : 창출(蒼朮), 위령선(威靈仙), 천궁(川芎), 지부자(地膚子), 백선피(白鮮皮), 백질려(白蒺藜), 형개(荊芥), 선태(蟬蛻), 백지(白芷), 신이(辛夷), 박하(薄荷), 고본(藁本), 방풍(防風), 생석고(生石膏), 황금(黃芩), 국화(菊花), 천초근(茜草根), 금은화(金銀花), 밀(蜜), 설탕(雪糖), 당삼(黨蔘), 복령(茯苓), 백출(白朮), 오미자(五味子), 금앵자(金櫻子), 감초(甘草), 육계(肉桂)

⑥ 주치(主治) : 풍습비통(風濕痺痛), 사지구련통(四肢拘攣痛), 마풍(麻風), 치통(齒痛), 풍한두통(風寒頭痛), 풍진(風疹), 피부양진(皮膚痒疹), 비연두통(鼻淵頭痛), 습진(濕疹), 소양(瘙癢), 라역(瘰癧), 습탁온폐(濕濁蘊肺), 비규불통(鼻竅不通), 개선(疥癬)

⑦ 효능(效能) : 소염(消炎), 항균(抗菌), 진통(鎭痛), 거풍화습(祛風化濕), 통비규(通鼻竅), 지통(止痛), 보익(補益), 구충(驅蟲), 소종개비(消腫開痺)

⑧ 약물음양오행(藥物陰陽五行) : 신온해표약(辛溫解表藥), 지비약(止痺藥)

406) 창이초(蒼耳草) : 도꼬마리(全草), 창이(蒼耳)

① 성미(性味) : 고(苦), 신(辛), 삽(澀), 미한(微寒), 소독(小毒)
② 용법(用法) : 6~15g, 單方가능, 전복(煎服), 外用, 용량주의
③ 금기(禁忌) : 미감(米泔), 저육(豬肉), 마육(馬肉)(忌), 허증(虛證)(忌)
④ 배합길(配合吉) : 대풍자(大楓子), 야국화(野菊花), 지부자(地膚子), 백질려(白蒺藜)
⑤ 주치(主治) : 풍습비통(風濕痺痛), 습비구련(濕痺拘攣), 슬통(膝痛), 두풍(頭風), 담화핵(痰火核), 화열독(火熱毒), 마풍(麻風), 대풍(大風), 열독창양(熱毒瘡瘍), 정독(疔毒), 혈선(血癬), 피부소양(皮膚瘙痒), 목적(目赤), 간열(肝熱), 요슬중풍독(腰膝中風毒), 전간(癲癎), 제구독(猘狗毒), 비련(鼻淵), 감모(感冒)
⑥ 효능(效能) : 거풍(祛風), 청열해독(淸熱解毒), 구충(驅蟲), 살하감(殺下疳), 명목(明目), 활혈(活血)
⑦ 약물음양오행(藥物陰陽五行) : 신온해표약(辛溫解表藥), 지비약(止痺藥), 살충약(殺蟲藥)

407) 창출(蒼朮) : 삽주(창백출)의 뿌리줄기

① 성미(性味) : 신(辛), 고(苦), 온(溫), 무독(無毒), 열(烈), 조(燥)

② 귀경(歸經) : 비(脾)·위(胃)·간(肝) 土木經

③ 용법(用法) : 노두(蘆頭), 잔뿌리제거, 4.5~9g 전복(煎服), 생용(生用), 맥부피초황 (麥麩皮炒黃)

④ 금기(禁忌) : 음허내열(陰虛內熱), 간신불안(肝腎不安)(忌), 혈소(血少), 객혈(喀血), 비출혈(鼻出血)(忌), 대변조결표허(大便燥結表虛), 정부족(精不足), 혈허겁약 (血虛怯弱), 기허다한(氣虛多汗), 작육(雀肉)(새고기), 배, 복숭아, 청어(靑魚), 숭채(菘菜 배추)(忌), 도리(桃李)(忌)

⑤ 배합길(配合吉) : 진피(陳皮), 후박(厚朴), 감초(甘草), 신국(神麴), 방풍(防風), 독활(獨活), 강활(羌活), 방기(防己), 백지(白芷), 천궁(川芎), 세신(細辛), 지모(知母), 석고(石膏), 황백(黃柏), 의이인(薏苡仁), 우슬(牛膝), 목적(木賊), 상지(桑枝), 인동등(忍冬藤), 산치자(山梔子), 향부자(香附子), 복령(茯苓), 금은화(金銀花), 계지(桂枝), 마황(麻黃)

⑥ 주치(主治) : 한습증(寒濕證), 비위습조(脾胃濕阻), 습담유음(濕痰留飮), 흉복창민(胸腹脹悶), 소화불량(消化不良), 복만설사(腹滿泄瀉), 식욕부진(食慾不振), 오심구토(惡心嘔吐), 백대하(白帶下), 풍습비통(風濕痺痛), 관절지체동통(關節肢体疼痛), 오한발열(惡寒發熱), 무한(無汗), 두통신동(頭痛身疼), 상식서사(傷食暑瀉), 비색(鼻塞), 실(實)한 습비(濕痺), 풍한습비(風寒濕痺), 비약(脾弱), 학리(瘧痢), 활사장풍(滑瀉腸風), 수종(水腫), 족위(足痿)

⑦ 효능(效能) : 조습건비(燥濕健脾), 소담(消痰), 거풍한습(祛風寒濕), 발한명목(發汗明目), 해울(解鬱), 운비(運脾), 난수장(暖水臟), 건위안위(健胃安胃), 산풍익기(散風益氣), 조토이수(燥土利水), 제징해어(除癥行瘀)

⑧ 약물음양오행(藥物陰陽五行) : 보기약(補氣藥), 방향화습약(芳香化濕藥), 거풍습지비약(祛風濕止痺藥)

408) 천궁(川芎) : 일천궁의 근경(根莖 천궁의 뿌리줄기)

① 성미(性味) : 신(辛), 고(苦), 감(甘), 온(溫), 향(香), 승(升), 산(散), 무독(無毒)

② 귀경(歸經) : 간(肝)·담(膽)·심포(心包) 木火經, 비(脾)·삼초(三焦) 土經

③ 용법(用法) : 거유(去油), 생용(生用), 주초용(酒炒用), 1~6g, 6~9g 용량주의(用量注意)

④ 금기(禁忌) : 음허화왕(陰虛火旺), 화체(火滯), 두통(頭痛), 월경과다(月經過多), 출혈성질환(出血性疾患), 상기담천(上氣痰喘), 기허(氣虛), 허화염상(虛火炎上), 열갈(熱渴), 비허식소(脾虛食少), 상성하허(上盛下虛)(忌), 長服삼가, 황련(黃連), 활석(滑石), 초석(硝石), 낭독(狼毒), 산채(山茱), 황기(黃芪)(꺼림), 여로(藜蘆)(相反)

⑤ 배합길(配合吉) : 세신(細辛), 강활(羌活), 백지(白芷), 형개(荊芥), 감초(甘草), 박하(薄荷), 방풍(防風), 당귀(當歸), 지황(地黃), 홍화(紅花), 도인(桃仁), 작약(芍藥), 시호(柴胡), 길경(桔梗), 우슬(牛膝), 지각(枳殼), 상심자(桑椹子), 계혈등(鷄血藤), 상지(桑枝), 진교(秦艽), 대조(大棗), 충울자(茺蔚子), 익모초(益母草), 목단피(牧丹皮), 육계(肉桂), 백모근(白茅根), 택란(澤蘭), 창출(蒼朮), 향부자(香附子), 생강(生薑), 진피(陳皮), 복령(茯苓), 지실(枳實), 남성(南星), 봉출(蓬朮), 반하(半夏), 맥문동(麥門冬), 아교(阿膠), 인삼(人蔘), 유백피(楡白皮), 애엽(艾葉), 황기(黃芪), 조각자(皂角刺), 백출(白朮), 금은화(金銀花), 감국(甘菊), 백강잠(白殭蠶)

⑥ 주치(主治) : 풍냉(風冷), 한비(寒痺), 월경부조(月經不調), 복통(腹痛), 경폐(經閉), 소복동통(小腹疼痛), 산후어혈복통(産後瘀血腹痛), 두통(頭痛), 풍습통(風濕痛), 흉협동통(胸脇疼痛), 창양종통(瘡瘍腫痛), 질타손상(跌打損傷), 금창(金創), 난산(難産), 무월경(無月經), 근련완급(筋攣緩急), 치위(痔瘻), 협풍통(脇風痛), 치근출혈(齒根出血)

⑦ 효능(效能) : 행기산개울(行氣散開鬱), 통행혈맥(通行血脈), 능승능강(能升能降), 소어혈(消瘀血), 활혈행기(活血行氣), 거풍지통(祛風止痛), 온중내한(溫中內寒), 통달기혈(通達氣血), 활혈정통(活血定痛), 파징결축혈(破癥結縮血), 조습(燥濕), 배농(排膿), 장근골(壯筋骨), 보오로(補五勞), 장육(長肉), 양혈신혈(養血新血), 보풍허(補風虛), 윤간조(潤肝燥), 보간혈(補肝血)

⑧ 약물음양오행(藥物陰陽五行) : 활혈거어약(活血祛瘀藥), 이기약(理氣藥), 지통약(止痛藥)

409) 천규자(天葵子) : 개구리 발톱(塊根 : 덩이뿌리)

① 성미(性味) : 감(甘), 고(苦), 신(辛), 한(寒), 무독(無毒)

② 귀경(歸經) : 간(肝)·비(脾)·소장(小腸)·방광(膀胱) 木土火水經

③ 용법(用法) : 말려서 사용 3~10g, 전용(煎用), 주침용(酒浸用), 산용(散用), 외용(外用)

④ 금기(禁忌) : 음한다토약사주(陰寒多土弱四柱)(신중), 비허변당(脾虛便溏), 소변청리(小便淸利)(忌)

⑤ 배합길(配合吉) : 포공영(蒲公英), 야국화(野菊花), 자화지정(紫花地丁), 금은화(金銀花), 녹각상(鹿角霜), 모려(牡蠣), 현삼(玄蔘), 하고초(夏枯草), 백화사설초(白花蛇舌草), 반지련(半枝蓮), 패모(貝母), 감초(甘草), 상백피(桑白皮), 인유(人乳)

⑥ 주치(主治) : 옹종창독(癰腫瘡毒), 암(癌), 치창(痔瘡), 정창(疔瘡), 라역(瘰癧), 옹저종독(癰疽腫毒), 유옹(乳癰), 홍종동통(紅腫疼痛), 임탁(淋濁), 요로결석(尿路結石), 산기(疝氣), 대하(帶下), 폐허해수(肺虛咳嗽), 피부건조(皮膚乾燥), 노상(勞傷), 내상담화(內傷痰火), 경풍(驚風), 전간(癲癎), 질타손상(跌打損傷), 사충교상(蛇蟲咬傷), 유즙불통(乳汁不通)

⑦ 효능(效能) : 청열해독(淸熱解毒), 소종산결(消腫散結), 소염(消炎), 소산결핵(消散結核), 배농정통(排膿定痛), 이뇨(利尿), 이수통림(利水通淋), 진통(鎭痛), 명목(明目)

⑧ 약물음양오행(藥物陰陽五行) : 항암약(抗癌藥), 청열해독약(淸熱解毒藥), 소창옹저약(消瘡癰疽藥)

410) 천남성(天南星) : 천남성의 구상괴경(球狀塊莖 : 덩이줄기)

① 성미(性味) : 고(苦), 신(辛), 감(甘), 온(溫), 열조(烈燥), 유독(有毒)

② 귀경(歸經) : 간(肝)·폐(肺)·비(脾) 木金土經, 심(心) 火經

③ 용법(用法) : 생용(生用), 제용(製用), 3~6g, 6~10g, 0.3~1.2g(丸散)씩 1회, 우담

남성 2~5g

④ 금기(禁忌) : 임부(妊婦), 음허조담(陰虛燥痰)(忌), 〈생강(生薑), 건강(乾薑), 부자(附子) 相畏〉

⑤ 배합길(配合吉) : 반하(半夏), 진피(陳皮), 지실(枳實), 복령(茯苓)〈생강(生薑)〉, 감초(甘草), 황금(黃芩), 백출(白朮), 육계(肉桂), 천마(天麻), 천오(川烏), 백부자(白附子), 방풍(防風), 강활(羌活), 백지(白芷), 웅황(雄黃), 오공(蜈蚣), 전갈(全蝎), 황련(黃連), 우황(牛黃), 주사(朱砂), 빙편(氷片), 오초사(烏梢蛇), 명반(明礬), 웅담(熊膽), 대계(大薊), 삼칠(三七), 계혈등(鷄血藤), 진주(眞珠), 백강잠(白殭蠶), 창포(菖蒲)

⑥ 주치(主治) : 습담옹체(濕痰壅滯), 완담해수(頑痰咳嗽), 한열(寒熱), 풍담현훈(風痰眩暈), 흉격창민(胸膈脹悶), 심통(心痛), 중풍담옹(中風痰壅), 파상풍(破傷風), 금창(金瘡), 개선악창(疥癬惡瘡), 전간(癲癎), 옹저담핵(癰疽痰核), 라역(瘰癧), 담연옹성(痰涎壅盛), 해수오심(咳嗽惡心), 상절어혈(傷折瘀血), 흉격비색(胸膈痞塞), 적취결기(積聚結氣), 상한시질(傷寒時疾), 산가장통(疝瘕腸痛), 상초담(上焦痰), 외상골절(外傷骨節), 사충교상(蛇蟲咬傷), 후비(喉痺)

⑦ 효능(效能) : 거풍지경(祛風止痙), 조습화담(燥濕化痰), 산결소종(散結消腫), 지통(止痛), 파견적(破堅積), 풍담제거(風痰除去), 화담식풍(化痰熄風), 소옹종(消癰腫), 정경(定驚), 해울(解鬱), 이수도(利水道), 하기(下氣), 강음(强陰), 제음하습(除陰下濕), 산혈타태(散血墮胎), 이흉격(利胸膈), 보간풍허(補肝風虛)

⑧ 약물음양오행(藥物陰陽五行) : 온화한담약(溫化寒痰藥)

411) 천련자(川楝子) : 참멀구슬 나무의 성숙한 과실(果實), 천련의 과실

① 성미(性味) : 고(苦), 산(酸), 신(辛), 한(寒), 대독(大毒), 강설(降泄)
② 귀경(歸經) : 간(肝)·위(胃)·소장(小腸) 木土火經, 심(心) 火經
③ 용법(用法) : 4.5~9g

④ 금기(禁忌) : 임부(妊婦), 비위허한(脾胃虛寒)

⑤ 배합길(配合吉) : 현호색(玄胡索), 목향(木香), 소회향(小茴香), 토사자(菟絲子), 파고지(破故紙), 정향(丁香), 해대(海帶), 해합분(海蛤粉), 사군자(使君子), 빈랑(檳榔), 마유(麻油), 저유(猪油), 오수유(吳茱萸), 뇌환(雷丸)

⑥ 주치(主治) : 간기울체(肝氣鬱滯), 상하부복통(上下部腹痛), 간담화성(肝膽火盛), 흉복창통(胸腹脹痛), 산통(疝痛), 열궐심통(熱厥心痛), 온질(溫疾), 상한대열번광(傷寒大熱煩狂), 경행복통(經行腹痛), 충적복통(蟲積腹痛), 삼충개양(三蟲疥瘍), 적취(積聚), 유정(遺精)

⑦ 효능(效能) : 간열소설(肝熱疏泄), 해울지통(解鬱止痛), 살충요선(殺蟲療癬), 제습열(除濕熱), 견신수(堅腎水), 구충(驅蟲), 이소변수도(利小便水道), 사심화(瀉心火), 청간화(淸肝火), 청폐화(淸肺火)

⑧ 약물음양오행(藥物陰陽五行) : 이기약(理氣藥), 지통약(止痛藥), 살충약(殺蟲藥)

412) 천마(天麻) : 천마의 괴경(塊莖 : 뿌리줄기)

① 성미(性味) : 감(甘), 신(辛), 고(苦), 평(平), 온(溫), 무독(無毒)

② 귀경(歸經) : 간(肝)·담(膽) 木經, 비(脾)·신(腎)·방광(膀胱) 土水經, 심(心) 火經

③ 용법(用法) : 3~9g 전복(煎服), 산제(散劑)인 경우 0.9~1.5g씩 환(丸)用 가능

④ 배합길(配合吉) : 석결명(石決明), 조구등(釣鉤藤), 우슬(牛膝), 황금(黃芩), 치자(梔子), 상기생(桑寄生), 주복신(朱茯神), 두중(杜仲), 야교등(夜交藤), 익모초(益母草), 복령(茯苓), 백출(白朮), 반하(半夏), 대조(大棗), 생강(生薑), 자감초(炙甘草), 만형자(蔓荊子), 진피(陳皮), 맥아(麥芽), 인삼(人蔘), 창출(蒼朮), 황백(黃柏), 건강(乾薑), 택사(澤瀉), 황기(黃芪), 신국(神麴), 천궁(川芎), 전갈(全蠍), 사향(麝香), 강잠(殭蠶), 마황(麻黃), 방풍(防風), 선태(蟬蛻), 후박(厚朴), 육계(肉桂), 유황(硫黃), 강즙(薑汁), 백부자(白附子), 남성(南星), 강활(羌活), 백지(白芷), 유향(乳香), 초오(草烏), 당귀(當歸), 국화(菊花), 강활(羌活), 진교(秦艽), 익모초(益母

草), 야교등(夜交藤), 지룡(地龍), 백화사(白花蛇), 갈근(葛根), 죽여(竹茹), 인진호
(茵陳蒿), 연교(連翹)

⑤ 주치(主治) : 풍허(風虛), 현훈두통(眩暈頭痛), 간풍내동(肝風內動), 냉기완비(冷氣
頑痺), 고열동풍(高熱動風), 풍한습비(風寒濕痺), 풍위(風痿), 지체마목(肢体麻木),
소아경풍(小兒驚風), 악기(惡氣), 산(疝), 고혈압(高血壓), 사지구련(四肢拘攣)

⑥ 효능(效能) : 평간잠양(平肝潛陽), 평간식풍(平肝熄風), 정경추축(定驚抽搐), 지경
(止痙), 진통(鎭痛), 거풍습지비(祛風濕止痺), 개규(開竅), 보오로칠상(補五勞七傷),
강근골(強筋骨), 장음비건(長陰肥健), 통혈맥(通血脈), 조양기(助陽氣), 이요슬(利
腰膝), 소옹종(消癰腫), 익기력(益氣力)(久服時)

⑦ 약물음양오행(藥物陰陽五行) : 식풍지경약(熄風止痙藥), 평간잠양약(平肝潛陽藥),
지통약(止痛藥), 거풍습지비약(祛風濕止痺藥)

413) 천명정(天名精) : 담배풀〈의 帶根全草)〉(줄기, 잎, 뿌리)

① 성미(性味) : 신(辛), 감(甘), 함(鹹), 한(寒), 무독(無毒)
② 귀경(歸經) : 간(肝)·폐(肺) 木金經
③ 용법(用法) : 10~15g 전복(煎服)
④ 금기(禁忌) : 비위허한(脾胃虛寒)(忌)
⑤ 주치(主治) : 충적(蟲積), 후비(喉痺), 경풍(驚風), 뉵혈(衄血), 급성편도선염(急性
扁桃腺炎), 혈림(血淋), 혈가(血瘕), 정종창독(疔腫 瘡毒), 급성간염(急性肝炎), 피
부양진(皮膚癢疹), 어혈(瘀血), 루치(瘻痔), 사림(砂淋), 열림(熱淋),
⑥ 효능(效能) : 거담(祛痰), 청열해독(淸熱解毒), 살충(殺蟲), 파혈지혈(破血止血),
거어(祛瘀), 이소변(利小便), 지번갈(止煩渴), 구충(驅蟲), 생기(生肌), 축수(逐水),
제흉중결열(除胸中結熱), 토담지학(吐痰止瘧), 살회충조충(殺蚘蟲條蟲)
⑦ 약물음양오행(藥物陰陽五行) : 살충약(殺蟲藥)

414) 천문동(天門冬) : 천문동의 근(根)

① 성미(性味) : 감(甘), 고(苦), 평(平), 한(寒), 무독(無毒)

② 귀경(歸經) : 폐(肺)·신(腎) 金水經

③ 용법(用法) : 3~15g, 15~24g 전복(煎服)

④ 금기(禁忌) : 비위허한(脾胃虛寒), 비양허(脾陽虛), 설사(泄瀉), 외감풍한(外感風寒), 해수(咳嗽)(忌)/이어(鯉魚 잉어), 비신당설(脾腎溏泄), 허한가열(虛寒假熱)(忌), 철(鐵)(忌)

⑤ 배합길(配合吉) : 사삼(沙蔘), 두시(豆豉), 행인(杏仁), 상엽(桑葉), 맥문동(麥門冬), 지황(地黃), 인삼(人蔘), 황기(黃芪), 지모(知母), 천화분(天花粉), 석고(石膏), 황련(黃連), 택사(澤瀉), 산수유(山茱萸), 황백(黃柏), 현삼(玄蔘), 봉밀(蜂蜜), 생수오(生首烏), 백작약(白芍藥), 당귀(當歸), 석곡(石斛), 생감초(生甘草), 길경(桔梗), 판람근(板藍根), 산두근(山豆根), 전호(前胡), 패모(貝母), 과루인(瓜蔞仁), 지골피(地骨皮), 상백피(桑白皮)

⑥ 주치(主治) : 조열해수(燥熱咳嗽), 음허발열(陰虛發熱), 폐옹폐위(肺癰肺痿), 열병상음(熱病傷陰), 허로해수(虛勞咳嗽), 토혈(吐血), 내열소갈(內熱消渴), 신음휴허(腎陰虧虛), 족하열통(足下熱痛), 인후종통(咽喉腫痛), 진액고갈(津液枯渴), 목암(目暗), 장조변비(腸燥便秘), 미오풍한(微惡風寒), 천식촉급(喘息促急), 신열(身熱), 화성진고(火盛津枯), 심복적취(心腹積聚), 폐기해역(肺氣咳逆), 허로절상(虛勞絶傷), 냉비(冷痺), 노년쇠손리수(老年衰損羸瘦), 풍습불인(風濕不仁), 악창(惡瘡), 음위(陰痿), 풍비열독(風痺熱毒)

⑦ 효능(效能) : 양음청열(養陰淸熱), 청폐윤조(淸肺潤燥), 소담(消痰), 윤조생진(潤燥生津), 보정폐기(保定肺氣), 청열청폐강화(淸熱淸肺降火), 자음(滋陰), 윤장(潤腸), 살충(殺蟲), 강골수(强骨髓), 윤조자음(潤燥滋陰), 익기력(益氣力), 양기부(養肌膚), 이소변(利小便), 지소갈(止消渴), 통신기(通腎氣), 제열(除熱), 윤오장(潤五臟), 진심(鎭心), 보오로칠상(補五勞七傷)

⑧ 약물음양오행(藥物陰陽五行) : 보음약(補陰藥), 윤하약(潤下藥), 지갈약(止渴藥)

415) 천산갑(穿山甲) : 능리의 인갑(鱗甲 비늘)

① 성미(性味) : 함(鹹), 미한(微寒), 유독(有毒), 산(散), 준열(峻烈)

② 귀경(歸經) : 간(肝)·위(胃) 木土經

③ 용법(用法) : 3~9g 전복(煎服), 분말(粉末) 0.9~1.5g씩, 용량주의

④ 금기(禁忌) : 궤치옹저(潰熾癰疽), 기혈부족(氣血不足), 옹저이궤(癰疽已潰)(忌)

⑤ 배합길(配合吉) : 적작약(赤芍藥), 별갑(鼈甲), 건칠(乾漆), 대황(大黃), 천궁(川芎), 당귀(當歸), 계심(桂心), 사향(麝香), 원화(芫花), 목통(木通), 왕불유행(王不留行), 독활(獨活), 방풍(防風), 강활(羌活), 패모(貝母), 조각자(皂角刺), 적작약(赤芍藥), 몰약(沒藥), 유향(乳香), 금은화(金銀花), 천화분(天花粉), 백지(白芷), 감초(甘草), 진피(陳皮), 모과(木瓜), 황기(黃芪), 대자석(代赭石), 단삼(丹蔘), 생지황(生地黃), 숙산조인(熟酸棗仁), 아교(阿膠), 자석(磁石), 삼릉(三稜), 아출(莪朮)

⑥ 주치(主治) : 경폐불통(經閉不通), 풍한습비통(風寒濕痺痛), 풍비강직동통(風痺强直疼痛), 방광산기동통(膀胱疝氣疼痛), 치루(痔漏), 유즙불하(乳汁不下), 징가(癥瘕), 옹저창종(癰疽瘡腫), 창라(瘡癩), 장학(瘴瘧), 개선(疥癬), 흉격팽창역기(胸膈膨脹逆氣)

⑦ 효능(效能) : 활혈산어(活血散瘀), 통경(通經), 파기행혈(破氣行血), 경락소통(經絡疏通), 하유즙(下乳汁), 소종배농(消腫排膿), 통규살충(通竅殺蟲), 지혈(止血), 제담학한열(除痰瘧寒熱), 해열패독(解熱敗毒)

⑧ 약물음양오행(藥物陰陽五行) : 배농약(排膿藥), 활혈거어약(活血祛瘀藥), 소창옹저약(消瘡癰疽藥)

416) 천선등(天仙藤) : 쥐방울 덩굴, 둥근잎 쥐방울 덩굴(의 莖葉)

① 성미(性味) : 고(苦), 온(溫), 미독(微毒)

② 귀경(歸經) : 간(肝)·비(脾)·신(腎) 木土水經

③ 용법(用法) : 5~9g 전복(煎服)

④ 금기(禁忌) : 체질허약(体質虛弱)(忌), 허손(虛損), 기혈허약(氣血虛弱)(忌)

⑤ 배합길(配合吉) : 백출(白朮), 강활(羌活), 백지(白芷), 반하(半夏), 강황(薑黃), 생강(生薑), 몰약(沒藥), 유향(乳香), 오수유(吳茱萸), 현호색(玄胡索), 소회향(小茴香), 건강(乾薑), 초향부자(炒香附子), 오약(烏藥), 소엽(蘇葉), 모과(木瓜), 감초(甘草), 진피(陳皮)

⑥ 주치(主治) : 풍습비통(風濕痺痛), 담주비통(痰注臂痛), 흉복제통(胸腹諸痛), 풍로복통(風勞腹痛), 심복통(心腹痛), 사지산초(四肢酸楚), 견비산통(肩臂酸痛), 산후복통(産後腹痛), 위통(胃痛), 징가적취(癥瘕積聚), 산기작통(疝氣作痛), 임신수기부종(姙娠水氣浮腫), 요퇴종통(腰腿腫痛)

⑦ 효능(效能) : 거풍화습(祛風化濕), 활혈통락(活血通絡), 행기(行氣), 이기행수(利氣行水), 활혈통경(活血通經), 진통(鎭痛), 양혈(凉血), 소간행기(疏肝行氣)

⑧ 약물음양오행(藥物陰陽五行) : 청화열담약(淸化熱痰藥), 거풍습통경락약(祛風濕通經絡藥)

417) 천오두(川烏頭) : 오두(烏頭), 바꽃의 괴근(塊根), 모근(母根) (덩이뿌리)

① 성미(性味) : 신산(辛散), 감(甘), 고(苦), 열(熱), 대독(大毒)

② 귀경(歸經) : 심(心)・간(肝)・비(脾) 火木土經

③ 용법(用法) : 생용(生用), 제용(製用), 1.5~6g, 단방(單方)가능

④ 금기(禁忌) : 백렴(白蘞), 반하(半夏), 패모(貝母), 백급(白芨), 과루실(瓜蔞實)〈상반(相反)〉, 임부(姙婦), 허약(虛弱), 열증동통(熱證疼痛), 음허양성(陰虛陽盛)(忌), 직미(稷米 : 피쌀)(忌), 서각(犀角), 아초(牙硝)〈상외(相畏)〉, 여로(藜蘆), 시즙(豉汁)(꺼림)

⑤ 배합길(配合吉) : 창출(蒼朮), 오령지(五靈脂), 자연동(自然銅), 작약(芍藥), 마황(麻黃), 감초(甘草), 황기(黃芪), 위령선(威靈仙), 목향(木香), 생강(生薑), 마전자

(馬錢子), 초오(草烏), 부자(附子), 남성(南星)

⑥ 주치(主治) : 한증(寒證), 심복동통(心腹疼痛), 역절풍통(歷節風痛), 두풍두통(頭風頭痛), 풍한습비통(風寒濕痹痛), 산통(疝痛), 편신작통(遍身作痛), 한습역절동통(寒濕歷節疼痛), 간풍허(肝風虛), 각기동통(脚氣疼痛), 한산요제통(寒散腰臍痛), 수족궐냉(手足厥冷), 음저종독(陰疽腫毒)

⑦ 효능(效能) : 거풍한습(祛風寒濕), 산풍한(散風寒), 온경지통(溫經止痛), 파제적냉독(破諸積冷毒), 온비거풍(溫脾祛風), 조양퇴음(助陽退陰)

⑧ 약물음양오행(藥物陰陽五行) : 온열약(溫熱藥), 소창옹저약(消瘡癰疽藥), 거풍습지비약(祛風濕止痹藥), 지통약(止痛藥)

418) 천장각(天漿殼) : 박주가리의 성숙한 과실의 과각(果殼 열매껍질)

① 성미(性味) : 함(鹹), 평(平), 무독(無毒)
② 귀경(歸經) : 폐(肺)·간(肝) 金木經
③ 용법(用法) : 6～9g, 15～30g 전복(煎服)
④ 배합길(配合吉) : 비파엽(枇杷葉), 전호(前胡), 금불초(金沸草), 상엽(桑葉), 선태(蟬蛻), 우방자(牛蒡子), 백부근(百部根)
⑤ 주치(主治) : 해수담다(咳嗽痰多), 폐풍담천(肺風痰喘), 백일해(百日咳), 기천(氣喘), 마진투발불창(麻疹透發不暢), 경풍(驚風), 손상출혈(損傷出血)
⑥ 효능(效能) : 청폐화담(淸肺化痰), 지해평천(止咳平喘), 선폐(宣肺), 투진(透疹), 연견(軟堅), 정경간(定驚癇)
⑦ 약물음양오행(藥物陰陽五行) : 청화열담약(淸化熱痰藥), 지해평천약(止咳平喘藥)

419) 천죽황(天竹黃) : 천축황(天竺黃), 죽황(竹黃)

① 성미(性味) : 감(甘), 미신(微辛), 미고(微苦), 평(平), 한(寒), 무독(無毒)

② 귀경(歸經) : 심(心)·간(肝)·담(膽) 火木經

③ 용법(用法) : 3~9g 전복(煎服), 0.6~0.9g씩 (1회), 환·산(丸散)

④ 배합길(配合吉) : 황련(黃連), 울금(鬱金), 주사(朱砂), 백강잠(白殭蠶), 만잠사(晩蠶沙), 청대(靑黛), 인삼(人蔘), 사향(麝香), 감초(甘草), 선태(蟬蛻), 치자(梔子), 창포(菖蒲), 담남성(膽南星), 법반하(法半夏), 천패모(川貝母), 천화분(天花粉), 지모(知母), 조구등(釣鉤藤), 단삼(丹蔘), 계혈등(鷄血藤), 삼칠(三七), 복령(茯苓), 진피(陳皮)

⑤ 주치(主治) : 담열경축(痰熱驚搐), 소아급경(小兒急驚), 중풍담옹(中風痰壅), 열병신혼(熱病神昏), 추축(抽搐), 전간(癲癇), 약독발열(藥毒發熱), 금창(金瘡)

⑥ 효능(效能) : 청화열담(淸化熱痰), 청열해독(淸熱解毒), 양심정경(凉心定驚), 거풍열(祛風熱), 진심(鎭心), 진간명목(鎭癎明目), 양심경(凉心經), 지혈(止血), 자양오장(滋養五臟)

⑦ 약물음양오행(藥物陰陽五行) : 청화열담약(淸化熱痰藥)

420) 천초(川椒) : 산초(山椒), 촉초(蜀椒), 화초(花椒), 산초나무의 과피(果皮)

① 성미(性味) : 신(辛), 고(苦), 열(熱), 소독(小毒)

② 귀경(歸經) : 비(脾)·위(胃)·신(腎)·폐(肺) 土水金經, 심(心) 火經

③ 용법(用法) : 생용(生用), 초용(炒用), 1.5~6g, 2.5~6g 전복(煎服)

④ 금기(禁忌) : 임부(妊婦)(愼用), 화열상충(火熱上衝), 음허화왕(陰虛火旺), 괄루(栝樓), 관동(款冬), 방풍(防風), 부자(附子), 웅황(雄黃)(꺼림), 다복(多服)·장복(長服)삼가

⑤ 배합길(配合吉) : 〈부자(附子)〉, 건강(乾薑), 감초(甘草), 당삼(黨蔘), 이당(飴糖), 대조(大棗), 인삼(人蔘), 후박(厚朴), 창출(蒼朮), 생강(生薑), 비자(榧子), 오매(烏梅), 황백(黃柏), 황련(黃連), 지실(枳實), 백반(白礬), 지부자(地膚子), 고삼(苦蔘)

⑥ 주치(主治) : 중초한성(中焦寒盛), 허한복통(虛寒腹痛), 완복냉통(脘腹冷痛), 하리

(下痢), 오심구토(惡心嘔吐), 아통(牙痛), 풍사가결(風邪瘕結), 후비(喉痺), 충적복통(蟲積腹痛), 설사(泄瀉), 황달(黃疸), 수종(水腫), 피부습진(皮膚濕疹), 풍한습비(風寒濕痺), 산가(山瘕), 냉통(冷痛), 한음(寒飮), 소화불량(消化不良), 산후여질(産後餘疾), 사기해역(邪氣咳逆), 창개(瘡疥)

⑦ 효능(效能) : 온중지통(溫中止痛), 산한(散寒), 살충(殺蟲), 조습(燥濕), 난요슬(暖腰膝), 건위(健胃), 명목(明目), 장양(壯陽), 구회충(驅蛔蟲), 항균(抗菌), 하기(下氣), 견치발(堅齒髮), 이오장(利五臟), 살충어독(殺蟲魚毒), 하유즙(下乳汁), 통혈맥(通血脈), 내한서(耐寒暑), 파징결(破癥結), 소숙식(消宿食), 통삼초(通三焦), 축소변(縮小便)

⑧ 약물음양오행(藥物陰陽五行) : 온열약(溫熱藥), 지통약(止痛藥), 살충약(殺蟲藥)

421) 천초근(茜草根) : 꼭두서니의 근(根, 根莖)(뿌리, 뿌리줄기)

① 성미(性味) : 고(苦), 함(鹹), 평(平), 한(寒), 무독(無毒)

② 귀경(歸經) : 간(肝) 木經, 심(心)・비(脾)・위(胃) 火土經

③ 용법(用法) : 생용(生用) : 〈활혈거어(活血祛瘀)〉, 6~9g, 9~15g, 15~30g 선용(鮮用), 초탄용(炒炭用)

④ 금기(禁忌) : 무어혈(無瘀血)(忌), 위약설사(胃弱泄瀉), 비위허한(脾胃虛寒), 정기허(精氣虛), 음허화승(陰虛火勝)(忌), 연(鉛), 철(鐵)(忌)

⑤ 배합길(配合吉) : 치자(梔子), 생지황(生地黃), 지유(地楡), 황금(黃芩), 당귀(當歸), 서각(犀角), 황련(黃連), 홍화(紅花), 도인(桃仁), 목단피(牧丹皮), 적작약(赤芍藥), 천궁(川芎), 현호색(玄胡索), 백출(白朮), 산수유(山茱萸), 용골(龍骨), 오적골(烏賊骨), 모려(牡蠣), 오배자(五倍子), 백작(白芍), 황기(黃芪), 형개(荊芥), 속단(續斷), 단삼(丹蔘), 택란(澤蘭), 우슬(牛膝), 측백엽(側柏葉) 백급(白芨)

⑥ 주치(主治) : 혈열망행출혈증(血熱妄行出血證), 토뉵혈(吐衄血), 혈붕(血崩), 변혈(便血), 요혈(尿血), 어혈조체(瘀血阻滯), 어체종통(瘀滯腫痛), 박손어혈(撲損瘀血), 월경부조(月經不調), 폐색(閉塞), 혈대(血帶), 산후오로불하(産後惡露不下), 혈훈

(血暈), 한습풍비(寒濕風痺), 골절풍통(骨節風痛), 관절동통(關節疼痛), 풍습비통
(風濕痺痛), 내붕하혈(內崩下血), 장풍치루(腸風痔瘻), 유결(乳結), 만성기관염(황
달), 징가(癥瘕), 충상(虫傷), 고창(臌脹), 가비(瘕痞), 붕중대하(崩中帶下)

⑦ 효능(效能) : 양혈지혈(凉血止血), 행혈거어(行血祛瘀), 활혈(活血), 통경활락(通經
活絡), 배농(排膿), 거담(祛痰), 보중(補中), 통경하태(通經下胎), 강장(强壯)

⑧ 약물음양오행(藥物陰陽五行) : 지혈약(止血藥), 활혈거어약(活血祛瘀藥)

422) 천화분(天花粉) : 하늘타리의 괴근(塊根) 덩이뿌리, 과루근(瓜蔞根)

① 성미(性味) : 고(苦), 미감(微甘), 산(酸), 한(寒), 무독(無毒)

② 귀경(歸經) : 폐(肺)·위(胃) 金土經, 심(心)·소장(小腸)·비(脾) 火土經

③ 용법(用法) : 3~12g, 12~15g

④ 금기(禁忌) : 비위허한(脾胃虛寒), 설사(泄瀉), 위허습담(胃虛濕痰), 체액부족(体液
不足), 음허화동(陰虛火動), 구갈(口渴)(忌), 오두(烏頭)〈상반(相反)〉, 우슬(牛膝),
건강(乾薑), 건칠(乾漆)(꺼림)

⑤ 배합길(配合吉) : 지모(知母), 맥문동(麥門冬), 오미자(五味子), 산약(山藥), 황기
(黃芪), 갈근(葛根), 계내금(鷄內金), 천문동(天門冬), 생지황(生地黃), 사삼(沙蔘),
백작약(白芍藥), 진교(秦艽), 연교(連翹), 패모(貝母), 포공영(蒲公英), 조각자(皂角
刺), 금은화(金銀花), 유향(乳香), 반하(半夏), 백급(白芨), 천산갑(穿山甲), 서양삼
(西洋蔘), 담죽엽(淡竹葉), 석곡(石斛)

⑥ 주치(主治) : 열병(熱病), 열광시질(熱狂時疾), 진액손상(津液損傷), 구건설조(口乾
舌燥), 소갈(消渴), 폐열조해(肺熱燥咳), 폐허해혈(肺虛咳血), 옹창종독(癰瘡腫毒),
창양(瘡瘍), 발배(發背), 유옹(乳癰), 황달(黃疸), 치루(痔瘻), 편산(偏疝), 피부습
진(皮膚濕疹), 격상열담(膈上熱痰), 양명습열(陽明濕熱), 대열(大熱), 신열(身熱)

⑦ 효능(效能) : 설열생진(泄熱生津), 지갈(止渴), 청위열(淸胃熱), 윤폐조(潤肺燥),
청폐윤조화담(淸肺潤燥化痰), 소종배종(消腫排膿), 지해수대혈(止咳嗽帶血), 생기

장육(生肌長肉), 보허안중(補虛安中), 소박손어혈(消撲損瘀血), 강화(降火), 염기(斂氣), 보폐(補肺), 영심(寧心), 속절상(續絶傷), 통월수(通月水), 통소장(通小腸)

⑧ 약물음양오행(藥物陰陽五行) : 청열사화약(淸熱瀉火藥), 청화열담약(淸化熱痰藥), 지갈약(止渴藥)

423) 철현채(鐵莧菜) : 깨풀(帶根全草)

① 성미(性味) : 고(苦), 신(辛), 미감(微甘), 삽(澁), 평(平), 무독(無毒)
② 귀경(歸經) : 심(心)·간(肝)·폐(肺)·대·소장(大·小腸) 火木金經
③ 용법(用法) : 9~15g, 30~60g 선용(鮮用), 單方가능
④ 금기(禁忌) : 신약사주(身弱四柱)(신중 愼重), 노약기허자(老弱氣虛者)〈신용(愼用)〉, 임부(妊婦)(忌)
⑤ 배합길(配合吉) : 마치현(馬齒莧), 저간(豬肝), 백당(白糖), 대청엽(大靑葉), 반변련(半邊蓮)
⑥ 주치(主治) : 이질(痢疾), 설사(泄瀉), 허열(虛熱), 옹종창독(癰腫瘡毒), 습진(濕疹), 출혈증(出血證), 해수토혈(咳嗽吐血), 폐병(肺病), 자궁출혈(子宮出血), 변혈(便血), 감적(疳積), 복창(腹脹), 창상출혈(創傷出血), 식적포창(食積飽脹), 아통(牙痛), 질타상(跌打傷), 복사(腹瀉), 피부염(皮膚炎)
⑦ 효능(效能) : 청열해독지리(淸熱解毒止痢), 양혈지혈(凉血止血), 이소변(利小便), 살충(殺蟲), 이수통림(利水通淋), 진해(鎭咳), 지혈(止血)
⑧ 약물음양오행(藥物陰陽五行) : 청열해독약(淸熱解毒藥), 청열양혈약(淸熱凉血藥), 지혈약(止血藥)

424) 첨과체(甛瓜蒂), 참외(의 果蒂 : 열매꼭지)

① 성미(性味) : 고(苦), 한(寒), 소독(小毒)
② 귀경(歸經) : 위(胃) 土經, 비(脾)·심(心) 土火經

③ 용법(用法) : 1.5~4.5g (散用), 3~5g 煎服

④ 금기(禁忌) : 실혈(失血), 체허약(体虛弱), 기허(氣虛), 상부무실사(上部無實邪) (忌), 위약(胃弱), 산후(產後)(忌)

⑤ 배합길(配合吉) : 두시(豆豉), 적소두(赤小豆), 담두시(淡豆豉)

⑥ 주치(主治) : 풍열담연(風熱痰涎), 상복부한폐(上腹部寒閉), 숙식정취(宿食停聚), 흉비창만(胸痞脹滿), 습열황달(濕熱黃疸), 수습정음(水濕停飮), 풍담전간(風痰癲癇), 후비(喉痺), 부종(浮腫), 해역상기(咳逆上氣), 풍현(風眩)

⑦ 효능(效能) : 용토(涌吐), 거습퇴황(祛濕退黃), 토풍담숙식(吐風痰宿食), 살충독(殺蟲毒), 건비(健脾), 사심화(瀉心火), 지뉵혈(止衄血), 소수(消水)

⑧ 약물음양오행(藥物陰陽五行) : 용토약(涌吐藥)

425) 청대(靑黛) : 대청엽 잎(발효)(花末)

① 성미(性味) : 함(鹹), 감(甘), 신(辛), 고(苦), 한(寒), 무독(無毒)

② 귀경(歸經) : 간(肝)·폐(肺)·비(脾)·위(胃) 木金土經

③ 용법(用法) : 1.5~6g 單方가능

④ 금기(禁忌) : 중한(中寒), 음허내열(陰虛內熱)

⑤ 배합길(配合吉) : 생지황(生地黃), 석고(石膏), 활석(滑石), 승마(升麻), 포황(蒲黃), 백모근(白茅根), 황금(黃芩), 측백엽(側柏葉), 황련(黃連), 방풍(防風), 사향(麝香), 용담(龍膽), 빙편(氷片), 구등(鉤藤), 우황(牛黃), 부석(浮石), 패모(貝母), 과루인(瓜蔞仁), 황백(黃柏)

⑥ 주치(主治) : 열독발반(熱毒發斑), 열박혈일(熱迫血溢), 열 번(熱煩), 간열경풍(肝熱驚風), 토혈(吐血), 객혈(喀血), 폐열해수(肺熱咳嗽), 해담체혈(咳痰滯血), 간화범폐(肝火犯肺), 경간발열(驚癎發熱), 흉협작통(胸脇作痛), 구수(久嗽), 열해담조(熱咳痰稠), 창옹(瘡癰), 혈열발반(血熱發斑), 습진(濕疹), 구창(口瘡), 금창악종(金瘡惡腫), 산후열리하중(產後熱痢下重), 소아감열(小兒疳熱), 단독(丹毒), 중풍두풍(中風頭風), 현훈(眩暈), 소수(消瘦 여위는 것), 사충교상(蛇蟲咬傷)

⑦ 효능(效能) : 청열해독(清熱解毒), 양혈산종(涼血散腫), 소반(消斑), 청폐열(清肺熱), 사간화(瀉肝火), 해독(解毒), 흡습염창(吸濕斂瘡), 사간(瀉肝), 살충(殺蟲), 해제약독(解諸藥毒), 소격상담수(消膈上痰水)

⑧ 약물음양오행(藥物陰陽五行) : 청열해독약(清熱解毒藥), 청열양혈약(清熱涼血藥), 외용약(外用藥)

426) 청목향(靑木香) : 쥐방울덩굴(둥근잎쥐방울덩굴)의 뿌리(根), 마두령의 뿌리

① 성미(性味) : 신(辛), 고(苦), 미한(微寒), 소독(小毒)

② 귀경(歸經) : 간(肝)·위(胃) 木土經, 폐(肺) 金經

③ 용법(用法) : 3~9g 전복(煎服)

④ 금기(禁忌) : 용량(用量)주의, 다복(多服)삼가, 비위허한(脾胃虛寒)(愼用), 한담천(寒痰喘), 폐한해수(肺寒咳嗽), 위허외식(胃虛畏食)(忌)

⑤ 배합길(配合吉) : 호마유(胡麻油), 천련자(川楝子), 향부자(香附子), 빈랑(檳榔), 황련(黃連), 백지(白芷)

⑥ 주치(主治) : 간위기체(肝胃氣滯), 흉협창통(胸脇脹痛), 위기통(胃氣痛), 사리복통(瀉痢腹痛), 완복동통(脘腹疼痛), 풍습비통(風濕痺痛), 요각동통(腰脚疼痛), 고혈압(高血壓), 질타손상(跌打損傷), 독사교상(毒蛇咬傷), 장염하리(腸炎下痢), 사증(痧證), 산기(疝氣), 정창(疔瘡), 옹종(癰腫), 피부소양(皮膚瘙癢), 적취(積聚), 혈기(血氣), 담결(痰結)

⑦ 효능(效能) : 행기지통(行氣止痛), 강혈압(降血壓), 해독소종(解毒消腫), 거풍습(祛風濕), 지자통(止刺痛), 제풍발표(除風發表), 이대장(利大腸), 산기(散氣), 소포창(消飽脹), 통체기(通滯氣), 청화독(清火毒)

⑧ 약물음양오행(藥物陰陽五行) : 청열해독약(清熱解毒藥), 거풍습약(祛風濕藥)

427) 청상자(靑葙子) : 초결명(草決明), 개맨드라미 씨(種子)

① 성미(性味) : 고(苦), 감(甘), 평(平), 미한(微寒), 무독(無毒)

② 귀경(歸經) : 간(肝) 木經

③ 용법(用法) : 3~9g, 9~15g 전복(煎服)

④ 금기(禁忌) : 간신허(肝腎虛)〈동공산대(瞳孔散大)〉〈주의요한다〉

⑤ 배합길(配合吉) : 산조인(酸棗仁), 결명자(決明子), 백편두(白扁豆), 복령(茯苓), 밀몽화(密蒙花), 하고초(夏枯草), 감국(甘菊)

⑥ 주치(主治) : 간화상염(肝火上炎), 간양항성(肝陽亢盛), 목적종통(目赤腫痛), 풍열두통(風熱頭痛), 고혈압(高血壓), 목생장막(目生障膜), 수명유루(羞明流淚), 시물혼암(視物昏暗), 비출혈(鼻出血), 장예(障翳), 악창개소(惡瘡疥瘙), 오장사기(五臟邪氣), 풍한습비(風寒濕痺)

⑦ 효능(效能) : 청열(淸熱), 청간사화(淸肝瀉火), 소풍열(疏風熱), 명목퇴예(明目退翳), 살충(殺蟲), 견근골(堅筋骨), 익뇌수(益腦髓), 진간(鎭肝), 제심경화사(除心經火邪), 거풍열(祛風熱)

⑧ 약물음양오행(藥物陰陽五行) : 청열명목약(淸熱明目藥)

428) 청피(靑皮) : 귤나무의 미성숙 과실 과피(果皮)

① 성미(性味) : 고강(苦降), 미산(微酸), 신산(辛散), 온(溫), 무독(無毒), 조열(燥烈)

② 귀경(歸經) : 간(肝)·담(膽)·위(胃)·비(脾) 木土經

③ 용법(用法) : 3~6g, 6~9g 전복(煎服)

④ 금기(禁忌) : 기허다한(氣虛多汗), 건비기허(健脾氣虛), 노약허기(老弱虛氣)(忌)

⑤ 배합길(配合吉) : 향부자(香附子), 시호(柴胡), 울금(鬱金), 별갑(鱉甲), 소회향(小茴香), 오수유(吳茱萸), 천련자(川楝子), 백개자(白芥子), 백지(白芷), 감초(甘草), 패모(貝母), 천산갑(穿山甲), 초과(草果), 신국(神麴), 산사(山楂), 맥아(麥芽), 대복피(大腹皮), 목향(木香), 오약(烏藥), 곽향(藿香), 축사(縮砂), 당삼(黨蔘), 지각

(枳殼), 육계(肉桂), 적작(赤芍), 포공영(蒲公英), 금은화(金銀花)

⑥ 주치(主治) : 간기울체(肝氣鬱滯), 흉협위완동통(胸脇胃脘疼痛), 협륵창통(脇肋脹痛), 유방창통(乳房脹痛), 산기동통(疝氣疼痛), 담음해수(痰飮咳嗽), 벽괴(癖塊), 식적기체(食積氣滯), 애기완민(噯氣脘悶), 흉격기역(胸膈氣逆), 구학(久瘧), 유핵유종(乳核乳腫), 협통다노(脇痛多怒)

⑦ 효능(效能) : 소간파기(疏肝破氣), 건위(健胃), 산적화체(散積化滯), 제담소비(除痰消痞), 해울결(解鬱結), 사폐기(瀉肺氣), 소간담(疏肝膽), 소유종(消乳腫), 해열(解熱)

⑧ 약물음양오행(藥物陰陽五行) : 이기약(理氣藥), 파기약(破氣藥)

429) 청호(靑蒿) : 개사철쑥, 개똥쑥(의 全草)

① 성미(性味) : 고(苦), 감(甘), 신(辛), 한(寒), 무독(無毒)
② 귀경(歸經) : 간(肝)·담(膽)·위(胃) 木土經, 비(脾)·심(心)·신(腎) 火水經
③ 용법(用法) : 3~9g(15g), 單方가능
④ 금기(禁忌) : 음식정체(飮食停滯), 내한작사(內寒作瀉), 설사(泄瀉), 산후혈허(産後血虛), 다한(多汗)(忌), 위허(胃虛)(忌)
⑤ 배합길(配合吉) : 목단피(牧丹皮), 별갑(鱉甲), 생지황(生地黃), 지모(知母), 감초(甘草), 진교(秦艽), 지골피(地骨皮), 호황련(胡黃蓮), 은시호(銀柴胡), 반하(半夏), 진피(陳皮), 적복령(赤茯苓), 죽여(竹茹), 벽옥산(碧玉散), 지각(枳殼), 백미(白薇), 활석(滑石), 박하(薄荷), 승마(升麻), 당귀(當歸)
⑥ 주치(主治) : 온열병(溫熱病), 야열조량(夜熱早凉), 온병서열(溫病暑熱), 심통열황(心痛熱黃), 열퇴무한(熱退無汗), 음허발열(陰虛發熱), 학질한열(瘧疾寒熱), 골증노열(骨蒸勞熱), 서열외감(暑熱外感), 발열(發熱), 수족심열(手足心熱), 복내만(腹內滿), 부인혈기(婦人血氣), 내열구리(冷熱久痢), 장풍열하혈(腸風熱下血), 담화조잡현훈(痰火嘈雜眩暈), 황달(黃疸), 개라(疥癩), 소아식적(小兒食積), 금창(金瘡)
⑦ 효능(效能) : 청열양혈(淸熱凉血), 청퇴허열(淸退虛熱), 서열청해(暑熱淸解), 익기

(益氣), 보중(補中), 장발(長髮), 명목(明目), 생육(生肉), 불노(不老), 청열중습열(淸熱中濕熱), 지혈(止血), 지동통(止疼痛), 이소변(利小便), 소담(消痰)

⑧ 약물음양오행(藥物陰陽五行) : 청퇴허열약(淸退虛熱藥), 청열양혈약(淸熱凉血藥), 청열해서약(淸熱解暑藥)

430) 초과(草果) : 초과의 과실(果實 : 열매)

① 성미(性味) : 신향(辛香), 농열(濃烈), 온조(溫燥), 무독(無毒)

② 귀경(歸經) : 비(脾)·위(胃) 土經

③ 용법(用法) : 3~6g 전복(煎服)

④ 금기(禁忌) : 음수소(陰水少)하고 조(燥)한 사주(四柱) 신중, 음허혈소(陰虛血少), 기허(氣虛), 체약(體弱), 노인(老人), 체허약(體虛弱), 습열어체(濕熱瘀滯), 이급후중(裏急後重), 서기습열(暑氣濕熱)(忌)

⑤ 배합길(配合吉) : 곽향(藿香), 후박(厚朴), 창출(蒼朮), 건강(乾薑), 오수유(吳茱萸), 작약(芍藥), 지모(知母), 감초(甘草), 빈랑(檳榔), 황금(黃芩), 패모(貝母), 상산(常山), 대조(大棗), 오매(烏梅), 청호(青蒿), 생강(生薑), 진피(陳皮), 창출(蒼朮)

⑥ 주치(主治) : 한습울체(寒濕鬱滯), 담음비만(痰飮痞滿), 한담(寒痰), 비위한습(脾胃寒濕), 창만(脹滿), 심복통(心腹痛), 완복냉통(脘腹冷痛), 식적(食積), 반위(反胃), 오심구토(惡心嘔吐), 설사(泄瀉), 학질(瘧疾), 냉기팽창(冷氣膨脹), 수종(水腫)

⑦ 효능(效能) : 온중조습(溫中燥濕), 온비위(溫脾胃), 절학(截瘧), 제한(除寒), 개울(開鬱), 소담(消痰), 온위(溫胃), 지구토(止嘔吐), 익기(益氣), 해주독(解酒毒), 소숙식(消宿食), 보위(補胃), 하기(下氣), 해어육독(解魚肉毒), 이격상담(利膈上痰)

⑧ 약물음양오행(藥物陰陽五行) : 방향화습약(芳香化濕藥)

431) 초두구(草豆蔲) : 초두구의 종자

① 성미(性味) : 신향(辛香), 온조(溫燥), 무독(無毒)

② 귀경(歸經) : 비(脾)·위(胃) 土經, 심(心)·폐(肺) 火金經

③ 용법(用法) : 타쇄(打碎) 3~6g 환(丸), 산(散)用

④ 금기(禁忌) : 수음소(水陰少)하고 조(燥)한 사주(四柱)(신중), 진액부족(津液不足),
음허혈소(陰虛血少), 무한습(無寒濕), 음허혈조(陰虛血燥)(忌), 철(鐵)꺼림

⑤ 배합길(配合吉) : 진피(陳皮), 후박(厚朴), 오수유(吳茱萸), 사인(砂仁), 고량강(高
良薑), 육두구(肉豆蔲), 육계(肉桂), 건강(乾薑), 생강(生薑), 반하(半夏), 목향(木
香), 황금(黃芩), 가자(訶子), 연호색(延胡索), 향부자(香附子)

⑥ 주치(主治) : 비위한습편승(脾胃寒濕偏勝), 객한심위통(客寒心胃痛), 완복냉통(脘
腹冷痛), 습울한체(濕鬱寒滯), 범토청연(泛吐淸涎), 불사음식(不思飮食), 비만토산
(痞滿吐酸), 애기구역(噯氣嘔逆), 냉담(冷痰), 식체(食滯), 담음적취(痰飮積聚), 한
습설사(寒濕泄瀉), 열격반위(噎膈反胃), 한학(寒瘧), 구토(嘔吐), 부인오조대하(婦
人惡阻帶下)

⑦ 효능(效能) : 중초한습온화(中焦寒濕溫化), 건비조습(健脾燥濕), 온중지구(溫中止
嘔), 지곽란(止霍亂), 익비위(益脾胃), 하기(下氣), 조중보위(調中補胃), 제한조습
(除寒燥濕), 겸해주독(兼解酒毒), 지사수렴(止瀉收斂), 건비소식(健脾消食), 보비위
(補脾胃), 개울파기(開鬱破氣), 살어육독(殺魚肉毒)

⑧ 약물음양오행(藥物陰陽五行) : 방향화습약(芳香化濕藥)

432) 초목(椒目) : 산초나무 과실속의 종자(種子)

① 성미(性味) : 고(苦), 신(辛), 한(寒), 설강(泄降), 소독(小毒)

② 귀경(歸經) : 비(脾)·방광(膀胱) 土水經

③ 용법(用法) : 미초거유용(微炒去油用), 3~9g 單方가능

④ 금기(禁忌) : 한다신약사주(寒多身弱四柱)(신중), 체질허한(体質虛寒), 음허화왕
(陰虛火旺)(忌)

⑤ 배합길(配合吉) : 대황(大黃), 정력자(葶藶子), 방기(防己)

⑥ 주치(主治) : 수종창만(水腫脹滿), 담음(痰飮), 소변불리(小便不利), 천역(喘逆),

수음범폐(水飮犯肺), 복창만(腹脹滿), 도한(盜汗), 신허이명(腎虛耳鳴)

⑦ 효능(效能) : 행수기(行水氣), 이수소종(利水消腫), 평천(平喘), 이소변(利小便), 정담천(定痰喘)

⑧ 약물음양오행(藥物陰陽五行) : 이수소종약(利水消腫藥)

433) 초오두(草烏頭) : 야생종 이사바꽃의 괴근(塊根)〈덩이뿌리〉, 눗젓가락 나물, 가는줄 돌쩌귀

① 성미(性味) : 신(辛), 고(苦), 열(熱), 대독(大毒), 예리(銳利), 준열(峻烈), 천오두(川烏頭)와 성미유사

② 귀경(歸經) : 심(心)・간(肝)・비(脾) 火木土經, 폐(肺) 金經

③ 용법(用法) : 1.5~6g 구복(久服)삼가, 날것 복용주의

④ 금기(禁忌) : 임부(妊婦), 허약(虛弱), 열증동통(熱證疼痛), 음허화왕(陰虛火旺)(忌), 백렴(白蘞), 반하(半夏), 패모(貝母), 과루인(瓜蔞仁), 백급(白芨)〈상반(相反)〉, 직미(稷米 피쌀)(忌), 서각(犀角 相畏), 여로(藜蘆 꺼림), 시즙(豉汁), 흑두(黑豆), 이당(飴糖)(꺼림)

⑤ 배합길(配合吉) : 유향(乳香), 오령지(五靈脂), 몰약(沒藥), 남성(南星), 낭독(狼毒), 부용엽(芙蓉葉), 천화분(天花粉)

⑥ 주치(主治) : 풍한습비(風寒濕痺), 두풍후비(頭風喉痺), 담벽냉리(痰癖冷痢), 음저종경(陰疽腫硬), 중풍탄탄(中風癱瘓), 현벽기괴(痃癖氣塊), 완복냉통(脘腹冷痛), 해역상기(咳逆上氣), 심복냉질(心腹冷疾), 냉식불하(冷食不下), 신약(腎弱), 파상풍(破傷風), 저창옹저(疽瘡癰疽), 라역(瘰癧), 치통(齒痛), 후비(喉痺)

⑦ 효능(效能) : 온경산한지통(溫經散寒止痛), 이독공독(以毒攻毒), 거풍제습(祛風除濕), 파적취한열(破積聚寒熱), 제한습비(除寒濕痺), 소흉상담(消胸上痰), 익양(益陽), 강지(强志)

⑧ 약물음양오행(藥物陰陽五行) : 온열약(溫熱藥), 소창옹저약(消瘡癰疽藥), 거풍지비약(祛風止痺藥), 지통약(止痛藥)

434) 초장초(酢醬草) : 괭이밥(의 全草)

① 성미(性味) : 산(酸), 한(寒), 미독(微毒)

② 귀경(歸經) : 대장(大腸) · 소장(小腸) 金火經

③ 용법(用法) : 6~12g 전복(煎服), 單方가능

④ 배합길(配合吉) : 금전초(金錢草), 해금사(海金砂), 차전자(車前子), 인진(茵陳)

⑤ 주치(主治) : 소변불리(小便不利), 심위복통(心胃腹痛), 임병(淋病), 습열황달(濕熱黃疸), 구리적백(久痢赤白), 이질(痢疾), 설사(泄瀉), 적백대하(赤白帶下), 구사장활(久瀉腸滑), 인후종통(咽喉腫痛), 옹종(癰腫), 저창(疽瘡), 치질(痔疾), 개선(疥癬), 마진(麻疹), 질박손상(跌撲損傷), 토뉵혈(吐衄血), 요결(尿結), 발열해수(發熱咳嗽), 창양종창작통(瘡瘍腫脹作痛), 탕화사갈상(湯火蛇蝎傷)

⑥ 효능(效能) : 청열이수(清熱利水), 이습(利濕), 활혈소종(活血消腫), 지통(止痛), 해독(解毒), 어혈소산(瘀血消散), 산열소종(散熱消腫), 염음(斂陰), 보폐사간(補肺瀉肝), 살제소충(殺除小蟲), 절학(截瘧), 이뇨(利尿), 접골(接骨), 건위지해(健胃止咳)

⑦ 약물음양오행(藥物陰陽五行) : 이수청열약(利水清熱藥)

435) 총백(葱白) : 파의 인경(鱗莖) 비늘줄기

① 성미(性味) : 신(辛), 감(甘), 평(平), 온(溫), 무독(無毒)

② 귀경(歸經) : 폐(肺) · 위(胃) 金土經, 간(肝) 木經

③ 용법(用法) : 선용(鮮用), 2~8 매(枚), 9~15g 전복(煎服)

④ 금기(禁忌) : 표허다한(表虛多汗), 꿀(忌), 기상충(氣上沖), 기허(氣虛) 多食삼가, 長服삼가, 상산(常山), 지황(地黃)(忌), 양매(楊梅)(忌),

⑤ 배합길(配合吉) : 생강(生薑), 두시(豆豉), 부자(附子), 건강(乾薑)

⑥ 주치(主治) : 외감풍한(外感風寒), 오한발열(惡寒發熱), 한열(寒熱), 두통(頭痛), 상한(傷寒), 골육통(骨肉痛), 감모경증(感冒輕證), 음한내성(陰寒內盛), 각기(脚

氣), 궐역(厥逆), 하리청곡(下痢淸穀), 충적심통(蟲積心痛), 한응복통(寒凝腹痛), 창옹저독(瘡癰疽毒), 음독(陰毒), 면목종(面目腫), 양명하리하혈(陽明下痢下血)

⑦ 효능(效能) : 발한해표(發寒解表), 산풍한(散風寒), 산음한통양기(散陰寒通陽氣), 해독산결(解毒散結), 안태(安胎), 지혈(止血), 제풍습(除風濕), 발한해기(發汗解肌), 이대소변(利大小便), 지뉵혈(止衄血), 통관절(通關節), 발산풍사(發散風邪), 이이명(利耳鳴)

⑧ 약물음양오행(藥物陰陽五行) : 신온해표약(辛溫解表藥)

436) 충울자(茺蔚子) : 익모초씨(성숙한 種子)

① 성미(性味) : 감(甘), 신(辛), 미고(微苦), 미한(微寒), 무독(無毒)

② 귀경(歸經) : 간(肝)·심포(心包) 木火經

③ 용법(用法) : 6~9g 전복(煎服)

④ 금기(禁忌) : 임부(妊婦), 간혈허(肝血虛), 동자산대(瞳子散大)(忌), 혈붕(血崩)(忌), 철(鐵)(忌)

⑤ 배합길(配合吉) : 결명자(決明子), 청상자(靑葙子), 당귀탄(當歸炭), 난발상(亂髮霜), 택사(澤瀉), 구기자(枸杞子), 황련(黃連), 생지황(生地黃), 맥문동(麥門冬), 지각(枳殼), 세신(細辛), 차전자(車前子), 석결명(石決明)

⑥ 주치(主治) : 간열(肝熱), 심번(心煩), 목적종통(目赤腫痛), 두통(頭痛), 월경부조(月經不調), 붕중대하(崩中帶下), 경폐(經閉), 통경(痛經), 산후어체복통(産後瘀滯腹痛), 예막(翳膜), 혈역(血逆), 산후혈창(産後血脹)

⑦ 효능(效能) : 활혈조경(活血調經), 양간명목(凉肝明目), 익정(益精), 거풍(祛風), 청열(淸熱), 보중익기(補中益氣), 지갈(止渴), 윤폐(潤肺), 전정수(塡精髓), 통혈맥(通血脈), 순기활혈(順氣活血), 양간익심(養肝益心)

⑧ 약물음양오행(藥物陰陽五行) : 활혈거어약(活血祛瘀藥),

437) 취오동(臭梧桐) : 해주상산(海州常山), 누리장나무의 눈지, 엽(嫩枝, 葉)(어린가지, 잎)

① 성미(性味) : 신(辛), 고(苦), 감(甘), 량(凉), 무독(無毒)
② 귀경(歸經) : 간(肝) 木經
③ 용법(用法) : 생용(生用), 9~15g, 30~60g 선용(鮮用), 전복(煎服), 단방(單方)가능
④ 금기(禁忌) : 양혈(羊血), 저간(豬肝)(忌)
⑤ 배합길(配合吉) : 희렴(豨薟), 주(酒), 밀(蜜), 천초(川椒), 와송(瓦松), 지룡(地龍)
⑥ 주치(主治) : 풍습비통(風濕痺痛), 주신습양(周身濕痒), 지체마목(肢体麻木), 풍습양통(風濕痒痛), 간양항성(肝陽亢盛), 고혈압(高血壓), 두통두훈(頭痛頭暈), 흉중담결(胸中痰結), 치창이질(痔瘡痢疾), 편두통(偏頭痛), 옹저창개(癰疽瘡疥), 온학(溫瘧)
⑦ 효능(效能) : 거풍습지비(祛風濕止痺), 평간강압(平肝降壓), 지리(止痢), 지통(止痛)
⑧ 약물음양오행(藥物陰陽五行) : 거풍습지비약(祛風濕止痺藥), 평간잠양약(平肝潛陽藥)

438) 측백엽(側柏葉) : 측백나무의 눈지엽(嫩枝葉)(어린가지, 잎)

① 성미(性味) : 고(苦), 삽(澁), 한(寒), 무독(無毒)
② 귀경(歸經) : 폐(肺)・간(肝)・대장(大腸) 金木經, 심(心)・신(腎)・비(脾) 火水土經
③ 용법(用法) : 3~6g, 6~18g 전복(煎服), 초흑(炒黑), 單方가능
④ 금기(禁忌) : 장복(長服)삼가, 용량주의
⑤ 배합길(配合吉) : 주(酒), 괴화(槐花), 황련(黃連), 애엽(艾葉), 건강(乾薑), 당귀(當歸), 방풍(防風), 목통(木通), 강활(羌活), 홍화(紅花), 부자(附子), 생지황(生地

黃), 생하엽(生荷葉), 대조(大棗)

⑥ 주치(主治) : 열증출혈병(熱證出血病), 풍습비통(風濕痺痛), 습열습비(濕熱濕痺), 역절풍통(歷節風痛), 붕루장풍(崩漏腸風), 토뉵혈(吐衄血), 혈리(血痢), 뇨혈(尿血), 폐역(肺逆), 노인만성기관지염(老人慢性氣管支炎), 해천담다(咳喘痰多), 수발조백(鬚髮早白), 골절동통(骨節疼痛), 이질(痢疾), 동창(凍瘡), 고혈압(高血壓), 단독(丹毒), 화상(火傷)

⑦ 효능(效能) : 청열양혈(淸熱凉血), 수렴지혈(收斂止血), 거풍습(祛風濕), 지해거담(止咳祛痰), 익기(益氣), 생기(生肌), 평간열(平肝熱), 이소변(利小便), 행기(行氣), 산어(散瘀), 소종독(消腫毒), 경신(輕身), 내한서(耐寒暑), 살오장충(殺五臟蟲)

⑧ 약물음양오행(藥物陰陽五行) : 청열양혈약(淸熱凉血藥), 지혈약(止血藥), 거풍습지비약(祛風濕止痺藥), 수렴약(收斂藥)

439) 치자(梔子) : 치자나무의 과실(果實 : 열매), 산치자(山梔子)

① 성미(性味) : 고(苦), 산(酸), 한(寒), 무독(無毒)

② 귀경(歸經) : 심(心)·폐(肺)·위(胃)·삼초(三焦) 火金土經, 간(肝) 木經, 방광(膀胱)·대소장(大小腸)·담(膽) 水金木經

③ 용법(用法) : 3~9g, 9~12g 전복(煎服)

④ 금기(禁忌) : 비위허한(脾胃虛寒), 변당(便溏), 표사(表邪)(忌)

⑤ 배합길(配合吉) : 향부자(香附子), 창출(蒼朮), 신국(神麴), 천궁(川芎), 황백(黃柏), 인진(茵陳), 자감초(炙甘草), 대황(大黃), 황금(黃芩), 모근(茅根), 소계(小薊), 생지황(生地黃), 통초(通草), 활석(滑石), 우절(藕節), 계자백(鷄子白), 초(醋), 주(酒), 연교(連翹), 방풍(防風), 적작(赤芍), 생감초(生甘草), 강활(羌活), 황기(黃芪), 청대(靑黛), 해부석(海浮石), 괄루인(栝樓仁), 가자(訶子), 국화(菊花)

⑥ 주치(主治) : 열병번열(熱病煩熱), 흉격비민(胸膈痞悶), 면적(面赤), 위중열기(胃中熱氣), 목열적통(目熱赤痛), 심중번민(心中煩悶), 상초허열(上焦虛熱), 심경객열(心經客熱), 소갈구건(消渴口乾), 목적종통(目赤腫痛), 음식불소(飮食不消), 탄산구토

(呑酸嘔吐), 습열울결(濕熱鬱結), 발황(發黃), 열병출혈병(熱病出血病), 습열황달(濕熱黃疸), 열림(熱淋), 토뉵혈(吐衄血), 소갈증(消渴證), 열독혈뇨(熱毒血尿), 고열번조(高熱煩躁), 열병심번(熱病心煩), 혈리(血痢), 창양(瘡瘍), 열궐심통(熱厥心痛), 두통(頭痛), 탕화상(湯火傷), 혈림(血淋), 손상어혈(損傷瘀血), 상한노복(傷寒勞復), 황달형간염(黃疸型肝炎), 신염수종(腎炎水腫), 감모고열(感冒高熱), 유선염(乳腺炎), 구설생창(口舌生瘡), 비뉵(鼻衄), 창양종독(瘡瘍腫毒)

⑦ 효능(效能) : 화열청설사화제번(火熱淸泄瀉火除煩), 청열이습(淸熱利濕), 청열양혈(淸熱凉血), 지혈(止血)〈초흑(炒黑)〉, 항균(抗菌), 명목(明目), 강압(降壓), 살자충독(殺蟅蟲毒), 이오림(利五淋), 통소변(通小便), 사삼초화(瀉三焦火), 해열울(解熱鬱), 청위완혈(淸胃脘血), 행결기(行結氣), 청열해독(淸熱解毒)

⑧ 약물음양오행(藥物陰陽五行) : 청열사화약(淸熱瀉火藥), 지혈약(止血藥)

440) 침향(沈香) : 침향나무, 백목향의 심재(心材)

① 성미(性味) : 신(辛), 고(苦), 온(溫), 무독(無毒), 모기(耗氣), 조열(燥烈), 중(重), 강하(降下)

② 귀경(歸經) : 비(脾)·위(胃)·신(腎) 土水經, 폐(肺) 金經

③ 용법(用法) : 1~3g, 연말(硏末)은 1회 0.3~0.9g씩

④ 금기(禁忌) : 음허화왕(陰虛火旺), 기허하함(氣虛下陷)〈신중용(愼重用)〉, 심경실사(心經實邪), 음허기역(陰虛氣逆)(忌)

⑤ 배합길(配合吉) : 인삼(人蔘), 빈랑(檳榔), 오약(烏藥), 목향(木香), 지각(枳殼), 내복자(萊菔子), 생강(生薑), 부자(附子), 반하(半夏), 진피(陳皮), 향부자(香附子), 연호색(延胡索), 상백피(桑白皮), 귤홍(橘紅), 소자(蘇子), 숙지황(熟地黃), 측백엽(側柏葉), 보골지(補骨脂), 초두구(草豆寇), 육계(肉桂), 정향(丁香), 육종용(肉蓯蓉), 백두옹(白頭翁), 동규자(冬葵子)

⑥ 주치(主治) : 기체(氣滯), 흉복창통(胸腹脹痛), 풍수독종(風水毒腫), 중오(中惡), 기역천급(氣逆喘急), 심복통(心腹痛), 냉기토사(冷氣吐瀉), 곽란(霍亂), 비위허한

(脾胃虛寒), 상열하한(上熱下寒), 조비습(燥脾濕), 간울(肝鬱), 구토애역(嘔吐呃逆), 요슬허냉(腰膝虛冷), 정냉(精冷), 대장허비(大腸虛秘), 소변기림(小便氣淋)

⑦ 효능(效能) : 온중난신(溫中暖腎), 온중강역(溫中降逆), 견신(堅腎), 조중(調中), 익정장양(益精壯陽), 파징벽(破癥癖), 이수개규(利水開竅), 소습기(消濕氣), 화비위(和脾胃), 보오장(補五臟)

⑧ 약물음양오행(藥物陰陽五行) : 이기약(理氣藥)

441) 태자삼(太子蔘) : 개별꽃의 괴근(塊根) 덩이뿌리

① 성미(性味) : 평(平), 감(甘), 미고(微苦), 윤(潤), 미한(微寒)〈미온(微溫)〉, 편침(偏沈), 무독(無毒),

② 귀경(歸經) : 심(心) · 폐(肺) · 비(脾) 火金土經

③ 용법(用法) : 15~30g 전복(煎服), (人蔘用量의 2~3배 사용)

④ 배합길(配合吉) : 백편두(白扁豆), 산약(山藥), 오미자(五味子), 맥문동(麥門冬), 생황기(生黃芪), 부소맥(浮小麥), 백합(百合), 사삼(沙蔘), 패모(貝母), 죽엽(竹葉), 지모(知母), 생지황(生地黃), 백자인(柏子仁), 산조인(酸棗仁), 옥미수(玉米鬚)

⑤ 주치(主治) : 비허(脾虛), 기허폐조(氣虛肺燥), 위음부족(胃陰不足), 비폐휴허(脾肺虧虛), 기음부족(氣陰不足), 비허설사(脾虛泄瀉), 조열객폐(燥熱客肺), 폐허해수(肺虛咳嗽), 소아허한(小兒虛汗), 진상(津傷), 심계실면(心悸失眠), 구갈(口渴), 병후체허(病後体虛), 음식감소(飲食減少), 비위피상(脾胃被傷), 신경쇠약(神經衰弱), 열병후기기허상진(熱病後氣氣虛傷津), 간염(肝炎), 위약소화불량(胃弱消化不良)

⑥ 효능(效能) : 보기생진(補氣生津), 보중익기(補中益氣), 건비(健脾), 익혈(益血), 양음(養陰), 청보(清補), 초보(初補), 윤폐(潤肺), 보비폐기(補脾肺氣), 보중겸청(補中兼清), 화담지갈(化痰止渴), 소수종(消水腫), 지한(止汗)

⑦ 약물음양오행(藥物陰陽五行) : 보기약(補氣藥), 지갈약(止渴藥)

442) 택란(澤蘭) : 쉽사리(개조박이) 전초(全草), 경엽(莖葉)

① 성미(性味) : 고(苦), 신(辛), 미온(微溫), 무독(無毒), 산(散)

② 귀경(歸經) : 간(肝)·비(脾) 木土經, 소장(小腸) 火經

③ 용법(用法) : 3~9g 전복(煎服)

④ 금기(禁忌) : 무어혈(無瘀血)(愼重用), 혈허고비(血虛枯秘)(忌)

⑤ 배합길(配合吉) : 작약(芍藥), 당귀(當歸), 감초(甘草), 대조(大棗), 생강(生薑), 적작약(赤芍藥), 생지황(生地黃), 도인(桃仁), 홍화(紅花), 천궁(川芎), 금은화(金銀花), 방기(防己), 백작(白芍), 강황(薑黃), 인동등(忍冬藤)

⑥ 주치(主治) : 혈체경폐(血滯經閉), 중풍여질(中風餘疾), 월경부조(月經不調), 통경(痛經), 부인혈역요통(婦人血歷腰痛), 복중징가(腹中癥瘕), 흉협통(胸脇痛), 두풍(頭風), 산후어체복통(産後瘀滯腹痛), 신면부종(身面浮腫), 수종(水腫), 소변불리(小便不利), 산전후병(産前後病), 옹종동통(癰腫疼痛), 수리(瘦羸), 질타손상(跌打損傷), 금창(金瘡), 비홍토혈(鼻洪吐血)

⑦ 효능(效能) : 활혈통경(活血通經), 조경(調經), 이근맥(利筋脈), 거어(祛瘀), 소산어체(消散瘀滯), 산옹소종(散癰消腫), 활혈해수(活血咳嗽), 통구규(通九竅), 보간사비(補肝瀉脾), 파숙혈(破宿血), 양혈기(養血氣), 장육생기(長肉生肌), 통소장(通小腸), 소징가(消癥瘕)

⑧ 약물음양오행(藥物陰陽五行) : 활혈거어약(活血祛瘀藥), 이수통림약(利水通淋藥)

443) 택사(澤瀉) : 참택사(의 根莖)(뿌리줄기, 덩이줄기), 택사의 덩이줄기

① 성미(性味) : 감(甘), 함(鹹), 고(苦), 산(酸), 평(平), 담(淡), 한(寒), 무독(無毒)

② 귀경(歸經) : 신(腎)·방광(膀胱) 水經, 비(脾)·소장(小腸)·삼초(三焦) 土火經

③ 용법(用法) : 3~12g, 12~15g 전복(煎服), 생용(生用), 염수초용(鹽水炒用)

④ 금기(禁忌) : 신허정활(腎虛精滑), 무습열(無濕熱)(忌), 多服삼가, 문합(文蛤), 해

합(海蛤)(꺼림)

⑤ 배합길(配合吉) : 차전자(車前子), 활석(滑石), 백출(白朮), 황백(黃柏), 지모(知母), 지황(地黃), 산수유(山茱萸), 산약(山藥), 반하(半夏), 복령(茯苓), 의이인(薏苡仁)

⑥ 주치(主治) : 수습정체(水濕停滯), 풍한습비(風寒濕痺), 수종창만(水腫脹滿), 습승설사(濕勝泄瀉), 사리(瀉痢), 구토(嘔吐), 각기담음(脚氣痰飮), 습열임통(濕熱淋痛), 근골연축(筋骨攣縮), 소변불리(小便不利), 열림삽통(熱淋澁痛), 산통(疝痛), 담음현훈(痰飮眩暈), 상화편왕(相火偏旺), 심하수비(心下水痞), 유정(遺精), 유난(乳難), 삼초정수(三焦停水), 오로칠상(五勞七傷)

⑦ 효능(效能) : 이수삼습(利水滲濕), 거습설열(祛濕泄熱), 청설신화(淸泄腎火), 익기력(益氣力), 항균(抗菌), 이뇨(利尿), 보허손오로(補虛損惡勞), 양오장(養五臟), 비건(肥健), 제오장비만(除五臟痞滿), 선통수도(宣通水道), 이방광열(利膀胱熱), 지설정(止泄精), 기음기(起陰氣), 양신수(養新水), 소수종(消水腫), 통소장(通小腸), 이소변(利小便), 행담음(行痰飮)

⑧ 약물음양오행(藥物陰陽五行) : 이수삼습약(利水滲濕藥)

444) 택칠(澤漆) : 등대풀(의 全草)

① 성미(性味) : 신(辛), 고(苦), 미한(微寒), 대독(大毒)
② 귀경(歸經) : 폐(肺)·대장(大腸)·소장(小腸) 金火經, 비(脾) 土經
③ 용법(用法) : 생용(生用), 선용(鮮用), 3~9g, 15~30g 단방(單方)가능
④ 금기(禁忌) : 산약(山藥)〈상오(相惡)〉, 임부(妊婦)(忌), 기혈허약(氣血虛弱)(忌)
⑤ 배합길(配合吉) : 택사(澤瀉), 적복령(赤茯苓), 백출(白朮), 상백피(桑白皮), 어성초(魚腥草), 전호(前胡), 자완(紫菀), 백전(白前), 감초(甘草), 인삼(人蔘), 반하(半夏), 생강(生薑), 황금(黃芩), 계지(桂枝), 계자(鷄子), 절패모(浙貝母), 모려(牡蠣), 황약자(黃藥子)
⑥ 주치(主治) : 복수창만(腹水脹滿), 대복수기(大腹水氣), 수종(水腫), 부종(浮腫),

폐열해수(肺熱咳嗽), 담음천해(痰飮喘咳), 풍습사(風濕邪), 객담황조(喀痰黃稠), 선창(癬瘡), 골수염(骨髓炎), 라역(瘰癧), 결핵(結核), 학질(瘧疾)

⑦ 효능(效能) : 축수퇴종(逐水退腫), 이소변(利小便), 청열화담(淸熱化痰), 산결해독(散結解毒), 살충(殺蟲), 명목(明目), 지해(止咳), 이대소장(利大小腸), 지동통(止疼痛), 지학질(止瘧疾)

⑧ 약물음양오행(藥物陰陽五行) : 이수통림약(利水通淋藥), 청화열담약(淸化熱痰藥)

445) 토복령(土茯苓) : 민청미래덩굴(根莖 : 뿌리줄기)

① 성미(性味) : 고(苦), 감(甘), 담(淡), 삼(滲), 평(平), 무독(無毒)
② 귀경(歸經) : 간(肝)·위(胃) 木土經, 비(脾) 土經
③ 용법(用法) : 15~30g, 30~60g, 단방(單方)가능
④ 금기(禁忌) : 목수약사주(木水弱四柱)(신중), 간신음휴(肝腎陰虧)〈신용(愼用)〉, 다면탕(茶麵湯), 다(茶 차), 철(鐵)〈꺼림)
⑤ 배합길(配合吉) : 백선피(白蘚皮), 금은화(金銀花), 감초(甘草), 위령선(威靈仙), 창출(蒼朮), 고삼(苦蔘), 지부자(地膚子), 포공영(蒲公英), 연교(連翹), 적작약(赤芍藥), 생지황(生地黃), 견우자(牽牛子), 조협(皂莢), 동규자(冬葵子), 어성초(魚腥草)
⑥ 주치(主治) : 습열창독(濕熱瘡毒), 매독(梅毒), 습진(濕疹), 풍습관절동통(風濕關節疼痛), 소아마비(小兒癲痺), 은주독(銀朱毒), 단독(丹毒), 경분독(輕粉毒), 옹종(癰腫), 정창(疔瘡), 임탁(淋濁), 각기(脚氣), 구련골통(拘攣骨痛), 후비(喉痺), 신염(腎炎), 심위기통(心胃氣痛), 라역(瘰癧), 방광염(膀胱炎), 소화불량(消化不良)
⑦ 효능(效能) : 청열해독(淸熱解毒), 이습해독(利濕解毒), 이뇨(利尿), 거풍습(祛風濕), 살충(殺蟲), 소독창(消毒瘡), 통락이관절(通絡利關節), 강근골(强筋骨), 건비위(健脾胃), 조중지설(調中止泄)
⑧ 약물음양오행(藥物陰陽五行) : 청열해독약(淸熱解毒藥), 청열조습약(淸熱燥濕藥)

446) 토사자(菟絲子) : 새삼, 개실새삼의 종자

① 성미(性味) : 평(平), 신(辛), 감(甘), 무독(無毒)

② 귀경(歸經) : 간(肝)·신(腎) 木水經, 비(脾)·심(心) 土火經

③ 용법(用法) : 생용(生用), 주초용(酒炒用), 단방가능(單方可能), 6~15g, 15~18g

④ 금기(禁忌) : 신장유화(腎臟有火), 음허화동(陰虛火動), 혈허(血虛), 열증(熱證), 신가다화(腎家多火), 강양불위(强陽不痿), 대변조결(大便燥結), 임부(妊婦), 혈붕(血崩)(忌)

⑤ 배합길(配合吉) : 주(酒), 두중(杜仲), 아교(阿膠), 상기생(桑寄生), 산수유(山茱萸), 감국(甘菊), 숙지황(熟地黃), 백출(白朮), 황기(黃芪), 보골지(補骨脂), 산약(山藥), 구기자(枸杞子), 복령(茯苓), 녹용(鹿茸), 오미자(五味子), 택사(澤瀉), 충울자(茺蔚子), 세신(細辛), 구척(狗脊), 당삼(黨蔘), 연자(蓮子), 복분자(覆盆子), 황정(黃精), 한련초(旱蓮草), 자감초(炙甘草), 속단(續斷), 익모초(益母草), 상심자(桑椹子), 동질려(潼蒺藜), 차전자(車前子), 차전초(車前草)

⑥ 주치(主治) : 간신허손(肝腎虛損), 양기쇠약(陽氣衰弱), 신허요통(腎虛腰痛), 양위(陽痿), 허냉(虛冷), 요혈(尿血), 음위(陰痿), 실약유정(失弱遺精), 붕루(崩漏), 백대(白帶), 태루하혈(胎漏下血), 간허목암(肝虛目暗), 요슬산통(腰膝痠痛), 비신허약(脾腎虛弱), 설사(泄瀉), 소갈(消渴), 비신양부족(脾腎陽不足), 유정(遺精), 식소(食少), 한혈위적(寒熱爲積), 구고조갈(口苦燥渴), 부인상습유산(婦人常習流産), 요동슬냉(腰疼膝冷), 소갈열중(消渴熱中)

⑦ 효능(效能) : 음양평보(陰陽平補), 고정축뇨(固精縮尿), 평보간신(平補肝腎), 익정양혈(益精養血), 익정수(益精隆), 비건(肥健), 온보비신기(溫補脾腎氣), 보비지사(補脾止瀉), 속절상(續絶傷), 익기력(益氣力), 보부족(補不足), 조인근맥(助人筋脈), 보인위기(補人衛氣), 양기강음(養肌强陰), 첨정익수(添精益髓), 보오로칠상(補五勞七傷), 윤심폐(潤心肺), 보간풍허(補肝風虛)

⑧ 약물음양오행(藥物陰陽五行) : 보양약(補陽藥)

447) 통초(通草) : 통탈목(通脱木)의 경수(莖髓)

① 성미(性味) : 감(甘), 담(淡), 미한(微寒), 무독(無毒)

② 귀경(歸經) : 폐(肺)·위(胃) 金土經, 대소장(大小腸)

③ 용법(用法) : 3~6g 전복(煎服)

④ 금기(禁忌) : 임부(妊婦)(忌), 기음허(氣陰虛), 무습열(無濕熱)(신중용 愼重用), 음양허(陰陽虛), 허탈(虛脫), 중한(中寒)(忌)

⑤ 배합길(配合吉) : 죽엽(竹葉), 활석(滑石), 의이인(薏苡仁), 반하(半夏), 후박(厚朴), 행인(杏仁), 백두구(白豆蔲), 시호(柴胡), 구맥(瞿麥), 목통(木通), 천화분(天花粉), 길경(桔梗), 백지(白芷), 적작약(赤芍藥), 연교(連翹), 감초(甘草), 청피(青皮), 천궁(川芎), 천산갑(穿山甲), 저제(猪蹄), 주사(朱砂), 왕불유행(王不留行), 생지황(生地黃)

⑥ 주치(主治) : 습열내온(濕熱內蘊), 제림(諸淋), 유즙불하(乳汁不下), 비색(鼻塞), 수종요소(水腫尿少), 황달(黃疸)

⑦ 효능(效能) : 청열이수(清熱利水), 이소변(利小便), 통기하유(通氣下乳), 명목(明目), 제심번(除心煩), 소옹저(消癰疽), 이비옹(利鼻癰), 통경폐(通經閉), 최생(催生), 하포(下胞), 해제약독(解諸藥毒)

⑧ 약물음양오행(藥物陰陽五行) : 이수청열약(利水清熱藥)

448) 파극천(巴戟天) : 파극천의 근(根)

① 성미(性味) : 신(辛), 감(甘), 고(苦), 미온(微溫), 무독(無毒)

② 귀경(歸經) : 간(肝)·신(腎) 木水經, 비(脾)·심(心) 土火經

③ 용법(用法) : 생용(生用), 염수초용(鹽水炒用), 6~12g, 12~18g 전복(煎服)

④ 금기(禁忌) : 신강(身强), 음허화왕(陰虛火旺), 구설건조(口舌乾燥), 소변불리(小便不利)〈주의〉, 단삼(丹蔘), 뇌환(雷丸), 대변조비(大便燥秘), 화왕루정(火旺漏精)(忌)

⑤ 배합길(配合吉) : 산약(山藥), 복분자(覆盆子), 신국(神麯), 인삼(人蔘), 상표초(桑螵蛸), 익지인(益智仁), 토사자(菟絲子), 오수유(吳茱萸), 육계(肉桂), 청람(靑籃), 양강(良薑), 두중(杜仲), 속단(續斷), 산수유(山茱萸), 우슬(牛膝), 육종용(肉蓯蓉), 호도육(胡桃肉), 보골지(補骨脂), 황정(黃精), 복령(茯苓), 검실(芡實)

⑥ 주치(主治) : 신허양위(腎虛陽痿), 요퇴무력(腰腿無力), 음위유정(陰痿遺精), 골위(骨痿), 조설(早泄), 신양허(腎陽虛), 대풍사기(大風邪氣), 두면유풍(頭面游風), 하초풍습비통(下焦風濕痺痛), 심복냉통(心腹冷痛), 신경쇠약(神經衰弱), 실면(失眠), 자궁허냉(子宮虛冷), 궁냉불잉(宮冷不孕), 요슬산통(腰膝酸痛), 각기수종(脚氣水腫), 설사(泄瀉), 소변실금(小便失禁), 몽교설정(夢交泄精), 해천(咳喘), 현훈(眩暈), 식소(食少)

⑦ 효능(效能) : 보신장양(補腎壯陽), 보중증지(補中增志), 익정(益精), 강근골(強筋骨), 익기(益氣), 거풍습(袪風濕), 안오장(安五臟), 강음(強陰), 화담(化痰), 보오로(補五勞), 하기(下氣)

⑧ 약물음양오행(藥物陰陽五行) : 보양약(補陽藥)

449) 파두(巴豆) : 파두나무의 성숙한 종자(種子)

① 성미(性味) : 신(辛), 고(苦), 함(鹹), 열(熱), 대독(大毒), 맹열(猛烈)

② 귀경(歸經) : 대장(大腸)·비(脾)·위(胃) 金土經, 간(肝)·신(腎) 木水經

③ 용법(用法) : 파두상(巴豆霜), 0.15g 산환(散丸), 사용주의

④ 금기(禁忌) : 임부(妊婦), 체허약(体虛弱), 무한실적체(無寒實積滯)(忌), 견우자(牽牛子 : 相畏), 야저육(野豬肉)(忌), 황련(黃連), 대황(大黃), 여로(藜蘆)j, 냉수(冷水), 장시(醬豉), 고순(菰笋)(꺼림), 노순(蘆笋)(꺼림)

파두의 해독약(解毒藥) : 국호(麯糊), 계자백(鷄子白), 흑대두(黑大豆), 녹두즙(綠豆汁), 녹두탕(綠豆湯), 냉미탕(冷米湯), 황련황백전탕(黃連黃柏煎湯), 파초생즙(芭蕉生汁)

⑤ 배합길(配合吉) : 대황(大黃), 건강(乾薑), 행인(杏仁), 황백(黃柏), 합분(蛤粉), 패

모(貝母), 길경(桔梗), 우황(牛黃), 주사(朱砂), 몰약(沒藥), 유향(乳香), 피마자(蓖麻子), 목별자(木鼈子)

⑥ 주치(主治) : 한사식적(寒邪食積), 냉적응체(冷積凝滯), 위중한습(胃中寒濕), 완복창통(脘腹脹痛), 대변불통(大便不通),복내적취(腹內積聚), 유음담벽(留飮痰癖), 냉기혈괴(冷氣血塊), 혈가(血瘕), 수종복수(水腫腹水), 심복창만(心腹脹滿), 동통(疼痛), 한적변비(寒積便秘), 해수흉통(咳嗽胸痛), 폐옹(肺癰), 다담(多痰), 기급천촉(氣急喘促), 창양증(瘡瘍證), 후비담옹(喉痺痰壅), 소아유식정적(小兒乳食停積), 징벽(癥癖), 비만(痞滿), 현기(痃氣), 정한(停寒), 담음토수(痰飮吐水), 상한온학(傷寒溫瘧), 한열(寒熱), 경간(驚癇),이농(耳聾), 산기(疝氣), 아통(牙痛), 개선(疥癬), 여자월폐(女子月閉), 농혈하리(膿血下痢), 한적(寒積)

⑦ 효능(效能) : 사하한적(瀉下寒積), 준하축수(峻下逐水), 화담소적(化痰消積), 부식(腐蝕), 축수퇴종(逐水退腫), 살충(殺蟲), 거담식창(祛痰蝕瘡), 파혈(破血), 파징가결취견적(破癥瘕結聚堅積), 건비개위(健脾開胃), 배농(排膿), 소종독(消腫毒), 이수곡도(利水穀道), 개통폐색(開通閉塞), 제풍보로(除風補勞), 지설통장(止泄通腸), 통리관규(通利關竅)

⑧ 약물음양오행(藥物陰陽五行) : 준하축수약(峻下逐水藥), 파징소적약(破癥消積藥), 외용약(外用藥)

450) 판남근(板藍根) : 대청, 둥근대청(根 뿌리)

① 성미(性味) : 고(苦), 한(寒), 무독(無毒)
② 귀경(歸經) : 심(心)·위(胃)·폐(肺) 火土金經, 간(肝) 木經
③ 용법(用法) : 9~15g 15~30g 전복(煎服)
④ 금기(禁忌) : 신약사주(身弱四柱)(신중), 체질허약(体質虛弱)(實火熱毒이 아닌 경우)(忌)
⑤ 배합길(配合吉) : 황련(黃連), 황금(黃芩), 연교(連翹), 현삼(玄蔘), 인삼(人蔘), 생감초(生甘草), 진피(陳皮), 시호(柴胡), 승마(升麻), 백강잠(白殭蠶), 마발(馬勃),

형개(荊芥), 길경(桔梗), 우방자(牛蒡子), 산치자(山梔子), 인진(茵蔯), 대청엽(大靑葉), 생지황(生地黃), 금은화(金銀花), 지룡(地龍), 생석고(生石膏), 박하(薄荷), 진피(陳皮)

⑥ 주치(主治) : 온열병(溫熱病), 감모발열(感冒發熱), 고열두통(高熱頭痛), 기혈양번(氣血兩燔), 인후종통(咽喉腫痛), 토뉵혈(吐衄血), 두면홍종(頭面紅腫), 열독발반(熱毒發斑), 단독(丹毒), 옹종창독(癰腫瘡毒), 창진(瘡疹), 편도체염(扁桃体炎), 시선염(腮腺炎), 간염(肝炎)

⑦ 효능(效能) : 청열해독(淸熱解毒), 양혈(凉血), 산결이인(散結利咽), 살충(殺蟲), 항균(抗菌), 항바이러스, 제독악창(除毒惡瘡), 지혈(止血)

⑧ 약물음양오행(藥物陰陽五行) : 청열해독약(淸熱解毒藥), 청열양혈약(淸熱凉血藥)

451) 패란(佩蘭) : 벌등골나무(의 全草)(경엽 莖葉)

① 성미(性味) : 신(辛), 감(甘), 고(苦), 평(平), 무독(無毒), 청향(淸香), 조습(燥濕)
② 귀경(歸經) : 비(脾)·위(胃)·폐(肺) 土金經
③ 용법(用法) : 5~9g, 9~15g 선용(鮮用)
④ 금기(禁忌) : 기허(氣虛), 음허(陰虛)(忌), 위기허(胃氣虛)(忌)
⑤ 배합길(配合吉) : 곽향(藿香), 후박(厚朴), 반하(半夏), 진피(陳皮), 창출(蒼朮), 백두구(白豆蔲), 황금(黃芩), 활석(滑石), 의이인(薏苡仁), 야국화(野菊花), 갈근(葛根), 길경(桔梗), 진교(秦艽), 백출(白朮), 노근(蘆根), 황련(黃連)
⑥ 주치(主治) : 서습발열두통(暑濕發熱頭痛), 온사내온(溫邪內蘊), 습탁내온(濕濁內蘊), 흉비복창(胸痞腹脹), 월경불순(月經不順), 습탁중조(濕濁中阻), 서습표증(暑濕表證), 완비불기(脘痞不肌), 완비구오(脘痞嘔惡), 두창흉민(頭脹胸悶), 흉중담벽(胸中痰癖), 신경성두통(神經性頭痛), 결석(結石), 요신통(腰腎痛), 복통(腹痛), 무한발열(無汗發熱)
⑦ 효능(效能) : 화습해서(化濕解暑), 성비화중(醒脾和中), 청서벽탁(淸署辟濁), 소옹종(消癰腫), 살충독(殺蟲毒), 조경(調經), 이수도(利水道), 윤기육(潤肌肉), 생진지

갈(生津止渴), 조기여영(調氣與榮), 생혈(生血), 발표거습(發表祛濕)

⑧ 약물음양오행(藥物陰陽五行) : 방향화습약(芳香化濕藥), 청열해서약(淸熱解暑藥)

452) 패모(貝母), 천패모(川貝母) : 천패모, 절패모의 인경(鱗莖)(비늘 줄기)

① 성미(性味) : 고(苦), 신(辛), 감(甘), 평(平), 미한(微寒), 무독(無毒), 한윤(寒潤)
② 귀경(歸經) : 폐(肺)·심(心) 金火經
③ 용법(用法) : 3~9g 전복(煎服), 0.9~1.5g씩 (散)
④ 금기(禁忌) : 오두(烏頭)〈상반(相反)〉, 한습담수(寒濕痰嗽)(忌), 습담(濕痰), 비위
허한(脾胃虛寒)(忌), 도화(桃花), 반석(礬石), 진교(秦艽)(꺼림)
⑤ 배합길(配合吉) : 자완(紫菀), 행인(杏仁), 맥문동(麥門冬), 관동화(款冬花), 우방
자(牛蒡子), 상엽(桑葉), 전호(前胡), 지모(知母), 감초(甘草), 모려(牡蠣), 현삼(玄
蔘), 천화분(天花紛), 연교(連翹), 포공영(蒲公英), 당귀(當歸), 녹각(鹿角), 청피
(靑皮), 노근(蘆根), 동과자(冬瓜子), 의이인(薏苡仁)
⑥ 주치(主治) : 담열해수(痰熱咳嗽), 허로(虛勞), 해수상기(咳嗽上氣), 폐허구해(肺虛
久咳), 담중대혈(痰中帶血), 심흉울결(心胸鬱結), 담소인조(痰少咽燥), 기급(氣急),
폐옹(肺癰), 폐위(肺痿), 편도선염(扁桃腺炎), 후비(喉痺), 난산(難產), 포의불출(胞
衣不出), 유옹(乳癰), 창옹(瘡癰), 라역(瘰癧), 영유(癭瘤), 산가(疝瘕), 임역사기
(淋瀝邪氣), 금창풍경(金瘡風痙), 허열(虛熱), 복중결실(腹中結實), 흉협역기(胸脇
逆氣), 토혈(吐血), 객혈(喀血), 심하만(心下滿), 목현(目眩)
⑦ 효능(效能) : 청폐화담(淸肺化痰), 개울지해(開鬱止咳), 청열산결(淸熱散結), 해독
이담(解毒利痰), 수렴해독(收斂解毒), 윤심폐(潤心肺), 소담(消痰), 이골수(利骨髓),
안오장(安五臟), 지번열갈(止煩熱渴)
⑧ 약물음양오행(藥物陰陽五行) : 청화열담약(淸化熱痰藥)

453) 패장(초)〈敗醬(草)〉 : 뚜깔나물, 마타리 전초(全草)(뿌리포함)

① 성미(性味) : 신(辛), 함(鹹), 감(甘), 고(苦), 평(平), 미한(微寒), 무독(無毒), 산(散), 하강(下降), 설열(泄熱)

② 귀경(歸經) : 위(胃)·대장(大腸)·간(肝) 土金木經

③ 용법(用法) : 4.5~15g, 15~30g, 單方가능, 용량주의

④ 금기(禁忌) : 혈허(血虛)(忌), 구병(久病), 위허비약(胃虛脾弱), 허한하탈(虛寒下脫)(忌)

⑤ 배합길(配合吉) : 부자(附子), 의이인(薏苡仁), 도인(桃仁), 동과인(冬瓜仁), 금은화(金銀花), 목단피(牧丹皮), 진피(秦皮), 연호색(延胡索), 자화지정(紫花地丁), 연교(連翹), 황금(黃芩), 포공영(蒲公英), 산치자(山梔子), 인진호(茵蔯蒿)

⑥ 주치(主治) : 열독옹종(熱毒癰腫), 혈체(血滯), 흉복동통(胸腹疼痛), 혈기심복통(血氣心腹痛), 장옹(腸癰), 설사(泄瀉), 산후어체복통(產後瘀滯腹痛), 적백대하(赤白帶下), 창옹종독(瘡癰腫毒), 개선(疥癬), 폭열화창(暴熱火瘡), 단독(丹毒), 목적종통(目赤腫痛), 개소저치(疥瘙疽痔), 독풍완비(毒風頑痺), 번갈(煩渴), 장막(腸膜), 적안(赤眼), 장염하리(腸炎下痢)

⑦ 효능(效能) : 청열배농(淸熱排膿), 소옹(消癰), 활혈행어(活血行瘀), 소종(消腫), 해독(解毒), 항균(抗菌), 최생(催生), 파징결(破癥結), 지복통여진(止腹痛餘疹), 락포(落胞)

⑧ 약물음양오행(藥物陰陽五行) : 배농약(排膿藥), 청열해독약(淸熱解毒藥), 소창옹저약(消瘡癰疽藥)

454) 편축(萹蓄) : 마디풀(옥매듭)(의 全草)

① 성미(性味) : 고(苦), 평(平), 미한(微寒), 무독(無毒), 하향(下向)

② 귀경(歸經) : 방광(膀胱) 水經, 위(胃)·비(脾)·신(腎) 土水經

③ 용법(用法) : 3~12g, 12~18g(30g) 전복(煎服), 단방(單方)가능, 용량주의

④ 금기(禁忌) : 多服삼가

⑤ 배합길(配合吉) : 목통(木通), 활석(滑石), 구맥(瞿麥), 차전자(車前子), 치자(梔子), 생감초(生甘草), 대황(大黃), 포황(蒲黃), 소계(小薊), 백모근(白茅根), 해금사(海金砂), 금전초(金錢草), 사군자(使君子), 천초(川椒), 오매(烏梅), 인진(茵陳), 등심초(燈芯草), 비해(萆薢), 석위(石葦), 비자육(榧子肉), 괴화미(槐花米), 빈랑자(檳榔子)

⑥ 주치(主治) : 임병(淋病), 습열하주(濕熱下注), 위중습열(胃中濕熱), 소변임역삽통(小便淋瀝澁痛), 피부습진(皮膚濕疹), 소아감적(小兒疳積), 충병(蟲病), 습열황달(濕熱黃疸 열림(熱淋), 음식(陰蝕), 치종감적(痔腫疳積), 개소저치(疥瘡疽痔)

⑦ 효능(效能) : 청열이수(淸熱利水), 방광습열청리(膀胱濕熱淸痢), 이수통림(利水通淋), 살충지양(殺蟲止痒), 거습퇴황(祛濕退黃), 이뇨(利尿), 항균(抗菌), 구충(驅蟲), 이소변(利小便)

⑧ 약물음양오행(藥物陰陽五行) : 이수청열약(利水淸熱藥), 살충약(殺蟲藥)

455) 포공영(蒲公英) : 민들레(帶根全草 뿌리달린전초), 황화지정(黃花地丁),

① 성미(性味) : 고(苦), 감((甘), 평(平), 한(寒), 무독(無毒)

② 귀경(歸經) : 간(肝)·위(胃) 木土經

③ 용법(用法) : 6~15g, 15~30g 전복(煎服), 60g 선용(鮮用), 單方가능

④ 금기(禁忌) : 허한기함(虛寒氣陷)〈신용(愼用)〉

⑤ 배합길(配合吉) : 금은화(金銀花), 자배천규자(紫背天葵子), 야감국(野甘菊), 자화지정(紫花地丁), 패장(敗醬), 대황(大黃), 목단피(牧丹皮), 길경(桔梗), 어성초(魚腥草), 절패모(浙貝母), 하고초(夏枯草), 판람근(板藍根), 현삼(玄蔘), 인동등(忍冬藤), 황금(黃芩), 감국(甘菊), 백모근(白茅根), 금전초(金錢草), 인진(茵陳), 초천산갑(炒穿山甲), 천화분(天花粉), 연교(連翹), 생감초(生甘草), 시호(柴胡), 청피(靑皮), 천련자(川楝子), 도인(桃仁), 적작약(赤芍藥), 모근(茅根), 토복령(土茯苓), 흑

사탕(黑砂糖)

⑥ 주치(主治) ： 외옹내옹(外癰內癰), 옹종창양종독(癰腫瘡瘍腫毒), 장옹(腸癰), 폐옹(肺癰), 라역(瘰癧), 유옹(乳癰), 후비(喉痺), 습열황달(濕熱黃疸), 간화상염(肝火上炎), 목적종통(目赤腫痛), 소변열림삽통(小便熱淋澁痛), 위완통(胃脘痛), 열격(噎膈), 감모발열(感冒發熱), 편도체염(扁桃体炎), 급성기관염(急性氣管炎), 임파선염(淋巴腺炎), 피부궤양(皮膚潰瘍), 개라선창(疥癩癬瘡), 대변비결(大便秘結), 소변불리(小便不利), 소화불량(消化不良)

⑦ 효능(效能) ： 청열해독(清熱解毒), 소옹산결(消癰散結), 청간명목(清肝明目), 이습통림(利濕通淋), 항균(抗菌), 거풍(祛風), 보비화위(補脾和胃), 장근골(壯筋骨), 통유즙(通乳汁), 양혈해열(凉血解熱), 양음(養陰), 청폐(清肺), 이뇨(利尿), 해울결(解鬱結), 소종결핵(消腫結核), 산체기(散滯氣), 해식독(解食毒), 이방광(利膀胱), 소제창독(消諸瘡毒), 오수발(烏鬚髮), 이수화담(利水化痰), 서근고치(舒筋固齒), 산결소옹(散結消癰), 통유익정(通乳益精), 소담해독(消痰解毒), 최유(催乳)

⑧ 약물음양오행(藥物陰陽五行) ： 청열해독약(清熱解毒藥), 소창옹저약(消瘡癰疽藥)

456) 포황(蒲黃) ： 부들의 화분(花粉)〈꽃가루〉

① 성미(性味) ： 감(甘), 신(辛), 평(平), 량(凉), 무독(無毒), 수렴(收斂)

② 귀경(歸經) ： 간(肝)・심포(心包) 木火經, 심(心)・비(脾) 火土經

③ 용법(用法) ： 생용(生用), 초탄용(炒炭用), 3~9g, 9~12g〈生用 ： 활혈거어(活血祛瘀)〉, 전복(煎服)〉, 환산(丸散), 다복(多服)삼가

④ 금기(禁忌) ： 임부(姙婦), 체허약(体虛弱), 음허내열(陰虛內熱), 노상발열(勞傷發熱), 무어혈(無瘀血)(忌)

⑤ 배합길(配合吉) ： 생지황즙(生地黃汁), 백모근(白茅根), 대계(大薊), 소계(小薊), 청대(青黛), 당귀(當歸), 녹용(鹿茸), 천초(茜草), 용아초(龍芽草), 측백엽(側柏葉), 오령지(五靈脂), 동규자(冬葵子), 활석(滑石), 육두구(肉豆蔲), 갈근(葛根)

⑥ 주치(主治) ： 출혈증(出血證), 오로칠상(五勞七傷), 어혈조체(瘀血阻滯), 심복동통

(心腹疼痛), 징결정적(癥結停積), 월경복통(月經腹痛), 산후어혈복통(産後瘀血腹痛), 통경(痛經), 습진(濕疹), 창상(瘡傷), 창절종독(瘡癤腫毒), 타박혈민(打撲血悶), 라역(瘰癧)/붕루대하(崩漏帶下), 혈리(血痢), 뇨혈(尿血), 사혈(瀉血)(:黑炒用)/음하습양(陰下濕瘍), 심복방광한열(心腹膀胱寒熱), 장풍사혈(腸風瀉血), 유풍종독(游風腫毒)

⑦ 효능(效能) : 수렴양혈지혈(收斂凉血止血), 통경맥(通經脈), 활혈거어(活血祛瘀), 파혈소종(破血消腫)(:生用), 이수도(利水道), 이소변(利小便), 하유(下乳), 보혈(補血), 지심복제통(止心腹諸痛), 배농(排膿), 지설정(止泄精)

⑧ 약물음양오행(藥物陰陽五行) : 지혈약(止血藥), 활혈거어약(活血祛瘀藥), 지통약(止痛藥)

457) 피마자(蓖麻子) : 아주까리의 종자(種子)

① 성미(性味) : 감(甘), 고(苦), 신(辛), 평(平), 소독(小毒), 지방유(脂肪油)
② 귀경(歸經) : 대장(大腸)・폐(肺) 金經, 비(脾)・간(肝) 土木經
③ 용법(用法) : 1.5~4.5g, 單方가능, 외용(外用), 丸・生・炒用
④ 금기(禁忌) : 임부(姙婦), 변활(便滑)(忌), 초두(炒豆), 대장허약(大腸虛弱), 비위허약(脾胃虛弱)(忌)
⑤ 배합길(配合吉) : 경분(輕粉), 유향(乳香), 현명분(玄明粉)
⑥ 주치(主治) : 수종창만(水腫脹滿), 각기종독(脚氣腫毒), 장내적체(腸內積滯), 대변비결(大便秘結), 창독(瘡毒), 옹저(癰疽), 정절종독(疔癤腫毒), 라역(瘰癧), 후비(喉痺), 진선전창(疹癬癲瘡), 두풍(頭風), 이농(耳聾), 편풍불수(偏風不遂), 수징(水癥), 탕화상(湯火傷)
⑦ 효능(效能) : 통변축수(通便逐水), 발독배농(拔毒排膿), 거부지통(祛腐止痛), 통락제비(通絡除痺), 소종(消腫), 해독(解毒), 사하(瀉下),개통관규경락(開通關竅經絡)
⑧ 약물음양오행(藥物陰陽五行) : 준하축수약(峻下逐水藥), 소창옹저약(消瘡癰疽藥), 배농약(排膿藥), 외용약(外用藥)

458) 필발(蓽撥)

① 성미(性味) : 신(辛), 열(熱), 무독(無毒)

② 귀경(歸經) : 위(胃)·대장(大腸) 土金經, 폐(肺)·비(脾)·방광(膀胱)·신(腎) 土金水經

③ 용법(用法) : 1.5~3g 산(散), 환(丸)用, 3~5g, 單方가능, 전복(煎服)

④ 금기(禁忌) : 음허화왕(陰虛火旺), 실열유화(實熱有火)(忌), 다복(多服)삼가, 화다사주(火多四柱)(신중)

⑤ 배합길(配合吉) : 포강(炮薑), 육계(肉桂), 고량강(高良薑), 백출(白朮), 인삼(人蔘), 목향(木香), 후박(厚朴), 생강(生薑), 반하(半夏), 단향(檀香), 세신(細辛), 연호색(延胡索), 용뇌(龍腦), 건강(乾薑), 당삼(當蔘)

⑥ 주치(主治) : 한응기체(寒凝氣滯), 완복동통(脘腹疼痛), 식욕부진(食慾不振), 냉리(冷痢), 구토탄산(嘔吐吞酸), 반위구토(反胃嘔吐), 복통(腹痛), 설사이질(泄瀉痢疾), 풍충아통(風蟲牙痛), 냉기(冷氣), 두통(頭痛), 음산(陰疝), 노냉심통(老冷心痛), 현벽(痃癖), 요각통(腰脚痛), 질타손상(跌打損傷)

⑦ 효능(效能) : 온중산한(溫中散寒), 대장한울해소(大腸寒鬱解消), 온중하기(溫中下氣), 하기지통(下氣止痛), 보요각(補腰脚), 진통(鎭痛), 제위냉(除胃冷), 소식(消食)

⑧ 약물음양오행(藥物陰陽五行) : 온열약(溫熱藥), 지구약(止嘔藥)

459) 필징가(蓽澄茄) : 필징가 덩굴의 과실(果實), 두메까마귀쪽 나무 과실(열매)

① 성미(性味) : 신(辛), 고(苦), 온(溫), 무독(無毒)

② 귀경(歸經) : 비(脾)·위(胃)·신(腎)·방광(膀胱) 土水經

③ 용법(用法) : 생용(生用), 1.5~4.5g 전복(煎服) 丸散

④ 금기(禁忌) : 음허혈분열(陰虛血分熱), 발열해수(發熱咳嗽)(忌)

⑤ 배합길(配合吉) : 반하(半夏), 오수유(吳茱萸), 진피(陳皮), 천초(川椒), 고량강(高

良薑), 생강(生薑), 백두구(白豆蔻), 신국(神麯), 강즙(薑汁), 목향(木香), 향부자
(香附子), 검실(芡實), 오약(烏藥), 계지(桂枝), 초목(椒目)

⑥ 주치(主治) : 비위한냉(脾胃寒冷), 식적기창(食積氣脹), 신기방광냉(腎氣膀胱冷),
기체(氣滯), 완복창통(脘腹脹痛), 반위(反胃), 완복동통(脘腹疼痛), 흉복창만(胸腹
脹滿), 이질(痢疾), 구토애역(嘔吐呃逆), 식욕부진(食慾不振), 한산복통(寒疝腹痛),
하초허한(下焦虛寒), 장명설사(腸鳴泄瀉), 담벽냉기(痰癖冷氣), 면한동통(面寒疼
痛), 양위(陽痿), 임질(淋疾), 곽란토사(霍亂吐瀉)

⑦ 효능(效能) : 온중산한(溫中散寒), 난비위(暖脾胃), 행기체(行氣滯), 난비위신(暖脾
胃腎), 산어행기(散瘀行氣), 지통(止痛), 하기소식(下氣消食), 거방광냉기(祛膀胱冷
氣), 장양도(壯陽道), 난요슬(暖腰膝), 지구토(止嘔吐)

⑧ 약물음양오행(藥物陰陽五行) : 온열약(溫熱藥)

460) 하경(荷梗) : 우간(藕稈), 연꽃의 葉梗(잎자루)과 花梗(꽃자루)

① 성미(性味) : 고(苦), 삽(澀), 평(平), 무독(無毒)
② 귀경(歸經) : 심(心)·비(脾)·신(腎) 火土水經
③ 주치(主治) : 서습흉민(暑濕胸悶), 만성쇠약(慢性衰弱), 이질(痢疾), 설사(泄瀉),
임병(淋病), 장염(腸炎), 장출혈(腸出血), 대하(帶下), 구하리(久下痢), 만성자궁염
(慢性子宮炎)

④ 효능(效能) : 청열해서(清熱解署), 생진지갈(生津止渴), 지도한(止盜汗), 통기행수
(通氣行水), 사화청심(瀉火清心), 통기소서(通氣消暑), 서근(舒筋)

⑤ 약물음양오행(藥物陰陽五行) : 청열해서약(清熱解暑藥), 수렴약(收斂藥), 청열이수
약(清熱利水藥)

461) 하고초(夏枯草) : 꿀풀(가지대기) 전초(全草)

(대용가능한 것 : 제비꿀, 조개나물)

① 성미(性味) : 고(苦), 신(辛), 한(寒), 무독(無毒)

② 귀경(歸經) : 간(肝)·담(膽) 木經

③ 용법(用法) : 10~15g, 15~30g 전복(煎服)

④ 금기(禁忌) : 비위허약(脾胃虛弱)〈신중용(愼重用)〉, 기허(氣虛)(忌)

⑤ 배합길(配合吉) : 결명자(決明子), 석결명(石決明), 감국(甘菊), 작약(芍藥), 현삼(玄蔘), 당귀(當歸), 향부자(香附子), 단삼(丹蔘), 황백(黃柏), 인진(茵陳), 곤포(昆布), 모려(牡蠣), 두중(杜仲), 구인(蚯蚓), 조구등(釣鉤藤), 자감초(炙甘草), 백작약(白芍藥), 하수오(何首烏), 포공영(蒲公英), 감초(甘草), 저육(豬肉), 생지황(生地黃)

⑥ 주치(主治) : 간화상염(肝火上炎), 목적종통(目赤腫痛), 두통현훈(頭痛眩暈), 담화온결(痰火蘊結), 간담기울(肝膽氣鬱), 고혈압(高血壓), 영유(癭瘤), 라역(瘰癧), 유암(乳癌), 유선염(乳腺炎), 각종습비(脚腫濕痺), 관절근육통(關節筋肉痛), 징견(癥堅)

⑦ 효능(效能) : 청열산결(淸熱散結), 간담울화선설(肝膽鬱火宣泄), 청간명목(淸肝明目), 강혈압(降血壓), 청간화(淸肝火), 보양혈맥(補陽血脈), 거간풍(祛肝風), 항균(抗菌), 파징(破癥), 산영결기(散癭結氣), 지근골동통(止筋骨疼痛), 거담(去痰), 소농(消膿), 지통(止痛), 청상보하(淸上補下), 이뇨살균(利尿殺菌), 행경락(行經絡), 행간기(行肝氣)

⑧ 약물음양오행(藥物陰陽五行) : 청열명목약(淸熱明目藥), 청열해독약(淸熱解毒藥), 소창옹저약(消瘡癰疽藥)

462) 하수오(何首烏) : 하수오의 괴근(塊根 : 덩이뿌리)

① 성미(性味) : 고(苦), 감(甘), 윤(潤), 삽(澀), 미온(微溫), 무독(無毒)

② 귀경(歸經) : 간(肝)·신(腎) 木水經, 비(脾)·폐(肺) 土金經

③ 용법(用法) : 생용(生用), 포제(炮製), 單方가능, 3~15g, 15~30g 전복(煎服)

④ 금기(禁忌) : 습담(濕痰), 대변당설(大便溏泄), 내복(萊菔)(忌), 총(葱 파), 산(蒜 마늘), 혈(血)(忌), 동(銅), 철(鐵) 상반(相反), 양혈(羊血), 양육(羊肉), 저혈(豬血), 저육(豬肉)(忌)

⑤ 배합길(配合吉) : 우슬(牛膝), 흑두(黑豆), 조육(棗肉), 토사자(菟絲子), 구기자(枸杞子), 흑지마(黑脂麻), 당귀(當歸), 상심자(桑椹子), 희렴(豨薟), 두중(杜仲), 생지황(生地黃), 한련초(旱蓮草), 상엽(桑葉), 여정자(女貞子), 금앵자(金櫻子), 흑한련(黑旱蓮), 밀(蜜), 주(酒), 주사(朱砂), 인삼(人蔘), 생강(生薑), 진피(陳皮), 상산(常山), 청호(青蒿), 방풍(防風), 박하(薄荷), 고삼(苦蔘), 형개(荊芥), 금은화(金銀花), 하고초(夏枯草), 천궁(川芎), 패모(貝母), 화마인(火麻仁), 보골지(補骨脂), 용골(龍骨), 황기(黃芪), 황정(黃精), 백출(白朮), 자감초(炙甘草), 모려(牡蠣), 조구등(釣鉤藤), 은행엽(銀杏葉), 산조인(酸棗仁), 오미자(五味子), 단삼(丹蔘), 자석(磁石)

⑥ 주치(主治) : 〈제(製)〉 간신부족(肝腎不足), 만성간염(慢性肝炎), 정혈휴허(精血虧虛), 두훈안화(頭暈眼花), 신경쇠약(神經衰弱), 요산각연(腰痠脚軟), 수발조백(鬚髮早白), 유정(遺精), 근골산통(筋骨酸痛), 담학(痰瘧), 두통(頭痛)/생용(生用) : 음혈휴허(陰血虧虛), 목현(目眩), 황달(黃疸), 한소열다(寒少熱多), 정혈부족(精血不足), 진액휴허(津液虧虛), 장조변비(腸燥便秘), 창개완선(瘡疥頑癬), 장풍장독(腸風臟毒), 라역(瘰癧), 옹종(癰腫), 오치(五痔), 두면풍창(頭面風瘡), 학슬풍(鶴膝風), 자궁출혈(子宮出血), 행비(行痹)

⑦ 효능(效能) : 보간신(補肝腎), 익정혈(益精血)제용(製用), 자보(滋補), 익혈기(益血氣), 제풍(除風)/생용(生用) : 해독절학(解毒截瘧), 보익(補益), 정혈(精血), 해독행설(解毒行泄), 해창독(解瘡毒), 윤장통변(潤腸通便), 익기력(益氣力), 소담독(消痰毒), 장근익정(長筋益精), 소옹종(消癰腫), 지심통(止心痛), 사간풍(瀉肝風), 견신기(堅腎氣), 치피부소양(治皮膚瘙癢), 축소변(縮小便), 지적백변탁(止赤白便濁), 자음렴혈(滋陰斂血), 익간(益肝), 해대하(解帶下), 지토혈(止吐血), 보간허(補肝虛)

⑧ 약물음양오행(藥物陰陽五行) : 보혈약(補血藥), 윤하약(潤下藥)

463) 하엽(荷葉) : 연잎, 연꽃의 잎

① 성미(性味) : 고(苦), 함(鹹), 삽(澁), 평(平), 무독(無毒)
② 귀경(歸經) : 심(心)·간(肝)·비(脾)·위(胃) 火木土經, 담(膽)·폐(肺) 木金經
③ 용법(用法) : 생용(生用), 초탄용(炒炭用), 3~9g, 15~30g 선용(鮮用), 전복(煎服)
④ 금기(禁忌) : 복령(茯苓)(꺼림), 체허약(体虛弱)(忌)
⑤ 배합길(配合吉) : 동과피(冬瓜皮), 백편두(白扁豆), 백출(白朮), 향유(香薷), 서과(西瓜), 패란(佩蘭), 감초(甘草), 활석(滑石), 지실(枳實), 도인(桃仁), 귀전우(鬼箭羽), 포황(蒲黃), 유기노(劉寄奴), 대계(大薊), 소계(小薊), 위릉채(萎陵菜), 생지황(生地黃)
⑥ 주치(主治) : 서열구갈(暑熱口渴), 심폐조(心肺燥), 두창흉민(頭瘡胸悶), 서습열(暑濕熱), 두민동(頭悶疼), 이질설사(痢疾泄瀉), 수기부종(水氣浮腫), 복통번민(腹痛煩悶), 산후오로불하(産後惡露不下), 혈훈(血暈), 구건(口乾), 혈창복통(血脹腹痛), 출혈증(出血證), 토뉵혈(吐衄血), 붕루혈변(崩漏血便), 식해중독(食蟹中毒), 혈림(血淋), 하혈(下血), 만성자궁염(慢性子宮炎)
⑦ 효능(效能) : 서사청해(暑邪淸解)(鮮用), 청서이습(淸署利濕), 청열해서(淸熱解署), 생발원기(生發元氣), 승발비양(升發脾陽), 화어지혈(化瘀止血), 파혈(破血), 청두목풍열(淸頭目風熱), 지갈(止渴), 지구(止嘔), 지현훈(止眩暈), 설기(泄氣), 청담(淸痰), 보조비위(補助脾胃), 청수종(淸水腫), 고정(固精), 개위소식(開胃消食), 생진(生津), 청량해서(淸涼解署), 해화열(解火熱)
⑧ 약물음양오행(藥物陰陽五行) : 지혈약(止血藥), 청열해서약(淸熱解暑藥)

464) 학슬(鶴蝨) : 담배풀(천명정)의 성숙한 과실

① 성미(性味) : 고(苦), 신(辛), 온(溫), 평(平), 소독(小毒)
② 귀경(歸經) : 비(脾)·위(胃) 土經
③ 용법(用法) : 3~9g (丸·散) 전복(煎服)

④ 배합길(配合吉) : 천련자(川棟子), 사군자(使君子), 빈랑(檳榔), 뇌환(雷丸), 무이 (蕪荑), 고련근피(苦楝根皮)

⑤ 주치(主治) : 장기생충병(腸寄生蟲病), 소아충적복통(小兒蟲積腹痛), 요충(蟯蟲), 회충(蛔蟲), 신담응기체(身痰凝氣滯), 악창(惡瘡), 복통(腹痛), 구리(久痢)

⑥ 효능(效能) : 살충(殺蟲), 조역기(調逆氣), 해사독(解蛇毒)

⑦ 약물음양오행(藥物陰陽五行) : 살충약(殺蟲藥)

465) 한련초(旱蓮草) : 묵한련(墨旱蓮), 국화과 한련초의 전초(全草)

① 성미(性味) : 감(甘), 산(酸), 함(鹹), 평(平), 한(寒), 무독(無毒)

② 귀경(歸經) : 간(肝) · 신(腎) 木水經, 위(胃) · 대소장(大小腸) 土金火經

③ 용법(用法) : 생용(生用), 6~15g, 16~30g, 單方가능, 전복(煎服)

④ 금기(禁忌) : 비위허한(脾胃虛寒), 대변당설(大便溏泄), 신기허한(腎氣虛寒)(주의), 비신허약(脾腎虛弱)

⑤ 배합길(配合吉) : 상심자(桑椹子), 여정자(女貞子), 백밀(白蜜), 생강(生薑), 용아 초(龍芽草), 차전초(車前草)

⑥ 주치(主治) : 간신음허(肝腎陰虛), 두훈목현(頭暈目眩), 목질(目疾), 요슬산연(腰膝酸軟), 음허발열(陰虛發熱), 두발조백(頭髮早白), 혈열출혈(血熱出血), 해혈(咳血), 토혈(吐血), 변혈(便血), 뇨혈(尿血), 비출혈(鼻出血), 도상출혈(刀傷出血), 타박상 (打撲傷), 적리(赤痢), 음부습양(陰部濕癢), 대하(帶下), 임질(淋疾), 백후(白喉), 치창(痔瘡)

⑦ 효능(效能) : 양음(養陰), 보간신(補肝腎), 양혈(凉血), 지혈(止血), 배농(排膿), 통 소장(通小腸), 익신음(益腎陰), 오수(烏鬚), 고치(固齒), 화담(化痰), 지양(止癢), 소종(消腫)

⑧ 약물음양오행(藥物陰陽五行) : 보음약(補陰藥), 지혈약(止血藥)

466) 한채(蔊菜) : 개갓냉이(의 全草)(꽃포함)

① 성미(性味) : 신산(辛散), 감(甘), 고설(苦泄), 평(平), 무독(無毒), 편량(偏凉)

② 귀경(歸經) : 폐(肺)·간(肝) 金木經

③ 용법(用法) : 10~30g 전복(煎服), 황형엽(黃荊葉)(忌)

④ 배합길(配合吉) : 황금(黃芩), 어성초(魚腥草), 차전초(車前草), 백개자(白芥子), 소자(蘇子), 행인(杏仁), 금은화(金銀花), 압척초(鴨跖草), 연교(連翹), 자화지정(紫花地丁), 포공영(蒲公英), 호장근(虎杖根), 인진(茵陳), 생어(生魚)

⑤ 주치(主治) : 폐열해수(肺熱咳嗽), 감모발열(感冒發熱), 복내구한(腹內久寒), 냉기(冷氣), 인후종통(咽喉腫痛), 발열(發熱), 심복통(心腹痛), 옹종창독(癰腫瘡毒), 간담습열(肝膽濕熱), 습열황달(濕熱黃疸), 풍습성관절염(風濕性關節炎), 타박상(打撲傷), 정종(疔腫), 임질(淋疾), 복수(腹水), 수종(水腫), 옹종(癰腫), 음식불소(飲食不消)

⑥ 효능(效能) : 거담지해(祛痰止咳), 청열해독소종(清熱解毒消腫), 이습퇴황(利濕退黃), 이흉격(利胸膈), 이뇨(利尿), 활혈(活血), 통경(通經), 이기화위(理氣和胃), 생기(生肌), 통기혈(通氣血), 지해화담(止咳化痰), 양혈(凉血), 소풍투표(疏風透表)

⑦ 약물음양오행(藥物陰陽五行) : 청화열담약(清化熱痰藥), 청열해독약(清熱解毒藥), 이습퇴황약(利濕退黃藥)

467) 합개(蛤蚧) : 큰 도마뱀

① 성미(性味) : 함(鹹), 감(甘), 평(平), 소독(小毒)

② 귀경(歸經) : 폐(肺)·신(腎) 金水經, 위(胃)·심(心) 土火經

③ 용법(用法) : 3~8g 전복(煎服), 1~2g (散) 單方가능

④ 금기(禁忌) : 풍한외사(風寒外邪), 해수천식(咳嗽喘息), 풍사해수(風邪咳嗽), 음허화동(陰虛火動)(忌)

⑤ 배합길(配合吉) : 인삼(人蔘), 나미(糯米), 호황련(胡黃蓮), 현삼(玄蔘), 숙지황(熟

地黃), 음양곽(淫羊藿), 녹용(鹿茸), 백부(百部), 오미자(五味子), 상백피(桑白皮),
행인(杏仁), 천패모(川貝母), 자완(紫菀), 호도육(胡桃肉), 파극천(巴戟天), 백출(白
朮), 복령(茯苓)

⑥ 주치(主治) : 천수(喘嗽), 폐위(肺痿), 폐옹소갈(肺癰消渴), 허로천수(虛勞喘嗽),
폐신허약(肺腎虛弱), 구폐로(久肺勞), 천수면부(喘嗽面浮), 정혈휴손(精血虧損), 신
허양위(腎虛陽痿), 객혈(喀血), 음위(陰痿), 절상(折傷)

⑦ 효능(效能) : 보폐기(補肺氣), 납기정천(納氣定喘), 익신(益腎), 온중(溫中), 조신
양(助腎陽), 통수도(通水道), 통월경(通月經), 익정조양(益精助陽), 보폐윤신(補肺
潤腎), 익정혈(益精血), 지해천(止咳喘), 보폐허로수(補肺虛勞嗽), 정천지수(定喘止
嗽), 조양도(助陽道), 행혈통림(行血通淋)

⑧ 약물음양오행(藥物陰陽五行) : 보양약(補陽藥)

468) 합맹(合萌) : 자귀풀(全草)

① 성미(性味) : 감(甘), 고(苦), 산(酸), 담(淡), 한(寒), 무독(無毒)
② 귀경(歸經) : 신(腎)·방광(膀胱)·간(肝) 水木經
③ 용법(用法) : 9~15g, 60g 전복(煎服), 單方가능
④ 배합길(配合吉) : 계육(鷄肉 닭고기)
⑤ 주치(主治) : 외감풍열(外感風熱), 풍열담마진(風熱蕁麻疹), 습열황달(濕熱黃疸),
위장창기(胃腸脹氣), 이질(痢疾), 폭열소변적삽(暴熱小便赤澁), 위염동통(胃炎疼
痛), 임병(淋病), 옹종창독(癰腫瘡毒), 습진(濕疹), 피염(皮炎), 소화불량(消化不
良), 복부팽만(腹部膨滿)

⑥ 효능(效能) : 청열거풍(淸熱祛風), 청열이습(淸熱利濕), 소종해독(消腫解毒), 살충
(殺蟲), 명목(明目), 지혈리하수(止血痢下水), 제창(除瘡), 이수통림(利水通淋), 청
열소체(淸熱消滯), 지혈(止血)

⑦ 약물음양오행(藥物陰陽五行) : 청열해독약(淸熱解毒藥), 청열조습약(淸熱燥濕藥),
이수청열약(利水淸熱藥)

469) 합환피(合歡皮) : 자귀나무(의 樹皮 : 나무껍질)

① 성미(性味) : 감(甘), 평(平), 온(溫), 무독(無毒)
② 귀경(歸經) : 심(心)·간(肝)·비(脾)·폐(肺) 火木土金經
③ 용법(用法) : 3~12g, 12~30g, 전복(煎服), 단방(單方)가능
④ 배합길(配合吉) : 산조인(酸棗仁), 백자인(柏子仁), 호박(琥珀), 용골(龍骨), 동과자(冬瓜子), 어성초(魚腥草), 노근(蘆根), 도인(桃仁), 당귀(當歸), 속단(續斷), 소목(蘇木), 적작약(赤芍藥), 자화지정(紫花地丁), 야감국(野甘菊), 포공영(蒲公英), 야교등(夜交藤), 단삼(丹蔘), 유향(乳香), 모과(木瓜), 홍조(紅棗), 적작약(赤芍藥), 몰약(沒藥), 백렴(白蘞)
⑤ 주치(主治) : 심신불안(心神不安), 심기조급(心氣躁急), 허번불안(虛煩不安), 정지억울(定志抑鬱), 분노우울(忿怒憂鬱), 옹종(癰腫), 해수(咳嗽), 실면(失眠), 폐옹흉통(肺癰胸痛), 라역(瘰癧), 질타골절(跌打骨折)
⑥ 효능(效能) : 안신해울(安神解鬱), 활혈소종(活血消腫), 생기속골(生肌續骨), 화혈(和血), 화심지(和心志), 지통(止痛), 안오장(安五臟), 살충(殺蟲), 소옹종(消癰腫)
⑦ 약물음양오행(藥物陰陽五行) : 양심안신약(養心安神藥), 활혈거어약(活血祛瘀藥)

470) 합환화(合歡花) : 합환의 꽃(꽃봉오리), 자귀나무의 화서(花序), 야합화(夜合花)

① 성미(性味) : 감(甘), 고(苦), 평(平), 무독(無毒)
② 귀경(歸經) : 심(心)·비(脾) 火土經
③ 용법(用法) : 3~6g, 6~10g 전복(煎服), 다대용(茶代用)
④ 배합길(配合吉) : 용치(龍齒), 백자인(柏子仁), 백작약(白芍藥)
⑤ 주치(主治) : 간울흉민(肝鬱胸悶), 허번불안(虛煩不安), 건망실면(健忘失眠), 억울불서(抑鬱不舒), 풍화안질(風化眼疾), 인후통(咽喉痛), 타박동통(打撲疼痛), 옹종(癰腫), 심허실면(心虛失眠)

⑥ 효능(效能) : 안신(安神), 이기(理氣), 소옹종(消癰腫), 지통(止痛), 통경락(通經絡), 화심지(和心志), 청심명목(淸心明目), 개위이기(開胃理氣), 해울(解鬱), 소풍명목(疏風明目), 화락(和絡)

⑦ 약물음양오행(藥物陰陽五行) : 양심안신약(養心安神藥)

471) 해구신(海狗腎) : 물개, 바다표범의 웅성외생식기(雄性外生殖器), 올눌제(膃肭臍)

① 성미(性味) : 함(鹹), 감(甘), 열(熱), 무독(無毒)

② 귀경(歸經) : 간(肝)・신(腎) 木水經, 위(胃)・비(脾) 土經

③ 용법(用法) : 주자용(酒炙用), 6~12g, 1~3g 환산(丸散), 전복(煎服)

④ 금기(禁忌) : 음허양성(陰虛陽盛), 화왕(火旺), 건해(乾咳), 골증노수(骨蒸勞嗽), 양사이거(陽事易擧), 비위한습열(脾胃寒濕熱)(忌)

⑤ 배합길(配合吉) : 주(酒), 파극천(巴戟天), 구기자(枸杞子), 부자(附子), 녹용(鹿茸), 양기석(陽起石), 인삼(人蔘), 산수유(山茱萸), 토사자(菟絲子), 육종용(肉蓯蓉), 산약(山藥), 숙지황(熟地黃)

⑥ 주치(主治) : 신양허(腎陽虛), 신정쇠손(腎精衰損), 음위불기(陰痿不起), 면흑정냉(面黑精冷), 간신구허(肝腎俱虛), 요슬위약(腰膝痿弱), 허손노상(虛損勞傷), 심복통(心腹痛), 기괴적냉(氣塊積冷), 노기리수(勞氣羸瘦), 숙혈적괴(宿血積塊), 현벽(痃癖), 오로칠상(五勞七傷)

⑦ 효능(效能) : 익신보양(益腎補陽), 난신(暖腎), 장양(壯陽), 익정수(益精髓), 난요슬(暖腰膝), 파징결(破癥結), 익신기(益腎氣), 보중(補中), 조양기(助陽氣), 파숙혈(破宿血)

⑧ 약물음양오행(藥物陰陽五行) : 보양약(補陽藥)

472) 해금사(海金砂) : 실고사리 포자(孢子)

① 성미(性味) : 감(甘), 담(淡), 평(平), 한(寒), 무독(無毒), 하강(下降)
② 귀경(歸經) : 방광(膀胱)·소장(小腸) 水火經, 비(脾)·신(腎) 土水經
③ 용법(用法) : 4.5~9g, 9~12g 전복(煎服)
④ 금기(禁忌) : 신수진음부족(腎水眞陰不足), 임병(淋病), 신양부족(腎陽不足)(忌)
⑤ 배합길(配合吉) : 치자(梔子), 황백(黃柏), 포황(蒲黃), 생지황(生地黃), 계내금(鷄內金), 금전초(金錢草), 석위(石葦), 활석(滑石), 등심(燈心), 택사(澤瀉), 작약(芍藥), 백출(白朮), 적복령(赤茯苓), 육계(肉桂), 저령(豬苓), 자감초(炙甘草), 울금(鬱金), 감수(甘遂), 견우자(牽牛子)
⑥ 주치(主治) : 임병(淋病), 요로결석(尿路結石), 신염수종(腎炎水腫), 소변임역삽통(小便淋瀝澁痛), 경통(莖痛), 간담결석(肝膽結石), 간염(肝炎), 비습종만(脾濕腫滿), 백대(白帶), 백탁(白濁), 인후통(咽喉痛), 이질(痢疾), 장염(腸炎), 대상포진(帶狀疱疹), 습진(濕疹), 근골동통(筋骨疼痛), 감적(疳積), 열병토혈(熱病吐血), 소아식적(小兒食積), 감모발열(感冒發熱), 풍화아통(風火牙痛)
⑦ 효능(效能) : 청열이수(淸熱利水), 통리수도(通利水道), 배석(排石), 해독(解毒), 이습소종(利濕消腫), 통림(通淋), 통리소장(通利小腸), 해열독(解熱毒), 이소변(利小便), 보비건위(補脾健胃)
⑧ 약물음양오행(藥物陰陽五行) : 이수통림약(利水通淋藥)

473) 해동피(海桐皮) : 송곳오동나무, 엄나무(樹枝), 음나무, 개두릅나무

① 성미(性味) : 고(苦), 신(辛), 평(平), 무독(無毒)
② 귀경(歸經) : 간(肝)·비(脾)·신(腎) 木土水經
③ 용법(用法) : 주침용(酒浸用), 3~12g, 12~15g 전복(煎服)
④ 금기(禁忌) : 혈허(血虛), 화성(火盛)(忌)

⑤ 배합길(配合吉) ： 주(酒), 오가피(五加皮), 의이인(薏苡仁), 우슬(牛膝), 두중(杜仲), 석곡(石斛), 육계(肉桂), 지황(地黃), 천문동(天門冬), 마황(麻黃), 포부자(炮附子), 백출(白朮), 방기(防己), 작약(芍藥), 당귀(當歸), 목통(木通), 비해(萆薢), 대황(大黃), 사상자(蛇床子), 목근피(木槿皮), 천궁(川芎), 지골피(地骨皮), 강활(羌活), 계지(桂枝), 해풍등(海風藤), 속단(續斷)

⑥ 주치(主治) ： 풍습관절비통(風濕關節痺痛), 요슬동통(腰膝疼痛), 습열하주(濕熱下注), 각슬열통(脚膝熱痛), 혈맥마비동통(血脈麻痺疼痛), 기혈응체(氣血凝滯), 피부개선(皮膚疥癬), 아치충통(牙齒蟲痛), 골절(骨折), 유옹(乳癰), 해수(咳嗽), 산후어혈작통(産後瘀血作痛), 적백구리(赤白久痢), 곽란중오(霍亂中惡)

⑦ 효능(效能) ： 거풍습통경락(祛風濕通經絡), 거풍살충(祛風殺蟲), 항균(抗菌), 진통(鎭痛), 생기(生肌), 지통(止痛), 소종(消腫), 산혈(散血), 산어(散瘀), 해독(解毒), 해열거어(解熱祛瘀)

⑧ 약물음양오행(藥物陰陽五行) ： 거풍습통경락약(祛風濕通經絡藥), 소창옹저약(消瘡癰疽藥), 살충약(殺蟲藥)

474) 해마(海馬) ： 복해마(가시해마, 얼룩해마, 큰해마, 산호해마)

① 성미(性味) ： 감(甘), 함(鹹), 온(溫), 무독(無毒)
② 귀경(歸經) ： 간(肝) · 신(腎) 木水經
③ 용법(用法) ： 주자용(酒炙用), 3~9g, 9~12g 전복(煎服)
④ 금기(禁忌) ： 음허화왕(陰虛火旺), 내열(內熱), 외감(外感), 비위허약(脾胃虛弱), 임부(妊婦)(忌)
⑤ 배합길(配合吉) ： 두중(杜仲), 파극천(巴戟天), 숙지황(熟地黃), 보골지(補骨脂), 토사자(菟絲子), 음양곽(淫羊藿), 쇄양(鎖陽), 선모(仙茅), 저실(楮實), 파두(巴豆), 목향(木香), 청피(靑皮), 대황(大黃), 구기자(枸杞子), 홍조(紅棗), 어표교(魚鰾膠), 돈육(豚肉)
⑥ 주치(主治) ： 신허양위(腎虛陽痿), 허천(虛喘), 유뇨(遺尿), 난산(難産), 징적(癥

積), 정창종독(疔瘡腫毒), 혈기통(血氣痛), 양허(陽虛), 야유(夜遺)

⑦ 효능(效能) : 보신장양(補腎壯陽), 조기활혈(調氣活血), 보양(補陽), 난수장(暖水臟), 온통임맥(溫通任脈), 소가괴(消瘕塊)

⑧ 약물음양오행(藥物陰陽五行) : 보양약(補陽藥)

475) 해백(薤白) : 산달래(들달래)와 산부추의 인경(鱗莖 : 비늘줄기)

① 성미(性味) : 감(甘), 신(辛), 산(酸), 고(苦), 온(溫), 활(滑), 무독(無毒)

② 귀경(歸經) : 폐(肺)·위(胃)·대장(大腸) 金土經

③ 용법(用法) : 생용(生用), 초용(炒用), 3~9g, 9~18g 單方가능, 전복(煎服)

④ 금기(禁忌) : 기허무체(氣虛無滯)〈주의(注意)〉, 유열(有熱)(용량주의), 음허발열(陰虛發熱)(忌), 다식(多食)삼가

⑤ 배합길(配合吉) : 괄루인(栝樓仁), 제반하(製半夏), 울금(鬱金), 단삼(丹蔘), 홍화(紅花), 지실(枳實), 진피(陳皮), 황련(黃連), 황백(黃柏), 과루실(瓜蔞實), 백주(白酒), 계지(桂枝), 후박(厚朴)

⑥ 주치(主治) : 흉비증(胸痺證), 완비불서(脘痺不舒), 담탁(痰濁), 흉비자통(胸痺刺痛), 간기천급(肝氣喘急), 흉배작통(胸背作痛), 장위기체(腸胃氣滯), 사리후중(瀉痢後重), 적백하리(赤白下痢), 산후제리(産後諸痢), 냉사(冷瀉), 건구(乾嘔), 창절(瘡節), 금창(金瘡), 탕화상(湯火傷), 하초기체(下焦氣滯), 위중담식충적(胃中痰食蟲積)

⑦ 효능(效能) : 온중통양(溫中通陽), 하기행체(下氣行滯), 온중산결(溫中散結), 조중(調中), 안태(安胎), 생기육(生肌肉),, 제한열(除寒熱), 보허해독(補虛解毒), 온보조양도(溫補助陽道), 이규(利竅), 건위(健胃), 발산해표(發散解表), 개격(開膈)

⑧ 약물음양오행(藥物陰陽五行) : 이기약(理氣藥)

476) 해부석(海浮石) : 부석, 척돌태충의 골격(骨格)

① 성미(性味) : 함(鹹), 평(平), 한(寒), 무독(無毒), 경부(輕浮)

② 귀경(歸經) : 폐(肺) 金經, 신(腎) 水經

③ 용법(用法) : 3~9g, 9~15g 전복(煎服)

④ 금기(禁忌) : 허한해수(虛寒咳嗽)(忌), 다복(多服)삼가

⑤ 배합길(配合吉) : 청대(靑黛), 과루인(瓜蔞仁), 패모(貝母), 담성(膽星), 백개자(白芥子), 가자육(訶子肉), 치자(梔子), 곤포(昆布), 해조(海燥), 생감초(生甘草), 차전자(車前子), 활석(滑石), 목통(木通), 생지황(生地黃), 현삼(玄蔘), 금은화(金銀花), 연교(連翹)

⑥ 주치(主治) : 담열해수(痰熱咳嗽), 해혈(咳血), 객담조니(喀痰稠膩), 노담적괴(老痰積塊), 폐열구수(肺熱久嗽), 결핵(結核), 임증(淋證), 산기(疝氣), 영유(瘿瘤), 라역(瘰癧), 목예(目翳), 창종(瘡腫)

⑦ 효능(效能) : 화담청폐(化痰淸肺), 연견산결(軟堅散結), 통림(通淋), 이수습(利水濕), 지갈(止渴), 소적괴(消積塊), 지해(止咳), 살야수독(殺野獸毒), 소창종(消瘡腫), 소열담(消熱痰), 하기(下氣), 지담수천급(止痰水喘急), 소식(消食)

⑧ 약물음양오행(藥物陰陽五行) : 청열화담약(淸熱化痰藥), 이수통림약(利水通淋藥)

477) 해삼(海蔘)

① 성미(性味) : 감(甘), 함(鹹), 온(溫), 활(滑), 무독(無毒)

② 귀경(歸經) : 신(腎)·심(心) 水火經

③ 용법(用法) : 9~15g 전복(煎服), 소금물에 담그고 냉수에 담근 후 꺼내말려 사용한다, 인삼대용(人蔘代用)

④ 금기(禁忌) : 토약사주(土弱四柱)(신중), 한습다(寒濕多), 비위허약(脾胃虛弱), 설사(泄瀉), 사리유활(瀉痢遺滑)(忌)

⑤ 배합길(配合吉) : 진피(陳皮), 사인(砂仁)

⑥ 주치(主治) : 정혈휴손(精血虧損), 양위(陽痿), 빈혈(貧血), 허약노겁(虛弱勞怯), 태원불고(胎元不固), 장조변란(腸燥便難), 소변빈삭(小便頻數), 대변조결(大便燥結), 몽유(夢遺), 폐결핵(肺結核)

⑦ 효능(效能) : 보신익정(補腎益精), 자음보혈(滋陰補血), 신수자보(腎水滋補), 양혈윤조(凉血潤燥), 조경(調經), 치아골격형성(齒牙骨格形成), 제노겁증(除勞怯證), 성장발육촉진(成長發育促進), 통양윤조(通陽潤燥), 태중보익(胎中補益), 강화자신(降火滋腎), 생맥생혈(生脈生血), 장양료위(壯陽療痿), 소담연(消痰涎), 살식충(殺蝕蟲), 지혈(止血), 자청이수(滋淸利水), 윤오장(潤五臟), 건양(健陽)

⑧ 약물음양오행(藥物陰陽五行) : 보양약(補陽藥), 보혈약(補血藥)

478) 해조(海藻) : 양서채, 해호자(의 全草)

① 성미(性味) : 함(鹹), 고(苦), 한(寒), 무독(無毒), 미독(微毒)
② 귀경(歸經) : 간(肝)·위(胃)·신(腎) 木土水經, 폐(肺)·비(脾) 金土經
③ 용법(用法) : 4.5~15g 15~30g 單方가능, 전복(煎服)
④ 금기(禁忌) : 비위허한온습(脾胃虛寒蘊濕)(忌), 신양허(腎陽虛)(忌),〈감초(甘草)(相反)〉, 비허위약(脾虛胃弱), 기혈부족(氣血不足)(忌)
⑤ 배합길(配合吉) : 연교(連翹), 청염(靑鹽), 현삼(玄蔘), 하고초(夏枯草), 박하(薄荷), 천패모(川貝母), 해합분(海蛤粉), 천화분(天花粉), 숙지황(熟地黃), 백렴(白蘞), 길경(桔梗), 생지황(生地黃), 생감초(生甘草), 당귀(當歸), 황련(黃連), 곤포(昆布), 청피(靑皮), 진피(陳皮), 반하(半夏), 천궁(川芎), 독활(獨活), 해대(海帶), 차전자(車前子), 택사(澤瀉), 저령(豬苓), 반하(半夏), 해부석(海浮石), 돈육(豚肉), 자채(紫菜)
⑥ 주치(主治) : 라역(瘰癧), 영유(癭瘤), 산기(疝氣), 수종(水腫), 각기(脚氣), 부종(浮腫), 징가견기(癥瘕堅氣), 기담결만(氣痰結滿), 오격담옹(五膈痰壅), 복중뇌명(腹中雷鳴), 동통핵종(疼痛核腫), 만성기관염(慢性氣管炎), 소화불량(消化不良)
⑦ 효능(效能) : 소담연견(消痰軟堅), 산결(散結), 이수퇴종(利水退腫), 이소변(利小便), 파산결기(破散結氣), 이수도(利水道)
⑧ 약물음양오행(藥物陰陽五行) : 지해평천약(止咳平喘藥)

479) 해합각(海蛤殼) : 청합(모시조개, 바지라기)조개, 문합조개 등 의 패각(貝殼)

① 성미(性味) : 고(苦), 함(鹹), 평(平), 한(寒), 무독(無毒), 청(淸), 설열(泄熱)

② 귀경(歸經) : 폐(肺)·위(胃) 金土經, 심(心), 신(腎) 火水經

③ 용법(用法) : 3∼9g, 9∼15g 전복(煎服)

④ 금기(禁忌) : 중양불운(中陽不運), 폐허유한(肺虛有寒)〈신용(愼用)〉, 원화(芫花), 감수(甘遂), 구담(狗膽)(꺼림)

⑤ 배합길(配合吉) : 청대(靑黛), 길경(桔梗), 과루인(瓜蔞仁), 황금(黃芩), 천문동(天門冬), 향부자(香附子), 연교(連翹), 곤포(昆布), 모려분(牡蠣粉), 해조(海藻), 활석(滑石), 목통(木通), 택사(澤瀉), 저령(豬苓), 등심(燈心), 동규자(冬葵子), 상백피(桑白皮), 정력자(葶藶子), 방기(防己), 빈랑(檳榔), 욱리인(郁李仁), 행인(杏仁), 대황(大黃), 적복령(赤茯苓), 진피(陳皮), 저담(豬膽), 오적골(烏賊骨), 청목향(靑木香), 저근백피(樗根白皮), 황백(黃柏), 석고(石膏), 청대(靑黛), 경분(輕粉)

⑥ 주치(主治) : 폐열담열해수(肺熱痰熱咳嗽), 라역담핵(瘰癧痰核), 흉비협통(胸痞脇痛), 흉통한열(胸痛寒熱), 해역상기(咳逆上氣), 구역(嘔逆), 담화울결(痰火鬱結), 번만(煩滿), 천식(喘息), 혈결흉통(血結胸痛), 복수부종(腹水浮腫), 습진(濕疹), 임질(淋疾), 음위(陰痿), 오치요통(五痔腰痛), 적취(積聚), 영유(癭瘤), 붕중대하(崩中帶下), 혈리(血痢), 치질(痔疾)

⑦ 효능(效能) : 청열(淸熱), 청폐화담(淸肺化痰), 연견산결(軟堅散結), 이수소종(利水消腫), 제산지통(制酸止痛), 청열수렴(淸熱收斂), 청열이습(淸熱利濕), 이소변(利小便), 소적취(消積聚), 소담(消痰), 윤오장(潤五臟), 지소갈(止消渴), 화담음(化痰飮), 제혈리(除血痢)

⑧ 약물음양오행(藥物陰陽五行) : 청화열담약(淸化熱痰藥), 이수소종약(利水消腫藥)

480) 행인(杏仁) : 살구나무씨(종자)

① 성미(性味) : 고(苦), 감(甘), 설(泄), 미온(微溫), 강기(降氣), 지방성(脂肪性), 소독(小毒)

② 귀경(歸經) : 폐(肺)·대장(大腸) 金經, 비(脾) 土經

③ 용법(用法) : 3~9g, 9~12g 전복(煎服), 과량복용(過量服用)삼가, 단방(單方)가능

④ 금기(禁忌) : 대변당설(大便溏泄)(愼用), 음허해수(陰虛咳嗽), 갈근(葛根), 황금(黃芩), 황기(黃芪)(꺼림), 폐허열(肺虛熱), 기허(氣虛), 변비(便秘)(忌)

⑤ 배합길(配合吉) : 석고(石膏), 마황(麻黃), 감초(甘草), 마자인(麻子仁), 도인(桃仁), 지각(枳殼), 생지황(生地黃), 당귀(當歸), 지실(枳實), 후박(厚朴), 대황(大黃), 작약(芍藥), 진피(陳皮), 송자인(松子仁), 초욱리인(炒郁李仁), 백자인(柏子仁), 마유(麻油), 법반하(法半夏), 자소엽(紫蘇葉), 전호(前胡), 생강(生薑), 길경(桔梗), 복령(茯苓), 홍조(紅棗), 상엽(桑葉), 담두시(淡豆豉), 절패모(浙貝母), 이피(梨皮), 사삼(沙蔘), 산치피(山梔皮), 황금(黃芩), 상백피(桑白皮), 은행(銀杏)

⑥ 주치(主治) : 풍한열해수(風寒熱咳嗽), 해역상기(咳逆上氣), 조열해수(燥熱咳嗽), 천촉(喘促), 감모해수(感冒咳嗽), 폐열해천(肺熱咳喘), 후비(喉痺), 천만(喘滿), 심하번열(心下煩熱), 복비불통(腹痺不通), 경간(驚癎), 시행두통(時行頭痛), 풍조재어흉격(風燥在瘀胸膈), 감충(疳蟲), 노인허약자변비(老人虛弱者便秘), 진액고조변비(津液枯燥便秘), 산후변비(產後便秘), 후비(喉痺)

⑦ 효능(效能) : 지해평천(止咳平喘), 윤장통변(潤腸通便), 소담윤폐(消痰潤肺), 살충(殺蟲), 소종(消腫), 윤장위(潤腸胃), 윤심폐(潤心肺), 해기(解肌), 소식(消食), 지해수(止咳嗽), 하기(下氣)

⑧ 약물음양오행(藥物陰陽五行) : 화담지해평천약(化痰止咳平喘藥), 윤하약(潤下藥)

481) 향부자(香附子) : 사초(莎草)의 근경(根莖 뿌리줄기)

① 성미(性味) : 신산(辛散), 미고(微苦), 조(燥), 강(降), 미감(微甘), 화평(和平), 미

한(微寒), 불한불열(不寒不熱), 무독(無毒)

② 귀경(歸經) ： 간(肝) · 삼초(三焦) 木火經, 폐(肺) · 비(脾) · 위(胃) 金土經

③ 용법(用法) ： 생용(生用), 초초용(醋炒用), 3~9g, 15g 單方가능, 煎服, 長服삼가

④ 금기(禁忌) ： 혈허내열(血虛內熱), 월경빈발(月經頻發)(忌), 음허내열(陰虛內熱),
기허무체(氣虛無滯)(愼重), 철(鐵)(忌)

⑤ 배합길(配合吉) ： 당귀(當歸), 천궁(川芎), 애엽(艾葉), 백작약(白芍藥), 맥문동(麥
門冬), 숙지황(熟地黃), 귤홍(橘紅), 감초(甘草), 청호(青蒿), 두중(杜仲), 황련(黃
連), 반하(半夏), 진피(陳皮), 산치자(山梔子), 복령(茯苓), 의이인(薏苡仁), 소자
(蘇子), 선복화(旋覆花), 시호(柴胡), 지각(枳殼), 목향(木香), 창출(蒼朮), 신국(神
麯), 고량강(高良薑), 오약(烏藥), 소회향(小茴香), 초(醋), 동변(童便)

⑥ 주치(主治) ： 간기울체(肝氣鬱滯), 간위불화(肝胃不和), 정지억울(情志抑鬱), 담음
비만(痰飮痞滿), 소화불량(消化不良), 흉협작통(胸脇作痛), 흉격비민(胸膈痞悶), 위
완복통(胃脘腹痛), 곽란토사복통(霍亂吐瀉腹痛), 구토탄산(嘔吐呑酸), 각기(脚氣),
옹저창양(癰疽瘡瘍), 하혈(下血), 토혈(吐血), 방광냉(膀胱冷), 붕루대하(崩漏帶下),
한응기체(寒凝氣滯), 완복동통(脘腹疼痛), 월경부조(月經不調), 유창(乳脹)

⑦ 효능(效能) ： 소간(疏肝), 이기해울(理氣解鬱), 조경지통(調經止痛), 익기(益氣),
소음식적취(消飮食積聚), 제흉중열(除胸中熱), 충피모(充皮毛), 하기(下氣), 쾌기
(快氣), 소식(消食), 개울(開鬱), 지구토(止嘔吐), 관중(寬中), 산시기한역(散時氣
寒逆), 소음식적취(消飮食積聚), 이삼초(利三焦), 이뇨(利尿)

⑧ 약물음양오행(藥物陰陽五行) ： 이기약(理氣藥)

482) 향유(香薷) ： 꽃 향유〈향유(노야기)〉(의 全草)(꽃포함)

① 성미(性味) ： 신산(辛散), 감(甘), 고(苦), 미온(微溫), 무독(無毒)
② 귀경(歸經) ： 폐(肺) · 위(胃) 金土經
③ 용법(用法) ： 3~9g 냉음복(冷飮服), 單方가능
④ 금기(禁忌) ： 한다표허(汗多表虛), 무표사(無表邪), 음허유열(陰虛有熱), 화성기허

(火盛氣虛)(忌)

⑤ 배합길(配合吉) ： 후박(厚朴), 초백편두(炒白扁豆), 강즙자(薑汁炙), 백출(白朮), 황련(黃連), 황금(黃芩), 복령(茯苓)

⑥ 주치(主治) ： 외감서풍(外感暑風), 열풍(熱風), 서월감모(暑月感冒), 두통무한(頭痛無汗), 흉비복통(胸痞腹痛), 오한발열(惡寒發熱), 내상서습(內傷暑濕), 음냉내상(陰冷內傷), 복통토사(腹痛吐瀉), 구역냉기(嘔逆冷氣), 서습수종(暑濕水腫), 각기(脚氣), 한열(寒熱), 흉비복창(胸痺腹脹), 소변불리(小便不利), 수병홍종(水病洪腫), 서열해수(暑熱咳嗽), 사시상한(四時傷寒), 중서두동(中暑頭疼)

⑦ 효능(效能) ： 온중화비(溫中和脾), 통리수습(通利水濕), 발한해표(發寒解表), 거서화습(祛署化濕), 이수소종(利水消腫), 하기(下氣), 온위화중(溫胃和中), 이뇨(利尿), 제번열(除煩熱), 이소변(利小便), 거취기(去臭氣)

⑧ 약물음양오행(藥物陰陽五行) ： 청열해서약(淸熱解暑藥), 신온해표약(辛溫解表藥), 이수통림약(利水通淋藥)

483) 현명분(玄明粉) ： 풍화초원명분(風化硝元明粉), 무수황산나트륨

① 성미(性味) ： 신(辛), 감(甘), 함(鹹), 한(寒), 무독(無毒)
② 귀경(歸經) ： 위(胃)·대장(大腸) 土金經
③ 용법(用法) ： 6~12g
④ 금기(禁忌) ： 임부(妊婦), 궤양성변비(潰瘍性便秘), 무실열(無實熱), 비위허한(脾胃虛寒), 허화동(虛火動)(忌)
⑤ 주치(主治) ： 심열번조(心熱煩躁), 한열적체(寒熱積滯), 숙체징결(宿滯癥結), 풍열(風熱), 두통번민(頭痛煩悶), 요슬냉통(腰膝冷痛), 목적종통(目赤腫痛), 대변불통(大便不通), 옹저종독(癰疽腫毒), 인종구독(咽腫口毒), 오로칠상(五勞七傷), 해수(咳嗽), 구냉구열(久冷九熱), 격상허열(膈上虛熱), 장풍치병(腸風痔病), 음독상한(陰毒傷寒), 현벽기(痃癖氣), 창만(脹滿), 소아감기(小兒疳氣), 담수(痰水), 두면폭열종통(頭面暴熱腫痛), 소아경열격담(小兒驚熱膈痰)

⑥ 효능(效能) : 청화소종(淸火消腫), 소종독(消腫毒), 청폐해서(淸肺解署), 윤조(潤燥), 사열통변(瀉熱通便), 연견(軟堅), 명목(明目), 강심화(降心火), 소담연(消痰涎), 거위열(祛胃熱), 소옹저종독(消癰疽腫毒)

⑦ 약물음양오행(藥物陰陽五行) : 공하약(攻下藥)

484) 현삼(玄蔘) : 현삼의 뿌리(根)

① 성미(性味) : 고((苦), 함(鹹), 한(寒), 양(凉), 무독(無毒), 응체(凝滯)

② 귀경(歸經) : 폐(肺)・신(腎)・위(胃) 金水土經, 심(心)・비(脾) 火土經

③ 용법(用法) : 3~12g, 12~30g, 전복(煎服)

④ 금기(禁忌) : 비위유습(脾胃有濕), 혈허복통(血虛腹痛), 비허변당(脾虛便溏)(忌), 여로(藜蘆)〈상반(相反)〉, 동(銅), 철(鐵)〈상반(相反)〉, 대조(大棗), 건강(乾薑), 황기(黃芪), 산수유(山茱萸)(꺼림)

⑤ 배합길(配合吉) : 사삼(沙蔘), 생지황(生地黃), 사엽삼(四葉蔘), 옥죽(玉竹), 백작약(白芍藥), 맥문동(麥門冬), 천패모(川貝母), 목단피(牧丹皮), 감초(甘草), 박하(薄荷), 모려(牡蠣), 절패모(浙貝母), 금은화(金銀花), 당귀(當歸), 백출(白朮), 황기(黃芪), 연교(連翹), 황련(黃連), 지모(知母), 갱미(粳米), 석고(石膏), 서각(犀角), 초우방자(炒牛蒡子), 방풍(防風), 형개(荊芥), 승마(升麻), 자화지정(紫花地丁)

⑥ 주치(主治) : 온열병(溫熱病), 열풍두통(熱風頭痛), 상한신열(傷寒身熱), 골증노열(骨蒸勞熱), 상음(傷陰), 상진변비(傷津便秘), 진액소모(津液消耗), 구갈번열(口渴煩熱), 혈열발반(血熱發斑), 자한도한(自汗盜汗), 인후종통(咽喉腫痛), 복중한열적취(腹中寒熱積聚), 견징(堅癥), 심복통(心腹痛), 옹종(癰腫), 장옹(腸癰), 라역(瘰癧), 토뉵혈(吐衄血), 혈체소변불리(血滯小便不利), 산후여질(産後餘疾)

⑦ 효능(效能) : 청열양음(淸熱養陰), 양혈해독(凉血解毒), 자음강화(滋陰降火), 연견산결(軟堅散結), 청열양혈(淸熱凉血)(生用), 활혈산어(活血散瘀)〈주초용(酒炒用)〉, 지혈(止血)(炒炭用), 보신기(補腎氣), 제번조(除煩躁), 명목(明目), 안오장(安五臟), 제흉중기(除胸中氣), 소종독(消腫毒), 지번갈(止煩渴), 보허노손(補虛勞損), 지

건망(止健忘), 소인후종(消咽喉腫), 해반독(解斑毒), 통소변혈체(通小便血滯), 청방광간신열결(淸膀胱肝腎熱結)

⑧ 약물음양오행(藥物陰陽五行) : 보음약(補陰藥), 청열양혈약(淸熱凉血藥), 지갈약(止渴藥)

485) 현호색(玄胡索) : 연호색(延胡索), 현호색(땅구슬, 영개싹, 비단풀)(의 塊莖 : 덩이줄기)

① 성미(性味) : 신(辛), 고(苦), 감(甘), 온(溫), 무독(無毒)
② 귀경(歸經) : 심(心)·간(肝)·비(脾) 火木土經, 위(胃)·폐(肺) 土金經
③ 용법(用法) : 3~9g 전복(煎服), 1회 0.9~1.5g 씩 단방(單方)가능
④ 금기(禁忌) : 임부(妊婦)(忌), 혈열병(血熱病), 혈어작통(血瘀作痛), 산후빈혈(産後貧血)(忌)
⑤ 배합길(配合吉) : 유향(乳香), 오령지(五靈脂), 몰약(沒藥), 천련자(川楝子), 오약(烏藥), 소회향(小茴香), 해백(薤白), 과루(瓜蔞), 울금(鬱金), 적작약(赤芍藥), 당귀(當歸), 육계(肉桂), 천궁(川芎), 향부자(香附子), 백작약(白芍藥), 연교(連翹), 금은화(金銀花), 목향(木香), 도인(桃仁), 홍화(紅花), 삼릉(三棱), 후박(厚朴), 봉출(蓬朮), 지각(枳殼), 고량강(高良薑), 진교(秦艽)
⑥ 주치(主治) : 기혈응체(氣血凝滯), 심복통(心腹痛), 흉복제통(胸腹諸痛), 산통(疝痛), 통경(痛經), 허로냉사(虛勞冷瀉), 질박상통(跌撲傷痛), 산후혈훈(産後血暈), 위완당심작통(胃脘當心作痛), 징가(癥瘕), 경행복통(經行腹痛), 기체혈허(氣滯血虛), 완복동통(脘腹疼痛), 흉협동통(胸脇疼痛), 월경불순(月經不順), 사지동통(四肢疼痛), 심비교통(心脾絞痛)
⑦ 효능(效能) : 활혈거어(活血祛瘀), 이기지통(理氣止痛), 제풍(除風), 파징벽(破癥癖), 파혈(破血), 하기소식(下氣消食), 통소변(通小便), 지통(止痛), 난요슬(暖腰膝)
⑧ 약물음양오행(藥物陰陽五行) : 지통약(止痛藥), 이기약(理氣藥), 활혈거어약(活血祛瘀藥)

486) 혈갈(血竭) : 기린갈의 과실수지(樹脂), 나무줄기지액(脂液)

① 성미(性味) : 감(甘), 신(辛), 함(鹹), 평(平), 미독(微毒)

② 귀경(歸經) : 심(心)·간(肝) 火木經, 신(腎) 水經

③ 용법(用法) : 1.0~1.5g, 0.3~0.9g 분말복(粉末服)

④ 금기(禁忌) : 월경기 임부(月經期妊婦), 용량(주의), 무어혈(無瘀血)(忌)

⑤ 배합길(配合吉) : 몰약(沒藥), 당귀(當歸), 적작약(赤芍藥), 포황(蒲黃), 목단피(牧丹皮), 천궁(川芎), 골쇄보(骨碎補), 계심(桂心), 유향(乳香), 홍화(紅花), 주사(朱砂), 사향(麝香), 용뇌(龍腦), 밀타승(密陀僧)

⑥ 주치(主治) : 어혈종통(瘀血腫痛), 통경(痛經), 혈체(血滯), 경폐(經閉), 외상출혈(外傷出血), 어혈응체동통(瘀血凝滯疼痛), 치루종통(痔漏腫痛), 궤양불렴(潰瘍不斂), 어혈불산(瘀血不散), 라역(瘰癧), 내상울혈동통(內傷鬱血疼痛)

⑦ 효능(效能) : 활혈산어지통(活血散瘀止痛), 수렴생기(收斂生肌), 파적혈(破積血), 지혈(止血)(生肉), 산체혈제통(散滯血諸痛), 파금창(破金瘡), 보간혈부족(補肝血不足)

⑧ 약물음양오행(藥物陰陽五行) : 외용약(外用藥), 지통약(止痛藥), 지혈약(止血藥)

487) 혈여탄(血餘炭) : 난발상(亂髮霜), 사람의 두발(頭髮)

① 성미(性味) : 고(苦), 평(平), 무독(無毒)

② 귀경(歸經) : 간(肝)·위(胃) 木土經, 신(腎)·심(心) 水火經

③ 용법(用法) : 3~9g, 9~15g 전복(煎服), 초탄용(炒炭用)

④ 금기(禁忌) : 위약(胃弱), 어혈열상(瘀血熱象)(忌)

⑤ 배합길(配合吉) : 진종탄(陳棕炭), 연방탄(蓮房炭), 괴화(槐花), 지유(地楡), 측백엽(側柏葉), 계관화(鷄冠花), 건강(乾薑), 자위피(刺猬皮), 고련피(苦楝皮), 목통(木通), 백모근(白茅根), 소계(小薊), 미(米), 사향(麝香), 당귀(當歸), 하수오(何首烏), 대조(大棗), 생지황(生地黃), 익모초(益母草), 계자황(鷄子黃)

⑥ 주치(主治) : 출혈병증(出血病證), 토뉵혈(吐衄血), 혈림(血淋), 적리(赤痢), 치은
출혈(齒齦出血), 자궁출혈(子宮出血), 금창상풍(金瘡傷風), 오림(五淋), 소아전간
(小兒癲癇), 소변불통(小便不通), 옹종(癰腫), 골저(骨疽)

⑦ 효능(效能) : 수렴(收斂), 산어지혈(散瘀止血), 능소어혈(能消瘀血), 양혈(凉血),
거어장육(祛瘀長肉), 이소변수도(利小便水道), 소어혈(消瘀血)

⑧ 약물음양오행(藥物陰陽五行) : 활혈거어약(活血祛瘀藥)

488) 형개(荊芥) : 형개의 全草

① 성미(性味) : 신(辛), 고(苦), 미온(微溫), 화평(和平), 무독(無毒)

② 귀경(歸經) : 폐(肺)・간(肝) 金木經

③ 용법(用法) : 생용(生用)〈거풍해표(祛風解表)〉, 초탄용(炒炭用)〈지혈(止血)〉,
3~9g 장복(長服) 삼가

④ 금기(禁忌) : 음허두통(陰虛頭痛), 표허자한(表虛自汗) (忌), 하돈(河豚 복어), 생
선, 황상어(자가사리), 무린어(無鱗魚 비늘없는고기), 해(蟹 게), 여육(驢肉 나귀고
기) (忌), 혈허한열(血虛寒熱), 음허유화(陰虛有火), 두통(頭痛) (忌)

⑤ 배합길(配合吉) : 방풍(防風), 독활(獨活), 강활(羌活), 천궁(川芎), 적복령(赤茯
苓), 시호(柴胡), 전호(前胡), 길경(桔梗), 박하(薄荷), 감초(甘草), 감국(甘菊), 금
은화(金銀花), 지각(枳殼), 상엽(桑葉), 우방자(牛蒡子), 선태(蟬蛻), 정류(檉柳),
지모(知母), 현삼(玄蔘), 죽엽(竹葉), 맥문동(麥門冬), 갈근(葛根), 적작약(赤芍藥),
연교(連翹), 석곡(石斛), 하고초(夏枯草), 목단피(牧丹皮), 치자(梔子), 생강(生薑),
모근(茅根)

⑥ 주치(主治) : 외감풍한풍열표증(外感風寒風熱表證), 인후열통(咽喉熱痛), 풍진소양
(風疹瘙痒), 마진투발불창(麻疹透發不暢), 창양초기(瘡瘍初起), 출혈증(出血證), 감
모풍한(感冒風寒), 질타손상(跌打損傷), 붕중치루(崩中痔漏), 오한발열(惡寒發熱),
토뉵혈(吐衄血), 신통(身痛), 혈노풍기옹만(血勞風氣壅滿), 근골번통(筋骨煩痛), 두
통(頭痛), 무한(無汗), 허로(虛勞), 배척동통(背脊疼痛), 감모풍열(感冒風熱), 붕루

(崩漏), 혈리(血痢), 하혈(下血), 변혈(便血), 라역(瘰癧), 창개(瘡疥), 옹종(癰腫), 여인혈풍(女人血風), 산후혈훈(産後血暈), 음양독(陰陽毒)

⑦ 효능(效能) : 발한해표(發寒解表), 거풍(祛風), 선독투진(宣毒透疹), 지혈(止血), 소염(消炎), 소풍해표(疏風解表), 투진(透疹), 이오장(利五臟), 파결취기(破結聚氣), 제습비(除濕痺), 익력첨정(益力添精), 통리혈맥(通利血脈), 제냉풍(除冷風), 조비위(助脾胃), 성주(醒酒), 소식하기(消食下氣), 명목(明目), 발산창옹(發散瘡癰), 산풍열(散風熱), 이인후(利咽喉), 청두목(淸頭目)

⑧ 약물음양오행(藥物陰陽五行) : 신온해표약(辛溫解表藥), 지혈약(止血藥)

489) 호골(虎骨) : 호경골(虎脛骨), 호랑이(범)의 골격(骨格)

① 성미(性味) : 신(辛), 함(鹹), 평(平), 온(溫), 무독(無毒)

② 귀경(歸經) : 간(肝)・신(腎) 木水經

③ 용법(用法) : 3~9g, 9~15g 單方가능, 전복(煎服)

④ 금기(禁忌) : 혈허화성(血虛火盛)(愼用), 자석(磁石), 촉초(蜀椒), 촉칠(蜀漆)(꺼림)

⑤ 배합길(配合吉) : 모과(木瓜), 우슬(牛膝), 당귀(當歸), 부자(附子), 천궁(川芎), 천마(天麻), 홍화(紅花), 오가피(五加皮), 진교(秦艽), 상지(桑枝), 방풍(防風), 옥죽(玉竹), 속단(續斷), 백작약(白芍藥), 숙지황(熟地黃), 쇄양(鎖陽), 귀판(龜板), 지모(知母), 황백(黃柏), 진피(陳皮), 부자(附子), 상기생(桑寄生), 구기자(枸杞子), 별갑(鱉甲), 잠사(蠶砂), 강활(羌活), 비해(萆薢), 창이자(蒼耳子)

⑥ 주치(主治) : 풍습비통(風濕痺痛), 관절기냉(關節氣冷), 근맥구련(筋脈拘攣), 요슬위연(腰膝痿軟), 각슬산연(脚膝痠軟), 슬경종통(膝脛腫痛), 역절풍통(歷節風痛), 요통각약(腰痛脚弱), 주주동통(走疰疼痛), 근골독풍연급(筋骨毒風攣急), 상한온기(傷寒溫氣), 온학(溫瘧), 두골풍사(頭骨風邪), 치루탈항(痔瘻脫肛), 경계전간(驚悸癲癎), 창개(瘡疥), 근골풍급통(筋骨風急痛)

⑦ 효능(效能) : 강근건골(强筋健骨), 거풍지통(祛風止痛), 정통(定痛), 살견교독(殺犬咬毒)

⑧ 약물음양오행(藥物陰陽五行) : 거풍습강근골약(祛風濕强筋骨藥)

490) 호도인(胡桃仁) : 호두나무(種仁), 육(肉)

① 성미(性味) : 감(甘), 미신(微辛), 온(溫), 윤(潤), 무독(無毒)

② 귀경(歸經) : 폐(肺)・대장(大腸)・신(腎) 金水經, 간(肝) 木經

③ 용법(用法) : 6~9g, 9~30g, 60g 전복(煎服), 단방(單方)가능, 농다(濃茶)를 피한
다, 내피제거(內皮除去)〈養血, 潤腸〉, 내피사용〈염삽(斂澁)〉

④ 금기(禁忌) : 열증(熱證), 담열천수(痰熱喘嗽), 설사(泄瀉), 들오리(野鴨)(忌), 주
(酒 술)(忌), 치육(雉肉 꿩고기)(忌)

⑤ 배합길(配合吉) : 두중(杜仲), 파고지(破故紙), 비해(萆薢), 인삼(人蔘), 당귀(當
歸), 아교(阿膠), 육종용(肉蓯蓉), 대조(大棗), 마사자(馬蛇子), 흑사탕(黑砂糖), 사
삼(沙蔘), 구기자(枸杞子), 관동화(款冬花), 자완(紫菀), 봉밀(蜂蜜)

⑥ 주치(主治) : 신허정휴(腎虛精虧), 요통각약(腰痛脚弱), 요각중통(腰脚重痛), 근골
무력(筋骨無力), 유정(遺精), 장조변비(腸燥便秘), 심복산통(心腹疝痛), 허한천수
(虛寒喘嗽), 음위(陰痿), 석림(石淋), 소변빈삭(小便頻數), 혈리장풍(血痢腸風), 후
비(喉痺), 오치(五痔)

⑦ 효능(效能) : 보신익정(補腎益精), 익명문(益命門), 보기양혈(補氣養血), 강요슬(强
腰膝), 윤장통변(潤腸通便), 이삼초(利三焦), 염폐정천(斂肺定喘), 온폐(溫肺), 이소
변(利小便), 윤조화담(潤燥化痰), 통경맥(通經脈), 고정(固精), 강음(强陰), 윤혈맥
(潤血脈), 흑수발(黑鬚髮), 하기(下氣), 살백충(殺白蟲), 거적기(去積氣), 비건(肥
健), 제동독(制銅毒), 발두창(發痘瘡), 산종독(散腫毒), 골육세니광윤(骨肉細膩光閏)

⑧ 약물음양오행(藥物陰陽五行) : 보양약(補陽藥), 윤하약(潤下藥)

491) 호로파(胡蘆巴) : 호로파의 종자

① 성미(性味) : 고(苦), 신(辛), 온(溫), 조(燥), 무독(無毒)

② 귀경(歸經) : 신(腎)·간(肝) 水木經, 방광(膀胱)·심(心) 水火經
③ 용법(用法) : 염수초용(鹽水炒用), 2.5~6g, 6~9g 전복(煎服)
④ 금기(禁忌) : 음허화왕(陰虛火旺), 양항(陽亢), 음혈휴소(陰血虧少), 상화치성(相火熾盛), 임부(妊婦)(忌), 음소화다사주(陰少火多四柱)(愼重用)
⑤ 배합길(配合吉) : 유황(硫黃), 부자(附子), 소회향(小茴香), 천오두(川烏頭), 오수유(吳茱萸), 모과(木瓜), 보골지(補骨脂), 여지핵(荔枝核), 망과핵(芒果核), 황피핵(黃皮核), 용안핵(龍眼核), 우슬(牛膝), 계혈등(鷄血藤), 석창포(石菖蒲), 숙부자(熟附子), 대조(大棗), 생강(生薑), 애엽(艾葉), 황정(黃精), 복분자(覆盆子), 자감초(炙甘草)
⑥ 주치(主治) : 신허냉(腎虛冷), 음위(陰痿), 장허냉기(臟虛冷氣), 한응기체(寒凝氣滯), 소복냉통(小腹冷痛), 유정(遺精), 복협창만(腹脇脹滿), 산가(疝瘕), 한습각기(寒濕脚氣), 한습사기(寒濕邪氣), 양허(陽虛), 한습하주(寒濕下注), 족슬냉통(足膝冷痛), 한산(寒疝), 기체복만(氣滯腹滿)
⑦ 효능(效能) : 보명문화(補命門火), 자양강정(滋養强精), 온신장양(溫腎壯陽), 조습(燥濕), 거한습지통(祛寒濕止痛), 보신양(補腎陽), 난단전(暖丹田), 익우신(益右腎)
⑧ 약물음양오행(藥物陰陽五行) : 보양약(補陽藥)

492) 호마인(胡麻仁) : 검은참깨, 흑지마(黑脂麻), 흑호마(黑胡麻)

① 성미(性味) : 감(甘), 평(平), 온(溫), 무독(無毒), 활(滑), 유윤다지(油潤多脂)
② 귀경(歸經) : 폐(肺)·비(脾)·간(肝)·신(腎) 金土木水經
③ 용법(用法) : 9~30g 單方가능, 미초용(微炒用)
④ 금기(禁忌) : 비약설사(脾弱泄瀉) 주의, 정기불고(精氣不固)(忌), 하원허(下元虛)(忌)
⑤ 배합길(配合吉) : 상엽(桑葉), 조(棗), 밀(蜜), 당귀(當歸), 숙지황(熟地黃), 황정(黃精), 제수오(製首烏), 여정자(女貞子), 아교(阿膠), 황기(黃芪), 천산갑(穿山甲), 만삼(蔓蔘), 왕불유행(王不留行), 행인(杏仁), 도인(桃仁), 송자인(松子仁), 백자인

(柏子仁), 마자인(麻子仁), 육종용(肉蓯蓉)

⑥ 주치(主治) : 간신음허(肝腎陰虛), 허풍현훈(虛風眩暈), 수발조백(鬚髮早白), 정혈부족(精血不足), 혈허(血虛), 정휴(精虧), 장조변비(腸燥便秘), 진고혈조(津枯血燥), 병후허약(病後虛弱), 상중허리(傷中虛羸), 풍비(風痺), 피조발고(皮燥發枯), 유즙불통(乳汁不通), 부인음창(婦人陰瘡), 금창(金瘡), 요각통(腰脚痛), 두풍(頭風), 창양(瘡瘍), 유소(乳少), 요혈(尿血), 이질(痢疾), 상한온학(傷寒溫瘧)

⑦ 효능(效能) : 자양간신(滋養肝腎), 양혈익정(養血益精), 보기허(補氣虛), 양혈명목(凉血明目), 윤조활장(潤燥滑腸), 윤장통변(潤腸通便), 익기력(益氣力), 보간신위(補肝腎胃), 견근골(堅筋骨), 윤오장(潤五臟), 자음(滋陰), 지통(止痛), 이명목(耳明目), 이대소장(利大小腸), 전뇌수(塡腦髓), 보중익기(補中益氣), 장기육(長肌肉), 해열독(解熱毒), 소종(消腫), 보익정액(補益精液), 양혈서근(養血舒筋), 내한서(耐寒暑), 생독발(生禿髮)

⑧ 약물음양오행(藥物陰陽五行) : 보음약(補陰藥), 윤하약(潤下藥)

493) 호박(琥珀) : 소나무층 식물수지화석(植物樹脂化石), (탄화수소화합물)

① 성미(性味) : 감(甘), 평(平), 온(溫), 무독(無毒), 수렴(收斂)
② 귀경(歸經) : 심(心)·간(肝)·방광(膀胱)·소장(小腸) 火木水經, 비(脾) 土經
③ 용법(用法) : 1.8~3g, 0.9~1.8g(丸散)
④ 금기(禁忌) : 음허내열(陰虛內熱), 무어체(無瘀滯), 소변빈삭(小便頻數)(忌), 요소(尿少)(忌)
⑤ 배합길(配合吉) : 자천산갑(炙穿山甲), 동규자(冬葵子), 한련초(旱蓮草), 목향(木香), 목통(木通), 대조(大棗), 제채(薺菜), 구기자(枸杞子), 여정자(女貞子), 국화(菊花), 밀몽화(密蒙花), 야명사(夜明砂), 창포(菖蒲), 야교등(夜交藤), 산조인(酸棗仁), 백작(白芍), 합환화(合歡花), 편축(萹蓄), 저령(猪苓), 별갑(鱉甲), 삼릉(三棱)

⑥ 주치(主治) : 경풍(驚風), 경계(驚悸), 전간(癲癎), 실면(失眠), 제림(諸淋), 소변불통(小便不通), 산후어혈정체복통(産後瘀血停滯腹痛), 혈체기조(血滯氣阻), 경폐(經閉), 징가복통(癥瘕腹痛), 저창(疽瘡), 옹독(癰毒), 요혈(尿血), 담연(痰涎), 타박어통(打撲瘀痛)

⑦ 효능(效能) : 진경안신(鎭驚安神), 이수통림(利水通淋), 산어지혈(散瘀止血), 활혈거어(活血祛瘀), 통경(通經), 파결징(破結癥), 소종(消腫), 생기(生肌), 수렴(收斂), 이소변(利小便), 장심(壯心), 안오장(安五臟), 지심통(止心痛), 청심폐간(淸心肺肝), 활태최생(滑胎催生), 지갈제번(止渴除煩)

⑧ 약물음양오행(藥物陰陽五行) : 진심안신약(鎭心安神藥), 활혈거어약(活血祛瘀藥), 이수통림약(利水通淋藥), 외용약(外用藥)

494) 호유(胡荽) : 고수나물의 전초(全草), 호채(胡菜), (뿌리포함)

① 성미(性味) : 신(辛), 온(溫), 무독(無毒), 방향(芳香)

② 귀경(歸經) : 폐(肺)·위(胃) 金土經, 비(脾) 土經

③ 용법(用法) : 9~15g, 30~60g 선용(鮮用), 전복(煎服), 즙복(汁服), 다식(多食)삼가, 單方가능

④ 금기(禁忌) : 위궤양(胃潰瘍), 마진이투(麻疹已透)(忌), 저육(豬肉 돼지고기)(忌), 열독정체(熱毒停滯)(忌)

⑤ 배합길(配合吉) : 부평(浮萍), 정류(檉柳), 갈근(葛根), 승마(升麻), 진피(陳皮), 정향(丁香), 내복자(萊菔子)

⑥ 주치(主治) : 마진초기(麻疹初起)〈투발불창(透發不暢)〉, 식욕부진(食慾不振), 식물적체(食物積滯), 소화불량(消化不良), 위허식체(胃虛食滯)

⑦ 효능(效能) : 소산풍한(疏散風寒), 발한투진(發汗透疹), 개위소식(開胃消食), 하기(下氣)

⑧ 약물음양오행(藥物陰陽五行) : 신온해표약(辛溫解表藥), 소도약(消導藥)

495) 호이초(虎耳草) : 바위취(全草)

① 성미(性味) : 고(苦), 신(辛), 한(寒), 소독(小毒)

② 귀경(歸經) : 폐(肺)·신(腎) 金水經

③ 용법(用法) : 생용(生用), 9~15g, 15~30g 선용(鮮用), 전복(煎服), 단방(單方)가능

④ 배합길(配合吉) : 의이인(薏苡仁), 금은화(金銀花), 감초(甘草), 인동엽(忍冬葉), 빙편(氷片), 주(酒), 청대(靑黛)

⑤ 주치(主治) : 옹종창독(癰腫瘡毒), 온역(溫疫), 동창궤양(凍瘡潰瘍), 임파결핵(淋巴結核), 치창종독(痔瘡腫毒), 이농(耳聾), 폐열해수(肺熱咳嗽), 기역(氣逆), 폐옹(肺癰), 습진(濕疹), 외상출혈(外傷出血), 월경과다(月經過多), 풍진(風疹), 단독(丹毒), 붕루(崩漏), 해수토혈(咳嗽吐血), 이내폭열독(耳內暴熱毒), 동창창옹(凍瘡瘡癰), 간염(肝炎), 급만성중이염(急慢性中耳炎), 독충자상(毒蟲刺傷)

⑥ 효능(效能) : 청열해독(淸熱解毒), 거습소종(祛濕消腫), 양혈지혈(凉血止血), 거풍(祛風), 청폐열(淸肺熱)

⑦ 약물음양오행(藥物陰陽五行) : 청열해독약(淸熱解毒藥), 청열양혈약(淸熱凉血藥)

496) 호장(근)(虎杖根) : 호랑이 지팡이, 왕호장근(의 根莖, 根)

① 성미(性味) : 고(苦), 감(甘), 신(辛), 평(平), 한(寒), 무독(無毒)

② 귀경(歸經) : 간(肝)·담(膽)·폐(肺) 木金經

③ 용법(用法) : 9~30g, 전복(煎服), 침주(浸酒), 환산(丸散)

④ 금기(禁忌) : 임부(妊婦)(忌)__

⑤ 배합길(配合吉) : 금전초(金錢草), 인진(茵陳), 목향(木香), 지각(枳殼), 황금(黃芩), 대황(大黃), 연호색(延胡索), 치자(梔子), 의이인(薏苡仁), 비해(萆薢), 천초(茜草), 익모초(益母草), 단삼(丹蔘), 금은화(金銀花), 연교(連翹), 포공영(蒲公英), 몰약(沒藥), 유향(乳香), 홍화(紅花), 비파엽(枇杷葉), 향유(香油), 계자청(鷄子淸),

지유(地楡)

⑥ 주치(主治) : 간담습열온결(肝膽濕熱蘊結), 황달(黃疸), 담결석(膽結石), 임탁대하
(淋濁帶下), 습열하주(濕熱下注), 종통(腫痛), 독사교상(毒蛇咬傷), 어혈내조(瘀血
內阻), 경폐(經閉), 치루하혈(痔漏下血), 산후어혈불하(産後瘀血不下), 하복통(下腹
痛), 혈어종통(血瘀腫痛), 풍습비통(風濕痺痛), 창절옹독(瘡癤癰毒), 산후관절동통
(産後關節疼痛), 타박상(打撲傷), 화상(火傷), 담열해수(痰熱咳嗽), 인후동통(咽喉
疼痛), 징가적취(癥瘕積聚), 부인혈훈(婦人血暈), 오림(五淋), 적백대하(赤白帶下),
악창선질(惡瘡癬疾), 무월경(無月經), 대열번조(大熱煩躁), 박손어혈(撲損瘀血), 열
독(熱毒), 심복창만(心腹脹滿), 실화아통(實火牙痛)

⑦ 효능(效能) : 청열이습퇴황(淸熱利濕退黃), 활혈통경(活血通經), 활혈거어(活血祛
瘀), 통경지통(通經止痛), 통리월수(通利月水), 청열해독(淸熱解毒), 거풍습통경락
(祛風濕通經絡), 이뇨통림(利尿通淋), 지갈(止渴), 이소변(利小便), 화담지해(化痰
止咳), 강양익정(强陽益精), 장근골(壯筋骨), 파풍독결기(破風毒結氣), 파유혈징결
(破留血癥結), 배농(排膿), 견신(堅腎), 속근접골(續筋接骨), 발표산한(發表散寒),
수렴지혈(收斂止血)

⑧ 약물음양오행(藥物陰陽五行) : 이습퇴황약(利濕退黃藥), 청열조습약(淸熱燥濕藥),
청열해독약(淸熱解毒藥), 활혈거어약(活血祛瘀藥), 이수통림약(利水通淋藥)

497) 호초(胡椒) : 후추나무의 미성숙과실(未成熟果實)

① 성미(性味) : 신(辛), 열(熱), 무독(無毒)
② 귀경(歸經) : 위(胃)·대장(大腸) 土金經, 폐(肺) 金經
③ 용법(用法) : 1.5~5g, 1~1.5g 散, 매복(每服)시 0.3~0.9g 單方가능
④ 금기(禁忌) : 음허유열(陰虛有熱), 위열(胃熱)(忌), 다복(多服)삼가, 임부(妊婦)(愼
用), 음소화다(陰少火多)(愼重用)
⑤ 배합길(配合吉) : 녹두(綠豆), 저위(猪胃)
⑥ 주치(主治) : 위한복통(胃寒腹痛), 풍한담열(風寒痰熱), 냉기상충(冷氣上沖), 구토

(嘔吐), 완복동통(脘腹疼痛), 설사(泄瀉), 심복냉통(心腹冷痛), 한담식적(寒痰食積), 어하별육독(魚蝦鱉肉毒), 반위(反胃), 위구기허냉(胃口氣虛冷), 냉리(冷痢), 설사(泄瀉), 장부풍냉(臟腑風冷), 곽란기역(霍亂氣逆), 질박혈체종통(跌撲血滯腫痛), 산후혈기자통(産後血氣刺痛), 아치부열작통(牙齒浮熱作痛)

⑦ 효능(效能) : 온중산한(溫中散寒), 식욕증진(食慾增進), 행기지통(行氣止痛), 해독(解毒), 거담(去痰), 장신기(壯腎氣), 난장위(暖腸胃), 하기(下氣), 조오장(調五臟), 제한습반위(除寒濕反胃)

⑧ 약물음양오행(藥物陰陽五行) : 온열약(溫熱藥)

498) 호황련(胡黃連) : 호황련(의 根莖 : 뿌리줄기)

① 성미(性味) : 고(苦), 한(寒), 무독(無毒)

② 귀경(歸經) : 심(心)·간(肝)·위(胃)·대장(大腸) 火木土金經, 담(膽) 木經

③ 용법(用法) : 3~9g 單方가능, 전복(煎服)

④ 금기(禁忌) : 비위허약(脾胃虛弱)〈신중용〉, 저육(豬肉 돼지고기)(忌), 체약(体弱) 주의

⑤ 배합길(配合吉) : 산사(山査), 백출(白朮), 맥아(麥芽), 황련(黃連), 복령(茯苓), 노회(蘆薈), 신국(神麯), 사군자(使君子), 자감초(炙甘草), 지골피(地骨皮), 청호(靑蒿), 진교(秦艽), 별갑(鱉甲), 은시호(銀柴胡), 감초(甘草), 지모(知母), 무이(蕪荑), 사향(麝香)

⑥ 주치(主治) : 습열하리(濕熱下痢), 냉열설리(冷熱泄痢), 치창(痔瘡), 소아습열감질(小兒濕熱疳疾), 음허발열(陰虛發熱), 온학(溫瘧), 골증노열(骨蒸勞熱), 오심번열(五心煩熱), 상한해수(傷寒咳嗽), 경간감질(驚癇疳疾), 도한(盜汗), 자한(自汗), 창양(瘡瘍), 치루(痔瘻), 토뉵혈(吐衄血)

⑦ 효능(效能) : 청열조습(淸熱燥濕), 청열소감(淸熱消疳), 보간담(補肝膽), 후장위(厚腸胃), 익안색(益顏色), 명목(明目), 항균(抗菌), 항바이러스

⑧ 약물음양오행(藥物陰陽五行) : 청퇴허열약(淸退虛熱藥)

499) 홍화(紅花) : 잇꽃, 홍화의 꽃

① 성미(性味) : 신(辛), 감(甘), 고(苦), 온(溫), 무독(無毒)

② 귀경(歸經) : 심(心) · 간(肝) 火木經, 신(腎) 水經

③ 용법(用法) : 생용(生用), 1.2~3g, 3~9g, 9~15g, 30~60g 單方가능, 전복(煎服)

④ 금기(禁忌) : 임부(妊婦), 월경과다(月經過多)(忌)

⑤ 배합길(配合吉) : 당귀(當歸), 목단피(牧丹皮), 하엽(荷葉), 초포황(炒蒲黃), 천궁(川芎), 우슬(牛膝), 차전자(車前子), 육계(肉桂), 봉출(蓬朮), 삼릉(三棱), 갈근(葛根), 우방자(牛蒡子), 연교(連翹), 감초(甘草), 적작약(赤芍藥), 도인(桃仁), 목향(木香), 오두(烏頭), 연호색(延胡索), 소목(蘇木), 몰약(沒藥), 유향(乳香), 지각(枳殼), 자초(紫草), 생지황(生地黃), 대황(大黃), 우슬(牛膝)

⑥ 주치(主治) : 혈체(血滯), 경폐(經閉), 산후오로불행(産後惡露不行), 산후어조복통(産後瘀阻腹痛), 산후혈훈(産後血暈), 징가적취(癥瘕積聚), 복중혈기자통(腹中血氣刺痛), 열울혈체(熱鬱血滯), 반진(斑疹), 관절산통(關節痠痛), 어혈동통(瘀血疼痛), 타박상(打撲傷), 옹종(癰腫), 충독하혈(蟲毒下血)

⑦ 효능(效能) : 활혈통경(活血通經), 소징(消癥), 거어(祛瘀), 어혈소산(瘀血消散), 지통(止痛), 산종(散腫), 윤조(潤燥), 타사태(墮死胎), 안생태(安生胎), 이수소종(利水消腫)

⑧ 약물음양오행(藥物陰陽五行) : 활혈거어약(活血祛瘀藥), 파징소적약(破癥消積藥)

500) 화소(火消) : 초석(KNO₃)

① 성미(性味) : 고(苦), 함(鹹), 소독(小毒), 설(泄), 연(軟)

② 귀경(歸經) : 심(心) · 비(脾) 火土經

③ 용법(用法) : 1.5~3g 單方가능

④ 금기(禁忌) : 임부(妊婦), 체허(体虛)(忌)

⑤ 배합길(配合吉) : 우황(牛黃), 진주(眞珠), 사향(麝香), 빙편(氷片), 웅황(雄黃), 붕

사(硼砂), 금박(金箔), 몽석(蒙石), 침향(沈香), 황단(黃丹), 주사(朱砂), 목통(木通), 동규자(冬葵子), 치자(梔子), 대황(大黃), 황백(黃柏), 망초(芒硝), 석고(石膏)

⑥ 주치(主治) : 곽란(霍亂), 사창복통(痧脹腹痛), 습열온결(濕熱蘊結), 방광결석(膀胱結石), 임삽통(淋澀痛), 심복동통(心腹疼痛), 창절종독(瘡癤腫毒), 황달(黃疸), 목적후비(目赤喉痺), 간염(肝炎), 옹종창독(癰腫瘡毒)

⑦ 효능(效能) : 파견산적(破堅散積), 소화구축(消化驅逐), 파견공독(破堅攻毒), 소종(消腫), 이수(利水), 사하(瀉下), 항암(抗癌), 황달소퇴(黃疸消退), 윤조연견(潤燥軟堅)

⑧ 약물음양오행(藥物陰陽五行) : 파징소적약(破癥消積藥), 항암약(抗癌藥), 공하약(攻下藥)

501) 화피(樺皮) : 화목피(樺木皮), 만주자작나무, 자작나무의 수피(樹皮)〈나무껍질〉

① 성미(性味) : 고(苦), 한(寒), 무독(無毒)

② 귀경(歸經) : 위(胃) 土經

③ 용법(用法) : 9~30g, 전복(煎服)

④ 금기(禁忌) : 음한토약사주(陰寒土弱四柱)(신중), 비위허한(脾胃虛寒), 설사(泄瀉)(忌)

⑤ 배합길(配合吉) : 형개(荊芥), 행인(杏仁), 감초(甘草), 지각(枳殼), 조각자(皂角刺)

⑥ 주치(主治) : 습열황달(濕熱黃疸), 폐염(肺炎), 상한(傷寒), 이질(痢疾), 복사(腹瀉), 신염(腎炎), 시행열독창(時行熱毒瘡), 폐열해수(肺熱咳嗽), 구수(久嗽), 양진(痒疹), 편도선염(扁桃腺炎), 탕상(燙傷), 급성유선염(急性乳腺炎), 폐풍독(肺風毒), 양진(癢疹), 절종(癤腫), 만성기관염(慢性氣管炎), 유옹(乳癰), 옹창종독(癰瘡腫毒)

⑦ 효능(效能) : 청열이습(淸熱利濕), 거담지해(祛痰止咳), 소종(消腫), 청열해독(淸熱

解毒)

⑧ 약물음양오행(藥物陰陽五行) ： 청열조습약(淸熱燥濕藥), 청열해독약(淸熱解毒藥), 청화열담약(淸化熱痰藥)

502) 활석(滑石) ： 곱돌(활석)(의 塊狀体 ： 덩어리 모양)

① 성미(性味) ： 감(甘), 담(淡), 한(寒), 활(滑), 무독(無毒)

② 귀경(歸經) ： 방광(膀胱)・위(胃) 水土經

③ 용법(用法) ： 6~18g, 전복(煎服)

④ 금기(禁忌) ： 임부(妊婦)〈신중용(愼重用)〉, 진액부족(津液不足), 비허기약(脾虛氣弱), 정활(精滑), 음허화치(陰虛火熾), 소변청리(小便淸利), 기하함(氣下陷)(忌)

⑤ 배합길(配合吉) ： 차전자(車前子), 동규자(冬葵子), 통초(通草), 편축(萹蓄), 구맥(瞿麥), 목통(木通), 치자(梔子), 감초(甘草), 대황(大黃), 금전초(金錢草), 해금사(海金砂), 석위(石葦), 황련(黃連), 행인(杏仁), 귤홍(橘紅), 반하(半夏), 후박(厚朴), 울금(鬱金), 고백반(枯白礬), 하석고(煆石膏), 진사(辰砂), 곽향(藿香), 향유(香薷), 황금(黃芩), 저령(豬苓), 복령(茯苓), 대복피(大腹皮)

⑥ 주치(主治) ： 방광열결(膀胱熱結), 서열번갈(暑熱煩渴), 임리열통(淋漓熱痛), 소변불리(小便不利), 열리수사(熱痢水瀉), 습온신열(濕溫身熱), 심번구갈(心煩口渴), 오림(五淋), 습진(濕疹), 습창(濕瘡), 각기수종(脚氣水腫), 피부궤양(皮膚潰瘍), 창종독(瘡腫毒), 유옹(乳癰), 토뉵혈(吐衄血), 황달(黃疸)

⑦ 효능(效能) ： 이수통림(利水通淋), 거습염창(祛濕斂瘡), 청열이규(淸熱利竅), 통리수도(通利水道), 청해서열(淸解暑熱), 이뇨(利尿), 항균(抗菌), 이진액(利津液), 행적체(行積滯), 관대장(寬大腸), 익정기(益精氣), 지갈(止渴), 이중(利中), 해조탁(解燥濁), 제번열심조(除煩熱心燥), 통경활혈(通經活血), 보비위(補脾胃), 청화화담(淸火化痰), 화서기(化暑氣)

⑧ 약물음양오행(藥物陰陽五行) ： 이수청열약(利水淸熱藥), 이수통림약(利水通淋藥)

503) 황구신(黃狗腎) : 누렁이, 구신(狗腎), 누렁이의 외생식기(外生殖器)

① 성미(性味) : 함(鹹), 온(溫), 무독(無毒)

② 귀경(歸經) : 신(腎) 水經

③ 용법(用法) : 주세자황(酒洗炙黃), 사탕초용(砂燙炒用), 單方가능, 3~9g, 1~3g 분말(粉末)

④ 금기(禁忌) : 음허화왕(陰虛火旺)(忌)

⑤ 배합길(配合吉) : 토사자(菟絲子), 육종용(肉蓯蓉), 구기자(枸杞子), 보골지(補骨脂), 익지인(益智仁), 음양곽(淫羊藿)

⑥ 주치(主治) : 신양허쇠(腎陽虛衰), 양위(陽痿), 활정(滑精), 유뇨(遺尿), 외한지냉(畏寒肢冷), 궁냉불잉(宮冷不孕), 이명건망(耳鳴健忘), 요산족연(腰痠足軟), 대하(帶下)

⑦ 효능(效能) : 온신(溫腎), 보신(補腎), 온보조양(溫補助陽), 보명문(補命門), 난충임(暖沖任), 보정수(補精髓)

⑧ 약물음양오행(藥物陰陽五行) : 보양약(補陽藥)

504) 황금(黃芩) : 속썩은 풀(根 뿌리), 납골무 꽃

① 성미(性味) : 고(苦), 감(甘), 평(平), 조(燥), 설(泄), 한(寒), 무독(無毒)

② 귀경(歸經) : 폐(肺)·담(膽)·위(胃)·대장(大腸) 金木土經, 심(心)·소장(小腸) 火經, 방광(膀胱) 水經

③ 용법(用法) : 생용(生用)〈청열해독(清熱解毒)〉, 주침초(酒浸炒)〈상행(上行)〉, 소변침초(小便浸炒)〈하행(下行)〉, 저담즙초(猪膽汁炒) : 간담화제거(肝膽火除去), 초탄(炒炭)〈지혈(止血)〉, 초용(炒用)〈안태(安胎)〉, 3~12g, 12~15g, 단방(單方)가능

④ 금기(禁忌) : 신약토약사주(身弱土弱四柱), 비위허한(脾胃虛寒), 임부태한(妊婦胎寒), 생강(生薑)(相惡), 목단(牧丹), 단사(丹砂), 여로(藜蘆)(꺼림), 중한복통설사

(中寒腹痛泄瀉), 혈허복통(血虛腹痛), 간신허복통(肝腎虛腹痛), 음허다한(陰虛多汗)(忌), 폐허열(肺虛熱)(忌)

⑤ 배합길(配合吉) : 시호(柴胡), 반하(半夏), 인삼(人蔘), 감초(甘草), 대조(大棗)〈생강(生薑)〉, 치자(梔子), 죽엽(竹葉), 망초(芒硝), 박하(薄荷), 연교(連翹), 목향(木香), 후박(厚朴), 진피(陳皮), 작약(芍藥), 목통(木通), 건지황(乾地黃), 백출(白朮), 천궁(川芎), 당귀(當歸), 대조(大棗), 맥문동(麥門冬), 절패모(浙貝母), 상백피(桑白皮), 갈근(葛根), 후박(厚朴)

⑥ 주치(主治) : 장열불퇴(壯熱不退), 폐열해수(肺熱咳嗽), 풍열습열(風熱濕熱), 담열(痰熱), 습열황달(濕熱黃疸), 열림(熱淋), 사리(瀉痢), 기분실열(氣分實熱), 옹종창독(癰腫瘡毒), 열성출혈(熱性出血), 혈붕(血崩), 태동불안(胎動不安), 심복교통(心腹絞痛), 청열사화해독(淸熱瀉火解毒), 습열설리(濕熱泄痢), 붕루(崩漏), 토뉵(吐衄), 목적종통(目赤腫痛), 한열왕래(寒熱往來), 관절번민(關節煩悶), 심복견창(心腹堅脹), 발배(發背), 유옹(乳癰), 폐위(肺痿), 폐옹(肺癰), 창양(瘡瘍), 누혈(漏血), 변혈(便血), 소아복통(小兒腹痛), 협하열통(脇下熱痛)

⑦ 효능(效能) : 청열조습(淸熱燥濕), 청열지혈(淸熱止血), 안태(安胎), 이뇨(利尿), 항균(抗菌), 항바이러스, 양심거열(凉心去熱), 이소장(利小腸), 소곡(消穀), 파옹기(破壅氣), 해열갈(解熱渴), 하기(下氣), 배농(排膿), 사폐화(瀉肺火), 청태열(淸胎熱), 조경청열(調經淸熱), 사방광화(瀉膀胱火), 소담이기(消痰利氣), 해온역(解溫疫), 정천수(定喘嗽), 청상초열(淸上焦熱), 양하초열(凉下焦熱)

⑧ 약물음양오행(藥物陰陽五行) : 청열조습약(淸熱燥濕藥), 청열사화약(淸熱瀉火藥), 지혈약(止血藥)

505) 황기(黃芪) : 단너삼 뿌리

① 성미(性味) : 감(甘), 미온(微溫), 무독(無毒)
② 귀경(歸經) : 비(脾)·폐(肺) 土金經
③ 용법(用法) : 3~4年根, 노목(蘆木)과 잔뿌리 제거, 생용(生用), 밀자(蜜炙)(補氣升

陽), 3~9g, 9~15g, 30~60g 전복(煎服)

④ 금기(禁忌) : 백선피(白蘚皮), 귀갑(龜甲)〈상반(相反)〉, 방풍(防風)(두려워함), 열증(熱證), 양증(陽證), 실증(實證), 음허양성(陰虛陽盛)(忌), 화다사주(火多四柱)(신중), 심부전(心不全), 고혈압(高血壓), 흉격기민(胸膈氣悶), 상부혈열(上部血熱), 하초허한(下焦虛寒), 장위적체(腸胃積滯), 간기불리(肝氣不利)(忌)

⑤ 배합길(配合吉) : 인삼(人蔘), 백출(白朮), 부자(附子), 당귀(當歸), 부소맥(浮小麥), 모려분(牡蠣粉), 마황근(麻黃根), 육계(肉桂), 천궁(川芎), 천산갑(穿山甲), 조각자(皂角刺), 방기(防己), 감초(甘草), 천화분(天花粉), 복령(茯苓), 오미자(五味子), 생숙지황(生熟地黃), 맥문동(麥門冬), 산약(山藥), 갈근(葛根), 지모(知母), 계내금(鷄內金), 승마(升麻), 시호(柴胡), 작약(芍藥), 계지(桂枝), 대조(大棗), 생강(生薑), 구인(蚯蚓), 홍화(紅花), 도인(桃仁), 당삼(黨蔘), 진피(陳皮), 택사(澤瀉), 금은화(金銀花), 강황(薑黃), 라미근(糯米根)

⑥ 주치(主治) : 기허쇠약증(氣虛衰弱證), 허로리수(虛勞羸瘦), 중기하함(中氣下陷), 신체쇠약(身体衰弱), 궤구불렴(潰久不斂), 구불궤파(久不潰破), 복통설리(腹痛泄痢), 풍습허증(風濕虛證), 수종(水腫), 부종(浮腫), 소갈증(消渴證), 소아질병(小兒疾病), 혈비(血痺), 옹저(癰疽), 기허혈휴(氣虛血虧), 자한(自汗), 도한(盜汗), 붕대(崩帶), 탈항(脫肛), 비허설사(脾虛泄瀉), 내상노권(內傷勞倦), 구패창(久敗瘡), 오치(五痔), 장풍(腸風), 적백리(赤白痢), 담수(痰嗽)

⑦ 효능(效能) : 보익기승양(補益氣升陽), 익위고표(益衛固表)(鮮用), 보기부정(補氣扶正), 고표지한(固表止汗), 탁독배농(托毒排膿), 이수소종(利水消腫), 생기(生肌), 지통(止痛), 장근골(壯筋骨), 보폐익위기(補肺益胃氣), 온삼초(溫三焦), 보허(補虛), 온중초(溫中焦), 지갈(止渴), 이음기(利陰氣), 장육보혈(長肉補血), 퇴열독(退熱毒), 보폐기(補肺氣), 생혈(生血), 장비위(壯脾胃)

⑧ 약물음양오행(藥物陰陽五行) : 보기약(補氣藥), 배농약(排膿藥), 이수소종약(利水消腫藥)

506) 황련(黃連) : 황련의 근경(根莖 뿌리줄기)

① 성미(性味) : 대고(大苦), 대한조(大寒燥), 무독(無毒)

② 귀경(歸經) : 심(心)·간(肝)·위(胃)·대장(大腸) 火木土金經

③ 용법(用法) : 생용(生用)(瀉火解毒燥濕), 주초(酒炒)〈상초화(上焦火)〉, 강즙초용(薑汁炒用)〈중초화(中焦火), 구토(嘔吐)〉, 오수유탕침초(吳茱萸湯浸炒)〈기분습열화(氣分濕熱火)〉, 1.5~9g, 9~15g 單方가능

④ 금기(禁忌) : 신약사주(身弱四柱)(신중), 위장편한하리(胃腸偏寒下痢), 혈허(血虛), 기허(氣虛), 비위약(脾胃弱)(忌), 비위허한(脾胃虛寒)(忌), 비허설사(脾虛泄瀉), 위허구오(胃虛嘔惡), 음허번열(陰虛煩熱), 오경설사(五更泄瀉)〈신용(愼用)〉, 냉수(冷水)(忌), 저육(豬肉)(忌), 현삼(玄蔘), 원화(芫花)(꺼림), 국화(菊花), 백선피(白蘚皮)(꺼림), 백강잠(白殭蠶), 우슬(牛膝)(꺼림)

⑤ 배합길(配合吉) : 오수유(吳茱萸), 죽여(竹茹), 반하(半夏), 귤피(橘皮), 진피(秦皮), 황백(黃柏), 백두옹(白頭翁), 오매(烏梅), 갈근(葛根), 황금(黃芩), 감초(甘草), 주사(朱砂), 생지황(生地黃), 당귀(當歸), 작약(芍藥), 아교(阿膠), 계자황(鷄子黃), 산치자(山梔子), 고백반(枯白礬), 박하(薄荷), 박초(朴硝), 연교(連翹), 대황(大黃), 우방자(牛蒡子), 천화분(天花粉), 건강(乾薑), 계지(桂枝), 대조(大棗), 당삼(黨蔘), 인삼(人蔘), 갈근(葛根), 포공영(蒲公英), 금은화(金銀花)

⑥ 주치(主治) : 열병(熱病), 유열번민(有熱煩悶), 장위습열구토(腸胃濕熱嘔吐), 사리(瀉痢), 비만(痞滿), 습열하리(濕熱下痢), 습진(濕疹), 설사(泄瀉), 치창(痔瘡), 번조불면(煩躁不眠), 심화항성(心火亢盛), 심번(心煩), 심복통(心腹痛), 심규오혈(心竅惡血), 실열소갈(實熱消渴), 위화아통(胃火牙痛), 심하비(心下痞), 간화협통(肝火脇痛), 열기목통(熱氣目痛), 심열신번(心熱神煩), 음중종통(陰中腫痛), 옹종창독(癰腫瘡毒), 토뉵하혈(吐衄下血), 이목종통(耳目腫痛), 화독옹양(火毒癰瘍), 폐결핵(肺結核), 탕상(湯傷), 화상(火傷), 감적(疳積), 백일해(百日咳), 회충병(蛔蟲病), 태독(胎毒), 주독(酒毒), 리수기급(羸瘦氣急), 오로칠상(五勞七傷)

⑦ 효능(效能) : 청열조습(淸熱燥濕), 해독(解毒), 청심제번(淸心除煩), 청열사화해독

(淸熱瀉火解毒), 해파두독(解巴豆毒), 익담(益膽), 항균(抗菌), 항 바이러스, 구충
(驅蟲), 조위후장(調胃厚腸), 명목(明目), 지소갈(止消渴), 지혈(止血), 익기(益氣),
윤심폐장육(潤心肺長肉), 해경분독(解輕粉毒), 제비만(除痞滿), 안심(安心), 해구갈
(解口渴)

⑧ 약물음양오행(藥物陰陽五行) : 청열해독약(淸熱解毒藥), 청열사화약(淸熱瀉火藥)

507) 황백(黃柏) : 황벽나무, 황경피나무 수간피(樹幹皮 나무껍질)

① 성미(性味) : 고(苦), 신(辛), 한(寒), 조(燥), 침(沈), 강(降), 무독(無毒)

② 귀경(歸經) : 신(腎)·방광(膀胱)·대장(大腸)·위(胃) 水金土經

③ 용법(用法) : 생용(生用), 염수초용(鹽水炒用), 주초용(酒炒用), 3~12g, 전복(煎
服), 환(丸)·산(散)用

④ 금기(禁忌) : 음한다토약사주(陰寒多土弱四柱)(신중), 비허설사(脾虛泄瀉), 위약식
소(胃弱食少)(忌), 건칠(乾漆)(相惡), 음양양허(陰陽兩虛), 비위약(脾胃弱), 신허설
사(腎虛泄瀉)(忌), 철(鐵)(忌)

⑤ 배합길(配合吉) : 지모(知母), 적작약(赤芍藥), 황련(黃連), 백두옹(白頭翁), 진피
(秦皮), 치자(梔子), 감초(甘草), 박초(朴硝), 대황(大黃), 초검실(炒芡實), 주초백
과(酒炒白果)(銀杏), 초산약(炒山藥), 차전자(車前子), 창출(蒼朮), 우슬(牛膝), 연
교(連翹), 계자백(鷄子白), 선태(蟬蛻), 고삼(苦蔘), 귀판(龜板), 지황(地黃), 사인
(砂仁), 자소엽(紫蘇葉), 형개(荊芥), 석고(石膏), 청대(靑黛), 담죽엽(淡竹葉), 목
통(木通)

⑥ 주치(主治) : 하초습열온결(下焦濕熱蘊結), 오장장위중결열(五臟腸胃中結熱), 하리
습열황달(下痢濕熱黃疸), 골증노열(骨蒸勞熱), 족슬종통(足膝腫痛), 열림(熱淋), 대
하(帶下), 열성옹종창양(熱盛癰腫瘡瘍), 치질(痔疾), 몽정(夢精), 목적종통(目赤腫
痛), 습진(濕疹), 탕화상(燙火傷), 음허발열(陰虛發熱), 상화항성(相火亢盛), 유정
(遺精), 음위(陰痿), 당뇨(糖尿), 골증도한(骨蒸盜汗), 음상식창(陰傷蝕瘡), 구창(口
瘡), 장풍(腸風), 개선(疥癬), 심열다루(心熱多淚), 충창(蟲瘡), 열창포기(熱瘡疱起)

⑦ 효능(效能) : 청열조습(淸熱燥濕), 사화해독(瀉火解毒), 청퇴허열(淸退虛熱), 제상화(制相火), 안심제노(安心除勞), 살감충(殺疳蟲), 보신(補腎), 항균(抗菌), 보신수부족(補腎水不足), 지설리(止泄痢), 명목(明目), 이소변(利小便)

⑧ 약물음양오행(藥物陰陽五行) : 청열조습약(淸熱燥濕藥), 청열사화약(淸熱瀉火藥)

508) 황정(黃精) : 죽대둥글레(뿌리줄기)

① 성미(性味) : 감(甘), 평(平), 무독(無毒), 자니(滋膩)
② 귀경(歸經) : 비(脾)·폐(肺)·신(腎) 土金水經, 심(心) 火經
③ 용법(用法) : 생용(生用), 주증용(酒蒸用), 쪄서 말린다, 9~18g, 18~30g 전복(煎服)
④ 금기(禁忌) : 담습옹체(痰濕壅滯), 중한변당(中寒便溏), 소화불량(消化不良)(忌), 양쇠음성(陽衰陰盛)(주의), 매실(梅實)(꺼림)
⑤ 배합길(配合吉) : 지모(知母), 사삼(沙蔘), 백부근(百部根), 패모(貝母), 백급(白芨), 아교(阿膠), 한련초(旱蓮草), 밀(蜜), 구기자(枸杞子), 황기(黃芪), 만삼(蔓蔘), 의이인(薏苡仁), 생지황(生地黃), 주(酒), 천문동(天門冬), 백출(白朮), 지골피(地骨皮), 맥문동(麥門冬)
⑥ 주치(主治) : 비위허약증(脾胃虛弱證), 체허식소(体虛食少), 폐음허(肺陰虛), 폐허해수(肺虛咳嗽), 조해(燥咳), 병후허손(病後虛損), 체권핍력(体倦乏力), 음식부진(飮食不振), 폐로해혈(肺癆咳血), 풍라선질(風癩鮮疾), 풍습비통(風濕痺痛), 근골쇠약(筋骨衰弱), 소갈(消渴), 고혈압(高血壓)
⑦ 효능(效能) : 보중익기(補中益氣), 자음생진(滋陰生津), 평보기혈(平補氣血), 윤폐지갈(潤肺止渴), 청열(淸熱), 지해화담(止咳化痰), 자음강장(滋陰强壯), 제풍습(除風濕), 보오로칠상(補五勞七傷), 익비위(益脾胃), 안오장(安五臟), 조근골(助筋骨), 윤심폐(潤心肺), 보허첨정(補虛添精), 보신건비(補腎健脾), 내한서(耐寒暑)
⑧ 약물음양오행(藥物陰陽五行) : 보기약(補氣藥), 보음약(補陰藥)

509) 황약자(黃藥子) : 둥근마(塊莖 : 덩이줄기)

① 성미(性味) : 고(苦), 한(寒), 무독(無毒)

② 귀경(歸經) : 간(肝)·폐(肺)·심(心) 木金火經

③ 용법(用法) : 말려서 사용, 3~15g, 15~30g 單方가능, 전복(煎服)

④ 금기(禁忌) : 토약음성사주(土弱陰盛四柱)(신중), 비위허약(脾胃虛弱), 대변당설(大便溏泄)(忌)

⑤ 배합길(配合吉) : 주(酒), 곤포(昆布), 해조(海藻), 모려(牡蠣), 하고초(夏枯草), 자화지정(紫花地丁), 금은화(金銀花), 사간(射干), 산두근(山豆根), 산자고(山慈姑), 의이인(薏苡仁), 백화사설초(白花蛇舌草), 천초탄(茜草炭), 종려탄(棕櫚炭), 포황탄(蒲黃炭)

⑥ 주치(主治) : 영유결종(癭瘤結腫), 열독(熱毒), 인후종통(咽喉腫痛), 종유(腫瘤), 창옹라역(瘡癰瘰癧), 창양종독(瘡瘍腫毒), 암(癌), 혈열출혈(血熱出血), 붕루(崩漏), 해수효천(咳嗽哮喘), 비출혈(鼻出血), 요산통(腰酸痛), 사견교독(蛇犬咬毒)

⑦ 효능(效能) : 해독산결(解毒散結), 소영화담(消癭化痰), 청열해독(清熱解毒), 소종지통(消腫止痛), 양혈지혈(凉血止血), 지해평천(止咳平喘), 항균(抗菌), 항암(抗癌)作用, 강화(降火)

⑧ 약물음양오행(藥物陰陽五行) : 항암약(抗癌藥), 활혈거어약(活血祛瘀藥), 지해평천약(止咳平喘藥)

510) 후박(厚朴) : 후박나무(의 樹皮, 根皮)(나무껍질, 뿌리껍질)

① 성미(性味) : 고(苦)·신(辛), 온(溫), 무독(無毒), 하기(下氣), 행산(行散)

② 귀경(歸經) : 비(脾)·위(胃)·폐(肺)·대장(大腸) 土金經

③ 용법(用法) : 3~9g 전복(煎服), 환·산(丸·散)

④ 금기(禁忌) : 임부(妊婦)〈신중용(慎重用)〉, 위허화기상염(胃虛火氣上炎), 혈허비음부족(血虛脾陰不足), 기부족(氣不足), 음허상염(陰虛上炎)(忌), 초두(炒豆)(忌), 소

석(消石), 한수석(寒水石), 택사(澤瀉)(꺼림)

⑤ 배합길(配合吉) : 진피(陳皮), 창출(蒼朮), 초두구(草豆蔻), 건강(乾薑), 복령(茯苓), 목향(木香), 생강(生薑), 인삼(人蔘), 반하(半夏), 대황(大黃), 지실(枳實), 산사(山査), 맥아(麥芽), 신국(神麯), 망초(芒硝), 행인(杏仁), 소자(蘇子), 육계(肉桂), 전호(前胡), 당귀(當歸), 소엽(蘇葉), 대조(大棗), 황련(黃連), 석창포(石菖蒲), 산치자(山梔子), 노근(蘆根), 담두시(淡豆豉), 마황(麻黃), 오미자(五味子), 세신(細辛), 대복피(大腹皮), 당삼(黨蔘)

⑥ 주치(主治) : 위중체기(胃中滯氣), 비습(脾濕), 중풍상한(中風傷寒), 비위기체(脾胃氣滯), 중초기체불리(中焦氣滯不利), 완민복창(脘悶腹脹), 구오설사(嘔惡泄瀉), 두통(頭痛), 완비토사(脘痺吐瀉), 담습내조(痰濕內阻), 한열경계(寒熱驚悸), 폐기옹체(肺氣壅滯), 담음천해(痰飮喘咳), 흉민해천(胸悶咳喘), 식적변비(食積便秘), 반위(反胃), 구토숙식불소(嘔吐宿食不消), 한습사리(寒濕瀉痢), 적년냉기(積年冷氣), 유열심번만(留熱心煩滿), 폐기창만(肺氣脹滿)

⑦ 효능(效能) : 산만제창(散滿除脹), 화습도체(化濕導滯), 온화한습(溫和寒濕), 조습(燥濕), 하기소담(下氣消痰), 행기온중(行氣溫中), 소담평천(消痰平喘), 하기(下氣), 거삼충(祛三蟲), 후장위(厚腸胃), 온중익기건비(溫中益氣健脾), 제한습사리(除寒濕瀉痢), 지통(止痛), 소화수곡(消化水穀), 파숙혈(破宿血), 이명목(耳明目), 살복장충(殺腹臟蟲), 온강산체(溫降散滯)

⑧ 약물음양오행(藥物陰陽五行) : 방향화습약(芳香化濕藥), 이기약(理氣藥)

511) 흑대두(黑大豆) : 흑두(黑豆), 검은 큰콩

① 성미(性味) : 감(甘), 함(鹹), 고(苦), 평(平), 무독(無毒)
② 귀경(歸經) : 간(肝)·신(腎) 木水經, 비(脾)·심(心) 土火經
③ 용법(用法) : 생용(生用), 초용(炒用), 9~30g, 60g 單方가능, 전복(煎服), 환·산(丸·散)
④ 금기(禁忌) : 용담(龍膽)(相惡), 후박(厚朴)(忌), 피마자(蓖麻子)(炒豆)(忌)

⑤ 배합길(配合吉) : 부소맥(浮小麥), 숙지황(熟地黃), 천궁(川芎), 당귀(當歸), 백작
약(白芍藥), 형개(荊芥), 단삼(丹蔘), 의이인(薏苡仁), 적소두(赤小豆), 생감초(生甘
草), 우담즙(牛膽汁), 천화분(天花粉), 행인(杏仁), 전호(前胡), 모려(牡蠣)

⑥ 주치(主治) : 신허유뇨(腎虛遺尿), 부녀음허혈허(婦女陰虛血虛), 산후제질(産後諸
疾), 월경부조(月經不調), 두훈신피(頭暈神疲), 음허수종(陰虛水腫), 수창(水脹),
위중열비(胃中熱痺), 산후풍경(産後風痙), 제약물중독(諸藥物中毒), 습창(濕瘡), 저
독(疽毒), 풍독각기(風毒脚氣), 제풍열(諸風熱), 온독수종(溫毒水腫), 풍비근련(風
痺筋攣), 황달부종(黃疸浮腫), 창만슬통(脹滿膝痛), 옹종창독(癰腫瘡毒), 상중임로
(傷中淋露), 결적(結積), 중풍각약(中風脚弱), 음독복통(陰毒腹痛), 심통(心痛), 풍
경(風痙)〈주(酒)〉, 부자독(附子毒), 오두독(烏頭毒)

⑦ 효능(效能) : 보음이수(補陰利水), 보신(補腎), 거풍해독(祛風解毒), 지통(止痛),
조중하기(調中下氣), 통경락(通經絡), 소곡(消穀), 활혈(活血), 하어혈(下瘀血), 이
소변(利小便), 통대변(通大便), 지복창(止腹脹), 제오림(除五淋), 산오장결적내한
(散五臟結積內寒), 거열독기(去熱毒氣)(甘草), 하기(下氣), 제백약독(除百藥毒)(자
즙(煮汁), 지도한(止盜汗), 윤신조(潤腎燥)(煮汁)

⑧ 약물음양오행(藥物陰陽五行) : 보음약(補陰藥), 이수소종약(利水消腫藥)

512) 희렴(豨薟) : 진득찰(全草)

① 성미(性味) : 고(苦), 미신(微辛), 한(寒), 소독(小毒)
② 귀경(歸經) : 간(肝)・신(腎) 木水經, 비(脾)・심(心) 土火經
③ 용법(用法) : 생용(生用)(治濕熱), 주제(酒製)(祛風濕), 6~9g, 9~15g 單方가능,
전복(煎服)
④ 금기(禁忌) : 음혈부족자(陰血不足者), 용량신중(用量慎重), 철(鐵)(忌)
⑤ 배합길(配合吉) : 방풍(防風), 해풍등(海風藤), 오가피(五加皮), 창이자(蒼耳子),
금은화(金銀花), 홍화(紅花), 당귀(當歸), 취오동(臭梧桐), 밀(蜜), 용담(龍膽), 하
고초(夏枯草)

⑥ 주치(主治) : 풍습비통(風濕痺痛), 사지마비(四肢麻痺), 근골동통(筋骨疼痛), 습열창독(濕熱瘡毒), 풍진습양(風疹濕痒), 옹종창독(癰腫瘡毒), 습진(濕疹), 고혈압(高血壓), 저창종독(疽瘡腫毒), 담기옹성(痰氣壅盛), 사봉교자(蛇蜂咬刺), 사충교상(蛇虫咬傷), 번만불능식(煩滿不能食), 실면(失眠), 요슬무력(腰膝無力), 급성간염(急性肝炎), 외상출혈(外傷出血), 금창(金瘡), 학질(瘧疾), 호구교상창(虎狗咬傷瘡), 간신풍기(肝腎風氣), 기육완비(肌肉頑痺), 위비불인(痿痺不仁), 신경쇠약(神經衰弱), 습기유담(濕氣流痰), 풍습담화(風濕痰火)

⑦ 효능(效能) : 거풍제습(祛風除濕), 통경락(通經絡), 청열해독(淸熱解毒), 지양(止痒), 지통(止痛), 혈압강하(血壓降下), 이관절(利關節), 생육(生肉), 소부종(消浮腫), 제제악창(除諸惡瘡), 윤폐지해(潤肺止咳), 안오장(安五臟), 보허(補虛), 생모발(生毛髮), 행대장기(行大腸氣), 자음양혈(滋陰養血), 흑발(黑髮), 명목(明目), 안신강압(安神降壓)

⑧ 약물음양오행(藥物陰陽五行) : 거풍습통경락약(祛風濕通經絡藥), 청열해독약(淸熱解毒藥)

제 **3** 편

사주음양오행 한방처방
(四柱陰陽五行 韓方處方)

제1장 조후법(調候法)

　천지음양오행(天地陰陽五行)은 만물(萬物)을 만들어 내고 있다. 인간은 이 천지음양오행(天地陰陽五行)의 기(氣)를 가장 많이 받고 탄생한 생명체중의 하나이다.(그래서 인체 자체를 음양오행이라 말할 수 있다). 그러므로 천지음양오행의 氣가 변화하면 인체 음양오행(人体陰陽五行)이 변화하게 된다.

　기후(氣候)란 한(寒), 난(暖), 조(燥), 습(濕) 등 음양오행기(陰陽五行氣)의 상태이다. 즉, 천지음양오행기(天地陰陽五行氣)의 변화적 산물이라 말할 수 있다. 인체는 이러한 기후의 영향을 받으며 변화한다. 그러므로 기후변화의 정도를 살펴보지 않으면 안된다.

　기후가 변화하면 인체음양오행이 변화한다. 기후변화의 정도는 인체의 건강여부를 결정하는 데 중요한 역할을 한다. 그러므로 기후를 잘 조절해야 한다. 기후의 조절(調節)은 사주음양오행(四柱陰陽五行)의 구조(構造)를 보고 한다. 사주음양오행구조가 인체음양오행구조와 밀접한 관련이 있기 때문이다.

　조후(調候)란 사주음양오행 구조중에 한(寒), 난(暖), 조(燥), 습(濕)등 기후상태(氣候狀態)를 조정하는 것을 말한다. 사주음양오행구조가 한습(寒濕)하면 온조(溫燥)한 것으로 조정한다.

　사주가 온조(溫燥)에 치우치면 한습(寒濕)한 것을 필요로한다. 木火가 많으면 金水를 쓴다. 金水가 많으면 木火로 조정한다. 양기(陽氣)가 많으면 음기(陰氣)가 있어야 한다. 陰氣가 많으면 陽氣로 조정한다.

　인체 그 자체가 음양오행(陰陽五行)이고 인체음양오행이 사주음양오행과 아주 밀접한 관계를 가지므로 사주음양오행구조가 불완전하거나 편향적(偏向的)이면 인체음양오행도 불완전하거나 편향적이 된다. 인체음양오행이 비정상적이 되면 인체에 질병이 발생한다.

　인체음양오행과 사주음양오행이 밀접한 관계가 있어, 사주음양오행을 조절하면 인체음양오행도 조절된다.

사주음양오행구조중에 한(寒)·난(暖)·조(燥)·습(濕) 등 기후상태의 조정인, 조후(調候)를 적절히 잘 하면 인체음양오행이 정상화(正常化)되고 질병(疾病)이 제거(除去)되고 인체가 건강해지고 운세(運勢)가 개선(改善)된다. 그러므로 조후(調候)를 중요시 해야 한다.

　　조후관계(調候關係)를 잘 살펴보고 해당약물을 적절히 쓰면 인체가 보다 빨리 정상화된다. 조후(調候)와 관련한 약물(藥物)은 약물음양오행구분도표(藥物陰陽五行區分圖表)와 사주음양오행구분도표(四柱陰陽五行區分圖表)를 보고 찾아낸다.

　　다음은 生日干(日主)과 生月을 대조하여 조후(調候)의 약물(藥物)을 찾는 법(法)을 기술한다. 처방방제(處方方劑) 구성시에 적절히 활용하면 보다 빨리 질병을 치료할 수 있을 것이다. 건강한 사람은 질병을 예방하고 인체를 보다 강건하게 하며 운세를 개선할 수 있을 것이다.

　　이 조후법(調候法)은 억부법(抑扶法)의 예외이기는 하나 사주명식(四柱命式)이 정격(正格)인 경우에 주로 활용(活用)된다.

사주·약물음양오행구분도표(Ⅱ)
(四柱·藥物陰陽五行區分圖表)

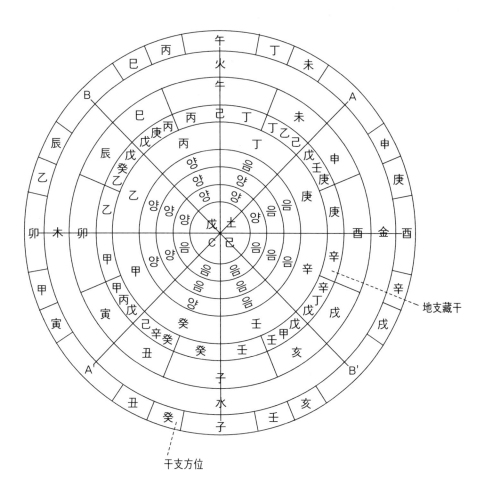

이 도표를 "智平의 四柱·藥物陰陽五行區分圖表Ⅱ"라 이름을 붙였다.

1. 갑목(甲木)·갑일간(甲日干)

1) 갑일간(甲日干)·인월생(寅月生)

초춘(初春)이고 입춘절기 중(立春節氣中)이라 아직 한기(寒氣)가 남아 있다. 木은 싹을 틔우려 한다. 그러므로 병화(丙火)와 계수(癸水)를 필요로 한다. 태양(太陽)인 丙火는 광열(光熱)로 한기(寒氣)를 제거하고 보온(保溫)을 해준다. 癸水는 우로(雨露)로 대지(大地)를 적시며 목근(木根)을 윤(潤)하게 한다.

이렇게 丙火와 癸水로 조후(調候)를 하면 갑목일간(甲木日干)은 길(吉)해지고 건강해진다. 조후(調候)의 약물(藥物)은 사주음양오행구분도표와 약물음양오행구분도표상에 있는 丙과 癸의 영역(領域)에서 찾는다. 이 영역의 약물은 甲日主 寅月生을 이롭게 한다. 질병(疾病)이 있을 때에는 질병을 제거(除去)해 준다. 건강(健康)할 때에는 인체(人体)를 보다 강건(强健)하게하고 운세(運勢)를 개선해 준다. 약물음양오행구분도표상의 조후약물(調候藥物) : 丙, 癸

2) 갑일간(甲日干)·묘월생(卯月生)

갑목(甲木)이 묘목(卯木)을 만나 목기(木氣)가 강왕(强旺)하다. 음양오행구조는 편향적(偏向的)이다. 기후상(氣候上)으로는 춥지도 덥지도 않다. 그러므로 경(庚)·병(丙)·정(丁)·무(戊)·기(己) 등 金·火·土를 필요로 한다.

경금(庚金)은 왕목(旺木)을 극제(剋制)한다. 丙丁火는 목기(木氣)를 설기(泄氣)시킨다. 왕목(旺木)이 木剋土하여 土를 위협하므로 戊己土를 필요로 한다. 戊己土는 왕목(旺木)을 설기(泄氣)시키고 갑목(甲木)의 근(根)을 보호한다. 庚金은 卯中乙과 간합(干合)하여 금화(金化)하며 왕목(旺木)을 다듬는다. 庚金이 강(强)하면 丁火로 剋制한다.

약물음양오행구분도표상 조후(調候)의 약물(藥物)은 ① 庚의 영역 ② 丙丁戊己의 영역이 된다.

3) 갑일간(甲日干)·진월생(辰月生)

진월(辰月)은 춘월(春月)이나 아직 한기(寒氣)가 남아 있다. 木月이어서 木의 지엽(枝葉)이 무성(茂盛)하다. 土月이라 土氣가 왕(旺)하나, 진토(辰土)는 木을 배양(培養)해 준다. 그러므로 庚·丁·壬을 필요로 한다. 庚金은 木의 지엽(枝葉)을 전지(剪枝)해 준다. 정화(丁火)는 한기(寒氣)를 제거하고 보온(保溫)하며 경금(庚金)을 단련한다. 庚金은 土氣를 설기(泄氣)시키고 木氣를 극제(剋制)한다. 임수(壬水)는 木根을 적셔준다. 丁火는 壬水와 합화목(合化木)하여 木氣를 생조(生助)한다.

정기(正氣)에는 火氣가 증진되므로 임수(壬水)를 더욱 필요로 한다. 土氣가 성(盛)하면 甲木으로 소토(疏土)하고 壬水로는 甲木을 생(生) 해준다.

약물음양오행구분도표상 조후(調候)의 약물(藥物)은 ① 庚 ② 丁壬의 영역에 있다.

4) 갑일간(甲日干) 사월생(巳月生)

양기(陽氣)가 증진(增進)되고 화기(火氣)가 성(盛) 해지므로 木의 지엽(枝葉)과 뿌리(根)가 마른다. 그러므로 癸水를 필요로 한다. 계수(癸水)는 열기(熱氣)를 식히면서 목근(木根)을 적셔주고 지엽(枝葉)을 번창케 한다.

하월(夏月)이라 木氣가 화려하니 丁火로 설기(泄氣)시켜야 한다. 점차로 염열(炎熱)하니 癸水를 써야 한다. 癸水의 수원(水源)은 金이니 庚辛金을 필요로 한다. 庚金은 水를 生하고 水는 甲木을 생조(生助)한다. 한습(寒濕)한 중에 庚金이 있으면 丁火로 庚金을 극제(剋制)한다.

약물음양오행구분도표상 조후(調候)의 약물(藥物)은 ① 癸, ② 丁庚의 영역이다.

5) 갑일간(甲日干) 오월생(午月生)

午月은 하계(夏季)라 염열(炎熱)하다. 火熱氣가 강렬(强烈)하여 木의 근(根)과 지엽(枝葉)이 마른다. 그러므로 우로(雨露)인 癸水를 필요로 한다. 계수(癸水)는 火熱氣를 극(剋)하여 식히고 목근(木根)을 자윤(滋潤)한다. (癸水가 없으면 壬水를 사용한다)

金이 水를 生하듯이 庚金은 癸水를 생(生)해준다. 즉, 癸水의 수원(水源)이 되어준다. 庚金의 기세가 너무 강력하면 丁火로 庚金을 극제(剋制)한다.

약물음양오행구분도표상 조후(調候)의 약물(藥物)은 ① 癸 ② 丁庚의 영역이다.

6) 갑일간(甲日干), 미월생(未月生)

午月의 甲木과 유사하게 癸水와 庚金과 丁火를 필요로 한다.
· 土가 성(盛)하면 水로서 설기(泄氣)시키고 木으로서 억제한다.
· 木이 성(盛)하면 庚金으로 저지한다.
· 火가 성(盛)하면 金으로 약화(弱化)시키고 수(水)로 억제한다.
· 金水가 성(盛)하면 丙火로 金을 억제하고 水氣를 약화시키며 土를 따뜻하게 한다.

약물음양오행구분도표상 조후(調候)의 약물(藥物)은 ① 癸 ② 丁庚의 영역이다.

7) 갑일간(甲日干), 신월생(申月生)

초추(初秋)의 계절이라 목기(木氣)가 약화되어 마른 가지들이 여기저기에 산재(散在)하게 된다. 목(木)의 정기(精氣)는 원목(原木)과 뿌리(根)로 향한다. 그러므로 원목과 뿌리를 중요시 해야 한다. 庚金으로 전지(剪枝)하고 壬水로 목근(木根)을 적셔주면 원목과 뿌리가 보호된다.

木이 생기(生氣)를 얻으려면 천기(天氣)가 따뜻해야 하고 지기(地氣)가 어느정도 윤습(潤濕)해야 한다. 丙丁火는 天氣를 따뜻하게 하고 壬水는 地氣를 윤습(潤濕)케 한다.

약물음양오행구분도표상 조후(調候)의 약물(藥物)은 ① 庚 ② 壬丁 ③ 丙의 영역이다.

8) 갑일간(甲日干), 유월생(酉月生)

추월(秋月)이라 기후가 쌀쌀해져 木의 가지가 마르고 잎이 떨어진다. 木의 정기(精氣)는 뿌리로 향한다. 유월(酉月)이라 金氣가 왕(旺)하여 木氣가 약화된다. 그러므로 庚金과 丁丙火를 필요로 한다. 庚金은 木의 가지와 잎을 자른다. 丁火는 왕금(旺金)을 극제(剋制)하고 庚金을 단련한다. 丙火는 기후를 따뜻하게 한다.

약물음양오행구분도표상 조후(調候)의 약물(藥物)은 ① 庚 ② 丁丙의 영역이다.

9) 갑일간(甲日干) 술월생(戌月生)

쌀쌀하고 건조한 술월(戌月)이고 추절(秋節)이라 木의 가지가 마르고 잎이 단풍든다. 木氣는 내부(內部)로 들어가고 뿌리(根)로 내려간다. 그러므로 庚金과 丁火와 壬癸水를 필요로 한다. 庚金은 마른 지엽(枝葉)을 전지(剪枝)하고 丁火는 목근(木根)을 따뜻하게 하고 壬癸水는 木根을 적셔준다. 이들이 있으면 木의 生氣가 보호된다. 戊己土로 木根을 안정시키고 土가 많으면 甲木으로 소토(疏土)한다.

약물음양오행구분도표상 조후(調候)의 약물(藥物)은 ① 庚 ② 甲丁壬癸의 영역이다.

10) 갑일간(甲日干) 해월생(亥月生)

초겨울 亥月이라 기후가 한(寒)하고 습(濕)하다. 木의 가지가 마르고 잎이 떨어진다. 木氣는 뿌리에 수(收)한다. 그러므로 庚金과 戊土와 丁丙火를 필요로 한다. 庚金은 마른 지엽(枝葉)을 전지해 준다. 戊土는 土剋水하며 제습(除濕)한다. 丁丙火는 거한(祛寒)하고 따뜻하게 한다. 丁火는 庚金을 단련하기도 한다.

약물음양오행구분도표상 조후(調候)의 약물(藥物)은 ① 庚 ② 戊丁丙의 영역이다.

11) 갑일간(甲日干) 자월생(子月生)

동월(冬月)이고 자월(子月)이라 天地가 한냉(寒冷)하고 습(濕)하다. 한냉(寒冷)한 기후라 木의 마른 가지들이 더욱 많아진다. 木氣는 내부 깊숙이에 들어가고 뿌리에 머문다. 그러므로 丁丙火와 庚金을 필요로 한다. 丁丙火는 한냉(寒冷)을 제거(除去)하고 온기(溫氣)를 주며 木氣를 보호한다. 庚金은 마른 가지들을 잘라 木氣의 수렴(收斂)을 돕는다. 水가 왕(旺)하면 戊土로 제습(除濕)한다. 丁火는 庚金을 단련시켜 주기도 한다.

약물음양오행구분도표상 조후(調候)의 약물(藥物)은 ① 丁 ② 庚丙의 영역이다.

12) 갑일간(甲日干) 축월생(丑月生)

동월(冬月)이라 한냉(寒冷)하다. 木에 한기(寒氣)가 들어 마른가지들이 더욱더 많아진다. 그러므로 丁丙火와 庚金을 필요로 한다. 丁丙火는 火氣로 한기(寒氣)를 제거하여 따뜻하게 한다. 庚金은 마른가지들을 전지하며 목생기(木生氣)를 보호한다. 丁火는 火剋金하여 庚金을 단련시켜 예리하게 한다.
土가 왕(旺)하면 木으로 소토(疏土)한다.

약물음양오행구분도표상 조후(調候)의 약물(藥物)은 ① 丁 ② 庚丙의 영역이다.

2. 을목(乙木) · 을일간(乙日干)

1) 을목일간(乙木日干) 인월생(寅月生)

초봄이라 아직 한기(寒氣)가 남아 있다. 木은 싹을 티우려 준비하고 있다. 그러므로 丙火와 癸水를 필요로 한다. 丙火는 광열(光熱)로 한기(寒氣)를 제거하고 기후를 온난(溫暖)하게 한다. 계수(癸水)는 우로(雨露)로 대지(大地)를 적시면서 목근(木根)을 윤(潤)하게 한다.

약물음양오행구분도표상 조후(調候)의 약물(藥物)은 ① 丙 ② 癸

2) 을일간(乙日干) 묘월생(卯月生)

묘월(卯月)이라 양기(陽氣)가 점점 솟아오른다. 을목(乙木)은 광열(光熱)과 물이 있어야 잘 자란다. 그러므로 丙火와 癸水를 필요로 한다. 태양(太陽)인 丙火는 광열(光熱)로 천지를 따뜻하게 하고 癸水는 우로(雨露)로 천지를 적셔준다.

丙火는 따뜻한 기운으로 木에 양기(陽氣)를 불어 넣고 癸水는 木의 근(根)을 윤(潤)하게 한다.

약물음양오행구분도표상 조후(調候)의 약물(藥物)은 ① 丙 ② 癸

3) 을일간(乙日干) 진월생(辰月生)

진월(辰月)이라 점차 양기(陽氣)가 증진된다. 양기(陽氣)가 왕(旺)하면 계수(癸水)로 적셔야 좋다. 木이 왕(旺)하면 병화(丙火)로 설기(泄氣)시키고 수기(水氣)가 왕(旺)하면 무토(戊土)로 제습(除濕)한다.

약물음양오행구분도표상 조후(調候)의 약물(藥物)은 ① 癸 ② 丙戊

4) 을일간(乙日干) 사월생(巳月生)

하월(夏月)이라 화세(火勢)가 거세다. 기후가 염열(炎熱)하여 木의 가지와 뿌리가 건고(乾枯)할 위험에 처한다. 그러므로 水를 필요로한다. 水中癸水는 우로(雨露)의 水로 화열(火熱)을 식히면서 木根을 적셔준다. 庚辛金은 癸水의 수원(水源)이 되어준다.

약물음양오행구분도표상 조후(調候)의 약물(藥物)은 ① 癸 ② 庚辛

5) 을일간(乙日干) 오월생(午月生)

하계(夏季)이고 오월(午月)이라 화왕(火旺)하다. 천지(天地)가 염열(炎熱)하다. 그러므로 癸水를 필요로 한다. 癸水는 우로(雨露)로 화기(火氣)를 식히고 염열(炎熱)을 약화시킨다. 하지전(夏至前)이면 癸水를 사용한 후 庚辛金을 쓴다. 庚辛金이 癸水의 수원(水源)이 되어주기 때문이다. 하지후(夏至後)이고 金水가 성(盛)하면 丙火를 사용한 후 水와 金을 쓴다. 戊己土가 성(盛)하면 木으로 소토(疏土)하고 金으로 생수(生水)한다.

약물음양오행구분도표상 조후(調候)의 약물(藥物)은 ① 癸 ② 丙

6) 을일간(乙日干) 미월생(未月生)

기후가 열조(熱燥)하여 木氣가 마르기 쉽다. 그러므로 癸水를 필요로 한다. 癸水는 熱燥를 윤습(潤濕)케 하면서 木根을 자양(滋養)한다. 戊己土가 盛하면 木으로 疏土한다. 대서(大暑)에 火氣가 점차 쇠퇴하고 金水가 성(盛)해지면 丙火를 쓴다.

약물음양오행구분도표상 조후(調候)의 약물(藥物)은 ① 癸 ② 丙

7) 을일간(乙日干) 신월생(申月生)

신월(申月)이라 날씨가 쌀쌀하고 건조(乾燥)하다. 경금(庚金)이 득세하여 土氣가 弱해진다. 木氣는 뿌리로 향한다. 그러므로 丙火와 癸水와 己土를 필요로 한다. 丙火는 온난(溫暖)케 하며 庚金을 극제(剋制)한다. 癸水는 우로(雨露)로 대지(大地)를 적시며 목근(木根)을 축여준다. 己土는 木根을 안정시키며 을목(乙木)을 보호한다.

약물음양오행구분도표상 조후(調候)의 약물(藥物)은 ① 丙 ② 癸己

8) 을일간(乙日干) 유월생(酉月生)

금기(金氣)가 태왕(太旺)하여 木의 지엽(枝葉)이 약화된다. 칠살(七殺)인 신금(辛金)은 木을 극(剋)하여 을목(乙木)의 기세를 저하시킨다. 그러므로 癸水를 필요로 한다. 癸水는 왕금(旺金)을 설기(泄氣)시키고 을목(乙木)을 생조(生助)해 준다. 추분전(秋分前)이면 癸水를 쓰고 추분후(秋分後)이면 丙火를 쓴다.

약물음양오행구분도표상 조후(調候)의 약물(藥物)은 ① 癸 ② 丙丁

9) 을일간(乙日干) 술월생(戌月生)

만추(晩秋)이고 술월(戌月)이고 조토월(燥土月)이라 木이 마르고 지엽(枝葉)이 쇠한다. 목기(木氣)는 뿌리로 들어간다. 그러므로 癸水와 辛金을 필요로 한다. 癸水는 우로(雨露)로 목근(木根)을 배양(培養)한다. 신금(辛金)은 癸水의 수원(水源)이 되어준다.

약물음양오행구분도표상 조후(調候)의 약물(藥物)은 ① 癸 ② 辛

10) 을일간(乙日干) 해월생(亥月生)

동월(冬月)이고 水月이라 한기(寒氣)와 음습(陰濕)이 심하여 木의 가지가 마르고 잎이 떨어진다. 목기(木氣)는 안으로 들어가고 뿌리에 수(收)한다. 그러므로 丙火와 戊土를 필요로한다. 丙火는 광열(光熱)로 음한기(陰寒氣)를 약화시키고 온기(溫氣)를 제공한다. 戊土는 土剋水하여 습기(濕氣)를 제거한다.

약물음양오행구분도표상 조후(調候)의 약물(藥物)은 ① 丙 ② 戊

11) 을일간(乙日干) 자월생(子月生)

동월(冬月)이고 자월(子月)이라 몹시 한냉(寒冷)하다. 물이 얼 정도이다. 그러므로 丙火의 온난(溫暖)을 절실히 요구한다. 태양(太陽)인 병화(丙火)는 광열(光熱)로 천지(天地)를 따뜻하게 하며 한기(寒氣)를 제거하고 얼음물을 녹여준다. 수기(水氣)가 성(盛)하면 무토(戊土)로 제수(制水)하여 목기(木氣)를 보호한다.

약물음양오행구분도표상 조후(調候)의 약물(藥物)은 丙

12) 을일간(乙日干) 축월생(丑月生)

추운겨울이라 木의 생기(生氣)가 뿌리에 머무른다. 그러므로 태양(太陽)인 丙火를 필요로 한다. 丙火는 거한(祛寒)하며 木氣를 온난(溫暖)하게한다. 土가 왕성(旺盛)하면 木으로 소토(疏土)하면 좋다.

약물음양오행구분도표상 조후(調候)의 약물(藥物)은 ① 丙

3. 병화(丙火) · 병일간(丙日干)

1) 병일간(丙日干) 인월생(寅月生)

병화(丙火)는 천지(天地)에 빛과 열기(熱氣)를 주는 태양(太陽)의 火이다. 壬水는 강(江)과 호수의 水이다. 壬水가 기세(氣勢)를 가지려면 뿌리(根)가 강(强)해야하므로 수원(水源)인 庚金을 필요로 한다.

丙火는 光熱로 壬水를 자극하여 대지(大地)를 윤(潤)하게 한다. 丙火와 壬水가 조화롭게 만나면 수화기제(水火旣濟)의 공(功)이 이뤄진다.

인(寅)중에는 戊丙甲이 암장(暗藏)되어 있다. 戊丙甲이 壬庚을 만나면 金水木火土가 접속상생(接續相生)한다. 木火土金水가 상생관계를 형성하며 끊임없이 순환하므로 丙日干이 빛나게 된다.

약물음양오행구분도표상 조후(調候)의 약물(藥物)은 ① 壬 ② 庚

2) 병일간(丙日干) 묘월생(卯月生)

묘월(卯月)이라 양기(陽氣)가 점차로 증진된다. 묘목(卯木)이 병화(丙火)를 생조(生助)해주어 丙火의 기세가 증진된다. 그러므로 임수(壬水)를 필요로 한다. 壬水는 水剋火하여 火氣勢力을 조정한다.

丙火와 壬水가 적절히 만나면 水氣와 火氣가 상통(相通)한다. 화기(火氣)가 강하면 己土로 설기(泄氣)시켜 조정한다. 수기(水氣)가 과다(過多)하면 戊土로 제수(制水)하고 戊土가 많으면 甲木으로 소토(疏土)한다.

약물음양오행구분도표상 조후(調候)의 약물(藥物)은 ① 壬 ② 己

3) 병일간(丙日干) 진월생(辰月生)

진월(辰月)이라 양기(陽氣)가 점차로 증진된다. 화기(火氣)가 발달한다. 그러므로 壬水를 필요로 한다. 壬水는 火氣를 진정시키며 丙火를 돕는다. 土가 많으면 甲木으로 제토(制土)를 하고 생화(生火)를 해야 좋다.

약물음양오행구분도표상 조후(調候)의 약물(藥物)은 ① 壬 ② 甲

4) 병일간(丙日干) 사월생(巳月生)

하월(夏月)이고 사월(巳月)의 태양火라 화세(火勢)가 왕(旺)하다. 그러므로 壬庚癸를 필요로 한다. 壬癸水는 水剋火하여 火氣를 진정시킨다. 庚金은 壬癸水의 수원(水源)이 되어준다. 태양인 丙火가 조수(潮水)인 壬水에 비치면 광휘(光輝)가 현저해진다. 丙火와 壬水가 적절히 만나면 수화기제(水火旣濟)의 공(功)이 이뤄진다. 壬水가 없으면 癸水를 쓴다.

약물음양오행구분도표상 조후(調候)의 약물(藥物)은 ① 壬 ② 庚癸

5) 병일간(丙日干) 오월생(午月生)

화세(火勢)가 강왕(强旺)하므로 壬水로 제화(制火)한다. 庚金은 壬水의 수원(水源)이 되어준다.

약물음양오행구분도표상 조후(調候)의 약물(藥物)은 ① 壬 ② 庚

6) 병일간(丙日干) 미월생(未月生)

오월(午月)과 유사하다. 병일간(丙日干)은 壬과 庚을 필요로 한다.

약물음양오행구분도표상 조후(調候)의 약물(藥物)은 ① 壬 ② 庚

7) 병일간(丙日干) 신월생(申月生)

추절(秋節)이라 화세(火勢)가 점차 쇠약해지나 아직 노염(老炎)이 남아있어 壬水를 기뻐한다. 壬水가 왕(旺)하면 戊土로 제수(制水)한다. 서산(西山)에 지는 태양(太陽)이라해도 호수를 만나면 그 광선(光線)이 화려하듯이 丙火는 壬水를 만나면 그 빛을 발하게 된다. 戊土가 많으면 木으로 소토(疏土)하고 생화(生火)하면 좋다.

약물음양오행구분도표상 조후(調候)의 약물(藥物)은 ① 壬 ② 戊

8) 병일간(丙日干) 유월생(酉月生)

유금월(酉金月)이고 기후(氣候)가 청량(淸凉)하여 丙火의 기세가 약화된다. 丙火는 서산으로 넘어가는 태양이나 壬水를 보면 수면(水面)에 광선(光線)을 찬란히 비출 수 있어 좋다. 壬水가 없으면 癸水를 대용한다. 태양인 丙火가 우로(雨露)인 癸水를 보면 서방하늘에 아름다운 무지개 빛을 만들 수 있어 좋다.

약물음양오행구분도표상 조후(調候)의 약물(藥物)은 ① 壬 ② 癸

9) 병일간(丙日干) 술월생(戌月生)

가을이 깊어져 음기(陰氣)가 점차로 증가한다. 태양인 丙火가 戌土를 보아 광열(光

熱)이 약해진다. 그러므로 갑목(甲木)을 필요로 한다. 甲木은 서방에 기후는 丙火를 생조(生助)해 주고 土를 극(剋)하여 광선(光線)을 일으켜 세운다. 壬水는 甲木을 생(生)하여 木으로 하여금 丙火를 돕게 한다. 丙火는 壬水의 수면(水面)에 양광(陽光)을 발(發)할 수 있어 좋다.

약물음양오행구분도표상 조후(調候)의 약물(藥物)은 ① 甲 ② 壬

10) 병일간(丙日干) 해월생(亥月生)

동월(冬月)이라 화세(火勢)가 휴수(休囚)되고 수기(水氣)와 한기(寒氣)가 왕(旺)해져 丙火가 쇠약해진다. 그러므로 甲木을 필요로 한다. 갑목(甲木)은 木生火하여 丙火를 돕는다. 木이 강왕(強旺)하면 생화(生火)하기 어려우므로 庚金을 필요로 한다. 庚金은 木을 다듬어 木으로 하여금 火를 잘 생(生)하게 한다. 火가 強旺하면 壬水를 필요로한다. 水가 旺하면 戊土가 있어야 좋다. 戊土는 왕수(旺水)를 剋制하여 木으로 하여금 잘 생화(生火)할 수 있게 한다. 木은 水와 土를 적절히 얻은 후에 火를 더 잘 生하는 특성이 있다.

약물음양오행구분도표상 조후(調候)의 약물(藥物)은 ① 甲 ② 庚壬

11) 병일간(丙日干) 자월생(子月生)

동지후(冬至後)이면 일양(一陽)이 시생(始生)한다. 그러므로 병화(丙火)의 기세가 점차로 일어서려 한다. 병화(丙火)의 태양은 壬水를 필요로 한다. 壬水가 있어야 그 빛을 수면(水面)에 내리 비칠 수 있기 때문이다. 하지만 자월(子月)이라 수왕(水旺)하므로 무토(戊土)로 적절히 제수(制水)해야 한다. (戊土가 없으면 己土를 사용한다)

동월(冬月)이라 丙火의 기세가 아직 약하다 그러므로 甲木이 있으면 더욱 좋다. 甲木은 흙에 뿌리내려 水를 흡수하며 壬과 戊의 세력을 조절하고 丙火를 생조(生助)해 준다.

약물음양오행구분도표상 조후(調候)의 약물(藥物)은 ① 壬 ② 戊己

12) 병일간(丙日干) 축월생(丑月生)

동월(冬月)이라 한기(寒氣)가 심하고 화세(火勢)가 약(弱)하나 이양(二陽)이 진기(進氣)한다. 그러므로 丙火의 태양은 壬水를 필요로 한다. 壬水가 있어야 광선(光線)을 수면(水面)에 비칠 수 있기 때문이다. 축(丑)중의 己土는 갑목(甲木)을 필요로 한다. 甲木은 己土에 뿌리내려 丙火를 생조(生助)해 준다.

약물음양오행구분도표상 조후(調候)의 약물(藥物)은 ① 壬 ② 甲

4. 정화(丁火)·정일간(丁日干)

1) 정일간(丁日干) 인월생(寅月生)

초춘(初春)이라 火氣가 미약하다. 木氣가 강왕(强旺)하므로 庚金을 필요로 한다. 庚金이 있어야 강목(强木)을 극(剋)하여 丁火의 연료로 변화시킬 수 있기 때문이다. 甲木은 木生火하여 丁火를 생조(生助)한다.

약물음양오행구분도표상 조후(調候)의 약물(藥物)은 ① 甲 ② 庚

2) 정일간(丁日干) 묘월생(卯月生)

양기(陽氣)가 점차로 성(盛)하므로 木이 너무 많으면 안된다. 木이 너무 왕(旺)하면 甲木은 生火하지 않고 오히려 火를 한(寒)하게 한다. 묘월(卯月)이라 木이 강왕(强旺)하다. 그러므로 경금(庚金)을 필요로 한다. 庚金은 卯中乙木과 合해 금화(金化)하여 木

을 다듬는다. 庚金이 있으면 화극금(火剋金)하여 정화(丁火)의 기(氣)를 약화시키게 되므로 甲木을 필요로 한다. 甲木은 木生火하여 丁火를 생조(生助)해 준다.

약물음양오행구분도표상 조후(調候)의 약물(藥物)은 ① 庚 ② 甲

3) 정일간(丁日干) 진월생(辰月生)

춘월(春月)이라 양기(陽氣)가 점차로 성(盛)해진다. 그러나 辰中戊土가 火를 설기(泄氣)시켜 丁火의 기세(氣勢)가 약화된다. 그러므로 甲木을 필요로한다. 甲木은 戊土를 극제(剋制)하고 丁火를 生해준다. 木이 성(盛)하면 庚金을 필요로 한다. 庚金은 木을 극제(剋制)하여 연료로 변화시켜 丁火를 돕는다.

약물음양오행구분도표상 조후(調候)의 약물(藥物)은 ① 甲 ② 庚

4) 정일간(丁日干) 사월생(巳月生)

하월(夏月)이라 화기(火氣)가 강렬하다. 木火가 많으면 광휘(光輝)가 극(極)에 달하므로 좋지 않다. 그러므로 이를 구(救)할 金을 필요로 한다. 庚金은 火氣를 약화시키고 木氣를 극제(剋制)한다. 丁火는 木을 연료로 하면서 번창한다. 그러므로 甲庚을 필요로 한다. 甲木은 木生火하여 丁火를 생조(生助)한다. 庚金은 木을 극제(剋制)하여 연료화시켜 등촉(燈燭)의 火인 丁火를 돕는다.
甲乙木이 많으면 庚金으로 제(制) 해야 하고 수기(水氣)가 태강(太强)하면 甲木으로 설기(泄氣)시켜야 丁火에게 이롭다.

약물음양오행구분도표상 조후(調候)의 약물(藥物)은 ① 甲 ② 庚

5) 정일간(丁日干) 오월생(午月生)

오월(午月)이라 화기(火氣)가 강열(强烈)하다. 丁火는 녹왕지(祿旺地)에 있어 왕(旺)하다. 그러므로 水와 金을 시급히 필요로 한다. 庚金은 壬癸水를 생조(生助)하고 壬癸水는 火를 극제(剋制)하여 日干丁火를 이롭게 한다.

약물음양오행구분도표상 조후(調候)의 약물(藥物)은 ① 壬 ② 庚癸

6) 정일간(丁日干) 미월생(未月生)

하월(夏月)이고 미토월(未土月)이라 염조(炎燥)하다. 미월(未月)이라 이음(二陰)이 생(生)하고 양기(陽氣)가 하강하여 丁火가 약화(弱化)된다. 그러므로 甲木과 壬水와 庚金을 필요로 한다. 壬水는 염조(炎燥)를 윤습(潤濕)케 하고 甲木을 생(生)한다.
甲木은 木生火하여 丁火를 돕는다. 庚金은 土를 설기(泄氣)시켜서 丁火를 구하고 水를 生하여 木을 돕는다.

약물음양오행구분도표상 조후(調候)의 약물(藥物)은 ① 甲 ② 壬庚

7) 정일간(丁日干) 신월생(申月生)

추월(秋月)이라 화기(火氣)가 점차로 쇠퇴한다. 火氣가 유약(柔弱)해지므로 丁火는 甲木의 지원을 필요로 한다. 庚金은 甲木을 극하여 연료화시키며 丁火를 돕는다. 추금월(秋金月)이므로 丁火는 丙火의 도움도 필요로 한다. 丙火는 申金의 기세를 약화시키고 庚金을 날카롭게 한다. 庚金은 木을 극하여 연료화시킨다. 水가 많으면 戊土로 제수(制水)해야 한다. 그래야 丁火가 빛을 발할 수 있다.

약물음양오행구분도표상 조후(調候)의 약물(藥物)은 ① 甲 ② 庚丙戊

8) 정일간(丁日干) 유월생(酉月生)

申月 丁火와 유사하다.

약물음양오행구분도표상 조후(調候)의 약물(藥物)은 ① 甲 ② 庚丙戊

9) 정일간(丁日干) 술월생(戌月生)

추절(秋節)이고 술토월(戌土月)이라 음기(陰氣)가 점차로 증가하고 화기(火氣)가 약해진다. 그러므로 갑목(甲木)과 庚金을 필요로 한다. 갑목(甲木)은 戌中의 戊土를 극(剋)하고 丁火를 생(生)한다. 庚金은 戊土를 설기(泄氣)시키고 갑목(甲木)을 연료화시켜 준다. 壬癸가 있으면 戊土로 制하여 丁火를 보호해야 한다.

약물음양오행구분도표상 조후(調候)의 약물(藥物)은 ① 甲 ② 庚戊

10) 정일간(丁日干) 해월생(亥月生)

초겨울이어서 화기(火氣)가 더욱 약화된다. 초동월(初冬月)이라 한기(寒氣)가 래도(來到)하고 수기(水氣)가 왕(旺)해져 화기(火氣)가 더욱 약화된다. 그러므로 갑목(甲木)을 필요로 한다. 甲木은 정화(丁火)의 기름(연료)이 되어 등화(燈火)를 빛나게 한다. 庚金은 甲木을 연료화시키는데 필요한 도구의 역할을 한다.

약물음양오행구분도표상 조후(調候)의 약물(藥物)은 ① 甲 ② 庚

11) 정일간(丁日干) 자월생(子月生)

동월(冬月) 자월(子月)이라 수(水)가 왕(旺)하다. 동월(冬月)의 자수(子水)가 火를

剋하여 丁火가 극약(極弱)해진다. 그러므로 甲木과 庚金을 절실히 필요로 한다. 甲木은 水를 흡수하고 火를 生한다. 庚金은 水를 생(生)하고 水는 木을 生하고 木은 火를 생(生)한다. 火는 金을 날카롭게 하고 金은 木을 연료화하고 木은 生火하여 丁火를 건강하게 한다.

약물음양오행구분도표상 조후(調候)의 약물(藥物)은 ① 甲 ② 庚

12) 정일간(丁日干) 축월생(丑月生)

동월(冬月)이고 축월(丑月)이라 한기(寒氣)가 중(重)하고 습토(濕土)가 왕(旺)하다. 이양(二陽)이 진기(進氣)하나 丁火가 약(弱)하므로 亥子月과 같이 甲과 庚을 필요로 한다.

약물음양오행구분도표상 조후(調候)의 약물(藥物)은 ① 甲 ② 庚

5. 무토(戊土)·무일간(戊日干)

1) 무일간(戊日干) 인월생(寅月生)

인월(寅月)이라 한기(寒氣)가 아직 남아있다. 戊土는 火의 생(生)을 받고 성장한다. 火는 木의 도움을 받고 木은 水의 생(生)을 받는다. 그러므로 인월(寅月)의 무토(戊土)는 丙火와 甲木과 癸水를 필요로 한다. 丙火는 광열(光熱)로 한기(寒氣)를 제거하고 土를 생조(生助)해 준다. 甲木은 소토(疏土)하여 土氣를 통(通)하게 하고 火를 생(生)한다. 癸水는 土를 적셔 윤(潤)하게 하고 木을 생(生) 해준다. 이와같이 丙甲癸는 土에 생기(生氣)를 주며 土를 활토(活土)로 변화시킨다. 그러므로 戊土는 만물을 생육(生育)할 수 있는 능력을 갖게 된다.

약물음양오행구분도표상 조후(調候)의 약물(藥物)은 ① 丙 ② 甲癸

2) 무일간(戊日干) 묘월생(卯月生)

인월(寅月)과 유사하게 丙火와 갑목(甲木)과 계수(癸水)를 필요로 한다. 甲木으로 소토(疏土)하여 토기(土氣)를 통(通)하게 하고 癸水로 土를 적셔 윤(潤)하게 하면 戊土는 만물을 생육(生育)할 수 있는 능력을 갖게 된다.

壬癸水가 많으면 丙火로 土를 暖하게 한다.

약물음양오행구분도표상 조후(調候)의 약물(藥物)은 ① 丙 ② 甲癸

3) 무일간(戊日干) 진월생(辰月生)

진월무토(辰月戊土)라 토기(土氣)가 왕(旺)하나, 생기(生氣)가 적다. 그러므로 甲木과 丙火와 癸水를 필요로 한다. 甲木은 木剋土하여 土氣를 통(通)하게 한다. 丙火는 土를 따뜻하게 하며 土를 생조(生助)한다. 癸水는 土를 윤(潤)하게 하고 木을 생(生)해주며 土를 이롭게 한다. 이와같이 戊土가 만물을 기를 수 있는 능력을 갖도록 甲丙癸는 土에 生氣를 불어넣어 준다.

약물음양오행구분도표상 조후(調候)의 약물(藥物)은 ① 甲 ② 丙癸

4) 무일간(戊日干) 사월생(巳月生)

하월(夏月)이고 사월(巳月)이라 양기(陽氣)가 발달하고 한기(寒氣)가 들어간다. 토기(土氣)는 巳火의 生을 받아 왕성(旺盛)해진다. 그러므로 甲丙癸를 필요로 한다. 甲木은 왕토(旺土)를 소토(疏土)시켜 土氣를 통(通)하게 한다.

丙火는 광열(光熱)로 土를 따뜻하게 하고 戊土를 생조(生助)해 준다. 계수(癸水)는 우로(雨露)로 土를 윤습(潤濕)케 하여 土에 생기(生氣)를 불어 넣는다. 태양인 丙火가 우로(雨露)인 癸水를 보면 수화상제(水火相濟)하므로 戊土는 만물을 번성시킬 수 있다. 戊土에게는 丙火와 癸水의 존재가 중요하다할 것이다.

약물음양오행구분도표상 조후(調候)의 약물(藥物)은 ① 甲 ② 丙癸

5) 무일간(戊日干) 오월생(午月生)

하계(夏季)이고 午月이라 염열(炎熱)이 왕(旺)하다. 火가 土를 생(生)해 주어 토기(土氣)가 왕성(旺盛)해진다. 그러므로 壬水와 丙火를 필요로 한다. 壬水는 土를 윤(潤)하게 하고 木을 생해준다. 甲木은 水를 흡수하며 왕토(旺土)를 극(剋)한다.

태양인 丙火는 광열(光熱)을 대지(大地)에 내리 비치며 土를 빛나게 한다. 壬水를 먼저 쓰고 甲木과 丙火를 적절히 활용하면 戊土는 활토(活土)로 되어 만물을 번창시킬 수 있게 된다.

약물음양오행구분도표상 조후(調候)의 약물(藥物)은 ① 壬 ② 甲丙

6) 무일간(戊日干) 미월생(未月生)

하월(夏月)이고 미토월(未土月)이라 염상중(炎上中)에 土가 조(燥)하고 건고(乾枯)해진다. 그러므로 癸水를 필요로 한다. 癸水는 우로(雨露)의 水로서 건조(乾燥)한 土를 윤(潤)하게 한다.

비가 오면 태양(太陽)이 있어야 土에게 좋듯이 우로(雨露)인 癸水가 있으면 태양인 丙火가 있어야 좋다. 비온 뒤의 태양빛은 토질(土質)을 따뜻하게 하고 土氣를 성(盛)하게 한다. 그러므로 甲木을 필요로 한다. 甲木은 木剋土하여 土氣를 潤하게 한다. 水木이 성(盛)하면 丙火를 사용하여 戊土를 生해준다.

약물음양오행구분도표상 조후(調候)의 약물(藥物)은 ① 癸 ② 甲丙

7) 무일간(戊日干) 신월생(申月生)

추월(秋月)이고 신월(申月)이라 金氣가 왕(旺)하다. 金氣가 旺하므로 土氣가 설기(泄氣)된다. 서기(暑氣)가 점차로 약화되고 한기(寒氣)가 점차로 증진된다. 그러므로 丙火와 甲木과 癸水를 필요로 한다. 태양인 丙火는 광열(光熱)로 土를 따뜻하게 하고 火生土하여 土氣를 증진시킨다. 癸水는 雨露로 土를 윤(潤)하게 하여 土에 生氣를 불어 넣는다. 土氣가 성(盛)하면 甲木으로 소토(疏土)한다.

약물음양오행구분도표상 조후(調候)의 약물(藥物)은 ① 丙 ② 甲癸

8) 무일간(戊日干) 유월생(酉月生)

추월(秋月)이라 날씨가 쌀쌀하고 조(燥)하다. 유월(酉月)이라 金氣가 旺하다. 왕금(旺金)이 土氣를 설(泄)하므로 戊土가 허(虛)해진다. 그러므로 丙火와 癸水를 필요로 한다. 丙火는 광열(光熱)로 기후를 따뜻하게 하며 土를 生助해준다. 癸水는 雨露로 土를 윤(潤)하게 하며 土에 생기(生氣)를 불어 넣는다.

약물음양오행구분도표상 조후(調候)의 약물(藥物)은 ① 丙 ② 癸

9) 무일간(戊日干) 술월생(戌月生)

추월(秋月)이라 기후가 쌀쌀하고 조(燥)하다. 술토월(戌土月)이라 토기(土氣)가 왕(旺)하고 조(燥)하다. 그러므로 甲木과 丙火가 癸水를 필요로 한다. 甲木은 木剋土하여 왕토(旺土)를 소토(疏土)한다. 癸水는 우로(雨露)로 土를 윤(潤)하게 하며 甲木을 생조(生助)한다. 丙火는 광열(光熱)로 한토(寒土)를 따뜻하게 한다.

약물음양오행구분도표상 조후(調候)의 약물(藥物)은 ① 甲 ② 丙癸

10) 무일간(戊日干) 해월생(亥月生)

동월(冬月)이라 기후가 한냉(寒冷)하다. 물(水)이 얼음으로 된다. 무토(戊土)는 동토(凍土)로 변화한다. 그러므로 甲木과 丙火를 필요로 한다. 丙火는 태양의 광열(光熱)로 한냉(寒冷)을 제거하고 土를 따뜻하게 한다. 甲木은 亥水를 흡수하고 土를 剋制하며 火를 생조(生助)한다.

약물음양오행구분도표상 조후(調候)의 약물(藥物)은 ① 甲 ② 丙

11) 무일간(戊日干) 자월생(子月生)

동월(冬月)인 자월(子月)이라 한기(寒氣)가 성(盛)하여 土와 水가 언다. 그러므로 丙火와 甲木을 필요로 한다. 丙火는 광열(光熱)로 한기(寒氣)를 없애고, 얼음을 녹이며 土를 따뜻하게 한다. 甲木은 水를 흡수하고 火를 生하며 丙火를 돕는다.

약물음양오행구분도표상 조후(調候)의 약물(藥物)은 ① 丙 ② 甲

12) 무일간(戊日干) 축월생(丑月生)

겨울이라 천지가 한(寒)하고 동(凍)한다. 그러므로 子月과 같이 丙火와 甲木을 필요로 한다. 태양인 丙火로 따뜻하게 하고 甲木으로 소토(疏土)하고 생화(生火)하면 해동(解凍)이 되고 戊土가 온난(溫暖)해진다.

약물음양오행구분도표상 조후(調候)의 약물(藥物)은 ① 丙 ② 甲

6. 기토(己土)·기일간(己日干)

1) 기일간(己日干) 인월생(寅月生)

초봄이라 한기(寒氣)가 아직 남아있다. 그러므로 전원(田園)의 土인 己土는 태양인 丙火를 필요로 한다. 丙火가 광선(光線)을 내리비치면 土가 온난(溫暖)해져 土에서 만물(萬物)이 발아(發芽)를 한다. 전원(田園)의 습토(濕土)인 己土는 丙火의 온난(溫暖)뿐만 아니라 甲木의 소토(疏土)를 필요로 한다. 甲木이 소토(疏土)해 줘야 土가 생기(生氣)를 얻기 때문이다. 丙火의 온난(溫暖)과 甲木의 剋을 받은 이후에는 우로(雨露)의 癸水를 필요로 한다. 癸水가 己土를 윤(潤)하게 해주기 때문이다. 木이 많으면 庚金으로 극제(剋制)하고 土가 많으면 갑목(甲木)으로 소토(疏土)한다.

약물음양오행구분도표상 조후(調候)의 약물(藥物)은 ① 丙 ② 庚甲 ③ 癸

2) 기일간(己日干) 묘월생(卯月生)

춘월(春月)이라 양기(陽氣)가 점차로 올라오나 습토(濕土)인 己土가 온난(溫暖)해지지는 않는다. 그러므로 병화(丙火)를 필요로 한다. 병화(丙火)는 태양의 광열(光熱)로 土를 따뜻하게 하고 습(濕)을 제거한다.

丙火가 온기(溫氣)를 주면 土氣가 온난(溫暖)해지기는 하나 토질(土質)이 딱딱해진다. 그러므로 갑목(甲木)을 필요로 한다. 갑목(甲木)은 소토(疏土)하여 토기(土氣)를 통(通)하게한다. 丙火와 갑목(甲木)을 사용한 후 우로(雨露)인 癸水로 적셔주면 己土는 生土로 변화한다. 癸水는 火土가 성(盛)할 경우 절대적으로 필요시 된다.

약물음양오행구분도표상 조후(調候)의 약물(藥物)은 ① 甲 ② 丙癸

3) 기일간(己日干) 진월생(辰月生)

만물(萬物)이 잘 생장(生長)하려면 태양과 수(水)와 생토(生土)가 있어야 한다. 그러므로 己土는 丙火와 癸水와 甲木을 필요로 한다. 丙火는 광열(光熱)로 土를 온난(溫暖)하게 한다. 癸水는 우로(雨露)로 土를 윤습(潤濕)케 한다. 甲木은 丙火의 광열(光熱)과 癸水의 雨露를 받고 딱딱해진 土를 소통(疏通)시켜 준다. 그러므로 丙火와 癸水와 甲木이 있으면 己土는 생기(生氣)의 土로 변화하게 된다.

약물음양오행구분도표상 조후(調候)의 약물(藥物)은 ① 丙 ② 甲癸

4) 기일간(己日干) 사월생(巳月生)

하월(夏月)이라 기후가 뜨겁다. 사월(巳月)이라 사화(巳火)가 生土하여 기토(己土)가 건조(乾燥)해진다. 전원(田園)의 토(土)인 己土에서 만물이 성장하려면 태양과 물(水)이 있어야 한다. 그러므로 우로(雨露)인 癸水와 태양인 丙火를 필요로 한다. 癸水는 우로(雨露)로 己土를 윤(潤)하게 한다. 丙火는 광선(光線)을 내리 비추며 己土를 생토화(生土化)시킨다. 癸水와 丙火가 적절하면 水火가 기제(旣濟)하여 만물이 번창하므로 己土는 癸水와 丙火를 중요시한다.

약물음양오행구분도표상 조후(調候)의 약물(藥物)은 ① 癸 ② 丙

5) 기일간(己日干) 오월생(午月生)

사월(巳月)과 유사하다. 하월(夏月)이라 火土가 조열(燥熱)하므로 癸水로 윤습(潤濕)케 하여야 한다. 土에서 만물(萬物)이 생육(生育)되려면 태양이 있어야 하므로 丙火를 필요로 한다. 癸水는 수원(水源)이 있어야 마르지 않으므로 金의 존재를 기뻐한다.

약물음양오행구분도표상 조후(調候)의 약물(藥物)은 ① 癸 ② 丙

6) 기일간(己日干) 미월생(未月生)

사오월(巳午月)과 같다. 염열(炎熱)이 있어 土가 건조(乾燥)하다. 만물이 土에서 자라려면 태양광선(太陽光線)이 있어야 한다. 그러므로 己土는 巳午月처럼 癸水와 丙火를 필요로 한다. 癸水는 수원(水源)인 金을 좋아한다. 土氣가 旺해지면 木으로 소토(疏土)한다. 대서말에는 丙火로 한기(寒氣)를 제거하고 기후를 온화(溫和)하게 한다.

약물음양오행구분도표상 조후(調候)의 약물(藥物)은 ① 癸 ② 丙

7) 기일간(己日干) 신월생(申月生)

초가을이나 아직 하열(夏熱)이 남아 있다. 가을이고 신월(申月)이어서 금한(金寒)하다. 己土는 신금(申金)에 설기(泄氣)된다. 그러므로 丙火와 癸水를 필요로 한다. 丙火는 金을 극제(剋制)하고 土를 생조(生助)한다. 癸水는 우로(雨露)로 土를 윤(潤)하게 한다. 丙火는 한기(寒氣)를 제거하며 土에 양기(陽氣)와 정기(精氣)를 제공한다. 己土가 丙癸를 만나면 己土는 生氣를 얻어 생토(生土)로 변화한다.

약물음양오행구분도표상 조후(調候)의 약물(藥物)은 ① 丙 ② 癸

8) 기일간(己日干) 유월생(酉月生)

신월(申月)과 동일하다. 유월(酉月)이라 金이 旺하다. 추월(秋月)이라 기후가 쌀쌀하다. 왕금(旺金)이 토기(土氣)를 설기(泄氣)시킨다. 그러므로 丙火와 癸水를 필요로 한다. 丙火는 광열(光熱)로 기후를 온난(溫暖)하게 하고 火剋金하여 왕금(旺金)을 극제(剋制)하고 火生土하여 土를 생조(生助)한다. 癸水는 왕금(旺金)을 설기(泄氣)시키고 土를 윤(潤)하게 하며 土를 도와준다.

약물음양오행구분도표상 조후(調候)의 약물(藥物)은 ① 丙 ② 癸

9) 기일간(己日干) 술월생(戌月生)

술월(戌月)이라 날씨가 차가워지고 조(燥)해진다. 만물이 수장(收藏)한다. 기토(己土)가 술토(戌土)를 만나 토기(土氣)가 왕(旺)해진다. 그러므로 丙火와 癸水를 필요로 한다. 丙火는 己土를 따뜻하게 한다. 癸水는 己土를 윤(潤)하게 한다. 갑목(甲木)은 왕토(旺土)를 극제(剋制)하고 토기(土氣)를 소통(疏通)시켜 기토(己土)를 이롭게 한다.

약물음양오행구분도표상 조후(調候)의 약물(藥物)은 ① 甲 ② 丙癸

10) 기일간(己日干) 해월생(亥月生)

동월(冬月)이고 해월(亥月)이라 천지(天地)가 점차로 차가워지고 수기(水氣)가 증가한다. 그러므로 丙火와 甲木과 戊土를 필요로 한다. 丙火는 한기(寒氣)를 제거하고 온기(溫氣)를 준다. 甲木은 생화(生火)하여 丙火를 돕는다. 丙火는 己土를 생조(生助)한다. 戊土는 토극수(土剋水)하여 습(濕)을 제거한다. 甲木은 水氣를 흡수하고 土氣를 통(通)하게 하며 己土를 돕는다.

약물음양오행구분도표상 조후(調候)의 약물(藥物)은 ① 丙甲 ② 戊

11) 기일간(己日干) 자월생(子月生)

자월(子月)이고 동월(冬月)이라 날씨가 한냉(寒冷)하다. 수월(水月)이라 수기(水氣)가 왕(旺)하다. 그러므로 해월(亥月)과 같이 丙火와 甲木과 戊土를 필요로 한다.
약물음양오행구분도표상 조후(調候)의 약물(藥物)은 ① 丙 ② 甲戊

12) 기일간(己日干) 축월생(丑月生)

동월(冬月)이라 한냉(寒冷)하고 습(濕)하다. 己土가 丑土를 만나 토기(土氣)가 왕(旺)하다. 그러므로 亥子月과 유사하게 丙甲戊를 필요로 한다. 丙火는 광열(光熱)로 한냉(寒冷)을 제거하고 土를 따뜻하게 한다. 갑목(甲木)은 소토(疏土)하여 토기(土氣)를 통(通)하게 하고 丙火를 생조(生助)한다. 戊土는 제습(除濕)하여 己土를 건강하게 한다.

약물음양오행구분도표상 조후(調候)의 약물(藥物)은 ① 丙 ② 甲戊

7. 경금(庚金)·경일간(庚日干)

1) 경일간(庚日干) 인월생(寅月生)

초춘(初春)이라 아직 한기(寒氣)가 남아 있어 경금(庚金)이 차갑다. 그러므로 丙丁火를 필요로 한다. 丙火는 광열(光熱)로 한기(寒氣)를 제거하고 경금(庚金)을 따뜻하게 한다. 정화(丁火)는 火剋金하여 庚金을 단련한다. 庚金이 약(弱)하면 戊土로 생(生)해 주고 토기(土氣)가 성(盛)하면 甲木으로 소토(疏土)한다. 火氣가 왕(旺)하면 임수(壬水)로 극제(剋制)한다.

약물음양오행구분도표상 조후(調候)의 약물(藥物)은 ① 戊 ② 甲壬丙丁

2) 경일간(庚日干) 묘월생(卯月生)

묘월(卯月)이라 木이 강(强)하고 金이 약(弱)하다. 춘월(春月)이라 아직 한기(寒氣)가 남아 있다. 金은 木을 극(剋)하고 木은 火를 생(生)한다. 그러므로 丁甲庚丙을 필요로 한다. 丁火는 왕목(旺木)을 설기(泄氣)시키고 경금(庚金)을 단련한다. 庚金은 甲木

을 극(剋)하여 연료화시키고 甲木은 丁火를 생조(生助)해 준다. 丙火는 광열(光熱)로 한기(寒氣)를 제거하고 庚金을 따뜻하게 한다.

경금(庚金)이 약(弱)하면 土로 생조(生助)해 준다. 土가 많으면 甲木으로 소토(疏土)하여 庚金을 구해낸다.

약물음양오행구분도표상 조후(調候)의 약물(藥物)은 ① 丁 ② 甲庚丙

3) 경일간(庚日干) 진월생(辰月生)

진월(辰月)이라 토기(土氣)가 왕(旺)해진다. 土氣가 왕(旺)해져 庚金이 土에 묻힌다. 辰土가 생금(生金)하여 金이 완강(頑强)해진다. 그러므로 甲木과 丁火와 壬癸水를 필요로 한다. 갑목(甲木)은 土를 극제(剋制)하여 매금(埋金)된 경금(庚金)을 구하고 丁火를 생조(生助)한다. 丁火는 火剋金하여 완금(頑金)인 庚金을 단련한다. 壬癸水는 金을 설기(泄氣)시키고 예리하게 하며 庚金을 이롭게 한다.

약물음양오행구분도표상 조후(調候)의 약물(藥物)은 ① 甲 ② 丁壬癸

4) 경일간(庚日干) 사월생(巳月生)

火氣가 성(盛)하면 壬水로 극제(剋制)하여 庚金을 보호해야 한다. 金氣가 성(盛)하면 丁火로 극(剋)해 주어야 庚日干이 건강해진다. 壬水로 씻고 丙火로 단련해도 庚金에게 이롭다.

약물음양오행구분도표상 조후(調候)의 약물(藥物)은 ① 壬 ② 戊丙丁

5) 경일간(庚日干) 오월생(午月生)

하월(夏月)이고 오월(午月)이라 火氣가 강렬하다. 그러므로 壬水를 필요로 한다. 壬

水가 없으면 癸水를 쓴다. 壬水로 火氣를 극제(剋制)하고 土를 윤(潤)하게 하여 金을 보호한다.

약물음양오행구분도표상 조후(調候)의 약물(藥物)은 ① 壬 ② 癸

6) 경일간(庚日干) 미월생(未月生)

하계(夏季)이나 미토월(未土月)이라 가을에 가깝다. 土月이라 土氣가 旺해진다. 土가 金을 生해주어 庚金의 세력이 强해진다. 그러므로 丁火와 甲木을 필요로 한다. 丁火는 火剋金하여 완금(頑金)인 庚金을 단련한다. 甲木은 丁火를 생조(生助)하고 土를 극제(剋制)하여 庚金을 이롭게 한다.

약물음양오행구분도표상 조후(調候)의 약물(藥物)은 ① 丁 ② 甲

7) 경일간(庚日干) 신월생(申月生)

추월(秋月)이고 신월(申月)이라 金氣가 왕(旺)하다. 庚金이 申金을 만나 金氣가 강예(剛銳)해 진다. 그러므로 丁火와 甲木을 필요로 한다. 丁火는 火剋金하여 강금(强金)을 단련(鍛鍊)한다. 甲木은 木生火하여 丁火를 돕는다.

약물음양오행구분도표상 조후(調候)의 약물(藥物)은 ① 丁 ② 甲

8) 경일간(庚日干) 유월생(酉月生)

추계(秋季)라 火氣가 물러가고 寒氣가 다가온다. 유월(酉月)이라 金氣가 旺하다. 庚金이 酉金을 만나 金氣가 강강(剛强)해진다. 그러므로 丁火와 甲木과 丙火를 필요로 한다. 丁火는 火剋金하여 강금(强金)을 단련(鍛鍊)한다. 甲木은 木生火하여 丙丁火를 돕는다. 丙火는 광열(光熱)로 한기(寒氣)를 제거하고 庚金을 온난(溫暖)하게 한다.

약물음양오행구분도표상 조후(調候)의 약물(藥物)은 ① 丁 ② 甲丙

9) 경일간(庚日干) 술월생(戌月生)

술월(戌月)이라 土氣가 왕성(旺盛)하다. 土氣가 성(盛)하여 庚金은 旺土에 묻혀 그 빛을 발(發)하지 못한다. 그러므로 甲木과 壬水를 필요로 한다. 甲木은 土를 剋制하여 庚金을 구해낸다. 壬水는 庚金을 씻어 광채(光彩)를 발하게 한다.

약물음양오행구분도표상 조후(調候)의 약물(藥物)은 ① 甲 ② 壬

10) 경일간(庚日干) 해월생(亥月生)

동절(冬節)이라 金氣가 한냉(寒冷)해진다. 金氣가 한냉(寒冷)해져 庚金의 기세(氣勢)가 약화된다. 그러므로 丙丁火를 필요로 한다. 丙火는 광선(光線)으로 한냉(寒冷)을 제거하고 庚金을 온난(溫暖)하게 한다. 丁火는 火剋金하여 庚金을 연금(鍊金)한다.

약물음양오행구분도표상 조후(調候)의 약물(藥物)은 ① 丁 ② 丙

11) 경일간(庚日干) 자월생(子月生)

자월(子月)이고 동월(冬月)이라 천지(天地)가 한냉(寒冷)하다. 음기(陰氣)가 성(盛)해지고 한기(寒氣)가 증가하여 庚金의 기세(氣勢)가 약화된다. 그러므로 丁丙火와 甲木을 필요로 한다. 丙火는 광열(光熱)로 한냉(寒冷)을 제거하고 金을 따뜻하게 한다. 丁火는 火剋金하여 庚金을 단련한다. 甲木은 木生火하여 丁丙火를 돕는다.

약물음양오행구분도표상 조후(調候)의 약물(藥物)은 ① 丁 ② 甲丙

12) 경일간(庚日干) 축월생(丑月生)

동월(冬月)이라 한기(寒氣)가 성(盛)하고 축토(丑土)인 습토(濕土)가 한동(寒凍)한
다. 기후가 한습(寒濕)하여 庚金의 기세(氣勢)가 약(弱)해진다. 그러므로 丙丁火와 甲
木을 필요로 한다. 丙火는 광선(光線)으로 한습(寒濕)을 제거하고 庚金에 온기(溫氣)
를 제공한다. 丁火는 火剋金하여 庚金을 단련(鍛鍊)한다. 甲木은 木生火하여 丙丁火를
돕는다.

약물음양오행구분도표상 조후(調候)의 약물(藥物)은 ① 丙 ② 丁甲

8. 신금(辛金)·신일간(辛日干)

1) 신일간(辛日干) 인월생(寅月生)

신금(辛金)이 寅木을 만났다. 寅木이 金氣를 설기(洩氣)시켜 辛金의 기세가 약해진
다. 寅木이 辛金을 가려서 辛金이 빛을 발하지 못한다. 그러므로 己土와 庚金과 壬水를
필요로 한다.

기토(己土)는 土生金하여 신금(辛金)을 생조(生助)해준다. 庚金은 인중(寅中)의 甲
木을 극(剋)하고 신금(辛金)을 부조(扶助)한다. 壬水는 신금(辛金)을 세척하여 빛나게
한다. 庚金은 壬水의 수원(水源)이 되어 준다.

약물음양오행구분도표상 조후(調候)의 약물(藥物)은 ① 己 ② 壬庚

2) 신일간(辛日干) 묘월생(卯月生)

춘월(春月)이고 묘월(卯月)이라 양기(陽氣)가 증진된다. 양기가 증진되어 신금(辛金)

이 빛을 발하려 한다. 辛金이 빛을 발하려면 청(淸)해야 하고 청(淸)케 하려면 씻을 물(水)이 있어야 한다. 壬水는 辛金을 세척하여 빛나게 한다. 戊土가 있으면 甲木으로 극제(剋制)하여 壬水를 보호한다. 木이 성(盛)하면 庚金으로 극제(剋制)하여 辛金을 도와야 한다.

약물음양오행구분도표상 조후(調候)의 약물(藥物)은 ① 壬 ② 甲

3) 신일간(辛日干) 진월생(辰月生)

진월(辰月)이라 戊土의 기세가 왕(旺)하다. 土氣의 생(生)을 받으며 辛金이 빛을 발하려 한다. 그러나 辛金은 土氣가 왕(旺)하여 흙속에 묻히게 된다. 그러므로 壬水와 甲木을 필요로 한다. 甲木은 소토(疏土)하여 흙에 묻힌 신금(辛金)을 구해낸다. 壬水는 辛金을 세척하여 빛나게 한다.

약물음양오행구분도표상 조후(調候)의 약물(藥物)은 ① 壬 ② 甲

4) 신일간(辛日干) 사월생(巳月生)

초여름이라 춥지도 덥지도 않다. 巳中丙火가 빛나고 있다. 그러므로 辛金이 쉽게 광채(光彩)를 발(發)할 수 있다. 壬癸水로 세척하여 청(淸)케 하라. 甲木으로 土를 극제(剋制)하여 水를 보호해 주면 된다.

약물음양오행구분도표상 조후(調候)의 약물(藥物)은 ① 壬 ② 甲癸

5) 신일간(辛日干) 오월생(午月生)

하월(夏月)이고 오월(午月)이라 화열기(火熱氣)가 성(盛)하다. 화열기(火熱氣)가 盛

하여 土氣가 조(燥)해지고 金氣가 유약(柔弱)해진다. 그러므로 壬水와 己土와 癸水를 필요로 한다. 壬水는 水剋火하여 火氣를 약화시키고 癸水는 우로(雨露)로 화열기(火熱氣)를 식히고 土를 윤(潤)하게 한다. 己土는 土生金하여 辛金의 기세를 강화시켜 준다.

약물음양오행구분도표상 조후(調候)의 약물(藥物)은 ① 壬 ② 己癸

6) 신일간(辛日干) 미월생(未月生)

하월(夏月)이고 미월(未月)이라 火土가 건조(乾燥)하다. 土月이라 土氣가 旺해진다. 土氣가 왕(旺)해져 辛金이 土에 묻히게 된다. 그러므로 壬水와 庚金과 甲木을 필요로 한다. 壬水는 火氣를 억제하고 土를 윤(潤)하게 한다 庚金은 왕토(旺土)를 설기(泄氣)시키면서 辛金을 부조(扶助)하고 壬水를 생(生)해준다. 甲木은 소토(疏土)하여 辛金을 구하고 壬水를 보호한다. 壬水는 辛金을 세척하며 빛나게 한다.

약물음양오행구분도표상 조후(調候)의 약물(藥物)은 ① 壬 ② 庚甲

7) 신일간(辛日干) 신월생(申月生)

추월(秋月)이고 신월(申月)이라 金氣가 왕(旺)하다. 辛이 申을 만나 金氣가 더욱 왕성해진다. 그러므로 壬水를 필요로 한다. 壬水는 金生水하여 왕금(旺金)을 설기(泄氣)시키고 辛金을 세척하며 빛나게 한다. 水가 왕(旺)하면 戊土로 제방을 쌓아 안정시킨다. 戊土가 성(盛)하면 甲木으로 소토(疏土)하여 壬水와 辛金을 보호한다.

약물음양오행구분도표상 조후(調候)의 약물(藥物)은 ① 壬 ② 甲戊

8) 신일간(辛日干) 유월생(酉月生)

추월(秋月)이고 유월(酉月)이라 金이 왕(旺)하다. 辛日酉月이라 金이 월령(月令)을

득(得)하여 극왕(極旺)해진다. 그러므로 임수(壬水)를 필요로 한다. 壬水는 왕금(旺金)을 설기(泄氣)시키고 辛金을 건강하게 하고 辛金을 세척하여 빛나게 한다. 土氣가 성(盛)하면 甲木으로 소토(疏土)하여 신금(辛金)을 구해낸다. 壬水가 많으면 戊土로 극제(剋制)하여 안정시킨다.

약물음양오행구분도표상 조후(調候)의 약물(藥物)은 ① 壬 ② 甲

9) 신일간(辛日干) 술월생(戌月生)

추월(秋月)이라 기후가 조(燥)하고 金氣가 왕(旺)하다. 戌月이라 土氣가 왕(旺)하여 辛金이 土의 압력을 받게 된다. 그러므로 壬水와 甲木을 필요로 한다. 壬水는 왕금(旺金)을 설기(泄氣)시키고 윤(潤)하게 한다. 甲木은 왕토(旺土)를 극제(剋制)하여 신금(辛金)을 구하고 壬水를 보호한다. 壬水는 신금(辛金)을 세척하여 빛나게 한다.

약물음양오행구분도표상 조후(調候)의 약물(藥物)은 ① 壬 ② 甲

10) 신일간(辛日干) 해월생(亥月生)

동월(冬月)이라 기후가 한냉(寒冷)하다. 신금(辛金)이 亥水를 만나 金水가 냉(冷)해진다. 신금(辛金)은 주옥(珠玉)의 金이라 청(淸)함을 좋아한다. 그러므로 임수(壬水)와 병화(丙火)를 필요로 한다. 丙火는 광열(光熱)로 한냉(寒冷)을 제거하고 金水를 따뜻하게 한다. 壬水는 辛金을 세척해준다. 丙火로 따뜻하게 하고 壬水로 세척하면 금백수청(金白水淸)하여 辛金이 빛을 발(發)하게 된다.

약물음양오행구분도표상 조후(調候)의 약물(藥物)은 ① 壬 ② 丙

11) 신일간(辛日干) 자월생(子月生)

동월(冬月)이라 기후가 한냉(寒冷)하다. 子月이라 水가 왕(旺)하다. 辛金이 子月을 만나 金水가 한냉(寒冷)하다. 金水가 한냉(寒冷)하여 辛金이 빛을 발하지 못한다. 그러 므로 丙火와 戊土와 壬水와 甲木을 필요로 한다.

丙火는 광열(光熱)로 한냉(寒冷)을 제거하고 金水를 따뜻하게 한다. 戊土는 왕수(旺 水)를 극제(剋制)하며 辛金을 생조(生助)한다. 壬水는 辛金을 세척하여 빛나게 한다. 甲木은 왕수(旺水)를 설기(泄氣)시키고 丙火를 생조(生助)한다. 壬水가 많으면 戊土로 제방을 쌓고 土氣가 성(盛)하면 甲木으로 소토(疏土)한다.

약물음양오행구분도표상 조후(調候)의 약물(藥物)은 ① 丙 ② 戊壬甲

12) 신일간(辛日干) 축월생(丑月生)

동월(冬月)이라 한기(寒氣)가 왕(旺)하다. 기후가 한냉(寒冷)하여 辛金이 빛을 발 (發)하지 못한다. 그러므로 丙火와 壬水를 필요로 한다. 丙火는 광열(光熱)로 한기(寒 氣)를 제거하고 辛金을 따뜻하게 한다. 壬水는 辛金을 세척하여 청(淸)하게 한다. 水氣 가 성(盛)하면 戊己土로 극제(剋制)하여 辛金을 보호한다.

약물음양오행구분도표상 조후(調候)의 약물(藥物)은 ① 丙 ② 壬戊己

9. 임수(壬水) · 임일간(壬日干)

1) 임일간(壬日干) 인월생(寅月生)

초춘(初春)이고 인월(寅月)이라 아직 한기(寒氣)가 남아 있다. 寅木이 水氣를 흡수하여 壬水의 기세가 약(弱)해진다. 그러므로 庚金과 丙火를 필요로 한다. 庚金은 寅木을 극제(剋制)하여 壬水를 생조(生助)한다. 丙火는 광열(光熱)로 한기(寒氣)를 제거하고 壬水를 따뜻하게 한다. 壬水가 丙火를 보는 것은 호수가 태양광선을 받는 것과 같다. 그러므로 壬水는 丙火를 기뻐한다. 壬水와 丙火가 만나면 수화기제(水火旣濟)하며 壬水가 吉해진다.

水氣가 왕(旺)하면 戊土로 제방을 쌓고 戊土가 많으면 甲木으로 극제(剋制)한다.

약물음양오행구분도표상 조후(調候)의 약물(藥物)은 ① 庚 ② 丙戊

2) 임일간(壬日干) 묘월생(卯月生)

춘월(春月)이라 기후가 온난(溫暖)하다. 날씨가 따뜻해져 水가 동(動)한다. 묘월(卯月)이라 木이 왕(旺)하다. 왕목(旺木)이 水氣를 흡수하게 되어 壬水의 기세가 약(弱)해진다. 그러므로 戊土와 辛庚金을 필요로 한다. 戊土는 土剋水하여 水의 유동(流動)을 막는 즉 제방의 역할을 한다. 辛庚金은 金生水하여 壬水를 생조(生助)하는 즉 壬水의 수원(水源)의 역할을 한다. 木氣가 성(盛)하면 庚金으로 剋制하고 水가 많으면 戊土로 극제(剋制)하여 壬水를 보호한다.

약물음양오행구분도표상 조후(調候)의 약물(藥物)은 ① 戊 ② 辛庚

3) 임일간(壬日干) 진월생(辰月生)

진월(辰月)이라 土가 왕(旺)하다. 왕토(旺土)가 水氣를 극제(剋制)하므로 壬水의 기세(氣勢)가 약해진다. 그러므로 甲木과 庚金을 필요로 한다. 甲木은 왕토(旺土)를 剋制하며 壬水를 보호한다.

庚金은 壬水를 생조(生助)해 준다. 壬水는 甲木을 도와 甲木으로 하여금 왕토(旺土)를 극(剋)하게 한다.

약물음양오행구분도표상 조후(調候)의 약물(藥物)은 ① 甲 ② 庚

4) 임일간(壬日干) 사월생(巳月生)

하월(夏月)이고 사월(巳月)이라 화기(火氣)가 성(盛)해진다. 火氣가 水氣를 剋制하여 壬水의 기세가 약해진다. 그러므로 壬과 辛庚癸를 필요로 한다. 壬癸水는 水剋火하여 火氣를 억제하고 壬日干을 부조(扶助)한다. 辛庚金은 金生水하여 壬水의 수원(水源)이 되어준다. 辛金은 巳中丙과 合化(丙辛合水)하여 壬水를 돕는다.

약물음양오행구분도표상 조후(調候)의 약물(藥物)은 ① 壬 ② 辛庚癸

5) 임일간(壬日干) 오월생(午月生)

하계(夏季)라 염열(炎熱)하다. 午月이라 火氣가 강렬하다. 火氣가 水氣를 剋하여 壬水의 기세(氣勢)가 약해진다. 그러므로 癸水와 庚辛金을 필요로 한다. 癸水는 우로(雨露)로 염열(炎熱)을 식히고 火氣를 약화시키며 壬水를 부조(扶助)한다. 庚辛金은 金生水하여 壬水의 수원(水源) 역할을 한다.
약물음양오행구분도표상 조후(調候)의 약물(藥物)은 ① 癸 ② 庚辛

6) 임일간(壬日干) 미월생(未月生)

하월(夏月)이라 기후가 조열(燥熱)하다. 未月이라 토기(土氣)가 왕(旺)하다. 왕토(旺土)가 水氣를 剋하므로 壬日干이 약(弱)해진다. 그러므로 辛金과 甲木과 癸水를 필요로 한다.

辛金은 왕토(旺土)를 설기(泄氣)시키고 壬水를 생조(生助)한다. 甲木은 소토(疏土)하여 壬水를 보호한다. 癸水는 우로(雨露)로 열(熱)을 식히고 윤(潤)하게 하며 壬水를 부조(扶助)한다.

약물음양오행구분도표상 조후(調候)의 약물(藥物)은 ① 辛 ② 癸

7) 임일간(壬日干) 신월생(申月生)

추월(秋月)이고 신월(申月)이라 金氣가 왕(旺)하다. 申金이 생수(生水)하며 水氣가 강력해진다. 그러므로 戊土와 丁火를 필요로 한다. 戊土는 土剋水하여 水氣를 극제(剋制)한다. 丁火는 申中의 庚金을 剋制하여 왕수(旺水)의 수원(水源)을 차단하며 壬水를 보호한다. 戊土가 많으면 甲木으로 소토(疏土)한다.

약물음양오행구분도표상 조후(調候)의 약물(藥物)은 ① 戊 ② 丁

8) 임일간(壬日干) 유월생(酉月生)

壬이 酉를 만나 金水가 상생(相生)하고 금백수청(金白水淸)한다. 그러므로 戊土를 싫어한다. 戊土가 극수(剋水)하여 水를 탁하게 하기 때문이다. 戊土가 있으면 甲木으로 극제(剋制)하여 水를 보호한다. 戊土와 甲木이 없으면 庚辛金을 쓴다.
약물음양오행구분도표상 조후(調候)의 약물(藥物)은 ① 甲 ② 庚

9) 임일간(壬日干) 술월생(戌月生)

추계(秋季)라 기후가 쌀쌀하나 戌月이라 土氣가 왕(旺)하고 水氣가 점진(漸進)한다. 왕토(旺土)가 수기(水氣)를 剋하여 壬水가 탁해진다. 그러므로 甲木과 丙火를 필요로 한다. 甲木은 土氣를 극제(剋制)하여 壬水를 보호해 준다. 丙火는 광선(光線)으로 기후를 온난하게 하며 壬水를 빛나게 한다.

약물음양오행구분도표상 조후(調候)의 약물(藥物)은 ① 甲 ② 丙

10) 임일간(壬日干) 해월생(亥月生)

해월(亥月)이라 수기(水氣)가 강왕(强旺)하다. 동계(冬季)라 날씨가 차갑다. 그러므로 戊土와 丙火를 필요로한다. 戊土는 제방(堤防)으로 왕수(旺水)를 억제(抑制)한다. 丙火는 광열(光熱)로 한기(寒氣)를 제거하고 壬水를 빛나게 한다. 木氣가 왕(旺)하면 庚金으로 木을 剋制해야 戊土인 제방(堤防)이 보호된다.

약물음양오행구분도표상 조후(調候)의 약물(藥物)은 ① 戊 ② 丙庚

11) 임일간(壬日干) 자월생(子月生)

동월(冬月)이라 한기(寒氣)가 성(盛)하다. 자월(子月)이라 水氣가 강왕(强旺)하다. 冬月이고 子月이라 水土가 빙동(氷凍)한다. 그러므로 戊土와 丙火를 필요로한다. 戊土는 제방으로 왕수(旺水)를 극제(剋制)한다. 丙火는 광열(光熱)로 한기(寒氣)를 제거하고 水土를 따뜻하게 하며 壬水를 빛나게 한다.

약물음양오행구분도표상 조후(調候)의 약물(藥物)은 ① 戊 ② 丙

12) 임일간(壬日干) 축월생(丑月生)

동월(冬月)이라 기후가 한냉(寒冷)하다. 丑月이라 습토(濕土)가 왕(旺)하다. 그러므로 丙火와 丁火와 甲木을 필요로 한다. 丙火는 광열(光熱)로 한기(寒氣)를 제거하고 壬水를 따뜻하게 하고 빛나게 한다. (丙火가 없으면 丁火를 쓴다), 甲木은 생화(生火)하여 丙丁火를 돕고 소토(疏土)하여 壬水를 보호한다.

약물음양오행구분도표상 조후(調候)의 약물(藥物)은 ① 丙 ② 丁甲

10. 계수(癸水)·계일간(癸日干)

1) 계일간(癸日干) 인월생(寅月生)

초봄이라 음기(陰氣)와 한기(寒氣)가 잔존한다. 인월(寅月)이라 양기(陽氣)가 점차로 증진된다. 寅木이 水氣를 설기(泄氣)하여 癸水의 기세(氣勢)가 약화된다. 그러므로 신금(辛金)과 丙火를 필요로 한다. 辛金은 金生水하여 癸水를 生助한다. 즉 癸水의 수원(水源)이 되어준다. 辛金이 없으면 庚金을 쓴다. 丙火는 太陽의 광열(光熱)로 寒氣를 제거하고 온기(溫氣)를 증진시킨다.

약물음양오행구분도표상 조후(調候)의 약물(藥物)은 ① 辛 ② 丙

2) 계일간(癸日干) 묘월생(卯月生)

묘월(卯月)이라 木氣가 왕(旺)하다. 왕목(旺木)이 水氣를 설기(泄氣)하여 癸日干이 약화(弱化)된다. 그러므로 庚辛金을 필요로 한다. 庚辛金은 卯中 甲乙木을 극제(剋制)하면서 癸水를 생조(生助)해준다. 즉, 癸水의 수원(水源)이 되어준다.

약물음양오행구분도표상 조후(調候)의 약물(藥物)은 ① 庚 ② 辛

3) 계일간(癸日干) 진월생(辰月生)

진중(辰中)에는 乙癸戊가 암장(暗藏)되어 있다. 상반월(上半月)에는 癸水가 암장(暗藏)하므로 丙火를 사용한다. 하반월(下半月)에는 戊土가 암장(暗藏)하므로 丙火와 辛金과 甲木을 쓴다. 곡우(穀雨)後에는 주로 辛甲을 쓴다.

약물음양오행구분도표상 조후(調候)의 약물(藥物)은 ① 丙 ② 辛甲

4) 계일간(癸日干) 사월생(巳月生)

하월(夏月)이라 火氣가 왕(旺)하고 조열(燥熱)하여 水氣가 弱해진다. 그러므로 辛金 또는 庚金을 필요로 한다. 辛金은 金生水하여 癸水를 생조(生助)한다. 辛金이 없으면 庚金을 사용한다. 水氣가 약하여 壬水의 부조(扶助)를 기뻐한다.

약물음양오행구분도표상 조후(調候)의 약물(藥物)은 ① 辛 ② 庚

5) 계일간(癸日干) 오월생(午月生)

하월(夏月)이라 天地가 염열(炎熱)하다. 午月이라 火氣가 강력하다. 火氣가 水氣를 극제(剋制)하여 癸水가 약(弱) 해진다. 그러므로 庚辛金과 壬癸水를 필요로 한다. 壬水는 水氣로 火氣를 억제하며 癸日干을 부조(扶助)한다. 癸水는 우로(雨露)로 염열(炎熱)을 식히고 火氣를 가라앉히며 癸日干을 돕는다. 庚辛金은 火氣를 설기(泄氣)시키면서 壬癸水를 생조(生助)해 준다.

약물음양오행구분도표상 조후(調候)의 약물(藥物)은 ① 丙辛 ② 壬癸

6) 계일간(癸日干) 미월생(未月生)

오월(午月)과 같다. 상반월(上半月)에는 未中 丁乙이 암장(暗藏)되어 火氣와 염열(炎熱)이 강렬하므로 金氣와 水氣가 약(弱)해진다. 그러므로 庚辛金과 壬癸水를 필요로 한다. 하반월(下半月)에는 未中己土가 암장(暗藏)되어 金氣가 증진되므로 庚辛金을 필요로 한다. 庚辛金은 金生水하여 癸水를 돕는다. 즉 癸水의 수원(水源)이 되어 준다. 壬癸水는 癸日干을 부조(扶助) 해 준다.

약물음양오행구분도표상 조후(調候)의 약물(藥物)은 庚 辛 壬 癸

7) 계일간(癸日干) 신월생(申月生)

추월(秋月)이고 신월(申月)이라 金氣가 왕(旺)하다. 申中 庚金이 水를 生해주어 癸水가 강(强)해진다. 그러므로 丁火와 甲木을 필요로 한다. 丁火는 왕금(旺金)을 극(剋)하여 癸水를 이롭게 한다.

甲木은 木生火하여 丁火의 뿌리가 되어준다.

약물음양오행구분도표상 조후(調候)의 약물(藥物)은 ① 丁 ② 甲

8) 계일간(癸日干) 유월생(酉月生)

추절(秋節)이라 기후가 쌀쌀하다. 酉月이라 金氣가 왕(旺)하다. 癸가 酉를 보아서 金白水淸)하다. 그러므로 丙火와 辛金을 필요로 한다. 丙火는 기후를 따뜻하게 하고 金水에 온기(溫氣)를 준다. 辛金은 癸水를 생조(生助)해 준다.

약물음양오행구분도표상 조후(調候)의 약물(藥物)은 ① 辛 ② 丙

9) 계일간(癸日干) 술월생(戌月生)

술월(戌月)이라 土氣가 왕성(旺盛)하다. 왕토(旺土)가 水氣를 극제(剋制)하여 계수(癸水)가 약(弱)해진다. 그러므로 신금(辛金)과 甲木과 壬癸水를 필요로 한다.

辛金은 金生水하여 癸水를 생조(生助)한다. 즉, 癸水의 수원(水源)이 되어준다. 甲木은 왕토(旺土)를 극제(剋制)하여 癸日干을 보호하고 壬癸水는 癸日干을 부조(扶助)한다.

약물음양오행구분도표상 조후(調候)의 약물(藥物)은 ① 辛 ② 甲壬癸

10) 계일간(癸日干) 해월생(亥月生)

　해월(亥月)이라 水氣가 왕(旺)하나 亥中 甲木이 암장(暗藏)되어 癸日干이 약(弱)해진다. 그러므로 庚辛金을 필요로 한다. 庚辛金은 癸日干을 생조(生助)해 준다. 亥中 壬水가 암장(暗藏)되어 수세(水勢)가 왕(旺)하다. 그러므로 戊土를 필요로 한다. 戊土는 제방으로 왕수(旺水)를 극제(剋制)한다. 庚辛이 많으면 丁火로 剋制한다.
　木氣가 성(盛)하면 庚辛金으로 극제(剋制)한다.

약물음양오행구분도표상 조후(調候)의 약물(藥物)은 ① 庚 ② 戊丁辛

11) 계일간(癸日干) 자월생(子月生)

　子月 동월(冬月)이라 기후가 차갑다. 우로(雨露)인 癸水가 설상(雪霜)으로 변화한다. 그러므로 丙火를 필요로 한다. 태양인 丙火는 광열(光熱)로 한기(寒氣)를 제거하고 癸水를 따뜻하게 한다. 辛金은 金生水하여 癸水를 생조(生助)한다.

약물음양오행구분도표상 조후(調候)의 약물(藥物)은　① 丙 ② 辛

12) 계일간(癸日干) 축월생(丑月生)

　동월(冬月)이라 한기(寒氣)가 극심하여 만물이 움추린다. 그러므로 태양 火인 丙火를 필요로 한다. 丙火는 광열(光熱)로 한냉(寒冷)을 제거하고 천지(天地)를 따뜻하게하며 癸水에 온기(溫氣)를 제공한다. 丁火는 丙火를 보조한다.

약물음양오행구분도표상 조후(調候)의 약물(藥物)은 ① 丙 ② 丁

제2장 조후양생법(調候養生法)

1. 갑목(甲木)

甲木은 양목(陽木)이고 대림목(大林木)이다. 그러므로 조후약물(調候藥物)이 甲이면 甲에 해당하는 것을 가까이 하면 吉해진다. 우거진 숲길을 걸어라. 큰 나무를 심고 가꾸며 산(山)을 푸르게 하라. 그러면 운세(運勢)가 吉해지고 인체가 건강해질 것이다. 甲木이 多年生 나무이므로 나무를 다듬어서 하는 목공예(木工藝)를 취미로 하거나 업(業)으로 해도 좋다.

2. 을목(乙木)

을목(乙木)은 화초(花草)이고 어린 나무이고 계수나무요, 일년초(一年草)이다.

조후약물(調候藥物)이 을목(乙木)이면 乙에 해당하는 것을 가까이 하면 좋다. 화초(花草)가 많은 곳에 가서 향기(香氣)를 맡거나 거닐어라. 화분에 꽃과 나무를 심고 가꾸어라. 식물원에 가서 초목을 자주 관찰해도 좋다. 꽃꽂이를 취미로 해도 건강에 좋다.

3. 병화(丙火)

丙火가 태양화(太陽火)이고 광열(光熱)이므로 丙火가 조후약물(調候藥物)이면 햇볕이 나는 양지(陽地)를 찾아 거닐면 좋다. 일광욕(日光浴)을 자주하면 인체음양오행(人體陰陽五行)의 생기(生氣)가 증가한다.

조명(照明)과 난방(煖房)은 태양의 광선과 열(熱)을 이용하라. 자주 입는 의류는 햇볕에 말려 양기(陽氣)가 스며들게 하라. 음식은 태양빛을 많이 본 것으로 하라. 이렇게 하면 인체가 건강해진다.

4. 정화(丁火)

정화(丁火)는 등촉(燈燭)불이고 화로불이고 달이고 별이며 조명(照明)이다. 인간에게 있어서는 문명(文明)이고 정신(精神)이고 시력(視力)이다. 조후약물(調候藥物)이 丁火이면 밤에 조명등(照明燈) 아래서 독서를 하면 좋다. 달과 별을 보며 가끔씩 밤길을 걷는 것도 길(吉)하다. 사색(思索)을 하며 정신을 써도 좋다. 야경(夜景)에 있는 전기불과 달빛을 바라다 보며 상상(想像)의 날개를 활짝펴도 좋다. 장작불을 피워놓고 아는 사람들과 옹기종기 마주 앉아 어울려 이야기 하는 것도 吉하다.

불꽃놀이, 강강술레 등 丁火와 관련한 운동, 놀이등을 하면 좋다. 도덕과 예의, 규범과 질서를 존중하는 삶을 추구하면 건강에 더욱 좋다.

5. 무토(戊土)

무토(戊土)는 산야(山野)의 土이고 산(山)이고, 제방(堤防)이다 성곽(城郭), 담장, 노을, 안개 등도 戊土에 해당한다. 戊土는 견고(堅固)한 양토(陽土)이고 오행(五行)의 원기(元氣)이다. 만물(萬物)의 성장을 조절할 수 있는 힘을 지니기도 한다.

조후약물(調候藥物)이 戊土이면 戊土에 해당하는 것들을 가까이 하면 좋다. 등산(登山)을 하라. 제방(堤防)에서 운동을 하라. 성곽 또는 담장등의 가까이에서 거닐며 戊土의 정기(精氣)를 흡수하라. 노을과 안개를 보면서 마음을 맑게 하라. 이와같이 하면 운세(運勢)가 길(吉)해지고 인체가 건강해진다.

6. 기토(己土)

기토(己土)는 분토(盆土)이고 전원(田園)이고 유약(柔弱)한 土이고 하늘의 구름이다. 만물을 생성(生成)하고 조화시키고 성숙시키는 힘을 가진 土이기도 하다.

조후약물(調候藥物)이 己土이면 己土에 해당하는 것들을 가까이 하면 운세(運勢)가 좋아지고 인체가 건강해진다. 전원(田園)을 거닐며 그곳에서 나는 토기(土氣)를 흡수하라. 시골향기가 가득한 곳에 가서 논두렁, 밭두렁을 돌아다니며 크고 작은 향기를 흡수하라. 이러저리, 움직이는 구름을 바라보며 만물의 생성과 변화의 이치를 터득하라.

7. 경금(庚金)

경금(庚金)은 강건한 金이고 창(創)이고 인(刃)이다. 만물(萬物)의 결실, 가을, 고체(固体), 정기(精氣)의 응결, 억압(抑壓), 살상(殺傷), 강건한 것등은 庚金에 해당한다. 그러므로 조후약물(調候藥物)이 庚金이면 庚金에 해당하는 것들을 가까이 하면 운세(運勢)가 길(吉)해지고 인체가 건강해진다.

庚金과 관련한 운동에는 다음과 같은 것들이 있다.

창던지기, 검도, 포환던지기, 철봉, 역기, 활쏘기, 사격, 돌쌓기, 권투, 태권도 등 이와 같은 것들을 취미로 하면 인체가 건강해진다.

8. 신금(辛金)

신금(辛金)은 온윤(溫潤)하고 청백(淸白)한 금은(金銀)이고 주옥(珠玉)이다.

가을, 결실, 고체(固体), 매운것, 오곡백과의 수확등은 辛金에 해당한다.

조후약물(調候藥物)이 신금(辛金)이면 辛金에 해당하는 것들을 가까이 하라. 반지, 목걸이 등을 몸에 지니면 (악세사리를 하면) 좋다.

구슬치기, 당구 등을 취미로 해도 吉하다. 가을인 결실의 계절에 시골에 가서 과일따기, 벼베기, 밤까기, 이삭줍기 등을 하거나 오곡백과를 수확하는 데 일손을 거들면 좋다. 마늘,고추등 매운음식도 적당히 먹으면 인체에 좋게 작용한다.

9. 임수(壬水)

임수(壬水)는 강하(江河)이고, 대해(大海)이다.

창조적 사색(創造的 思索), 지기심원(智機深遠)한 것등은 임수(壬水)에 해당한다.

조후약물(調候藥物)이 壬水이면 壬水에 해당하는 것을 가까이 하면 운세가 吉해지고 인체가 건강해진다.

호수가 있는 곳에 가서 호수의 건너편을 바라보며 창조적 사색을 하라. 강변을 산책하며 물결의 출렁임을 보고 흘러가는 물이 큰 바다로 향하고 있음을 상상(想像)하며 더욱더 심원(深遠)한 세계(世界)로 향(向)해도 좋다.

壬水와 관련있는 운동으로는 보우트타기, 배타기, 수상스키, 물고기잡기, 낚시 등이 있다.

10. 계수(癸水)

계수(癸水)는 우로(雨露)의 수(水)이다. 오음중(五陰中) 가장 약(弱)한 존재로서 내성(內性)이 음약(陰弱)하고 한냉(寒冷)하다.

조후약물(調候藥物)이 계수(癸水)이면 癸水에 해당하는 것을 가까이 하면 운세가 吉해지고 인체가 건강해진다. 癸水가 사주음양오행을 조절하고 인체음양오행에 생기(生氣)를 제공해 주기 때문이다.

아침 이슬을 먹으며 운동을 하라. 비나 눈이 내릴 때 우산을 쓰고 길을 걸어도 癸水의 氣를 흡수할 수 있다. 비온 뒤의 운동도 癸水의 향긋한 기운을 받아들일 수 있어 좋다.

癸水와 관련한 운동에는 다음과 같은 것들이 있다. 스케이트, 스키, 눈썰매, 눈싸움, 눈

사람만들기, 빗물에 종이배 띄우기, 비온뒤 물고기 잡기, 낚시, 비온뒤 화초심기

이와같은 것 말고도 십간(十干) 즉 甲乙丙丁戊己庚辛壬癸에 해당하는 것들은 많다. 더욱더 범위를 넓혀가면 운세를 吉하게 하고 인체를 건강하게 하는 것들을 많이 발견할 수 있을 것이다.

◯ 일간(日干)의 강약(强弱)〈身强, 身弱〉

◇ 신강(身强)의 조건(條件)

① 일주(日主)가 득령(得令)하면 身이 강(强)해진다. 득령(得令)이란 일간오행(日干五行)이 시후〈時候 : 동일한 오행절기(五行節氣)〉를 만난 것을 말한다.

木日干은 춘목월(春木月)인 寅卯辰月, 火日干은 하화월(夏火月)인 巳午未月, 土日干은 토월(土月)인 辰戌丑未月, 金日干은 추금월(秋金月)인 申酉戌月, 水日干은 동수월(冬水月)인 亥子丑月을 만나면 득령(得令)한다.

생월지오행(生月支五行)이 일간오행(日干五行)을 생(生)해주면〈즉 生月支가 인수(印綬)이면〉 준득령(準得令) 한 것으로 본다.

② 사주(四柱)에 비견(比肩), 겁재(劫財), 양인(羊刃·), 편인(偏印), 인수(印綬)가 많으면 身이 강(强)해진다.

③ 12운성(十二運星)이 강(强)하면 身이 강(强)해진다. 장생(長生), 관대(冠帶), 건록(建祿), 제왕(帝旺)등이 3개 이상인 경우이다.

④ 일주오행(日主五行)과 동일오행방국(同一五行方局)이 있으면 신강(身强)해진다.

日干木에 寅卯辰 東方木, 亥卯未 木局

日干火에 巳午未 南方火, 寅午戌 火局

日干金에 申酉戌 西方金, 巳酉丑 金局

日干水에 亥子丑 北方水, 申子辰 水局인 경우를 말한다.

위 ①②③④의 조건중 어느 하나에 해당하고, 다른 조건이 크게 약하지 않으면 신강(身强)한 사주(四柱)라 말할 수 있다.

※ 12운성중 강한 것은 장생(長生), 관대(冠帶), 건록(建祿), 제왕(帝旺)이고 보통인 것은 목욕(沐浴), 묘(墓), 태(胎), 양(養)이고, 약한 것은 쇠(衰), 병(病), 사(死), 절(絶)이다.

12운성이 강하면 日干의 뿌리가 강해져 身이 强해진다.

십이운성(十二運星)

12운성이란 천간(天干)과 지지(地支)사이에 생(生), 노(老), 병(病), 사(死)의 순환이법(循環理法)을 말한다. 12운성법(十二運星法)은 天干과 地支가 만났을 때 음양오행(陰陽五行)이 성(盛)하는가 쇠(衰)하는 가의 여부를 중요시 한다.

12운성은 주로 간(干)의 강약(强弱)을 파악하는 데 활용(活用)된다. 간(干)과 12운성의 관계를 도표에 나타내면 다음과 같다.

十二運星表

干 12운성	甲	乙	丙	丁	戊	己	庚	辛	壬	癸
長生	亥	午	寅	酉	寅	酉	巳	子	申	卯
沐浴	子	巳	卯	申	卯	申	午	亥	酉	寅
冠帶	丑	辰	辰	未	辰	未	未	戌	戌	丑
建祿	寅	卯	巳	午	巳	午	申	酉	亥	子
帝旺	卯	寅	午	巳	午	巳	酉	申	子	亥
衰	辰	丑	未	辰	未	辰	戌	未	丑	戌
病	巳	子	申	卯	申	卯	亥	午	寅	酉
死	午	亥	酉	寅	酉	寅	子	巳	卯	申
墓	未	戌	戌	丑	戌	丑	丑	辰	辰	未
絶	申	酉	亥	子	亥	子	寅	卯	巳	午
胎	酉	申	子	亥	子	亥	卯	寅	午	巳
養	戌	未	丑	戌	丑	戌	辰	丑	未	辰

◯ 지지장간(地支藏干)

　지장간(地藏干)이란 십이지지내(十二地支內)에 숨어 있는 천간(天干)을 의미한다. 이 지지장간(地支藏干)은 월(月)의 심천(深淺)에 따라 기후(氣候)가 다르기 때문에 초기(初氣)·중기(中氣)·정기(正氣)로 구분되어 표현된다.

　예를 들어 寅月의 初氣에는 戊, 中氣에는 丙, 正氣에는 甲이 숨어 있는 것등이다. 寅月中의 戊는 7일 2시간, 丙은 7일 2시간, 甲은 16일 5시간 씩을 각각 관장(官掌)한다. 이것을 도표에 나타내면 다음과 같다.

◯ 月律分野地藏干圖表

地支 ＼ 장간	初氣	中氣	正氣
寅	戊 7일 2시간	丙 7일 2시간	甲 16일 5시간
卯	甲 10일 3시간		乙 20일 6시간
辰	乙 9일 3시간	癸 3일 1시간	戊 18일 6시간
巳	戊 7일 2시간	庚 7일 3시간	丙 16일 5시간
午	丙 10일	己 10일 1시간	丁 11일 2시간
未	丁 9일 3시간	乙 3일 1시간	己 18일 6시간
申	戊 7일 2시간	壬 7일 2시간	庚 16일 5시간
酉	庚 10일 3시간		辛 20일 6시간
戌	辛 9일 3시간	丁 3일 1시간	戊 18일 6시간
亥	戊 7일 2시간	甲 7일 1시간	壬 16일 5시간
子	壬 10일 1시간		癸 20일 2시간
丑	癸 9일 3시간	辛 3일 1시간	己 18일 6시간

1. 억부법(抑扶法)

억부법(抑扶法)이란 사주음양오행중 강한 五行을 누르고 약한 五行을 생부(生扶)하며 日干을 건강하게 하는 처방법(處方法)을 말한다.〈중화(中和)시키는데 중점을 둔다〉

세력(勢力)이 왕(旺)하면 극설(剋洩)하여 기운을 감소시킨다. 세력이 약(弱)하면 돕거나 생(生)해 주어 기운을 증진시킨다. 여기서는 신(身)이 강(强)한가 약(弱)한가의 여부가 중요하다.

신(身)인 일간(日干)이 강(强)하면 극설(剋洩)하는 약(藥)을 중용(重用)하고 일간(日干)이 약(弱)하면 생조(生助)해주는 약(藥)을 중용(重用)한다.

사주음양오행중 강(强)한 오행이 있으면 이를 억제하는 약(藥)을 쓰고 약(弱)한 오행이 있으면 이를 생조(生助)해 주는 오행의 약을 쓰면 인체가 건강해진다. 이 억부법(抑扶法)은 사주명식(四柱命式)이 정격(正格, 內格)인 경우에 주로 활용(活用)된다.

정격(正格)이란 월지장간통변(月支藏干通變)으로 격(格)을 정하는 것을 말한다.

정격(正格)에는 식신격(食神格), 상관격(傷官格), 편재격(偏財格), 정재격(正財格), 편관격(偏官格), 정관격(正官格), 편인격(偏印格), 인수격(印綬格) 등이 있다.

월지(月支)가 비견(比肩), 겁재(劫財), 양인(羊刃), 건록(建祿)이면 ① 시주(時柱), ② 년간(年干), ③ 월간(月干) 통변(通變)을 잡아 격(格)을 정한다.

정격(正格)에 해당하지 않는 것을 변격(變格) 또는 외격(外格)이라 한다.〈外格이면 억부법(抑扶法)을 쓰지 않고 강한 기세에 순종한다.〉

변격(變格)에는 종격(從格), 강왕격(强旺格)〈전왕격(專旺格), 종강격(從强格)〉, 화기격(化氣格), 일행기득격(一行氣得格), 양신성상격(兩神成象格), 암신격(暗神格) 등이 있다.

대부분의 사람들은 정격(正格)에 해당하는 사주명식(四柱命式)을 가진다(80~90%)

변격(變格)의 사주(四柱)를 가진 자는 그리 많지 않다. 그러므로 억부법(抑扶法)과 조후법(調候法)을 잘 알아 활용(活用)해야 할 것이다.

2. 종세법(從勢法)

종세법(從勢法)이란 사주음양오행구조 중 가장 강한 세력을 가진 오행(五行)에 따르며 약물(藥物)을 선택하는 방법을 말한다. 가장 강한 오행세력에 따르며 약물을 선택하므로 억부법(抑扶法)과 차이가 있다.

종격(從格)이란 일간(日干)이 아주 약(弱)하고 日干을 생조(生助)해 주는게 없을 때 가장 강한 오행세력을 따라가는 것을 말한다. 이러한 경우에는 강한세력을 가진 오행영역의 것을 약물로 한다. 약물은 약물음양오행구분도표를 보고 찾는다.

종격(從格)에는 종아격(從兒格), 종재격(從財格), 종관격(從官格), 종살격(從殺格) 등이 있다.

식신, 상관이 많고 강하면 종아격이다. 재성(財星)이 많고 강하면 종재격이다. 정관(正官)이 많고 강하면 종관격이다. 편관(偏官)이 많고 강하면 종살격이 된다.

종아격(從兒格)이면 식신(食神), 상관(傷官), 재성(財星)에 해당하는 오행(五行)의 약(藥)을 필요로 한다.

종재격(從財格)이면 편재(偏財), 정재(正財), 식신(食神), 상관(傷官), 관살(官殺)에 해당하는 五行을 약(藥)으로 한다. 종관격(從官格)이면 정관(正官)·재성(財星)의 五行을 약으로 하며 종살격(從殺格)이면 편관(偏官)·재성(財星)의 五行을 약으로 한다.

종세격(從勢格)이면 일주(日主)가 태약(太弱)하므로 가장 강한 세력 오행에 해당하는 것을 약으로 한다.

전왕격(專旺格)이란 사주음양오행구조가 日干五行과 동일하여 日干이 전왕(專旺)한 것을 말한다. 이러한 경우에는 日干五行과 동일한 五行영역과 日干이 生하는 五行의 영역을 약(藥)으로 한다. 예를 들어 일간(日干)이 木이면 木火영역의 것을 약으로 한다. 日干이 水이면 水木, 日干이 火이면 火土, 日干이 土이면 土金, 金이면 金水영역을 약

(藥)으로 한다.

종강격(從强格)이란 일간(日干)을 돕는 인성(印星)이 많아 日干이 극왕(極旺)해지는 것을 말한다. 이 경우에는 日干과 동일한 오행과 인성(印星)에 해당하는 五行을 약(藥)으로 한다. (즉, 비견, 겁재,인수에 해당하는 오행을 약으로 한다.)

종왕격(從旺格)이란 대부분이 비견과 겁재이고 日干이 극왕(極旺)한 것을 말한다. 이러한 경우에는 비견, 겁재, 인수 오행에 해당하는 것을 약(藥)으로 한다.

3. 통관법(通關法)

통관법(通關法)이란 사주음양오행구조중 세력이 강한 2개의 오행이 전극관계(戰剋關係)를 형성하고 있을 때 이들 오행의 중간(中間)에서 싸움을 말리고 화해시키는 오행을 약물로 하는 방법을 말한다. 즉 전극(戰剋)하는 2개의 오행(五行)을 통관(通關)하는 오행을 약물로 하는 것을 말한다.

예를 들어 土水가 전극(戰剋)하면 金을 통관약물(通關藥物)로 한다. 金의 약물은 土를 설기(泄氣)시키고 水를 생(生)해주며 土水의 전극(戰剋)을 화해(和解)시킨다.

木土가 전극(戰剋)하면 火의 약물을 쓴다. 水火가 전극하면 木의 약물로 화해시킨다. 火金이 전극하면 土를 통관약물로 한다. 金木이 전극하면 水의 약물로 통관한다.

약물은 약물음양오행구분도표를 보고 찾는다. 위의 법(法)은 억부법(抑扶法)보다 우선하여 적용한다.

제 4 편

사주음양오행(四柱陰陽五行)과
인체건강과 약물처방

제1장 사주음양오행과 인체건강

1. 비견(比肩) · 겁재(劫財) · 양인(羊刃)과 건강

○ 비견 · 겁재가 많으면 사고부상, 낙상을 주의하라.

○ 겁재와 편관(偏官)이 같이 있으면 차량, 교통사고의 위험이 있다.

○ 겁재와 인수가 있고 도식이 많이 있으면 스트레스, 노이로제를 주의하라.

○ 관살(官殺)이 있고 비견, 겁재에 전극(戰剋) 또는 삼형(三刑)이 있으면 외상(外傷)을 주의하라.

○ 토일간(土日干)에 겁재가 많으면 土氣가 태왕(太旺)해져 비위토(脾胃土)에 질병(疾病)이 발생한다.

○ 양인(羊刃)이 많은 중에 양인운이면 상해(傷害)와 독약(毒藥)을 주의하라. 인체에 위험한 일이 발생할 수 있다. 인(刃)과 인(刃)이 마주쳐 살기가 증진하기 때문이다.

○ 火金日干에 羊刃이 있으면 낙상(落傷)의 우려가 있다.

○ 羊刃이 3·4개 이상이면 칼과 칼이 부딪혀 살기가 등등해지니 외상(外傷)을 주의하라.

○ 인수와 양인이 같이 있으면 신체고장(身体故障)〈숙환(宿患)〉의 우려가 있다.

○ 식신이 왕(旺)하고 겁재(劫財)가 많고 편인이 있으면 인체가 위태롭다.

○ 신왕(身旺)하고 월지식신격(月支食神格)이면 비대(肥大)해지기 쉬우니 음식조절을 잘하라.

○ 양인(羊刃)과 역마가 기신(忌神)이면 객사의 위험이 있다.

○ 양인이 중첩하면 인(刃), 검(劍), 쇠붙이 등을 조심하라.

○ 유년(幼年)의 역마운에는 토식병(吐食病)이 발생하기 쉽고 노년(老年)의 역마운에는 요각동통병(腰脚疼痛病)이 발생하기 쉽다. 역마가 인체를 동(動)하게 하기

때문이다.

○ 月과 日時가 충(沖)하고 격(格)이 나쁘면 장병(長病)에 걸릴 위험이 있고 신(身)이 위태로울 수 있으니 주의하라.

○ 길신(吉神)·길성(吉星)의 격(格)을 충(沖)하면 악병(惡病)을 주의하라.

○ 금목간(金木干)이 충(沖)하고 양인(羊刃)이 있으면 수족(手足)에 흠이 발생한다.

2. 식신(食神)과 건강

○ 식신이 왕(旺)하면 음식을 즐겨 먹게 되어 비만해지기 쉬우므로 운동을 잘해야한다.

○ 식신이 왕(旺)하면 폭음, 폭식하여 위병(胃病)과 간병(肝病)에 걸릴 위험이 있다.

○ 일주(日主)가 약(弱)하고 식신성이 많으면 설기태과(泄氣太過)하여 인체가 병약(病弱)해진다. 이러한 경우에는 인성오행(印星五行)의 약(藥)으로 식신성을 극제(剋制)하면 좋다.

○ 식신성에 흉성이 있거나 공망(空亡)이 있으면 식도(食道)에 이상이 있을 수 있다. 이러한 경우에는 흉성을 제거하는 약(藥)이나 해공(解空)의 약(藥)을 쓴다.

식신격(食神格)이 양호하면 장수한다.

○ 식신격에 해당하면 몸이 비대(肥大)해지기 쉽다.

○ 日干과 식신(食神)이 쇠약한 여자는 조산(무産)의 위험이 있다.

○ 식신격이면 도식운에 음식을 조심하라.(여자는 부인과 질환을 조심하라.)

○ 식신(食神)·충(沖)·극(剋)에 도식운이면 위장질환(胃腸疾患)과 음식물(飮食物)을 주의하라.

○ 일(日)에 식신이고 시(時)에 상관(傷官)이면 면부파상(面部破傷)의 위험이 있다.

○ 식신이 건왕(健旺)하면 신(身)이 비대(肥大)해진다.

○ 식신(食神)이 왕상(旺相)하고 근견(根堅)하면 장수(長壽)한다.

○ 여자가 신약(身弱)하고 식신이 왕(旺)하면 임신후에 신체에 이상이 있을 수 있다.

○ 식신이 도식과 같이 있거나 충(沖)·형(刑)·공망(空亡)이면 신체가 약(弱)하다.

○ 일간(日干)과 식신이 왕(旺)하고 충(沖)·파(破)가 없으면 장수(長壽)하나 비대(肥大)하다.

○ 식신이 극(剋)을 만나고 있는 중에 도식운 또는 사(死)·절(絶)·휴(休)·수(囚)운이면 식독(食毒)과 약물(藥物)을 주의하라.

〈장부질환(腸部疾患)의 위험이 있다〉

○ 식신격에 도식이 있고 日·時에 편관이면 인체가 위태롭다.

○ 日干이 약(弱)한데 식신·상관이 태과(太過)하면 설기태과(泄氣太過)하므로 신체건강에 항상 주의해야 한다.

○ 식신이 간합(干合)하면 장수한다.

○ 신(身)이 왕(旺)하고 식신이 旺하면 장수(長壽)한다.

3. 상관(傷官)과 건강

○ 신(身)이 약(弱)하고 상관(傷官)이 태과(太過)하면 약체질(弱体質)이므로 건강에 항상 신경써야 한다.

○ 토일간(土日干)에 월시상관(月時傷官)이면 두면부결함(頭面部缺陷)의 위험이 있다.

○ 상관(傷官)이 많으면 상관운에 건강을 주의하라. 특히 외과계통을 주의하라.

○ 상관이 많고 금수상관(金水傷官)이면 정력을 낭비하기 쉽다.

○ 신(身)이 약(弱)한데 상관격이면 정관운에 장병(長病)에 걸릴 위험이 있으니 주의하라.

○ 상관격(傷官格)이 양호하면 장수(長壽)한다.

○ 가상관(假傷官)은 인수운에 건강을 조심하라. 인수가 상관을 극(剋)하기 때문이다.

○ 상관이 설기태과(泄氣太過)한데 신약(身弱)하면 인체가 위험하다.

○ 일지(日支) 상관(傷官)이면 상관운에 두면부손상(頭面部損傷)이 있을 수 있다.

○ 년상관(年傷官)이고 일상관(日傷官)이면 면부손상(面部損傷)을 주의하라.

○ 상관이 칠살(七殺)을 만나면 숙환(宿患 疾病)이 있을 수 있다.

○ 상관격이고 신약(身弱)하면 상관운에 면부상처(面部傷處)의 위험이 있다.

○ 식신, 상관이 왕(旺)한데 신약(身弱)하면 인체가 병약(病弱)하다.

○ 년상상관(年上傷官)이고 상관이 많으면 인체가 위태롭다.

○ 상관이 왕(旺)하면 사고부상, 재난사고의 위험이 있다. 특히 외과계통과 소화기계통의 건강에 이상이 있을 수 있다. 女子는 부인과 계통의 질병에 걸릴 수 있다. 이런 경우에는 일간(日干)의 강약(强弱)을 보고 상관성을 극제(尅制)하거나 설기(泄氣)시키는 오행(五行)의 약물을 쓴다.

○ 상관과 비견이 있으면 낙상사고를 주의하라.

○ 상관과 인수가 있으면 외과계통의 병(病)을 조심하라.

○ 일주(日主)가 약(弱)한데 년주(年柱)에 상관성이 있으면 병약(病弱)한 체질(体質)이다. 여자는 산액(産厄)의 위험이 있다.

4. 편재(偏財) · 정재(正財)와 건강

○ 신(身)이 약(弱)한데 재(財)가 왕(旺)하면 인체가 병약(病弱)하다. 재성(財星)이 일간(日干)을 설기(泄氣)시키기 때문이다.

○ 신(身)이 강(强)하고 재(財)가 성(盛)하고 정관(正官)이 있으면 장수(長壽)한다.

○ 사주에 편재가 많으면 과로(過勞)로 인해 질병(疾病)이 발생한다.

○ 편재가 비견을 보면 노이로제에 걸리기 쉽고, 식신을 보면 소화기 계통에 질병(疾病)이 발생하기 쉽다. 특히, 일주(日主)가 약(弱)한 경우에는 주의해야 한다.

○ 火木日主가 편재와 편관을 만나면 시력(視力)이 약해지거나 안질(眼疾)에 걸릴 위험이 있다. 왜냐하면 火는 눈과 관계하고 木은 간담(肝膽)과 관련이 있고 간담은 눈과 연결되어 있기 때문이다. 그러므로 木이 없으면 눈빛이 약(弱)해지고 木

이 열건(熱乾)하면 시력(視力)이 약해진다 할 수 있다. 木이 약(弱)한 경우에는 木을 생조(生助)해주는 水木의 약(藥)을 쓴다.

○ 목일주(木日主)에 정재가 많으면 신경계통의 건강을 주의하라.

○ 火日主에 정재가 많으면 심장병과 안질(시력약화)을 주의하라.

○ 수일주(水日主)에 정재가 많으면 혈압이상과 빈혈증이 있을 수 있다.

5. 편관(偏官)과 건강

○ 사주에 편관이 왕(旺)하면 건강에 이상이 자주 발생한다.(편관성이 日主인 身을 剋하기 때문이다) 트러블이 원인이 되어 사고, 부상이 발생하기 쉽다. 과격한 성격으로 주색(酒色)을 탐하고 포음폭식하여 위장계통에 장해가 있을 수 있다. 이러한 경우에는 인성오행(印星五行)의 약으로 편관을 설기(泄氣)시키고 日干을 생(生)해준다.

○ 칠살(七殺)이 왕(旺)하면 일주(日主)가 심하게 극(剋)받아 만년에 신경통, 관절통 등이 자주 발생한다. 이러한 경우에는 비견, 겁재, 편인, 인수오행의 약(藥)을 써서 치료한다.

○ 사주에 편관이 많으면 日主가 剋받아 건강상 노고가 많다.

○ 月中에 편관이있고 편관이 2개이상이면 인체가 병약(病弱)해진다. 이런 경우에는 비견(比肩), 겁재(劫財), 인성(印星)의 오행약(五行藥)으로 치료한다. 비겁(比劫)이 日主를 도와주고 인성(印星)이 편관의 기세를 약화시키고 일주(日主)를 생(生)해주기 때문이다.

○ 편관이 있고 충(沖)이 있으면 인체가 위태롭다.

○ 신(身)이 약(弱)하고 살(殺)이 왕(旺)하면 관절을 주의하라. 칠살(七殺)이 身을 극제(剋制)하기 때문이다.

○ 년월(年月)에 편관이 있으면 인체가 약(弱)하다. 편관이 身을 剋하기 때문이다.

○ 편관격에 신약(身弱)이면 인체가 약하고 칠살운에 인체가 위태롭다.

○ 身이 약(弱)한데 지지중(地支中) 편관이 많으면 칠살운을 주의하라.

○ 편관격이고 근(根)이 많으면 살왕운을 주의하라.

○ 살(殺)이 왕(旺)하면 일간(日干)이 剋받아 안면창흔(顔面瘡痕), 체질(滯疾) 등
신체에 장해(障害)가 발생할 수 있다.

○ 일간(日干)의 기세가 약(弱)하고 편관이 왕(旺)하면 병약(病弱)하다. 편관이 일간
(日干)을 剋制하기 때문이다.

6. 정관(正官)과 건강

○ 목일주(木日主)에 정관이 왕(旺)하면 과로로 인한 스트레스, 피로로 인한 질병(疾
病)이 발생하기 쉽고 신경계통에 이상이 있을 수 있다.

○ 土日主에 정관이 왕(旺)하면 위장장해가 발생하기 쉽다. 정관인 木이 비위토(脾胃
土)를 剋하기 때문이다.

○ 정관이 도식을 만나면 심신이나 기력이 약(弱)해져 인체가 병약(病弱)해진다. 이
러한 경우에는 身이 强하면 재성오행(財星五行)을 약으로 하고 身이 弱하면 일간
(日干)과 동일한 오행을 약으로 한다.

○ 관살혼잡에 양인(羊刃)·충(沖)·겁재(劫財) 등이 있으면 양인·충·형운에 인체
가 위태롭다.

○ 정관에 상관 또는 식신집합이거나 인수다 이거나 사절(死絶)하면 인체가 위험하다.

○ 정관이 弱한데 형(刑)·충(沖)이 있으면 질병(疾病)에 걸릴 위험이 있다.

○ 정관격에 일편관(日偏官) 또는 정관격에 상관이면 숙환(宿患)이 있다.

○ 정관(正官)이 장생(長生)을 만나면 장수(長壽)한다.

7. 편인(도식)과 건강

○ 도식이 많으면 건강에 굴곡이 많다. 도식성으로 인해 질병이 발생하면 재성오행(財

星五行)의 영역 약물을 넣어서 치료한다.

○ 도식다(倒食多)이면 생활경영상 굴곡이 많고 정신적 변화가 빈번하다. 때문에 신경계통에 이상이 올 수 있고 우울증, 노이로제에 걸릴 위험이 있다.

○ 도식이 많으면 식신성이 극(剋) 받아 살이 빠지고 여위게 된다.

○ 도식이 식신을 만나면 女子는 몸이 약해지고 산액(産厄)이 있다.

○ 도식이 많은 여자는 유산(流産)할 우려가 많다.

○ 도식은 편재(偏財)를 보면 길성(吉星)으로 변화한다. 그러므로 도식으로 인해 건강에 이상이 있으면 편재오행영역의 약을 쓰면 빨리 인체가 정상화된다 할 수 있다.

○ 편인과 식신이 같이 있으면 음식물로 인한 질환을 주의하라.(음식을 탐하지 말라)

○ 편인이 많으면 유행병(流行病)을 주의하라.

○ 편인격에 관살다(官殺多)면 과로를 주의하라.(과로로 인해 질병이 발생할 수 있으니 주의하라)

○ 편관 또는 편인이 조후용신(調候用神)이면 인체가 건강하다.

○ 여명(女命)中 도식과 식신이 가까이 있으면 유산(流産) 또는 난산(難産)의 위험이 있다.

○ 편인격은 식신운에 음식을 통한 질병(疾病)이 발생할 수 있다.〈형(刑)·충(沖)이 있으면 위험하다〉음식조절을 잘하라.

○ 편관이 있고 편인이 많으면 인체가 위태롭다.

○ 편인격에 식신과 상관이 많으면 식신, 상관운에 인체가 위험하다.

○ 도식대운이고 식신세운이면 신체에 고장이 있을 수 있고 女子는 산액(産厄)의 위험이 있다. 도식이 식신을 극(剋)하기 때문이다.

○ 편인격에 년시편인(年時偏印)이면 식신대운 또는 도식운에 인체가 위태롭다.

○ 일지편인(日支偏印)이고 편인이 중첩하면 식신운에 식물(食物)로 인한 병(病)의 위험이 있다. 음식을 절제하고 재물을 탐하지 말아야 할 것이다.

○ 여자가 편인이 왕(旺)하고 식신이 있으면 산액(産厄)이 있다.

○ 신(身)이 약(弱)하고 편인이 많으면 병약(病弱)하다.

8. 인수(印綬)와 건강

○ 인수는 무병건강(無病健康)을 주는 길성(吉星)이다. 그러나 형(刑)·충(沖)·파(破)가 있으면 인체를 병약(病弱)하게 한다.

○ 일주(日主)가 약(弱)한 중에 인수가 있고 정재가 있으면 인체에 질병(疾病)이 자주 발생한다. 이러한 경우에는 비겁(比劫)·인성(印星)의 五行을 약으로 한다.

○ 인수가 있고 칠살(七殺)이 태과(太過)하면 신(身)이 상(傷)할 수 있다.

○ 인수격에 형(刑)·충(沖)이 있으면 심신이 불안해진다.

○ 인수가 성격(成格)하고 양호하면 장수(長壽)한다.

○ 인수가 무파(無破)하고 인수의 뿌리가 강(強)하면 장수한다.

○ 인수가 많으면 청년시절까지 건강이 좋지 않을 수 있다.

○ 인성(印星)이 왕(旺)하면 재성운에 건강이 좋아진다.

○ 강왕격(強旺格)이면 청년시절까지 양생(養生)을 잘해야 한다. 오행이 한쪽으로 치우쳐 큰질병에 걸릴 위험이 있기 때문이다.

○ 인수격이면 정재년운을 조심하라. 인수에서 대운 地支가 사절(死絶)이면 인체가 위험하다.

○ 여자사주에 인수가 많으면 부인과 계통(생식기계통)에 질병이 발생할 수 있다. 인수가 도식으로 化하여 식신성을 극(剋)하기 때문이다.

○ 인수격이고 천간에 인수가 있으면 인왕(印旺)운에 신체고장의 위험이 있다. 인수가 태왕(太旺)하기 때문이다.

○ 인수격에 정재가 있으면 정재운에 인체가 위태롭다. 정재가 格을 파(破)하기 때문이다.

○ 인수격에 간(干)에 인수가 있고 비견이 많으면 인수왕운에 신체에 고장이 있을 수 있다. 인수가 태왕(太旺)해지기 때문이다. 이러한 경우에는 재운(財運)이 되면 길(吉)하여진다.

○ 인수가 많은데 일주(日主)의 뿌리가 약하면 인체가 병약(病弱)하다.

○ 인수에 파극(破剋)이 없으면 무병장수(無病長壽)한다.

○ 인수와 양인(羊刃)이 동궁하면 인체가 병약(病弱)하다.

○ 살인상생(殺印相生) 또는 관인상생(官印相生)하면 인체에 위험한 시기가 여러번 발생한다. 그러나 그 시기를 잘 넘기면 장수한다.

9. 기타 오행과 건강

○ 오행(五行)이 태과(太過)하거나 불급(不及)하면 질병이 발생한다. 太過하면 극설(剋泄)하고 不及하면 생조(生助)하여 치료한다.

○ 격(格)이 파격(破格)이 되면 인체가 비정상적이 된다. 파격(破格)은 기오행(忌五行)이 格을 극제(剋制)할 때 발생한다. 예를 들어 정관격에 상관 또는 충(沖)·형(刑)이 있으면 파격(破格)이 된다. 성격(成格)이 되면 인체가 정상화 된다.

○ 편관, 상관, 도식, 겁재가 있고 무제화(無制化)하면 인체가 병약(病弱)하다.

○ 인수격에 정재가 있으면 재운, 사(死), 절(絶)운에 인체가 위태롭다.

○ 정관격에 상관, 편관이 있으면 충(沖)·형(刑)·해(害) 대·세운에 인체가 위태하다.

○ 재격(財格)이 비겁·양인이 있으면 충(沖)·합(合) 대·세운에 인체가 위험하다.

○ 상관격이 관살(官殺)이 있으면 충(沖)·합(合)·양인(羊刃) 대·세운에 신체가 위험하다.

○ 정관격이 정관이 많으면 관왕운에 인체가 위태롭다.

○ 신약(身弱)하고 정관이 왕(旺)하면 재살왕운에 질환이 있다.

○ 상관격이 비견, 인성이 많으면 겁재운에 인체가 위태하다.

○ 기신(忌神)운에 신체에 이상이 발생한다.

○ 격을 파하는 행운에 신체가 위태하다. 이런 경우에는 성격(成格) 하는 五行을 약물로 한다.

○ 오행구조가 비정상적이면 희신에 해당하는 오행을 찾는다. 이 희신오행을 약물로 하면 인체가 보다 吉해지고 건강해진다.

일간(日干)이 강(强)한 사주에 五行이 相生하며 잘 유통(流通)되면 장수(長壽)한다.

○ 木火土金水 五行이 고루 갖추어져 있고 상호균형적 관계를 형성하면 부귀(富貴)하고 장수한다.

○ 사주음양오행구조가 중화(中和)를 이루면 건강하게 장수한다.

○ 사주의 간지(干支)가 상생(相生)하고 日干이 강(强)하고 용신(用神)이 왕(旺)하면 장수한다.

○ 日干이 왕(旺)한 중에 식·상(食·傷)이 생재(生財)하면 장수한다.

제2장 사주음양오행 약물처방(四柱陰陽五行 藥物處方)

일간(日干)이 가장 필요로 하는 오행(五行)을 약물(藥物)로 한다. 희신(喜神)에 해당하는 오행(五行)의 영역을 약(藥)으로 한다. 약물의 선택은 약물음양오행구분도표를 보고 한다.

예를 들어 희신이 木이면 木의 영역에서 약물을 찾고, 희신이 을묘(乙卯)이면 乙卯영역에서 약물을 찾는다. 희신이 火이면 火의 영역에서 약물을 구한다. 희신오행영역의 것들(음식물, 약물, 기타)은 신(身)을 길(吉)하게 하고 인체를 건강하게 한다.

○ 성격(成格)케 하는 오행(五行)의 영역을 약(藥)으로 하면 인체가 건강해진다.
○ 사주가 혼탁하면 청(淸)케 하는 오행(五行)의 약(藥)을 쓴다.
○ 오행(五行)이 태왕(太旺)하면 설기(泄氣)시키는 것을 약(藥)으로 한다.
○ 오행(五行)이 태약(太弱)하면 생부(生扶)해주는 약을 쓴다.
○ 용신(用神)이 약(弱)하면 용신을 생조(生助)해 주는 것을 약(藥)으로 한다.
○ 오행(五行)이 전극(戰剋)하면 화해(和解)시켜주는 오행(五行)의 약을 쓴다.〈통관 약물(通關藥物)〉
○ 약(弱)하면 생조(生助)의 약(藥)을 쓰고 왕(旺)하면 극설(剋泄)의 藥을 써서 오행(五行)을 중화(中和)시킨다.
○ 오행세력(五行勢力)이 편중되어 있으면 기세(氣勢)에 순응하거나 편중되지 않게 하는 오행의 약을 쓴다.
○ 강한 오행이 있으면 이를 억제하는 오행의 약을 쓰고, 약한 오행이 있으면 이를 생조(生助)하는 오행의 약을 쓴다. 이렇게 하면 사주(四柱)가 중화(中和)되어 인체가 건강해진다.

목일간(木日干) 또는 사주중의 木이 태약(太弱)하거나 태왕(太旺)하면 간(肝), 담(膽), 정신, 머리, 신경계통에 질병이 발생하기 쉽다.

木이 태약(太弱)하면 水木의 약을 쓰고 木이 태왕(太旺)하면 金火의 약을 써서 치료한다.

○ 화일간(火日干) 또는 火가 태약(太弱), 태왕(太旺)하면 심·소장, 눈에 질병이 발생하기 쉽다. 火가 太弱하여 질병이 발생하면 火木의 약물을 쓰고 火가 태왕(太旺)하여 질병이 발생하면 土의 약을 쓴다.

○ 토일간(土日干)이나 土오행이 약(弱)하면 비위복병(脾胃腹病)을 조심하라. 질병이 발생한 경우에는 火土오행의 약으로 치료한다.

○ 용신(用神)이 토(土)이면, 木운에 소화기 계통에 질병이 발생한다. 木氣가 비위토(脾胃土)를 극(剋)하기 때문이다. 이러한 경우에는 火의 약으로 통관(通關)한다.

○ 사주중 土가 조(燥)하거나 습(濕)하면 비위병(脾胃病)과 피부병을 조심하라. 토조(土燥)하면 水의 藥을 쓰고 토습(土濕)하면 火의 약(藥)을 써서 치료한다.

○ 金日干 또는 金五行이 약(弱)하고 火가 왕(旺)하면 폐, 대장, 골(骨), 힘줄, 팔, 다리에 질병(疾病)이 자주 발생한다.〈화왕(火旺)운에는 특히 경계해야 한다〉이러한 경우에는 土金의 약으로 치료한다.

○ 수일간(水日干) 또는 수오행(水五行)이 태약(太弱), 태왕(太旺)하면 신장, 방광, 혈액에 질환이 발생할 수 있다. 水가 왕(旺)하면 냉증(冷證), 화류병을 조심하라. 질병이 있는 경우에는 水가 태약(太弱)하면 수금약(水金藥)을 쓰고 水가 태왕(太旺)하면 목화약(木火藥)을 쓴다.

水火가 충극(沖剋)하면 시력(視力)이 저하되고 신기(腎氣)가 부족(不足)해진다. 이러한 경우에는 木의 藥을 쓴다. 木의 약은 水生木하고 木生火하여 수화(水火)의 충극(沖剋)을 화해시킨다.

○ 火가 金을 극(剋)하여 폐(肺) 또는 대장(大腸)에 질병(疾病)이 발생하면 土영역의 약물로 치료한다. 土의 약물은 火生土하여 火氣을 설기(泄氣)시키고 金을 생해주며 火金의 전극(戰剋)을 화해시킨다.

○ 金이 木을 충극(沖剋)하면 풍증(風症), 달증(疸症)등이 발생한다. 간담(肝膽)이고 풍(風)인 木이 金의 극(剋)을 받기 때문이다. 이러한 경우에는 水영역의 약으로 통관(通關)한다.

○ 土日干이 왕목(旺木)의 극(剋)을 받으면 비위(脾胃)에 질병(疾病)이 발생하여 신

체가 약(弱)해진다. 이러한 경우에는 火영역의 약(藥)을 써 생토(生土)하면서 왕목(旺木)을 설기(泄氣)시켜주어야 질병이 빨리 제거되고 인체가 정상화된다.

○ 日干이 쇠약한데 편관(偏官)이 있으면 잔병(殘病)이 자주 발생한다. 편관이 日干을 극(剋)하여 身을 불안케 하기 때문이다. 이런 경우에는 日干과 동일오행영역의 것과 日干을 생(生)해주는 오행영역의 것을 약(藥)으로 쓰면 좋다. 비견, 겁재, 인성에 해당하는 오행영역의 것을 약으로 하면 인체가 건강해진다.

신(身)이 왕(旺)하면 재관오행(財官五行)의 약물(藥物)을 우선적으로 사용한다. 재관(財官)이 신(身)에게 중요한 요소이기 때문이다. 〈재관오행(財官五行)이 身을 우선적으로 吉하게 하기 때문이다〉 재관오행(財官五行)의 약물이란 약물음양오행구분도표상에서 財와 官에 해당하는 오행영역(五行領域)의 약물을 의미한다. 예를 들어 일간(日干)이 木이면 土가 재성(財星)이고 金이 관성(官星)이므로 재관오행(財官五行)의 약물은 약물음양오행구분도표상에서 土金의 영역에 위치하게 된다. 다른 일간(日干)(火土金水 日干)도 위와 같은 방식을 적용한다. 위와 같은 약물은 운세를 吉하게 하고 약효를 증진시키고 인체를 건강하게 한다. 위와같은 약물과 개별병증에 따른 약물을 합용(合用)하면 인체가 보다 더 빨리 정상화 된다.

○ 비견, 겁재가 많아 신(身)이 태왕(太旺)하면 관살오행약물(官殺五行藥物)을 쓴다. 官殺五行藥物은 비견, 겁재를 극제(剋制)하며 신(身)을 길(吉)하게 하고 인체를 건강하게 한다.

○ 身이 태왕(太旺)하면 식신, 상관에 해당하는 오행(五行)의 약물을 넣는다. 식신, 상관 약물은 日干을 설기(泄氣)시켜 신(身)을 길(吉)하게 한다.

日干이 약(弱)하면 생부(生扶)해 주는 오행의 약을 쓴다. 즉, 비견, 겁재, 편인, 인수에 해당하는 오행을 약물(藥物)로 한다.

○ 日干이 강(强)하면 극설(剋泄)하는 오행의 약(藥)을 쓴다. 즉, 관살(官殺), 식신(食神), 상관(傷官)에 해당하는 오행을 약물(藥物)로 한다.

○ 일간(日干)이 약(弱)하고 식신, 상관이 왕(旺)하면 인성(印星)의 오행약(五行藥)을 쓰고 日干이 약(弱)하고 관살(官殺)이 왕(旺)하면 인성(印星), 식·상(食·傷)의 오행약(五行藥)을 쓴다. 이러한 약물들은 약물음양오행구분도표상에 잘 나

타나 있다.

목화(木火)가 많으면 金水의 약물을 넣고 金水가 많으면 木火의 약물로 조정한다.

○ 사주가 냉습(冷濕)하면 온건(溫乾)한 약을 쓰고 사주가 木火로 되어 난조(暖燥)
   하면 金水영역의 한습(寒濕)한 약으로 조정한다.

○ 사주가 金水로 되어 한습(寒濕)하면 木火영역의 난조(暖燥)한 약(藥)을 써야 조
   후(調候)가 가능하다.

○ 사주에 甲乙丙丁戊가 있어 난조(暖燥)하면 약물음양오행구분도표중 己庚辛壬癸
   영역의 냉습(冷濕)한 약을 써서 조정한다.

○ 사주에 寅卯辰巳午未자가 있어 난조(暖燥)하면 申酉戌亥子丑영역의 한습(寒濕)
   한 것을 약(藥)으로 한다.

○ 사주가 甲乙丙丁戊, 寅卯辰巳午未이어 난조(暖燥)하면 金水영역의 한습(寒濕)한
   약(藥)을 쓴다.

○ 사주가 己庚辛壬癸, 申酉戌亥子丑 이어 냉습(冷濕)하면 木火영역의 온조(溫燥)한
   약(藥)을 써서 조정한다.

일간(日干)이 태왕(太旺)하고 비·겁(比·劫)이 왕(旺)하면 관살(官殺)오행을 약으
로 한다. 사주에 관살(官殺)이 없으면 식·상오행(食·傷五行)을 약(藥)으로 한다. 인
성(印星)이 많으면 재성오행(財星五行) 영역의 것을 약(藥)으로 한다.

○ 日干이 태왕(太旺)하면 식상(食傷)해당오행을 약(藥)으로 하고 2차적으로 재오행
   (財五行)을 약으로 한다.

○ 재(財)가 많고 신(身)이 약(弱)하면 비견, 겁재에 해당하는 오행을 약(藥)으로 한
   다.

○ 日干이 약(弱)한데 관살(官殺)이 있으면 인성오행(印星五行)의 약(藥)으로 관살
   (官殺)을 설기(泄氣)시키고 日干을 생조(生助)한다.

○ 財가 왕(旺)하면 겁재오행영역의 약으로 조정한다.

○ 日干이 태왕(太旺)하면 식신, 상관오행의 약물이 좋다.

○ 身이 왕(旺)하고 財가 약(弱)하면 식(食), 상(傷), 재(財)오행의 약(藥)으로 일간
   (日干)을 설기(泄氣)시키고 재(財)를 생조(生助)해 준다.

○ 인수가 태왕(太旺)하면 재성오행(財星五行)의 약물(藥物)로 인수를 극제(剋制)해 준다.

○ 日干이 태왕(太旺)하고 비견, 겁재가 많으면 관살(官殺)해당 오행영역의 약물로 비견과 겁재를 극제(剋制)하여 日干을 吉하게 한다.

○ 재성(財星)이 태왕(太旺)하면 비견, 겁재오행의 약물로 재성(財星)을 극제(剋制)한다.

○ 식신, 상관이 많으면 인성오행영역약물을 써서 조정한다. 을목(乙木)이 일간(日干)이면 丁火가 식신이고 壬水가 인수성이다. 이러한 경우 인수성의 약물은 약물음양오행구분도표상 壬水 영역에 위치한다.

○ 관살(官殺)이 왕(旺)하고 일간(日干)이 약(弱)하면 인성오행(印星五行)의 약으로 官殺을 설기(泄氣)시키고, 日干을 생조(生助)한다.

○ 日主가 왕(旺)하고 식신, 상관이 왕하면 재성오행(財星五行)의 약(藥)을 써서 吉하게 한다.

○ 日干이 약(弱)하고 상관이 강(强)하면 인수오행의 약으로 상관을 극제(剋制)하고 日干을 생조(生助)해 준다.

○ 日主가 태왕(太旺)한데 재성(財星)이 약(弱)하면 식·상 오행의 약(藥)으로 日主를 설기(泄氣)시키고, 재성(財星)을 생(生)해준다.

○ 인수격인데 日主가 弱하면 인수오행의 약(藥)을 써서 日主를 돕는다.

○ 인수격인데 身이 弱하고 재성(財星)이 왕(旺)하면 관살오행(官殺五行)을 약으로 한다.

○ 신약(身弱)한데 식신, 상관이 왕(旺)하면 인수오행의 약으로 식신, 상관을 극제하고 日干을 생조(生助)해준다.

○ 일주(日主)가 왕(旺)한데 비견과 겁재가 있으면 관살(官殺)오행영역의 약(藥)으로 비겁(比劫)을 극제(剋制)하여 吉하게 한다.

○ 일주(日主)가 약(弱)한데 칠살(七殺)이 왕(旺)하면 인성오행약물로 칠살을 설기(泄氣)시키고 日主를 도와준다.

양신성상격(兩神成象格)이란 사주가 두가지 오행으로 이루어지고 세력이 균등한 경우를 말한다.

사주가 木火로만 되어 있으면 木火土영역의 것을 藥으로 해야 한다.

사주가 火土이면 火土金의 영역,

사주가 土金이면 土金水의 영역

사주가 金水이면 金水木의 영역,

사주가 水木이면 水木火의 영역을 약으로 해야 좋다.

사주가 木土이면 火의 약으로 통관(通關)한다.

사주가 水火이면 木의 약,

사주가 火金이면 土의 약,

사주가 金木이면 水의 약을 쓴다.

일주(日主)가 약(弱)한데 관성(官星)이 왕(旺)하면 인성오행(印星五行)의 약물로 관성(官星)을 설기(泄氣)시키고 日干을 생조(生助)한다.

○ 日主가 왕(旺)한데 관성(官星)이 약(弱)하면 재성오행(財星五行)의 약(藥)으로 관성(官星)을 생(生)해준다.

○ 일주(日主)가 왕(旺)하고 편관이 약(弱)하면 재성오행(財星五行)을 약(藥)으로 한다.

○ 日干이 약(弱)하고 편관이 왕(旺)하면 인성(印星), 비겁(比劫)오행의 약(藥)으로 편관을 설기(泄氣)시키고 日干을 생조(生助)한다.

○ 관살(官殺)이 혼잡(混雜)하면 거관유살(去官留殺) 또는 거살유관(去殺留官)하는 오행(五行)의 약(藥)으로 사주를 청(淸)케 한다.〈인성오행(印星五行)의 약을 쓰기도 한다〉

○ 日干이 왕(旺)한데 인성(印星)이 많으면 재성오행(財星五行)의 약물로 인성을 극제(剋制)하여 日干을 吉하게 한다.

○ 日主가 약(弱)한데 재성(財星)이 왕(旺)하면 인성(印星)과 비견, 겁재 오행의 약물로 재성(財星)을 극제(剋制)하고 일주(日主)를 생조(生助)한다.

○ 日干이 왕(旺)한데 재성(財星)이 약(弱)하면 식신, 상관, 재성 오행을 약으로 하여 재성을 도와준다.

○ 신약(身弱)에 재성(財星)이 왕(旺)하면 비, 겁, 인성오행을 약(藥)으로 한다.

○ 양인(羊刃)이 왕(旺)하고 칠살(七殺)이 약(弱)하면 재성오행(財星五行)의 약으로 칠살을 생조(生助)한다.

○ 양인격이 식신, 상관이 있고 정관, 편관이 없으면 식신, 상관 오행을 약으로 한다.

○ 양인격은 칠살(七殺)과 합오행(合五行)의 약(藥)을 좋아한다.

日干이 왕(旺)하고 식상(食傷)이 성(盛)하면 재성오행(財星五行)의 약으로 식상을 설기(泄氣)시켜 吉하게 한다.

○ 日干이 왕(旺)하고 인성(印星)이 성(盛)하고 재성(財星)이 있으면 재성오행(財星五行)의 약(藥)을 쓴다. 재성이 없으면 관살오행(官殺五行)을 약(藥)으로 한다.

○ 日主가 왕(旺)하고 재성(財星)이 있으면 관성(官星), 식상(食傷) 오행을 약(藥)으로 한다.

○ 일간(日干)이 왕(旺)하고 관살(官殺)이 성(盛)하면 상관오행(傷官五行)의 藥으로 관살을 극제(剋制)한다.

○ 日干이 왕(旺)하고 관살(官殺)이 성(盛)한데 상관(傷官)과 재성(財星)이 없으면 관성(官星)의 五行을 藥으로 한다.

○ 일간(日干)이 왕(旺)하고 관살(官殺)이 성(盛)하나 상관(傷官)이 없으면 재성오행(財星五行)을 약(藥)으로 한다.

○ 日干이 왕(旺)하고 식상(食傷)이 성(盛)하고 재성(財星)이 없으면 인성오행(印星五行)의 약을 쓴다. 재성(財星)과 인성(印星)이 없으면 식상오행(食傷五行)의 약(藥)을 쓴다.

○ 日干이 왕(旺)하고 재성(財星)이 성(盛)하나 관성(官星)과 식상(食傷)이 없으면 재성오행(財星五行)을 약(藥)으로 한다.

○ 일간(日干)이 왕(旺)하고 비견, 겁재가 많으면 관살오행(官殺五行)의 약(藥)으로 비겁(比劫)을 극제(剋制)한다. 관살(官殺)이 없으면 식·상(食·傷)오행의 藥을 쓰고 관살, 식상이 없으면 재성(財星)오행의 약(藥)을 쓴다.

○ 일간(日干)이 왕(旺)하고 인성(印星)이 성(盛)한데 재성(財星)과 관살(官殺)이

없으면 식상오행(食傷五行)을 약(藥)으로 한다.

○ 일간(日干)이 약(弱)하고 식상(食傷)이 많은데, 인성(印星), 재성(財星)이 없으면 비견, 겁재오행을 약(藥)으로 하여 日干을 돕는다.

○ 日主가 약(弱)하고 식상(食傷)이 많은데 인성(印星)이 없으면 재성오행(財星五行)을 약물로 한다.

○ 일주(日主)가 약(弱)한데 식상(食傷)이 많으면 인성오행(印星五行)을 약(藥)으로 한다.

○ 日主가 약(弱)하고 관살(官殺)이 성(盛)하나 인성(印星)과 상관(傷官)이 없으면 비견, 겁재오행의 약(藥)으로 日主를 도와준다.

○ 日主가 약(弱)하고 관살(官殺)이 성(盛)하면 인성(印星)의 藥으로 관살(官殺)을 설기(泄氣)시키고 일주(日主)를 생(生)해준다.

○ 日主가 약(弱)하고 인성(印星)이 많은데 겁재와 재성(財星)이 없으면 관살오행(官殺五行)을 약(藥)으로 한다.

○ 일주(日主)가 약(弱)하고 재(財)가 없고 인성(印星)이 많으면 겁재오행(劫財五行)의 약(藥)으로 인성(印星)을 설기(泄氣)시키고 일주(日主)를 돕는다.

○ 日主가 약(弱)하고 재성(財星)이 많으면 비견, 겁재오행의 약(藥)으로 재성을 극제(剋制)하고 일주(日主)를 도와야 한다.

○ 일주(日主)가 약(弱)하고 인성(印星)이 태성(太盛)하면 재성(財星)오행의 약(藥)으로 인성(印星)을 극제(剋制)한다.

○ 일간(日干)이 약(弱)하고 관살(官殺)이 성(盛)한데 인성(印星)이 없으면 식상오행(食傷五行)의 약을 쓴다.

일주(日主)가 태왕(太旺)하면 극제(剋制)하는 오행(五行)을 약(藥)으로 하고 일주(日主)가 태약(太弱)하면 생부(生扶)하는 五行을 약으로 한다.

○ 신강(身强)하면 극설(剋泄)하는 오행(五行)을 약(藥)으로 하고 신약(身弱)하면 생부(生扶)하는 오행(五行)을 약으로 한다.

○ 日主가 왕(旺)하면 관성(官星)과 재성(財星)오행의 약(藥)을 제일로 한다.

○ 日干이 강(强)하고 식·상(食·傷)이 약(弱)하면 식상오행(食傷五行)을 약(藥)

으로 한다.

○ 일간(日干)이 약(弱)하면 인성(印星)과 비겁(比劫)오행의 약(藥)으로 日干을 생조(生助)한다.

종격(從格)이면 종(從)하는 五行의 약을 넣는다. 종오행(從五行)을 생(生)하는 오행(五行)과 설기순세오행(泄氣順勢五行)도 약(藥)이다.

○ 관성(官星) 또는 편관(偏官)이 왕(旺)하면 인성오행(印星五行)의 약(藥)으로 설기(泄氣)시킨다.

○ 사주가 한습(寒濕)하면 조열(燥熱)한 약(藥)을 쓰고 사주가 조열(燥熱)하면 한습(寒濕)한 약(藥)을 쓴다. 한습한 약과 조열한 약을 적절히 써서 사주를 중화(中和)시키면 인체가 건강해진다.

식상(食傷)이 관성(官星)을 극(剋)하고 있으면 재성오행(財星五行)의 약물로 이들을 화해(和解)시킨다.

○ 재(財)가 왕(旺)하고 日主가 약(弱)하면 인성(印星)과 비겁(比劫)오행의 약으로 재성(財星)을 극제(剋制)하고 일간(日干)을 생조(生助)한다.

○ 재성(財星)이 인성(印星)을 극(剋)하고 있으면 관오행(官五行)의 약(藥)으로 통관(通關)한다.

○ 일간(日干)이 강(强)하고 관살(官殺)이 약(弱)하면 재성오행(財星五行)의 약(藥)으로 관살(官殺)을 생조(生助)한다.

○ 비겁(比劫)이 왕(旺)하면 식상오행(食傷五行)의 약으로 비겁을 설기(泄氣)시킨다.

○ 일간(日干)이 약(弱)하고 상관(傷官)이 왕(旺)하면 인성오행(印星五行)의 약으로 상관을 극제(剋制)하고 日干을 생조(生助)한다.

○ 인성(印星)이 왕(旺)하고, 관성(官星)이 약(弱)하면 재성오행(財星五行)의 약(藥)으로 인성을 극제(剋制)하고 관성(官星)을 생(生)해준다.

○ 日干이 왕(旺)하고 식상(食傷)이 많으면 재성오행(財星五行)의 약(藥)을 써서 길(吉)하게 한다.

○ 日干이 왕(旺)하면 식상오행(食傷五行)의 약(藥)으로 설기(泄氣)시킨다.

○ 일간(日干)이 왕(旺)하고 재(財)가 약(弱)하고 식상(食傷)이 있으면 재성오행(財星五行)의 약(藥)으로 재성(財星)을 도와준다.

○ 日干이 왕(旺)한데 비겁(比劫)이 태왕(太旺)하면 관살오행(官殺五行)의 약(藥)으로 비겁(比劫)을 극제(剋制)하며 일간(日干)을 길(吉)하게 한다.

○ 일간(日干)이 왕(旺)하고 비겁(比劫)이 태왕(太旺)한데 관살(官殺)이 없으면 식상오행(食傷五行)의 약(藥)으로 비겁(比劫)을 설기(泄氣)시켜 일간(日干)을 길(吉)하게 한다.

○ 일간(日干)이 왕(旺)하고 인성(印星)이 많고 재성(財星)이 약(弱)하면 식상오행(食傷五行)의 약(藥)을 쓴다.

○ 일간(日干)이 태왕(太旺)하면 식상오행(食傷五行)의 약(藥)으로 설기(泄氣)시키나 식상이 없으면 재성오행(財星五行)의 약(藥)으로 일간(日干)을 吉하게 한다.

○ 일간(日干)이 태왕(太旺)하면 관살(官殺)오행의 약으로 일간(日干)을 극제(剋制)한다.

○ 재성(財星)이 많은데 일간(日干)이 약(弱)하면 비겁오행(比劫五行)의 약(藥)으로 일간(日干)을 돕고 재성(財星)을 극제(剋制)한다.

○ 신(身)이 약(弱)한데 관살(官殺)이 강(强)하면 인성오행(印星五行)의 약(藥)으로 관살(官殺)을 설기(泄氣)시키고 日干을 생(生)해준다.

○ 日干이 弱하고 관살(官殺)과 식상(食傷)이 있고 인성(印星)이 없으면 식상오행(食傷五行)의 약(藥)을 넣는다.

○ 식(食), 상(傷), 재(財), 관(官)이 왕(旺)하면 재오행(財五行)의 약으로 식상(食傷)을 설기(泄氣)시키고 관성(官星)을 생(生)해준다.

○ 일주(日主)가 극약(極弱)하면 관성오행(官星五行)의 약(藥)을 쓴다.(從官格)

○ 신(身)이 왕(旺)하고 재성(財星)이 약(弱)하면 식(食), 상(傷), 재(財)오행의 약으로 日干을 설기(泄氣)시키고 재성(財星)을 생조(生助)하여 준다.

○ 일주(日主)가 태약(太弱)하고 식상이 태왕(太旺)하면 식상오행을 약(藥)으로 한다.(從兒格)

○ 재성(財星)이 왕(旺)하면 비견, 겁재오행의 약으로 극제(剋制)한다.

○ 살인상정(殺刃相停)하면 양인오행(羊刃五行)의 약(藥)이 좋다.

○ 日干과 재성(財星)이 왕(旺)하고 日干이 재성보다 강(强)하면 식상재오행(食傷財 五行)의 약(藥)으로 일간(日干)을 설기(泄氣)시키고 재성(財星)을 생조(生助)한다.

○ 日干이 재성(財星)보다 약(弱)하면 비·겁 오행의 약으로 재성을 극제(剋制)하고 日干을 돕는다.

○ 종강격(從强格)이면 기세에 순응해야 하므로 비겁인수오행의 약을 넣는다.

○ 日主가 태왕(太旺)하면 식·상오행의 약으로 설기(泄氣)시켜야 좋다.

○ 일주(日主)가 강하고 관살(官殺)과 인수가 있으면 인수오행(印綬五行)의 약을 쓴다.

○ 日主가 강(强)하고 관살(官殺)이 있고 인수가 없으면 식·상오행의 藥으로 관살(官殺)을 극제(剋制)하여 日干을 吉하게 한다.

○ 비·겁(比劫)이 많고 일주(日主)가 득령(得令)하여 신왕(身旺)하면 재관오행(財官五行)의 약(藥)을 우선시한다.

○ 身이 왕(旺)하고 관성(官星)이 약(弱)하면 재성오행(財星五行)의 약(藥)으로 관성(官星)을 생(生) 해준다.

○ 일주(日主)가 태왕(太旺)하고 비견, 겁재가 많으면 관살오행(官殺五行)의 약으로 비겁을 극제(剋制)한다.

○ 일주(日主)가 극태약(極太弱)하면 관살오행(官殺五行)의 약을 넣는다.

○ 신(身)이 약(弱)하고 식·상이 왕(旺)하면 인수오행(印綬五行)의 약(藥)으로 식·상을 극제(剋制)하고 일간(日干)을 돕는다.

○ 재성(財星)이 태왕(太旺)하고 日主가 약(弱)하면 비겁오행(比劫五行)의 약으로 재성(財星)을 극제(剋制)하고 日干을 돕는다.

○ 재성이 태왕(太旺)하고 일주(日主)가 약(弱)하고 인수(印綬)가 있으면 관살오행

(官殺五行)의 약(藥)으로 통관(通關)하여 일주(日主)를 돕는다.

○ 관살(官殺)이 태왕(太旺)하면 인수오행(印綬五行)의 약으로 설기(泄氣)시킨다.

일주(日主)가 약(弱)하고 , 식·상이 많으면 인수오행(印綬五行)의 약(藥)으로 식상(食傷)을 극제(剋制)하고 일주를 생(生)해 준다.

○ 日主보다 관살(官殺)이 강(强)하면 인수오행(印綬五行)의 약(藥)을 쓴다.

○ 재성(財星)과 인성(印星)의 세력이 비등하면 관성오행(官星五行)의 약(藥)으로 통관(通關)한다.

○ 신(身)이 왕(旺)하고 재(財)가 왕(旺)하면 재성오행(財星五行)의 약(藥)이 좋다.

○ 인수로 인해 신왕(身旺)하면 재성오행(財星五行)의 약(藥)으로 인수(印綬)를 극제(剋制)하여 日主를 길(吉)하게 한다.

○ 관살(官殺)로 인해 신약(身弱)한데 인성이 없으면 식상오행의 약(藥)으로 관살(官殺)을 극제(剋制)하여 신(身)을 구조한다.

○ 정관(正官)과 인수(印綬)가 왕(旺)하면 재성오행(財星五行)의 약(藥)을 쓴다.

○ 신(身)이 약(弱)하고 인성(印星)이 없으면 비겁오행(比劫五行)의 약으로 日干을 돕는다.

인수(印綬)가 많아 신강(身强)해지면 종인격(從印格)이 된다. 종인격이면 인수, 비·겁 오행의 약을 넣는다. (官殺五行의 약을 써도 된다)

○ 비견, 겁재가 많아 신강(身强)해지면 종왕격(從旺格)이 된다. 종왕격이면 비견, 겁재, 인수오행의 약을 써서 日干을 吉하게 한다.

전왕격(專旺格)이면 사주의 대부분이 日干五行과 동일하다.

木이면 곡직격(曲直格)이고 火이면 염상격(炎上格)이다. 土이면 가색격(稼穡格)이고 金이면 종혁격(從革格)이다. 水 이면 윤하격(潤下格)이다. 사주가 木이면 水木火 오행을 약(藥)으로 한다. 火이면 木火土오행, 土이면 火土金오행, 金이면 土金水오행, 水이면 金水木오행의 영역을 약으로 하면 日干이 吉해진다.

日主가 태약(太弱)하고 2,3세력이 비등하면 종세격(從勢格)이 된다. 종세격이면 가장 강한 세력을 가진 오행(五行)을 약(藥)으로 한다.

○ 일주(日主)가 왕(旺)하고 인수가 태왕(太旺)하면 재성오행(財星五行)의 약(藥)으로 인수를 剋制하여 일주(日主)를 吉하게 한다.

○ 정관(正官), 편관(偏官)이 2개 이상있으면 인성오행(印星五行)을 약(藥)으로 한다.

○ 종살격(從殺格)이면 재관살오행(財官殺五行)을 약(藥)으로 하고 인성오행을 보조 약으로 사용한다.

○ 관살(官殺)이 왕성(旺盛)하고 인수가 있으면 인성오행(印星五行)을 약(藥)으로 한다.

○ 日主가 왕(旺)하고 인성(印星)이 있으면 재성오행(財星五行)의 약(藥)을 쓴다.

○ 日干이 왕(旺)하고 상식(傷食)이 뿌리를 두고 있으면 식상재성오행(食傷財星五行)의 약(藥)으로 일간(日干)을 길(吉)하게 한다.

일주(日主)가 약(弱)하고 시상편재(時上偏財)가 왕(旺)하면 인성오행(印星五行)의 약(藥)으로 일주(日主)를 생조(生助)한다.

○ 진상관격(眞傷官格)은 인성오행(印星五行)을 약(藥)으로 한다.

○ 건록격(建祿格)이 식상(食傷)과 재성(財星)이 있으면 식상재성오행의 약(藥)으로 日主를 길(吉)하게 한다.

○ 곡직격(曲直格)은 日干이 木이므로 기세에 순응하는 水木火약물이 좋다.

○ 종살격(從殺格)이면 재, 관, 살, 인수 오행의 藥이 吉하게 한다.

○ 종재격(從財格)이면 재성(財星), 식상(食傷), 관성(官星)오행의 약이 좋다.

○ 종아격(從兒格)이면 식상재성오행영역의 약을 넣는다.

○ 종강격(從强格)이면 인수, 비겁 오행의 약(藥)이 吉하게 한다.

갑기합화토격(甲己合化土格)이면 火土오행의 약을 쓰고 金오행의 약을 보조적으로 쓴다. 을경합화금격(乙庚合化金格)은 土金水오행, 병신합화수격(丙辛合化水格)은 金水

木오행, 무계합화화격(戊癸合化火格)은 木火土오행 정임합화목격(丁壬合化木格)은 水木火오행의 약이 좋다.

강(强)하면 억제(抑制)하는 약을 쓰고 약(弱)하면 생부(生扶)하는 약을 쓴다. 태강(太强)하면 강세(强勢)에 순응하는 오행을 약(藥)으로 하고 태약(太弱)하면 강자(强者)에 종(從)하는 오행을 약으로 한다.

○ 한습(寒濕)하면 丙火五行의 藥을 쓰고 난조(暖燥)하면 癸水五行의 藥을 쓴다.

○ 열화(熱火)는 습토(濕土, 辰丑土)의 약(藥)으로 조토(燥土)는 윤금(潤金)의 약으로 조정한다.

일간(日干)에게 길(吉)한 오행약물의 영역을 알아내고 이들 중에서 인체에 가장 적합한 약물을 선택하여 활용하는게 약물처방의 핵심이라 할 수 있다.

제 5 편

약물음양오행(藥物陰陽五行) Ⅱ
기타약물, 식용약물(食用藥物)

1. 가압(家鴨)

〈백압육(白鴨肉)〉, 오리, 〈가압(家鴨) 집오리고기〉

① 성미(性味) : 〈감(甘)〉, 〈산(酸)〉, 함(鹹), 평(平), 한(寒), 무독(無毒)

② 귀경(歸經) : 폐(肺)·신(腎)·비(脾)·위(胃) 金水土經

③ 용법(用法) : 전(煎), 삶아서 복용(服用), 청색오리 늙은 오리가 좋다. 어린오리〈유독(有毒)〉

④ 금기(禁忌) : 장풍하혈(腸風下血), 비창각기(痞脹脚氣), 하리(下痢), 외감(外感), 양허비약(陽虛脾弱)(忌), 다복(多服) 삼가, 별육(鱉肉)·이(李 오얏)(忌)

⑤ 주치(主治) : 번열(煩熱), 골증노열(骨蒸勞熱), 해수(咳嗽), 두창(頭瘡), 식체(食滯), 수종(水腫), 경간(驚癇), 열리(熱痢), 열창(熱脹), 노열골증(癆熱骨蒸), 열독(熱毒), 허로골증(虛勞骨蒸)

⑥ 효능(效能) : 보허로(補虛勞), 자음(滋陰), 청열(淸熱), 양위생진(養胃生津), 제번열(除煩熱), 이수소종(利水消腫), 소식체(消食滯), 소열창(消熱脹), 해단독(解丹毒), 지해수(止咳嗽), 해독(解毒), 보허제열(補虛除熱), 보중익기(補中益氣), 화장부(和臟腑), 지리(止痢), 화허담(化虛痰), 보혈행수(補血行水)

2. 가자(茄子) : 가지

① 성미(性味) : 감(甘), 한(寒), 량(凉)

② 귀경(歸經) : 비(脾)·위(胃)·대장(大腸))·간(肝) 土金木經

③ 용법(用法) : 환·산용(丸·散用), 외용(外用), 다식(多食)삼가. 다식(多食)시〈:동기(動氣), 부녀상포(婦女傷胞)〉

④ 주치(主治) : 오로(五勞), 전호한열(傳戶寒熱), 노기(勞氣), 열독창옹(熱毒瘡癰), 종독(腫毒), 장풍하혈(腸風下血), 각기(脚氣), 온질(溫疾), 혈치(血痔), 갈증(渴症), 가산제병(瘕疝諸病), 학질(瘧疾), 대풍열담(大風熱痰), 정창옹저(疔瘡癰疽), 오장로(五臟勞)

⑤ 효능(效能) : 거열진통(去熱鎭痛), 활혈(活血 : 혈액순환촉진), 충피부(充皮膚), 소종관장(消腫寬腸), 지유통(止乳痛), 산혈(散血), 지갈(止渴), 지통(止痛), 살충(殺蟲), 소옹(消癰), 익기력(益氣力)

3. 감(蚶) : 꼬막

① 성미(性味) : 감(甘), 평(平), 온(溫), 무독(無毒)
② 금기(禁忌) : 습열성(濕熱盛)
③ 주치(主治) : 혈허위비(血虛痿痺), 복냉(腹冷), 소화불량(消化不良), 위통(胃痛), 음위(陰痿), 설리(泄痢), 하리농혈(下痢膿血), 소갈(消渴), 어혈(瘀血), 징가(癥瘕), 주마아감(走馬牙疳), 요척냉풍(腰脊冷風), 위비설리(痿痺泄痢), 심복냉기(心腹冷氣)
④ 효능(效能) : 보심혈(補心血), 건위(健胃), 익기(益氣), 보중허(補中虛), 온중소식(溫中消食), 연견(軟堅), 산어혈(散瘀血), 파결(破結), 소담(消痰), 화어적(化瘀積), 제번(除煩), 성주(醒酒), 이관절(利關節), 윤오장(潤五臟), 이오장(利五臟), 익혈색(益血色), 기양(起陽)

4. 감람(橄欖) : 감람나무 열매
청과(靑果), 간과(諫果), 충과(忠果)

① 성미(性味) : 감(甘), 산(酸), 떫다, 평(平), 한(寒)
② 귀경(歸經) : 비(脾)·위(胃)·간(肝)·폐(肺) 土木金經
③ 용법(用法) : 5～10g 전복(煎服), 외용(外用)
④ 주치(主治) : 제독(諸毒), 후비(喉痺), 주독(酒毒), 하돈(河豚)〈복어(毒)〉, 어(魚)(毒), 번갈(煩渴), 인후통(咽喉痛), 해수토혈(咳嗽吐血), 이질(痢疾), 적체(積滯), 대두온증(大頭瘟證), 후화상염(喉火上炎), 춘온습열(春溫濕熱), 영두기발(令痘起

發), 골경(骨哽)〈핵용(核用)〉

⑤ 효능(效能) : 청폐(淸肺), 생진(生津), 지갈(止渴), 이인(利咽), 해독(解毒), 해주독(解酒毒), 해하돈독(解河豚毒, 解복어 毒)〈즙용(汁用)〉, 해어독(解魚毒), 양담식경(凉膽息驚), 개위(開胃), 주식소화(酒食消化), 식욕증진(食慾增進), 지설(止泄), 하기(下氣), 지갈(止渴), 이담(利痰), 고정(固精), 윤폐자음(潤肺滋陰), 지해수(止咳嗽)

5. 감람(甘藍) : 양배추, 양배추의 줄기와 잎

① 성미(性味) : 감(甘), 평(平), 무독(無毒)
② 용법(用法) : 장복(長服)〈유리(有利)〉, 식용(食用)
③ 주치(主治)·효능(效能) : 이오장육부(利五臟六腑), 조육부(調六腑), 보신(補腎), 전수뇌(塡髓腦)/구식시(久食時)〈대익신(大益腎)〉, 보골수(補骨髓), 이관절(利關節), 장근골(壯筋骨), 이명목(耳明目), 소수(少睡), 통경락중결기(通經絡中結氣), 익심력(益心力), 치황독(治黃毒), 건인(健人)

6. 감자〈감저(甘藷)〉: 양우(洋芋), 마령서(馬鈴薯), 양번서(洋番薯), 북감저(北甘藷)

① 성미(性味) : 감(甘), 평(平), 무독(無毒)
② 용법(用法) : 전복용(煎服用), 식용(食用), 외용(外用), 오곡대용(五穀代用)
③ 주치(主治) : 탕화상(湯火傷), 이하선염(耳下腺炎), 치통(齒痛), 충치(蟲齒), 잇몸이 부을때 복용(服用)하면 치료된다.
④ 효능(效能) : 강신(强腎), 건비위(健脾胃), 보기(補氣), 보허(補虛), 소염(消炎), 장수(長壽)(장수식품), 산약(山藥)과 효력(效力)이 유사하다.
⑤ 약물음양오행(藥物陰陽五行) : 보기약(補氣藥)

7. 개채(芥菜) : 갓

① 성미(性味) : 신(辛), 온(溫), 무독(無毒)
② 귀경(歸經) : 폐(肺)·위(胃)·신(腎) 金土水經
③ 용법(用法) : 수전복(水煎服), 즙용(汁用), 외용(外用), 식치(食治)
④ 금기(禁忌) : 치질(痔疾), 변혈(便血), 종기(腫氣)(忌), 즉어(鯽魚 붕어)(忌), 열성(熱盛)(忌), 다복(多服)삼가, 구복(久服)삼가
⑤ 주치(主治) : 한음내성(寒飮內盛), 흉격만민(胸膈滿悶), 해수담체(咳嗽痰滯), 신사기(腎邪氣), 두면풍(頭面風), 해역(咳逆)
⑥ 효능(效能) : 거담(祛痰), 소통폐(疏通肺), 온중초이기(溫中焦利氣)〈구복(久服)시〉, 제사통비(除邪通脾), 안중(安中), 이명이목(利明耳目), 이구규(利九竅), 하기(下氣), 이격개위(利膈開胃), 통폐활담(通肺豁痰)
⑦ 약물음양오행(藥物陰陽五行) : 온화한담약(溫化寒痰藥)

8. 갱미(粳米) : 갱백미(粳白米)

① 성미(性味) : 감(甘), 〈고(苦)·신(辛)〉, 평(平), 미량(微凉), 생(生)것 (凉), 태운 것(熱), 신갱(新粳) 열(熱), 진갱(陳粳) 량(凉)
② 귀경(歸經) : 비(脾)·위(胃) 土經
③ 용법(用法) : 전복(煎服)
④ 금기(禁忌) : 마육(馬肉)
⑤ 주치(主治)·효능(效能) : 치허손(治虛損), 보중익기(補中益氣), 온중(溫中), 건비화위(健脾和胃), 익양(益陽), 보장위(補腸胃), 평위기(平胃氣), 보비위(補脾胃), 화오장(和五臟), 보폐기(補肺氣), 보신정(補腎精), 보하원(補下元), 지설리(止泄痢), 지번갈(止煩渴), 양기육(養肌肉), 생진장지(生津長智), 강음장근골(强陰壯筋骨), 명목(明目), 익위제습(益胃除濕), 강심지(强心志), 이소변(利小便)/지갈(止渴)〈석이

감(淅二泔)·뜨물用〉

⑥ 약물음양오행(藥物陰陽五行) : 보기약(補氣藥), 보익약(補益藥)

9. 경묵(京墨) : 송연묵(松煙墨), 묵(墨), 먹

① 성미(性味) : 신(辛), 고(苦), 온(溫), 평(平), 무독(無毒)
② 귀경(歸經) : 심(心)·간(肝)·신(腎) 火木水經
③ 용법(用法) : 3~9g, 즙복(汁服), 환·산용(丸·散用), 外用, 오래된게 좋다.
④ 주치(主治) : 상풍붕중(傷風崩中), 토혈(吐血), 뉵혈(衄血), 구설쇄란(口舌碎爛), 산후혈훈(產後血暈), 난산(難產), 포의불하(胞衣不下), 혈리(血痢), 옹종(癰腫), 소아객오(小兒客忤), 붕중루하(崩中漏下), 금창(金瘡)
⑤ 효능(效能) : 청혈열(清血熱), 지혈(止血), 평간윤폐(平肝潤肺), 사심청폐(瀉心清肺), 청심(清心), 양혈(凉血), 지리(止痢), 지해수(止咳嗽), 이소변(利小便), 통림(通淋), 생기(生肌), 통월경(通月經), 제풍열(除風熱), 생진지갈(生津止渴)
⑥ 약물음양오행(藥物陰陽五行) : 청열양혈약(清熱凉血藥), 지혈약(止血藥)

10. 계골초(鷄骨草) : 광동상사자(廣東相思子)의 뿌리 붙은 전초(全草)

① 성미(性味) : 감(甘), 미고(微苦), 량(凉), 평(平), 무독(無毒)
② 귀경(歸經) : 간(肝)·비(脾) 木土經
③ 용법(用法) : 12~18g, 15~30g
④ 주치(主治) : 위완창만(胃脘脹滿), 협륵불서(脇肋不舒), 황달(黃疸), 간염(肝炎), 유선염(乳腺炎)〈유창(乳瘡)〉, 위통(胃痛), 라역(瘰癧), 질타어혈내상(跌打瘀血內傷), 질타박골(跌打駁骨), 풍습골통(風濕骨痛), 간경화복수(肝硬化腹水), 사교상(蛇

咬傷), 소변자통(小便刺痛)·

⑤ 효능(效能) : 청열소담(清熱消痰), 해독(解毒), 서간산어(舒肝散瘀), 지통(止痛), 청울열(清鬱熱), 화비(和脾), 속절상(續折傷), 청열이습(清熱利濕)

⑥ 약물음양오행(藥物陰陽五行) : 청열해독약(清熱解毒藥)

11. 계육(鷄肉) : 닭고기

① 성미(性味) : 감(甘〈신(辛)〉, 온(溫), 미한(微寒), 무독(無毒)/붉은수탉(甘溫), 누런암탉(酸平)(鹹甘平)(溫), 흰수탉(酸微溫), 검은암탉(溫酸, 甘平), 흰암탉(酸平, 甘), 검은 수탉(甘酸)

② 귀경(歸經) : 비(脾)·위(胃)·간(肝) 土木經

③ 용법(用法) : 삶거나 고아서 복용(服用), 여성(女性)은 수탉이 남성(男性)은 암탉이 몸에 좋다. 다복(多服)삼가

④ 금기(禁忌) : 비니옹체(肥膩壅滯), 사독미청(邪毒未清), 실증(實證)

⑤ 주치(主治) : 허로(虛勞), 수척(瘦瘠), 중초허(中焦虛), 위기약(胃氣弱), 식욕감퇴(食慾減退), 하리설사(下痢泄瀉), 수종(水腫), 소갈(消渴)/대하(帶下), 자궁출혈(子宮出血)(붉은수탉)/유즙부족(乳汁不足), 병후허약(病後虛弱), 풍한습비(風寒濕痺), 복통(腹痛), 반위(反胃), 유옹(乳癰), 와절골동(踒折骨疼)(검은암탉)/ 부종(浮腫), 복중수벽(腹中水癖), 냉기(冷氣) 누런암탉/ 단독풍(丹毒風)(흰닭)/구상핍창(久傷乏瘡)(붉은수탉)/광사(狂邪)(흰수탉)/소갈(消渴), 상중(傷中)(흰수탉, 누런암탉)/ 장벽설리(腸澼泄痢), 요실금(尿失禁), 결핵(結核)(누런암탉)/ 혈사(血邪), 심중숙혈(心中宿血), 유옹(乳癰)(검은암탉)/ 심복사기(心腹邪氣), 허약노상(虛弱勞傷)/소아두창(小兒痘瘡)(묵은닭)

⑦ 효능(效能) : 온중익기(溫中益氣), 보허온중(補虛溫中), 보정지혈(補精止血), 첨수(添髓), 살독(殺毒)/ 안태(安胎 : 검은암탉)/ 파옹저(破癰疽), 배농(排膿) 검은암탉/ 첨수보정(添髓補精), 난소장(暖小腸), 보수기(補水氣), 보양기(補陽氣), 지유정

(止遺精)(누런암탉)/ 이소변(利小便) (흰닭)/ 안심정지(安心定志), 보산후허리(補產後虛羸), 보심혈(補心血), 익색조기(益色助氣) (검은암탉)/하기(下氣), 안오장(安五臟)(흰수탉)/ 오장보익(五臟補益), 익기력(益氣力), 속절상(續折傷)(누런암탉)/ 보중지통(補中止痛)(검은수탉)/ 지혈(止血), 보허온중(補虛溫中), 살독(殺毒)(붉은 수탉)

▷ 웅계(雄鷄)(수탉)〈감(甘)〉, 온(溫)/간화동풍자(肝火動風者)(忌)/ 보허(補虛), 치혈붕루(治血崩漏)

▷ 오자계(烏雌鷄)-암오골계 : 배농(排膿), 안태(安胎), 보산후허(補產後虛)

▷ 황자계(黃雌鷄)-누런암탉 : 지소갈(止消渴), 치설리(治泄痢), 보양(補陽)

▷ 계간(鷄肝) : 음위발기(陰痿發起)

▷ 계장(鷄腸) : 치유뇨(治遺尿)

▷ 핵령(翮翎) : 닭날개쭉지, 음위발기(陰痿發起), 치소아야제(治小兒夜啼)

▷ 시백(屎白) : 닭의 흰똥, 성미한(性微寒), 지소갈(止消渴), 치창만(治脹滿)

▷ 계란(鷄卵) : 보기(補氣), 보정(補精)

▷ 각중백피(殼中白皮), 봉황의(鳳凰衣), 오랜기침·결기(結氣)를 치료한다.〈合用 : 마황(麻黃), 자완(紫菀)〉

⑧ 약물음양오행(藥物陰陽五行) : 보익약(補益藥)

계육(鷄肉)과 금기음식(禁忌飮食) : 어즙(魚汁), 견육(犬肉), 토육(兔肉), 별육(鼈肉), 잉어, 붕어, 수달고기, 새우알, 야계(野鷄), 오얏, 개말(芥末), 미녹(麋鹿), 찹쌀, 백구혈(白狗血)

12. 계자(鷄子) : 달걀

① 성미(性味) : 감(甘), 평(平), 미량(微凉), 무독(無毒), 선(鮮)〈량(凉)〉, 숙(熟)〈습(濕)〉

② 용법(用法) : 선복(鮮服), 숙복(熟服), 환복(丸服), 외용(外用)

③ 금기(禁忌) : 다복(多服)삼가,〈다복시(多服時) : 동풍기(動風氣)〉, 숙식적체(宿食積滯), 간울(肝鬱), 황달(黃疸), 담음(痰飮), 비만(痞滿),학질(瘧疾), 외감(外感), 각기(脚氣), 천연두(忌), 동계(同鷄), 별육(鼈肉)(忌)

④ 배합길(配合吉) : 백밀(白蜜)

⑤ 주치(主治) : 열병번민(熱病煩悶), 열화창(熱火瘡), 면종(面腫), 목적통(目赤痛), 간경(癎痙) 발열(發熱), 태동불안(胎動不安), 산후이질(産後痢疾), 음낭습양(陰囊濕瘍), 구리(久痢), 부인음창(婦人陰瘡), 감리(疳痢), 탕화동통(燙火疼痛), 상한발광(傷寒發狂), 심통(心痛), 음창(陰瘡), 이명(耳鳴), 이농(耳聾), 해수(咳嗽), 효천(哮喘), 혈훈(血暈), 풍담(風痰)

⑥ 효능(效能) : 자음윤조(滋陰潤燥), 보혈안태(補血安胎), 익기(益氣), 지리(止痢), 안오장(安五臟), 진심(鎮心), 지경(止驚), 개성후(開聲喉), 윤하지역(潤下止逆), 해독식풍(解毒熄風), 난신(暖腎), 제열(除熱), 개음(開音), 청인(淸咽)

⑦ 약물음양오행(藥物陰陽五行) : 보익약(補益藥)

▷ 계자각(鷄子殼) : 달걀껍데기

① 성미(性味) : 감(甘), 평(平)
② 귀경(歸經) : 비(脾)・위(胃)・방광(膀胱)・소장(小腸) 土水火經
③ 용법(用法) : 1.8~7g 분말복(粉末服), 외용(外用), 태워사용
④ 주치(主治) : 반위(反胃), 완통(脘痛), 정음(停飮), 소아구루병(小兒佝僂病), 백독창(白禿瘡), 예막(翳膜), 두독(痘毒), 저유(疽瘤), 소변불통(小便不通), 낭옹(囊癰), 위통(胃痛), 상한노복발열(傷寒勞復發熱), 점막성위염(粘膜性胃炎), 골결핵(骨結核), 폐결핵(肺結核)

⑤ 효능(效能) : 해독(解毒), 하태(下胎), 지혈(止血), 제산(制酸), 거장예(去障翳)

▷ 계자백(鷄子白) : 계자청(鷄子淸)

① 성미(性味) : 감(甘), 량(凉), 무독(無毒)

② 용법(用法) : 선복(鮮服), 숙복(熟服), 외용(外用)

③ 배합길(配合吉) : 적소두(赤小豆)

④ 금기(禁忌) : 다복(多服)삼가 〈다복시(多服時) : 동심기(動心氣)〉

⑤ 주치(主治) : 인후통(咽喉痛), 열독(熱毒), 목열적통(目熱赤痛), 화상(火傷), 해역(咳逆), 학질(瘧疾), 하리(下痢), 번만해역(煩滿咳逆), 심하복열(心下伏熱), 황달(黃疸), 포의불출(胞衣不出), 부인난산(婦人難産), 소아하설(小兒下泄), 단종(丹腫), 산후혈훈(産後血暈), 번열(煩熱)

⑥ 효능(效能) : 윤폐이인(潤肺利咽), 청열해독(淸熱解毒), 해열번(解熱煩)

▷ 계자황(鷄子黃) : 달걀 노른자위

① 성미(性味) : 감(甘), 평(平), 미량(微凉), 〈온(溫), 숙(熟)〉, 무독(無毒)

② 귀경(歸經) : 심(心)·신(腎) 火水經, 폐(肺) 金經

③ 용법(用法) : 선복(鮮服), 숙복(熟服), 외용(外用), 다복(多服) 삼가

④ 주치(主治) : 심중번민(心中煩悶), 불면증(不眠證), 폐결핵(肺結核)〈토혈(吐血)〉, 허로토혈(虛勞吐血), 열병경궐(熱病痙厥), 구역(嘔逆), 태루하혈(胎漏下血), 하리(下痢), 열창(熱瘡), 화상(火傷), 소화불량(消化不良), 간염(肝炎), 구학(久瘧), 포창(疱瘡), 칠창(漆瘡), 소아발열(小兒發熱), 두창(頭瘡)(炒油外用), 태독(胎毒)

⑤ 효능(效能) : 자음윤조(滋陰潤燥), 양신익음(養腎益陰), 제열(除熱), 해열독(解熱毒), 양혈식풍(養血熄風), 보음혈(補陰血), 보신(補腎), 보중익기(補中益氣), 윤폐지해(潤肺止咳)

13. 고목(苦木) : 소태나무

① 성미(性味) : 고(苦), 한(寒), 소독(小毒)

② 귀경(歸經) : 담(膽)·위(胃)·폐(肺)·대장(大腸) 木土金經

③ 용법(用法) : 1~3g 엽(葉), 3~4.5g(가지), 외용(外用) 가능

④ 금기(禁忌) : 임부(姙婦)

⑤ 주치(主治) : 인후염(咽喉炎), 급성편도선염(急性扁桃腺炎), 감모(感冒), 세균성이질(細菌性痢疾), 장염(腸炎), 감충(疳蟲), 독사교상(毒蛇咬傷), 습진(濕疹), 개선(疥癬), 습창(濕瘡), 창절(瘡癤), 적백리(赤白痢)

⑥ 효능(效能) : 청열(清熱), 거습(祛濕), 해독(解毒), 소염(消炎), 살충(殺蟲), 항균(抗菌), 소종(消腫), 지통(止痛)

⑦ 약물음양오행(藥物陰陽五行) : 청열해독약(清熱解毒藥)

14. 곡기생(槲寄生) : 겨우살이 줄기
대수목기생(大樹木寄生) : 참나무 겨우살이

① 성미(性味) : 고(苦), 평(平), 소독(小毒)
② 귀경(歸經) : 간(肝)·신(腎) 木水經
③ 용법(用法) : 9~15g
④ 주치(主治) : 풍한습비통(風寒濕痺痛), 각기(脚氣), 요슬산연(腰膝酸軟), 태동불안(胎動不安), 유즙불하(乳汁不下), 붕중(崩中), 루하(漏下), 편고(偏枯), 태루(胎漏), 근골위약(筋骨痿弱)
⑤ 효능(效能) : 거풍습(祛風濕), 강근골(强筋骨), 보간신(補肝腎), 통경락(通經絡), 안태(安胎), 익기(益氣), 이오장(利五臟), 진통(鎭痛), 하유(下乳), 선장위(宣腸胃)
⑥ 약물음양오행(藥物陰陽五行) : 거풍습통경락약(祛風濕通經絡藥)

15. 공청(空青)

① 성미(性味) : 감(甘), 산(酸), 한(寒), 미독(微毒)
② 귀경(歸經) : 간(肝) 木經
③ 용법(用法) : 외용(外用), 0.35~1g 분말복(粉末服)

④ 금기(禁忌) : 토사자(菟絲子), 혈(血)(忌)

⑤ 주치(主治) : 청맹(靑盲), 목적통(目赤痛), 내장(內障), 이농(耳聾), 부예(膚翳), 두풍(頭風), 예막(翳膜), 누출(淚出)

⑥ 효능(效能) : 명목(明目), 통혈맥(通血脈), 이구규(利九竅), 익간기(益肝氣), 이수도(利水道), 지누출(止淚出), 파견적(破堅積), 통관절(通關節), 하유즙(下乳汁), 진간식풍(鎭肝熄風), 양정기(養精氣), 거예(去翳)

⑦ 약물음양오행(藥物陰陽五行) : 명목약(明目藥)

16. 교맥(蕎麥) : 메밀, 목맥(木麥)

① 성미(性味) : 감(甘), 한(寒), 평(平), 시큼하다. 무독(無毒)

② 귀경(歸經) : 비(脾)·위(胃)·폐(肺)·대장(大腸) 土金經

③ 용법(用法) : 내복(內服), 환·산용(丸·散用), 외용(外用), 구복(久服)삼가, 다복(多服)삼가

메밀毒 解毒藥 : 무우 즙(汁) 또는 무우씨

④ 금기(禁忌) : 비위허한(脾胃虛寒), 반(礬), 평위산(平胃散)(忌)/늦봄에 복용(服用)삼가, 치육(雉肉), 저육(豬肉), 양육(羊肉), 황어(黃魚)(忌)

⑤ 주치(主治) : 장위적체(腸胃積滯), 교장사(絞腸沙), 구금(口噤), 이질(痢疾), 설사(泄瀉), 옹저발배(癰疽發背), 적유단독(赤游丹毒), 라역(瘰癧)(外用), 비적설사(脾積泄瀉), 이질(痢疾)(면(麵)＋설탕용), 건곽란(乾霍亂)〈초초용(炒焦用)〉

⑥ 효능(效能) : 개위관장(開胃寬腸), 실장위(實腸胃), 강기관장(降氣寬腸), 하기소적(下氣消積), 익기력(益氣力), 마적체(磨積滯), 제백활백대(除白滑白帶), 소열종풍통(消熱腫風痛), 해주적(解酒積), 치임병(治淋病), 수렴냉한(收斂冷汗), 연오장(錬五臟)(노폐물제거)

⑦ 약물음양오행(藥物陰陽五行) : 이기약(理氣藥), 소도약(消導藥)

17. 교어(鮫魚) : 상어, 사어(沙魚)

① 성미(性味) : 감(甘), 함(鹹), 산(酸), 평(平), 미독(微毒)

② 귀경(歸經) : 비(脾) 土經

③ 효능(效能) : 보익오장(補益五臟), 지토혈(止吐血)(껍질), 소종(消腫), 거어혈(祛瘀血), 어독방지(魚毒防止)

18. 구육(狗肉), 견육(犬肉) : 개고기

① 성미(性味) : 함(鹹), 산(酸), 온(溫), 난(暖), 미독(微毒)

② 귀경(歸經) : 비(脾)·위(胃)·신(腎) 土水經

③ 용법(用法) : 끓여서 복용(服用), 구복가능(久服可能)〈久服시 경신(輕身)〉

④ 금기(禁忌) : 구워먹지 말것, 열병후(熱病後) 음허내열(陰虛內熱), 이질(痢疾)(忌)/9월에 먹지말 것, 상륙(常陸)(忌)/산(蒜)(마늘)(相惡), 손기(損氣)/행인(杏仁 상외(相畏)/담화다(痰火多)(忌), 우장(牛腸), 릉각(菱角), 선어(鮮魚), 우육(牛肉), 잉어, 계육(鷄肉), 생총(生葱)(忌)

⑤ 주치(主治) : 비신기허(脾腎氣虛), 비위허한(脾胃虛寒), 고창(臌脹), 흉복창만(胸腹脹滿), 하원허한(下元虛寒), 오로칠상(五勞七傷), 허한질병(虛寒疾病), 비위병(脾胃病), 치루(痔瘻), 패창불렴(敗瘡不斂), 한학(寒瘧), 부종(浮腫), 중풍(中風), 요삽(尿澁)

⑥ 효능(效能) : 보중익기(補中益氣), 장양기(壯陽氣), 고신기(固腎氣), 안오장(安五臟), 온신(溫腎), 난요슬(暖腰膝), 강요슬(强腰膝), 이혈맥(利血脈), 보절상(補絶傷), 전정수(塡精髓), 실하초(實下焦), 보오로칠상(補五勞七傷), 보위기(補胃氣), 후장위(厚腸胃), 보허(補虛), 온비위(溫脾胃), 보혈맥(補血脈), 보폐기(補肺氣), 장영위(壯營衛), 보허로(補虛勞)

△ 개발굽(견제 犬蹄) : 출유즙(出乳汁)

△ 백견유(白犬乳) : 치청맹(治青盲), 술을 끊게 한다

△ 견담(犬膽) : 명목(明目), 살충(殺蟲), 치악창(治惡瘡)

△ 견음경(犬陰莖), 치위증(治痿症), 치대하(治帶下)

△ 구보(狗寶)〈구사(狗砂)〉 : 황청색(黃靑色)의 결석(結石)(合用, 豆腐), 치폐경풍독
　(治肺經風毒), 치악창옹저(治惡瘡癰疽), 치담화(治痰火)

⑦ 약물음양오행(藥物陰陽五行) : 보익약(補益藥), 보기약(補氣藥), 보양약(補陽藥)

19. 구진(口津) : 침

① 성미(性味) : 감(甘), 함(鹹), 평(平)

② 주치(主治)·효능(效能) : 소창종(消瘡腫)(外用)/해독(解毒), 치사기(治邪氣), 치
　안예(治眼瞖)

20. 구향충(九香蟲)

① 성미(性味) : 함(鹹), 감(甘), 신(辛), 온(溫), 무독(無毒)

② 귀경(歸經) : 간(肝)·신(腎)·폐(肺)·비(脾) 木水金土經

③ 용법(用法) : 3~9g, 전복(煎服), 환·산복(丸·散服)

④ 금기(禁忌) : 음허양항(陰虛陽亢)〈신중용(愼重用)〉

⑤ 주치(主治) : 간위기통(肝胃氣痛), 위완창만(胃脘脹滿), 신허양위(腎虛陽痿), 요슬
　산통(腰膝酸痛), 기체(氣滯), 비신허손(脾腎虛損), 완통비민(脘痛痞悶), 격완체기
　(膈脘滯氣), 흉완울민(胸脘鬱悶), 신경성위통(神經性胃痛)

⑥ 효능(效能) : 온중(溫中), 장원양(壯元陽), 이기(理氣), 지통(止痛), 흥양익정(興陽
　益精)

⑦ 약물음양오행(藥物陰陽五行) : 이기약(理氣藥), 지통약(止痛藥)

21. 국거(菊苣) : 국거의 전초(全草)

① 성미(性味) : 함(鹹), 미고(微苦), 량(凉)
② 귀경(歸經) : 간(肝)・신(腎)・위(胃) 木水土經
③ 용법(用法) : 9~18g 전복(煎服)
④ 주치(主治) : 습열황달(濕熱黃疸), 간염(肝炎), 수종뇨소(水腫尿少), 위통식소(胃痛食少)
⑤ 효능(效能) : 청간이담(淸肝利膽), 이뇨소종(利尿消腫), 건위소식(健胃消食)
⑥ 약물음양오행(藥物陰陽五行) : 이수약(利水藥), 이습퇴황약(利濕退黃藥)

22. 군달채(莙蓬菜) : 근대, 석채(石菜), 근대의 줄기・잎

① 성미(性味) : 감(甘),고(苦), 량(凉), 미독(微毒)
② 귀경(歸經) : 위(胃)・대장(大腸) 土金經
③ 용법(用法) : 15~35g(60~140g 鮮), 전복(煎服), 즙복(汁服), 외용(外用)
④ 금기(禁忌) : 비허하리(脾虛下痢), 복냉(腹冷), 기허(氣虛), 활장(滑腸), 적취(積聚)(忌)/다복(多服) 삼가.
⑤ 주치(主治) : 열성질환(熱盛疾患), 시행장열(時行壯熱), 발열성(發熱性) 바이러스, 하리(下痢), 임탁(淋濁), 골절상(骨節傷), 옹종(癰腫), 마진투발불쾌(痲疹透發不快), 풍열독(風熱毒), 열리(熱痢), 소변불리(小便不利), 두풍(頭風), 두창(痘瘡), 구창통(灸瘡痛), 항문종통(肛門腫痛), 경폐정어(經閉停瘀)
⑥ 효능(效能) : 청열해독(淸熱解毒), 지혈생기(止血生肌), 행어행혈(行瘀行血), 지통(止痛), 지열독리(止熱毒痢), 살충해독(殺蟲解毒), 통심격(通心膈), 거풍(祛風), 통림(通淋), 지대조경(止帶調經), 개위(開胃), 이비기(理脾氣), 보중하기(補中下氣), 이오장(利五臟), 장육배농(長肉排膿), 통양(通陽)
⑦ 약물음양오행(藥物陰陽五行) : 청열해독약(淸熱解毒藥), 이혈약(理血藥)

23. 궐어(鱖魚) : 쏘가리, 수돈(水豚), 금린어(錦鱗魚)

① 성미(性味) : 감(甘), 평(平), 미독(微毒)
② 귀경(歸經) : 비(脾)・위(胃) 土經
③ 용법(用法) : 식용(食用)
④ 금기(禁忌) : 한습병(寒濕病)(忌)
⑤ 주치(主治) : 허노리(虛勞羸), 장풍사혈(腸風瀉血), 복내악혈(腹內惡血), 복내소충(腹內小蟲)
⑥ 효능(效能) : 보기혈(補氣血), 보로(補勞)〈보허로(補虛勞)〉, 익기(益氣), 익비위(益脾胃), 비건(肥健), 양혈(養血), 살로충(殺勞蟲), 식욕촉진(食慾促進), 구충(驅蟲)
⑦ 약물음양오행(藥物陰陽五行) : 보익약(補益藥), 보기약(補氣藥), 보혈약(補血藥), 살충약(殺蟲藥)

24. 궐채(蕨菜) : 고사리

① 성미(性味) : 감(甘), 한(寒), 떫다, 활(滑), 평(平)
② 용법(用法) : 내복(內服), 1일 10~20g, 외용(外用), 구식(久食) 삼가
③ 금기(禁忌) : 각기(脚氣)(忌), 현채(莧菜 : 비름)(忌)
④ 주치(主治)・효능(效能) : 이수도(利水道), 폭열제거(暴熱除去), 제창독(除瘡毒)

25. 귤핵(橘核) : 귤류의 씨

① 성미(性味) : 고(苦), 평(平), 하기(下氣), 무독(無毒)
② 귀경(歸經) : 간(肝)・신(腎)・방광(膀胱) 木水經
③ 용법(用法) : 3~10g
④ 금기(禁忌) : 허증(虛證)(忌)

⑤ 주치(主治) : 요통(腰痛), 신동(腎疼), 방광기통(膀胱氣痛), 유옹종통(乳癰腫痛), 소장산기(小腸疝氣), 음핵종통(陰核腫痛), 한산(寒疝)

⑥ 효능(效能) : 이기(理氣), 산결(散結), 지통(止痛), 소종산독(消腫散毒), 행간기(行肝氣), 견신(堅腎), 윤신(潤腎), 산역기(散逆氣)

⑦ 약물음양오행(藥物陰陽五行) : 이기약(理氣藥), 지통약(止痛藥)

26. 금과람(金果欖) : 금과람의 괴근(塊根)

① 성미(性味) : 고(苦), 감(甘), 산(酸), 한(寒), 무독(無毒)
② 귀경(歸經) : 비(脾)・신(腎) 土水經
③ 용법(用法) : 3~10g, 전복(煎服), 외용(外用)
④ 금기(禁忌) : 비위허약(脾胃虛弱)〈신중용(愼重用)〉
⑤ 주치(主治) : 완복열통(脘腹熱痛), 인후종통(咽喉腫痛), 이질(痢疾), 설사(泄瀉), 옹저정독(癰疽疔毒), 구강염(口腔炎), 인후염(咽喉炎), 유선염(乳腺炎), 이하선염(耳下腺炎), 장염(腸炎), 위통(胃痛), 옹저정창(癰疽疔瘡), 충수염(蟲垂炎), 인후비급(咽喉痺急), 외감고열증(外感高熱證), 사갈충상(蛇蝎虫傷), 람장(嵐瘴), 이창토뉵(耳脹吐衄), 열수(熱嗽), 편신악독(遍身惡毒), 치통(齒痛), 소아태독(小兒胎毒), 편도체염(扁桃体炎), 질타균리(跌打菌痢)
⑥ 효능(效能) : 청열해독(清熱解毒), 지통(止痛), 이인(利咽), 거내외결열(祛內外結熱), 지갈생진(止渴生津), 자음강화(滋陰降火)
⑦ 약물음양오행(藥物陰陽五行) : 청열해독약(清熱解毒藥)

27. 급성자(急性子) : 봉선자(鳳仙子), 봉선화 씨

① 성미(性味) : 기온(氣溫), 고(苦), 신(辛), 유독(有毒), 평(平)
② 귀경(歸經) : 간(肝)・신(腎)・폐(肺) 木水金經

③ 용법(用法) : 2.5~4.5g, 전복(煎服), 환용(丸用), 산용(散用), 치(齒)에 닿지 않게
한다. 외용(外用), 근엽(根葉) 30~60g(生用)

④ 금기(禁忌) : 임부(姙婦), 무어적(無瘀積), 체허약(体虛弱)

⑤ 주치(主治) : 골경(骨鯁), 열격(噎膈), 난산(難產), 산후복통(產後腹痛), 간염(肝
炎), 적괴(積塊)/〈엽(葉), 근(根)〉 월경불순(月經不順), 골경(骨鯁), 장종(杖腫)/
월경폐지(月經閉止), 무월경(無月經), 외상견종(外傷堅腫), 악창(惡瘡), 화독(火
毒), 산종마목(酸腫麻木), 외양견괴(外瘍堅塊), 소아비적(小兒痞積), 징가(癥瘕)

⑥ 효능(效能) : 연견(軟堅), 소적(消積), 파혈(破血), 청간(淸肝), 투골통규(透骨通竅),
하골경(下骨鯁), 하사태(下死胎), 소벽(消癖), 화골(化骨), 해사충독(解蛇蟲毒)

⑦ 약물음양오행(藥物陰陽五行) : 파징소적약(破癥消積藥)

28. 나군대(羅裙帶) : 문주란(文珠蘭), 문주란의 엽(葉)

① 성미(性味) : 신(辛), 량(凉), 유독(有毒)

② 귀경(歸經) : 심(心)·간(肝) 火木經

③ 용법(用法) : 4~30g(鮮) 전복(煎服), 외용(外用)〈즙용(汁用)〉

④ 주치(主治) : 옹종창독(癰腫瘡毒), 관절통(關節痛), 두풍통(頭風痛), 심기통(心氣
痛), 타박골절(打撲骨折), 유암(乳癌)

⑤ 효능(效能) : 청열해독(淸熱解毒), 소종(消腫), 산어(散瘀)

▶ 나군대근(羅裙帶根) : 문주란의 비늘줄기, 뿌리, 〈인경(鱗莖), 근(根)〉

① 용법(用法) : 3~10g 전복(煎服), 외용(外用), 내복(內服)주의(有毒)

② 주치(主治)·효능(效能) : 타박상(打撲傷), 해수(咳嗽), 아통(牙痛), 후통(喉痛),
청폐(淸肺)

▶ 문주란과(文珠蘭果) : 문주란의 열매
치종통(治腫痛)〈외용(外用)〉

29. 나미(糯米) : 찹쌀, 도미(稻米), 비곡(脾穀)

① 성미(性味) : 감(甘), 온(溫)〈고(苦)〉, 열(熱)(오래된것) / 점(粘), 체(滯), 평(平), 무독(無毒)

② 귀경(歸經) : 비(脾) · 위(胃) · 폐(肺) 土金經

③ 용법(用法) : 35~72g 전복(煎服), 외용(外用) / 다식(多食) 삼가, 장복(長服)삼가 / 빈뇨(頻尿), 태동복통(胎動腹痛), 육류(肉類)삼가 / 창종(瘡腫)〈초흑외용(炒黑外用)〉

④ 금기(禁忌) : 담열풍병(痰熱風病), 경락옹색(經絡壅塞), 비위허약(脾胃虛弱), 동기(動氣), 발풍(發風)(忌)

⑤ 주치(主治) : 다뇨(多尿), 설사(泄瀉), 비병(脾病), 곽란(霍亂), 소갈증(消渴症), 치질(痔疾), 영위중혈적(營衛中血積), 허한설리(虛寒泄痢), 두창(痘瘡), 허로부족(虛勞不足), 요통(腰痛), 임신복통(姙娠腹痛)

⑥ 효능(效能) : 보양중초(補養中焦), 온중초(溫中焦), 보중익기(補中益氣), 온폐난비(溫肺暖脾), 실위장(實胃腸), 익기지설(益氣止泄), 거어(祛瘀), 온비위(溫脾胃), 축소변(縮小便), 수자한(收自汗), 지갈해독(止渴解毒)(泄), 하원보양(下元保養)

⑦ 약물음양오행(藥物陰陽五行) : 보기약(補氣藥)

30. 나포마(羅布麻) : 나포마의 전초(全草)

① 성미(性味) : 감(甘), 고(苦), 량(凉), 미독(微毒), 떫다, 평(平)

② 귀경(歸經) : 간(肝) · 신(腎) · 심(心) 木水火經

③ 용법(用法) : 6~12g, 전복(煎服)

④ 주치(主治) : 간양현훈(肝陽眩暈), 신경쇠약(神經衰弱), 고혈압(高血壓), 심계불면(心悸不眠), 신염부종(腎炎浮腫), 뇨소(尿少), 심장병(心臟病), 간염(肝炎), 복부팽만(腹部膨滿)

⑤ 효능(效能) : 강혈압(降血壓), 강심(强心), 이소변(利小便), 청량거화(清凉祛火),

지두훈(止頭暈), 이뇨(利尿)

⑥ 약물음양오행(藥物陰陽五行) : 청열사화약(清熱瀉火藥)

31. 나한과(羅漢果)

① 성미(性味) : 감(甘), 량(凉), 무독(無毒)

② 귀경(歸經) : 폐(肺)·비(脾) 金土經

③ 용법(用法) : 9~18g

④ 배합길(配合吉) : 돼지고기

⑤ 주치(主治) : 간화조해(肝火燥咳), 장조변비(腸燥便秘), 인통실음(咽痛失音), 담화해수(痰火咳嗽), 백일해(百日咳), 혈조위열변비(血燥胃熱便秘)

⑥ 효능(效能) : 청열윤폐(清熱潤肺), 양혈(凉血), 윤장통변(潤腸通便), 지해(止咳)

⑦ 약물음양오행(藥物陰陽五行) : 청열양혈약(清熱凉血藥), 윤하약(潤下藥)

32. 낙제(絡蹄) : 낙지, 팔대어(八帶魚)

① 성미(性味) : 감(甘), 함(鹹), 한(寒), 평(平)

② 용법(用法) : 식용(食用)

③ 효능(效能) : 조혈기(調血氣), 익기양혈(益氣養血)

33. 낙화생(落花生) : 땅콩

① 성미(性味) : 감(甘), 평(平), 온(溫), 무독(無毒)

② 귀경(歸經) : 비(脾)·폐(肺) 土金經

③ 용법(用法) : 선용(鮮用), 전용(煎用) 1일 30~100g

④ 금기(禁忌) : 장활변설(腸滑便泄), 신한습체(身寒濕滯) 복용삼가

⑤ 주치(主治) : 반위(反胃), 조해(燥咳), 해수(咳嗽), 각기(脚氣), 유즙부족(乳汁不足), 폐로(肺勞)(소금물로 煎用), 냉적복통(冷積腹痛)

⑥ 효능(效能) : 화비위(和脾胃), 보비(補脾), 서비(舒脾), 윤폐(潤肺), 자조윤화(滋燥潤火), 보중익기(補中益氣), 양폐(養肺)〈염수자(鹽水煮)〉, 탁두독(托痘毒), 성주(醒酒)(술을 깨게 한다), 하담(下痰)(생용 生用), 개위성비(開胃醒脾), 활장(滑腸)〈초숙용(炒熟用)〉, 지혈(止血)

⑦ 약물음양오행(藥物陰陽五行) : 보익약(補益藥), 보기약(補氣藥), 윤하약(潤下藥), 지혈약(止血藥)

34. 날초(辣椒) : 번초(蕃椒), 고추, 고추의 과실(果實)

① 성미(性味) : 신(辛), 열(熱), 무독(無毒)

② 귀경(歸經) : 심(心)・비(脾) 火土經

③ 용법(用法) : 1~2.5g 환・산복(丸・散服), 다복(多服)삼가

④ 금기(禁忌) : 음허화왕(陰虛火旺), 목질(目疾), 해수(咳嗽)

⑤ 주치(主治) : 한체복통(寒滯腹痛), 사리(瀉痢), 구토(嘔吐), 동창(凍瘡), 냉개(冷疥), 한벽(寒癖), 각기(脚氣), 열격(噎膈), 동촉(凍瘃), 개선(疥癬)

⑥ 효능(效能) : 온중산한(溫中散寒), 하기(下氣), 제습(除濕), 개위(開胃), 소식(消食), 개울거담(開鬱祛痰), 해결기(解結氣), 제풍발한(除風發汗), 살성기제독(殺腥氣諸毒), 살충해독(殺蟲解毒), 거풍행혈(祛風行血), 식욕증진(食慾增進), 행담축습(行痰逐濕)

⑦ 약물음양오행(藥物陰陽五行) : 온열약(溫熱藥)

35. 납설수(臘雪水) : 눈녹은 물

① 성미(性味) : 감(甘), 한(寒), 싱겁다, 무독(無毒)

② 용법(用法) : 환경오염주의

③ 주치(主治) : 온역(溫疫), 중서열광(中暑熱狂), 주후폭열(酒後暴熱), 상주열갈(傷酒熱渴), 소아열간광제(小兒熱癎狂啼), 황달(黃疸), 목적(目赤), 상한화갈(傷寒火渴)〈전용(煎用)〉

④ 효능(效能) : 청열해독(淸熱解毒), 강화지갈(降火止渴), 청폐이수(淸肺利水), 강열살충(降熱殺蟲)

◇ 하빙(夏氷)(여름어름) : 해열독(解熱毒), 해소주독(解燒酒毒), 해서(解暑)

◇ 반천하수(半天河水) : 나무구멍속의 빗물, 치창종(治瘡腫)(外用)

◇ 감란수(甘爛水)〈(저었을 때 거품진물)〉 : 성온(性溫), 치양성음허증(治陽盛陰虛症)

◇ 정화수(井華水) : 새벽 시초 우물물, 치주후열리(治酒後熱痢)

◇ 온천수(溫泉水) : 성미(性味)〈신(辛), 열(熱), 소독(小毒), S〉, 치풍병(治風病)〈근골연축(筋骨攣縮), 완선(頑癬)〉

◇ 지장(地漿 : 흙탕물) : 치곽란(治霍亂), 치중갈(治中暍), 해제독(解諸毒)

◇ 백비탕(百沸湯 : 열탕(熱湯), 조양기(助陽氣), 경락순행(經絡順行)

◇ 생숙탕(生熟湯)〈끓는물 1/2+냉수(冷水)1/2〉, 치곽란구토(治霍亂嘔吐)

◇ 장수(漿水 좁쌀뜨물) 해갈증(解渴症), 지설사(止泄瀉), 치체기(治滯氣)

◇ 장류수(長流水) : 멀리서 흘러온 물, 천리수(千里水), 통리이변(通利二便), 치수족말단병(治手足末端病)

⑤ 약물음양오행(藥物陰陽五行) : 청열해독약(淸熱解毒藥), 지갈약(止渴藥)

36. 낭독(狼毒) : 오돌도기, 낭독의 뿌리, 천낭독(川狼毒)

① 성미(性味) : 평(平), 신(辛), 고(苦), 한(寒), 대독(大毒)

② 귀경(歸經) : 폐(肺)·심(心) 金火經

③ 용법(用法) : 초초용(醋炒用), 0.4~0.6g, 0.9~2.5g, 주로 외용(外用), 환용(丸用), 산용(散用), 내복시(內服時) 주의, 가급적 내복(內服)삼가

④ 금기(禁忌) : 임부(姙婦), 체허약(体虚弱), 밀타승초(密陀僧醋)〈상외(相畏)〉

⑤ 주치(主治) : 징적(癥積), 악창(惡瘡), 괴독(塊毒), 풍위(風痿), 해역상기(咳逆上氣), 징가(癥瘕), 심복창만(心腹脹滿), 한열(寒熱), 협하적벽(脇下積癖), 충독(蟲毒), 저식(疽蝕), 건선(乾癬), 농약독(農藥毒), 수종복창(水腫腹脹), 심복동통(心腹疼痛), 해수(咳嗽), 천식(喘息), 치창(痔瘡), 개선(疥癬), 결핵(結核), 담음정유(痰飲停留)

⑥ 효능(效能) : 거담축수(祛痰逐水), 이수도(利水道), 파적살충(破積殺蟲), 공충적(攻蟲積), 소수종(消水腫), 하기(下氣), 토담연(吐痰涎)

⑦ 약물음양오행(藥物陰陽五行) : 외용약(外用藥), 살충약(殺蟲藥)

37. 노로통(路路通) : 풍향(楓香)의 과서(果序), 열매

① 성미(性味) : 고(苦), 신(辛), 떫다, 평(平), 무독(無毒)

② 용법(用法) : 3.7~9g, 전복(煎服), 외용(外用)가능

③ 금기(禁忌) : 임부(姙婦)(忌), 음허내열(陰虛內熱), 허한(虛寒), 자궁출혈(子宮出血), 월경과다(月經過多)(忌)

④ 주치(主治) : 마목구련(麻木拘攣), 관절비통(關節痺痛), 유소경폐(乳少經閉), 수종창만(水腫脹滿), 지체비통(肢體痺痛), 위통(胃痛), 유즙부족(乳汁不足), 무월경(無月經), 수각급요통(手脚及腰痛), 소변불리(小便不利), 월경부조(月經不調), 습열비통(濕熱痺痛), 풍습유주동통(風濕流注疼痛), 옹저종독(癰疽腫毒), 주신비통(周身痺痛), 심위기통(心胃氣痛), 풍습성요통(風濕性腰痛), 습진(濕疹), 피부염(皮膚炎), 두드러기

⑤ 효능(效能) : 거풍제습(祛風除濕), 통경락이수(通經絡利水), 행기활혈(行氣活血),

명목(明目), 서근락구련(舒筋絡拘攣), 소염소독(消炎消毒), 수렴(收斂)

⑥ 약물음양오행(藥物陰陽五行) : 거풍습지비약(祛風濕止痺藥), 통경락약(通經絡藥)

38. 노순(蘆筍) : 갈대의 새싹

① 성미(性味) : 감(甘), 미고(微苦), 한(寒), 무독(無毒)

② 용법(用法) : 전복(煎服)

③ 금기(禁忌) : 파두(巴豆)(忌)

④ 주치(主治) : 열병(熱病), 구갈(口渴), 소변불리(小便不利), 임병(淋病), 제어육독(諸魚肉毒), 격한객열(膈寒客熱)

⑤ 효능(效能) : 청폐지갈(淸肺止渴), 이소변(利小便), 이수통림(利水通淋), 해제어육독(解諸魚肉毒)

⑥ 약물음양오행(藥物陰陽五行) : 청열약(淸熱藥), 이수약(利水藥)

39. 노어(鱸魚) : 농어

① 성미(性味) : 감(甘), 평(平), 미독(微毒), 함(鹹) ,온(溫)

② 용법(用法) : 식용(食用), 회용(膾用)

③ 금기(禁忌) : 유락(乳酪 젖찌꺼기, 치즈)

④ 주치(主治) : 풍비어광(風痺瘀匡), 부종(浮腫), 면포(面疱), 수기(水氣)

⑤ 효능(效能) : 안오장(安五臟), 익비위(益脾胃), 보중(補中), 안태(安胎), 보간신(補肝腎), 보익근골(補益筋骨), 보오장(補五臟), 화장위(和腸胃)

⑥ 약물음양오행(藥物陰陽五行) : 보익약(補益藥)

40. 녹각채(鹿角菜) : 청각채(靑角菜)

① 성미(性味) : 감(甘), 함(鹹), 한(寒), 냉(冷), 활리(滑利), 미독(微毒)
② 용법(用法) : ·1회 5~10g 전복(煎服), 구복(久服) 삼가.
③ 주치(主治) : 면열독(面熱毒), 소아골증노열(小兒骨蒸勞熱), 수종(水腫), 회충(蚘蟲), 담결비적(痰結痞積), 치독(痔毒)
④ 효능(效能) : 구충(驅蟲), 하열풍기(下熱風氣), 소담하식(消痰下食), 치영기(治癭氣), 제상초부열(除上焦浮熱)
⑤ 약물음양오행(藥物陰陽五行) : 청화열담약(清化熱痰藥), 청열해독약(清熱解毒藥)

41. 능(菱), 능각(菱角) : 마름, 마름의 과육(果肉)

① 성미(性味) : 감(甘), 미고(微苦), 삽(澁), 평(平), 량(凉), 무독(無毒)
② 귀경(歸經) : 장(腸)·위(胃) 土經
③ 용법(用法) : 식용(食用), 삶아서 복용, 구복시(久服時) 경신(輕身)
④ 금기(禁忌) : 전염성하리(傳染性下痢), 학질(瘧疾)(忌)
⑤ 주치(主治) : 풍습비통(風濕痺痛), 사지마비(四肢麻痺), 요퇴근골통(腰腿筋骨痛), 열독(熱毒), 오두독(烏頭毒), 주독(酒毒), 상한적열(傷寒積熱), 소갈(消渴), 단석독(丹石毒)
⑥ 효능(效能) : 건비익기(健脾益氣)〈전복(煎服)〉/ 청서(清署), 해열(解熱), 지갈제번(止渴除煩)〈선복(鮮服)〉/안중보장(安中補臟), 성비(醒脾), 완중(緩中), 해주(解酒)
⑦ 약물음양오행(藥物陰陽五行) : 청서익기약(清署益氣藥)

◇ 능각(菱殼) : 능의 열매껍질

① 용법(用法) : 전복용(煎服用), 외용(外用)
② 주치(主治) : 설사(泄瀉), 치질(痔疾), 황수창(黃水瘡), 정종(疔腫), 탈항(脫肛)

③ 효능(效能) : 지설리(止泄痢), 지변혈(止便血)

◇ 능경(菱莖) : 능의 줄기

① 성미(性味) : 감(甘), 삽(澀), 평(平), 무독(無毒)
② 용법(用法) : 30~50g (鮮), 전복(煎服), 외용(外用)
③ 주치(主治) : 사마귀, 위궤양(胃潰瘍)

◇ 능체(菱蔕) : 마름의 열매꼭지

① 용법(用法) : 30~50g (鮮), 전복(煎服), 외용(外用)
② 주치(主治) : 우자(疣子)(사마귀), 위궤양(胃潰瘍)

42. 다엽(茶葉) : 다명(茶茗) 차나무 잎

① 성미(性味) : 고(苦), 감(甘), 량(凉), 무독(無毒), 〈함(鹹), 산(酸)〉
② 귀경(歸經) : 심(心)·폐(肺)·비(脾)·위(胃) 火金土經
③ 용법(用法) : 3~10g, 전복용(煎服用), 환·산용(丸·散用), 외용(外用), 구복(久服)삼가
④ 금기(禁忌) : 불면증(不眠症), 토복령(土茯苓), 위령선(威靈仙)(忌), 녹반(綠礬)(忌), 사군자(使君子)(忌)/ 여육(驢肉 나귀고기)(忌)
⑤ 주치(主治) : 열갈(熱渴), 담열(痰熱), 번갈(煩渴), 열독(熱毒), 적백리(赤白痢), 설사(泄瀉), 기옹(氣壅), 〈요통(腰痛), 심통(心痛)〉, 식적담체(食積痰滯), 심번구갈(心煩口渴), 다면(多眠), 두통목현(頭痛目眩), 하리(下痢), 학질(瘧疾), 루치창(瘻痔瘡), 장기(瘴氣), 상서(傷暑), 중풍혼궤(中風昏憒), 풍열담연(風熱痰涎), 주독(酒毒)
⑥ 효능(效能) : 명목(明目), 음식소화(飮食消化), 상청두목(上淸頭目), 성신(醒神), 청심신(淸心神), 열지(悅志), 하기(下氣), 이변통리(二便通利), 척열(滌熱), 잠을적

게 한다. 제번지갈(除煩止渴), 파열기(破熱氣), 소숙식화담(消宿食化痰), 해독(解毒), 이뇨(利尿), 양간담(凉肝膽),

⑦ 약물음양오행(藥物陰陽五行) : 이수청열약(利水淸熱藥), 청열해독약(淸熱解毒藥), 지갈약(止渴藥)

43. 다유(茶油) : 유다(油茶)씨의 지방유

① 성미(性味) : 감(甘), 량(凉), 평(平)
② 귀경(歸經) : 간(肝)·대장(大腸) 木金經
③ 용법(用法) : 30~70g, 외용(外用)가능
④ 주치(主治) : 사기복통(痧氣腹痛), 탕화상(湯火傷), 개선(疥癬), 창개(瘡疥)
⑤ 효능(效能) : 청열화습(淸熱化濕), 퇴습열(退濕熱), 식풍(熄風), 살충해독(殺蟲解毒), 윤장청위(潤腸淸胃), 윤조(潤燥), 이두목(利頭目)
⑥ 약물음양오행(藥物陰陽五行) : 청열해독약(淸熱解毒藥)

44. 단육(貒肉) : 오소리 고기, 단저육(貒豬肉)

① 성미(性味) : 산(酸), 감(甘), 함(鹹), 평(平), 무독(無毒)
② 용법(用法) : 끓여 복용(服用)
③ 주치(主治) : 허로(虛勞), 수척(瘦瘠), 소아감적(小兒疳積), 구리(久痢), 수종(水腫), 구수창(久水脹), 적백리(赤白痢), 해역노열(咳逆勞熱), 상기허핍(上氣虛乏)
④ 효능(效能) : 보비위(補脾胃), 이수도(利水道), 비건(肥健 : 살찌게 한다), 장지육(長脂肉), 이장부(利臟腑), 행풍기(行風氣), 살충(殺蟲), 보중(補中), 익기혈(益氣血)
⑤ 약물음양오행(藥物陰陽五行) : 보익약(補益藥), 이수약(利水藥)

45. 달육(獺肉) : 수달고기

① 성미(性味) : 감(甘), 함(鹹), 평(平), 한(寒), 무독(無毒)
② 귀경(歸經) : 간(肝) 木經
③ 용법(用法) : 전복(煎服), 외용(外用), 다복(多服) 삼가
④ 금기(禁忌) : 토육(兎肉), 시(柿 : 감)(忌)/계육(鷄肉), 등귤(橙橘)(忌)
⑤ 주치(主治) : 골증열노(骨蒸熱勞), 수종창만(水腫脹滿), 허로(虛勞), 경폐(經閉),
   무월경(無月經), 온병(溫病), 역기(逆氣), 해수노손(咳嗽勞損), 대소장비삽(大小腸
   秘澁), 혈열(血熱), 경락불통(經絡不通), 영위허만(榮衛虛滿), 혈맥불행(血脈不行),
   어충독(魚蟲毒), 절상(折傷), 열독풍(熱毒風), 〈허창(虛脹)〉
⑥ 효능(效能) : 익음(益陰)

46. 담채(淡菜) : 홍합(紅蛤)

① 성미(性味) : 함(鹹), 감(甘), 온(溫), 무독(無毒)
② 귀경(歸經) : 간(肝)·신(腎) 木水經
③ 주치(主治) : 허로(虛勞), 도한(盜汗), 요통(腰痛), 붕중대하(崩中帶下), 영유(癭
   瘤), 자궁출혈(子宮出血), 산가(疝瘕), 구리(久痢), 산후혈결(産後血結), 징가(癥
   瘕), 복내동통(腹內疼痛), 냉통(冷痛), 허리노손(虛羸勞損), 혈기결적(血氣結積),
   인산수척(因産瘦瘠), 장명하리(腸鳴下痢), 현벽(痃癖), 복중냉기(腹中冷氣), 유정
   (遺精), 임(淋), 소갈(消渴), 양위(陽痿), 음냉(陰冷)
④ 효능(效能) : 보간신(補肝腎), 익정혈(益精血), 보허손(補虛損), 윤모발(潤毛髮),
   보오장(補五臟), 소숙식(消宿食), 이요각기(理腰脚氣), 익양사(益陽事 : 정력왕성),
   소영기(消癭氣), 익혈전정(益血塡精)
⑤ 약물음양오행(藥物陰陽五行) : 보익약(補益藥), 보혈약(補血藥)

47. 대구어(大口魚) : 대구

① 성미(性味) : 함(鹹), 감(甘), 평(平)

　내장유(內腸油) : 호(好)

② 주치(主治)·효능(效能) : 보기(補氣), 자양(滋養)

48. 대맥(大麥) : 보리, 모맥(牟麥)

① 성미(性味) : 감(甘), 함(鹹), 량(凉), 평(平), 미한(微寒), 무독(無毒)

② 귀경(歸經) : 비(脾)·위(胃) 土經

③ 용법(用法) : 35~70g 전복(煎服), 외용(外用)/장복(長服)시 비건(肥健)

④ 금기(禁忌) : 어자(魚鮓 젓), 황어(黃魚)(忌)

⑤ 주치(主治) : 식체(食滯), 소변임통(小便淋痛), 화상(火傷), 수종(水腫), 설사(泄
　瀉), 수장(水痕)

⑥ 효능(效能) : 보허(補虛), 화위(和胃), 관구흉하기(寬口胸下氣), 관장(寬腸), 이뇨
　(利尿), 익기조중(益氣調中), 제열(除熱), 지갈(止渴), 지사(止瀉),/대맥면(大麥
　麵)(보리국수) : 평위(平胃), 소식(消食), 치창(治脹), 조중지설(調中止泄), 관흉하
　기(寬胸下氣), 소적(消積), 양혈(凉血)

⑦ 약물음양오행(藥物陰陽五行) : 이수약(利水藥), 지갈약(止渴藥)

49. 대소초(待宵草) : 달맞이 꽃, 달맞이 꽃의 근(根), 월하향(月下香)

① 성미(性味) : 신(辛), 온(溫)

② 귀경(歸經) : 간(肝)·폐(肺) 木金經

③ 용법(用法) : 4.5~10g 전복(煎服)

④ 주치(主治) : 감모(感冒), 기관지염(氣管支炎), 인후염(咽喉炎), 피부염(皮膚炎)

⑤ 효능(效能) : 해열(解熱)

50. 도두(刀豆) : 작두콩의 종자

① 성미(性味) : 감(甘), 온(溫), 평(平), 무독(無毒)

② 용법(用法) : 4.5~9g, 9~18g. 전복(煎服)

③ 금기(禁忌) : 위열성(胃熱盛), 신용(愼用)

④ 주치(主治) : 허한애역(虛寒呃逆), 구토(嘔吐), 신허요통(腎虛腰痛), 복창(腹脹),
담천(痰喘), 신기허손(腎氣虛損), 장위불화(腸胃不和), 흉중비만(胸中痞滿), 복통
(腹痛), 이질(痢疾)

⑤ 효능(效能) : 온중하기(溫中下氣), 지애지구(止呃止嘔), 온신보원(溫腎補元), 건비
(健脾), 화장위(和腸胃), 보신(補腎), 산한(散寒)

⑥ 약물음양오행(藥物陰陽五行) : 지구약(止嘔藥), 보익약(補益藥)

51. 도이칠(桃耳七) : 소엽련(小葉蓮), 귀구(鬼臼) 뿌리줄기

① 성미(性味) : 고(苦), 감(甘), 신(辛), 온(溫), 평(平), 소독(小毒)

② 귀경(歸經) : 폐(肺)·위(胃)·간(肝) 金土木經

③ 용법(用法) : 2~3.5g, 전복(煎服), 분말복(粉末服)

④ 주치(主治) : 풍습동통(風濕疼痛), 위통(胃痛), 풍한(風寒), 해수천식(咳嗽喘息),
질타손상(跌打損傷), 노상(勞傷), 혈어경폐(血瘀經閉), 태반불하(胎盤不下), 사태
(死胎), 난산(難產), 천해(喘咳), 류머티즘, 타박상(打撲傷), 위통(胃痛), 마목(麻
木), 월경부조(月經不調), 요퇴동통(腰腿疼痛), 심위통(心胃痛)

⑤ 효능(效能) : 조경활혈(調經活血), 제풍습(除風濕), 지해(止咳), 지통(止痛), 지혈(止血), 이기혈(利氣血), 조화제약(調和諸藥), 해독(解毒), 소종(消腫)

⑥ 약물음양오행(藥物陰陽五行) : 거풍습약(祛風濕藥), 지통약(止痛藥)

52. 도자(挑子) : 도실(桃實), 복숭아 나무의 과실

① 성미(性味) : 감(甘), 산(酸), 온(溫), 미독(微毒)

② 용법(用法) : 선복(鮮服), 건복(乾服), 다식(多食) 삼가

③ 금기(禁忌) : 출(朮), 별(鱉)〈자라〉(忌), 장어(長魚)(忌)

④ 효능(效能) : 윤장(潤腸), 생진(生津), 활혈(活血)〈혈액순환촉진〉, 소적(消積), 통월경(通月經), 양간기(養肝氣), 보심(補心), 척열(滌熱)

53. 동규근(冬葵根) : 아욱의 뿌리

① 성미(性味) : 감(甘), 신(辛), 한(寒), 무독(無毒)

② 용법(用法) : 30~70g 전복(煎服), 즙복(汁服), 분말복(粉末服), 외용(外用)〈태워사용〉

③ 금기(禁忌) : 비양부진(脾陽不振)(忌), 서미(黍米), 사탕(砂糖), 이어(鯉魚), 저육(豬肉)(忌)

④ 주치(主治) : 이변불리(二便不利), 임질(淋疾), 소갈(消渴), 안질(眼疾), 허해(虛咳), 백대(白帶), 독충사교상(毒蟲蛇咬傷), 도한(盜汗), 악창(惡瘡), 이질(痢疾)

⑤ 효능(效能) : 청열해독(淸熱解毒), 통림이규(通淋利竅), 해촉초독(解蜀椒毒), 이소변(利小便), 명목거예(明目去翳), 파결기(破結氣), 산담(散痰), 지기동(止氣疼), 하중기(下中氣), 소영유(消癭瘤), 산악독기(散惡毒氣), 지소갈(止消渴), 활태(滑胎)

⑥ 약물음양오행(藥物陰陽五行) : 이수약(利水藥), 청열약(淸熱藥)

◇ 동규엽(冬葵葉) : 아욱의 유묘(幼苗), 엽(葉)

① 성미(性味) : 감(甘), 함(鹹), 한(寒), 활(滑), 무독(無毒)
② 용법(用法) : 30~70g 전복(煎服), 외용(外用), 다복(多服) 삼가
③ 금기(禁忌) : 비허장활(脾虛腸滑)(忌), 임부(姙婦)(주의), 풍질(風疾), 위한(胃寒), 숙병(宿病)(忌)/묘(苗), 선동규(鮮冬葵)(忌)
④ 주치(主治) : 폐열해수(肺熱咳嗽), 폐로(肺癆), 열독하리(熱毒下痢), 허해(虛咳), 황달(黃疸), 금창(金創), 단독(丹毒), 이변불통(二便不痛), 도한(盜汗)
⑤ 효능(效能) : 청열(淸熱), 활장(滑腸), 행수(行水)

54. 동변(童便) : 동뇨(童尿), 인뇨(人尿)〈소아(小兒) 오줌〉

① 성미(性味) : 기량(氣凉), 함(鹹), 무독(無毒)
② 귀경(歸經) : 간(肝)·폐(肺)·신(腎)·심(心)·방광(膀胱)·위(胃) 木金水火土經
③ 용법(用法) : 중간의 뇨(尿) 사용, 다복(多服) 삼가, 구복(久服) 삼가
④ 금기(禁忌) : 비위허한(脾胃虛寒), 양허무화(陽虛無火), 하리(下痢), 소화불량(消化不良)(忌)
⑤ 주치(主治) : 타박(打撲), 금창(金瘡), 장창(杖瘡), 어혈(瘀血), 노상해혈(勞傷咳血), 허로(虛勞), 골증열수(骨蒸熱嗽), 폐위(肺痿), 구수(久嗽), 두통(頭痛), 겁증(怯症), 난산(難產), 산후어혈복통(產後瘀血腹痛), 혈훈(血暈), 복만(腹滿), 인통(咽痛), 혈허동통(血虛疼痛), 태의불하(胎衣不下), 비뉴(鼻衄), 치혈(齒血), 토혈(吐血), 치창(痔瘡), 한열(寒熱), 온기(瘟氣), 징적(癥積), 이농(耳聾), 사견교상(蛇犬咬傷), 백충입이(百蟲入耳), 장통(腸痛), 서학(暑瘧), 음허발열(陰虛發熱)
⑥ 효능(效能) : 윤심폐(潤心肺), 명목(明目), 자음강화(滋陰降火), 윤기부(潤肌膚), 청심설화(淸心泄火), 산어(散瘀), 지혈(止血), 살충(殺蟲), 해독(解毒), 이대장(利大腸), 지노갈(止勞渴), 퇴열제번(退熱除煩), 동리삼초(通利三焦),

◇ 자기뇨(自己尿) : 윤회주(輪廻酒)

◇ 추석(秋石)(오줌고은 것) : 성온(性溫), 주치(主治) : 허로(虛勞), 뇨빈삭(尿頻數),
　　백탁(白濁), 유정(遺精), 효능(效能) : 보음(補陰), 장양(壯陽)

◇ 인중백(人中白) : 오래된 오줌에 있는 흰 적, 하연용(煆研用) 1일 9～15g
　　주치(主治)・효능(效能) : 사간・삼초・방광화(瀉肝・三焦・膀胱火), 치인후구설창
　　(治咽喉口舌瘡)

⑦ 약물음양오행(藥物陰陽五行) : 이혈약(理血藥), 보음약(補陰藥), 해독약(解毒藥)

55. 동풍채(東風菜) : 참취, 취나물, 참취의 전초(全草)

① 성미(性味) : 감(甘), 신(辛), 무독(無毒)
② 주치(主治) : 독사교상(毒蛇咬傷), 타박상(打撲傷)〈외용(外用)〉

◇ 동풍채근(東風菜根) : 참취의 뿌리

① 성미(性味) : 신(辛), 향(香), 온(溫), 무독(無毒)
② 용법(用法) : 15～36g, 전복(煎服), 외용(外用)
③ 주치(主治) : 장염복통(腸炎腹痛), 타박상(打撲傷), 골절동통(骨節疼痛), 인후종통
　　(咽喉腫痛), 한사복통(寒痧腹痛), 목적종통(目赤腫痛)
④ 효능(效能) : 소풍(疏風), 지통(止痛), 행기(行氣), 활혈(活血), 조기(調氣), 거풍습
　　(祛風濕), 건비(健脾), 소식(消食), 지혈(止血), 생기(生肌)

56. 동호(茼蒿) : 쑥갓, 쑥갓의 경엽(莖葉 : 줄기, 잎)

① 성미(性味) : 신(辛), 감(甘), 미고(微苦), 평(平), 미한(微寒), 무독(無毒)
② 귀경(歸經) : 비(脾)・위(胃) 土經, 심(心)・신(腎)・장(腸) 火水經
③ 용법(用法) : 숙복용(熟服用 : 삶아 복용)

④ 금기(禁忌) : 설사(泄瀉)

⑤ 주치(主治)・효능(效能) : 보비위(補脾胃), 안심기(安心氣), 소담음(消痰飲), 화비위(和脾胃), 화장위(和腸胃), 소수곡(消水穀), 이대소변(利大小便), 치편추기동(治偏墜氣疼), 행간기(行肝氣), 제격중취기(除膈中臭氣), 통혈맥(通血脈)

57. 두부(豆腐), 두포(豆泡)

① 성미(性味) : 감(甘), 한(寒), 평(平)

② 귀경(歸經) : 비(脾)・위(胃), 대장(大腸) 土金經

③ 용법(用法) : 과식(過食)삼가/ 두부 毒(解毒) : 무우, 미음

④ 금기(禁忌) : 주(酒), 다설자(多泄者), 하월다한(夏月多汗)(忌)

⑤ 주치(主治) : 위화충격(胃火衝擊), 소갈창만(消渴脹滿), 내열울증(內熱鬱蒸), 휴식리(休息痢), 적안종통(赤眼腫痛), 소주독(燒酒毒), 유황독(硫黃毒), 창만대장탁기(脹滿大腸濁氣)

⑥ 효능(效能) : 익기화중(益氣和中), 화비위(和脾胃), 청열해독(淸熱解毒), 산혈(散血), 관중익기(寬中益氣), 생진윤조(生津潤燥), 청폐열(淸肺熱), 보중관장(補中寬腸), 소담(消痰), 지해(止咳), 강탁(降濁)

⑦ 약물음양오행(藥物陰陽五行) : 청열해독약(淸熱解毒藥), 보음약(補陰藥)

58. 두시초(豆豉草) : 붓꽃, 붓꽃의 근(根), 근경(根莖)(뿌리, 뿌리줄기)

① 성미(性味) : 신(辛), 평(平), 무독(無毒)

② 귀경(歸經) : 심(心)・간(肝)・위(胃) 火木土經

③ 용법(用法) : 6~10g(15~30g 鮮) 전복(煎服), 분말복(粉末服)

④ 주치(主治) : 복통(腹痛), 위통(胃痛), 소화불량(消化不良), 적취(積聚), 복창만(腹脹滿), 옹종(癰腫), 치질(痔疾), 개선(疥癬), 질타손상(跌打損傷)

⑤ 효능(效能) : 소식적(消食積), 행수(行水)

59. 마육(馬肉) : 말고기

① 성미(性味) : 감(甘), 신(辛), 산(酸), 한(寒)/마(馬)의 간(肝)·혈(血) : 대독(大毒)/ 해독약(解毒藥) : 행인(杏仁)

② 금기(禁忌) : 이질(痢疾), 창(瘡)(忌)/ 생강(生薑), 창이(蒼耳)(忌)/ 저육(豬肉), 녹육(鹿肉), 창미(倉米), 갱미(粳米)(忌)

③ 주치(主治) : 한열위비(寒熱痿痺), 장중열(腸中熱), 두완두창(豆宛·豆瘡)

④ 효능(效能) : 제열하기(除熱下氣), 강요척(强腰脊), 양근골(養筋骨)

◇ 백마통(白馬通) : 흰말의 뇨(尿)

　주치(主治) : 소갈(消渴), 붕루(崩漏), 뉵혈(衄血), 토혈(吐血), 서독(暑毒)

◇ 마(馬)의 경골(脛骨)〈한(寒)〉, 보음사화(補陰瀉火), 〈황련(黃連, 황금(黃芩) : 代用〉

60. 만리어(鰻鱺魚), 백선(白鱓) : 뱀장어

① 성미(性味) : 감(甘), 평(平), 한(寒), 미독(微毒)

② 귀경(歸經) : 간(肝)·신(腎)·비(脾) 木水土經

③ 용법(用法) : 굽거나 끓여 복용(服用), 식용(食用)

④ 금기(禁忌) : 비신허활(脾腎虛滑), 담다(痰多)(忌)/은행(銀杏)(忌)/비위허(脾胃虛), 설사(泄瀉)(忌), 임부(姙婦)(忌), 다복(多服) 삼가

⑤ 주치(主治) : 풍습비통(風濕痺痛), 골증노열(骨蒸勞熱), 허증(虛證), 허로골증(虛勞骨蒸), 풍진(風疹), 각기(脚氣), 소아감적(小兒疳積), 출혈(出血), 오치창루(五痔瘡

瘻), 부인대하(婦人帶下), 풍질(風疾), 장풍하혈(腸風下血), 충심통(蟲心痛), 악창(惡瘡), 개루(疥瘻), 창진(瘡疹), 노채(勞瘵), 붕루(崩漏), 제약석독(諸藥石毒)

⑥ 효능(效能) : 보허(補虛), 제풍습(除風濕), 살충(殺蟲), 보익(補益), 난요슬(暖腰膝), 보오장(補五臟), 기양(起陽), 보부족(補不足)

⑦ 약물음양오행(藥物陰陽五行) : 거풍습약(祛風濕藥), 보익약(補益藥), 살충약(殺蟲藥)

61. 만산홍(滿山紅) : 산진달래 나무, 두견(杜鵑), 산진달래 나무의 잎

① 성미(性味) : 신(辛), 고(苦), 한(寒)
② 귀경(歸經) : 폐(肺) 金經
③ 용법(用法) : 15~36g (鮮), 전복(煎服)
④ 주치(主治) : 해수(咳嗽), 기관지천식(氣管支喘息), 만성기관지염(慢性氣管支炎)
⑤ 효능(效能) : 거담(祛痰), 지해(止咳)

◇ 만산홍근(滿山紅根)

치급성세균성이질(治急性細菌性痢疾), 치점액성농질변(治粘液性膿質便)
250g(鮮), 전복(煎服) : 1/3씩 1일 3회 服用

62. 망사(硇砂), 화산(火山) 염화암모늄

① 성미(性味) : 유독(有毒)
② 주치(主治)·효능(效能) : 파옹창(破癰瘡), 소제독(消諸毒), 생기(生肌), 제안예(除眼瞖), 금은(金銀)을 녹인다

63. 모려육(牡蠣肉) : 굴, 석화(石花 굴)

① 성미(性味) : 감(甘), 함(鹹), 평(平)〈온(溫), 미한(微寒)〉, 무독(無毒)

② 용법(用法) : 식용(食用)

③ 금기(禁忌) : 라창(癩瘡)(忌), 비허유정(脾虛遺精)(忌)

④ 주치(主治) : 번열불면(煩熱不眠), 심신불안(心身不安), 지의부정(志意不定), 단독
(丹毒), 허로(虛勞), 허손(虛損), 부인혈기부족(婦人血氣不足), 주후번열(酒後煩熱)

⑤ 효능(效能) : 보익(補益), 자음(滋陰), 양혈(養血), 조중초(調中焦), 해단독(解丹
毒), 지갈(止渴), 청폐보심(淸肺補心), 미기부(美肌膚), 호안색(好顔色)

⑥ 약물음양오행(藥物陰陽五行) : 보익약(補益藥), 보음약(補陰藥), 보혈약(補血藥)

64. 모형엽(牡荊葉) : 모형의 잎

① 성미(性味) : 신(辛), 미고(微苦), 평(平), 〈한(寒)〉, 무독(無毒)

② 귀경(歸經) : 심(心)·폐(肺) 火金經

③ 용법(用法) : 9~15g, 수전복(水煎服), 30~60g (鮮用), 즙용(汁用), 외용(外用)가능

④ 주치(主治) : 만성기관지염(慢性氣管支炎), 해천(咳喘), 풍한감모(風寒感冒), 복통
설사(腹痛泄瀉), 중서(中暑), 사기(痧氣), 풍습통(風濕痛), 치질(痔疾), 토사(吐瀉),
유화(流火), 각기종만(脚氣腫滿), 옹종(癰腫), 구리(久痢), 혈림(血淋), 곽란전근(霍
亂轉筋), 하부창(下部瘡)

⑤ 효능(效能) : 거풍해표(祛風解表), 거담(祛痰), 해독(解毒), 지해(止咳), 평천(平
喘), 거습(祛濕), 구충(驅蟲), 진통(鎭痛), 조기화위(調氣和胃)

⑥ 약물음양오행(藥物陰陽五行) : 해표약(解表藥), 거풍습약(祛風濕藥)

65. 목숙(苜蓿) : 거여목

① 성미(性味) : 고(苦), 미감(微甘), 량(凉), 평(平), 삽(澁), 무독(無毒)

② 용법(用法) : 즙용(汁用), 1일 100g (生汁), 건용(乾用)(30g), 다식(多食) 삼가

③ 주치(主治) : 제오열독(諸惡熱毒), 열달(熱疸), 비위사기(脾胃邪氣), 복장사기(腹臟邪氣), 부종(浮腫), 방광결석(膀胱結石)

④ 효능(效能) : 비위사해산(脾胃邪解散), 이오장(利五臟), 이대소장(利大小腸)

66. 목호접(木蝴蝶) : 목호접의 종자

① 성미(性味) : 감(甘), 고(苦), 산(酸), 한(寒), 무독(無毒)

② 귀경(歸經) : 폐(肺)·간(肝)·비(脾)·위(胃) 金木土經

③ 용법(用法) : 1.5~3g, 6~9g, 전복(煎服), 분말복(粉末服)

④ 주치(主治) : 폐열해수(肺熱咳嗽), 간위기통(肝胃氣痛), 후비(喉痺), 창구불염(瘡口不斂), 간기통(肝氣痛), 건성기관염(乾性氣管炎), 백일해(百日咳), 인후실음(咽喉失音), 폐결핵(肺結核), 해수(咳嗽), 편도체염(扁桃体炎), 인후종통(咽喉腫痛)

⑤ 효능(效能) : 윤폐(潤肺), 소간화위(疏肝和胃), 청폐열(淸肺熱), 이인후(利咽喉), 새살이 나게 한다, 소담(消痰), 정천(定喘), 제혈충(除血蟲), 파충적(破蟲積), 관중초(寬中焦), 보허(補虛), 진식(進食), 제안열(除眼熱), 소담화(消痰火), 진해(鎭咳)

⑥ 약물음양오행(藥物陰陽五行) : 청열화담약(淸熱化痰藥)

67. 무청(蕪菁) : 순무의 잎과 뿌리

① 성미(性味) : 신(辛), 고(苦), 감(甘), 평(平), 냉(冷), 무독(無毒)

② 용법(用法) : 생즙(生汁), 전복(煎服), 외용(外用)

③ 금기(禁忌) : 다식(多食)삼가

④ 주치(主治) : 식체(食滯), 풍열독종(風熱毒腫), 황달(黃疸), 저창(疽瘡), 급성유선염(急性乳腺炎), 소갈(消渴), 당뇨병(糖尿病), 옹저(癰疽), 비뉵(鼻衄), 구갈(口渴),

해수(咳嗽), 심복냉통(心腹冷痛)

⑤ 효능(效能) : 개위(開胃), 이습(利濕), 하기(下氣), 해독(解毒), 소식(消食), 오장통리(五臟通利), 온중(溫中), 익기(益氣), 경신(輕身), 이소변(利小便), 이수해열(利水解熱)

⑥ 약물음양오행(藥物陰陽五行) : 청열해독약(淸熱解毒藥), 소도약(消導藥), 이수약(利水藥)

68. 무청자(蕪菁子) : 순무씨

① 성미(性味) : 신(辛), 고(苦), 평(平), 하기(下氣), 한(寒), 무독(無毒)
② 귀경(歸經) : 간(肝)·비(脾) 木土經
③ 용법(用法) : 3~10g 전복(煎服), 분말복(粉末服), 외용(外用)
④ 금기(禁忌) : 허한(虛寒)
⑤ 주치(主治) : 황달(黃疸), 곽란복창(霍亂腹脹), 목암(目暗), 녹내장(綠內障), 이질(痢疾), 창저(瘡疽), 소아혈리(小兒血痢), 소변불리(小便不利), 적취(積聚), 울열(鬱熱)
⑥ 효능(效能) : 청열(淸熱), 명목(明目), 이습(利濕), 이수(利水), 해독(解毒), 소변통리(小便通利), 살충독(殺蟲毒), 익간행기(益肝行氣)
⑦ 약물음양오행(藥物陰陽五行) : 청열해독약(淸熱解毒藥), 명목약(明目藥), 이수약(利水藥)

69. 문어(文魚)

① 성미(性味) : 감(甘), 함(鹹), 한(寒), 평(平)
② 주치(主治) : 육체(肉滯), 현기(眩氣)
③ 효능(效能) : 보양기(補陽氣)(알)/ 양혈(養血)

70. 미후도(獼猴桃) : 다래, 미후도의 열매(果實)

① 성미(性味) : 감(甘), 산(酸), 한냉(寒冷), 활(滑), 무독(無毒)
② 용법(用法) : 10~20g, 30~60g 전복(煎服)
③ 금기(禁忌) : 비위허한(脾胃虛寒)〈주의〉
④ 주치(主治) : 번열(煩熱), 열옹(熱壅), 반위(反胃), 석림(石淋), 황달(黃疸), 치창(痔瘡), 소갈(消渴), 식욕부진(食慾不振), 골절풍(骨節風), 소변백탁(小便白濁)
⑤ 효능(效能) : 해번열(解煩熱), 청열지갈(淸熱止渴), 통림(通淋), 화중초(和中焦), 안간기(安肝氣), 조중하기(調中下氣)
⑥ 약물음양오행(藥物陰陽五行) : 청열지갈약(淸熱止渴藥)

71. 밀랍(蜜蠟) : 밀봉(蜜蜂)의 납질(蠟質)

① 성미(性味) : 감(甘), 미온(微溫), 평(平), 무독(無毒)
② 귀경(歸經) : 비(脾)·위(胃)·대장(大腸)·간(肝)·폐(肺)·신(腎) 土木金水經
③ 용법(用法) : 용해 用, 4.5~9g
④ 금기(禁忌) : 습열리초기(濕熱痢初起)(忌)/제합(齊蛤), 원화(芫花)(忌)/화열폭리(火熱暴痢)(禁忌)
⑤ 주치(主治) : 급심통(急心痛), 만성하리(慢性下痢), 하리농혈(下痢膿血), 내공창옹(內攻瘡癰), 태동하혈(胎動下血), 화상(火傷), 금창(金瘡), 탕상(燙傷), 구궤(久潰)
⑥ 효능(效能) : 해독(解毒), 생기지통(生肌止痛), 진통(鎭痛), 보중익기(補中益氣), 속절상(續絶傷), 수삽염창(收澀斂瘡)
⑦ 약물음양오행(藥物陰陽五行) : 지통약(止痛藥), 해독약(解毒藥)

72. 반구(斑鳩), 구육(鳩肉 : 비둘기고기, 황갈후(黃褐候), 산반구(山斑鳩), 멧 비둘기

① 성미(性味) : 고(苦), 함(鹹), 감(甘), 평(平), 무독(無毒)
② 귀경(歸經) : 폐(肺) · 신(腎) 金水經
③ 용법(用法) : 전복(煎服), 환(丸)服
④ 주치(主治) : 구병허손(久病虛損), 절상(絶傷), 열격(噎膈)
⑤ 효능(效能) : 익기력(益氣力), 보익신(補益腎), 보중(補中), 보비위(補脾胃), 장근골(壯筋骨), 명목(明目), 속절상(續絶傷), 조음양(助陰陽), 조리병후(調理病後)
⑥ 약물음양오행(藥物陰陽五行) : 보익약(補益藥)

73. 방분(蚌粉) : 진주조개껍질의 분(粉), 진주모의 가루

① 성미(性味) : 함(鹹), 한(寒), 무독(無毒)
② 귀경(歸經) : 폐(肺) · 간(肝) · 위(胃) · 심(心) 金木土火經
③ 용법(用法) : 환 · 산복(丸 · 散服), 외용(外用)
④ 주치(主治) : 담음(痰飮), 해수(咳嗽), 습창(濕瘡), 구역(嘔逆), 위통(胃痛), 옹종(癰腫), 대하(帶下), 부녀백탁(婦女白濁), 반위(反胃), 감질(疳疾), 이질(痢疾), 음창(陰瘡), 완담(頑痰), 습종(濕腫)
⑤ 효능(效能) : 화담(化痰), 소적체(消積滯), 해열(解熱), 조습(燥濕), 지리(止痢), 지구(止嘔), 지백탁(止白濁), 명목(明目), 제습종(除濕腫), 청심보폐(淸心補肺), 지해수(止咳嗽), 청습열(淸濕熱)
⑥ 약물음양오행(藥物陰陽五行) : 청열조습약(淸熱燥濕藥), 화담지해약(化痰止咳藥)

74. 방어(魴魚)

① 성미(性味) : 감(甘), 평(平), 온(溫), 무독(無毒)

② 용법(用法) : 식용(食用)

③ 금기(禁忌) : 이질(痢疾)(忌)

④ 주치(主治)·효능(效能) : 조비위기(調脾胃氣), 조폐기(助肺氣)〈+개자(芥子)〉, 이오장(利五臟), 조비기(助脾氣)/소화촉진(消化促進) : 회(鱠)

75. 방육(蚌肉) : 방합(蚌蛤), 진주조개

① 성미(性味) : 감(甘), 함(鹹), 한(寒), 무독(無毒)

② 귀경(歸經) : 간(肝)·신(腎) 木水經

③ 용법(用法) : 90~150g 전복(煎服)/외용(外用)〈태워서 분말용(粉末用)〉

④ 금기(禁忌) : 비위허한(脾胃虛寒)〈신용(愼用)〉, 다복(多服)삼가/외감(外感), 변활(便滑)(忌)

⑤ 주치(主治) : 대열(大熱), 번열(煩熱), 대하(帶下), 혈붕(血崩), 치루(痔漏), 소갈(消渴), 목적(目赤), 습진(濕疹), 주독(酒毒), 부인허손하혈(婦人虛損下血), 열독(熱毒), 신쇠(腎衰), 간열(肝熱), 소아태독(小兒胎毒)

⑥ 효능(效能) : 청열(淸熱), 자음(滋陰), 명목(明目), 해독(解毒), 지갈(止渴), 해주독(解酒毒), 해두독(解痘毒), 제번해열독(除煩解熱毒), 보허로(補虛勞), 탁반진(托斑疹), 양간양혈(凉肝凉血), 정광(定狂), 식풍(熄風)

⑦ 약물음양오행(藥物陰陽五行) : 청열해독약(淸熱解毒藥), 명목약(明目藥)

76. 백교향(白膠香), 풍향지(楓香脂) : 풍향지의 수지(樹脂)(단풍나무 진)

① 성미(性味) : 신(辛), 미고(微苦), 함(鹹), 평(平), 무독(無毒)

② 귀경(歸經) : 간(肝)·비(脾)·폐(肺) 木土金經

③ 용법(用法) : 1.5～3g, (3～6g) 환・산복(丸・散服), 주로 외용(外用)〈분말(粉末)〉

④ 금기(禁忌) : 다복(多服)(忌)

⑤ 주치(主治) : 질타손상(跌打損傷), 외상출혈(外傷出血), 금창(金瘡), 옹저종독(癰疽腫毒), 라역(瘰癧), 뉵혈(衄血), 토혈(吐血), 객혈(喀血), 은진풍양(癮疹風痒), 치통(齒痛), 요통(腰痛), 창개(瘡疥), 어골경인(魚骨鯁咽), 부종(浮腫), 풍양(風癢), 중풍(中風), 각기(脚氣), 루궐(瘻厥), 행비(行痺), 혈열생풍(血熱生風)

⑥ 효능(效能) : 활혈지통(活血止痛), 양혈(凉血), 해독(解毒), 생기(生肌), 산결(散結), 소종(消腫), 제혈열(除血熱), 산풍열(散風熱)

⑦ 약물음양오행(藥物陰陽五行) : 지통약(止痛藥), 외용약(外用藥)

77. 백반두(白飯豆) : 강낭콩, 덩굴 강낭콩의 종자

① 성미(性味) : 감(甘), 담(淡), 평(平)

② 용법(用法) : 고미(苦味)의 것은 유독(有毒)하다. 충분히 익혀서 복용해야 한다.

③ 주치(主治) : 수종(水腫), 각기(脚氣)

④ 효능(效能) : 자양(滋養), 해열(解熱), 소종(消腫), 이뇨(利尿)

78. 백시(白柿) : 곶감, 건시(乾柿), 황시(黃柿)

① 성미(性味) : 냉(冷)

② 효능(效能) : 보건위장(補健胃腸), 숙식소화(宿食消化), 기미제거, 윤인후(潤咽喉), 치인후구설창(治咽喉口舌瘡)

◇ 백시상(白柿霜) : 곶감의 흰가루

　1일 4～6g

　효능(效能) : 생진(生津), 지갈(止渴), 청상초(淸上焦)

◇ 오시(烏柿) : 익혀서 乾한 감

　성미(性味) : 온(溫)

　효능(效能) : 지구(止嘔), 살충(殺蟲)

◇ 백시(白柿)와 금기음식(禁忌飮食) : 동물간(動物肝)(忌)

79. 백약전(百藥煎)

오배자(五倍子)＋다엽(茶葉) 발효품

① 성미(性味) : 산(酸), 감(甘), 함(鹹), 평(平), 무독(無毒)

② 귀경(歸經) : 폐(肺)・위(胃)・심(心)　金土火經

③ 용법(用法) : 3～9g, 전복(煎服), 환산용(丸散用), 외용(外用)

④ 금기(禁忌) : 외감해수(外感咳嗽), 적체(積滯), 습열설사(濕熱泄瀉)(忌)

⑤ 주치(主治) : 구해담다(久咳痰多), 폐창해수(肺脹咳嗽), 인후통(咽喉痛), 구창(口瘡), 아은감식(牙齦疳蝕), 탈항(脫肛), 구리(久痢), 변혈(便血), 창양(瘡瘍), 옹종(癰腫), 장풍하혈(腸風下血), 풍습제창(風濕諸瘡), 유결변통(乳結便痛), 소갈(消渴)

⑥ 효능(效能) : 윤폐치수(潤肺治嗽), 청폐화담(淸肺化痰), 해열(解熱), 생진(生津), 지갈(止渴), 소주(消酒)

⑦ 약물음양오행(藥物陰陽五行) : 화담지해약(化痰止咳藥)

80. 백양수피(白楊樹皮) : 사시나무수피(樹皮 : 껍질)

① 성미(性味) : 고(苦), 산(酸), 한(寒), 무독(無毒)

② 귀경(歸經) : 심(心)・비(脾)　火土經

③ 용법(用法) : 30～90g 전복(煎服), 술에 넣고 복용(服用), 외용(外用)

④ 주치(主治) : 풍비(風痺), 타박어혈(打撲瘀血), 풍각기(風脚氣), 마비(麻痺), 구창(口瘡), 치통(齒痛), 임신하리(姙娠下痢), 사지완약불수(四肢緩弱不隨), 피부풍소종(皮膚風瘙腫), 타박상(打撲傷), 부종(浮腫), 담벽(痰癖)

⑤ 효능(效能) : 거풍(祛風), 소담(消痰), 행어(行瘀)

⑥ 약물음양오행(藥物陰陽五行) : 지비약(止痺藥), 거풍약(祛風藥)

81. 백어(白魚)(鮊魚) : 잉어과 물고기

① 성미(性味) : 감(甘), 평(平), 온(溫)

② 귀경(歸經) : 간(肝) · 비(脾) · 위(胃) · 대장(大腸) 木土金經, 소장(小腸) 火經

③ 용법(用法) : 고아서 쓴다. 내복(內服)

④ 금기(禁忌) : 다복(多服) 삼가, 구복(久服) 삼가, 창절(瘡節)(忌)

⑤ 주치(主治) : 간기부족(肝氣不足), 자창불발(炙瘡不發), 수기(水氣), 옹저창개(癰疽瘡疥)〈+대산(大蒜)〉

⑥ 효능(效能) : 조간담비위(助肝膽脾胃), 소식(消食), 건비(健脾), 행수조비(行水助脾), 조오장기(調五臟氣), 조혈맥(助血脈), 이경맥(理經脈), 보간명목(補肝明目), 개위하식체(開胃下食滯), 비건(肥健), 발두배농(發痘排膿)

82. 백화영산홍(白花映山紅) : 진달래, 철쭉과
진달래〈백화두견(白花杜鵑)〉의 화(花), 근(根), 경(莖), 엽(葉)

① 성미(性味) : 감(甘), 신(辛), 온(溫)

② 귀경(歸經) : 심(心) · 폐(肺) · 대장(大腸) 火金經

③ 용법(用法) : 15~30g 전복(煎服), 외용(外用), 중독(中毒)주의

④ 주치(主治) : 장풍하혈(腸風下血), 토혈(吐血), 혈붕(血崩), 이질(痢疾), 타박상(打

撲傷), 백대(白帶), 적백리하(赤白痢下)

⑤ 효능(效能) : 산어혈(散瘀血), 화혈(和血), 거풍한(去風寒), 통경(通經)

⑥ 약물음양오행(藥物陰陽五行) : 이혈약(理血藥)

83. 번가(番茄) : 금귤(金橘), 토마토, 토마토의 열매

① 성미(性味) : 산(酸), 감(甘), 미한(微寒)

② 용법(用法) : 선복(鮮服), 전복(煎服)

③ 주치(主治) : 식욕부진(食慾不振), 구갈(口渴)

④ 효능(效能) : 건위(健胃), 소식(消食), 생진지갈(生津止渴), 콜레스테롤 강하(降下)

84. 번사엽(番瀉葉)

① 성미(性味) : 감(甘), 고(苦), 한(寒)

② 귀경(歸經) : 대장(大腸) 金經

③ 용법(用法) : 3~6g, 6~9g 전복(煎服)

④ 금기(禁忌) : 임부(姙婦)〈신용(愼用)〉, 체허(体虛), 중한설사(中寒泄瀉)(忌)

⑤ 주치(主治) : 열결적체(熱結積滯), 흉복창만(胸腹脹滿), 수종창만(水腫脹滿), 변비복통(便秘腹痛), 식물적체(食物積滯)

⑥ 효능(效能) : 사열행체(瀉熱行滯), 이수(利水), 이장부(利腸府), 통변(通便), 설사(泄瀉)

⑦ 약물음양오행(藥物陰陽五行) : 사하약(瀉下藥)

85. 번서(番薯) : 단고구마, 고구마, 단고구마의 괴근(塊根 : 덩이뿌리)

① 성미(性味) : 감(甘), 평(平), 온(溫), 무독(無毒)

② 귀경(歸經) : 비(脾)·신(腎) 土水經

③ 용법(用法) : 선복(鮮服), 삶아 먹는다. 외용(外用), 다복(多服) 삼가

　　〈배합길(配合吉) : 생강(生薑), 홍화(紅花)

④ 금기(禁忌) : 치병(齒病),유행성학리(流行性瘧痢), 비만(肥滿), 종창(腫脹), 치아약 (齒牙弱)

⑤ 주치(主治)·효능(效能) : 양혈(養血), 생진(生津), 보중(補中), 화혈(和血), 보기 (補氣), 통변비(通便秘), 양혈활혈(凉血活血), 보비위(補脾胃), 장위이완(腸胃弛緩), 관장위(寬腸胃), 비오장(肥五臟), 난위(暖胃), 익폐기(益肺氣), 이비혈(理脾血)〈+ 홍화(紅花)〉, 화중초(和中焦)〈+생강(生薑)〉, 보중보허(補中補虛)〈+예어(鱧魚 : 가 물치), 즉어(鯽魚 : 오징어)〉, 지혈열갈(止血熱渴), 서근락(舒筋絡), 치부종(治浮 腫)〈 : 초자복(醋煮服)〉, 익안색(益顔色), 거숙어장독(去宿瘀臟毒)

⑦ 약물음양오행(藥物陰陽五行) : 보익약(補益藥)

86. 번서등(番薯藤) : 단고구마의 경엽(莖葉 : 줄기)

① 성미(性味) : 감(甘), 삽(澁), 미량(微凉), 무독(無毒)

② 용법(用法) : 15~24g 전복(煎服), 외용(外用)

③ 주치(主治) : 토사(吐瀉), 혈붕(血崩), 변혈(便血), 유즙불통(乳汁不通), 옹종독통(癰 腫毒痛), 옹창(癰瘡), 독시상(毒矢傷), 봉자상(蜂刺傷)〈+염(鹽 소금)〉, 충교상(蟲咬 傷), 사호교상(蛇虎咬傷), 곽란추근(霍亂抽筋), 자궁출혈(子宮出血), 복사(腹瀉)

④ 효능(效能) : 통유즙(通乳汁), 배농(排膿)

◇ 홍초모자(紅苕母子)〈단고구마의 종자(種子)〉 : 치외상(治外傷)

87. 별육(鱉肉) : 자라고기

① 성미(性味) : 감(甘), 평(平), 냉(冷), 무독(無毒)

② 귀경(歸經) : 간(肝) 木經

③ 용법(用法) : 끓여 복용(服用), 환·산용(丸·散用)

④ 금기(禁忌) : 비위양허(脾胃陽虛)(忌), 임부(姙婦)(忌), 비허(脾虛)(忌)/현채(莧菜)(忌), 반석(礬石)〈상반(相反)〉/중허한습내성(中虛寒濕內盛)(忌), 유행성질환(忌), 계란(鷄卵), 개자(芥子)(忌), 박하(薄荷)·저육(豬肉)·계육(鷄肉)·토육(兔肉)·압육(鴨肉), 오리알, 도자(挑子), 도(桃)(忌)

⑤ 주치(主治) : 골증증(骨蒸症), 골증노수(骨蒸勞嗽), 이질(痢疾), 학질(瘧疾), 폐결핵(肺結核), 라역(瘰癧), 붕루대하(崩漏帶下), 상중(傷中), 각기(脚氣), 현벽(痃癖), 부인루하리수(婦人漏下羸瘦), 복중격열(腹中激熱), 열기습비(熱氣濕痺), 혈가요통(血瘕腰痛), 구리(久痢), 허로(虛勞), 붕대(崩帶), 징가(癥瘕), 탈항(脫肛)

⑥ 효능(效能) : 보음(補陰), 양혈(凉血), 익기(益氣), 조중(調中), 보부족(補不足), 장양기(壯陽氣), 보허(補虛), 제혈열(除血熱), 보노상(補勞傷), 자간신음(滋肝腎陰)

⑦ 약물음양오행(藥物陰陽五行) : 보음약(補陰藥), 청열양혈약(清熱凉血藥)

88. 봉두채(蜂斗菜) : 머위, 머위의 근경(根莖 뿌리줄기)

① 성미(性味) : 고(苦), 신(辛), 량(凉)

② 귀경(歸經) : 폐(肺)·심(心) 金火經

③ 용법(用法) : 9~15g 전복(煎服), 즙복(汁服), 외용(外用)

④ 주치(主治) : 편도선염(扁桃腺炎), 타박상(打撲傷), 독사교상(毒蛇咬傷), 옹종정독(癰腫疔毒)

⑤ 효능(效能) : 거어혈(祛瘀血), 해독(解毒), 지통(止痛), 소종(消腫)

⑥ 약물음양오행(藥物陰陽五行) : 해독약(解毒藥)

89. 봉선(鳳仙) : 〈봉선의 지상부 전초(地上部 全草)〉

① 성미(性味) : 신(辛), 고(苦), 온(溫), 떫다, 미독(微毒)
② 용법(用法) : 9~15g 전복(煎服), 30~60g 선용(鮮用), 외용(外用)
③ 주치(主治) : 관절풍습통(關節風濕痛), 옹저(癰疽), 라역(瘰癧), 정창(疔瘡), 타박상(打撲傷), 월경병(月經病), 붕증(崩證), 백대(白帶), 적백이질(赤白痢疾)
④ 효능(效能) : 〈청열제풍(淸熱除風)〉, 활혈(活血), 진통(鎭痛), 추풍산기(追風散氣) 〈흰꽃 봉선화〉, 파혈타태(破血墮胎)〈붉은 봉선화〉, 연견투골(軟堅透骨), 산혈통경(散血通經), 지홍붕(止紅崩), 접골(接骨), 지상통(止傷痛), 소상종(消傷腫)
⑤ 약물음양오행(藥物陰陽五行) : 거풍습약(祛風濕藥), 지통약(止痛藥)

90. 봉선화(鳳仙花)

① 성미(性味) : 감(甘), 고(苦), 온(溫), 〈한(寒)〉, 미독(微毒)
② 용법(用法) : 1.5~3g 전복(煎服), 3~9g 선용(鮮用), 외용가능(外用可能)
③ 주치(主治) : 풍습편폐(風濕偏廢), 산후어혈미진(産後瘀血未盡), 부녀경폐복통(婦女經閉腹痛), 요협동통(腰脇疼痛), 타박손상(打撲損傷), 정창옹저(疔瘡癰疽), 소아농이(小兒膿耳), 사상(蛇傷), 비출혈(鼻出血), 회지갑(灰指甲), 아장풍(鵝掌風)
④ 효능(效能) : 제풍(除風), 활혈(活血), 소적(消積), 진통(鎭痛), 지혈(止血), 통경(通經), 이뇨(利尿), 하사태(下死胎), 이소변(利小便)
⑤ 약물음양오행(藥物陰陽五行) : 거풍습약(祛風濕藥), 지통약(止痛藥)

91. 부육(鳧肉) : 청둥오리 고기

① 성미(性味) : 감(甘), 량(凉), 한(寒), 무독(無毒)
② 귀경(歸經) : 비(脾)·위(胃)·폐(肺)·신(腎) 土金水經

③ 용법(用法) : 전복(煎服)

④ 금기(禁忌) : 호도(胡桃), 목이(木耳), 시(豉)(忌), 여육(驢肉 : 나귀고기)(忌)

⑤ 주치(主治) : 병후허약(病後虛弱), 수기부종(水氣浮腫), 식욕부진(食慾不振), 열독
창절(熱毒瘡癤), 소열창(小熱瘡), 열독(熱毒)

⑥ 효능(效能) : 보중익기(補中益氣), 청보심폐(淸補心肺), 조중(調中), 평위기(平胃
氣), 소식(消食), 이수(利水), 해독(解毒), 소충(消蟲), 보허조력(補虛助力), 거풍기
(祛風氣), 거창종(祛瘡腫), 보심양음(補心養陰), 익폐위음기(益肺胃陰氣)

⑦ 약물음양오행(藥物陰陽五行) : 보익약(補益藥)

92. 북어(北魚) : 명태

① 성미(性味) : 함(鹹)〈온(溫)〉, 수성(水性)

② 용법(用法) : 수전복(水煎服), 건용(乾用), 식용(食用)

③ 주치(主治) : 허로풍증(虛勞風證), 연탄가스독, 화석연료가스독, 환경공해독, 농약독,
독사독(毒蛇毒), 오공독(蜈蚣毒)

④ 효능(效能) : 해독(解毒), 조중초(調中焦), 화비위(和脾胃)〈명란(明卵)〉

⑤ 약물음양오행(藥物陰陽五行) : 해독약(解毒藥)

93. 불수감(佛手柑) : 불수(佛手)의 과실(果實)(열매)

① 성미(性味) : 고(苦), 신(辛), 감(甘), 산(酸), 온(溫), 무독(無毒)

② 귀경(歸經) : 간(肝)·비(脾)·위(胃) 木土經

③ 용법(用法) : 2.5~9g 전복(煎服)

④ 금기(禁忌) : 음허유화(陰虛有火), 무기체(無氣滯)〈신중용(愼中用)〉, 이질기허(痢
疾氣虛)(忌)

⑤ 주치(主治) : 간위기체(肝胃氣滯), 위완비만(胃脘痞滿), 흉협창통(胸脇脹痛),식소구토(食少嘔吐), 담음해천(痰飲咳喘), 위한담(胃寒痰), 한통(寒痛), 위기동통(胃氣疼痛), 담기해수(痰氣咳嗽), 심하기통(心下氣痛), 이하후중(痢下後重), 열격반위(噎膈反胃)

⑥ 효능(效能) : 서간이기(舒肝理氣), 화위(和胃), 지통(止痛), 소위한담(消胃寒痰), 해주독(解酒毒), 보간난위(補肝暖胃), 지구(止嘔), 화중행기(和中行氣),지면한동(止面寒疼), 화위화담(和胃化痰), 소징가라역(消癥瘕瘰癧), 성위활담(醒胃豁痰), 소식지통(消食止痛)

⑦ 약물음양오행(藥物陰陽五行) : 이기약(理氣藥), 온화한담약(溫化寒痰藥)

94. 비목어(比目魚) : 가재미

① 성미(性味) : 감(甘), 평(平)

② 용법(用法) : 식용(食用), 다식(多食) 삼가〈多食시 기동(氣動)〉

③ 주치(主治)・효능(效能) : 개위(開胃), 보허익기(補虛益氣)

95. 비상(砒霜) : 신석(信石), 비석(砒石) 정제품

① 성미(性味) : 신(辛), 고(苦), 산(酸), 열(熱), 유독(有毒)

② 귀경(歸經) : 비(脾)・폐(肺)・간(肝) 土金木經

③ 용법(用法) : 초자용(醋煮用), 1~5호(毫), 환(丸)・산(散)服, 외용(外用)

④ 금기(禁忌) : 유독(有毒)하므로 신중용(愼重用), 임부(姙婦), 신허약(身虛弱)(禁忌)/비위허약(脾胃虛弱)(忌)/ 양혈(羊血), 냉수(冷水), 녹두(綠豆)〈상외(相畏)〉

⑤ 주치(主治) : 한담천식(寒痰喘息), 휴식리(休息痢), 학질(瘧疾), 라역(瘰癧), 치질(痔疾), 선창(癬瘡), 주마아감(走馬牙疳), 부인혈기충심통(婦人血氣沖心痛), 제학

(諸瘟), 복내숙식(腹內宿食), 부육(腐肉), 한담냉벽(寒痰冷癖), 적리(積痢)

⑥ 효능(效能) : 제담(除痰), 절학질(截瘧疾), 구충(驅蟲), 제효천(除哮喘), 제악육(除
惡肉), 소고질(消痼疾), 격상풍담가토(膈上風痰可吐), 연견소적(軟堅消積), 소숙식
(消宿食), 살충식옹저패육(殺蟲蝕癰疽敗肉)

⑦ 약물음양오행(藥物陰陽五行) : 외용약(外用藥), 화담약(化痰藥)

96. 사탕(沙糖)(砂糖), 사탕, 설탕

① 성미(性味) : 감(甘), 평(平), 한(寒), 윤(潤)
② 귀경(歸經) : 비(脾)・폐(肺) 土金經
③ 용법(用法) : 다복(多服) 삼가
④ 금기(禁忌) : 건순(乾笋), 규채(葵菜), 즉어(鯽魚 : 붕어)(忌)
⑤ 주치(主治) : 심폐조열(心肺燥熱), 구갈(口渴)
⑥ 효능(效能) : 화중(和中), 안오장(安五臟), 익기(益氣), 윤폐(潤肺), 보비(補脾)

97. 사라자(娑羅子) : 칠엽수(七葉樹)의 과실(果實)(종자)

① 성미(性味) : 감(甘), 온(溫)
② 귀경(歸經) : 비(脾)・폐(肺) 土金經
③ 용법(用法) : 3~9g, 전복(煎服)
④ 금기(禁忌) : 기허음허(氣虛陰虛)(忌)
⑤ 주치(主治) : 위한동통(胃寒疼痛), 흉복창민(胸腹脹悶), 복부창만(腹部脹滿), 충통
(蟲痛), 이질(痢疾), 말라리아, 풍련(風攣), 심위한통(心胃寒痛), 위완간격팽창(胃脘
肝膈膨脹), 토혈노상(吐血勞傷), 감적(疳積), 학리(瘧痢)
⑥ 효능(效能) : 이기관중(理氣寬中), 하기(下氣), 화위(和胃), 지통(止痛), 살충(殺

蟲), 평위(平胃), 통락(通絡)

⑦ 약물음양오행(藥物陰陽五行) : 이기약(理氣藥), 지통약(止痛藥), 살충약(殺蟲藥)

98. 산다화(山茶花) : 동백나무 꽃

① 성미(性味) : 감(甘), 신(辛), 고(苦), 량(凉), 떫다.

② 귀경(歸經) : 간(肝) · 폐(肺) 木金經

③ 용법(用法) : 4.5~9g, 전복(煎服), 분말용(粉末用), 외용(外用)〈:마유(麻油)〉

④ 주치(主治) : 비출혈(鼻出血), 토혈(吐血) 장풍하혈(腸風下血), 혈붕(血崩), 혈림
(血淋), 혈리(血痢), 구리(久痢), 화상(火傷), 타박상(打撲傷), 옹종(癰腫)

⑤ 효능(效能) : 지혈(止血), 양혈(凉血), 제열(除熱), 파혈(破血), 산어(散瘀), 소종
(消腫), 윤폐양음(潤肺養陰), 보간(補肝), 난간(暖肝), 청간화(淸肝火)

⑥ 약물음양오행(藥物陰陽五行) : 이혈약(理血藥)

99. 상실(橡實) : 상수리, 구람, 도토리, 곡실(槲實) 도토리

① 성미(性味) : 함(鹹), 고(苦), 삽(澁)(떫다), 평(平), 미온(微溫), 무독(無毒)

② 용법(用法) : 1일 10~20개, 거피용(去皮用), 식용(食用)(물에 넣어 떫은 맛 우려낸
후 쪄서 햇볕에 말려사용), 전복(煎服), 산용(散用), 외용(外用)

③ 금기(禁忌) : 이질초기(痢疾初起), 습열하리(濕熱下痢), 열성병(熱性病), 습열적체
(濕熱積滯), 충치(蟲齒)

④ 주치(主治) · 효능(效能) : 양기수렴(陽氣收斂), 지하리(止下痢), 치치혈(治痔血),
치태산(治胎疝), 후장위(厚腸胃), 비건(肥健), 삽장지사(澁腸止瀉), 삽정(澁精), 치
탈항(治脫肛), 고탈(固脫)

⑤ 약물음양오행(藥物陰陽五行) : 수렴고삽약(收斂固澁藥)

100. 서(鼠) : 쥐고기

① 성미(性味) : 감(甘), 함(鹹), 평(平), 미온(微溫 숫쥐), 무독(無毒)

② 용법(用法) : 전복(煎服), 삶거나 구어서 쓴다, 외용(外用)

③ 주치(主治) : 과로수척(過勞瘦瘠), 복부팽만(腹部膨滿), 소아감적(小兒疳積), 골절(骨折), 화상(火傷), 창상(瘡傷), 동상(凍傷), 와절(跛折)(숫쥐), 복대탐식(腹大貪食), 배가 커지고 음식을 탐하는 증상), 소아포로대복(小兒哺露大腹), 척골치석(脊骨齒折), 소아경간(小兒驚癎), 골증노극(骨蒸勞極), 소아감수(小兒疳瘦), 소아징가(小兒癥瘕), 사지리수(四肢羸瘦), 소아한열제감(小兒寒熱諸疳)

④ 효능(效能) : 속근골(續筋骨)(숫쥐)/구충(驅蟲), 하유즙(下乳汁)

101. 서미(黍米) : 기장쌀

① 성미(性味) : 감(甘), 온(溫), 평(平), 무독(無毒)/단서미(丹黍米)〈미한(微寒)〉

② 용법(用法) : 전복(煎服), 뜨물 복용, 구식(久食)삼가/ 외용(外用)〈분말(粉末)〉

③ 금기(禁忌) : 밀(蜜)(忌), 우육(牛肉), 규채(葵菜 아욱)(忌)

④ 주치(主治) : 번갈(煩渴), 사리(瀉痢), 위통(胃痛), 해수(咳嗽), 토역(吐逆), 화상(火傷)/별가(鱉瘕)〈신적서미(新赤黍米) 뜨물, 생복용(生服用)〉

⑤ 효능(效能) : 보중익기(補中益氣), 보중초(補中焦), 보폐(補肺)

◇ 단서미(丹黍米) : 치곽란(治霍亂), 치해역(治咳逆), 지설(止泄), 지번갈(止煩渴), 제열(除熱)

⑥ 약물음양오행(藥物陰陽五行) : 보기약(補氣藥)

102. 석명자(菥蓂子) : 냉이씨, 말랭이의 씨(종자 種子)

① 성미(性味) : 신(辛), 감(甘), 미온(微溫), 무독(無毒)

② 용법(用法) : 4.5~10g, 수전복(水煎服), 외용(外用), 구복(久服)시 불노(不老)

③ 배합길(配合吉) : 세신(細辛), 만형자(蔓荊子)

④ 금기(禁忌) : 고삼(苦蔘), 건강(乾薑)〈상오(相惡)〉

⑤ 주치(主治) : 간열(肝熱), 예막(瞖膜), 목통누출(目痛淚出), 심복요통(心腹腰痛), 목적종(目赤腫), 간적취(肝積聚)

⑥ 효능(效能) : 보오장(補五臟), 명목(明目), 익정(益精), 해열(解熱), 제비(除痺)

⑦ 약물음양오행(藥物陰陽五行) : 명목약(明目藥), 보익약(補益藥)

석명(菥蓂) : 말냉이 의 전초(全草), 15~30g 전복(煎服),

　주치(主治)·효능(效能) : 치신염(治腎炎), 살균(殺菌), 이간명목(利肝明目), 치자궁내막염(治子宮內膜炎), 화중초(和中焦), 익기(益氣)

103. 석생등(錫生藤), 아홍룡(亞紅龍), 석생등의 전초(全草)

① 성미(性味) : 감(甘), 고(苦), 온(溫), 담(淡)

② 귀경(歸經) : 비(脾)·폐(肺) 土金經

③ 용법(用法) : 9~15g, 전(煎)

④ 주치(主治) : 외상종통(外傷腫痛), 〈경분(輕粉)+주(酒)〉〈外用〉, 창상출혈(瘡傷出血)〈경분(輕粉) 外用〉, 타박상(打撲傷), 풍습(風濕), 요동(腰疼), 심장병(心臟病), 천식(喘息)

⑤ 효능(效能) : 소종지통(消腫止痛), 생기(生肌), 지혈(止血), 근육이완작용

⑥ 약물음양오행(藥物陰陽五行) : 지통약(止痛藥), 지혈약(止血藥)

104. 석수어(石首魚), 석어(石魚) : 조기

① 성미(性味) : 감(甘), 함(鹹), 평(平), 온(溫), 무독(無毒)

② 용법(用法) : 다복(多服)삼가, 두중골(頭中骨)〈조기에 들어 있는 석골(石骨)〉 : 소회(燒灰)(태워서 쓴다)〈치석림(治石淋)〉, 구워서 쓴다〈식욕증진(食慾增進)〉

③ 배합길(配合吉) : 순채(蓴菜)

④ 주치(主治) : 복창(腹脹), 폭리(暴痢)

⑤ 효능(效能) : 보익위(補益胃), 지하리(止下痢), 소식(消食), 안심신(安心神), 명목(明目), 개위익기(開胃益氣), 전정(塡精)

⑥ 약물음양오행(藥物陰陽五行) : 보익약(補益藥), 안신약(安神藥)

105. 석유(石油)

① 성미(性味) : 신(辛), 유독(有毒), 침투성(浸透性)

② 주치(主治)・효능(效能) : 치소아경풍(治小兒驚風), 살충(殺蟲), 치라창(治癩瘡), 치개선(治疥癬)(外用)

106. 석이(石耳) : 석이 버섯, 석목이(石木耳)

① 성미(性味) : 감(甘)〈함(鹹), 고(苦)〉, 평(平), 한(寒), 무독(無毒)

② 용법(用法) : 내복(內服), 환・분말(丸・粉末), 구복시(久服時) 익력익안(益力益顔)(기력과 안색이 좋아진다.)

③ 주치(主治) : 장풍(腸風), 노해(勞咳), 토혈(吐血), 하혈(下血), 탈항(脫肛), 열독(熱毒)

④ 효능(效能) : 청심(淸心), 양위(養胃), 보심(補心), 청위(淸胃), 사화(瀉火), 청폐양음(淸肺養陰), 익정(益精), 명목(明目), 양양지혈(養陽止血), 해열독(解熱毒), 지설(止泄), 행수(行水)

⑤ 약물음양오행(藥物陰陽五行) : 청열사화약(淸熱瀉火藥), 지혈약(止血藥)

107. 석해(石蟹), 해화석(蟹化石) : 가재, $CaCO_3$(탄산칼슘)

① 성미(性味) : 함(鹹), 고(苦), 한(寒), 무독(無毒)
② 귀경(歸經) : 간(肝) · 담(膽) 木經
③ 용법(用法) : 6~9g 즙복(汁服), 환 · 산용(丸散用), 외용(外用)
  배합길(配合吉) : 초(醋)
④ 금기(禁忌) : 임부(姙婦)
⑤ 주치(主治) : 혈훈(血暈), 유행성열병(流行性熱病), 청맹(淸盲), 후비(喉痺), 정예
  (丁翳), 각막박예(角膜薄翳), 칠창(漆瘡), 금석독(金石毒)
⑥ 효능(效能) : 청간기(淸肝氣), 명목(明目), 거예(去翳), 소종(消腫), 해독(解毒), 해
  약독(解藥毒), 최생(催生), 락태(落胎), 소옹(消癰), 청심설열(淸心泄熱), 보심산어
  (補心散瘀), 해금석독(解金石毒), 평상화(平相火)
⑦ 약물음양오행(藥物陰陽五行) : 청열해독약(淸熱解毒藥), 명목약(明目藥)

108. 선어(鱔魚)(鱓魚), 누렁허리

① 성미(性味) : 감(甘), 함(鹹), 온(溫), 미독(微毒)
② 귀경(歸經) : 간(肝) · 비(脾) · 신(腎) 木土水經
③ 용법(用法) : 내복(內服), 외용(外用)
④ 금기(禁忌) : 허열(虛熱), 창만설사(脹滿泄瀉), 계절성 질병전후(季節性 疾病前
  後)(忌)/견육(犬肉)(忌)
⑤ 주치(主治) : 풍습사(風濕邪), 풍한습비(風寒濕痺), 노상(癆傷), 산후임역(産後淋
  瀝), 하퇴궤양(下腿潰瘍), 치루(痔瘻), 설사(泄瀉), 농혈(膿血), 복중냉기(腹中冷
  氣), 장명(腸鳴), 냉루(冷漏), 이질(痢疾)/구안와사(口眼喎斜)〈선어의 血)〉
⑥ 효능(效能) : 보허손(補虛損), 강근골(强筋骨), 제고취(除孤臭), 보중초(補中焦),
  익혈(益血), 치침순(治沈脣), 보오장(補五臟), 보기(補氣), 보정익수(補精益隨), 지

혈(止血)

⑦ 약물음양오행(藥物陰陽五行) : 거풍습강근골약(祛風濕强筋骨藥), 보익약(補益藥)

109. 선인장(仙人掌) : 선인장의 근경(根莖 : 뿌리, 줄기)

① 성미(性味) : 고(苦)〈산(酸)〉, 한(寒), 떫다.

② 귀경(歸經) : 폐(肺)·심(心)·위(胃) 金火土經

③ 용법(用法) : 30~60g (鮮), 전복(煎服), 분말복(粉末服), 외용(外用)

④ 금기(禁忌) : 허한(虛寒)(忌), 목(目)에 넣지 말것, 철(鐵)(忌)

⑤ 주치(主治) : 심위기통(心胃氣痛), 인후통(咽喉痛), 비괴(痞塊), 해수(咳嗽), 치혈
(痔血), 이질(痢疾), 유옹(乳癰), 폐옹(肺癰), 정창(疔瘡), 사교상(蛇咬傷), 화상(火
傷)(外用), 악창(惡瘡), 부종(浮腫), 창옹절종(瘡癰癤腫), 급성유선염(急性乳腺炎 :
外用), 장풍(腸風), 장독(腸毒), 장염설사(腸炎泄瀉), 치루하혈(痔漏下血), 질타손상
(跌打損傷)

⑥ 효능(效能) : 행기(行氣), 활혈(活血), 거어(祛瘀), 청열해독(淸熱解毒), 소종독(消
腫毒), 거습(祛濕), 보비(補脾), 건위(健胃), 진해(鎭咳), 자양강장(滋養强壯), 해열
진통(解熱鎭痛), 소염(消炎), 배농(排膿), 생기(生肌), 서근활락(舒筋活絡), 지혈(止
血), 지사(止瀉)

⑦ 약물음양오행(藥物陰陽五行) : 청열해독약(淸熱解毒藥), 이기약(理氣藥), 이혈약
(理血藥)

110. 소맥(小麥), 진맥(眞麥) : 밀의 종자, 부(麩)

① 성미(性味) : 감(甘), 미량(微涼), 한(寒), 평(平), 무독(無毒), 신맥(新麥)〈열
(熱)〉, 묵은밀(溫), 밀가루 麪(溫), 껍질(寒), 열매(熱)

② 귀경(歸經) : 심(心)・비(脾)・신(腎) 火土水經

③ 용법(用法) : 10~30g, 30~60g 전용(煎用), 외용(外用)

④ 금기(禁忌) : 라복(蘿蔔), 한초(漢椒)(忌)

⑤ 주치(主治) : 번열(煩熱), 폭림(暴淋), 타혈(唾血), 누혈(漏血), 장조(臟燥), 소갈(消渴), 외상출혈(外傷出血), 옹종(癰腫), 탕상(燙傷), 설리(泄痢), 노인오림(老人五淋), 신열복만(身熱腹滿)

⑥ 효능(效能) : 양간기혈(養肝氣血), 윤폐조(潤肺燥), 건비(健脾), 양심(養心), 보익신(補益腎), 제열(除熱), 지조갈(止燥渴), 이소변(利小便), 지혈(止血), 화혈(和血)/묵은 것 : 지허한(止虛汗), 이뇨(利尿)/(外用), 면(麵 : 밀가루) : 소옹(消癰), 산혈(散血)/소맥면(小麥麵) : 감(甘), 온(溫), 보허(補虛),보기(補氣), 후장위(厚腸胃), 실피부(實皮膚), 강신체(强身体), 강기력(强氣力)

⑦ 약물음양오행(藥物陰陽五行) : 지갈약(止渴藥), 지혈약(止血藥), 보익약(補益藥) 〈소맥면(小麥麵)〉

111. 소통초(小通草)

① 성미(性味) : 감(甘), 담(淡)〈한(寒)〉, 무독(無毒)

② 귀경(歸經) : 위(胃)・폐(肺) 土金經

③ 용법(用法) : 2.5~6g 전복(煎服)

④ 금기(禁忌) : 소변다(小便多), 임부(姙婦)(忌)

⑤ 주치(主治) : 열병(熱病), 소변황적(小便黃赤), 요폐(尿閉), 요로감염(尿路感染), 유즙불하(乳汁不下), 임질(淋疾), 습열륭(濕熱癃)

⑥ 효능(效能) : 청열(淸熱), 이수(利水), 삼습(滲濕), 하유(下乳)

⑦ 약물음양오행(藥物陰陽五行) : 이수청열약(利水淸熱藥), 이수삼습약(利水滲濕藥)

112. 속미(粟米) : 소미(小米), 조쌀

① 성미(性味) : 감(甘), 함(鹹), 〈고(苦)〉, 미한(微寒), 무독(無毒)/진속미(陳粟米) :
   고(苦), 냉(冷)
② 귀경(歸經) : 신(腎)・비(脾)・위(胃) 水土經
③ 용법(用法) : 15~30g 전복(煎服), 외용(外用)〈즙용(汁用)〉
④ 주치(主治) : 비위허열(脾胃虛熱), 열복통(熱腹痛), 소갈(消渴), 반위구토(反胃嘔
   吐), 설사(泄瀉)/번민(煩悶), 위열(胃熱), 소갈(消渴)〈진속미(陳粟米)사용〉/비위중
   열(脾胃中熱), 비뉵(鼻衄), 소아간충(小兒肝蟲), 두동이질(頭疼痢疾), 곽란토사(霍
   亂吐瀉)
⑤ 효능(效能) : 화중초(和中焦), 건비위(健脾胃), 양신기(養腎氣), 보허손(補虛損),
   제열(除熱), 해독(解毒)/지사(止瀉), 이소변(利小便), 해번민(解煩悶), 지리(止痢)
   〈진속미(陳粟米)〉/익기(益氣), 해제독(解諸毒), 자음(滋陰), 난중초(暖中焦), 개장
   위(開腸胃)
⑥ 약물음양오행(藥物陰陽五行) : 청열해독약(淸熱解毒藥), 지갈약(止渴藥)

113. 송이(松耳), 송심(松蕈) : 송이버섯

① 성미(性味) : 감(甘), 평(平), 향(香), 무독(無毒)
② 용법(用法) : 3~9g, 전・산용(煎・散用)
③ 주치(主治)・효능(效能) : 실위(實胃), 식욕증진(食慾增進), 치소변혼탁불금(治小
   便混濁不禁), 지사(止瀉), 익기(益氣)

114. 수홍화자(水紅花子) : 털여뀌의 과실

① 성미(性味) : 함(鹹), 고(苦), 신(辛), 감(甘), 평(平), 미한(微寒), 무독(無毒)

② 귀경(歸經) : 간(肝)·신(腎)·위(胃) 木水土經

③ 용법(用法) : 6~9g, 15~30g 전복(煎服), 외용(外用)

④ 금기(禁忌) : 혈분무어체(血分無瘀滯), 비위허한(脾胃虛寒)(忌)

⑤ 주치(主治) : 징가적괴(癥瘕積塊), 위완창통(胃脘脹痛), 식적불소(食積不消), 영유종통(癭瘤腫痛), 적취(積聚), 창종라역(瘡腫瘰癧), 소갈(消渴), 담수천해(痰嗽喘咳), 마진불투(麻疹不透), 이변불리(二便不利), 만성간염(慢性肝炎), 경임파결핵(頸淋巴結核), 간경화복수(肝硬火腹水), 비종대(脾腫大), 결막염(結膜炎), 소아식적(小兒食積)

⑥ 효능(效能) : 소적지통(消積止痛), 산혈소징(散血消癥), 거어(祛瘀), 파적(破積), 건비이습(健脾利濕), 익기명목(益氣明目), 거열(祛熱), 파혈(破血), 청폐화담(淸肺化痰), 투진(透疹), 강기통변(降氣通便), 청열명목(淸熱明目)

⑦ 약물음양오행(藥物陰陽五行) : 파징가소적취약(破癥瘕消積聚藥)

115. 순육(鶉肉), 암순(鵪鶉) : 메추리

① 성미(性味) : 감(甘), 평(平)〈신(辛)〉, 〈온(溫)〉, 무독(無毒)

② 용법(用法) : 전복(煎服), 태워서 복용

③ 금기(禁忌) : 목이(木耳), 균자(菌子), 저간(豬肝), 저육(豬肉)(忌)

④ 주치(主治) : 습비(濕痺), 루하혈(漏下血), 열담(熱痰), 복창(腹脹), 소아감리(小兒疳痢), 설리(泄痢), 적백하리(赤白下痢), 감적(疳積), 복대여고(腹大如鼓)

⑤ 효능(效能) : 보오장(補五臟), 익기(益氣), 하초비실(下焦肥實), 건실근골(健實筋骨), 소열담(消熱痰), 소결열(消結熱), 소종(消腫), 치감리(治疳痢), 익중속기(益中續氣), 내한서(耐寒暑), 지설리(止泄痢)〈 :생강(生薑), 소두(小豆)〉/보비위(補脾胃), 조폐(調肺), 이수습(利水濕)

⑥ 약물음양오행(藥物陰陽五行) : 거풍습강근골약(祛風濕强筋骨藥), 보익약(補益藥)

116. 순채(蓴菜)(蒓菜) : 순채의 경엽(莖葉)

① 성미(性味) : 감(甘), 한(寒), 활(滑), 무독(無毒)

② 귀경(歸經) : 간(肝)·비(脾) 木土經

③ 용법(用法) : 수전복(水煎服), 식용(食用), 1일 8~12g, 12~20g, 외용가능(外用可能)

④ 배합길(配合吉) : 부어(鮒魚)(붕어), 예어(鱧魚)(가물치)

⑤ 금기(禁忌) : 다식(多食), 장복(長服)(忌), 초(酢)(忌)

⑥ 주치(主治) : 열리(熱痢), 열비(熱痺), 담증(痰症), 소갈(消渴), 황달(黃疸), 정창(疔瘡), 옹종(癰腫), 제창(諸瘡), 백독(百毒)

⑦ 효능(效能) : 청열(淸熱), 해독(解毒), 이수소종(利水消腫)/ 치옹저(治癰疽)〈경엽외용(莖葉外用)〉/보익(補益), 후위장(厚胃腸), 보대소장(補大小腸), 해약독(解藥毒), 청제창(淸諸瘡), 하초안정(下焦安定), 하기(下氣), 지구(止嘔), 보위기(補胃氣), 소담(消痰), 제번(除煩)

⑧ 약물음양오행(藥物陰陽五行) : 청열해독약(淸熱解毒藥), 이수소종약(利水消腫藥)

117. 수수, 촉출(蜀秫) : 출미(秫米), 촉서(蜀黍), 고량(高粱)

① 성미(性味) : 감(甘), 온(溫)

② 주치(主治)·효능(效能) : 온중삽장(溫中澁腸), 지곽란(止霍亂), 서미(黍米)와 유사하다

118. 숭채(菘菜) : 배추, 백채(白菜)

① 성미(性味) : 감(甘), 미냉(微冷), 평(平), 무독(無毒)

② 귀경(歸經) : 위(胃)·장(腸) 土經

③ 용법(用法) : 전용(煎用), 즙용(汁用), 내복(內服), 외용(外用), 다식(多食)삼가

④ 금기(禁忌) : 기허위냉(氣虛胃冷), 한냉체질(寒冷体質), 족병(足病), 다복(多服)시에는 생강(生薑)을 넣는다. 감초(甘草)(忌), 창출(蒼朮), 백출(白朮)(忌)

⑤ 주치(主治) : 흉중열(胸中熱), 번민(煩悶), 해수폐열(咳嗽肺熱), 칠창(漆瘡), 단독(丹毒), 변비(便秘), 주식독(酒食毒), 장기(瘴氣)

⑥ 효능(效能) : 청열(清熱), 청간열(清肝熱), 위장청리(胃腸清利), 제번민(除煩悶), 소식(消食), 하기지갈(下氣止渴), 해주갈(解酒渴), 화중초(和中焦), 소담(消痰), 지해수(止咳嗽), 지열기수(止熱氣嗽), 이소변(利小便), 산제풍(散諸風)

⑦ 약물음양오행(藥物陰陽五行) : 청열약(清熱藥), 지갈약(止渴藥)

119. 시자(柿子), 홍시(紅柿) : 감

① 성미(性味) : 감(甘), 기한(氣寒), 삽(澁), 떫다, 무독(無毒)

② 귀경(歸經) : 심(心)・폐(肺)・대장(大腸) 火金經

③ 금기(禁忌) : 비위허한(脾胃虛寒)(忌), 해(蟹 : 게), 주(酒)(忌), 풍한해수(風寒咳嗽), 냉리활설(冷痢滑泄), 장위허약(腸胃虛弱), 병후(病後), 산후(產後)(忌)

④ 주치(主治) : 구창(口瘡), 토혈(吐血), 화창(火瘡), 금창(金瘡), 옹종(癰腫), 위열(胃熱), 허로(虛勞)

⑤ 효능(效能) : 윤심폐(潤心肺), 지수(止嗽), 해주열독(解酒熱毒), 통비이기(通鼻耳氣), 압위열(壓胃熱), 개위(開胃), 지통(止痛), 보허로부족(補虛勞不足), 삽장(澁腸), 지설리(止泄痢), 지소갈(止消渴), 거담(去痰), 소숙혈(消宿血), 보기(補氣), 건비위기(健脾胃氣)

⑥ 약물음양오행(藥物陰陽五行) : 청열해독약(清熱解毒藥), 지갈약(止渴藥)

120. 신근초(伸筋草) : 석송초(石松草) 의 전초(全草)

① 성미(性味) : 신(辛), 미고(微苦), 감(甘), 떫다, 평(平), 온(溫), 무독(無毒)

② 귀경(歸經) : 간(肝)·비(脾)·신(腎) 木土水經

③ 용법(用法) : 9~12g, 12~15g, 전복(煎服)/술(酒)에 담가 사용, 외용(外用) 가능

④ 배합길(配合吉) : 빈랑(檳榔)

⑤ 금기(禁忌) : 출혈과다(出血過多), 임부(姙婦)(忌)

⑥ 주치(主治) : 풍한습비(風寒濕痺), 사지연약(四肢軟弱), 관절산통(關節酸痛), 타박상(打撲傷), 수종(水腫),각슬동냉(脚膝疼冷), 기력쇠약(氣力衰弱), 피부불인(皮膚不仁), 흉중비만(胸中痞滿), 위중격숙(胃中膈宿), 복중견적(腹中堅積), 기결동통(氣結疼痛), 금창내상(金瘡內傷), 대상포진(帶狀疱疹), 월경부조(月經不調), 풍습성관절종통(風濕性關節腫痛)

⑦ 효능(效能) : 거풍(祛風), 제습(除濕), 산한(散寒),서근활락(舒筋活絡), 활혈(活血), 하기(下氣), 소수종(消水腫), 소종(消腫), 거담지해(祛痰止咳)

⑧ 약물음양오행(藥物陰陽五行) : 거풍습통경락약(祛風濕通經絡藥)

121. 심어(鱘魚) : 철갑상어과 중화심(中華鱘)

① 성미(性味) : 감(甘), 평(平), 온(溫), 무독(無毒)

② 용법(用法) : 숙복(熟服)

③ 금기(禁忌) : 건순(乾笋)(忌)

④ 효능(效能) : 익기보허(益氣補虛), 활혈통림(活血通淋), 비건(肥健), 비미인(肥美人), 이오장(利五臟), 보위(補胃)

122. 아마자(亞麻子) : 아마의 종자(種子)

① 성미(性味) : 감(甘), 평(平), 윤(潤), 미온(微溫), 무독(無毒)

② 귀경(歸經) : 간(肝)·폐(肺)·대장(大腸) 木金經

③ 용법(用法) : 9~15g, 전복(煎服), 외용(外用)

④ 금기(禁忌) : 대변활설(大便滑泄)(忌), 위약(胃弱), 임부(姙婦)(忌)

⑤ 주치(主治) : 마풍(麻風), 대풍창선(大風瘡鮮), 장조변비(腸燥便秘), 모발고위탈락(毛髮枯萎脫落), 피부건조(皮膚乾燥), 소양(瘙癢), 탈모, 폐로(肺癆)(폐결핵), 단독(丹毒), 장열(腸熱), 폐옹(肺癰), 토농혈(吐膿血), 산기(疝氣), 고환염(睾丸炎), 간풍두통(肝風頭痛), 만성간염(慢性肝炎), 풍열습독(風熱濕毒)

⑥ 효능(效能) : 거풍(祛風), 윤조(潤燥), 통대소장(通大小腸), 해독(解毒), 지통(止痛), 순기(順氣), 평간(平肝)

⑦ 약물음양오행(藥物陰陽五行) : 거풍습약(祛風濕藥), 지통약(止痛藥), 소창옹저약(消瘡癰疽藥)

123. 아불식초(鵝不食草) : 석호채(石胡荽), 중대가리풀의 전초(全草)

① 성미(性味) : 신(辛), 고(苦), 온(溫), 무독(無毒)

② 귀경(歸經) : 폐(肺) 金經

③ 용법(用法) : 4.5~9g 전복(煎服), 즙복(汁服), 외용(外用)

④ 주치(主治) : 풍한두통(風寒頭痛), 해수담다(咳嗽痰多), 비연유체(鼻淵流涕), 비색불통(鼻塞不通), 천식(喘息), 감모(感冒), 백일해(百日咳), 후비(喉痺), 이질(痢疾), 산기복통(疝氣腹痛), 감사(疳瀉), 학질(瘧疾), 목예삽양(目翳澁癢), 타박상(打撲傷), 사증(痧證)(: 콜레라), 감적(疳積), 풍습성요퇴통(風濕性腰腿痛)

⑤ 효능(效能) : 거풍산한(祛風散寒), 제습(除濕), 지해(止咳), 통비규(通脾竅), 토풍담(吐風痰), 해독(解毒), 산목적종(散目赤腫), 명목(明目), 산창종(散瘡腫), 지통(止痛), 소종(消腫), 통울(通鬱), 지리(止痢), 절학(截瘧)

⑥ 약물음양오행(藥物陰陽五行) : 거풍습약(祛風濕藥), 온화한담약(溫化寒痰藥)

124. 아육(鵝肉) :거위고기, 백아(白鵝)

① 성미(性味) : 감(甘), 평(平), 량(凉), 무독(無毒), 창아(蒼鵝 : 冷, 有毒)
② 귀경(歸經) : 비(脾)·폐(肺)·간(肝) 土金木經
③ 금기(禁忌) : 습열사(濕熱邪), 고질(痼疾)(忌), 다복(多服)삼가
④ 주치(主治) : 소갈(消渴), 허리(虛羸), 연독(鉛毒)
⑤ 효능(效能) : 청오장열(淸五臟熱), 보허익기(補虛益氣), 화위(和胃), 보장부(補臟腑), 지소갈(止消渴), 이오장(利五臟)/지갈(止渴)(백아 白鵝)/발창농(發瘡膿)〈창아(蒼鵝)〉/난위생진(暖胃生津)
⑥ 약물음양오행(藥物陰陽五行) : 보익약(補益藥), 지갈약(止渴藥)

125. 아육(鴉肉) : 까마귀고기

① 성미(性味) : 산(酸), 평(平)
② 주치(主治)·효능(效能) : 치간질(治癎疾), 치골증풍(治骨蒸風), 치풍한해수(治風寒咳嗽), 치어혈(治瘀血), 치혈일(治血溢), 살충(殺蟲), 치골증노열(治骨蒸勞熱)

126. 암마륵(菴摩勒), 여감자(餘甘子) : 여감자의 과실, 유감(油柑)의 열매

① 성미(性味) : 감(甘), 산(酸), 고(苦), 삽(澁), 한(寒), 무독(無毒)
② 귀경(歸經) : 비(脾)·위(胃) 土經
③ 용법(用法) : 3~12g 전복(煎服), 환·산복용(丸·散服用), 외용(外用)〈즙용(汁用)〉
④ 주치(主治) : 풍허열기(風虛熱氣), 감모발열(感冒發熱), 디프테리아, 간담병(肝膽病), 복통(腹痛), 소화불량(消化不良), 혈열혈어(血熱血瘀), 해수구건(咳嗽口乾),

후통(喉痛), 상기(上氣)

⑤ 효능(效能) : 청열양혈(淸熱凉血), 소담(消痰), 생진지해(生津止咳), 지갈(止渴), 소식건위(消食健胃), 해독(解毒), 강기력(强氣力), 보익(補益), 거풍양(祛風瘍), 생발(生髮), 윤폐화담(潤肺化痰)

⑥ 약물음양오행(藥物陰陽五行) : 화담지해약(化痰止咳藥), 청열양혈약(淸熱凉血藥)

127. 암백채(巖白菜) : 암백채(岩白菜)의 전초(全草)

① 성미(性味) : 감(甘), 평(平), 무독(無毒)
② 귀경(歸經) : 간(肝)·비(脾) 木土經
③ 용법(用法) : 60~120g (鮮), 전복(煎服)
④ 금기(禁忌) : 허약(虛弱), 외감발열(外感發熱)〈신용(愼用)〉
⑤ 주치(主治) : 노상해수(勞傷咳嗽), 두훈허약(頭暈虛弱), 내상토혈(內傷吐血), 백대하(白帶下), 임탁(淋濁), 종독(腫毒), 기천(氣喘), 노(癆), 간비허약(肝脾虛弱), 폐병해천(肺病咳喘)
⑥ 효능(效能) : 화담지해(化痰止咳), 자양강장(滋養强壯), 지혈(止血)
⑦ 약물음양오행(藥物陰陽五行) : 화담지해약(化痰止咳藥)

◇ 암백채소(岩白菜素) : 암백체의 추출물

주치(主治)·효능(效能) : 치만성기관지염(治慢性氣管支炎), 거담진해(祛痰鎭咳)
용법(用法) : 0.124g씩 1일 3회 복용

128. 압자(鴨子) : 오리알

① 성미(性味) : 감(甘), 함(鹹), 한(寒)
② 용법(用法) : 다복(多服)삼가

③ 금기(禁忌) : 별육(鼈肉), 이자(李子)(자두나무의 과일)

④ 주치(主治) : 결열(結熱), 해수(咳嗽), 후통(喉痛), 치통(齒痛), 소아설사(小兒泄瀉)

⑤ 효능(效能) : 보중익기(補中益氣), 청폐(淸肺), 자음(滋陰), 화위소식(和胃消食)

129. 앵도(櫻桃)

① 성미(性味) : 감(甘), 온(溫), 평(平), 무독(無毒)

② 용법(用法) : 250g~500g 전복(煎服), 술에 담가 사용, 외용(外用)

③ 금기(禁忌) : 다복(多服)삼가

④ 주치(主治) : 수곡리(水穀痢), 풍습성족요통(風濕性足腰痛), 사지불인(四肢不仁), 후증(喉證)/촌백충(寸白蟲), 회충(蛔蟲)(東行根 이용)

⑤ 효능(效能) : 조중초(調中焦), 익비기(益脾氣), 윤피부(潤皮膚), 보익정기(補益精氣), 보기보허(補氣補虛), 보혈보신(補血補腎), 청혈열(淸血熱)

⑥ 약물음양오행(藥物陰陽五行) : 보익약(補益藥)

130. 영욱(蘡薁) : 멧머루, 산포도(山葡萄), 야포도(野葡萄), 새머루, 갈류과실(葛藟果實), 새머루의 과실

① 성미(性味) : 감(甘), 산(酸), 평(平)

② 용법(用法) : 1일 5~10g

③ 주치(主治)·효능(效能) : 청열양혈(淸熱凉血), 윤폐지해(潤肺止咳), 소식(消食), 치열림(治熱淋)〈근용(根用)〉, 치갈증(治渴症), 익기(益氣)〈머루술〉, 이소변(利小便)〈 : 덩굴〉

131. 야연맥(野燕麥) : 메귀리, 귀보리

1) 야맥자(野麥子) : 메귀리의 종자

① 성미(性味) : 감(甘), 온(溫), 무독(無毒)
② 용법(用法) : 9~20g 전복(煎服)
③ 주치(主治)・효능(效能) : 치허한(治虛汗), 온보(溫補)

2) 연맥초(燕麥草), 메귀리의 줄기와 잎(경엽(莖葉))

① 성미(性味) : 감(甘), 온(溫), 무독(無毒)
② 용법(用法) : 15~30g, 30~60g 전복(煎服)
③ 주치(主治)・효능(效能) : 〈치(治)〉 허한(虛汗), 토혈(吐血), 홍붕(紅崩), 허로(虛勞)/보허손(補虛損)

132. 양매(楊梅) : 소귀나무(속나무), 소귀나무의 열매

① 성미(性味) : 감(甘), 산(酸), 온(溫)
② 귀경(歸經) : 폐(肺)・위(胃) 金土經
③ 용법(用法) : 선복(鮮服), 침주복(浸酒服), 태워 복용, 외용(外用)〈(태워 사용)〉
④ 금기(禁忌) : 생총(生葱)(忌), 다식(多食) 삼가〈다식시 치근손상(多食時 齒筋損傷)
⑤ 주치(主治) : 복통(腹痛), 이질(痢疾), 하리(下痢), 구토(嘔吐), 번갈(煩渴),심폐번울(心肺煩鬱), 인후염(咽喉炎), 구강염(口腔炎), 심위기통(心胃氣痛)
⑥ 효능(效能) : 생진지갈(生津止渴), 거담(祛痰), 화위기(和胃氣), 소식(消食), 척장위(滌腸胃), 지혈뉵(止血衄)
⑦ 약물음양오행(藥物陰陽五行) : 이기약(理氣藥)

133. 양매근(楊梅根) : 소귀나무의 근(根)

① 성미(性味) : 신(辛), 고(苦), 감(甘), 온(溫)
② 용법(用法) : 30~60g(鮮) 전복(煎服), 분말복(粉末服), 외용(外用)
③ 주치(主治) : 위기통(胃氣痛), 치통(齒痛), 격식구토(膈食嘔吐), 토혈(吐血), 치혈(痔血), 혈붕(血崩), 외상출혈(外傷出血), 화상(火傷), 타박상(打撲傷), 산기(疝氣), 개선(疥癬), 악창(惡瘡), 주마아감(走馬牙疳)
④ 효능(效能) : 이기(理氣), 산어(散瘀), 지혈(止血), 양혈(涼血), 화어생신(化瘀生新), 통관개규(通關開竅), 해비독(解砒毒)
⑤ 약물음양오행(藥物陰陽五行) : 이기약(理氣藥), 이혈약(理血藥)

134. 양매수피(楊梅樹皮) : 소귀나무의 수피(樹皮)

① 성미(性味) : 고(苦), 신(辛), 삽(澁), 온(溫), 무독(無毒)
② 용법(用法) : 15~20g 전복(煎服), 환(丸)·침주복(浸酒服), 외용(外用)
③ 금기(禁忌) : 임부(姙婦)(忌)
④ 주치(主治)·효능(效能) : 타박상(打撲傷), 이질(痢疾), 치통(齒痛), 목예(目翳)/악창개라(惡瘡疥癩), 탕화상(燙火傷)(外用)/해비독(解砒毒), 지사리(止瀉痢)

◇ 양매핵인(楊梅核仁) : 양매의 종인(種仁), 치각기(治脚氣)

135. 양육(羊肉) : 양고기

① 성미(性味) : 감(甘), 온(溫), 열(熱), 무독(無毒), 평(平)〈양두육(羊頭肉)〉
② 귀경(歸經) : 비(脾)·신(腎)·심(心) 土水火經
③ 용법(用法) : 삶거나 달여 복용(服用)

④ 금기(禁忌) ： 담화(痰火), 창양초기(瘡瘍初起), 학질(瘧疾), 임부(姙婦), 숙열(宿熱), 외감시사(外感時邪)(忌)/창포(菖蒲), 반하(半夏)(忌) 백미(白薇), 백구혈(白狗血)(忌), 저육(豬肉), 어회(魚膾), 소두(小豆), 두장(豆醬), 매자(梅子), 메밀, 치이즈 초(醋), 자(鮓)(忌)

⑤ 주치(主治) ： 허로리수(虛勞羸瘦), 장기허한(臟氣虛寒), 복중한산(腹中寒疝), 산후허냉(産後虛冷), 복통(腹痛), 허로부족(虛勞不足), 요슬산연(腰膝痠軟), 중허반위(中虛反胃), 대풍한출(大風汗出), 양위(陽痿), 허로한냉(虛勞寒冷), 풍현수질(風眩瘦疾), 오로칠상(五勞七傷), 허한학질(虛寒瘧疾), 위한하리(胃寒下痢), 소아경간(小兒驚癎), 두현(頭眩)

⑥ 효능(效能) ： 보허리(補虛羸), 익신기(益腎氣), 지한(止汗), 지경(止驚), 보혈허(補血虛), 익기보허(益氣補虛), 보중익기(補中益氣), 온중초(溫中焦), 완하(緩下), 안심지경(安心止驚), 난중지통(暖中止痛), 개위비건(開胃肥健), 거한냉(祛寒冷), 이산부(利産婦), 명목(明目), 후장위(厚腸胃), 건근골(健筋骨), 장요슬(壯腰膝), 강장양(强壯陽)

◇ 양혈(羊血) ： 주치(主治) ： 산후혈훈(産後血暈), 중풍혈민(中風血悶)
◇ 양신(羊腎) ： 주치(主治) ： 이농(耳聾), 음위(陰痿), 각슬무력(脚膝無力), 도한(盜汗)
효능(效能) ： 보정(補精), 강장양(强壯陽), 보허손(補虛損)
⑦ 약물음양오행(藥物陰陽五行) ： 보익약(補益藥)

136. 양총(洋葱), 양파 ： 주먹파, 양파의 비늘줄기

① 용법(用法) ： 30~60g, 전복(煎服), 선복(鮮服), 외용(外用), 즙용(汁用)
② 주치(主治) ： 궤양(潰瘍), 창상(創傷), 장염(腸炎), 장무력증(腸無力症), 여성적충음도염(女性滴蟲陰道炎) ：〈트리코모나스(trichomonas) 질염〉
③ 효능(效能) ： 살균(殺菌), 거담(祛痰), 이뇨(利尿), 콜레스테롤 억제

137. 어표(魚鰾) : 조기의 부레, 철갑상어의 부레

① 성미(性味) : 감(甘), 평(平), 온(溫), 무독(無毒)

　　표교(鰾膠) : 감(甘), 함(鹹), 평(平), 무독(無毒)

② 귀경(歸經) : 신(腎) 水經

③ 용법(用法) : 9~15g 전복(煎服), 환·산용(丸·散用), 외용(外用)

④ 금기(禁忌) : 위기허(胃氣虛), 다담(多痰)(忌)

⑤ 주치(主治) : 신허활정(腎虛滑精), 파상풍(破傷風), 산후풍경(産後風痙), 혈붕(血崩), 토혈(吐血), 치질(痔疾), 외상출혈(外傷出血), 음창(陰瘡), 식창(蝕瘡), 치창(痔瘡)/표교(鰾膠) : 부인난산(婦人難産), 파상풍경(破傷風痙), 산후풍휵(産後風搐), 혈훈(血暈)

⑥ 효능(效能) : 보신익정(補腎益精), 양근맥(養筋脈), 지혈(止血), 산어혈(散瘀血), 지구혈(止嘔血), 소종독(消腫毒), 보정익혈(補精益血), 고정(固精)

⑦ 약물음양오행(藥物陰陽五行) : 지혈약(止血藥), 보익약(補益藥)

138. 여육(驢肉) : 당나귀 고기

① 성미(性味) : 감(甘), 산(酸), 평(平), 미한(微寒)

② 용법(用法) : 전복(煎服)

③ 금기(禁忌) : 형개(荊芥), 저육(豬肉), 다(茶), 부자(鳧茈)(忌)

④ 주치(主治) : 풍현(風眩), 풍광(風狂), 노손(勞損), 심번(心煩), 울통(鬱痛), 치(痔), 충(蟲)/반위(反胃 : 나귀의 尿사용)

⑤ 효능(效能) : 보혈익기(補血益氣), 안심기(安心氣)

⑥ 약물음양오행(藥物陰陽五行) : 보혈약(補血藥)

139. 여지(荔枝), 금여지(金荔枝), 만여지(蔓荔枝) : 여지덩굴풀의 열매

① 성미(性味) : 감(甘), 산(酸), 온(溫), 평(平), 무독(無毒), 자윤(滋潤)

② 귀경(歸經) : 심(心)·비(脾) 火土經

③ 용법(用法) : 5~10개, 전복(煎服), 태워서 분말복(粉末服), 외용(外用)가능

④ 금기(禁忌) : 음허열성(陰虛熱盛)(愼用), 다복(多服)삼가

⑤ 주치(主治) : 체기(滯氣), 심조두중(心燥頭重), 번갈(煩渴), 딸꾹질, 구역(嘔逆), 위통(胃痛), 기혈체통(氣血滯痛), 정종라역(疔腫瘰癧), 외상출혈(外傷出血), 배박노민(背膊勞悶), 소아두창(小兒痘瘡), 위완한통(胃脘寒痛), 산후수종(産後水腫), 인후종통(咽喉腫痛), 비허하혈(脾虛下血), 양패혈한(陽敗血寒), 산기(疝氣), 심통(心痛)

⑥ 효능(效能) : 보익보혈(補益補血), 조기(調氣), 보간비정혈(補肝脾精血), 통신(通神), 진통(鎭痛), 건기(健氣), 익지(益智), 생진지갈(生津止渴), 보중청폐(補中淸肺), 장양익기(壯陽益氣), 이인후(利咽喉), 산체기(散滯氣), 소유췌적종(消瘤贅赤腫), 온자간혈(溫滋肝血), 난보비정(暖補脾精), 지애역(止呃逆), 해번갈(解煩渴), 안심보폐(安心補肺), 개위(開胃), 화비(和脾), 호안색(好顔色)

⑦ 약물음양오행(藥物陰陽五行) : 보익약(補益藥)

140. 여지핵(荔枝核) : 여지의 종자

① 성미(性味) : 감(甘), 미고(微苦), 미함(微鹹), 삽(澁), 온(溫), 평(平), 무독(無毒)

② 귀경(歸經) : 비(脾)·간(肝)·신(腎) 土木水經

③ 용법(用法) : 4.5~9g 전복(煎服), 환산복(丸散服)

④ 금기(禁忌) : 음허화왕(陰虛火旺)(신용 愼用), 무한습체기(無寒濕滯氣)(忌)

⑤ 주치(主治) : 위완통(胃脘痛), 한산복통(寒疝腹痛), 고환종통(睾丸腫痛), 부인혈기자통(婦人血氣刺痛), 산기통(疝氣痛), 심통(心痛)

⑥ 효능(效能) : 온중초(溫中焦), 거한지통(祛寒止痛), 행산체기(行散滯氣), 진통(鎭痛), 산결(散結)

⑦ 약물음양오행(藥物陰陽五行) : 이기약(理氣藥), 지통약(止痛藥)

141. 연어(鰱魚)

① 성미(性味) : 감(甘), 평(平), 온(溫), 무독(無毒)

② 귀경(歸經) : 비(脾)・폐(肺) 土金經

③ 주치(主治)・효능(效能) : 온중초(溫中焦), 익기(益氣), 보기(補氣), 난위(暖胃), 윤피부(潤皮膚)

142. 연초(煙草) : 담배의 잎

① 성미(性味) : 신(辛), 온(溫)〈열(熱)〉, 고(苦), 순양(純陽), 유독(有毒)

② 용법(用法) : 가급적 내복(內服)하지 않는다. 전용(煎用), 즙용(汁用), 외용(外用), 내복(內服)

③ 금기(禁忌) : 기허다한(氣虛多汗), 조화다(燥火多), 폐병(肺病), 인후병(咽喉病)(忌)/연초의 해독약(解毒藥) : 냉수(冷水), 백당(白糖)

④ 주치(主治) : 장담(瘴痰), 풍습한독(風濕寒毒), 충(蟲), 식체포창(食滯飽脹), 음체(陰滯), 사견교상(蛇犬咬傷), 개선(疥癬), 열독창(熱毒瘡), 옹저정창(癰疽疔瘡), 기결어통(氣結瘀痛), 육중독(肉中毒), 음사한독(陰邪寒毒), 풍습사폐주리(風濕邪閉腠理), 산람장기(山嵐瘴氣), 근골동통(筋骨疼痛), 음탁한체(陰濁寒滯), 구토곽란(嘔吐霍亂), 편풍두통(偏風頭痛), 위마불인(痿麻不仁)

⑤ 효능(效能) : 해독(解毒), 살충(殺蟲), 행산행기(行散行氣), 지혈(止血), 지통(止痛), 장위기(壯胃氣), 소팽창숙식(消膨脹宿食), 제적취제충(除積聚諸蟲), 행기정혈어(行

氣停血瘀), 지동통(止疼痛), 해울결(解鬱結)

⑥ 약물음양오행(藥物陰陽五行) : 외용약(外用藥), 이기약(理氣藥), 지통약(止痛藥), 살충약(殺蟲藥), 해독약(解毒藥)

143. 영실(營實) : 들장미(찔레나무)의 열매

① 성미(性味) : 산(酸), 고(苦), 량(凉), 무독(無毒)
② 귀경(歸經) : 위(胃)・대장(大腸) 土金經
③ 용법(用法) : 3~9g 전복(煎服), 침주(浸酒), 환・산복(丸・散服), 외용(外用)
④ 주치(主治) : 신염(腎炎), 소변불리(小便不利)〈소변비삽(小便秘澁)〉, 월경복통(月經腹痛)j, 각기(脚氣), 부종(浮腫), 창개옹종(瘡疥癰腫), 옹저(癰疽), 열기(熱氣), 오장객열(五臟客熱), 두창백독(頭瘡白禿), 산후연탄(產後軟癱), 심복창민(心腹脹悶)
⑤ 효능(效能) : 이소변(利小便), 청열양혈(淸熱凉血),활혈(活血), 해독(解毒), 이관절(利關節), 제풍습(除風濕), 청서(淸署), 화위(和胃), 익기(益氣)〈구복시(久服時)〉
⑥ 약물음양오행(藥物陰陽五行) : 청열해독약(淸熱解毒藥), 이수소종약(利水消腫藥)

144. 예어(鱧魚), 여어(蠡魚) : 가물치

① 성미(性味) : 감(甘), 한(寒), 미독(微毒)
② 용법(用法) : 끓이거나 구워 복용(服用)
③ 금기(禁忌) : 창병(瘡病)(忌), 기약허냉(氣弱虛冷) 주의
④ 주치(主治) : 습비(濕痺), 부종(浮腫), 수종(水腫), 복부팽만(腹部膨滿), 각기(脚氣), 개선(疥癬), 치질(痔疾), 풍기(風氣), 종만(腫滿), 이변옹색기(二便擁塞氣), 임신수기(姙娠水氣), 부인건혈노증(婦人乾血癆症), 부인혈고(婦人血枯), 붕림이대(崩淋二帶), 월경불순(月經不順)

⑤ 효능(效能) : 보비(補脾), 치오치(治五痔), 보혈기(補血氣), 치원허손(治元虛損)〈+
회향(茴香)〉, 보심양음(補心養陰), 해독거열(解毒去熱), 행수삼습(行水滲濕), 보비
이수(補脾利水), 징청신수(澄淸腎水), 거풍습(祛風濕), 이요각기(利腰脚氣), 통경이
습(通經利濕), 양간익신(養肝益腎), 이수도(利水道), 치후비(治喉痺)〈여어담(膽)〉

⑥ 약물음양오행(藥物陰陽五行) : 이수약(利水藥), 보익약(補益藥)

145. 오적어(烏賊魚) : 오징어

① 성미(性味) : 함(鹹), 산(酸), 평(平)
② 귀경(歸經) : 간(肝) · 신(腎) 木水經
③ 용법(用法) : 식용(食用), 구복(久服)시 익정(益精)
④ 주치(主治) : 혈허(血虛), 붕루(崩漏)〈오징어 뼈〉, 대하(帶下), 산가(疝瘕)
⑤ 효능(效能) : 보익정기(補益精氣), 제열보정(除熱保精), 익기강지(益氣强志), 양혈
자음(養血滋陰), 화혈청신(和血淸腎), 보혈맥(補血脈), 통월경(通月經), 보심통맥
(補心通脈), 명목제열(明目除熱), 자간신(滋肝腎), 조경대(調經帶), 이태산(利胎産)
⑥ 약물음양오행(藥物陰陽五行) : 보익약(補益藥), 보혈약(補血藥)

146. 옥촉서(玉蜀黍), 옥고량(玉高粱) : 옥수수

① 성미(性味) : 감(甘), 미한(微寒), 평(平), 무독(無毒)
② 용법(用法) : 전복(煎服), 분말복(粉末服)
③ 주치(主治) · 효능(效能) : 치임역(治淋瀝) :〈근(根) · 엽(葉) 사용〉/보중(補中),
조중개위(調中開胃), 식욕촉진(食慾促進), 익폐영심(益肺寧心), 건위(健胃), 이뇨
(利尿)

147. 와거(萵苣) : 상추, 거와(苣萵)

① 성미(性味) : 고(苦), 감(甘), 한(寒), 평(平), 미독(微毒)
② 귀경(歸經) : 장(腸)·위(胃) 土經
③ 용법(用法) : 10~20g (씨앗), 수전복(水煎服), 외용(外用)(: 찧어붙임), 생식용(生食用), 구복(久服)삼가
④ 금기(禁忌) : 목질(目疾)(忌), 밀(蜜)(忌)
⑤ 주치(主治) : 기체불통(氣滯不通), 담화응결(痰火凝結), 냉적충적(冷積蟲積), 충사독(蟲蛇毒)
⑥ 효능(效能) : 흉격성(胸膈醒 : 가슴을 트게한다), 오장통리(五臟通利), 개위(開胃), 잠이 오게 한다. 보근골(補筋骨), 통경맥(通經脈), 백치아(白齒牙), 총명목(聰明目), 통유즙(通乳汁), 유즙생성(乳汁生成), 개흉격열(開胸膈熱), 사심기(瀉心氣), 해화독(解火毒), 소식(消食), 이소변(利小便)(씨)

148. 와릉자(瓦楞子) : 모감(毛蚶), 괴감(魁蚶)의 패각(貝殼)

① 성미(性味) : 감(甘), 함(鹹), 평(平), 온(溫), 무독(無毒)
② 귀경(歸經) : 간(肝)·비(脾)·폐(肺) 木土金經
③ 용법(用法) : 9~15g(선전용 先煎用), 전복(煎服), 환·산복(丸·散服), 외용(外用)
④ 주치(主治) : 완담적결(頑痰積結), 위통토산(胃痛吐酸), 점조난각(黏稠難咯), 라역(瘰癧), 영유(癭瘤), 징가적취(癥瘕積聚), 아감(牙疳), 징벽(癥癖), 냉기(冷氣), 혈적(血積), 연견산결(軟堅散結), 소아구루병(小兒佝僂病), 궤양병(潰瘍病), 폐결핵(肺結核)
⑤ 효능(效能) : 소담화어(消痰化瘀), 제산지통(制酸止痛), 연견산결(軟堅散結), 소적체(消積滯), 활혈괴(活血塊), 파징가(破癥瘕)
⑥ 약물음양오행(藥物陰陽五行) : 파징가소적취약(破癥瘕消積聚藥)

149. 완두(豌豆) : 완두의 종자

① 성미(性味) : 감(甘), 함(鹹), 평(平), 한(寒), 활(滑), 무독(無毒)

② 귀경(歸經) : 비(脾) · 위(胃) 土經

③ 용법(用法) : 전복(煎服), 분말외용(粉末外用)

④ 주치(主治) : 각기(脚氣), 곽란전근(霍亂轉筋), 옹종(癰腫), 창독(瘡毒), 두창(痘瘡), 창만(脹滿)

⑤ 효능(效能) : 화중초(和中焦), 익중평기(益中平氣), 하기(下氣), 조순영위(調順營衛), 이비위(理脾胃), 이소변(利小便), 해창독(解瘡毒), 하유즙(下乳汁), 생진(生津), 지갈(止渴), 소창(消脹)

150. 요양화(鬧羊花) : 양척촉(羊躑躅)의 꽃

① 성미(性味) : 신(辛), 온(溫), 대독(大毒)

② 귀경(歸經) : 폐(肺) · 비(脾) 金土經

③ 용법(用法) : 0.3~0.6g, 0.6~1.5g 주화(酒化)하여 복용(服用), 환 · 산복용(丸 · 散服用), 마취약, 외용(外用)

④ 금기(禁忌) : 다복(多服)삼가, 구복(久服)삼가/임부(姙婦), 지체허약(肢体虛弱)(忌)

⑤ 주치(主治) : 풍습비통(風濕痺痛), 피부완선(皮膚頑癬), 질박손상(跌撲損傷), 상절동통(傷折疼痛), 온학(溫瘧), 풍혈(風血), 악독제비(惡毒諸痺), 완담(頑痰), 기천(氣喘)

⑥ 효능(效能) : 거풍(祛風), 제습(除濕), 진경(鎭痙), 진통(鎭痛), 산어(散瘀), 마취(麻醉)

⑦ 약물음양오행(藥物陰陽五行) : 거풍습약(祛風濕藥), 지비약(止痺藥)

151. 우여량(禹餘糧) : 갈철광(褐鐵鑛)의 일종

① 성미(性味) : 감(甘), 함(鹹), 평(平), 미한(微寒), 삽(澀)〈떫다〉

② 귀경(歸經) : 비(脾)·위(胃)·대장(大腸) 土金經

③ 용법(用法) : 9~15g 전복(煎服), 환·산복용(丸散服用), 외용(外用)〈분말용(粉末用)〉

④ 금기(禁忌) : 임부(姙婦)〈신중용(愼重用)〉, 실증(實證)(忌)/ 창포(菖蒲), 패모(貝母), 철락(鐵落)(忌)/수허(髓虛), 혈조(血燥)(忌)

⑤ 주치(主治) : 붕루(崩漏), 백대(白帶), 구사구리(久瀉久痢), 한열번만(寒熱煩滿), 해역(咳逆), 혈폐징가(血閉癥瘕), 하리적백(下痢赤白), 대열(大熱), 어혈(瘀血), 소복통결(小腹痛結), 번동(煩疼), 대포절력신중(大飽絕力身重), 지절불리(肢節不利), 골절동(骨節疼), 치루(痔漏), 사지불인(四肢不仁), 궤양(潰瘍)

⑥ 효능(效能) : 수렴지혈(收斂止血), 삽장지사(澀腸止瀉), 익기(益氣), 염고위기(斂固胃氣), 안장기(安臟氣), 후대장(厚大腸), 최생(催生), 사간(瀉肝), 보폐금(補肺金)

⑦ 약물음양오행(藥物陰陽五行) : 수렴고삽약(收斂固澀藥)

152. 우육(牛肉), 쇠고기

① 성미(性味) : 감(甘), 함(鹹), 평(平), 무독(無毒), 온(溫)〈황우(黃牛)〉/냉(冷)〈수우(水牛)〉

② 귀경(歸經) : 비(脾)·위(胃) 土經

③ 용법(用法) : 수전즙복용(水煎汁服用), 환용(丸用)

④ 금기(禁忌) : 선모(仙茅), 우슬(牛膝)

⑤ 주치(主治) : 허손리수(虛損羸瘦), 비적(痞積), 비약(脾弱), 요슬산연(腰膝痠軟), 수종(水腫), 소갈증(消渴症), 복중벽적(腹中癖積)

⑥ 효능(效能) : 보비위(補脾胃), 익기양혈(益氣養血), 강근골(强筋骨),/보기(補氣)〈황우(黃牛)〉/안중초(安中焦), 지타연출(止唾涎出), 소수종(消水腫), 보허(補虛), 장건

(壯健), 제습기(除濕氣), 안태보혈(安胎補血)〈수우(水牛)〉

⑦ 약물음양오행(藥物陰陽五行) : 보익약(補益藥)

◇ 우비(牛鼻) : 유즙분비(乳汁分泌)

◇ 우신(牛腎) : 보신익정(補腎益精)

◇ 우두(牛肚 소의양) : 익위지갈(益胃止渴)

◇ 우담(牛膽) : 명목(明目), 지갈(止渴), 살충(殺蟲)

◇ 우혈(牛血) : 해독(解毒), 치혈리(治血痢)

◇ 우피(牛皮) : 소부종(消浮腫), 이수(利水)

◇ 우각새(牛角䚡 소의 뿔) : 치붕루대하(治崩漏帶下), 지혈리(止血痢)

◇ 우구연(牛口涎) : 이수소창(利水消脹)

◇ 우뇨(牛尿) : 이소변(利小便), 치수종(治水腫)

◇ 우시(牛屎) : 치소갈(治消渴), 치곽란(治霍亂), 연옹(軟癰), 이수(利水)

◇ 우육(牛肉)과 금기음식(禁忌飲食) : 생강(生薑), 견육(犬肉), 저육(豬肉), 율자(栗子 : 밤), 구해(韭薤 부추), 서미(黍米 : 기장쌀)(忌)

153. 우(芋), 야우(野芋) : 토란(土卵), 토련(土蓮)

① 성미(性味) : 신(辛), 평(平), 한(寒), 유독(有毒)(生것), 떫다.

② 용법(用法) : 10~20g, 식용(食用), 전복(煎服), 다식(多食)삼가

③ 배합길(配合吉) : 어육(魚肉), 즉어(鯽魚)〈하기조중(下氣調中), 보허(補虛), 치번갈(治煩渴)〉, 초(醋), 3년이상된 토란〈야우(野芋)〉은 外用한다.〈내복(內服)금지〉/야우 해독약(野芋解毒藥) : 대두장(大豆漿), 강즙(薑汁)

④ 주치(主治) : 종독(腫毒), 치루(痔漏), 마풍(麻風), 개선(疥癬), 유옹(乳癰), 타박상(打撲傷), 소아탈항(小兒脫肛), 번갈(煩渴), 치창(痔瘡),/엽(葉)〈냉(冷), 무독(無毒)〉 : 태동불안(胎動不安), 임신심번(姙娠心煩), 충사교상(虫蛇咬傷)〈엽외용(葉外用)〉

⑤ 효능(效能) : 해제약독(解諸藥毒), 소종(消腫), 지통(止痛), 활중작용(滑中作用)/지사(止瀉), 제번(除煩)〈엽(葉)〉/제숙혈(除宿血)〈파혈(破血)〉, 보익(補益), 후위장(厚胃腸), 비기부(肥己膚), 보허(補虛), 하기조중(下氣調中)

154. 운대(蕓薹) : 유채(油菜), 한 채(寒菜), 대개(薹芥)

① 성미(性味) : 신(辛), 량(凉), 한(寒), 무독(無毒)
② 귀경(歸經) : 폐(肺)・간(肝)・비(脾) 金木土經
③ 용법(用法) : 10~16g 전복(煎服), 즙용(汁用), 식용(食用), 외용(外用), 구복(久服)삼가, 다복(多服)삼가
④ 금기(禁忌) : 창개(瘡疥), 마진후(痲疹後), 안질(眼疾), 사두(痧痘), 산후(産後), 유행성감기, 요각병(腰脚病), 호취(狐臭), 보골지(補骨脂)(忌)
⑤ 주치(主治) : 풍유단종(風遊丹腫), 유옹(乳癰), 징가(癥瘕), 산후혈풍(産後血風), 어혈(瘀血), 결혈(結血), 유풍(遊風), 열독창(熱毒瘡), 혈리(血痢), 노상토혈(勞傷吐血), 요각비(腰脚痺), 라저(瘰疽), 두완두창(豆宛豆瘡)
⑥ 효능(效能) : 산어혈(散瘀血), 파혈(破血), 파징가결혈(破癥瘕結血), 산혈소종(散血消腫), 파결통장(破結通腸)
⑦ 약물음양오행(藥物陰陽五行) : 활혈거어약(活血祛瘀藥), 소창옹저약(消瘡癰疽藥)

155. 운지(雲芝) : 구름버섯

① 성미(性味) : 미감(微甘), 한(寒)
② 귀경(歸經) : 간(肝)・폐(肺) 木金經
③ 주치(主治)・효능(效能) : 간염(肝炎), 기관지염(氣管支炎), 거습화담(祛濕化痰)

156. 원잠아(原蠶蛾) : 누에나비

① 성미(性味) : 감(甘), 함(鹹), 온(溫), 열(熱), 미독(微毒)

② 귀경(歸經) : 간(肝)·신(腎) 木水經

③ 용법(用法) : 1일 2~6g, 볶아 사용(다리와 날개제거), 내복(內服), 환·산용(丸·散用), 외용(外用)

④ 금기(禁忌) : 음허유화(陰虛有火)(忌)

⑤ 주치(主治) : 유정(遺精), 양담(陽痿), 궤양(潰瘍), 창상(創傷), 탕화상(湯火傷), 금창(金瘡), 뇨혈(尿血), 백탁(白濁), 폭풍(暴風), 동창(凍瘡), 음위(陰痿)

⑥ 효능(效能) : 보간신(補肝腎), 익양기(益陽氣), 삽정(澁精), 익정기(益精氣), 지설정(止泄精), 장양사(壯陽事), 강음도(強陰道), 난수장(暖水臟), 치창(治瘡), 지혈(止血)

⑦ 약물음양오행(藥物陰陽五行) : 수렴고삽약(收斂固澁藥), 보익약(補益藥), 보양약(補陽藥)

* 조사탕(繰絲湯) : 고치견물, 냉복(冷服)〈치소갈(治消渴)〉

157. 유락(乳酪) : 치이즈, 락(酪), 젖가공품

① 성미(性味) : 감(甘), 산(酸), 평(平),〈미한(微寒)〉, 무독(無毒)

② 용법(用法) : 녹여 복용, 외용(外用)

③ 금기(禁忌) : 소화불량(消化不良), 중허습성(中虛濕盛),이질(痢疾)(忌)/노어(鱸魚 농어), 양육(羊肉)(忌)

④ 주치(主治) : 흉중허열(胸中虛熱),열독(熱毒), 번갈(煩渴), 신면상열창(身面上熱瘡), 은진소양(癮疹瘙痒), 위중열(胃中熱), 심격열통(心膈熱痛), 번갈열민(煩渴熱悶)〈우락(牛酪)〉, 혈조(血燥)

⑤ 효능(效能) : 보폐(補肺), 양음(養陰), 윤장(潤腸), 지갈(止渴), 이대장(利大腸), 보허손(補虛損), 생정혈(生精血), 윤조(潤燥)

⑥ 약물음양오행(藥物陰陽五行) : 보익약(補益藥), 보음약(補陰藥)

158. 유서(柳絮) : 수양버들 종자(種子), 버들강아지

① 성미(性味) : 량(凉)
② 용법(用法) : 물에담근 후 즙복용(汁服用), 산용(散用), 외용(外用)
③ 주치(主治) : 슬통(膝痛), 습비(濕痺), 황달(黃疸), 사지련급(四肢攣急), 토혈(吐血), 창상출혈(創傷出血), 금창(金瘡), 악창(惡瘡), 옹저미궤(癰疽未潰), 외상출혈(外傷出血), 구창(灸瘡)
④ 효능(效能) : 지혈(止血), 거습(袪濕), 치옹(治癰), 축농혈(逐膿血), 치갈(治渴)〈즙용(汁用)〉
⑤ 약물음양오행(藥物陰陽五行) : 지혈약(止血藥)

159. 유엽(柳葉) : 수양버들 잎

① 성미(性味) : 고(苦), 한(寒), 무독(無毒)
② 귀경(歸經) : 심(心)·비(脾) 火土經
③ 용법(用法) : 생엽(生葉) 30~60g 전복(煎服), 외용(外用)
④ 주치(主治) : 마진미투(麻疹未透), 유행성열병(流行性熱病), 화상(火傷), 치통(齒痛), 심복내혈(心腹內血), 유선염(乳腺炎), 정창절종(疔瘡癤腫), 단독(丹毒), 갑상선종(甲狀腺腫), 백탁(白濁), 탕상(燙傷), 칠창(漆瘡), 폐결핵(肺結核), 소아사두증(小兒痧痘症)
⑤ 효능(效能) : 청열해독(清熱解毒), 투진(透疹), 이뇨(利尿), 지통(止痛), 하수기(下水氣), 속근골(續筋骨), 해단독(解丹毒), 평간(平肝), 패독(敗毒), 산열(散熱)
⑥ 약물음양오행(藥物陰陽五行) : 청열해독약(清熱解毒藥)

160. 유인(蕤仁), 유핵(蕤核) : 치엽편핵목(齒葉扁核木)의 과실

① 성미(性味) : 감(甘), 함(鹹), 미한(微寒), 무독(無毒)

② 귀경(歸經) : 간(肝)・심(心) 木火經, 비(脾) 土經

③ 용법(用法) : 4.5~9g 전복(煎服), 외용(外用)

④ 금기(禁忌) : 무풍열(無風熱), 비신양허(脾腎兩虛), 목병(目病)(忌)

⑤ 주치(主治) : 심복사결기(心腹邪結氣), 목적종통(目赤腫痛), 명암수명(明暗羞明), 검현적란(瞼弦赤爛), 비뉵(鼻衄), 상하포풍종란현(上下胞風腫爛眩), 목적통상누출(目赤痛傷淚出), 불면증(不眠證)

⑥ 효능(效能) : 소풍산열(消風散熱), 양간명목(養肝明目), 보중강지(補中強志), 파심하결담비기(破心下結痰痞氣), 명이목(明耳目), 익수생광(益水生光)

⑦ 약물음양오행(藥物陰陽五行) : 청열명목약(清熱明目藥)

161. 유자(柚子) : 큰귤, 유자나무의 성숙한 과실, 등자(橙子)

① 성미(性味) : 산(酸), 감(甘), 량(凉)

② 귀경(歸經) : 간(肝)・폐(肺)・위(胃) 木金土經

③ 용법(用法) : 전복(煎服)

④ 주치(主治)・효능(效能) : 관흉격(寬胸膈), 제위장오기(除胃腸惡氣), 지구오(止嘔惡), 소식(消食), 해독(解毒), 해어해독(解魚蟹毒), 소영(消瘿), 해주독(解酒毒)

162. 유지(柳枝) : 수양버들가지

① 성미(性味) : 고(苦), 신(辛), 한(寒), 무독(無毒)

② 귀경(歸經) : 심(心)・폐(肺)・간(肝)・신(腎) 火金木水經

③ 용법(用法) : 30~60g 전복(煎服), 외용(外用) 가능

④ 주치(主治) : 풍습비통(風濕痺痛), 간염(肝炎), 풍한외속(風寒外束), 혈응기체(血凝氣滯), 소아두증(小兒痘症), 황달(黃疸), 치통(齒痛), 해수(咳嗽), 풍종(風腫), 옹종(癰腫), 소변불통(小便不通), 임병(淋病), 백탁(白濁), 치경종(齒莖腫), 충치(蟲齒), 정창(疔瘡), 단독(丹毒)

⑤ 효능(效能) : 거풍열(祛風熱), 지통(止痛), 이뇨(利尿), 소종(消腫), 소식(消食), 제습비(除濕痺)

⑥ 약물음양오행(藥物陰陽五行) : 이수약(利水藥), 거풍습약(祛風濕藥)

163. 율자(栗子) : 밤

① 성미(性味) : 감(甘), 함(鹹), 평(平), 무독(無毒)

② 귀경(歸經) : 비(脾)·위(胃)·신(腎)·심(心) 土水火經

③ 용법(用法) : 1일 10~20g, 반쯤 익혀 먹는다, 다식(多食) 삼가〈소아(小兒)〉

④ 금기(禁忌) : 생식다식(生食多食)(忌)

⑤ 주치(主治) : 반위(反胃), 요각연약(腰脚軟弱), 출혈(出血), 금창(金瘡), 종어(腫瘀), 동통(疼痛), 근골풍통(筋骨風痛), 창통(瘡痛), 냉현벽(冷痃癖), 라역(瘰癧), 종독통(腫毒痛), 학질(瘧疾)

⑥ 효능(效能) : 양위(養胃), 익기(益氣), 후비위(厚脾胃), 보신기(補腎氣), 강근(强筋), 활혈(活血), 지혈(止血), 보익(補益)〈:건용(乾用)〉, 후위장복(厚胃腸腹)

⑦ 약물음양오행(藥物陰陽五行) : 보익약(補益藥)

164. 융염(戎鹽) : 청염(靑鹽)

① 성미(性味) : 함(鹹), 감(甘), 한(寒), 평(平), 무독(無毒)

② 귀경(歸經) : 심(心)·신(腎)·방광(膀胱) 火水經

③ 용법(用法) : 3~5푼 전복(煎服), 환(丸)·산(散)用, 外用

④ 금기(禁忌) : 수종(水腫), 구토증(嘔吐症)(忌)

⑤ 주치(主治) : 혈분열사(血分熱邪), 치설출혈(齒舌出血), 치통(齒痛), 토혈(吐血), 혈뇨(血尿), 목적통(目赤痛), 익혈(溺血), 창개선(瘡疥癬), 심복적취통(心腹積聚痛), 목중어적삽혼(目中瘀赤澁昏), 풍안난현(風眼爛弦)

⑥ 효능(效能) : 제혈분열(除血分熱), 익기(益氣), 명목(明目), 견근골(堅筋骨), 해반묘(解斑貓), 조수신(助水腎), 제오장징결(除五臟癥結), 견골고치(堅骨固齒), 거제악혈(袪諸惡血)

⑦ 약물음양오행(藥物陰陽五行) : 청열명목약(淸熱明目藥)

165. 은어(銀魚) : 은조어(銀條魚)

① 성미(性味) : 감(甘),평(平), 무독(無毒)

② 귀경(歸經) : 비(脾)·위(胃) 土經

③ 용법(用法) : 식용(食用)

④ 주치(主治)·효능(效能) : 보허(補虛)〈보기(補氣)〉, 관중건위(寬中健胃)〈생강(生薑) 배합시 吉〉/양위음(養胃陰), 보폐청금(補肺淸金), 자음윤폐(滋陰潤肺), 이수(利水), 지해(止咳), 보허로(補虛勞), 화경맥(和經脈)

166. 음풍륜(蔭風輪) : 단혈류(斷血流), 등롱초(燈籠草)〈(全草)〉

① 성미(性味) : 신(辛), 감(甘), 미고(微苦)〈온(溫)〉

② 귀경(歸經) : 간(肝) 木經

③ 용법(用法) : 9~15g, 15~30g 전복(煎服), 외용(外用)

④ 주치(主治) : 각종출혈(各種出血), 자궁기유출혈(子宮肌瘤出血), 붕루(崩漏), 뉵혈(衄血), 뇨혈(尿血), 창출혈(創出血), 아은출혈(牙齦出血), 감모(感冒), 디프테리아, 종독(腫毒), 복통(腹痛)

⑤ 효능(效能) : 지혈(止血), 이기(理氣), 소종(消腫), 해표산한(解表散寒)

⑥ 약물음양오행(藥物陰陽五行) : 지혈약(止血藥), 해표약(解表藥)

167. 이(梨), 리 : 배, 쾌과(快果)

① 성미(性味) : 감(甘), 미산(微酸), 양(涼), 평(平), 무독(無毒)

② 귀경(歸經) : 폐(肺)·위(胃)·심(心)·간(肝) 金土火木經

③ 용법(用法) : 선생식(鮮生食), 즙복용(汁服用), 숙용(熟用), 외용(外用) 가능

④ 금기(禁忌) : 폐한해수(肺寒咳嗽), 비허변당(脾虛便溏)(忌), 복통냉적(腹痛冷積), 비가설사(脾家泄瀉), 한담담음(寒痰痰飮), 위냉구토(胃冷嘔吐), 여성산후(女性産後)(忌)

⑤ 주치(主治) : 열병진상번갈(熱病津傷煩渴), 담열경광(痰熱驚狂), 열해(熱咳), 소갈증(消渴症), 변비(便秘), 기천열광(氣喘熱狂), 삭첩탕화상(削貼湯火傷), 열수(熱嗽), 흉중비색열결(胸中痞塞熱結), 해수(咳嗽), 풍담(風痰), 객열(客熱), 상한발열(傷寒發熱), 위중비괴식적(胃中痞塊食積), 소아편추동통(小兒偏墜疼痛), 토사곽란(吐瀉霍亂), 주독(酒毒), 풍열혼조(風熱昏躁), 소아감열(小兒疳熱)(熟用)

⑥ 효능(效能) : 생진액(生津液), 청열(淸熱), 윤폐양심(潤肺凉心), 윤조(潤燥), 소담강화(消痰降火), 제객열기(除客熱氣), 지통(止痛), 지심번(止心煩), 지갈(止渴), 소풍(消風), 이대소변(利大小便), 자장지음(滋臟之陰)(숙용 熟用)/청부지열(淸腑之熱)(생용 生用)/해창독(解瘡毒)

⑦ 약물음양오행(藥物陰陽五行) : 청열약(淸熱藥), 청화열담약(淸化熱痰藥)

168. 이어(鯉魚) : 잉어

① 성미(性味) : 감(甘), 한(寒), 평(平), 무독(無毒)

② 귀경(歸經) : 폐(肺)·신(腎)·비(脾)·간(肝) 金水土木經

③ 용법(用法) : 1일 小 1마리, 大 반마리, 척상양근·흑혈제거(脊上兩筋·黑血除去)후

사용

④ 금기(禁忌) : 복중숙가(腹中宿瘕)(忌), 단사(丹砂), 주사(朱砂), 용골(龍骨)(忌), 소엽(蘇葉), 천문동(天門冬)(忌)/견육(犬肉), 녹두(綠豆), 저간(豬肝), 계육(鷄肉), 규채(葵菜 : 아욱)(忌)

⑤ 주치(主治) : 해역상기(咳逆上氣), 상기천촉(上氣喘促), 해수(咳嗽), 수종(水腫), 창만(脹滿), 황달(黃疸), 각기(脚氣), 해수기역(咳嗽氣逆), 임신신중(姙娠身重), 태동불안(胎動不安), 냉기현벽기괴(冷氣痃癖氣塊), 이질(痢疾), 변혈(便血)

⑥ 효능(效能) : 이소변(利小便), 하유즙(下乳汁), 지갈(止渴), 하기안태(下氣安胎), 하수기(下水氣), 정기천해수(定氣喘咳嗽), 소종(消腫)/파냉기(破冷氣)〈마늘+달래. 회용(鱠用)

◇ 잉어담(膽) : 치안적종통(治眼赤腫痛)

⑦ 약물음양오행(藥物陰陽五行) : 이수소종약(利水消腫藥)

169. 이육(狸肉) : 살쾡이, 너구리고기, 표묘(豹苗), 이묘(貍猫)

① 성미(性味) : 감(甘), 평(平),온(溫), 무독(無毒)

② 귀경(歸經) : 간(肝) · 신(腎) 木水經

③ 용법(用法) : 태워 분말복(粉末服) 3~6g

④ 금기(禁忌) : 여로(藜蘆)(忌)

⑤ 주치(主治) : 장풍출혈(腸風出血), 유풍(遊風), 라역(瘰癧), 치루(痔漏), 서루(鼠瘻), 풍냉하혈(風冷下血)

⑥ 효능(效能) : 보중익기(補中益氣)

170. 이자(李子), 자도(紫桃) : 자두나무의 과실, 오얏의 열매

① 성미(性味) : 감(甘), 산(酸), 평(平)

② 귀경(歸經) : 간(肝) · 신(腎) 木水經

③ 용법(用法) : 선용(鮮用), 즙용(汁用), 물에 뜬 것은 복용 삼가〈유독 有毒〉하다〉

④ 금기(禁忌) : 다복(多服)삼가, 비위약(脾胃弱)(忌), 밀(蜜 : 꿀)(忌)/계육(鷄肉), 압자(鴨子 오리알)(忌)/작육(雀肉), 장육(獐肉), 압육(鴨肉), 밀장수(蜜漿水)(忌)

⑤ 주치(主治) : 골절노열(骨節勞熱), 소갈(消渴), 허로골증(虛勞骨蒸), 복수(腹水), 고열(痼熱), 풍습기체(風濕氣滯), 혈응(血凝), 사독(邪毒), 습열(濕熱)

⑥ 효능(效能) : 청간척열(淸肝滌熱), 사간기(瀉肝氣), 양간기(養肝氣), 활혈(活血), 생진(生津), 이소변(利小便), 조중초(調中焦), 제고열(除痼熱), 보익기(補益氣), 파어(破瘀), 해사독(解邪毒), 청습열(淸濕熱)

⑦ 약물음양오행(藥物陰陽五行) : 청열약(淸熱藥)

171. 인분(人糞) : 인시(人屎)

① 성미(性味) : 한(寒), 고(苦)

② 주치(主治) : 상한열독(傷寒熱毒), 온열(瘟熱), 골증(骨蒸), 두창열독(痘瘡熱毒), 옹종(癰腫), 정종(疔腫)(外用), 치종(痔腫), 치루(痔瘻), 노복(勞復)

③ 효능(效能) : 해제독(解諸毒)

172. 인유(人乳) : 젖

① 성미(性味) : 감(甘), 함(鹹), 평(平), 무독(無毒)

② 귀경(歸經) : 심(心) · 간(肝) · 비(脾) · 위(胃) · 신(腎) · 폐(肺) 火木土水金經

③ 용법(用法) : 내복(內服) : 선용(鮮用)/외용(外用)

④ 금기(禁忌) : 장기허한설사(臟氣虛寒泄瀉), 비허(脾虛), 소화불량(消化不良)(忌)

⑤ 주치(主治) : 허로허약(虛勞虛弱), 허풍(虛風), 열격(噎膈), 대변조결(大便燥結),

소갈증(消渴症), 빈혈(貧血), 시력감퇴(視力減退), 풍화증(風火症), 목적통다루(目赤痛多淚), 안목혼홍(眼目昏紅), 허로해수(虛勞咳嗽)

⑥ 효능(效能) : 보혈충액(補血充液), 윤조(潤燥), 익심기(益心氣), 보음양(補陰陽), 보오장육부(補五臟六腑), 보뇌(補腦), 보진음(補眞陰), 전정(塡精), 윤폐양음(潤肺養陰), 보심익지(補心益智), 청열이수(淸熱利水), 장위양비(壯胃養脾), 제번지갈(除煩止渴), 장근골(壯筋骨), 화기생기(化氣生肌), 안신(安神), 총이명목(聰耳明目), 이기관(利機關), 미안(美顔), 노화방지(老化防止), 윤피부(潤皮膚), 생모발(生毛髮)

⑦ 약물음양오행(藥物陰陽五行) : 보익약(補益藥)

173. 인조갑(人爪甲) : 인지갑(人指甲)

① 성미(性味) : 감(甘), 함(鹹), 평(平), 온(溫), 무독(無毒)
② 용법(用法) : 초(炒), 분말용(粉末用), 환·산복(丸·散服), 외용(外用)
③ 주치(主治) : 비뉵(鼻衄 : 비출혈), 어혈(瘀血), 예장(翳障)〈목예(目翳)〉, 편도선염(扁桃腺炎), 중이염(中耳炎), 파상풍(破傷風), 소아소복창만(小兒小腹脹滿), 유옹(乳癰)
④ 효능(效能) : 지혈(止血), 하포의(下胞衣), 최생(催生), 거예막(去翳膜), 이소변(利小便), 거어혈(去瘀血)
⑤ 약물음양오행(藥物陰陽五行) : 이혈약(理血藥), 지혈약(止血藥)

174. 인중백(人中白) : 사람오줌의 고형물, 오래된 오줌에 있는 흰적

① 성미(性味) : 함(鹹), 한(寒), 평(平), 무독(無毒)
② 귀경(歸經) : 간(肝)·폐(肺)·방광(膀胱) 木金水經
③ 용법(用法) : 하연용(煆硏用), 3~6g 산(散) 服用, 外用

④ 금기(禁忌) : 비위허한(脾胃虛寒), 양허무화(陽虛無火), 소화불량(消化不良)(忌)

⑤ 주치(主治) : 간·삼초·방광화(肝·三焦·膀胱火), 인후구설창(咽喉口舌瘡), 노열(勞熱), 기허한혈(肌虛汗血), 심격열(心膈熱), 편두통(偏頭痛), 허리(虛羸), 두창(痘瘡), 출혈(出血), 인후종통(咽喉腫痛), 수종(水腫), 주마아감(走馬牙疳), 소갈(消渴), 후비(喉痺), 폐위(肺痿), 하감악창(下疳惡瘡), 토혈(吐血), 비뉵(鼻衄), 탕화상(湯火傷), 이수갈질(羸瘦渴疾), 폐옹(肺癰), 소아연골(小兒軟骨)

⑥ 효능(效能) : 청열강화(淸熱降火), 사화(瀉火), 소종(消腫), 거어(祛瘀), 지혈(止血), 지통(止痛), 제열화(除熱火), 산음화(散陰火), 사간화(瀉肝火), 강화소어혈(降火消瘀血), 청심설화(淸心泄火), 생기장육(生肌長肉), 해열독(解熱毒), 양혈지뉵(凉血止衄)

⑦ 약물음양오행(藥物陰陽五行) : 청열사화약(淸熱瀉火藥), 이혈약(理血藥)

175. 인포수(人胞水) : 태삭은물

① 성미(性味) : 음기(陰氣)

② 용법(用法) : 다식(多食)삼가, 〈위한(胃寒)〉

③ 주치(主治) : 소아단독(小兒丹毒), 열독(熱毒), 태열(胎熱)

인월수(人月水) : 월경혈(月經血)

① 주치(主治)·효능(效能) : 신구제열(新舊諸熱), 여로복(女勞復), 해전독(解箭毒)

176. 임금(林檎) : 능금, 사과, 래금(來禽), 문림랑(文林郎)

① 성미(性味) : 산(酸), 감(甘), 평(平), 온(溫), 무독(無毒)〈고(苦), 떫다〉

② 귀경(歸經) : 심(心)·간(肝)·폐(肺) 火木金經

③ 용법(用法) : 전복(煎服), 선복용(鮮服用), 즙용(汁用), 외용(外用), 건용(乾用) : 세말(細末) 1회 3g씩/ 2~4개 삶아 먹는게 좋다./多食 삼가. 多食時 : 냉담(冷痰), 발열(發熱), 체기(滯氣)/맥약(脈弱)시 삼가

④ 주치(主治) : 곽란(霍亂), 복통(腹痛), 담기(痰氣), 설리(泄痢), 소갈(消渴), 두통(頭痛), 유정(遺精), 이질(痢疾), 설정(泄精), 곽란두통(霍亂肚痛), 냉적비괴(冷積痞塊), 담기체(痰氣滯), 중기부족증(中氣不足症), 번민(煩悶), 어혈(瘀血)

⑤ 효능(效能) : 지갈(止渴), 소체(消滯), 삽정(澁精), 제번열(除煩熱), 하기(下氣), 소담(消痰), 해서(解暑)

임금 根 : 살충(殺蟲)〈회충(蛔蟲), 촌백충(寸白蟲)〉, 구충(驅蟲)

⑥ 약물음양오행(藥物陰陽五行) : 지갈약(止渴藥)

177. 임자(荏子) : 백소자(白蘇子), 수임(水荏), 들깨의 씨

① 성미(性味) : 신(辛), 온(溫), 평(平), 무독(無毒)

② 용법(用法) : 4.5~9g, 10~16g 전복(煎服), 볶아사용, 기름사용

③ 주치(主治) : 담천(痰喘), 해역(咳逆), 기체변비(氣滯便秘), 해천(咳喘)

④ 효능(效能) : 보정수(補精髓), 윤폐(潤肺), 소담(消痰), 하기(下氣), 보익(補益), 관장(寬腸), 보간위(補肝胃), 지갈윤폐(止渴潤肺)〈생용(生用)〉, 온중초(溫中焦), 보체(補体), 화담소풍(化痰疏風), 개위건비(開胃健脾), 통장부(通腸腑), 지해수(止咳嗽)

⑤ 약물음양오행(藥物陰陽五行) : 화담지해약(化痰止咳藥), 보익약(補益藥)

178. 임자엽(荏子葉) : 들깨 잎

① 성미(性味) : 신(辛), 온(溫), 무독(無毒)

② 용법(用法) : 4.5~9g 전복(煎服), 외용(外用)(찧어서 사용)

③ 주치(主治) : 취기(臭氣), 기천(氣喘), 해수토담(咳嗽吐痰), 사충교상(蛇虫咬傷)(外用), 풍한감기(風寒感氣), 오한발열(惡寒發熱), 구토(嘔吐), 식적냉리(食積冷痢), 풍습(風濕), 곽란전근(霍亂轉筋), 숙식(宿食), 상기(上氣), 풍한담두통(風寒痰頭痛)

④ 효능(效能) : 조중초(調中焦), 제취기(除臭氣), 평내장(平內腸), 해표(解表), 거한(祛寒), 조기(調氣), 소화촉진(消化促進), 지냉리(止冷痢), 하기(下氣), 제풍습(除風濕), 윤심폐(潤心肺), 익안색(益顏色), 장기부(長肌膚), 소숙식(消宿食), 지천(止喘), 정통(定痛), 거풍(祛風), 해열(解熱), 구충(驅蟲)

⑤ 약물음양오행(藥物陰陽五行) : 해표약(解表藥)

179. 자고(慈姑) : 자고(茨菇), 벗풀, 쇠귀나물의 근경(根莖)

① 성미(性味) : 고(苦), 감(甘), 미한(微寒), 무독(無毒)

② 귀경(歸經) : 심(心) · 간(肝) · 폐(肺) 火木金經

③ 용법(用法) : 전복(煎服), 즙복(汁服), 외용(外用)

④ 금기(禁忌) : 임부(姙婦)(忌), 수유(茱萸)(忌)

⑤ 주치(主治) : 임병(淋病), 태의불하(胎衣不下), 산후혈민(產後血悶), 해수담혈(咳嗽痰血), 석림(石淋), 폐허해열(肺虛咳血), 담중대혈(痰中帶血), 견교상(犬咬傷)

⑥ 효능(效能) : 행혈통림(行血通淋), 지해수(止咳嗽), 후장위(厚腸胃)

180. 자말리(紫茉莉) : 분꽃

1) 자말리근(紫茉莉根) : 분꽃의 괴근(塊根 : 덩이뿌리)

① 성미(性味) : 감(甘), 고(苦), 평(平), 미한(微寒), 무독(無毒)

② 귀경(歸經) : 신(腎) · 심(心) · 폐(肺) 水火金經

③ 용법(用法) : 9~15g(15~30g 鮮), 전복(煎服), 외용(外用)

④ 주치(主治) : 임탁(淋濁), 대하(帶下), 오림(五淋), 폐로토혈(肺勞吐血), 토혈(吐血), 배중옹저(背中癰疽), 정황(疔癀), 급성관절염(急性關節炎), 백대(白帶), 혈붕(血崩), 유옹(乳癰), 외상(外傷), 노상체수(勞傷体瘦)

⑤ 효능(效能) : 이뇨(利尿), 소수종(消水腫), 해열(解熱), 거풍(祛風), 활혈(活血), 산어(散瘀), 접골(接骨), 조경(調經)

⑥ 약물음양오행(藥物陰陽五行) : 이수소종약(利水消腫藥), 활혈거어약(活血祛瘀藥)

2) 자말리엽(紫茉莉葉) : 분꽃의 잎

① 성미(性味) : 감(甘), 평(平)

② 주치(主治)·효능(效能) : 수종(水腫), 허약증(虛弱症)(煎用), 창독(瘡毒)〈煎汁用〉, 옹창(癰瘡), 창상(瘡傷)〈생즙용(生汁用)〉, 개선(疥癬)/이뇨(利尿)

3) 자말리자(紫茉莉子) : 분꽃씨속의 배유(胚乳)

주치(主治) : 주근깨, 기미, 여드름, 반점〈분말용(粉末用)〉

181. 자미(紫薇) : 백일홍(배롱나무)

1) 자미화(紫薇花)

① 성미(性味) : 미산(微酸), 한(寒)

② 귀경(歸經) : 심(心)·대장(大腸) 火金經

③ 용법(用法) : 3~9g 전복(煎服), 외용(外用)

④ 금기(禁忌) : 임부(姙婦)

⑤ 주치(主治) : 산후혈붕부지(産後血崩不止), 붕중(崩中), 대하(帶下), 임리(淋漓), 혈격징가(血隔癥瘕), 풍단(風丹), 개라선창(疥癩癬瘡), 소아란두태독(小兒爛頭胎毒)

2) 자미근(紫薇根) : 백일홍의 근(根)

① 용법(用法) : 9~15g 전복(煎服), 외용(外用)
② 금기(禁忌) : 임부(姙婦)
③ 주치(主治) : 치통(齒痛), 옹저창독(癰疽瘡毒), 이질(痢疾)

3) 자미엽(紫薇葉)

① 용법(用法) : 3~9g 전복(煎服), 외용(外用)
② 주치(主治) : 습진(濕疹), 이질(痢疾), 창상출혈(創傷出血)

182. 자위피(刺猬皮) : 고슴도치 껍질

① 성미(性味) : 고(苦), 감(甘), 평(平), 미독(微毒)
② 귀경(歸經) : 장(腸)·위(胃) 土經
③ 주치(主治) : 혈분열사(血分熱邪), 복통산적(腹痛疝積), 위역(胃逆), 반위토식(反胃吐食), 유정(遺精), 장풍치루(腸風痔瘻), 오치음식창하혈(五痔陰蝕瘡下血), 음종통인요배(陰腫痛引腰背), 장풍사혈(腸風瀉血), 비뉵(鼻衄)
④ 효능(效能) : 하기(下氣), 개위기(開胃氣), 진통(鎭痛), 지혈(止血), 양혈(凉血), 제목중예장(除目中翳障), 지복통(止腹痛)·
⑤ 약물음양오행(藥物陰陽五行) : 지혈약(止血藥)

183. 자초화(紫梢花) : 취침해면(脆針海綿)의 군체를 건조한 것

① 성미(性味) : 감(甘), 온(溫), 무독(無毒)
② 용법(用法) : 1.5~4.5g, 분말·환·산용(粉末·丸·散用), 내복(內服), 외용(外用)

③ 주치(主治) : 유정(遺精), 양쇠음위(陽衰陰痿), 낭하습양(囊下濕痒), 대하(帶下), 유뇨(遺尿), 백탁(白濁), 습진(濕疹), 소변불금(小便不禁), 여인음한냉대(女人陰寒冷帶), 금역(金瀝)

④ 효능(效能) : 보익양(補益陽), 삽정(澁精), 익양비정(益陽秘精)

⑤ 약물음양오행(藥物陰陽五行) : 수렴고삽약(收斂固澁藥)

184. 작(鵲) : 까치고기

① 성미(性味) : 감(甘), 한(寒), 평(平), 무독(無毒)

② 주치(主治) : 풍열(風熱), 울결열(鬱結熱), 석림(石淋), 담결(痰結), 소갈(消渴), 대소장삽(大小腸澁), 흉중담결(胸中痰結), 사지번열(四肢煩熱), 비뉵(鼻衄), 신양(身癢 소양증)

③ 효능(效能) : 통림(通淋), 소결열(消結熱), 지갈(止渴), 소풍열(消風熱), 치석림(治石淋)(태워서 사용 : 燒用)

185. 작육(雀肉) : 참새

① 성미(性味) : 감(甘), 온(溫), 난(暖), 무독(無毒)

② 용법(用法) : 10월~1월 식용(食用), 전복(煎服)

③ 금기(禁忌) : 음허화왕(陰虛火旺)(忌), 창출(蒼朮), 백출(白朮)(忌)/생간(生肝), 장(醬), 이자(李子)(忌)

④ 주치(主治) : 혈붕대하(血崩帶下), 양허리수(陽虛羸瘦), 음위(陰痿), 소변빈삭(小便頻數), 이수(羸瘦), 양기허약(陽氣虛弱), 신냉편추(腎冷偏墜), 산기(疝氣)/

-시(屎)(白丁香) : 치옹저(治癰疽)

⑤ 효능(效能) : 장양익기(壯陽益氣), 보익정수(補益精髓), 난요슬(暖腰膝), 축소변(縮小便), 조음도(助陰道), 보부족(補不足)

⑥ 약물음양오행(藥物陰陽五行) : 보익약(補益藥)

186. 작란(雀卵) : 참새알

① 성미(性味) : 감(甘), 함(鹹), 산(酸), 온(溫), 무독(無毒)
② 귀경(歸經) : 신(腎)·명문(命門) 水經
③ 용법(用法) : 전(煎), 환(丸), 복용(服用)
④ 금기(禁忌) : 음허심화열성(陰虛心火熱盛)
⑤ 주치(主治) : 음위(陰痿), 붕루대하(崩漏帶下), 월경불통(月經不通), 계맹안(鷄盲眼)(야맹증)
⑥ 효능(效能) : 보신양(補腎陽), 보익정혈(補益精血), 조충·임맥(調衝·任脈), 하기(下氣), 보심(補心), 충수(充髓), 명목(明目), 보양자음(補陽滋陰), 이경맥(利經脈), 부양위(扶陽痿), 조양기(助陽氣), 견강음경(堅强陰莖)
⑦ 약물음양오행(藥物陰陽五行) : 보익약(補益藥)

187. 장(醬) : 간장, 된장

① 성미(性味) : 함(鹹), 산(酸), 한냉리(寒冷利)〈감(甘)〉, 평(平), 무독(無毒)
② 귀경(歸經) : 비(脾)·위(胃)·신(腎)·폐(肺) 土水金經
③ 용법(用法) : 식용(食用),오래된 게 좋다/
④ 금기(禁忌) : 양육(羊肉)(忌), 어자(魚鮓 젓), 작육(雀肉 : 참새고기)(忌)
⑤ 주치(主治) : 번만(煩滿), 번열(煩熱), 화상(火傷), 전갈·충·봉·사교상(全蝎·蟲·蜂·蛇咬傷), 열·탕독(熱·燙毒), 약독(藥毒), 채소독(菜蔬毒), 어독(魚毒), 육독(肉毒), 대변불통(大便不通), 비독(砒毒), 경분독(輕粉毒), 서열(暑熱),장기(瘴氣)
⑥ 효능(效能) : 해독(解毒), 해열(解熱), 지번만(止煩滿), 거서(祛署), 해신열(解腎

熱), 제번열(除煩熱), 해화독(解火毒), 해어・채독(解魚・菜毒), 해음식독(解飲食毒), 해약독(解藥毒)

⑦ 약물음양오행(藥物陰陽五行) : 청열해독약(淸熱解毒藥)

188. 장미근(薔薇根) : 찔레나무, 들장미, 찔레나무의 뿌리(根)

① 성미(性味) : 고(苦), 삽(澁), 감(甘), 량(凉), 무독(無毒)
② 귀경(歸經) : 비(脾)・위(胃)・신(腎) 土水經
③ 용법(用法) : 4.5～12g 전복(煎服), 외용(外用)
④ 주치(主治) : 당뇨병(糖尿病), 유뇨(遺尿), 빈뇨(頻尿), 관절염(關節炎), 타박상(打撲傷), 사지마비(四肢麻痺), 폐옹(肺癰), 이질(痢疾), 비출혈(鼻出血), 토혈(吐血), 혈변(血便), 월경불순(月經不順), 창절개선(瘡癤疥癬), 오장객열(五臟客熱), 설리복통(泄痢腹痛), 열독풍(熱毒風), 적백리(赤白痢), 옹저악창(癰疽惡瘡), 장풍사혈(腸風瀉血), 풍열습열(風熱濕熱), 아치통(牙齒痛)
⑤ 효능(效能) : 청열(淸熱), 거풍(祛風), 이습(利濕), 활혈(活血), 해독(解毒), 제사역기(除邪逆氣), 생육복기(生肉復氣), 통혈맥(通血脈), 조경(調經), 지소갈(止消渴), 축소변(縮小便), 제풍습열(除風濕熱), 산결(散結), 살충(殺蟲), 통결혈(通結血)
⑥ 약물음양오행(藥物陰陽五行) : 청열해독약(淸熱解毒藥), 거풍습약(祛風濕藥)

※ 찔레엽(葉) : 생기(生肌)(: 外用)

189. 장미화(薔薇花) : 찔레나무의 꽃, 다화장미(多花薔薇)의 꽃, 들장미의 꽃

① 성미(性味) : 감(甘), 량(凉), 평(平), 떫다, 향기(香氣)
② 용법(用法) : 3～6g 전복(煎服), 외용(外用)

③ 금기(禁忌) : 체허약(体虛弱)

④ 주치(主治) : 서기(暑氣), 서열토혈(暑熱吐血), 울결토혈(鬱結吐血), 구갈(口渴), 학질(瘧疾), 사리(瀉痢), 금창(金瘡), 도상출혈(刀傷出血), 어혈(瘀血)·

⑤ 효능(效能) : 청서열(清暑熱), 화위기(和胃氣), 건위(健胃), 지혈(止血), 해갈(解渴), 거어생기(祛瘀生肌), 해독(解毒)

⑥ 약물음양오행(藥物陰陽五行) : 청서약(清暑藥), 지혈약(止血藥)

◇ 찔레나무의 열매-영실(營實)

190. 장육(獐肉) : 노루고기, 고라니

① 성미(性味) : 감(甘),함(鹹), 온(溫), 무독(無毒)

② 용법(用法) : 전복(煎服)

③ 금기(禁忌) : 매실(梅實), 상추, 새우, 이(李)(忌), 곡육(鵠肉)(忌), 합(鴿), 생채(生菜)(忌)

④ 주치(主治) : 소갈(消渴), 대풍냉기(大風冷氣), 유무즙(乳無汁), 유즙불행(乳汁不行)

⑤ 효능(效能) : 보익오장(補益五臟), 익기(益氣), 거풍(祛風),통유(通乳)

⑥ 약물음양오행(藥物陰陽五行) : 보익약(補益藥)

191. 저아조(猪牙皂) : 조각자의 과실

① 성미(性味) : 신(辛), 함(鹹), 산(酸), 떫다, 온(溫), 소독(小毒)

② 귀경(歸經) : 폐(肺)·위(胃)·대장(大腸)·간(肝) 金土木經

③ 용법(用法) : 1~1.5g, 1.5~3g 전용(煎用), 환·산용(丸散用), 외용(外用)가능

④ 금기(禁忌) : 각혈토혈(咯血吐血), 임부(姙婦)(忌), 인삼(人蔘), 공청(空青), 고삼(苦蔘), 맥문동(麥門冬)(忌)/체허약(体虛弱), 기허(氣虛), 음허담성(陰虛痰盛)(忌)

⑤ 주치(主治) : 중풍구금(中風口噤), 전간담성(癲癎痰盛), 혼미불성(昏迷不醒), 후비담조(喉痺痰阻), 개규불통(開竅不通), 각담불상(咯痰不爽), 완담천해(頑痰喘咳), 대변조결(大便燥結), 옹종(癰腫)(:外用), 두풍(頭風), 비만적체(痞滿積滯), 풍간(風癎), 선질(癬疾), 개라(疥癩), 관격불통(關格不通), 두창(頭瘡), 풍두누출(風頭淚出), 복창만(腹脹滿), 해수낭결(咳嗽囊結), 복중통(腹中痛), 간풍(肝風), 구리탈항(久痢脫肛), 인후비색(咽喉痺塞), 중서풍(中暑風), 풍연현훈(風涎眩暈), 반위(反胃), 담역(痰逆), 흉격비색(胸膈痞塞)

⑥ 효능(效能) : 거담(祛痰), 거풍(祛風), 개규(開竅), 산결(散結), 소종(消腫), 구충(驅蟲), 이구규(利九竅), 지동통(止疼痛), 소곡(消穀), 명목익정(明目益精), 파견(破堅), 통관절(通關節), 살노충(殺癆虫), 사간기(瀉肝氣), 통폐대장기(通肺大腸氣), 이이변관격(利二便關膈), 제풍습종만(除風濕腫滿)

⑦ 약물음양오행(藥物陰陽五行) : 개규약(開竅藥), 배농소종약(排膿消腫藥)

192. 저육(豬肉) : 돼지고기

① 성미(性味) : 감(甘), 함(鹹), 평(平), 한(寒),〈산(酸), 냉(冷) : 웅저육(雄豬肉)〉, 무독(無毒)

② 귀경(歸經) : 비(脾)·위(胃)·신(腎) 土水經

③ 용법(用法) : 수전복(水煎服), 다복(多服)삼가, 외용(外用)가능

④ 금기(禁忌) : 습열담체(濕熱痰滯)(주의)/파두(巴豆)(忌)/대황(大黃), 오매(烏梅), 황련(黃連), 길경(桔梗), 호황련(胡黃蓮) : 상반(相反)/오수유(吳茱萸), 백화채(白花菜), 창이(蒼耳)(忌), 감초(甘草)(忌)

⑤ 주치(主治) : 열병상진(熱病傷津), 조해(燥咳), 소갈이수(消渴羸瘦), 변비(便秘).광병(狂病)(숫돼지 肉)/한열(寒熱), 오소(五瘙), 경간(驚癎)/오치(五痔)〈저두육(猪頭肉)〉/장풍(腸風)

⑥ 효능(效能) : 자음윤조(滋陰潤燥), 보기부(補肌膚), 보허(補虛), 보신기허갈(補腎

氣虛渴), 보허핍기력(補虛乏氣力)〈저두육(猪頭肉)〉/보간익혈(補肝益血), 보신액(補腎液)(숫돼지고기), 자간음(滋肝陰), 충위즙(充胃汁), 윤기부(潤肌膚), 지소갈(止消渴),이대소변(利大小便), 건비(健肥)(살찌게 한다), 윤장위(潤腸胃), 정액생성(精液生成), 기체풍만(肌体豊滿)

⑦ 약물음양오행(藥物陰陽五行) : 보익약(補益藥), 보음약(補陰藥)

◇ 저지(猪脂) : 돼지기름

　치옹창(治癰瘡), 치포의불하(治胞衣不下), 살충(殺蟲)

◇ 저이(猪胰) : 치폐위(治肺痿), 치해수(治咳嗽), 유즙분비(乳汁分泌)

◇ 저장포(猪腸脬) : 치유뇨(治遺尿)

◇ 저담(猪膽) : 치상한열갈(治傷寒熱渴), 통리대소변(通利大小便), 제소아감충(除小兒疳虫), 치목예(治目瞖)

◇ 저제(猪蹄 : 돼지발굽) : 출유즙(出乳汁), 해옹저독(解癰疽毒), 해약독(解藥毒)

◇ 저육(猪肉)과 금기음식(禁忌飮食) : 우육(牛肉),마육(馬肉), 양육(羊肉), 양간(羊肝), 여육(驢肉), 귀별(龜鼈), 미록(麋鹿), 메추리, 생강(生薑), 규채(葵菜), 매자(梅子), 호유(胡荽 : 고수), 초두(炒豆), 메밀, 새우알(忌)

193. 적설초(積雪草) : 적설초의 뿌리 포함한 전초(全草)

① 성미(性味) : 신(辛), 고(苦), 감(甘), 한(寒), 무독(無毒)
② 귀경(歸經) : 비(脾)·간(肝)·신(腎)·심(心)·폐(肺)·위(胃)·대장(大腸) 土木水火金經
③ 용법(用法) : 15~30g, 선(鮮), 30~60g
④ 금기(禁忌) : 허한(虛寒)(忌)

⑤ 주치(主治) ： 습열황달(濕熱黃疸), 혈림(血淋), 사림(砂淋), 중서복사(中暑腹瀉), 타박상(打撲傷), 옹종창독(癰腫瘡毒), 이질(痢疾), 해수출혈(咳嗽出血), 비출혈(鼻出血), 토혈(吐血), 후종(喉腫), 목적(目赤), 옹정종독(癰疔腫毒), 개선(疥癬), 산기복통(疝氣腹痛), 열종단독(熱腫丹毒), 신열(身熱), 악창(惡瘡), 고열(高熱), 피부적(皮膚赤), 라역(瘰癧), 서루(鼠瘻), 한열래왕(寒熱來往), 풍진(風疹), 현훈(眩暈), 음식무미(飲食無味), 소아감(小兒疳), 지체산곤(肢体酸困), 백탁(白濁), 적백리(赤白痢), 구갈(口渴), 두통(頭痛), 폐열해수(肺熱咳嗽), 륵막염(肋膜炎), 구물중독(鉤物中毒), 간종대(肝腫大), 편도선염(扁桃腺炎), 서열사기(暑熱痧氣), 마진(痲疹)

⑥ 효능(效能) ： 청열(清熱), 이습(利濕), 해독(解毒), 사화(瀉火), 소종(消腫), 거풍산한(祛風散寒), 이소장기(理小腸氣), 이소변(利小便), 제열독(除熱毒), 이수화비(利水和脾), 소영유(消瘿瘤), 소식적포창(消食積飽脹), 청서열(清署熱)

⑦ 약물음양오행(藥物陰陽五行) ： 청열해독약(清熱解毒藥), 이수약(利水藥), 이수소종약(利水消腫藥)

194. 전라(田螺) ： 우렁이

① 성미(性味) ： 감(甘), 함(鹹), 한(寒), 무독(無毒), 즙(汁) ： 대한(大寒)

② 귀경(歸經) ： 방광(膀胱)·장(腸)·비(脾)·위(胃)·간(肝) 水土木經

③ 용법(用法) ： 수전복(水煎服), 외용(外用)

④ 금기(禁忌) ： 풍열(風熱)과 무관(無關)한 안병(眼病)(忌), 다복(多服)삼가/전라(우렁이)의 해독약(解毒藥) ： 목향주(木香酒)

⑤ 주치(主治) ： 복중열결(腹中熱結), 열결소변불통(熱結小便不通), 수종(水腫), 각기(脚氣), 간열(肝熱), 목적종통(目赤腫痛)(汁用)/황달(黃疸), 소갈(消渴), 변혈(便血), 치질(痔疾), 정창종독(疔瘡腫毒), 주독(酒毒), 장풍하혈(腸風下血), 각수부종(脚手浮腫)/옹저(癰疽)(外用)/간열목적통(肝熱目赤痛)

⑥ 효능(效能) ： 청열(清熱), 통리대소변(通利大小便), 지갈(止渴), 지금구리(止噤口

痢), 해열독(解熱毒), 소종제열(消腫除熱)

⑦ 약물음양오행(藥物陰陽五行) : 이수소종약(利水消腫藥), 청열해독약(淸熱解毒藥)

195. 전어(鱣魚) : 철갑상어

① 성미(性味) : 감(甘), 평(平), 미독(微毒)
② 금기(禁忌) : 다복(多服)삼가, 형개(荊芥)〈상반(相反)〉
③ 주치(主治)·효능(效能) : 보허손(補虛損), 비미(肥美), 이오장(利五臟), 성주(醒酒
   : 술을 깨게 한다), 장기력(長氣力), 강근골(强筋骨), 비건(肥健)
④ 약물음양오행(藥物陰陽五行) : 보익약(補益藥)

196. 점어(鮎魚) : 메기

① 성미(性味) : 감(甘), 온(溫), 유독(有毒)
② 용법(用法) : 식용(食用)
③ 금기(禁忌) : 아가미 없는 것(忌), 형개(荊芥)(忌), 야계(野鷄 : 꿩), 야저(野豬),
   녹육(鹿肉), 우간(牛肝)(忌)
④ 주치(主治) : 수종(水腫), 소변불리(小便不利), 풍한비(風寒痺), 구안와사(口眼喎
   斜), 적백리(赤白痢)
⑤ 효능(效能) : 소수종(消水腫), 이소변(利小便), 보허(補虛), 자음(滋陰), 양혈(養
   血), 화위(和胃), 최유(催乳), 거풍한비(祛風寒痺)
⑥ 약물음양오행(藥物陰陽五行) : 이수소종약(利水消腫藥), 보익약(補益藥)

197. 정(蟶) : 가리맛, 토어(土魚)

① 성미(性味) : 감(甘),온(溫)
② 주치(主治)·효능(效能) : 치심흉번민(治心胸煩悶), 지갈(止渴), 보산후허손(補產後虛損)

198. 정공등(丁公藤) : 남등(南藤), 마가목, 정공등의 뿌리줄기

① 성미(性味) : 온(溫), 신(辛), 유독(有毒)
② 용법(用法) : 1일 8~12g 내복(內服), 외용(外用), 〈주침(酒浸)〉
③ 금기(禁忌) : 임부(姙婦)(忌)
④ 주치(主治) : 신허쇠(腎虛衰), 풍습비통(風濕痺痛), 해수(咳嗽), 백발(白髮), 노쇠(老衰), 타박동통(打撲疼痛)
⑤ 효능(效能) : 발한해표(發汗解表), 보신(補腎), 흑생모발(黑生毛髮), 자보(滋補), 치노쇠(治老衰), 흥양기(興陽氣), 강요슬(强腰膝), 진통(鎭痛)
⑥ 약물음양오행(藥物陰陽五行) : 해표약(解表藥), 거풍습약(祛風濕藥)

199. 제니(薺苨) : 모시대의 뿌리, 토길경(土桔梗)

① 성미(性味) : 감(甘), 한(寒),무독(無毒)
② 귀경(歸經) : 폐(肺)·비(脾) 金土經
③ 용법(用法) : 3~9g 전복(煎服), 10~20g 외용(外用)
④ 주치(主治) : 허손(虛損), 폐열조해수(肺熱燥咳嗽), 인후통(咽喉痛), 정창종독(疔瘡腫毒), 소갈(消渴), 전상(箭傷)(화살상), 독사충교상(毒蛇蟲咬傷), 열광(熱狂), 단석독(丹石毒), 온질(溫疾), 심흉열결(心胸熱結)

⑤ 효능(效能) : 청열해독(淸熱解毒), 해백약독(解百藥毒), 소담(消痰), 이폐기(利肺氣), 화중초(和中焦), 위퇴증(胃退蒸), 지통(止痛), 명목(明目), 생진액(生津液), 청폐화(淸肺火)

⑥ 약물음양오행(藥物陰陽五行) : 청열해독약(淸熱解毒藥)

◇ 제니묘(薺苨苗) : 화경(花莖), 엽(葉)

① 성미(性味) : 한(寒), 감(甘), 고(苦), 무독(無毒)

② 용법(用法) : 3~10g 전복(煎服)

③ 주치(主治) : 상기(上氣), 해수(咳嗽), 풍옹복장(風壅腹臟), 안면청황(顔面靑黃), 충독복통(蟲毒腹痛), 임로골입(淋露骨立)

200. 제호(醍醐) : 버터

① 성미(性味) : 감(甘), 미한(微寒), 평(平), 무독(無毒)

② 귀경(歸經) : 간(肝)·비(脾)·폐(肺)·대소장(大小腸)·신(腎) 木土金水經

③ 용법(用法) : 녹여 복용(服用), 외용(外用)

④ 금기(禁忌) : 비위허(脾胃虛), 습성(濕盛)(忌)

⑤ 주치(主治) : 충교상(蟲咬傷), 허로폐위(虛勞肺痿), 해수(咳嗽), 소갈(消渴), 풍비(風痺), 변비(便秘), 피부소양(皮膚瘙癢), 심열(心熱), 경계(驚悸), 두동(頭疼)

⑥ 효능(效能) : 보오장(補五臟), 윤조(潤燥), 지갈(止渴), 익기익혈(益氣益血), 조영(調營), 내기(耐飢), 보허(補虛), 거풍(祛風), 보중전골(補中塡骨), 첨수(添髓), 명목(明目), 충액자음(充液滋陰), 양영청열(養營淸熱)

⑦ 약물음양오행(藥物陰陽五行) : 보익약(補益藥)

201. 주(酒) : 술

① 성미(性味) : 감(甘), 고(苦), 신(辛), 온(溫), 열(熱), 상행(上行), 유독(有毒), 오래되면 毒이 적어진다.

② 귀경(歸經) : 심(心)·간(肝)·비(脾)·위(胃), 폐(肺) 火木土金經

③ 용법(用法) : 온복(溫服)/약물과 함께 전복(煎服), 과음(過飮)삼가/적당량을 먹으면 약(藥)이 되나 과(過)하면 독(毒)이 된다/폭음(暴飮)삼가, 장복(長服)삼가, 공복용(空服用)삼가

◇ 주해독약(酒解毒藥) : 녹두분(綠豆粉), 염냉수(鹽冷水)

◇ 소주(燒酒) : 대열대독(大熱大毒), 살충(殺蟲), 치장역(治瘴疫)

◇ 조(糟)(술지게미) : 치타박어혈(治打撲瘀血), 해초채독(解草菜毒)

④ 금기(禁忌) : 습열사(濕熱邪), 실혈(失血), 음허(陰虛), 유(乳)(忌), 단(甘)음식(忌)/호도(胡桃), 홍시(紅柿)(忌)

⑤ 주치(主治) : 풍한비통(風寒痺痛), 심복냉통(心腹冷痛), 흉비(胸痺), 근맥련급(筋脈攣急), 습기(濕氣), 어혈(瘀血), 냉적한기(冷積寒氣), 소채독(蔬菜毒), 음독(陰毒), 곽란(霍亂), 한담해수(寒痰咳嗽), 열격(噎膈), 학질(瘧疾), 풍충치통(風蟲齒痛)

⑥ 효능(效能) : 거한기(祛寒氣), 활혈(活血)(혈액순환촉진), 통혈맥(通血脈), 인경약(引經藥), 행약세(行藥勢), 살오독기(殺惡毒氣), 윤피부(潤皮膚), 부간(扶肝), 양비기(養脾氣), 후장위(厚腸胃), 거풍(祛風), 소냉견적(消冷堅積), 소음장신(小飮壯神), 해마육독(解馬肉毒), 화혈양기(和血養氣), 조습담(燥濕痰), 지수설(止水泄), 이소변(利小便), 개울결(開鬱結), 난위벽한(暖胃闢寒), 행기(行氣), 발한(發汗), 조신흥양(助腎興陽)

⑦ 약물음양오행(藥物陰陽五行) : 활혈거어약(活血祛瘀藥), 이기약(理氣藥)

202. 주자삼(珠子蔘) : 우엽삼칠(羽葉三七)의 근경(根莖)

① 성미(性味) : 감(甘), 고(苦), 평(平), 담백(온(溫))
② 귀경(歸經) : 비(脾)·간(肝)·신(腎) 土木水經
③ 용법(用法) : 3~9g, 15~30g 전복(煎服), 외용(外用)
④ 주치(主治) : 도상창(刀傷瘡), 번열구갈(煩熱口渴), 기음양휴(氣陰兩虧), 폐허(肺虛), 허로해수(虛勞咳嗽), 관절동통(關節疼痛), 질박손상(跌撲損傷), 토혈(吐血), 해혈(咳血), 외상출혈(外傷出血)
⑤ 효능(效能) : 양음(養陰), 보폐허(補肺虛), 활락(活絡), 지혈(止血), 생기(生肌)
⑥ 약물음양오행(藥物陰陽五行) : 지혈약(止血藥), 보음약(補陰藥)

203. 죽절삼칠(竹節三七) : 竹節蔘, 대엽삼칠(大葉三七)의 뿌리줄기

① 성미(性味) : 감(甘), 미고(微苦), 온(溫), 무독(無毒)
② 귀경(歸經) : 간(肝)·비(脾) 木土經
③ 용법(用法) : 6~9g
④ 주치(主治) : 해수다담(咳嗽多痰), 노수각혈(勞嗽咯血), 병후허약(病後虛弱), 질박손상(跌撲損傷), 토혈(吐血), 외상출혈(外傷出血),한습근골통(寒濕筋骨痛), 옹종(癰腫), 적취(積聚), 붕중하혈(崩中下血), 노상토혈(勞傷吐血), 적혈불행(積血不行), 해수객담불창(咳嗽咯痰不暢), 담액점조(痰液黏稠), 기관염(機關炎)
⑤ 효능(效能) : 자보강장(滋補強壯), 지혈거담(止血祛痰), 지해(止咳), 산어지통(散瘀止痛), 활혈(活血), 산혈활혈(散血活血),파혈(破血), 소종농(消腫膿)
⑥ 약물음양오행(藥物陰陽五行) : 화담지해약(化痰止咳藥), 이혈약(理血藥)〈활혈거어약(活血祛瘀藥)〉, 지혈약(止血藥)

204. 죽절향부(竹節香附) : 양두첨(兩頭尖), 홍배은련화(紅背銀蓮花), 꿩의 바람꽃의 근경(根莖 : 뿌리줄기)

① 성미(性味) : 신(辛), 열(熱), 유독(有毒)
② 귀경(歸經) : 간(肝)·방광(膀胱) 木水經
③ 용법(用法) : 1.5~3g 전복(煎服), 환·산용(丸·散用), 외용(外用)가능
④ 주치(主治) : 풍한습비(風寒濕痺), 상풍감모(傷風感冒), 골절동통(骨節疼痛), 사지구련(四肢拘攣), 옹종궤란(癰腫潰爛), 도상(刀傷), 요퇴습비통(腰腿濕痺痛), 옹종금창(癰腫金瘡), 옹저창양(癰疽瘡瘍)
⑤ 효능(效能) : 거풍한(祛風寒), 거풍습(祛風濕), 거풍담(祛風痰), 소옹종(消癰腫), 소종(消腫)
⑥ 약물음양오행(藥物陰陽五行) : 거풍습약(祛風濕藥)

205. 즉어(鯽魚) : 붕어, 부어(鮒魚)

① 성미(性味) : 감(甘), 평(平), 온(溫), 무독(無毒), 〈토(土)五行〉
② 귀경(歸經) : 비(脾)·위(胃)·대장(大腸) 土金經
③ 용법(用法) : 식용(食用), 화다사주(火多四柱)는 피한다/다복(多服)삼가
④ 금기(禁忌) : 맥문동(麥門冬)(忌), 산(蒜), 개말(芥末), 저간(豬肝), 치(雉), 후육(猴肉), 사탕(砂糖), 계(鷄) 록(鹿), 당(餹)(忌)
⑤ 주치(主治) : 비위허약(脾胃虛弱), 이질(痢疾), 임병(淋病), 수종(水腫), 혈변(血便), 궤양(潰瘍), 옹종(癰腫), 제창(諸瘡), 장옹(腸癰), 허리(虛羸)
⑥ 효능(效能) : 보비(補脾), 제습(除濕), 보부족(補不足), 치오치(治五痔)〈회(鱠)〉/온중하기(溫中下氣), 화오장(和五臟), 소적(消積), 통혈맥(通血脈), 식욕증진(食慾增進), 소화촉진(消化促進), 평위기(平胃氣), 보오장(補五臟)
⑦ 약물음양오행(藥物陰陽五行) : 보익약(補益藥), 이수약(利水藥)

206. 지구자(枳椇子) : 향목(香木), 헛개나무 열매

① 성미(性味) : 감(甘), 산(酸), 평(平), 무독(無毒)

② 귀경(歸經) : 심(心)・비(脾) 火土經

③ 용법(用法) : 1일 6~12g, 12~15g 전복용(煎服用)

④ 금기(禁忌) : 비위기허한(脾胃氣虛寒)

⑤ 주치(主治) : 주취독(酒醉毒), 번열갈증(煩熱渴症), 구토(嘔吐), 마비(麻痺), 충독(蟲毒), 두풍(頭風), 심복구급(心腹拘急), 풍습마목(風濕麻木)

⑥ 효능(效能) : 대소변통리(大小便通利), 이뇨(利尿), 제충독(除蟲毒), 지갈(止渴), 거번(去煩), 해주독(解酒毒), 윤오장(潤五臟), 서근락(舒筋絡), 양비(養脾), 보중익기(補中益氣), 해흉중담화폐결(解胸中痰火閉結), 지구역(止嘔逆)

⑦ 약물음양오행(藥物陰陽五行) : 지갈약(止渴藥), 거풍습통경락약(祛風濕通經絡藥), 해독약(解毒藥)

207. 지금초(地錦草) : 지금초의 全草

① 성미(性味) : 신(辛), 고(苦), 평(平), 무독(無毒)

② 귀경(歸經) : 간(肝)・대장(大腸) 木金經

③ 용법(用法) : 3~9g, 9~20g, 전복(煎服)/15~30g, 30~60g 鮮用, 외용(外用)가능

④ 주치(主治) : 장염(腸炎), 이질(痢疾), 해혈(咳血), 변혈(便血), 뇨혈(尿血), 창절(瘡癤), 옹종(癰腫), 붕루(崩漏), 습열황달(濕熱黃疸), 외상출혈(外傷出血), 유즙불통(乳汁不通), 여자음산혈결(女子陰疝血結), 심기(心氣), 타박종통(打撲腫痛), 옹종정창(癰腫疔瘡), 혈리치창(血痢痔瘡), 냉골통(冷骨痛), 위부비만동통(胃部痞滿疼痛), 취담(臭痰), 소아감적(小兒疳積), 피부창독(皮膚瘡毒), 두창(頭瘡), 사교상(蛇咬傷)

⑤ 효능(效能) : 청열(淸熱), 양혈(凉血), 해독(解毒), 산혈(散血), 지혈(止血), 제습(除濕), 통유(通乳), 통유혈맥(通流血脈), 조기화혈(調氣和血), 이소변(利小便), 이

뇨(利尿), 건위지사(健胃止瀉), 소종(消腫)

⑥ 약물음양오행(藥物陰陽五行) ： 청열해독약(淸熱解毒藥), 이혈약(理血藥), 양혈지혈약(涼血止血藥)

208. 지주(蜘蛛) ： 말거미

① 성미(性味) ： 고(苦), 한(寒), 유독(有毒)
② 용법(用法) ： 1～2g, 초용(炒用)
③ 주치(主治) ： 풍사(風邪), 중풍(中風), 고산편추(孤疝偏墜), 소아경풍(小兒驚風), 감적(疳積), 구금(口噤), 정종(疔腫), 창양(瘡瘍), 라역(瘰癧), 봉·전갈·오공교상(蜂·全蝎·蜈蚣咬傷), 곽란(霍亂), 건구(乾嘔), 학(瘧), 사독(蛇毒), 탈항(脫肛), 호취(狐臭)
④ 효능(效能) ： 제풍사(除風邪), 해독(解毒), 지구역(止嘔逆), 파어소종(破瘀消腫)
◇ 벽전(壁錢)(납거미) ： 무독(無毒), 치금창출혈(治金瘡出血)
◇ 전막(錢幕)(납거미집) ： 치소아구토(治小兒嘔吐)

⑤ 약물음양오행(藥物陰陽五行) ： 해독약(解毒藥), 식풍약(熄風藥)

209. 직미(稷米) ： 피쌀, 자비곡(粢脾穀), 자미(粢米)

① 성미(性味) ： 감(甘), 한(寒), 평(平), 무독(無毒)
② 귀경(歸經) ： 비(脾)·위(胃) 土經
③ 용법(用法) ： 익혀서 복용(服用), 분말용(粉末用)
④ 금기(禁忌) ： 다복(多服)삼가/천부자(川附子)(忌), 오두(烏頭), 천웅(天雄)
⑤ 주치(主治) ： 서기(暑氣), 단석독(丹石毒)

⑥ 효능(效能) : 보익(補益), 보중초(補中焦), 양혈(凉血), 해서(解暑), 보부족(補不足),
　익기안중초(益氣安中焦), 선비(宣脾), 보허화위(補虛和胃), 해단석독(解丹石毒)
⑦ 약물음양오행(藥物陰陽五行) : 보익약(補益藥), 양혈해서약(凉血解暑藥)

210. 진자(榛子) : 개진자, 개암나무 열매

① 성미(性味) : 감(甘), 평(平)〈미함(微鹹)〉, 무독(無毒)
② 용법(用法) : 30~60g, 전복(煎服), 분말복(粉末服)
③ 효능(效能) : 조중개위기(調中開胃氣), 익기력(益氣力), 식욕촉진(食慾促進), 명목(明
　目), 거삼충(去三虫), 비백인(肥白人), 관장위(寬腸胃), 건보행(健步行), 불기(不飢)
④ 약물음양오행(藥物陰陽五行) : 보익약(補益藥)

211. 진창미(陳倉米) : 오래된 갱미(粳米), 묵은 쌀

① 성미(性味) : 감(甘), 평(平), 함(鹹), 산(酸), 미한(微寒)/온(溫)〈초용(炒用)〉
② 귀경(歸經) : 심(心)·위(胃)·비(脾) 火土經
③ 금기(禁忌) : 마육(馬肉)
④ 주치(主治) : 번열(煩熱), 비위허약(脾胃虛弱), 반위(反胃), 이질(痢疾), 설사(泄
　瀉), 금구리(噤口痢), 번갈(煩渴), 독종오창(毒種惡瘡), 심통(心痛)
⑤ 효능(效能) : 보중익기(補中益氣), 양위(養胃), 견근골(堅筋骨), 삼습(滲濕), 지설
　리(止泄痢), 하기(下氣), 조화비위(調和脾胃), 기양도(起陽道), 통혈맥(通血脈), 난
　장부지기(暖臟腑之氣), 지갈제열(止渴除熱), 삽장위(澁腸胃), 보오장(補五臟), 조장
　위(調腸胃), 이소변(利小便)
⑥ 약물음양오행(藥物陰陽五行) : 보익약(補益藥), 지갈약(止渴藥)

212. 천년건(千年健) : 천년건의 근경(根莖)

① 성미(性味) : 고(苦), 신(辛), 온(溫), 미독(微毒)

② 귀경(歸經) : 간(肝)·폐(肺)·신(腎) 木金水經

③ 용법(用法) : 4.5~9g 전복(煎服), 주침용(酒浸用), 외용(外用)

④ 금기(禁忌) : 음허내열(陰虛內熱)(愼用)/내복(萊蔔)(忌)

⑤ 주치(主治) : 풍한습비(風寒濕痺), 하지구련(下肢拘攣), 요슬냉통(腰膝冷痛), 근골위연(筋骨痿軟), 옹저(癰疽), 위통(胃痛), 풍기통(風氣痛), 옹루창저(癰瘻瘡疽), 지절산통(肢節酸痛)

⑥ 효능(效能) : 거풍습비통(祛風濕痺痛), 건근골(健筋骨), 진통(鎭痛), 소종배농(消腫排膿), 선통경락(宣通經絡)

⑦ 약물음양오행(藥物陰陽五行) : 거풍습강근골약(祛風濕强筋骨藥)

213. 천목통(川木通) : 소목통(小木通)의 덩굴줄기

① 성미(性味) : 고(苦), 담(淡), 한(寒), 무독(無毒)

② 귀경(歸經) : 폐(肺)·심(心)·소장(小腸)·방광(膀胱) 金火水經

③ 용법(用法) : 3~9g 전복(煎服)

④ 금기(禁忌) : 임부(姙婦), 정활(精滑), 기약(氣弱), 유뇨(遺尿), 소변과다(小便過多)(忌)

⑤ 주치(主治) : 신장병(腎臟病), 임병(淋病), 수종(水腫), 급성신염(急性腎炎), 소변불통(小便不通), 관절동통(關節疼痛), 폐경(閉經), 유폐(乳閉), 습열륭폐(濕熱癃閉)

⑥ 효능(效能) : 청열이수(淸熱利水), 통경(通經), 하유(下乳), 통혈맥(通血脈)

⑦ 약물음양오행(藥物陰陽五行) : 이수청열약(利水淸熱藥)

214. 천선자(天仙子) : 낭탕자(莨菪子), 초우엉씨, 사라풀의 종자

① 성미(性味) : 고(苦), 신(辛)〈감(甘)〉, 온(溫), 유독(有毒)

② 귀경(歸經) : 심(心)·위(胃)·간(肝) 火土木經

③ 용법(用法) : 초자용(醋煮用), 0.6~1.2g 환(丸)·산(散)用, 내복(內服), 외용(外用) 1회 0.1~0.5g, 1일 1~3g, 용량신중, 생용(生用)〈금(禁)〉, 다복(多服)삼가, 구복(久服)〈금(禁)〉

④ 금기(禁忌) : 유독(有毒)하므로 복용시 신중/천선자의 해독약(解毒藥) : 서각(犀角), 승마(升麻), 감초(甘草)

⑤ 주치(主治) : 치통(齒痛), 풍사(風邪), 풍간발축(風癇發搐), 풍비궐(風痺癥), 동통(疼痛), 충치통(蟲齒痛), 전광(癲狂), 위통(胃痛), 신경통(神經痛), 해수(咳嗽), 각기(脚氣),/ 엽(葉) : 풍종(風腫),/ 천식(喘息), 옹종(癰腫), 만성설리(慢性泄痢), 탈항(脫肛), 현벽(痃癖)

⑥ 효능(效能) : 절풍(截風), 진통(鎭痛), 지통(止痛)

⑦ 약물음양오행(藥物陰陽五行) : 지통약(止痛藥)

215. 천심련(穿心蓮) : 천심련의 지상부(地上部)

① 성미(性味) : 고(苦), 한(寒), 무독(無毒)

② 귀경(歸經) : 심(心)·폐(肺) 火金經

③ 용법(用法) : 6~9g, 9~15g, 전복(煎服), 외용(外用)가능

④ 주치(主治) : 인후종통(咽喉腫痛), 감모발열(感冒發熱), 구설생창(口舌生瘡), 폐결핵(肺結核), 백일해(百日咳), 열림삽통(熱淋澁痛), 설사이질(泄瀉痢疾), 독사교상(毒蛇咬傷), 옹종창양(癰腫瘡瘍), 중이염(中耳炎), 위장염(胃腸炎), 기관지염(氣管支炎), 급성균리(急性菌痢), 비출혈(鼻出血), 고혈압(高血壓), 편도체염(扁桃体炎), 위화아통(胃火牙痛)

⑤ 효능(效能) : 청열해독(淸熱解毒), 소종(消腫), 지통(止痛), 양혈(凉血), 소염퇴종(消炎退腫), 해사독(解蛇毒), 지혈(止血), 발독생기(拔毒生肌), 청열사화(淸熱瀉火)

⑥ 약물음양오행(藥物陰陽五行) : 청열해독약(淸熱解毒藥), 청열사화약(淸熱瀉火藥)

216. 철장(鐵漿) : 무쇠 달인물

① 성미(性味) : 감(甘), 떫다, 미함(微鹹), 평(平), 한(寒), 소독(小毒)
② 귀경(歸經) : 심(心)·폐(肺) 火金經
③ 용법(用法) : 수전온복(水煎溫服), 외용(外用)
④ 주치(主治) : 전간(癲癇), 발열급성황달(發熱急性黃疸), 정창종독(疔瘡腫毒), 호랑견사독자악충(虎狼犬蛇毒刺惡蟲)〈독불입내(毒不入內)〉
⑤ 효능(效能) : 진정심신(鎭定心神), 명목(明目), 해독(解毒), 해정독창종(解疔毒瘡腫), 제제독(除諸毒)
⑥ 약물음양오행(藥物陰陽五行) : 청열해독약(淸熱解毒藥)

217. 첨과(甜瓜) : 참외, 감과(甘瓜), 진과(眞瓜), 향과(香瓜)

① 성미(性味) : 감(甘), 한(寒), 활(滑), 미독(微毒)
② 귀경(歸經) : 심(心)·위(胃) 火土經
③ 용법(用法) : 생복용(生服用)
④ 금기(禁忌) : 비위허한(脾胃虛寒), 복창(腹脹), 활설(滑泄), 각기(脚氣), 복부결괴(腹部結塊)(忌), 주(酒), 사향(麝香)(忌), 다복(多服)삼가
⑤ 주치(主治) : 서열(暑熱), 번갈(煩渴), 번열(煩熱), 삼초옹색(三焦壅塞), 구비창(口鼻瘡), 풍습마목(風濕麻木), 사지동통(四肢疼痛)
⑥ 효능(效能) : 해서열(解暑熱), 제번갈(除煩渴), 이소변(利小便), 익기(益氣), 통삼

초옹색기(通三焦壅塞氣)

⑦ 약물음양오행(藥物陰陽五行) : 청열해서약(淸熱解暑藥), 지갈약(止渴藥)

218. 청량미(靑粱米) : 생동찰, 청정미

① 성미(性味) : 감(甘), 미한(微寒), 무독(無毒)
② 용법(用法) : 전복(煎服)
③ 주치(主治) : 열중위비(熱中胃痺), 열중소갈(熱中消渴), 번열(煩熱), 사리(瀉痢), 이질(痢疾), 설정(泄精), 노인비허기(老人脾虛氣), 번갈(煩渴)
④ 효능(效能) : 건중초(健中焦), 익기보중(益氣補中), 건비(健脾), 지설리(止泄痢), 이소변(利小便), 지사(止瀉), 지갈(止渴), 이뇨(利尿)
⑤ 약물음양오행(藥物陰陽五行) : 보익약(補益藥), 지갈약(止渴藥), 청열약(淸熱藥)

219. 청령(蜻蛉) : 잠자리, 청낭자(靑娘子)〈청색(靑色)이 좋다.〉

① 성미(性味) : 미한(微寒)
② 용법(用法) : 초용(炒用), 거시·족(去翅·足), 1일 4~8g
③ 주치(主治) : 음위(陰痿), 신허(腎虛), 유정(遺精)
④ 효능(效能) : 익신(益腎), 장양기(壯陽氣), 지유정(止遺精), 온하초(溫下焦), 강음(强陰), 삽정(澁精)

◇ 저계(樗鷄) : 베짱이
　미초용(微炒用) : 치음위(治陰痿), 익정력(益精力)
⑤ 약물음양오행(藥物陰陽五行) : 수렴고삽약(收斂固澁藥), 삽정지유약(澁精止遺藥)

220. 청어(靑魚)

① 성미(性味) : 감(甘), 평(平), 미냉(微冷), 미독(微毒)

② 귀경(歸經) : 간(肝)·비(脾)·위(胃) 木土經

③ 용법(用法) : 끓여 복용. 식용(食用), 구(韭)와 배합길(配合吉), 다복(多服)삼가, 설사주의

④ 금기(禁忌) : 출(朮)(忌), 금석약(金石藥)(忌)/곽(藿 콩잎), 두(豆 : 콩)(忌)

⑤ 주치(主治) : 각기(脚氣), 습비(濕痺), 혈리(血痢), 각약(脚弱), 번민(煩悶), 풍습(風濕)

⑥ 효능(效能) : 익기(益氣), 거습(祛濕), 화중초(和中焦),보간(補肝), 개위소식(開胃消食), 보중안신기(補中安腎氣), 익심력(益心力), 익기력(益氣力), 자음(滋陰), 양간명목(養肝明目), 축수(逐水), 보기양위(補氣養胃), 절학(截瘧), 화습거풍(化濕祛風)

⑦ 약물음양오행(藥物陰陽五行) : 보익약(補益藥__

◇ 청어담(靑魚膽) :

① 성미(性味) : 고(苦), 한(寒)

② 주치(主治) : 담연(痰涎), 화창(火瘡), 악창(惡瘡), 후비(喉痺), 치질(痔疾), 목암(目暗), 열적종통(熱赤腫痛), 골경(骨骾)

③ 효능(效能) : 화담(化痰), 소종(消腫), 치창(治瘡), 지통(止痛)

221. 청엽담(靑葉膽) : 청엽담의 전초(全草)

① 성미(性味) : 고(苦), 감(甘), 한(寒)

② 귀경(歸經) : 간(肝)·담(膽) 木經

③ 용법(用法) : 9~15g, 전복(煎服)

④ 금기(禁忌) : 허한(虛寒)〈신용(愼用)〉

⑤ 주치(主治) ： 간담습열(肝膽濕熱), 간염(肝炎), 열림삽통(熱淋澁痛), 황달요적(黃疸尿赤), 위중복화(胃中伏火)

⑥ 효능(效能) ： 청열이습(清熱利濕), 청간담습열(清肝膽濕熱), 이담(利膽)

⑦ 약물음양오행(藥物陰陽五行) ： 이습퇴황약(利濕退黃藥), 이수청열약(利水清熱藥)

222. 청풍등(青風藤)(清風藤) ： 청등(青藤), 모청등(毛青藤)의 덩굴줄기

① 성미(性味) ： 신(辛), 고(苦), 평(平), 한(寒)

② 귀경(歸經) ： 신(腎) · 방광(膀胱) · 간(肝) 水木經

③ 용법(用法) ： 6~15g 주침용(酒浸用)

④ 주치(主治) ： 풍습비통(風濕痺痛), 학슬풍(鶴膝風), 관절종통(關節腫痛), 각기수종(脚氣水腫), 손상창종(損傷瘡腫), 풍습유주(風濕流注), 하초혈분습열(下焦血分濕熱), 마비소양(麻痺瘙癢), 옹종악창(癰腫惡瘡), 구안와사(口眼喎斜), 지절종통(肢節腫痛)

⑤ 효능(效能) ： 거풍습(祛風濕), 이소변(利小便), 통경락(通經絡), 행수이뇨(行水利尿), 행기(行氣)

⑥ 약물음양오행(藥物陰陽五行) ： 거풍습약(祛風濕藥)

223. 초(醋) ： 식초

① 성미(性味) ： 산(酸), 고(苦), 감(甘), 온(溫), 무독(無毒)

② 귀경(歸經) ： 간(肝) · 위(胃) · 비(脾) · 대장(大腸) 木土金經

③ 용법(用法) ： 1일 10~30ml/약물(藥物)에 혼합/내용(內用) ： 외용(外用)/다복(多服)삼가

④ 금기(禁忌) ： 단삼(丹蔘), 복령(茯苓)(忌)/비위습심(脾胃濕甚), 초기외감(初起外

感), 다감학리초기(多感瘧痢初起) 근맥구련(筋脈拘攣), 위비(痿痺)(忌)

⑤ 주치(主治) : 산후혈훈(産後血暈), 심통(心痛), 인통(咽痛), 현벽징가(痃癖癥瘕), 옹저창종(癰疽瘡腫), 금창혈운(金瘡血運), 어육채독(魚肉菜毒), 황달(黃疸), 소양(瘙痒), 사독(邪毒), 충독(蟲毒), 황한(黃汗), 장활(腸滑), 사리(瀉痢), 비출혈(鼻出血), 토혈(吐血), 변혈(便血)

⑥ 효능(效能) : 산어혈(散瘀血), 해독(解毒), 지혈(止血), 구충(驅蟲), 하기(下氣), 소식(消食), 파결기(破結氣), 살오독(殺惡毒), 제징괴견적(除癥塊堅積), 파심중산수담음(破心中酸水痰飮), 하기제번(下氣除煩), 익혈(益血), 산수기(散水氣), 소옹종(消癰腫), 염인창(斂咽瘡), 개위기(開胃氣), 간기사하(肝氣瀉下), 강근(強筋), 수심(收心), 보폐염기(補肺斂氣), 진풍(鎭風), 양간(養肝), 성주(醒酒), 지한(止汗)

⑦ 약물음양오행(藥物陰陽五行) : 이혈약(理血藥), 활혈거어약(活血祛瘀藥), 지혈약(止血藥), 해독약(解毒藥)

224. 촉규근(蜀葵根) : 접시꽃(뿌리), 접시꽃의 뿌리

① 성미(性味) : 감(甘), 한(寒), 활(滑), 무독(無毒)
② 용법(用法) : 30~60g, 전복(煎服), 환·산복(丸散服), 외용(外用)
③ 주치(主治) : 임병(淋病), 혈뇨(血尿), 백대(白帶), 혈붕(血崩), 토혈(吐血), 창종(瘡腫), 장옹(腸癰), 객열(客熱), 화창(火瘡), 수종(水腫), 단독(丹毒)
④ 효능(效能) : 청열(清熱), 이소변(利小便), 양혈(涼血), 배농(排膿)
⑤ 약물음양오행(藥物陰陽五行) : 청열양혈약(清熱涼血藥), 이수소종약(利水消腫藥)

225. 촉규묘(蜀葵苗) : 접시꽃의 경엽(莖葉)

① 성미(性味) : 감(甘), 미한(微寒), 활(滑), 무독(無毒)

② 용법(用法) : 6~18g 전복(煎服), 즙복(汁服), 외용(外用)

③ 금기(禁忌) : 계절적 유행병후(季節的 流行病後)

④ 주치(主治) : 열독하리(熱毒下痢), 객열(客熱), 임병(淋病),/ 화창(火瘡), 금창(金瘡) : 外用/단리(丹痢), 악창(惡瘡), 소아구창(小兒口瘡)

⑤ 효능(效能) : 이장위(利腸胃), 산혈(散血), 윤조이산(潤燥易産·), 활규(滑竅)

226. 촉규자(蜀葵子) : 접시꽃의 씨(種子)

① 성미(性味) : 감(甘), 고(苦), 한(寒), 무독(無毒)

② 용법(用法) : 3~9g 전복(煎服), 산복(散服), 외용(外用)〈:분말(粉末)〉

③ 금기(禁忌) : 임부(姙婦), 비위허한(脾胃虛寒)(忌)

④ 주치(主治) : 임병(淋病), 수종(水腫), 개창(疥瘡), 변비(便秘)

⑤ 효능(效能) : 이수통림(利水通淋), 이소장(利小腸), 활장(滑腸), 윤대장(潤大腸), 최생(催生), 낙태(落胎), 통유즙(通乳汁), 윤조(潤燥)

⑥ 약물음양오행(藥物陰陽五行) : 이수약(利水藥), 윤하약(潤下藥)

227. 촉규화(蜀葵花) : 접시꽃의 꽃

① 성미(性味) : 감(甘), 고(苦), 한(寒), 활(滑), 무독(無毒)

② 용법(用法) : 3~6g 전복(煎服), 분말복(粉末服), 외용(外用)〈:분말(粉末)〉

③ 금기(禁忌) : 임부(姙婦)(忌)

④ 주치(主治) : 토혈(吐血)/이질(痢疾)〈:백색꽃〉/혈붕(血崩), 대하(帶下)/백대하(白帶下)〈:백색꽃〉/적대하(赤帶下)〈:적색꽃〉/이변불통(二便不痛), 소아풍진(小兒風疹), 학질(瘧疾)/창종(瘡腫)〈:외용(外用)〉, 목중유화(目中溜火), 열독조결(熱毒燥結), 혈조(血燥) : 赤色꽃)/기조(氣燥)(:백색꽃)

⑤ 효능(效能) : 화혈(和血), 제사열(除邪熱), 윤조(潤燥), 윤장(潤腸), 통리대소변(通利大小便), 통규(通竅), 정심기(定心氣), 이심기부족(理心氣不足), 제사기(除邪氣)(:백색꽃)

⑥ 약물음양오행(藥物陰陽五行) : 이혈약(理血藥)

228. 추어(鰍魚) : 추어(鰍魚), 미꾸라지

① 성미(性味) : 감(甘), 평(平)

② 귀경(歸經) : 비(脾) 土經

③ 주치(主治) : 소갈(消渴), 습사(濕邪), 간염(肝炎), 치창(痔瘡), 개선(疥癬), 피부소양(皮膚瘙痒), 주독(酒毒)

④ 효능(效能) : 보중익기(補中益氣), 지소갈(止消渴), 난위(暖胃), 난중(暖中), 조중(調中), 해주독(解酒毒), 거습사(祛濕邪), 이뇨(利尿), 통혈맥(通血脈), 치치(治痔)

⑤ 약물음양오행(藥物陰陽五行) : 보익약(補益藥), 이습약(利濕藥)

229. 추자리(秋子梨) : 산돌배 나무의 과실

① 성미(性味) : 감(甘), 한(寒), 산(酸)

② 귀경(歸經) : 폐(肺)·위(胃) 金土經

③ 용법(用法) : 생용(生用), 즙용(汁用), 다복(多服)삼가

④ 금기(禁忌) : 비허변당(脾虛便溏)(忌)

⑤ 주치(主治) : 주독(酒毒), 갈증(渴症), 해수(咳嗽), 풍열(風熱), 번열(煩熱), 담(痰), 흉중열결(胸中熱結), 객열(客熱), 심번(心煩), 열병상진(熱病傷津), 열해(熱咳), 소갈번갈(消渴煩渴), 담열경광(痰熱驚狂), 변비(便秘), 열격(噎膈)

⑥ 효능(效能) : 청열화담(淸熱化痰), 윤조생진(潤燥生津), 해주독(解酒毒)./엽(葉) :

지토사(止吐瀉), 치곽란(治霍亂), 1일 1~2개 煎用

⑦ 약물음양오행(藥物陰陽五行) : 청열화담약(淸熱化痰藥)

230. 충백랍(蟲白蠟)

① 성미(性味) : 감(甘), 떫다, 온(溫), 무독(無毒)

② 귀경(歸經) : 폐(肺)·간(肝) 金木經

③ 용법(用法) : 환·산복(丸·散服), 외용(外用)

④ 주치(主治) : 금창출혈(金瘡出血), 하혈(下血), 요혈(尿血), 하감(下疳), 창양(瘡瘍), 구궤불렴(久潰不斂)

⑤ 효능(效能) : 지혈(止血), 지통(止痛), 생기(生肌), 보혈허(補血虛), 속근접골(續筋接骨), 살채충(殺瘵蟲), 윤폐(潤肺), 지해(止咳), 지사(止瀉), 후장위(厚腸胃), 청폐염기(淸肺斂氣)

⑥ 약물음양오행(藥物陰陽五行) : 지혈약(止血藥), 수렴약(收斂藥)

231. 치(雉) : 야계(野鷄), 꿩

① 성미(性味) : 감(甘), 산(酸), 신(辛), 온(溫)

② 귀경(歸經) : 심(心)·위(胃) 火土經

③ 용법(用法) : 동월(冬月)〈9~12月〉에 복용(服用)

④ 금기(禁忌) : 고질(痼疾)(忌)/목이(木耳), 호도인(胡桃仁), 저간(猪肝), 녹육(鹿肉), 미녹(糜鹿), 교맥(蕎麥 메밀), 자고(茨菰), 즉어(鯽魚), 점어(鮎魚 메기)(忌)

⑤ 주치(主治) : 소갈증(消渴症), 하리(下痢), 소변빈삭(小便頻數), 담기상천(痰氣上喘), 산후하리(産後下痢), 요복통(腰腹痛)

⑥ 효능(效能) : 보중초(補中焦), 익기력(益氣力), 제루창(除瘻瘡), 지설리(止泄痢),

익간기(益肝氣), 화혈(和血), 온중보허(溫中補虛)

⑦ 약물음양오행(藥物陰陽五行) : 보익약(補益藥), 지갈약(止渴藥)

232. 치어(鯔魚) : 숭어, 수어(秀魚)

① 성미(性味) : 감(甘), 평(平), 함(鹹), 무독(無毒), 백약(百藥)을 꺼리지 않는다

② 용법(用法) : 식용(食用), 구복(久服)가능〈비건(肥健)〉

③ 주치(主治)·효능(效能) : 보오장(補五臟), 이장위(利腸胃), 개위(開胃), 건비위(健脾胃), 익기력(益氣力), 익근골(益筋骨), 통리오장(通利五臟), 비건(肥健)(살찌고 건강하게 한다), 조비기(助脾氣), 식욕증진(食慾增進), 온중하기(溫中下氣)

④ 약물음양오행(藥物陰陽五行) : 보익약(補益藥)

233. 토육(兎肉) : 토끼고기

① 성미(性味) : 감(甘), 신(辛), 산(酸), 평(平), 한(寒), 무독(無毒)

② 귀경(歸經) : 간(肝)·대장(大腸) 木金經

③ 용법(用法) : 전복(煎服)

④ 금기(禁忌) : 임부(姙婦), 봄(春)·여름(夏)의 토(兎)(忌)/달육(獺肉), 녹육(鹿肉), 계육(鷄肉), 별육(鼈肉), 진피(陳皮), 생강(生薑), 개말(芥末)(忌)

⑤ 주치(主治) : 혈분열사(血分熱邪), 소갈증(消渴症), 위열구역(胃熱嘔逆), 열기습비(熱氣濕痺), 장홍하혈(腸紅下血)

⑥ 효능(效能) : 보중익기(補中益氣), 건비(健脾), 해열독(解熱毒), 양혈(凉血), 지갈(止渴), 이대장(利大腸)

⑦ 약물음양오행(藥物陰陽五行) : 청열해독약(清熱解毒藥), 보익약(補益藥), 지갈약(止渴藥)

234. 토패모(土貝母) : 토패모의 괴경(塊莖)

① 성미(性味) : 고(苦), 미한(微寒), 평(平), 무독(無毒)

② 귀경(歸經) : 심(心)·폐(肺) 火金經

③ 용법(用法) : 24~30g 전복(煎服), 4.5~9g 환·산용(丸·散用)/외용(外用)〈분말(粉末)〉

④ 주치(主治) : 외과병독(外科病毒), 유옹(乳癰), 라역(瘰癧), 비후성비염(肥厚性鼻炎), 임파선결핵(淋巴腺結核), 결독(結毒), 라역담핵(瘰癧痰核), 유통(乳痛), 창양종독(瘡瘍腫毒), 사충교상(蛇虫咬傷), 외과창독(外科瘡毒), 광창결독(廣瘡結毒)

⑤ 효능(效能) : 산결(散結), 청열해독(淸熱解毒), 소종(消腫), 거풍(祛風), 제습(除濕), 화농행체(化膿行滯), 산옹독(散癰毒), 이담(利痰)

⑥ 약물음양오행(藥物陰陽五行) : 외용약(外用藥), 소창옹저약(消瘡癰疽藥), 청열해독약(淸熱解毒藥), 청화열담약(淸化熱痰藥)

235. 토형피(土荊皮) : 금전송(金錢松)의 근피(根皮), 수피(樹皮)

① 성미(性味) : 신(辛), 온(溫), 유독(有毒)

② 귀경(歸經) : 폐(肺) 金經

③ 용법(用法) : 주(酒), 식초(食醋), 배합길(配合吉)/ 외용(外用)

④ 주치(主治)·효능(效能) : 치개선(治疥癬), 치소양(治瘙癢), 살충(殺蟲), 지양(止癢)

236. 파채(菠菜) : 시금치, 시금치의 뿌리달린 전초(全草)

① 성미(性味) : 감(甘), 미산(微酸), 량(凉)

② 귀경(歸經) : 장(腸)·위(胃) 土經

③ 용법(用法) : 전복(煎服), 분말복(粉末服), 다복(多服)삼가

④ 주치(主治) : 괴혈병(壞血病), 혈변(血便), 비출혈(鼻出血), 장출혈(腸出血), 변비(便秘), 소갈(消渴)

⑤ 효능(效能) : 지혈(止血), 양혈(養血), 윤조(潤燥), 수렴음액(收斂陰液), 지갈(止渴), 해열독(解熱毒), 해주독(解酒毒), 통장위열(通腸胃熱), 개흉격(開胸膈), 이오장(利五臟), 화혈(和血), 통혈맥(通血脈), 활혈(活血), 거어(去瘀)

⑥ 약물음양오행(藥物陰陽五行) : 보혈약(補血藥), 이혈약(理血藥)

◇ 파채자(菠菜子) : 시금치의 열매

① 성미(性味) : 감(甘), 미신(微辛), 미온(微溫)

② 귀경(歸經) : 비(脾)・폐(肺) 土金經

③ 용법(用法) : 9~15g 전복(煎服)

④ 효능(效能) : 개통관규(開通關竅), 거풍(祛風), 명목(明目), 이장위(利腸胃)

237. 파초(근)(芭蕉根) : 파초의 뿌리줄기(근경 根莖)

① 성미(性味) : 감(甘), 고(苦), 담(淡), 대한(大寒), 엽(葉)

② 귀경(歸經) : 엽(葉)심(心)・간(肝)〈비(脾)〉 火木(土)經

③ 용법(用法) : 4~10g, 15~30g/30~60g 선용(鮮用), 내복(內服), 외용(外用), 즙용(汁用), 다복(多服)삼가

④ 금기(禁忌) : 비위약(脾胃弱), 음분종독(陰分腫毒)

⑤ 주치(主治) : 유행성열병(流行性熱病), 발열열광(發熱熱狂), 소갈(消渴), 구건(口乾), 번민(煩悶), 황달(黃疸), 혈붕(血崩),혈림(血淋), 수종(水腫), 각기(脚氣), 정창(疔瘡), 옹종(癰腫), 단독(丹毒), 풍열두통(風熱頭痛), 골절번열(骨節煩熱), 풍충아통(風虫牙痛)

◇ 芭蕉葉(煎用, 外用) : 열병(熱病), 화상(火傷), 옹종열독(癰腫熱毒),중서(中暑), 각

기(脚氣),/청열해독(淸熱解毒),　이뇨(利尿)/풍열두통(風熱頭痛),　적유풍진(赤遊風疹),　황달(黃疸),　골절번열(骨節煩熱),　풍충아통(風蟲牙痛)

◇ 芭蕉汁 : 금석독(金石毒),　옹독(癰毒),　외용(外用) : 열종(熱腫),　풍진(風疹),　유풍(游風)

◇ 파초유(芭蕉油) : 〈감(甘),　한(寒),　무독(無毒)〉,　열병번갈(熱病煩渴),　전간(癲癇),　풍열두통(風熱頭痛),암풍(暗風),　훈민(暈悶),　황달(黃疸),　혈림삽통(血淋澁痛),　탕화상(湯火傷),　정창옹저(疔瘡癰疽)

⑥ 효능(效能) : 청열(淸熱),　해독(解毒)/지갈(止渴),　이뇨(利尿),　통변비(通便秘),　생수발(生鬚髮)

⑦ 약물음양오행(藥物陰陽五行) : 청열약(淸熱藥)

238. 팔각회향(八角茴香) : 대회향(大茴香), 팔각회향의 과실

① 성미(性味) : 신(辛),　온(溫),　열(熱),　감(甘),　평(平),　무독(無毒)

② 귀경(歸經) : 비(脾)・신(腎)・방광(膀胱)　土水經,　심(心)・간(肝)・소장(小腸)　火木經

③ 용법(用法) : 3~6g 전복(煎服),　환・산복용(丸・散服用)

④ 금기(禁忌) : 음허화왕(陰虛火旺)〈신용(愼用)〉/다복(多服)삼가

⑤ 주치(主治) : 한산복통(寒疝腹痛),　위한구토(胃寒嘔吐),　신허요통(腎虛腰痛),　완복냉통(脘腹冷痛),　중한구역(中寒嘔逆),　건습각기(乾濕脚氣),　제산급통(除疝急痛),　신노산기(腎勞疝氣),　방광냉기종통(膀胱冷氣腫痛),　치아구질(齒牙口疾)

⑥ 효능(效能) : 산한(散寒),　온양(溫陽),　이기(理氣),　지통(止痛),　하식(下食),　개위지구(開胃止嘔),　해독(解毒),　보명문(補命門),　보부족(補不足),　하기(下氣),　서간목(舒肝木),　윤신보신(潤腎補腎),　하제각기(下除脚氣),　서근(舒筋)

⑦ 약물음양오행(藥物陰陽五行) : 온열약(溫熱藥)

239. 패자(貝子) : 굵은자개

① 성미(性味) : 함(鹹), 평(平), 량(凉)
② 용법(用法) : 6~9g 화·하용(火·煆用), 전복(煎服), 산용(散用), 분말(粉末), 외용(外用)
③ 주치(主治) : 상한열광(傷寒熱狂), 부종(浮腫), 수기(水氣), 소변불통(小便不通), 임통뇨혈(淋痛尿血), 목예(目翳), 비연농혈(鼻淵膿血), 이질(痢疾), 오륭(五癃), 복통하혈(腹痛下血), 한열온주(寒熱溫疰), 결열(結熱), 소아감식(小兒疳蝕), 토유(吐乳), 음창(陰瘡), 하리(下痢)
④ 효능(效能) : 청열(淸熱), 이뇨(利尿), 소종(消腫), 이수도(利水道), 해기결(解肌結), 파오림(破五淋)
⑤ 약물음양오행(藥物陰陽五行) : 이수청열약(利水淸熱藥)

240. 편복갈근(蝙蝠葛根) : 북두근(北豆根), 편복갈의 근경(根莖)(덩굴줄기)

① 성미(性味) : 고(苦), 신(辛), 한(寒), 무독(無毒)
② 귀경(歸經) : 심(心)·폐(肺)·대장(大腸) 火金經
③ 용법(用法) : 1.5~9g 전용(煎用)
④ 금기(禁忌) : 비허한(脾虛寒), 설사(泄瀉)(忌)
⑤ 주치(主治) : 풍습통비(風濕痛痺), 인후종통(咽喉腫痛), 장염이질(腸炎痢疾), 각기(脚氣), 수종(水腫), 복부팽만(腹部膨滿), 위통(胃痛), 후두염(喉頭炎), 편도선염(扁桃腺炎), 풍종(風腫), 풍습성관절통(風濕性關節痛), 각기습종(脚氣濕腫)
⑥ 효능(效能) : 청열해독(淸熱解毒), 거풍(祛風), 지통(止痛)
⑦ 약물음양오행(藥物陰陽五行) : 거풍습약(祛風濕藥)

241. 포도(葡萄) : 포도, 포도의 과실(果實)

① 성미(性味) : 감(甘), 산(酸), 평(平), 온(溫), 떫다, 무독(無毒)

② 귀경(歸經) : 폐(肺)·비(脾)·신(腎) 金土水經

③ 용법(用法) : 전복(煎服), 즙용(汁用)/다식(多食)삼가

④ 주치(主治) : 습비(濕痺), 임역(淋瀝), 폐허한해수(肺虛寒咳嗽), 풍습성비통(風濕性痺痛), 도한허증(盜汗虛證), 부종(浮腫), 임병(淋病), 번민(煩悶), 근골습비(筋骨濕痺), 골통요통(骨痛腰痛), 음양탈증(陰陽脫證), 구얼(嘔噦), 태기상충(胎氣上衝), 두증독(痘證毒)

⑤ 효능(效能) : 보익기혈(補益氣血), 강근골(强筋骨), 익간음(益肝陰), 자신액(滋腎液), 강심(强心), 이뇨(利尿), 강지(强志), 이소변(利小便), 안태(安胎), 조중(調中), 제번민지갈(除煩悶止渴), 지구얼(止嘔噦) : (根用)/비건내기(肥健耐飢), 서근활락(舒筋活絡), 난위건비(暖胃健脾), 파혈적저유(破血積疽瘤), 해독(解毒), 산표(散表), 자양강장(滋養强壯)

⑥ 약물음양오행(藥物陰陽五行) : 보익약(補益藥), 거풍습약(祛風濕藥)

242. 풍윤채(風輪菜) : 풍윤채의 전초(全草)

① 성미(性味) : 신(辛), 미고(微苦), 량(凉)

② 용법(用法) : 9~15g 전복(煎服)

③ 주치(主治) : 중서(中暑), 감모한열(感冒寒熱), 장염(腸炎), 간염(肝炎), 유선염(乳腺炎), 이하선염(耳下腺炎), 이질(痢疾), 담낭염(膽囊炎), 정창종독(疔瘡腫毒), 급성결막염(急性結膜炎), 과민성피염(過敏性皮炎), 혈뇨(血尿), 독사교상(毒蛇咬傷), 도상(刀傷), 지두염(指頭炎)

④ 효능(效能) : 소풍(疏風), 청열사화(淸熱瀉火), 해독(解毒), 지리(止痢), 활혈(活血), 소종(消腫)

⑤ 약물음양오행(藥物陰陽五行) : 청열해독약(淸熱解毒藥), 청열사화약(淸熱瀉火藥)

243. 하(蝦) : 청하(靑蝦), 담수새우

① 성미(性味) : 감(甘), 함(鹹), 온(溫), 평(平), 미독(微毒)
② 귀경(歸經) : 간(肝)·신(腎) 木水經, 심(心)·폐(肺) 火金經
③ 용법(用法) : 전복(煎服), 외용(外用)
④ 금기(禁忌) : 다식(多食)삼가〈다식(多食)시 동풍(動風)〉, 소아(小兒)는 복용삼가/
미록(麋鹿)(忌)
⑤ 주치(主治) : 음위(陰痿), 염창(臁瘡), 옹흔(癰痕), 오치(五痔), 소아충적백유종(小兒
蟲赤白游腫)(外用)/옹저(癰疽), 오야계병(五野鷄病), 우선(疣癬), 혈풍(血風)
⑥ 효능(效能) : 보신(補腎), 하유즙(下乳汁), 거독(祛毒), 보신장양(補腎壯陽), 탁두
창(托痘瘡), 장양도(壯陽道), 토풍담(吐風痰)
⑦ 약물음양오행(藥物陰陽五行) : 보양약(補陽藥)

244. 하돈(河豚) : 복어

① 성미(性味) : 감(甘), 온(溫),〈량(凉)〉, 유독(有毒)〈간(肝)·란(卵) : 대독(大毒)〉
② 귀경(歸經) : 간(肝) 木經/복어의 해독약(解毒藥) : 노근(蘆根), 감람(橄欖), 향유
(香油)
③ 금기(禁忌) : 간(肝)·란(卵) : 대독(大毒)/옹양(癰瘍), 개창(疥瘡), 각기(脚氣)
(忌)/형개(荊芥)〈상반(相反)〉/꼬리(忌)/ 오두(烏頭), 부자(附子), 길경(桔梗), 감
초(甘草), 국화(菊花) : 상반(相反)
④ 주치(主治) : 치질(痔疾), 감충(疳蟲), 습기(濕氣), 요각통(腰脚痛)
⑤ 효능(效能) : 보허(補虛), 거습(祛濕), 살충(殺蟲), 소종(消腫), 살치충(殺痔蟲), 이
요각(理腰脚)
⑥ 약물음양오행(藥物陰陽五行) : 하부보익약(下部補益藥), 살충약(殺蟲藥)

245. 하마(蝦蟆) : 개구리

① 성미(性味) : 감(甘), 신(辛), 한(寒), 무독(無毒)
② 귀경(歸經) : 비(脾) 土經
③ 용법(用法) : 2~3마리, 건용(乾用)/수(酥)를 바른후 굽는다/내복(內服), 환·산용(丸·散用) 외용(外用)
④ 주치(主治) : 열절(熱癤), 옹종(癰腫), 감적(疳積), 설리(泄痢), 라역(瘰癧), 복중결괴(腹中結塊), 옹종음창(癰腫陰瘡), 열결종(熱結腫), 열광(熱狂), 봉·사·견교상(蜂·蛇·犬咬傷), 악창(惡瘡), 감적(疳積)/단복창(單腹脹) : 청와(靑蛙 : 참개구리)
⑤ 효능(效能) : 청열해독(淸熱解毒), 건비위(健脾胃), 소적체(消積滯), 파징견혈(破癥堅血), 해번열(解煩熱), 보허(補虛), 자음조양(滋陰助陽), 보허손(補虛損)〈청와(靑蛙 : 참개구리)〉
⑥ 약물음양오행(藥物陰陽五行) : 청열해독약(淸熱解毒藥), 보익약(補益藥)〈보음약(補陰藥)〉

246. 하천무(夏天無) : 복생자근(伏生紫菫), 자근(紫菫)의 근경(根莖 : 뿌리줄기), 전초

① 성미(性味) : 고(苦), 미신(微辛), 온(溫)
② 용법(用法) : 6~12g, 4.5~15g 전복(煎服), 〈3으로 나누어 복용(服用)〉
③ 주치(主治) : 풍습성관절염(風濕性關節炎), 고혈압(高血壓), 편탄(偏癱), 좌골신경통(坐骨神經痛), 소아마비후유증(小兒痲痺後遺症), 질박손상(跌撲損傷), 요기노손(腰肌勞損)
④ 효능(效能) : 강혈압(降血壓), 진경(鎭痙), 진통(鎭痛), 통락(通絡), 지통(止痛), 행기(行氣), 활혈(活血), 거담(祛痰), 지혈(止血), 서근활락(舒筋活絡)
⑤ 약물음양오행(藥物陰陽五行) : 이혈약(理血藥), 거풍습통경락약(祛風濕通經絡藥), 이기약(理氣藥)

247. 한수석(寒水石) : 응수석(凝水石)

① 성미(性味) : 함(鹹), 신(辛), 감(甘), 한(寒)
② 귀경(歸經) : 심(心)·위(胃)·신(腎) 火土水經
③ 용법(用法) : 화하용(火煆用), 9~15g 전복(煎服), 환·산용(丸·散用), 外用
④ 금기(禁忌) : 비위허한(脾胃虛寒), 음허화왕(陰虛火旺), 다담(多痰), 해수(咳嗽), 토혈(吐血), 비위하리(脾胃下痢), 조열골증(潮熱骨蒸), 부열(浮熱), 신허(身虛)(忌)/지유(地楡)〈상외(相畏)〉
⑤ 주치(主治) : 유행성열병, 시기열성(時氣熱盛), 신열(身熱), 번열(煩熱), 뇨폐(尿閉), 수종(水腫), 토사(吐瀉), 치경출혈(齒莖出血), 탕상(湯傷), 화상(火傷), 단독(丹毒), 복중적취사기(腹中積聚邪氣), 번만(煩滿), 피부중여화소(皮膚中如火燒), 위중열(胃中熱), 오장복열(五臟伏熱), 소복통(小腹痛), 심번구갈(心煩口渴), 소아단독(小兒丹毒), 습열(濕熱), 곽란토사(霍亂吐瀉), 심신실열(心腎實熱)
⑥ 효능(效能) : 청열(淸熱), 이대변(利大便), 해파두독(解巴豆毒), 양혈강화(凉血降火), 견치(堅齒), 명목(明目), 지아동(止牙疼), 제망열(除妄熱), 압단석독(壓丹石毒)
⑦ 약물음양오행(藥物陰陽五行) : 청열약(淸熱藥)

248. 합(鴿) : 원합(原鴿), 비둘기

① 성미(性味) : 함(鹹), 감(甘), 평(平), 난(暖), 무독(無毒)
② 귀경(歸經) : 간(肝)·신(腎)·폐(肺) 木水金經
③ 용법(用法) : 전복(煎服), 다복(多服)삼가
④ 금기(禁忌) : 장육(獐肉)〈노루고기〉(忌)
⑤ 주치(主治) : 소갈(消渴), 허리(虛羸), 만성학질(慢性瘧疾), 풍창백전(風瘡白癜), 간풍간화(肝風肝火), 구환허리(久患虛羸), 장풍하혈(腸風下血), 월경폐지(月經閉止), 부녀건혈로(婦女乾血勞)

⑥ 효능(效能) : 자신익음(滋腎益陰), 조정익기(調精益氣), 거풍(祛風), 해독(解毒),
해제약독(解諸藥毒), 절학(截瘧)

⑦ 약물음양오행(藥物陰陽五行) : 보익약(補益藥), 보음약(補陰藥)

249. 합리(육)(蛤蜊肉) : 사합(沙蛤), 바지락 조개, 참조개

① 성미(性味) : 함(鹹), 감(甘), 한(寒), 무독(無毒), 자윤(滋潤)
② 용법(用法) : 수전복(水煎服)
③ 금기(禁忌) : 초(醋)〈상반(相反)〉
④ 주치(主治) : 소갈(消渴), 담적(痰積), 수종(水腫), 백대하(白帶下), 자궁출혈(子宮
出血), 오치(五痔), 부인혈괴(婦人血塊), 노벽능위한열(老癖能爲寒熱), 영유(癭瘤),
제림(諸淋), 황달(黃疸), 복창(腹脹)
⑤ 효능(效能) : 자음명목(滋陰明目), 이수(利水), 화담(化痰), 연견(軟堅), 성주(醒
酒)(술을 깨게 한다), 해주독(解酒毒), 윤오장(潤五臟), 개위(開胃), 식욕촉진(食慾
促進), 지소갈(止消渴), 소수종(消水腫), 조진액(助津液)
⑥ 약물음양오행(藥物陰陽五行) : 보음약(補陰藥), 이수소종약(利水消腫藥)

250. 합마유(蛤蟆油) : 중국임와(中國林蛙)의 암컷
수란관(輸卵管)

① 성미(性味) : 감(甘), 함(鹹), 평(平), 량(凉)〈온(溫)〉, 무독(無毒)
② 귀경(歸經) : 간(肝)·신(腎) 木水經
③ 용법(用法) : 3~9g, 9~15g 전복(煎服), 환복(丸服)
④ 금기(禁忌) : 납소변당(納少便溏), 외감초기(外感初期)(신중용 愼重用)
⑤ 주치(主治) : 체허약(体虛弱), 정신부족(精神不足), 병후실조(病後失調), 노수해혈

(癆嗽咳血), 도한부지(盜汗不止), 심계불안(心悸不眠), 비신허한(脾腎虛寒), 허로해수(虛勞咳嗽), 신경쇠약(神經衰弱), 정력부족(精力不足), 산후기허(産後氣虛)

⑥ 효능(效能) : 보신(補腎), 익정(益精), 양음(養陰), 윤폐(潤肺), 견익신장(堅益腎腸), 자양강장(滋養强壯), 증장지방(增長脂肪), 양간신음(養肝腎陰), 보허퇴열(補虛退熱)

⑦ 약물음양오행(藥物陰陽五行) : 보음약(補陰藥)

251. 해(蟹) : 게

① 성미(性味) : 함(鹹), 한(寒), 미독(微毒)

② 귀경(歸經) : 간(肝)·위(胃)·심(心)·신(腎) 木土火水經

③ 용법(用法) : 태워서 분말(粉末), 환(丸)用, 外用/해중독(蟹中毒)시 해독약(解毒藥) : 동과즙(冬瓜汁), 자소즙(紫蘇汁), 목향즙(木香汁)

④ 금기(禁忌) : 풍질(風疾), 외사(外邪), 비위허한(脾胃虛寒) : 주의/형개(荊芥), 시(柿) : 상반(相反)/중초허한(中焦虛寒), 계절성질병(季節性疾病)(忌)/연조(軟棗), 귤(橘)(忌), 밀(蜜)〈게장:해황(蟹黃)〉(忌)

⑤ 주치(主治) : 흉중열결(胸中熱結), 위기(胃氣), 적통(赤痛)(生用),/근골손상(筋骨損傷), 화상(火傷)(生用)/칠창(漆瘡), 개선(疥癬), 흉중사기열결통(胸中邪氣熱結痛), 어혈응체복통(瘀血凝滯腹痛)/오장중번민기(五臟中煩悶氣) : 식초용(食醋用)/옹저(癰疽)(외용 外用), 학질(瘧疾), 습열황달(濕熱黃疸), 후풍종통(喉風腫痛), 저핵(疽核)

⑥ 효능(效能) : 산제열(散諸熱), 해결산혈(解結散血), 속절상근골(續絶傷筋骨), 명목(明目), 성주(醒酒 : 술을 깨게 한다), 이근맥(理筋脈), 소식적(消食積), 강장근골(强壯筋骨), 보골수(補骨髓), 양근활혈(養筋活血), 자간음(滋肝陰), 위액보충(胃液補充)

⑦ 약물음양오행(藥物陰陽五行) : 이혈약(理血藥), 보음약(補陰藥)

252. 해대(海帶) : 다시마

① 성미(性味) : 함(鹹)〈고(苦), 감(甘)〉, 한(寒), 무독(無毒)

② 용법(用法) : 식용(食用), 하수약(下水藥), 8~12g, 12~15g 전용(煎用), 환(丸)ㆍ산(散)用(5g)

③ 금기(禁忌) : 임부(姙婦), 비위허한(脾胃虛寒), 온습(蘊濕)(忌)

④ 주치(主治) : 부녀병(婦女病), 산가(疝瘕), 수종(水腫), 영유결핵(癭瘤結核), 라역(瘰癧), 임파선종(淋巴腺腫), 흉복창만(胸腹脹滿), 부종(浮腫), 각기(脚氣), 대하(帶下) 해대근(海帶根)〈15~30g 전용(煎用)〉 : 기천(氣喘), 해수(咳嗽), 만성기관지염(慢性氣管支炎), 현기증(眩氣症), 고혈압(高血壓)

⑤ 효능(效能) : 청열연견(淸熱軟堅), 소담결(消痰結), 이소변(利小便), 최생(催生), 치풍(治風), 화담이수(化痰利水), 이수소종(利水消腫), 보심(補心), 공한열가산(攻寒熱瘕疝), 통열격(通噎膈)

⑥ 약물음양오행(藥物陰陽五行) : 이수소종약(利水消腫藥), 청화열담약(淸化熱痰藥)

253. 해룡(海龍) : 실고기과 동물 해사(海蛇)

① 성미(性味) : 함(鹹), 감(甘), 온(溫), 무독(無毒)

② 귀경(歸經) : 신(腎)ㆍ비(脾) 水土經

③ 용법(用法) : 3~9g 전복(煎服), 1.5~2.4g 산용(散用)

④ 금기(禁忌) : 음허화왕(陰虛火旺), 임부(姙婦)(忌)

⑤ 주치(主治) : 양위유정(陽萎遺精), 라역담핵(瘰癧痰核), 징가적취(癥瘕積聚), 옹종정창(癰腫疔瘡)(外用), 질박손상(跌撲損傷), 정신쇠약(精神衰弱), 혈기통(血氣痛)

⑥ 효능(效能) : 온보신(溫補腎), 장양(壯陽), 산결(散結), 소종(消腫), 강장(强壯)

⑦ 약물음양오행(藥物陰陽五行) : 보양약(補陽藥)

254. 해분(海粉) : (동물) 남반배항해면(藍斑背肛海免)의 란괴(卵塊), 해주(海珠)

① 성미(性味) : 감(甘), 함(鹹), 한(寒), 활(滑), 무독(無毒)

② 귀경(歸經) : 폐(肺)·간(肝)·신(腎) 金木水經

③ 용법(用法) : 전복(煎服), 환·산용(丸·散用)

④ 금기(禁忌) : 비위허약(脾胃虛弱)

⑤ 주치(主治) : 폐조(肺燥), 해수(咳嗽), 라역(瘰癧), 유종(瘤腫), 폐조울창해천(肺燥鬱脹咳喘), 습담(濕痰), 열담(熱痰), 번열(煩熱), 풍담(風痰), 적리(赤痢), 백대하(白帶下)

⑥ 효능(效能) : 청열해독(清熱解毒), 자음(滋陰), 연견(軟堅), 화담사열(化痰邪熱), 소담(消痰), 연괴담(軟塊痰), 산영유(散癭瘤), 양음기(陽陰氣), 윤폐자신(潤肺滋腎), 지백대하(止白帶下)

⑦ 약물음양오행(藥物陰陽五行) : 청화열담약(清化熱痰藥)

255. 해송자(海松子) : 잣

① 성미(性味) : 감(甘), 온(溫), 평(平), 무독(無毒)

② 귀경(歸經) : 간(肝)·폐(肺)대장(大腸) 木金經

③ 용법(用法) : 4.5~9g, 10~20g 전복(煎服), 환(丸)用

　배합길(配合吉) : 백자인(栢子仁)

④ 금기(禁忌) : 유정습담(遺精濕痰)(忌)

⑤ 주치(主治) : 골절풍비(骨節風痺), 두현(頭眩), 원기부족(元氣不足), 활장(滑腸), 한기조해(寒氣燥咳), 변비(便秘), 토혈(吐血), 기허부족(氣虛不足), 조결해수(燥結咳嗽), 해수토담(咳嗽吐痰), 유정활설(遺精滑泄), 골증도한(骨蒸盜汗), 노인허비(老人虛秘)

⑥ 효능(效能) : 양진액(養津液), 거풍(祛風), 윤폐(潤肺), 건비(健脾), 보허보익(補虛補益), 윤장지사(潤腸止瀉), 온위장(溫胃腸), 보기허(補氣虛), 비오장(肥五臟), 윤피부(潤皮膚), 불기(不飢), 온중수풍(溫中搜風), 보기양혈(補氣養血), 익폐지수(益肺止嗽), 염해수(斂咳嗽), 지토혈(止吐血), 병후회복(病後回復), 오장충실(五臟充實)

⑦ 약물음양오행(藥物陰陽五行) : 보익약(補益藥)

256. 해풍등(海風藤) : 풍등(風藤)의 덩굴줄기

① 성미(性味) : 신(辛), 고(苦), 미온(微溫)

② 귀경(歸經) : 심(心)·신(腎) 火水經

③ 용법(用法) : 6~12g 전복(煎服), 술담아 사용

④ 주치(主治) : 풍한습비(風寒濕痺), 근맥구급(筋脈拘急), 지절동통(肢節疼痛), 천식(喘息), 타박상(打撲傷), 만성해수(慢性咳嗽), 산(疝), 퇴슬위비(腿膝痿痺)

⑤ 효능(效能) : 거풍습통경락(祛風濕通經絡), 지통(止痛), 지비(止痺), 화혈맥(和血脈), 하습제풍(下濕除風), 관중이기(寬中理氣), 이요각기(理腰脚氣), 안태(安胎), 선비(宣痺), 서근(舒筋)

⑥ 약물음양오행(藥物陰陽五行) : 거풍습통경락약(祛風濕通經絡藥)

257. 향가피(香加皮) : 강류(杠柳), 덩굴고무나무의 근피(根皮)

① 성미(性味) : 신(辛), 고(苦), 감(甘), 미온(微溫), 유독(有毒)

② 귀경(歸經) : 심(心)·신(腎) 火水經

③ 용법(用法) : 3~6g 전복(煎服), 술담아 사용, 환·산용(丸·散用)

④ 금기(禁忌) : 용량신중(用量愼重)/혈열(血熱), 간양상항(肝陽上亢)(忌)

⑤ 주치(主治) : 풍한습비(風寒濕痺), 심계기단(心悸氣短), 요슬산연(腰膝酸軟), 하지

부종(下肢浮腫), 각위행지(脚痿行遲), 소아근골연약(小兒筋骨軟弱), 근골동통(筋骨疼痛), 각슬구련(脚膝拘攣)

⑥ 효능(效能) : 거풍습강근골(祛風濕强筋骨), 진통(鎭痛), 강요슬(强腰膝)

⑦ 약물음양오행(藥物陰陽五行) : 거풍습강근골약(祛風濕强筋骨藥)

258. 향연(香櫞) : (운향과 식물) 구연(枸櫞)의 과실(果實)

① 성미(性味) : 신(辛), 고(苦), 산(酸), 감(甘), 평(平), 온(溫), 무독(無毒)

② 귀경(歸經) : 간(肝)·폐(肺)·비(脾) 木金土經

③ 용법(用法) : 3~6(9)g 전복(煎服), 환·산복용(丸·散服用)

④ 금기(禁忌) : 임부(姙婦), 음허혈조(陰虛血燥)〈신중용(愼重用)〉

⑤ 주치(主治) : 간위기체(肝胃氣滯), 완복비만(脘腹痞滿), 흉협창통(胸脇脹痛), 담다해수(痰多咳嗽), 구토희기(嘔吐噫氣), 위통창만(胃痛脹滿), 구얼소식(口噦少食), 심두담수(心頭痰水), 해수기옹(咳嗽氣壅), 요슬각기(腰膝脚氣)

⑥ 효능(效能) : 관중화담(寬中化痰), 서간이기(舒肝理氣), 해울결(解鬱結), 개흉격(開胸膈), 하기(下氣), 건비(健脾), 진식(進食), 지구역(止嘔逆), 관중순기(寬中順氣), 통경이수(通經利水), 이폐기(理肺氣), 제구효(除久哮)

⑦ 약물음양오행(藥物陰陽五行) : 이기약(理氣藥)

259. 향일규(向日葵) : 해바라기

1) 향일규자(向日葵子) : 해바라기씨

① 용법(用法) : 15~30g 전복(煎服), 외용(外用)

② 주치(主治)·효능(效能) : 치혈리(治血痢), 소옹농(消癰膿), 통기(通氣)

2) 향일규근(向日葵根) : 해바라기 뿌리

① 성미(性味) : 감(甘), 온(溫), 무독(無毒)

② 용법(用法) : 15~30g (鮮) 전복(煎服), 외용(外用)

③ 주치(主治) : 이변불통(二便不痛), 협륵체통(脇肋滯痛), 소갈인음(消渴引飮), 위장흉통(胃腸胸痛), 감창류황수(疳瘡流黃水), 타박상(打撲傷), 흉협위완동통(胸脇胃脘疼痛), 산기(疝氣)/윤장통변(潤腸通便)

3) 향일규경수(向日葵莖髓) : 해바라기의 경수(莖髓)

① 용법(用法) : 9~15g 전복(煎服), 태워 복용, 外用

② 주치(主治)·효능(效能) : 소변불리(小便不利), 요로결석(尿路結石), 유탁뇨(乳濁尿), 혈림(血淋), 외상출혈(外傷出血)/항암(抗癌)/만성기관염(慢性氣管炎)

4) 향일규엽(向日葵葉) : 고미(苦味), 건위(健胃)

5) 향일규화(向日葵花)

① 용법(用法) : 6~24g〈30~60g 鮮〉 전복(煎服)

② 금기(禁忌) : 임부(姙婦)(忌)

③ 주치(主治) : 면종(面腫), 두혼(頭昏), 치통(齒痛)

④ 효능(效能) : 최생(催生)〈분만촉진(分娩促進)〉, 거풍(祛風), 명목(明目)

6) 향일규화탁(向日葵花托) : 해바라기의 화탁(花托)

① 성미(性味) : 감(甘), 온(溫), 무독(無毒)

② 용법(用法) : 24~30g 전복(煎服)

③ 주치(主治) : 두통(頭痛), 목혼(目昏), 창종(瘡腫), 종독(腫毒), 단독(丹毒), 위통(胃痛), 복통(腹痛), 치통(齒痛), 월경통(月經痛), 풍습성관절염(風濕性關節炎)

④ 효능(效能) : 청습열(淸濕熱), 이소변(利小便), 축풍(逐風), 통규(通竅), 최산(催産)

7) 향일규각(向日葵殼)

① 용법(用法) : 9~15g 전복(煎服)

② 치이명(治耳鳴)

260. 현(莧) : 참비름, 참비름의 경엽(莖葉)

① 성미(性味) : 감(甘), 신(辛), 고(苦), 한(寒), 무독(無毒)

② 용법(用法) : 전액복(煎液服), 생즙복(生汁服), 외용(外用)

③ 금기(禁忌) : 비허하리(脾虛下痢)(忌), 궐(蕨 고사리)(忌), 별갑(鱉甲), 별(鱉)(忌)

④ 주치(主治) : 이변불통(二便不痛), 적백리(赤白痢), 적리(積痢), 사풍(沙風)〈적현용(赤莧用)〉/기리(氣痢)〈:자현용(紫莧用)〉/혈리(血痢)〈적현용(赤莧用)〉/활태(滑胎), 감리(疳痢)

⑤ 효능(效能) : 청열(淸熱), 통구규(通九竅), 보기(補氣), 살충독(殺蟲毒)〈자현(紫莧)〉, 축어혈(逐瘀血), 통혈맥(通血脈), 이대소장(利大小腸), 거풍(祛風)

261. 현근(莧根) : 참비름의 뿌리

① 성미(性味) : 감(甘), 한(寒), 무독(無毒)

② 용법(用法) : 15~30g (鮮) 전복(煎服), 침주용(浸酒用), 외용(外用)

③ 금기(禁忌) : 비허하리(脾虛下痢)

④ 주치(主治) : 음낭종통(陰囊腫痛), 음하냉통(陰下冷痛)〈외용(外用)〉, 치창(痔瘡), 치통(齒痛), 붕루(崩漏), 대하(帶下), 타박상(打撲傷), 혈괴(血塊)〈홍현채근(紅莧菜根) 外用〉, 징가(癥瘕)〈홍현채근(紅莧菜根) 外用〉, 현벽(痃癖)

⑤ 효능(效能) : 소종(消腫), 산혈(散血), 해독(解毒), 양혈(凉血), 청열(淸熱), 파징가
(破癥瘕)

262. 현실(莧實) : 참비름의 종자(種子)

① 성미(性味) : 감(甘), 한(寒), 삽(澁), 무독(無毒)
② 귀경(歸經) : 간(肝) · 방광(膀胱) · 대장(大腸) 木水金經
③ 용법(用法) : 6~9g 전복(煎服), 구복시(久服時)〈익기력(益氣力)〉
④ 주치(主治) : 예장(翳障), 청맹(靑盲), 목무불명(目霧不明), 상풍해수(傷風咳嗽),
혈뇨(血尿), 백탁뇨(白濁尿), 이변불통(二便不痛), 간풍객열(肝風客熱), 한열(寒
熱), 회충(蛔蟲)
⑤ 효능(效能) : 청간명목(淸肝明目), 거한열(去寒熱), 통리대소변(通利大小便), 살회
충(殺蛔蟲), 익정(益精)
⑥ 약물음양오행(藥物陰陽五行) : 이수약(利水藥), 청간명목약(淸肝明目藥)

263. 호나복(胡蘿蔔) : 당근, 당근의 뿌리

① 성미(性味) : 감(甘), 미신(微辛), 미고(微苦), 평(平), 무독(無毒)
② 귀경(歸經) : 폐(肺) · 비(脾) 金土經
③ 용법(用法) : 생즙복(生汁服), 전복(煎服), 외용(外用)
④ 주치(主治) : 소화불량(消化不良), 당뇨(糖尿), 하리(下痢), 해수(咳嗽), 위중사체
(胃中邪滯), 만성설사이질(慢性泄瀉痢疾), 마두(麻痘)
⑤ 효능(效能) : 건비(健脾), 보중(補中), 화체(化滯), 관중하기(寬中下氣), 이흉격장위
(利胸膈腸胃), 윤신(潤腎), 난하부(暖下部), 장원양(壯元陽), 제한습(除寒濕), 소열
해독(消熱解毒), 혈당강하(血糖降下)

◇ 호나복자(胡蘿蔔子) : 당근의 열매

① 용법(用法) : 거외피(去外皮) 3~9g 전복(煎服)

② 주치(主治) : 담천(痰喘), 구리(久痢), 계절적 설사(季節的泄瀉)〈시리(時痢)〉

③ 효능(效能) : 해경(解痙)

264. 호동루(胡桐淚) : 호동나무 수지액(樹脂液), 야라보나무 진, 호동진

① 성미(性味) : 함(鹹), 고(苦), 대한(大寒), 무독(無毒)

② 귀경(歸經) : 위(胃)·신(腎) 土水經

③ 용법(用法) : 녹여서 사용한다. 산용(散用), 용량주의

④ 금기(禁忌) : 위장허한(胃腸虛寒)

⑤ 주치(主治) : 풍열충치(風熱蟲齒), 번만(煩滿), 면독(麵毒), 화독(火毒), 라역(瘰癧), 습열치통(濕熱齒痛), 치은출혈(齒齦出血), 인후종통(咽喉腫痛), 충치통(蟲齒痛), 열통(熱痛)

⑥ 효능(效能) : 청열(淸熱), 소담(消痰), 연견(軟堅), 청담결(淸痰結), 강화열(降火熱)

⑦ 약물음양오행(藥物陰陽五行) : 청열해독약(淸熱解毒藥), 지통약(止痛藥)

265. 호마유(胡麻油) : 마유(麻油), 진유(眞油), 지마유(脂麻油), 참기름

① 성미(性味) : 감(甘), 평(平), 미한(微寒), 생(生)깨 기름〈약용(藥用)〉/ 볶은깨 기름(溫)〈식용(食用)〉

② 귀경(歸經) : 간(肝)·신(腎) 木水經

③ 주치(主治) : 간신부족(肝腎不足), 두풍(頭風), 병후허리(病後虛羸), 상한발황(傷寒發黃), 창절(瘡節), 개창(疥瘡), 대변조결(大便燥結), 소아단독(小兒丹毒), 풍비(風痺), 난산(難產), 산후유소(產後乳少), 사교상(蛇咬傷), 옹저(癰疽), 탄탄(癱瘓), 후비(喉痺), 포의불하(胞衣不下), 태루(胎漏), 신면백반(身面白瘢), 수발조백(鬚髮早白), 비뉵(鼻衄), 화상열독(火傷熱毒), 위장활리(胃腸滑痢)

④ 효능(效能) : 윤오장(潤五臟), 윤기부(潤肌膚), 윤장통변(潤腸通便), 해독(解毒), 혈맥통리(血脈通利), 지통(止痛), 소옹(消癰), 보간신(補肝腎), 장기육(長肌肉)

⑤ 약물음양오행(藥物陰陽五行) : 보음약(補陰藥), 윤하약(潤下藥)

266. 홍두구(紅豆蔲) : 대고량강(大高良薑)의 과실

① 성미(性味) : 신(辛), 온(溫), 고(苦), 무독(無毒)

② 귀경(歸經) : 폐(肺)·비(脾) 金土經

③ 용법(用法) : 2.4~6g 전복(煎服), 외용(外用)

④ 금기(禁忌) : 음허열(陰虛熱)(忌), 다복(多服)삼가

⑤ 주치(主治) : 식적창만(食積脹滿), 완복냉통(脘腹冷痛), 음주과다(飲酒過多), 구토설사(嘔吐泄瀉), 이질(痢疾), 학질(瘧疾), 열격반위(噎膈反胃), 장무기독(瘴霧氣毒), 장허수사(臟虛水瀉), 곽란(霍亂), 심복교통(心腹絞痛), 허학한창(虛瘧寒脹), 한반(汗班)(外用)

⑥ 효능(效能) : 조습(燥濕), 산한(散寒), 성비(醒脾), 소식체(消食滯), 거숙식(祛宿食), 해주독(解酒毒), 지구(止嘔), 보명문상화(補命門相火), 온중산한(溫中散寒), 성비온위(醒脾溫胃)

⑦ 약물음양오행(藥物陰陽五行) : 온열약(溫熱藥)

267. 홍어(魟魚) : 홍어, 가오리

① 용법(用法) : 꼬리에 독(毒)이 있으니 제거할 것. 독(毒)은 해달피(海獺皮)로 해독(解毒)

② 효능(效能) : 보익(補益), 해독(解毒)

268. 화귤홍(化橘紅) : 화주유(化州柚), 유(柚)의 미성숙 과실(果實)의 과피(果皮)

① 성미(性味) : 고(苦), 신(辛), 온(溫), 평(平), 무독(無毒)

② 귀경(歸經) : 비(脾)·위(胃)·폐(肺) 土金經

③ 용법(用法) : 3~6g, 전복(煎服), 환·산복용(丸·散服用)

④ 금기(禁忌) : 음허(陰虛), 기허(氣虛), 조담(燥痰)(忌)

⑤ 주치(主治) : 풍한해수(風寒咳嗽), 식적상주(食積傷酒), 후양담다(喉癢痰多), 구오비민(嘔惡痞悶), 흉중담체(胸中痰滯), 구토애역(嘔吐呃逆), 해수기천(咳嗽氣喘)

⑥ 효능(效能) : 산한조습(散寒燥濕), 소담(消痰), 이기(理氣), 건위(健胃), 소식적(消食積), 성주(醒酒 : 술을 깨게 한다), 해해독(解蟹毒), 관중(寬中)

⑦ 약물음양오행(藥物陰陽五行) : 이기약(理氣藥)

269. 화예석(花蕊石) : 화유석(花乳石)

① 성미(性味) : 산(酸), 떫다, 신(辛), 평(平), 무독(無毒)

② 용법(用法) : 하연말용(煆研末用), 3~9g 산(散), 복용(服用), 외용(外用 : 粉末)

③ 금기(禁忌) : 무어체(無瘀滯), 임부(姙婦), 화사일혈(火邪溢血), 토혈(吐血)(忌)

④ 주치(主治) : 출혈(出血), 비출혈(鼻出血), 토혈(吐血), 변혈(便血), 산후어혈(產後

瘀血), 혈훈(血暈), 붕루(崩漏), 금창출혈(金瘡出血), 악혈(惡血), 실혈손상(失血損傷), 목예(目翳), 토뉵(吐衄), 붕루태산(崩漏胎産)

⑤ 효능(效能) : 제어혈(除瘀血), 지혈(止血), 염폐모피육(斂肺毛皮肉), 사간기(瀉肝氣), 행어혈(行瘀血)

⑥ 약물음양오행(藥物陰陽五行) : 이혈약(理血藥)

270. 황과(黃瓜) : 호과(胡瓜), 오이

① 성미(性味) : 감(甘), 산(酸), 평(平), 한(寒)〈량(凉)〉, 미독(微毒)

② 귀경(歸經) : 비(脾)·위(胃)·대장(大腸) 土金經

③ 용법(用法) : 전복용(煎服用), 선복용(鮮服用), 외용(外用), 다식(多食)삼가, 다식(多食)시 : 한열발생(寒熱發生)〈:학질(瘧疾)〉

④ 금기(禁忌) : 한담위냉(寒痰胃冷), 한냉체질(寒冷体質)(忌)/유(油 : 기름), 병(餠 : 떡)(忌)

⑤ 주치(主治) : 흉중열(胸中熱), 번갈(煩渴), 창선열독(瘡癬熱毒), 화상(火傷), 열병신열(熱病身熱), 탕상(湯傷), 인후종통(咽喉腫痛), 동통(疼痛), 소아열리(小兒熱痢), 타박상(打撲傷), 화안적통(火眼赤痛), 목적동통(目赤疼痛)

⑥ 효능(效能) : 제열(除熱), 해독(解毒),이수도(利水道), 해번갈(解煩渴), 지사(止瀉), 보비기(補脾氣)

⑦ 약물음양오행(藥物陰陽五行) : 청열해독약(淸熱解毒藥)

271. 황량미(黃粱米) : 메조의 쌀, 메조, 누런조쌀

① 성미(性味) : 감(甘), 평(平), 미량(微凉), 무독(無毒)

② 귀경(歸經) : 비(脾)·위(胃) 土經

③ 용법(用法) : 전복(煎服), 외용(外用)〈분말(粉末)〉

④ 주치(主治) : 객풍사(客風邪), 완비(頑痺), 곽란하리(霍亂下痢), 번열(煩熱)

⑤ 효능(效能) : 화중초(和中焦), 익기(益氣), 이뇨(利尿), 지리(止痢), 이소변(利小便), 지구(止嘔), 지사(止瀉)

272. 황상어(黃顙魚) : 자가사리

① 성미(性味) : 함(鹹), 감(甘), 평(平), 미독(微毒)

② 용법(用法) : 전복(煎服), 외용(外用)

③ 금기(禁忌) : 병인(病人)/형개(荊芥)〈상반(相反)〉

④ 주치(主治) : 수종(水腫), 라역(瘰癧), 악창(惡瘡), 소아두진(小兒痘疹), 수기부종(水氣浮腫)

⑤ 효능(效能) : 통이소변(通利小便), 소종(消腫), 성주(醒酒 : 술을 깨게 한다), 거풍(祛風), 화오장(和五臟), 보익비위(補益脾胃)

⑥ 약물음양오행(藥物陰陽五行) : 이수소종약(利水消腫藥)

273. 황토(黃土) : 누런 흙, 호토(好土)

① 성미(性味) : 감(甘)〈온(溫)〉, 평(平), 무독(無毒)

② 귀경(歸經) : 비(脾)·위(胃)·심(心) 土火經

③ 용법(用法) : 30～90g 전용(煎用)

④ 주치(主治) : 복내열독교결통(腹內熱毒絞結痛), 서사설사(暑邪泄瀉), 이질(痢疾), 냉열적백리(冷熱赤白痢), 하혈(下血), 타박상(打撲傷), 화상(火傷)〈外用〉/옹저종독(癰疽腫毒),어육충독(魚肉虫毒), 야균독(野菌毒), 채독(菜毒), 제약독(諸藥毒), 단석독(丹石毒), 장서곽란(瘴暑霍亂), 어혈(瘀血), 근맥구종(筋脈拘縱), 경풍신흑(驚

風身黑), 소아흘토(小兒吃土), 양황수(瘇黃瘦)

⑤ 효능(效能) : 화중초(和中焦), 보중익기(補中益氣), 개위건비(開胃健脾), 해독(解
毒), 해제약독(解諸藥毒), 화음양(和陰陽), 속절상(續絶傷), 소식이습(消食利濕),
치충입복(治蟲入腹), 지설리(止泄痢)

⑥ 약물음양오행(藥物陰陽五行) : 해독약(解毒藥)

◇ 동벽토(東壁土)〈東쪽 陽地의 흙〉

① 성미(性味) : 평(平), 온(溫), 무독(無毒)

② 용법(用法) : 전용(煎用)

③ 주치(主治) : 온역(溫疫), 곽란(霍亂), 설리(泄痢), 탈항(脫肛)

◇ 천보봉(千步峰) : 행길의 우뚝솟은 흙 : 치변독(治便毒)〈생강즙(生薑汁)+초(醋) :
外用〉

274. 회어(鮰魚) : 종어

① 성미(性味) : 감(甘),평(平)

② 용법(用法) : 부레〈아교용(阿膠用)〉

③ 금기(禁忌) : 야계(野鷄 : 꿩), 야저(野豬 멧돼지)(忌)

④ 주치(主治)효능(效能) : 치파상풍(治破傷風), 익기(益氣), 개위(開胃), 보중(補中)

275. 흑대두(黑大豆) : 흑두(黑豆), 검은콩

① 성미(性味) : 감(甘), 평(平),〈짜고 쓰다〉, 무독(無毒)/볶은 콩 : 열(熱), 삶은 콩
: 한(寒), 생(生)콩 : 평(平)

② 귀경(歸經) : 간(肝)·신(腎)·비(脾)·심(心) 木水土火經

③ 용법(用法) : 9~30g 전복(煎服), 환·산용(丸·散用)/생용(生用)〈평(平)〉, 외용
(外用)〈분말(粉末)〉, 자즙용(煮汁用)/소금+흑두→長服→補腎/흑두+감초(甘草)→
제백독(除百毒)/구복시(久服時) 비만(肥滿)

④ 배합길(配合吉) : 행인(杏仁), 전호(前胡), 모려(牡蠣)

⑤ 금기(禁忌) : 피마자(蓖麻子), 후박(厚朴)(忌)/용담(龍膽)〈상오(相惡)〉, (볶은콩)
: 저육(猪肉)(忌)/어자(魚鮓 젓), 청어(青魚)(忌)

⑥ 주치(主治) : 풍독각기(風毒脚氣), 수종창만(水腫脹滿)/풍비(風痺)〈:흑초(黑炒)+
주(酒)〉/근육경련(筋肉痙攣), 황달부종(黃疸浮腫), 구금(口噤)/위중열비(胃中熱
痺)(볶은콩)/결적어혈(結積瘀血)/옹종창독(癰腫瘡毒)〈생두외용(生豆外用)〉/산후냉
혈(產後冷血)〈초초(炒焦)+주(酒)〉/수창(水脹), 상중임로(傷中淋露), 온독(溫毒),
오림(五淋), 산후제질(產後諸疾), 열독기(熱毒氣), 중풍각약(中風脚弱), 심통(心痛),
창만(脹滿), 슬통(膝痛), 신허유뇨(腎虛遺尿)

⑦ 효능(效能) : 거풍(祛風), 해독(解毒), 활혈(活血), 이수(利水), 하기(下氣)/제백약
독(除百藥毒)(+감초(甘草))/해약독(解藥毒)〈초숙흑색(炒熟黑色)〉/강중초(強中焦),
보오장(補五臟), 온장위(溫腸胃), 조중하기(調中下氣), 윤신조(潤腎燥), 소곡(消
穀)〈볶은콩〉, 제비(除痺)〈볶은콩〉, 지도한(止盜汗), 지통(止痛), 하어혈(下瘀血), 지
복창(止腹脹), 통경맥(通經脈), 통대변(通大便), 하수고복창(下水鼓腹脹)

⑧ 약물음양오행(藥物陰陽五行) : 보음약(補陰藥), 이수소종약(利水消腫藥), 해독약
(解毒藥)

참고문헌

東醫學部門 參考文獻 1

1. 약물(藥物)

「神農本草經」漢代 「신농본초경」 한대

「雷公炮炙論」劉宋代·雷斅 「뇌공포자론」 유송대·뇌효

「名醫別錄」梁代·陶弘景 「명의별록」 양대·도홍경

「藥性本草(藥性論)」唐代·甄權 「약성본초(약성론)」 당대·견권

「千金食治(千金備急方)」唐代·孫思邈 「천금식치(천금비급방)」 당대·손사막

「千金翼方」唐代·孫思邈 「천금익방」 당대·손사막

「新修本草(唐本草)」唐代·李勣 「신수본초(당본초)」 당대·이적

「食療本草」唐代·孟詵 「식료본초」 당대·맹선

「本草拾遺」唐代·陳藏器 「본초습유」 당대·진장기

「海藥本草」唐代·李珣 「해약본초」 당대·이순

「蜀本草」後蜀·韓保升 「촉본초」 후촉·한보승

「食性本草」南唐·陳土良 「식성본초」 남당·진토량

「開寶本草」宋代·劉翰·馬志外 「개보본초」 송대·유한·마지외

「日華子諸家本草」宋代 「일화자제가본초」 송대

「太平聖惠方」宋代·王懷隱 「태평성혜방」 송대·왕회은

「嘉祐本草」宋代·掌禹錫·林億外 「가우본초」 송대·장우석·임억외

「經史證類備急本草(證類本草)」宋代·唐愼微 「경사증류비급본초(증류본초)」 송대·
당신미

「本草衍義」宋代·寇宗奭 「본초연의」송대·구종석

「太平惠民和劑局方」宋代·陳師文 「태평혜민화제국방」송대·진사문

「用藥法象」金元時代·李杲 「용약법상」금원시대·이고

「湯液本草」金元代·王好古 「탕액본초」금원대·왕호고

「日用本草」元代·吳瑞 「일용본초」원대·오서

「本草衍義補遺」金元時代·朱震亨(丹溪) 「본초연의보유」금원시대·주진형(단계)

「珍珠囊」金元時代·張潔古 「진주낭」금원시대·장결고

「本草品匯精要」明代·劉文泰外 「본초품회정요」명대·유문태외

「本草會編」明代·汪機 「본초회편」명대·왕기

「本草蒙筌」明代·陳嘉謨 「본초몽전」명대·진가모

「本草綱目」明代·李時珍 「본초강목」명대·이시진

「本草原始」明代·李中梓 「본초원시」명대·이중재

「滇南本草」明代·蘭芷庵 「전남본초」명대·난지암

「本草述」明代末·劉若金 「본초술」명대말·유약금

「本草備要」清代·汪昂 「본초비요」청대·왕앙

「本草從新」清代·吳儀洛 「본초종신」청대·오의락

「本草綱目拾遺」清代·趙學敏 「본초강목습유」청대·조학민

「本草求眞」清代·黃宮繡 「본초구진」청대·황궁수

「本草經疏」清代·鄒澍 「본초경소」청대·추주

「植物名實図考」清代·吳其濬 「식물명실도고」청대·오기준

「植物名實図考長編」清代·吳其濬 「식물명실도고장편」청대·오기준

「本草逢原」清代·張石頑 「본초봉원」청대·장석완

「神農本草經集注」 梁代・陶弘景 「신농본초경집주」 양대・도홍경

「景岳全書」 明代・張介賓(景岳) 「경악전서」 명대・장개빈(경악)

「丹溪心法」 元代・朱震亨(丹溪) 「단계심법」 원대・주진형(단계)

「東醫寶鑑」 許浚 「동의보감」 허준

「東醫壽世保元」 李濟馬 「동의수세보원」 이제마

「方藥合編」 黃度淵 「방약합편」 황도연

「傷寒明理論」 金代・成無巳 「상한명리론」 금대・성무사

「醫學入門」 明代・李梴 「의학입문」 명대・이천

「中藥大辭典」 江蘇新醫學院 「중약대사전」 강소신의학원

「現代實用中藥」 葉橘泉 「현대실용중약」 엽귤천

「漢藥臨床應用」 中山醫學院 「한약임상응용」 중산의학원

「鄕藥集成方」 朝鮮世宗・兪孝通・盧重禮・朴允德 「향약집성방」 조선세종・兪孝通・노중례・박윤덕

기　타

2. 方劑(방제)

「景岳全書」 明代・張介賓(景岳) 「경악전서」 명대・장개빈(경악)

「金匱要略」 漢代・張機(張仲景) 「금궤요략」 한대・장기(장중경)

「內外傷辨惑論」 金代・李杲(東垣) 「내외상변혹론」 금대・이고(동원)

「丹溪心法」 元代・朱震亨(丹溪) 「단계심법」 원대・주진형(단계)

「痘疹心法」 明代・萬全(密齋)「두진심법」 명대・만전(밀재)

「萬病回春」 明代・龔延賢(龔信)「만병회춘」 명대・공연현(공신)

「明醫雜著」 明代・王綸(節齋)「명의잡저」 명대・왕륜(절재)

「普濟方」 明代・朱橚「보제방」 명대・주숙

「普濟本事方」 宋代・許叔微「보제본사방」 송대・허숙미

「本草衍義」 宋代・寇宗奭「본초연의」 송대・구종석

「婦人良方」 明代・熊宗立(道軒)「부인양방」 명대・웅종립(도헌)

「傅靑主女科」 淸代・傅山(靑主)「부청주여과」 청대・부산(청주)

「脾胃論」 金代・李杲(東垣)「비위론」 금대・이고(동원)

「三因極一病證方論」 宋代・陳言(無擇)「삼인극일병증방론」 송대・진언(무택)

「傷寒論」 漢代・張仲景(張機)「상한론」 한대・장중경(장기)

「傷寒類證活人書」 宋代・朱肱(翼中)「상한유증활인서」 송대・주굉(익중)

「聖濟總錄」 宋代・太醫院「성제총록」 송대・태의원

「世醫得效方」 元代・危亦林「세의득효방」 원대・위역림

「小兒藥證直訣」 宋代・錢乙(中陽)「소아약증직결」 송대・전을(중양)

「素問病機氣宜保命集」 「소문병기기의보명집」

「時方歌括」 淸代・陳念祖(修圓)「시방가괄」 청대・진념조(수원)

「十藥神書」 元代・葛乾孫「십약신서」 원대・갈건손

「溫熱經緯」 淸代・王土雄(孟英)「온열경위」 청대・왕토웅(맹영)

「溫疫論」 明代・吳有性「온역론」 명대・오유성

「溫病條辨」 淸代・吳瑭「온병조변」 청대・오당

「外科正宗」 明代・陳實功「외과정종」 명대・진실공

「外科發揮」 明代・薛己「외과발휘」 명대・설기

「外科全生集」 淸代・王維德「외과전생집」 청대・왕유덕

「外臺秘要」唐代・王燾「외대비요」당대・왕도

「衛生寶鑑」元代・羅天益(謙甫)「위생보감」원대・나천익(겸보)

「儒門事親」金代・張從正「유문사친」금대・장종정

「醫學心悟」清代・程國彭「의학심오」청대・정국팽

「醫學入門」明代・李梴「의학입문」명대・이천

「醫方集解」清代・汪昂「의방집해」청대・왕앙

「醫宗金鑑」清代・吳謙「의종금감」청대・오겸

「醫林改錯」清代・王清任「의림개착」청대・왕청임

「醫學正傳」明代・虞摶(天民)「의학정전」명대・우단(천민)

「醫門法律」清代・喩昌(嘉言)「의문법률」청대・유창(가언)

「醫方考」明代・吳崑「의방고」명대・오곤

「張氏醫通」清代・張璐(石頑)「장씨의통」청대・장로(석완)

「正体類要」明代・薛己(立齊)「정체류요」명대・설기(입제)

「濟生方」宋代・嚴用和「제생방」송대・엄용화

「肘後備急方」晉代・葛洪「주후비급방」진대・갈홍

「證治準繩」明代・王肯堂「증치준승」명대・왕긍당

「千金要方」唐代・孫思邈「천금요방」당대・손사막

「千金翼方」唐代・孫思邈「천금익방」당대・손사막

「太平聖惠方」宋代・王懷隱「태평성혜방」송대・왕회은

「太平惠民和劑局方」宋代・陳師文「태평혜민화제국방」송대・진사문

「黃帝內經」「황제내경」

「黃帝素問宣明論方」金代・劉完素(守眞)「황제소문선명론방」금대・유완소(수진)

「驗方新編」清代・鮑璈「험방신편」청대・포오

「東醫寶鑑」許浚「동의보감」허준

「方藥合編」黃度淵「방약합편」황도연

「東醫壽世保元」李濟馬「동의수세보원」이제마

命理學部門 參考文獻 1

「淵海子平」宋代·徐公升(子平·東齋)「연해자평」송대·서공승(자평·동재)

「命理正宗」神峰張楠「명리정종」신봉장남

「三命通會」明代·萬有吾「삼명통회」명대·만유오

「窮通寶鑑」「궁통보감」

「子平眞詮評註」徐樂吾「자평진전평주」서락오

「滴天髓」劉伯溫著·徐樂吾補註「적천수」유백온저·서락오보주

「滴天髓闡微」劉伯溫·任鐵樵增注「적천수천미」유백온·임철초증주

「窮通寶鑑評註」徐樂吾「궁통보감평주」서락오

「阿部泰山全集」阿部熹作 著

「命理要綱」朴在玩「명리요강」박재완

「命理辭典」朴在玩「명리사전」박재완

「易學大辭典」曹誠佑·韓重洙「역학대사전」조성우·한중수

其他多數

東醫學部門 參考文獻 2

1) 許浚著, 東醫寶鑑國譯委員會譯 : 東醫寶鑑, 南山堂, 1966.

2) 辛民教 : 臨床本草學, 永林社, 2000.

3) 李濟馬著, 朴奭彦譯 : 東醫四象大典(東醫壽世保元), 醫道韓國社, 1977.

4) 鄭普燮·辛民教編 : 鄕藥(生藥)大事典, 永林社, 1990

5) 서울大 天然物科學研究所 文獻情報學研究室(張日武等)編 : 東洋醫藥科學大典(Ⅰ Ⅱ Ⅲ), 학술편수관, 2003.

6) 辛民教·朴炅·孟雄在譯 : 鄕藥集成方(上·中·下), 永林社, 1989

7) 金昌玟·辛民教等譯 : 中藥大辭典(전10권), 鼎談, 1999.

8) 許浚著, 東醫寶鑑編纂委員會編譯 : 東醫寶鑑, 學力開發社, 1988.

9) 裵秉哲譯 : 今釋黃帝內經(素問), 成輔社, 1994

10) 裵秉哲譯 : 今釋黃帝內經〈靈樞〉, 成輔社, 1995.

11) 韓醫大方劑學教授共編 : 方劑學, 永林社, 1999.

12) 傳統醫學研究所編 : 本草藥材圖鑑, 成輔社, 1994.

13) 許濟群·王綿之著, 陰陽脈診出版社 編輯部譯 : 中醫方劑學, 陰陽脈診出版社, 1991.

14) 원광대 한국전통의학연구소 기초의학연구부편 : 韓醫學槪說, 永林社, 1999.

15) 金完熙編 : 한의학원론, 成輔社, 1993.

16) 전통의학연구소편 : 한의학 사전, 成輔社, 1997.

17) 최태섭저, 안덕균해설 : 한국의 보약, 열린책들, 1990.

18) 申載鏞編 : 方藥合編解說, 成輔社, 1988.

19) 黃度淵著, 廉泰煥譯編 : 方藥合編, 행림출판, 1975.

20) 李鳳教編譯 : 症狀鑑別治療, 成輔社, 1991.

21) 許浚著, 趙憲泳·金東日外10人共譯 : 東醫寶鑑, 여강출판사, 2001.

22) 李常仁·安德均等編譯 : 漢藥臨床應用, 成輔社, 1998.

24) 신재용 : 新동의보감, 학원사, 2001.

25) 신재용 : TV동의보감, 학원사 2001.

26) 金完熙・崔達永共編 : 臟腑辨證論治, 成輔社, 1985

27) 과학출판사 : 東醫學辭典, 삼문당, 1990.

28) 白南喆 : 五運六氣學, 韓林醫學社, 1979.

29) 徐珉旭 : 體質醫學原論, 成輔社, 1998.

30) 李尙仁・朴宣東共編 : 韓方臨床處方學, 永林社, 1998.

31) 유태종 : 음식궁합, 아카데미북, 1998.

32) 유태종 : 음식궁합2, 아카데미북, 2001.

33) 成輔社編輯部譯 : 天眞處方解說, 成輔社, 1987.

34) 鐘義明著・韓中敎育文化硏究院編譯 : 四柱와 韓醫學, 여강출판사, 1995.

35) 崔三燮・孫淑英編 : 한방양생학, 成輔社, 1997.

36) 이명복 : 체질을 알면 건강이 보인다, 대광출판사, 1993.

37) 신재용편저 : 태양인 이제마의 사상체질, 학원사, 2002.

38) 한의학 대사전 편찬위원회편 : 韓醫學大辭典, 정담, 2001.

39) 其他多數

命理學部門 參考文獻 2

1) 徐公升(編), 楊淙(增校), 沈載烈講述 : 淵海子平精解, 明文堂, 1988.

2) 劉伯溫著, 徐樂吾(補註), 金干齋譯編 : 滴天髓精解, 明文堂, 1975

3) 劉伯溫著, 任鐵樵(增注), 大韓曆法研究所 編製, 沈鐘哲譯 : 滴天髓闡微, 南山堂, 1985.

4) 神峰 張楠著, 沈載烈編 : 命理正宗 精解, 明文堂, 1987.

5) 崔鳳秀・權伯哲講述 : 窮通寶鑑精解, 明文堂, 1978.

6) 萬有吾著, 朴一宇編 : 三命通會, 明文堂, 1978.

8) 徐昇煥 : 사주를 알면 천리가 보인다. 문화산책, 1994.

9) 曺誠佑 : 易學原理와 命理講義, 明文堂, 1990

10) 徐昇煥 : 운세를 알면 인생이 확 달라진다, 사람과 책, 1998.

11) 白靈觀 : 四柱精說, 明文堂, 1983.

12) 徐昇煥 : 세계대운명 세계대예측(1,2,3), 삶과 꿈, 1997.

13) 李正根 : 漢醫學과 命理學, 明文堂, 1990

14) 李俊雨 : 命理精說, 明文堂, 1983.

15) 朴在玩 : 陶溪實觀, 너른터, 1993.

16) 其他 命理學書籍多數

사주명리 한방처방학 Ⅱ
(四柱命理韓方處方學)

초판인쇄 | 2007년 2월 5일
초판발행 | 2007년 2월 15일

지은이 | 서승환
펴낸이 | 소광호

펴낸곳 | 관음출판사
등록 | 1993. 4. 8 제1-150호
130-170 서울시 동대문구 용두동 751-14 광성빌딩 3층
전화 | 921-8434·929-3470
팩스 | 929-3470

ⓒ 서승환 2007

ISBN 978-89-7711-116-5
ISBN 978-89-7711-001-7(2세트)